U0474876

丰都地方文献资料选编

陈世松 主编

西南大学出版社
国家一级出版社
全国百佳图书出版单位

图书在版编目(CIP)数据

丰都地方文献资料选编 / 陈世松主编 . -- 重庆：西南大学出版社，2023.6
（巴渝文库）
ISBN 978-7-5697-1825-6

Ⅰ.①丰… Ⅱ.①陈… Ⅲ.①地方文献—汇编—丰都县 Ⅳ.①K297.194

中国国家版本馆CIP数据核字(2023)第068386号

丰都地方文献资料选编
FENGDU DIFANG WENXIAN ZILIAO XUANBIAN

陈世松　主编

卢旭　罗柳宁　岳精柱　学术审稿

责任编辑：张昊越
责任校对：段小佳
装帧设计：王芳甜

西南大学出版社
国家一级出版社　全国百佳图书出版单位

重庆市北碚区天生路2号　邮政编码：400715　http://www.xdcbs.com
西南大学出版社制版
重庆美惠彩色印刷有限公司印刷
西南大学出版社发行
邮购电话：023-68868624
全国新华书店经销

开本：787mm×1092mm　1/16　印张：37.25　字数：670千
2023年6月第1版　2023年6月第1次印刷
ISBN 978-7-5697-1825-6
定价：228.00元

如有印装质量问题，请向本单位物流中心调换 023-68868824

版权所有　侵权必究

《巴渝文库》编纂委员会

（以姓氏笔画为序）

主　　任　张　鸣
副 主 任　郑向东
成　　员　任　竞　　刘　旗　　刘文海　　米加德　　李　鹏　　吴玉荣
　　　　　张发钧　　陈兴芜　　陈昌明　　饶帮华　　祝轻舟　　龚建海
　　　　　程武彦　　詹成志　　潘　勇

《巴渝文库》专家委员会

（以姓氏笔画为序）

学术牵头人　蓝锡麟　　黎小龙
成　　　员　马　强　　王志昆　　王增恂　　白九江　　刘兴亮　　刘明华
　　　　　　刘重来　　李禹阶　　李彭元　　杨恩芳　　杨清明　　吴玉荣
　　　　　　何　兵　　邹后曦　　张　文　　张　瑾　　张凤琦　　张守广
　　　　　　张荣祥　　周　勇　　周安平　　周晓风　　胡道修　　段　渝
　　　　　　唐润明　　曹文富　　龚义龙　　常云平　　韩云波　　程地宇
　　　　　　傅德岷　　舒大刚　　曾代伟　　温相勇　　蓝　勇　　熊　笃
　　　　　　熊宪光　　滕新才　　潘　洵　　薛新力

《巴渝文库》办公室成员

(以姓氏笔画为序)

王志昆　艾智科　刘向东　杜芝明　李远毅　别必亮
张　进　张　瑜　张永洋　张荣祥　陈晓阳　周安平
郎吉才　袁佳红　黄　璜　曹　璐　温相勇

《丰都地方文献资料选编》
编纂委员会

主　任

周　勇　重庆市重庆史研究会会长、《行千里·致广大——重庆人文丛书》总编室主任、《巴渝文库》专家委员会成员、教授、博士生导师

张国忠　中共丰都县委书记

副主任

陈世松　四川省社会科学院杰出研究员、四川省社会科学院移民与客家文化研究中心主任

唐守渊　中共丰都县委副书记、丰都县人民政府县长

黎小龙　重庆中国三峡博物馆原馆长、《巴渝文库》专家委员会学术牵头人、教授、博士生导师

委　员

周庆龙　重庆市重庆史研究会学术委员

舒大刚　四川大学教授、《巴蜀全书》执行主编、博士生导师

李远国　四川省社会科学院研究员

殷洪江　中共丰都县委常委、宣传部部长

谭云昭　丰都县文化和旅游发展委员会主任

黄晓东　重庆市博物馆原常务副馆长、研究馆员

刘安儒　四川省客家研究中心常务副主任

杜芝明　重庆中国三峡博物馆研究馆员

《丰都地方文献资料选编》编辑部

主　编　陈世松

副主编　郭广辉　苏东来

编　辑　霞绍晖　陈　云　梁　音

总序

蓝锡麟

  两百多万字的《巴渝文献总目》编成出版发行,一部七册,相当厚实。它标志着,历经七年多的精准设计、切实论证和辛勤推进,业已纳入《重庆市国民经济和社会发展第十三个五年规划纲要》的《巴渝文库》编纂工程,取得了第一个硕重的成果。它也预示着,依托这部重庆历史上前所未有的大书所摸清和呈显的巴渝文献的可靠家底,对巴渝文化的挖掘、阐释、传承和弘扬,都有可能进入一个崭新的阶段。

  《巴渝文库》是一套以发掘梳理、编纂出版为主轴,对巴渝历史、巴渝人文、巴渝风物等进行广泛汇通、深入探究和当代解读,以供今人和后人充分了解巴渝文化、准确认知巴渝文化,有利于存史、传箴、资治、扬德、励志、育才的大型丛书。整套丛书都将遵循整理、研究、求实、适用的编纂方针,运用系统、发展、开放、创新的文化理念,力求能如宋人张载所倡导的"为天地立心,为生民立命,为往圣继绝学,为万世开太平"那样,对厘清巴渝文化文脉,光大巴渝文化精华,作出当代文化视野所能达致的应有贡献。

  这其间有三个关键词,亦即"巴渝""文化"和"巴渝文化"。

  "巴渝"称谓由来甚早。西汉司马相如的《上林赋》中,即有"巴俞(渝)宋蔡,淮南《于遮》"的表述,桓宽的《盐铁论·刺权篇》也有"鸣鼓巴俞(渝),交作于堂下"的说法。西晋郭璞曾为《上林赋》作注,指认"巴西阆中有俞(渝)水,僚居其上,皆刚勇好舞。初,高祖募取,以平三秦,后使乐府习之。因名'巴俞(渝)舞'也"。从前后《汉书》到新旧《唐书》等正史,以及《三巴记》《华阳国志》等方志中,都能见到"巴渝乐""巴渝舞"的记载。据之不难判定,"巴渝"是一个得名颇久远的地域历史概念,它泛指的是先秦巴国、秦汉巴郡辖境所及,中有渝水贯注的广大区域。当今重庆市,即为其间一个至关重要的组成部分,并且堪称主体部分。

关于"文化"的界说,古今中外逾百种,我们只取在当今中国学界比较通用的一种。马克思在《1844年经济学哲学手稿》里指出:"动物只生产自己本身,而人则再生产整个自然界。"因此,"自然的人化",亦即人类超越本能的、有意识地作用于自然界和社会的一切创造性活动及其物质、精神产品,就是广义的文化。在广义涵蕴上,文化与文明大体上相当。广义文化的技术体系和价值体系建构两极,两极又经由语言和社会结构组成文化统一体。其中的价值体系,即与特定族群的生产方式和生活方式相适应,构成以语言为符号传播的价值观念和行为准则,通常被称为观念形态,就是狭义的文化。文字作为语言的主要记载符号,累代相积地记录、传播和保存、认证人类文明的各种成果,即形成跨时空的基本文献。随着人类文明的进步,文献的生成形式日益增多,但任何别的形式都取代不了文字的文献主体地位。以文字为主体的文献直属于狭义文化,具有知识性特征,同时也是广义文化的价值结晶。《巴渝文库》的"文"即专指以文字为主体的文献,整部丛书都将依循上述认知从文献伸及文化。

将"巴渝"和"文化"两个概念链接起来和合为一,标举出"巴渝文化"特指概念,乃是二十世纪中后期发生的事。肇其端,在于卫聚贤主编的《说文月刊》,1941年10月在上海,1942年8月在重庆,先后发表了他本人撰写的《巴蜀文化》一文,并以"巴蜀文化专号"名义合计发表了25篇相关专题文章,破天荒揭橥了巴蜀文化的基本内涵。继其后,从五十年代到九十年代,以成渝两地的学者群作为学术研究主体,也吸引了全国学界一些专家的关注和参与,对巴蜀文化的创新探究逐步深化、丰富和拓展,并由"巴蜀文化"总体维度向"巴蜀文明""巴渝文化"两个向度切分、提升和衍进。在此基础上,以

1989年11月重庆市博物馆编辑、重庆出版社出版第一辑《巴渝文化》首树旗帜，经1993年秋在渝召开"首届全国巴渝文化学术研讨会"激扬波澜，到1999年间第四辑《巴渝文化》结集面世，确证了"巴渝文化"这一地域历史文化概念的提出和形成距今已达近三十年，且已获得全国学界的广泛认同。黎小龙所撰《"巴蜀文化""巴渝文化"概念及其基本内涵的形成与嬗变》一文，对其沿革、流变及因果考镜翔实，梳理通达，足可供而今而后一切关注巴渝文化的人溯源知流，辨伪识真。

从中不难看出，巴蜀文化与巴渝文化不是并列关系，而是种属关系，彼此间有同有异，可合可分。用系统论的观点考察种属，自古及今，巴蜀文化都是与荆楚文化、吴越文化同一层级的长江流域文化的一大组成部分，巴渝文化则是巴蜀文化的一个重要分支。自先秦迄于两汉，巴渝文化几近巴文化的同义语，与蜀文化共融而成巴蜀文化。魏晋南北朝以降，跟巴渝相对应的行政区划迭有变更，仅言巴渝渐次不能遍及巴，但是，在巴渝文化的核心区、主体圈和辐射面以内，巴文化与蜀文化的兼容性和互补性，或者一言以蔽之曰同质性，仍然不可移易地扎根存在，任何时势下都毋庸置疑。而与之同时，大自然的伟力所造就的巴渝山水地质地貌，又以不依任何人的个人意志为转移的超然势能，对于生息其间的历代住民的生产方式和生活方式施予重大影响，从而决定了巴人与蜀人的观念取向和行为取向不尽一致，各有特色。再加上巴渝地区周边四向，除西之蜀外，东之楚、南之黔、北之秦以及更广远的中原地区，其文化都会与之相互交流、渗透和浸润，其中楚文化与巴文化的相互作用尤其不可小觑，这就势所必至地导致了巴渝文化之于巴蜀文化会有某些异质性。既具同质性，又有异质性，共生一体就构成了巴渝文化的特质性。以此为根基，在尊重巴蜀文化对巴渝文化的统摄地位的前提下，将巴渝文化切分出来重新观照，切实评价，既合乎逻辑，也大有可为。

楚文化对于巴渝文化的深远影响仅次于蜀文化，历史文献早有见证。《华阳国志·巴志》指出："江州以东，滨江山险，其人半楚，姿态敦重。垫江以西，土地平敞，精敏轻疾。上下殊俗，情性不同。"这正是巴、楚两种文化交相

作用的生动写照。就地缘结构和族群渊源而言,恰是长江三峡的自然连接和荆巴先民的人文交织,造成了巴、楚地域历史文化密不可分。理当毫不含糊地说,巴渝文化地域恰是巴蜀文化圈与荆楚文化圈的边缘交叉地带。既边缘,又交叉,正负两端效应都有。正面的效应,主要体现在有利于生成巴渝文化的开放、包容、多元、广谱结构走向上。而负面的效应,则集中反映在距离两大文化圈的核心地区比较远,在社会生产力和文化传播力比较低下的古往年代,无论在广义层面,还是在狭义层面,巴渝文化的演进发展都难免于相对滞后。负面效应贯穿先秦以至魏晋南北朝时期,直至唐宋才有根本的改观。

地域历史的客观进程即是构建巴渝文化的学理基石。当第四辑《巴渝文化》出版面世时,全国学界已对巴渝文化概念及其基本内涵取得不少积极的研究成果,认为巴渝文化是指以今重庆为中心,辐射川东、鄂西、湘西、黔北这一广大地区内,从夏商至明清乃至于近现代的物质文化和精神文化的总和,已然成为趋近共识的地域历史文化界说。《巴渝文库》自设计伊始,便认同这一界说,并将其贯彻编纂全过程。但在时空界线上略有调整,从有文物佐证和文字记载的商周之际开始,直至1949年9月30日为止,举凡曾对今重庆市以及周边相关的历代巴渝地区的历史进程产生过影响,留下过印记,具备文献价值,能够体现巴渝文化的基本内涵的各种信息记录,尤其是得到自古及今广泛认同的著作乃至单篇,都在尽可能搜集、录入和整理、推介之列,当今学人对于巴渝历史、巴渝人文、巴渝风物等的开掘、传扬性研究著述也将与之相辅相成。一定意义上,它也可以叫《重庆文库》,然而不忘文化渊源,不忘文化由来,还是命名《巴渝文库》顺理成章。

必须明确指出,《巴渝文库》瞩目的历代文献,并非一概出自巴渝本籍人士的手笔。因为一切文化得以生成和发展,注定都是在其滋生的热土上曾经生息过的所有人,包括历代的本籍人和外籍人,有所发现、有所创造的累积式的共生结果,不应当流于偏执和狭隘。对巴渝文化而言,珍重和恪守这一理念尤关紧要。唐宋时期和抗战时期,毫无疑义是巴渝文化最辉煌的两大时段,抗战时期尤其代表着当时中国的最高成就。在这两大时段中,非巴渝籍人士确曾有的发现和创造,明显超过了巴渝本籍人士,排斥他们便会自损巴渝文化。在其他的时段中,无分籍贯的共生共荣也是常态。所以我们对于文献的收取原则,是不分彼此,一视同仁,尊重历史,敬畏前贤。只不过,有惩于诸多发抉限制,时下文本还做不到应收尽收,只能做到尽力而为。拾遗补阙之功,容当俟诸后昆。

还需要强调一点,那就是作为观念形态的狭义的文化,在其生成和发展的过程中,必然会受到一定时空的自然条件和社会条件,尤其是后者中的经济、政治等广义文化要素的多层性多样性的制约和支配。无论是共时态还是历时态,都因之而决定,不同的地域文化会存在不平衡性和可变动性。但文化并不是经济和政治的单相式仆从,它也有自身的构成品质和运行规律。一方面,文化的发展与经济、政治的发展并不一定同步,通常呈现出相对滞后性和相对稳定性,而在特定的社会异动中又有可能凸显超前,引领未来。另一方面,不管处于哪种状态下,文化都对经济、政治等等具有能动性的反作用,特别是反映优秀传统或先进理念的价值观念和行为准则,对整个社会多维度的、广场域的渗透影响十分巨大,不可阻遏。除此而外,任何文化强势区域的产生和延续,决然都离不开文化贤良和学术精英富于创造性的引领和开拓。这一切,在巴渝文化三千多年的演进流程中都有长足的映现,而《巴渝文库》所荟萃的历代文献正是巴渝文化行进路线图的历史风貌长卷。

从这一长卷可以清晰地指认,巴渝文献为形,巴渝文化为神,历代先人所创造的巴渝地域历史文化的确堪称源远流长,根深叶茂,绚丽多姿,历久弥新。如果将殷商卜辞当中关于"巴方"的文字记载当作文献起点,那么,巴渝文献累积进程已经有3200余年。尽管文献并不能够代替文物、风俗之类对于文化也具有的载记功能和传扬作用,但它作为最重要的传承形态,载记功能和传扬作用更是无可比拟的。《巴渝文献总目》共收入著作文献7212种,单篇文献29479条,已经足以彰显巴渝文化的行进路线。特别是7212种著作文献,从商周到六朝将近1800年为24种,从隋唐至南宋将近700年为136

种,元明清三代600多年增至1347种,民国38年间则猛增到5705种,分明已经展示出了巴渝文化的四个行进阶段。即便考虑到不同历史阶段确有不少文献生存的不可比因素,这组统计数字也昭示人们,巴渝文化的发展曾经历了一个怎样的漫长过程。笼而统之地称述巴渝文化博大精深未必切当,需要秉持实事求是的学理和心态,对之进行梳理和诠释。

第一个阶段,起自商武丁年间,结于南朝终止。在这将近1800年当中,前大半段恰为上古巴国、秦汉巴郡的存在时期,因而正是巴渝文化的初始时期;后小半段则为三国蜀汉以降,多族群的十几个纷争政权先后交替分治时期,因而从文化看只是初始时期的迟缓延伸。巴国虽曾强盛过,却如《华阳国志·巴志》所记,在鲁哀公十八年(前477)以后,即因"楚主夏盟,秦擅西土,巴国分远,故于盟会希",沦落为一个无足道的僻远弱国。政治上的边缘化,加之经济上的山林渔猎文明、山地农耕文明相交错,生产力低下,严重地桎梏了文化的根苗茁壮生长。其间最大的亮点,在于巴、楚交流、共建而成的巫、神、辞、谣相融合的三峡文化,泽被后世,长久不衰。两汉四百年大致延其续,在史志、诗文等层面上时见踪影,但表现得相当零散,远不及以成都为中心的蜀文化在辞赋、史传等领域都蔚为大观。魏晋南北朝三百多年,巴渝地区社会大动荡,生产大倒退,文化生态极为恶劣,反倒陷入了裹足不前之状。较之西向蜀文化和东向楚文化,这一阶段的巴渝文化,明显地处于后发展态势。

第二个阶段,涵盖了隋唐、五代、两宋,近七百年。其中的前三百余年国家统一,驱动了巴渝地区经济社会恢复性的良动发展,后三百多年虽然重现政治上的分合争斗,但文化开拓空前自觉,合起来都给巴渝文化注入了生机和活力。特别是科举、仕宦、贬谪、游历诸多因素,促成了包括李白、"三苏"在内,尤其是杜甫、白居易、刘禹锡、黄庭坚、陆游、范成大等文学巨擘寓迹巴渝,直接催生出两大辉煌。一是形成了以"夔州诗"为品牌的诗歌胜境,流誉峡江,彪炳汗青,进入了唐宋两代中华诗歌顶级殿堂。二是发掘出了巴渝本土始于齐梁的民歌"竹枝词",创造性转化为文人"竹枝词",由唐宋至于明清，不仅传播到全中国的众多民族和广大地区，而且传播到全世界五大洲，这一旷世奇迹实为历代中华民歌之独一无二。与之相仿佛，宋代理学大师周敦颐、程颐先后流寓巴渝，也将经学、理学以及兴学施教之风传播到巴渝，迄及明清仍见光扬。在这两大场域内，领受他们的雨露沾溉，渐次有了巴渝本土文人如李远、冯时行、度正、阳枋等的身影和行迹。尽管这些本土文人并没有跻身全国一流，但他们在局部范围的异军突起，卓尔不群，在巴渝文化史上终究有标志意义。就文化突破价值而言，丝毫不亚于1189年重庆升府得名，进而将原先只有行政、军事功能的本城建成一座兼具行政、军事、经济、文化、交通等多功能的城市。尽有理由说，这个阶段显示出巴渝文化振起突升，重新融入中华文化的大进程，并给自己确立了不可忽视的地位。

第三个阶段，贯通元明清，六百多年。在这一时期，中华民族统一国家的族群结构和版图结构最终底定，四川省内成渝之间的统属格局趋于稳固，经济社会发展进入了新的里程，巴渝文化也因之而拓宽领域沉稳地成长。特别是明清两代大量移民由东、北、南三向进入巴渝地区，晚清重庆开埠，相继带来新技术和新思想，对促进经济发展、社会开放和文化繁荣起了大作用。本地区文化名人应运而生，前驱后继，文学如邹智、张佳胤、傅作楫、周煌、李惺、李士棻、王汝璧、钟云舫，史学如张森楷，经学如来知德，佛学如破山海明，书画如龚晴皋，成就和影响都超越了一时一地。特别是邹容，其《革命军》宣传民主主义国民革命思想，更是领异于清末民初，标举着那个时代先进政治学的制高点。外籍的文化名人，诸如杨慎、曹学佺、王士禛、王尔鉴、李调元、张问陶、赵熙等，亦有多向的不俗建树。尽管除邹容一响绝尘之外，缺少了足以与唐宋高标相比并的全国顶尖级的大师与巨擘，但在总体文化实力上确乎已经超越唐宋。这就好比按照地理学分类，巴渝境内的诸多雄峰尚属中山，却已群聚成为相对高地那样，巴渝文化在这个阶段也构筑起了有体量的相对高地。

第四个阶段，本应从1891年重庆开埠算起，延伸至今仍没有终结，但按《巴渝文库》文献取舍的既定体例，只截取了从1912年中华民国成立开始，到1949年9月30日为止的一段,共38年。虽然极短暂,社会历史的风云激荡却是亘古无二的,重庆在抗日战争时期成为全中国的战时首都更是空前绝后的。由辛亥革命到五四运动,重庆的思想、政治精英已经站在全川前列,家国情怀、革命意识已经在巴渝地区强势贲张。至抗战首都期间,数不胜数的、难以列举的全国一流的文化贤良和学术精英汇聚到了当时重庆和周边地区,势所必至地全方位、大纵深地推动文化迅猛突进,从而将重庆打造成了那个时期全中国的最大最高的文化高地,其间还耸立着不少全国性的文化高峰。其先其中其后,巴渝本籍的文化先进也竞相奋起,各展风骚,如任鸿隽、卢作孚、刘雪庵就在他们所致力的文化领域高扬过旗帜,向楚、杨庶堪、潘大逵、吴芳吉、胡长清、张锡畴、何其芳、李寿民、杨明照等也声逾夔门,成就不凡。毫无疑问,这是巴渝文化臻至鼎盛、最为辉煌的一个阶段,前无古人,后世也难以企及。包括大量文献在内,它所留下的极其丰厚的思想、价值和精神遗产,永远都是巴渝文化最珍贵的富集宝藏。

由文献反观文化,概略勾勒出巴渝文化的四个生成、流变、发展、壮大阶段,当有助于今之巴渝住民和后之巴渝住民如实了解巴渝文化,切实增进对于本土文化的自知之明、自信之气和自强之力,从而做到不忘本来,吸收外来,面向未来,更加自觉地传承和弘扬巴渝文化,持续不懈地推动巴渝文化在新的语境中创造性转化,创新性发展。对于本土以外关注巴渝文化的各界人士,同样也具有认识意义。最先推出的《巴渝文献总目》没有按照这四个阶段划段分卷,而是依从学界通例分成"古代卷"和"民国卷",与如此分段并不相抵牾。四分着眼于细密,两分着眼于大观,各有所长,相得益彰。

《巴渝文献总目》作为《巴渝文库》起始发凡的第一部大书,基本的编纂目的在于摸清文献家底,这一个目的已然达到。但它展现的主要是数量。回溯到文化本体,文献数量承载的多半还是文化总体的支撑基座的长度和宽度,而并不是足以代表那种文化的品格和力量的厚度和高度。文化的品格和力量蕴含在创造性发现和创新性发展中,浸透着质量,亦即思想、价值、精神的精华,任何文化形态均无所例外。因此,几乎与编纂《巴渝文献总目》

同时起步，我们业已组织专业团队，着手披沙拣金，精心遴选优秀文献，分门别类，钩玄提要，以期编撰出第二部大书《巴渝文献要目提要》。两三年以内，当《巴渝文献要目提要》也编成出版以后，两部大书合为双璧，就将对传承和弘扬巴渝文化，历久不衰地发出别的文化样式所不可替代的指南工具书作用。即便只编成出版这样两部大书，《巴渝文库》文化工程即建立了历代前人未建之功，足可以便利当代，嘉惠后世，恒久存传。

《巴渝文库》的期成目标，远非仅编成出版上述两部大书而已。今后十年内外，还将以哲学宗教、政治法律、军事、经济、文化科学教育、语言文学艺术、历史与地理、地球科学、医药卫生、交通运输、市政与乡村建设、名人名家文集、方志碑刻与报纸期刊等十三大类的架构形式，分三步走，继续推进，力争总体量达到300种左右。规划明确的项目实施大致上安排启动、主推、扫尾三个阶段，前后贯连，有序推进。2018年至2020年为启动阶段，着力做好《巴渝文库》文化工程的实施规划和项目发布两项工作，并且形成10种有影响的示范性成果。2021年至2025年为主推阶段，全面展开《巴渝文库》文化工程十三大类的项目攻关，努力完成200种左右文献的搜集、整理、编纂和出版任务，基本呈现这一工程的社会影响。2026年至2028年为扫尾阶段，继续落实《巴渝文库》文化工程的各项规则，既为前一阶段可能遗留的未尽项目按质结项，又再完成另外90种文献的搜集、整理、编纂和出版任务，促成这一工程的综合效应得到充分体现。如果届时还不能如愿扫尾，宁肯延长两三年，多花些功夫，也要坚持责任至上，质量第一，慎始慎终，善始善终，确保圆满实现各项既定目标。

应该进一步强调，《巴渝文库》是重庆有史以来规模最大、历时最长的综合性文化工程，涉及先秦至民国几乎所有的学科。与一般的文献整理和课题研究不同，它所预计整理、出版的300种左右图书，每种图书根据实际文献数量的多少，将分成单册与多册兼行，多册又将分成几册、数十册乃至上百册不等，终极体量必将达到数千册，从而蔚成洋洋大观。搜集、整理、编纂和出版如此多的文献典籍，必须依靠多学科的专家、学者通力合作，接力建功，这其间必定会既出作品,又出人才,其社会效益注定将是难以估量的。

规划已具轮廓,项目已然启动,《巴渝文库》文化工程正在路上。回顾来路差堪欣慰,展望前景倍觉任重。从今往后的十年内外,所有参与者都极需要切实做到有抱负,有担当,攻坚克难,精益求精,前赴后继地为之不懈进取,不竟全功,决不止息。它也体现着党委意向和政府行为,对把重庆建设成为长江上游的文化高地具有不容低估的深远意义,因而也需要党委和政府高屋建瓴,贯穿全程地给予更多关切和支持。它还具备了公益指向,因而尽可能地争取社会各界关注和扶助,同样不可或缺。事关立心铸魂,必须不辱使命,前无愧怍于历代先人,后无愧怍于次第来者。初心长在,同怀勉之!

2016年12月16日初稿

2018年9月27日改定

凡例

《巴渝文库》是一套以发掘梳理、编纂出版巴渝文献为主轴,对巴渝历史、巴渝人文、巴渝风物等进行广泛汇通、深入探究和当代解读,以供今人和后人充分了解巴渝文化、准确认知巴渝文化,有利于存史、传箴、资治、扬德、励志、育才的大型丛书。整套丛书都将遵循整理、研究、求实、适用的编纂方针,运用系统、发展、开放、创新的文化理念,力求能如宋人张载所倡导的"为天地立心,为生民立命,为往圣继绝学,为万世开太平"那样,对厘清巴渝文化文脉,光大巴渝文化精华,作出当代文化视野所能达致的应有贡献。

一、收录原则

1. 内容范围

①凡是与巴渝历史文化直接相关的著作文献,无论时代、地域,原则上都全面收录;

②其他著作之中若有完整章(节)内容涉及巴渝的,原则上也收入本《文库》;全国性地理总志中的巴渝文献,收入本《文库》;

③巴渝籍人士(包括在巴渝出生的外籍人士)的著作,收入本《文库》;

④寓居巴渝的人士所撰写的其他代表性著作,按情况酌定收录,力求做到博观约取、去芜存菁。

2. 地域范围

古代,以秦汉时期的巴郡、晋《华阳国志》所载"三巴"为限;

民国,原则上以重庆直辖(1997年)后的行政区划为基础,参酌民国时期的行政建制适当张弛。

3.时间范围

古代,原则上沿用中国传统断代,即上溯有文字记载、有文物佐证的先秦时期,下迄1911年12月31日;民国,收录范围为1912年1月1日至1949年9月30日。

4.代表性与重点性

《巴渝文库》以"代表性论著"为主,即能反映巴渝地区历史发展脉络、对巴渝地区历史进程产生过影响、能够体现地域文化基本内涵、得到古今广泛认同且具有文献价值的代表性论著。

《巴渝文库》突出了巴渝地区历史进程中的"重点",即重大历史节点、重大历史阶段、重大历史事件、重要历史人物。就古代、民国两个阶段而言,结合巴渝地区历史进程和历史文献实际,突出了民国特别是抗战时期重庆的历史地位。

二、收录规模

为了全面、系统展示巴渝文化,《巴渝文库》初步收录了哲学宗教、政治法律、军事、经济、文化科学教育、语言文学艺术、历史与地理、地球科学、医药卫生、交通运输、市政与乡村建设、名人名家文集、方志碑刻报刊等方面论著约300余种。

其中,古代与民国的数量大致相同。根据重要性、内容丰富程度与相关性等,"一种"可能是单独一个项目,也可能是同"类"的几个或多个项目,尤以民国体现最为明显。

三、整理原则

《巴渝文库》体现"以人系文""以事系文"的整理原则,以整理、辑录、点校为主,原则上不影印出版,部分具有重要价值、十分珍贵、古今广泛认同、流传少的论著,酌情影印出版。

每一个项目有一个"前言"。"前言",包括文献著者生平事迹、文献主要内容与价值,陈述版本源流,说明底本、主校本、参校本的情况等。文献内容重行编次的,有说明编排原则及有关情况介绍。

前言

丰都枕名山胜地,傍大江奔流,既是重庆市境内一处风景秀美的旅游景区,又是长江上游一座以"鬼城"闻名天下的历史文化重镇。2015年,重庆市哲学社会科学规划领导小组办公室批准立项"多学科视野下的丰都鬼神文化研究——以丰都鬼城文化为中心"(项目编号:2015TBWT01),由重庆市地方史研究会牵头,联合川渝学术机构进行全面而系统的研究。反映这一项目研究成果的论文集《多学科视野下的丰都民间文化研究》,已由重庆出版社于2017年正式出版。课题组从存世文献中搜集整理的另一部供内部参考使用的专题资料集《丰都鬼神文化研究资料汇编》(70余万字),如今又获准纳入《巴渝文库》系列出版计划,现将其中部分文字整理为《丰都地方文献资料选编》,与读者分享。值本书全稿告成之际,仅据相关研究成果,围绕丰都鬼城、丰都鬼神文化与丰都地方文献整理三个问题做简要概述。

一、"丰都鬼城"形态的深层结构

在中国古代民间信仰习俗中,"丰都鬼城"代指阎罗王治理鬼神的居所,也就是所谓人死后鬼魂的归宿之地。历史文献将其冠以"鬼国""冥府"的名号,民间则称之为"阴曹地府"。现有研究成果表明,"丰都鬼城"是特定历史时期的产物,它的形成是地理、社会、宗教、政治、文学和人群等多重因素综合作用的结果。按照历史唯物论的观点,人们头脑中的鬼神观念,不过是人间社会的反映,鬼神其实都是因人的信奉而被制造出来的。如果将"丰都鬼

城"作为一个社会现象来解剖,它之所以产生于丰都,绝不是偶然的,自有其根源脉络、演变轨迹可循,有深层文化逻辑结构可辨。从深层文化逻辑结构看,"丰都鬼城"是以平都山为载体,以祠庙建筑、神像塑造等宗教场景作布置,结合传说、故事、文艺作品等形象渲染,通过千年发展积淀不断建构而成的。其文化构成可以分解为三个部分:儒释道融合是其文化精髓,平都山祠庙是其文化载体,丰都县改名是其文化名片。

(一)儒释道融合是鬼城的文化精髓

"丰都鬼城"作为一种空间文化形态,是由多种文化相互作用,经过沉淀之后,按照时间序列沉积叠置的产物。儒释道融合是"丰都鬼城"的文化精髓之所在,它是由不同时代的四个历史文化层积(原生底层、生长层、发展层、新生层)依次叠置而成的。

1.文化原生底层。在"丰都鬼城"文化演进的层位中,居于最下层的是代表该地区源头文化的原生底层。长江三峡巫、巴之地,是人类最早栖息的家园之一,也是古代长江流域的巫鬼文化的发祥之地。巴族崇奉原始宗教"鬼巫"之道,巴族建国后的巴渝之域,"鬼巫"之道均为巴国、巴人所共同信奉。丰都,古称平都,作为东周时巴国的一个陪都,因其位于巴国东部,无论在巴与楚和中原交流中,还是在巴国的政治、文化及宗教信仰中,都具有无可取代的地位和作用。秦灭巴后,巴族地区尚鬼——崇尚鬼神的古老习俗一直沿袭下来。这样,巴族继承鬼国事鬼神的古老习俗,就成为丰都文化的原生底层,这也是"丰都鬼城"鬼神文化信仰的源头之一。

2.文化生长层。叠置在原生层文化之上的是以仙道文化为特征的生长层。东汉末年,天下大乱,走投无路的人们纷纷投靠宗教。建安三年(198年)张鲁在平都山设立平都"治",属于天师道"八品游治"之一,丰都承袭巴国"鬼巫"之道中平都山的区域性宗教功能,一跃而成为道教川东教区的中心。魏晋南北朝时期,社会动荡不安,谈仙之风流行,平都山又被道家渲染为王方平、阴长生"神仙升天"的"蝉蜕之所"。随着"二仙"传说的普遍流传,平都山又以道家"洞天福地"闻名遐迩。道家仙道文化被植入丰都后,原来的尚鬼风俗逐步融入制度化宗教之中,当地精神文化发展正跨入并轨加速的进程之中。

3.文化发展层。魏晋南北朝以来,以上清系道教为主导的道教教派,正在酝酿一场内部的变革。南朝陶弘景撰写的《真诰》一书,在承继葛洪仙道理论的基础上,吸取了较多的佛教理论元素,在完善天堂设计同时,又着力建构了人死后魂归地狱接受审判的宗教价值观念。中国土生土长的宗教文化中,原本没有地狱和生死轮回的概念。经过道教、佛教与民间信仰的整合改造,一个新的冥府地狱体系建立起来了。人死后魂入的不再是传统的黄泉而是地狱,灵魂需要接受阎罗王的地狱审判,然后才能转到来世。在这样的观念之下,主宰地狱的丰都鬼神谱系也相应发生了变化。丰都大帝下属的神明管理者,不再是先秦、秦汉时期的历史人物,而是道教、佛教中专门主管地狱或冥府,负责审理鬼魂之职的神灵。到了宋元时期,混合佛道的"十殿阎王"谱系问世,其中就融入了民间信仰和诸多地方文化元素。及至明初,平都山建成北阴殿,主神设北阴丰都大帝像,居神殿正中,"旁置左右府,东西两庑列诸冥官神位",所有神灵集中统属于丰都大帝之下。这标志着,经过佛、道与民间信仰的糅合改造之后,在平都山上,一种将"十殿阎王"与"丰都地狱"融为一体的新型祭祀模式已经建立,由此也宣告了丰都精神文化的发展进程,正迈向一个新的历史阶段。

4.文化新生层。在佛、道二教围绕罗丰地狱信仰进行理论改造之时,儒家学说也适时地加入进来。在从唐宋至明清的历史长河中,儒家学说在地狱信仰从概念—传说—具象—习俗的演进的过程中,扮演了重要的历史角色。一方面,它大力倡导以孝道为支撑的慎终追远理念,为鬼城文化信仰增添内在驱动力。文人士大夫在鼓吹佛教的灵魂观念和轮回转世的信仰的同时,不遗余力地将礼、乐、仁、义、忠恕、中庸、孝道等思想内涵,以及惩恶扬善、积善修行、教化人心、淳化风俗等伦理道德注入其中。另一方面,它充分发挥文学作品的传播功能,通过著书立说,为许多与鬼有关的传说故事打上

丰都烙印,将鬼魂治司一步步引向丰都。同时还以神话、小说、传说、故事、戏剧、诗词、楹联、绘画、雕塑等表现形式,把"丰都鬼城"阴曹地府的形象以及地狱审判、轮回转世的场面描绘得栩栩如生、淋漓尽致。经过它的广泛传播,鬼城信仰深入人心,家喻户晓,蜚声中外。总之,儒家学说不仅在传播、普及鬼神信仰上起到了推波助澜的作用,还在与佛、道和民间习俗融合的过程中,为塑造心灵、改善社会风气、整合民族凝聚力发挥了重要的社会功能。

(二)平都山祠庙是鬼城的文化载体

祠庙是供奉和祭祀先祖、圣哲及山川神灵的场所。"丰都鬼城"鬼神信仰的载体和祭祀场所,主要集中在丰都县城北岸的平都山上。平都山,又称"名山"或"丰都山",自然生态优美,环境清幽宜人,"负江带山",风光旖旎,自古就是一座充满神奇怪诞传说的"神山灵地"。后世的丰都之所以成为鬼城信仰中心,主要就是以平都山为其依托的。

据专家考证,平都山庙宇,最早可以追溯到道教建立的早期,推测其建筑不过是承袭自原始宗教而相对简陋的"草屋"。平都山脱离原始庙宇形式的道教庙宇,出现在晋代。至北魏时,佛教进入平都山,而佛寺的创建可上溯至东晋南朝。根据南宋人范成大的记述,他在平都山上所见到的庙宇,仅存"晋殿""隋殿"和"唐殿",规模都不大,设施相对简陋。壁画风格,晋殿自然、古朴,隋殿十仙像"奇笔""丰臞妍怪"。当时平都山的宫观、寺庙已形成多种类型,其道、仙、佛分布的整体格局已基本明晰。及至元末,一度存在数百年"制多壮丽"的平都山寺观,因为兵燹而遭到毁灭。平都山寺观的复建,始于明朝。明朝之前,寺庙多由道佛僧人或由达官权臣、地方官吏捐资或主持兴建。到了明代,在官方的主持提倡推动下,随着士人、官员、僧人的加入,平都山及其寺观呈现出前所未有的盛况,据统计寺观数量有42座之多。毁于战火的旧殿被修复一新,承载罗丰地狱信仰的北阴殿和阎王殿,拔地而起,焕然一新,同时还设立了北阴神像、阎罗王神像与诸冥官神位,这些都是超越宋元历史的创举。

明代以来，平都山上各类佛教寺庙如大雄宝殿、鹿鸣寺、天佛寺，以及庵堂等，如雨后春笋般出现，地狱观念通过寺庙里面的雕塑、绘画表现出来，还有鬼门关、奈河桥、望乡台、十八层地狱、无常殿等景观建筑也随处可见。同期出现的，还有展示道教"仙都"文化的各类标识建筑，如仙境坊、凌云阁（即二仙楼）、通仙桥、纯阳亭、通仙坊、总真桥等，以及承载儒家文化的建筑，如凌云书院、文昌宫等，此外还新修了祭祀官员的生祠。于是，平都山一时间呈现出"半神祠、半羽屋、半释室"的格局。平都山祠庙多元化、空间化场景的演化，见证了丰都精神文化信仰的演变过程，反映了丰都区域文化由单一的民间信仰（巴蜀"鬼巫"之道）向道教、佛教与儒家相融合的发展历程，是丰都信仰多元化特征构成的真实写照。

（三）丰都县改名是"鬼城"的文化名片

在中国传统社会中，虚幻世界的罗丰地狱治所本有多处，原来并不在丰都县境内。如先秦时期以昆仑山，汉魏时期以泰山，晋唐时期以北都罗丰、北丰等地方，作为地狱世界（或称阴间、亡者世界）的代表地。后来罗丰地狱治所整体"搬迁"至丰都平都山，与国家力量在整合民间信仰过程中发挥的重要作用不无关系。这从"豐都"县名的误写，与改名"酆都"的事件中，可见其端倪。

东周时丰都为巴国别都，汉为巴郡枳县地，后汉永元二年（90年）分置平都县，仍属巴郡。三国汉延熙十七年（254年），省入临江（今重庆市忠县）。隋义宁二年（618年），分临江置豐都县。这是从当地"豐稔坝"中的"豐"字，与平都山的"都"字中各取一字组合而得名的。但自唐代中晚期以来，下及五代、宋元时期，经常有人将忠州所辖的"豐都县"误写为"酆都县"，将平都山上的"豐都观"误写为"酆都观"。这背后其实反映了丰都信仰的日渐流行，以及平都山的道士们构建和宣传丰都冥府地狱的成功。

不过在官方层面上，直到元末"豐都县"仍是唯一的正式名称。只是到了洪武初年，明太祖朱元璋才将"豐都县"正式改为"酆都县"，背后可能有一段与某种宗教信仰相关的历史隐情。原来,明朝平定四川不久,一些对新政权感到失望的人,出于对取代元朝的大夏旧政权的怀念,开始以信仰白莲教来表达他们的不满与诉求。恰逢此时,丰都所在的忠州地区也被卷入了这场事件之中。朱元璋在调兵平定这次事件后,秉持阴阳并举、幽冥结合的治国理念,在大力提倡天堂地狱、善恶报应、因果轮回等说教的同时,又批准将"豊都县"正式改名为"酆都县",从而使丰都地狱观念正式落实到现实政区之中。

丰都县改名,为"丰都鬼城"打造了一张文化名片。此举具有承上启下意义,一方面它是对南宋以来平都山道士们构建"冥府地狱"的认可与继承,另一方面又对明代以来丰都"鬼城"的塑造进程起到推动作用,同时更为"鬼国""冥府"在全国推广传播铺平了道路。此后道教将地狱审判和阎罗天子的治所定在平都山,"罗丰地狱"从此定于一尊。丰都被正式公认为全国民间信仰的中心,并在海内外得到广泛传播,而此前一度流行过"罗丰地狱"传说的其他地区,则仅将其作为记忆符号保存下来。

二、"丰都鬼神文化"的研究意义

"丰都鬼神文化"是建立在"丰都鬼城"载体之上的一种极具地域特征和民族信仰特证的民俗文化。作为中华传统文化的有机组成部分,"丰都鬼神文化"思想广博深邃,内容斑驳庞杂,亟须以理性精神加以研究和认识。为了将其中有益于时代的精华成分提炼总结出来,必须在尊重传统的基础上,秉持科学态度,去粗取精,去伪存真,由此及彼,由表及里。

(一)以科学态度直面"鬼神文化",弘扬中华优秀传统文化

"鬼神文化"作为一种世界性现象,牵涉人们对天地万物运行规律的观察与认识。中华上古文明中早就孕育、积淀了以重天地、尊鬼神、尚礼乐为核心的价值体系。其中,天地为万物之源,鬼神为祖宗之变,礼乐为人事之范,三者共同构成了中华民族数千年来的精神信仰和价值追求。数千年来,中华传统文化中的儒、释、道三种学说与民间俗神信仰在这里融为一体,假

以体现中国传统文化的"鬼城"形态,将其表达为地狱审判和阎罗天子,由此成为一种独特的民间信仰,对国人的精神生活产生了长远而深刻的影响,以至每当触及"死亡"话题时,人们都会想到这座"鬼城",可见"丰都鬼城"早已超出了丰都的地域,而成为中国乃至世界的话题。尽管它用"丰都"命名,但它不独为丰都所有,而是属于中国,属于世界,属于全人类。显然,以科学态度直面"鬼神文化",不但是对丰都历史文化的正本清源,而且具有弘扬中华传统文化的精华、彰显其正能量的重要意义。

(二)深入挖掘鬼神文化思想内涵,总结提炼中国独特精神价值

"丰都鬼神文化"是中华传统文化中的一朵奇葩,是中国人精神世界的一个代表性文化品种。"丰都鬼神文化"采用民间大众喜闻乐见的世俗文化表现形式,巧妙地将体现善恶果报的精神价值体系,即敬天畏命、公平正义、生命轮回、因果报应、唯善呈和、慎终追远等充满正能量的思想内容,与庙宇格局、神像布置、祭拜仪式、庙会结社、郊游活动、集市贸易、文学作品融合在一起,在民间社会中广泛传播,并得到了大众的认同。经过长时间的潜移默化,它逐渐演化为一种绵延不绝的文化传统和共同遵守的风俗习惯,并最终定型为一部对民众进行伦理道德教化的生活教科书与鲜活的社会化教材,因此它能在中华民族的历史上,起到规范道德、维系人心、传承文化的作用。深入挖掘"丰都鬼神文化"思想内涵,总结提炼独特精神价值,有助于提高公民的道德素质和文化自信,对今天的道德建设、法制建设和社会建设,具有重要的时代启示意义和借鉴参考价值。

(三)重视历史文化资源开发利用,推进丰都文旅产业融合发展

丰都旅游资源丰富,既有自然资源,又有历史文化资源;既有不可移动的物质文化资源,也有非物质文化资源。以平都山为载体的"丰都鬼城",其保存完好的古建筑群,巧夺天工的殿宇建筑、雕塑碑画景观和传奇故事,极具历史价值和艺术价值。丰都庙会以其传统祭祀习俗的深厚积淀,与具有浓郁地方特色的活动形式、内容,跻身国家级非物质文化遗产名录,极具观

赏性和审美价值。保护利用好这些独具特色的资源禀赋,充分发挥其不可取代的竞争优势,定能为丰都文旅产业升级发展提供重要支撑,同时也能为塑造丰都城市形象,提高文化软实力,提升城市美誉度注入动力。

(四)大力加强"丰都鬼神文化"研究,促进地方文化建设和社会科学繁荣发展

"丰都鬼神文化"是一个具有重大研究价值的学术命题,牵涉社会科学多个领域的学科、学派和学说。从知识社会学的视角来说,"丰都鬼神文化"的生成是史志、宗教和文学等三大学科系统的知识相互交流、融汇和层累构造的结果。这一特色,在全国各地都是非常罕见的。数十年来,不少学者在这一领域开展研究并取得了可观成果。据不完全统计,在1983年至2017年之间,学界总共发表与"丰都鬼城"有关的论文100余篇,出版著作30部,课题研究成果1项,学位论文5篇,研讨会论文集3部,主要涉及历史文化源流、信仰庙会习俗、文物考古建筑、思想文化内涵与旅游产业发展等研究内容(详见本书附录第二节)。不过总体来看,这些成果的研究视角比较单一,无论从数量和质量上讲,均远不能满足探求"丰都鬼城"的源流演变,揭示"丰都鬼神文化"的丰厚内涵和独特价值的需要。因此,亟须从多学科视野出发,加强对"丰都鬼神文化"的研究。这既是满足人民群众日益增长的精神文化需求的需要,也是开创哲学社会科学发展新局面,发挥哲学社会科学功能、作用的需要,以此作为切入口,还能为促进地方文化建设和我国哲学社会科学的繁荣发展贡献力量。

三、丰都地方文献的整理思路

地方文献是汇集一个地方社会发展的历史和现实状况的图书文献资料,内容丰富,涵盖广泛,其对区域文化起着传承、传播、交流、促进的作用。地方文献搜集状况,直接关系着区域文化的发展层次与精神提炼。鉴于丰都县过去没有进行过系统的文献整理,借鉴众多学者对文献类型的深入探讨,本书将丰都地方文献分为典籍文献、精英文献、民间文献三个类别。按照这些文献的保存形式,具体分为六编,即典籍史料辑录、方志文献辑要、碑刻文献辑存、艺文作品荟萃、名家著作收藏和民间文献选录。这样的排列整理方式,既能全面涵盖丰都地方文献的内容,突出区域文化特色,又能为拓展丰都区域文化的内涵深度、广度与厚度提供支撑。

(一)深入挖掘典籍文献,增加丰都历史文化厚度

文献典籍是对自然世界、人类社会的描述,又是人类思想的结晶。在浩如烟海的中国古代文献典籍中,蕴藏着大量有关"丰都鬼神文化"的信息。这些文献以不同的载体形式,从不同角度反映了不同时代作者对丰都历史事物的认识,为了解和研究丰都已逝的过去提供了史料依据。但由于古代历史典籍汗牛充栋,难以穷尽,而承载这些信息的文献,零星分散,不易搜寻、检索,以致影响了其文献价值的发挥。为此,本书在第一编"典籍史料辑录"、第四编"艺文作品荟萃"中,以古代文献典籍为搜集对象,将所能搜集的有关丰都的史料信息,以文献辑录的形式,分别置于建置沿革、重大事件、历史人物、山川、寺观与风俗,以及诗词、笔记、小说与游记见闻等类目之下。第五编"名家著作收藏",收录了近人《丰都宗教习俗调查》一书。作者卫惠林,为我国著名社会学家,此书是他根据1935年在四川乡村建设学院任教期间对丰都香会进行实地调查所著。该书开近代以来科学研究丰都"鬼城"源流和文化的先河,堪称中国社会风俗研究的经典之作。本书将其视为典籍文献保存,另辟专编予以收藏。这样的分类做法,既能为学界研究"丰都鬼城文化"提供便利,同时也能为丰都地方文献的保护、传承注入新鲜元素,从而也为丰都历史文化的积淀增加了厚度。

(二)系统整理精英文献,彰显丰都历史文化深度

"精英"的概念,是19世纪末伴随着西方社会学关于社会分层理论的产生而发展起来的。根据这一理论,一般的社会群体可分为两个主要集团:一是精英集团,二是普通大众集团。社会学家们对于精英阶层的界定,一般都采用财富、权势与威望这三个衡量标准。在传统中国社会中,精英集团一直

是举足轻重的活跃力量，他们凭借其在文化领域的优势，在该地区文化传承中扮演了重要角色，其所留下的历史文献，往往成为该地区历史文化的精髓。

丰都历史上盛行崇尚鬼神的习俗，后又以"丰都鬼城"著称于世，而这一地区的精英人士，又大多通过参与修建宗教场所或举办宗教活动来提升自己的威望。这样的生态环境，为精英人士提供了更大的空间舞台，致使他们所留存的相关文献，不仅数量众多，而且价值极高。鉴于丰都精英集团在丰都历史文化传承中的重要性，本书也以相当篇幅予以展示。

收录在本书第一编"历史人物"类目下的士女，辑录了丰都历史上的进士、举人名录及其传记，从中可以了解丰都精英集团人士构成状况、成长背景与其在地方社会中的地位。他们所留下的诗文作品，主要集中在第二编"方志文献辑要"、第三编"碑刻文献辑存"中。地方志是一个地方的百科全书，是历史时期地方官施政的重要参考材料，对当地的历史与文化有很好的整理。从搜寻的地方志资料中可以知道，精英人士不仅以文字讨论本地的地方政治乃至国家大事，也以文字描绘本地山水胜景，甚至有些人还撰写出了不少学术经典著作。难能可贵的是，保存至今的丰都地方志文献，有相当多的篇幅就是出自精英人士之手，它们直接记述了本地寺庙建筑的兴衰与民间信仰的演变。

其中最具代表性的人物，如明代丰都人杨孟瑛，成化二十三年（1487年）进士，在从杭州知府和顺天府丞退休后，积极推进平都山寺庙景观的塑造、形象的构建和书院的打造，为地方社会建设发挥了重要作用。由他主持编纂的弘治《丰都县志》（今失传），由他首倡、庠生冉昊亲手纂辑的嘉靖《平都山志》，传承至今，堪称保存历史资料最多、文化品位最高的丰都地方文献。又如清初丰都人林明俊，顺治十六年（1659年）授贵州驿盐副使，以病不仕，隐居著述三十余年，有诸多著作行世。其所撰写的《重修平都山记》，记述了平都山在经过明末持久的战乱破坏后，于清初复建的缘由与过程，同时还深刻阐述了平都山上冥狱信仰对圣人礼乐和国家统治的积极作用。相信通过精英人士诗文作品的搜集整理,可以极大地丰富丰都地方文献的内容,并能加深人们对丰都历史文化价值的认识。

(三)大力发掘民间文献,展示丰都历史文化广度

民间历史文献,与官方历史文献相对应,是直接产生并保存于民间的文献。民间文献种类众多,比如族谱、碑刻、契约、科仪书、日记、书信等,不仅在数量上,还在史料价值与文化价值上,也丝毫不逊色于精英人物的作品。由于这些资料分散在民间,具有分布广、数量大、易散失等特点,这样就给文献的收集带来了很大困难。本书第六编"民间文献选",将最具代表性的丰都民间文献分为五类(民间族谱、民间经簿、民间抄本、民间歌词与路引图录)予以著录公布。

其中,族谱文献主要记载一个家族的生命史,涵盖家族起源、血统关系、迁徙轨迹、文化教育、家法族规等。收入本编的廖、刘、张、周几个姓氏族谱,编修于清嘉庆至民国年间,记述了这些家族自元明与明末清初由楚迁蜀以来繁衍变迁以及丰都地方社会的状况,具有补史、证史的价值。经簿文献是丰都民间各姓氏为荐悼亡魂,于家庭供设佛堂,举行诵经礼忏仪式,上表呈词的原始记录。收录本编的经簿,见证了丰都民间家庭普遍以这种方式追悼祖先,用以表达崇德报本、悔罪祈福之意,尤具有象征意义和区域文化特色。抄本文献指印本之外,以纸为载体抄写的文献。收录本编的丰都可一照相馆编写的《丰都仙都传异暨胜迹风景写真》抄本,形成于民国三十五年(1946年)六月,系为满足四方远赴丰都观光游客之需而作。这是一个类似于导游手册性质的文本,通过它既可见证当年丰都香会的盛况,也能了解丰都民间士人对本土文化的认识。民间歌谣是百姓精神生活的见证。收入本编的"叫口"歌词,为丰都非物质文化遗产项目,原名"烧拜香唱词",是专为丰都各庙请神而创作的。旧时香客赶来丰都参加香会,抵达丰都第二天早晨,即由"叫口"率领出发,开始烧香。从通仙桥起,沿路上山,每遇一神庙、神龛都需烧香参拜,"叫口"都要口颂赞美神灵的歌词。这些"叫口"歌

词，表达了百姓对各庙神灵的虔诚礼敬，寄托了民众对于惩恶扬善、永享太平的祈求期盼，内中饱含了劝世行善、净化心灵等正能量的思想内涵。收入本编的"路引图录"，系宗教科仪文献，原本为旧时丰都僧道巫卜人士举行各类法事留下的证物，后成为参加丰都香会的香客，在完成烧香仪式后，所获得的安慰心理的纪念品。僧道巫卜之流也利用这类通俗的禁咒、善书之类来维持生活，并借以巩固和展现丰都宗教信仰的力量。

总之，深藏于民间的多种多样的民间文献，反映了乡土社会的风土人情和社会风貌，也记录了古代国家与地方的互动过程，具有重要的史料价值和社会价值，值得高度重视和深入挖掘。相信民间文献发掘整理工作的不断深入，一定能拓宽视野，全方位地展现民众多姿多彩的生活，从而增加人们对丰都历史文化宽度的认识。

陈世松于四川省社会科学院

2021年3月初稿

2021年11月改定

整理说明

一、本书以《丰都地方文献资料选编》命名,系以丰都历史文化资源为搜集整理对象,采录存世文献而成的专题资料集。

二、本书资料来源时间,上起先秦,下迄民国;空间范围以丰都县辖境为准。

三、本书正文下设六编:典籍史料辑录、方志文献辑要、碑刻文献辑存、艺文作品荟萃、名家著作收藏、民间文献选录。附录文献二件:其一为《丰都共识》,系出席2016年"传统文化与民间信仰学术研讨会"的全体学者通过的重要历史文献;其二为《丰都鬼神文化著述目录》,收录1983年至2017年正式发表的与丰都鬼神文化相关的论文著作目录。

四、本书所采资料,分别置于各编条目标题之下,总体按照年代顺序排列,其后附录相关作者、书名及出处等信息。

五、本书所采资料,基本上以条、篇形式呈现,唯有三个刊本以全书形式呈现:一为善本古籍万历《平都山志》,二为民国《丰都县乡土志》,三为民国《丰都宗教习俗调查》。对所采刊本成书的整理,原则上照录原文,仅对万历《平都山志》和民国《丰都县乡土志》做了点校。

六、本书所录文字,以简化汉字横排,原则上以年代较早的古籍底本为准。对引用底本中的衍字、讹字做修改用()标明;补字用[ ]标明;原有缺漏、漶漫的文字,则代之以□,不另出校勘记;原文注以楷体表示。有多个来源者,同时注明出处;有需要考证者,间附按语,借供参考;个别需要注解者,另以页下注说明。

七、引用底本使用传统纪年的,括注公元纪年予以对照;对底本部分内容予以省略的,以省略号标明;为便于前后理解而对内容做补充者,补充文字为楷体,并以()标明。

八、关于丰都县名,东汉永元二年(90)分置丰都县,隋义宁二年(618)改置"豐都",明洪武十四年(1381)起改为"酆都"。本书对涵盖古今文献中的"丰都"县名,均以1958年简化的"丰都"通称记之,涉及隋、明两朝县名历史沿革之处,仍分别以"豐都"或"酆都"记之。

目 录
CONTENTS

第一编　典籍史料辑录 ◎ 1
　第一节　建置沿革 ◎ 3
　　一、平都县 ◎ 3
　　二、豊都县 ◎ 4
　　三、酆都县 ◎ 7
　第二节　重大事件 ◎ 18
　　一、祥异 ◎ 18
　　二、军事 ◎ 21
　第三节　历史人物 ◎ 26
　　一、官宦 ◎ 26
　　二、士女 ◎ 62
　　三、仙释 ◎ 123
　第四节　山川 ◎ 144
　　一、平都山 ◎ 144
　　二、县境内其他山川 ◎ 148
　第五节　寺观（含楼阁、祠庙）◎ 158
　　一、景德观（丰都观、仙都观）◎ 158
　　二、县境内其他寺观 ◎ 161
　　三、楼阁 ◎ 166
　　四、祠庙 ◎ 169
　第六节　风俗 ◎ 175

第二编　方志文献辑要 ◎ 185
　第一节　万历《平都山志》◎ 187
　　一、点校前言 ◎ 187

1

二、《平都山志》◎ 188
　第二节　县志文存 ◎ 252
　　一、县志存目 ◎ 252
　　二、旧志序文 ◎ 253
　第三节　民国《丰都县乡土志》◎ 266
　　《丰都县乡土志》凡例 ◎ 266
　　《丰都县乡土志》弁言 ◎ 266
　　《丰都县乡土志》目录 ◎ 267
　　第一章　建置 ◎ 268
　　第二章　方域 ◎ 270
　　第三章　食货 ◎ 280
　　第四章　礼俗 ◎ 284
　　第五章　兵防 ◎ 285
　　第六章　杂异 ◎ 291
　　第七章　人物 ◎ 293
　　第八章　艺文 ◎ 303

第三编　碑刻文献辑存 ◎ 311
　第一节　碑目 ◎ 313
　第二节　碑记 ◎ 316
　　一、平都山寺观 ◎ 316
　　二、祠庙公署 ◎ 332
　　三、学校书院 ◎ 351
　　四、其他 ◎ 361

第四编　艺文作品荟萃 ◎ 365
　第一节　诗词楹联 ◎ 367
　　一、诗词 ◎ 367
　　二、楹联 ◎ 385
　第二节　笔记、传奇 ◎ 391
　　一、笔记小说 ◎ 391

二、传奇故事 ◎ 419
第三节　游记见闻 ◎ 439
　　一、游平都山(范成大) ◎ 439
　　二、游平都山(王士性) ◎ 440
　　三、游历平都山(王士禛) ◎ 440
　　四、秋山拾遗记(王廷献) ◎ 440
　　五、游丰都(方象瑛) ◎ 443
　　六、游丰都(曹亚伯) ◎ 443
　　七、游丰都(葛绥成) ◎ 443
　　八、游丰都(陈友琴) ◎ 444
　　九、丰都城里重庆报告(伊柔枝) ◎ 444
　　十、丰都不是鬼国(山客) ◎ 445
　　十一、丰都与地府(明斌) ◎ 446
　　十二、丰都城(源野) ◎ 447
　　十三、丰都鬼世界(翟民) ◎ 450
　　十四、廿年前之丰都游记(刘溥泉) ◎ 453
　　十五、鬼国丰都补遗(觉先) ◎ 456
　　十六、素以鬼国著名的丰都(觉先) ◎ 457
　　十七、鬼城丰都游记外篇(林琴) ◎ 458
　　十九、丰都(丰子恺) ◎ 462

第五编　名家著作收藏 ◎ 465
《丰都宗教习俗调查》◎ 467
　《丰都宗教习俗调查》目次 ◎ 467
　前言 ◎ 468
　　一、丰都的地理沿革与庙宇分布 ◎ 468
　　二、丰都宗教中心之起源 ◎ 474
　　三、通俗迷信中的幽冥世界 ◎ 480
　　四、丰都的经忏神话故事与迷信习俗 ◎ 485
　　五、丰都香会 ◎ 494
　　六、丰都宗教的世界观 ◎ 501

3

第六编　民间文献选录 ◎ 505
　第一节　民间族谱 ◎ 507
　　一、嘉庆《廖氏族谱》(节录) ◎ 507
　　二、民国《刘氏族谱》◎ 509
　　三、民国《张氏族谱》◎ 510
　　四、民国《周氏族谱》◎ 513
　第二节　民间经簿 ◎ 514
　　一、乾隆《罗氏经簿》◎ 514
　　二、民国《敖氏经簿》◎ 515
　第三节　民间抄本 ◎ 516
　　《丰都仙都传异暨胜迹风景写真》◎ 516
　第四节　民间歌词 ◎ 524
　　一、"叫口"歌词 ◎ 524
　　二、劝世歌词 ◎ 535
　第五节　路引图录 ◎ 537
　　一、民国文宣素王路引 ◎ 537
　　二、丰都山天子大帝路引 ◎ 538
　　三、冥途押运水引 ◎ 539
　　四、民国皈依牒 ◎ 539
　　五、民国了凡成圣长生图 ◎ 540

附录 ◎ 541
　第一节　丰都共识 ◎ 543
　第二节　丰都鬼神文化著述目录 ◎ 545
　　一、论著 ◎ 545
　　二、论文 ◎ 547
　　三、画册、音像 ◎ 556
　　四、学位论文 ◎ 556
　　五、课题成果 ◎ 556

后记 ◎ 557

丰都地方文献
资料选编

第一编 典籍史料辑录

第一节　建置沿革

一、平都县

(江水)又径东望峡,东历平都……江水右径虎须滩。

[汉]桑钦:《水经》卷三《江水》(明正德十三年盛夔刻本),《原国立北平图书馆甲库善本丛书》,北京:国家图书馆出版社,2013,第398册,第26-27页。

巴子时虽都江州,或治垫江,或治平都,后治阆中。其先王陵墓多在枳,其畜牧在沮,今东突峡下畜沮是也……(延熙)十七年(254),省平都、乐城、常安。

[晋]常璩:《华阳国志》卷一《巴志》(明万历吴管刻古今逸史本),《原国立北平图书馆甲库善本丛书》,北京:国家图书馆出版社,2013,第266册,第100-101页。

平都县,蜀延熙时省,大姓殷、吕、蔡氏。

[晋]常璩:《华阳国志》卷一《巴志》(明万历吴管刻古今逸史本),《原国立北平图书馆甲库善本丛书》,北京:国家图书馆出版社,2013,第266册,第101页。

巴郡……十四城,户三十一万六百九十一,口百八万六千四十九。江州、宕渠,有铁。朐忍、阆中、鱼复、捍水,有捍关。临江、枳、涪陵,出丹。垫江、安汉、平都《巴记》曰:和帝分枳置、充国,永元二年(90)分阆中置。宣汉、汉昌,永元中置。

[晋]司马彪撰,[南朝宋]刘昭注补:《后汉书志》卷二十三《郡国五》,北京:中华书局,1965,点校本,第3507页。

(江水)又径东望峡,东历平都。峡对丰民洲,旧巴子别都也。《华阳记》曰"巴子虽都江(平)州,又治平都",即此处也。有平都县,为巴郡之隶邑矣。县有天师治,兼建佛寺,甚清灵。县有市肆,四日一会。

[北魏]郦道元:《水经注》卷三十三《江水》(明嘉靖十三年黄省曾刻本),《原

国立北平图书馆甲库善本丛书》，北京：国家图书馆出版社，2013，第398册，第357页。

《续汉志》曰：和帝永元中，分枳县置平都县。平都，即今丰都县也。
［宋］李昉：《太平御览》卷一百六十七《州郡部十三·忠州》（上海涵芬楼影印宋本），北京：中华书局，复制重印本，1960，第1册，第816页。

平都故城，今（丰都）县治。谯周《巴记》：和帝分枳县置。《华阳国志》：巴子治江州，或治平都，蜀延熙十七年（254）省。《旧唐志》：忠州领丰都县，即后汉平都县，义宁二年（618）分临江置。乾宁二年（895）荆南帅成汭溯江略地，黔中帅王建肇弃州，退保丰都，汭将赵武又自黔中数攻丰都，建肇降于王建。后唐孟知祥将朱偓侵涪州，武泰帅杨汉宾奔忠州，偓追至丰都，还取涪州。宋元丰后废，南渡后复置。明始改为酆都县。
雍正《四川通志》卷二十六《古迹·丰都县》，第33页b。

平都故城，今丰都县治。《后汉书·郡国志》：巴郡平都，注《巴记》曰"和帝分枳置"。《华阳国志》：巴子治江州，或治平都。又平都县，蜀延熙时省。《水经注》：江水东历平都，旧巴子别都也。有平都县，为巴郡隶邑。《旧唐书·地理志》：忠州丰都县，即汉平都县，义宁二年（618）分临江置。《寰宇记》：县在忠州西九十二里。按宋志：丰都县，南渡后增置。旧志遂谓宋初废。今考《九域志》有此县，则知废在元丰后也。
嘉庆《大清一统志》卷四百一十六《忠州直隶州》，四部丛刊续编景旧抄本，第7页a-b。

二、豐都县

临江，梁置临江郡，后周置临州。开皇初郡废，大业初州废。有平都山。有彭溪。
《隋书》卷二十九《地理志上·巴东郡》，北京：中华书局，1973，第826页。

忠州,隋巴东郡之临江县。义宁二年(618),置临州,又分置丰都县。武德二年(619),分浦州之武宁置南宾县,又分临江置清水县,并属临州。八年(625),又以浦州之武宁来属。其年,又隶浦州。九年(626),以废潾州之垫江来属。贞观八年(634),改临州为忠州。天宝元年(742),改为南宾郡。乾元元年(758),复为忠州。旧领县五,户八千三百一十九,口四万九千四百七十八。天宝,户六千七百二十二,口四万三千二十六。在京师南二千二百二十二里,至东都二千七百四十七里。

临江,汉县,属巴郡。后魏置万川郡。贞观八年(634),改临州为忠州,治于此县。

丰都,汉枳县地,属巴郡。后汉置平都县。义宁二年(618),分临江置丰都县。

南宾,武德二年(619),分武宁县置。

垫江,汉县,属巴郡,后废。后魏分临复置。周改为魏安,隋复为垫江。武德初,属潾州。州废,属临州。

桂溪,武德二年(619),分临江置清水县。天宝元年(742),改为桂溪。

《旧唐书》卷三十九《地理二·山南道》,北京:中华书局,1975,第1557页。

丰都县,西九十二里,元四乡,本汉枳县地,属巴郡。《续汉书·郡国志》云:永元二年(90),分枳县地置平都县,取界内平都山为名。蜀延熙中省入江都县,隋义宁三年(619)复置,改为丰都焉。

[宋]乐史:《太平寰宇记》卷一百四十九《山南东道八》,清文渊阁四库全书补配古逸丛书景宋本,第8页。

忠州南宾郡,下。本临州,义宁二年(618)析巴东郡之临江置,贞观八年(634)更名。土贡:生金、绵绸、苏薰席、文刀。户六千七百二十二,口四万三千二十六,县五。临江,中下,有盐;丰都,中下,义宁二年(618)析临江置;南宾,中下,武德二年(619)析浦州之武宁置,有铁;垫江,中下;桂溪,中下。本清水,武德二年(619)析临江置,天宝元年(742)更名。

《新唐书》卷四十《地理四》,北京:中华书局,1975,第1029-1030页。

下,丰都,(忠)州西北十二里,四乡。

[宋]王存:《元丰九域志》卷八《夔州路·下忠州南宾郡军事》,清文渊阁四库全书本,第20页b。

下,丰都县,本平都,故巴子之别都也。汉枳县地,隋义宁二年(618)析临江复置,属临州,唐属忠州。有平都山、大江。

[宋]欧阳忞:《舆地广记》卷三十三《夔州路》,士礼居丛书景宋本,第4页。

咸淳府,下,本忠州,南宾郡,军事。咸淳元年(1265),以度宗潜邸,升府。元丰户三万五千九百五十。贡绵绸。县三:临江,中下。垫江,中下,熙宁五年(1072),省桂溪县入焉。南宾,下。南渡后,增县二:丰都,下。龙渠,下。

《宋史》卷八十九《地理五·夔州路》,北京:中华书局,1977,第2227页。

荆南节度使成汭与其将许存溯江略地,尽取滨江州县;武泰节度使王建肇弃黔州,收余众保丰都。丰都,汉巴郡枳县地,后汉置平都县,因山以名县也。梁置临江郡,隋废郡为县。义宁二年(618),分临江置豐都县。唐属忠州。《九域志》:在州西九十里。存又引兵西取渝、涪二州,汭以其将赵武为黔中留后,存为万州刺史。

[宋]司马光编著,[元]胡三省音注:《资治通鉴》卷二百六十《唐纪七十六·昭宗干宁三年》,北京:中华书局,1956,第8487页。

丰都,隋县。有平都山。

[宋]马端临:《文献通考》卷三百二十一《舆地考七·古梁州·忠州》,清浙江书局本,第19页。

忠州,下,唐改为南宾郡,又为忠州。宋升咸淳府。元仍为忠州。领三县:临江,下。南宾,下。丰都,下。

《元史》卷六十《地理三》,北京:中华书局,1976,第1442页。

三、酆都县

丰都县，在(忠)州西二百里，编户四里。儒学、丰陵水驿、沙子关巡检司、阴阳医学、僧道会司。

佚名：《大明官制》卷三《四川省》，明万历刻皇明制书本，第61页。

丰都县，在(忠)州西二百里，本汉巴郡枳县地，和帝分置平都县，蜀汉并入临江县，梁属临江郡，隋属巴东郡，义宁初始析置豐都县，唐属忠州，宋仍旧，元至元中并垫江县入焉，本朝改豐为酆，又以南宾县并入，编户四里。

[明]李贤：《明一统志》卷六十九《重庆府·建置沿革》，清文渊阁四库全书本，第19页。

《水经》曰：江水又径东望峡，东历平都。注谓"峡对丰民洲，旧巴子别都也"。《华阳国志》：巴子虽都江州，或治平都。即此。《续汉书》：永元二年(90)，分枳置平都，取界内平都山为名。

《方舆胜览》云：自丰都县东行二里许，始登山，石径萦回，可一二里，平莹如扫，林木邃茂，夹径翠柏黄葛殆万株，有数十株是千年物，此即平都山也。

郦道元曰：平都有天师治，兼建佛寺，甚清灵。道书号为平都福地。《舆地纪胜》云：仙都观在平都山，唐建，宋改景德，又名白鹤观，有阴长生诗，天成四年(929)书也。《通考》云：阴真人祠，刻诗三章，乃贞元中刺史李贻孙书。元丰四年(1081)转运判官许安世过祠下，阅石定为阴仙之作，乃属知夔州吴师孟书石，送置观中，诗见《神仙记》。

《百川学海》云：治平末，苏东坡溯峡泊舟仙都山下，道士持阴长生石本金丹诀，就质真赝。东坡答曰"不知也，然士大夫过此，必以请，久久自有知之者"。按《古今诗谣》云：蜀道观中浚井得一碑，其文曰"有物有物，可大可久。采乎蚕食之前，用乎火化之后，成汤自上而临下，夸父虚中而见受。气应朝光，功参夜漏，白英聚而雪惭，黄酥凝而金丑，转制不已，神趋鬼骤。金欤玉欤，天年上寿，无著于文，诀之在口"。此即阴仙所著丹诀也。

《胜览》云：阴长生以延光元年(122)于平都山白日升天，山顶五云洞中，尝有

云气从丹井中出,洞有五云楼,壁上"瑶池乐部"四字,段文昌书。

《舆地碑目》云:仙都观有《二仙公碑》,李虔撰,《二仙铭》,薛湜撰,俱景云二年(711)立。《阴真人影堂碑》《王真人碑》,俱李吉甫撰,贞元年立。其石莹润而白,号为玉石碑。又有商比干铜盘铭,开元间掘自偃师县,翻刻于此。文曰:右林左泉,后冈前道。万世之铭,兹焉是宝。又有中和元年(881)忠州刺史陈佚《三官碑》,丞相段文昌《修观碑》,段少监《修斋记》,《天尊石像记》,《老君石像记》,张大理诗,杜光庭《石函记》,按今皆不存。

《志》云:"总真群仙之府""道山洞天"等刻,或隶篆,或真行,大径尺,吕纯阳书,见存。纯阳登平都,有访仙诗云"盂兰清晓过平都,天下名山总不如。两口单行谁解识,王阴空使马蹄虚"。又云"一鸣白鸟出青城,再谒王阴二友人。口口惟言三岛乐,抬眸已过洞庭春"。宋苏轼诗"足蹑平都古洞天,此身不觉到云间。抬眸四顾乾坤阔,日月星辰任我攀"。又"平都天下古名山,自信山中岁月闲。午梦任随鸠唤觉,早朝又听鹿催班"。苏辙诗"山前江水流浩浩,山上苍苍松柏老。舟中去客日纷纷,古今换易如秋草。空山楼观何峥嵘,真人王远阴长生。飞符御气朝百灵,悟道不复诵黄庭。龙车虎驾下来迎,去如旋风转太清。真人厌世不回顾,世间生死如朝暮。学仙度世岂无人,飧霞绝粒常辛苦。安得独从逍遥君,泠然乘风驾浮云。超世无有我独行"。范成大诗云"神仙得者王方平,谁其继之阴长生。飘然空飞五云軿,上宾寥阳留玉京。石炉丹气常夜明,宠光万柏森千龄。峡山偪仄岷江萦,洞宫福地古所铭。云有北阴神帝庭,太阴黑簿囚鬼灵。自从仙都启岩扃,高霞流电飞伏精。晖景下堕烁九冰,寒绝苦道升无形。至今台殿栖岑屏,隋圬唐垩留丹青。十仙怪寄溪如清,瑶池仙仗纷娉婷。琅璈赴节锵欲鸣,我来秋暑如炊蒸。汗流吁气扶枯藤,摩挲众迹不暇评。聊记梗概知吾曾"。

段文昌《修平都观记》云:平都山最高顶,即汉时王、阴二真人蝉蜕之所也。峭壁千仞,下临湍波,老柏万株,上插峰岭,灵花彩羽,皆非图志中所载者。昏旦万状,信非人境。贞元十五年(799),余西游岷蜀,停舟江岸,振衣虔洁,诣诸洞所,石嵒灵窦,苍然相次,苔毨古书,依稀可辨。时与道侣数人坐于下,须臾天籁不起,万窍风息,山光耀于耳目,烟霞拂于襟袖,相顾神𢣷,若在紫府元圃矣。牵于行役,不得淹久。瞻眺惘怅,书名而去。迩来已三十四年。太和庚戌岁(830),

自淮南移镇荆门,有客由峡中来者,皆言当时题记文字犹在观宇,岁久台殿荒毁,不三数年,必尽摧没于岩壑矣。乃舍一月秩俸,俾令修葺。子来同力,浃旬报就,去年冬十一月诏命换麾幢,再领全蜀,溯三峡,历旧游,依然景物,重喜登览,闻泉声而缓步,爱松色而难别,遂命笔砚,志于岩谷。时太和七年(833)正月五日。

《道经》云:老子骑青牛度函谷,将息驾于平都。今县二里有青牛山,在平都之左。

《方舆胜览》云:景德观前,麀麈时出没林间与人狎。《志》云:自平都西去一里,林树丛密者,白鹿山也。《霏雪录》云:苏老泉将游仙都观,知县李长官云"故知君之将至也"。问何以知之?曰"此山巨鹿鸣,辄有客至,屡验辄未一失"。老泉亦尝为人言之。东坡《白鹿山诗》云:"日月何促促,尘世苦拘束。仙子去无迹,故山遗白鹿。仙人已去鹿无家,孤凄怅望曾城霞。至今闻有游仙客,夜来江浦叫平沙。长松千树声萧瑟,仙客去人无咫尺。夜鸣白鹿安在哉?满山秋草无踪迹。"山之翠微有玉鸣泉,响作琴音,清澄玉色。其麓有流杯溪,溪凡七出,相传平都之仙常燕集于此。

《华阳国志》:巴子又立市于龟亭北岸,今新市里是也。注《水经》曰:平都县有市肆,四日一会。东坡诗"我生飘荡去何求,再过龟城岁五周。身行万里半天下,僧卧一庵初白头"。题云过石龟山作也。旧志:石龟山,在县东五十里,其下有村墟。

《志》云:县在丰民洲,登平都山,望岷江西来,绕之而去,其支流派别,名为溪者,可得而数焉。粮溪,在治东,山上有魏国夫人墓,未详年代。葫芦溪,在西南,邃窈莫测,蛟龙是宅,青螺绿髻,上下相映,《志》谓之月镜潭也。碑溪,以古碑名,不知何代物,去县稍远。望途溪,在古南宾县地,今为南宾里,旧属忠州,邻石柱司。

《志》又云:龙渠县,今名县坝,属散毛宣抚司。县有引藤山,出藤大如指,可以吸酒。白乐天诗"闲拈枯叶题诗句,闷折藤枝引酒尝",亦近南宾界。

愚按:丰民洲,在平都山下,隋两取之以名县。自豐旁加邑,而罗丰地府之说始行。今引《真诰》《广记》二文附此。《真诰》曰:罗丰山在北方癸地,注此癸地,未必以六合言,当是于中国指向正在幽州辽东之北,北海之中,去岸不知几千万里。又曰:六天宫,是鬼神六天之治也,洞中六天宫亦同名,相像如一。世有知丰都六

天宫门名,则百鬼不敢为害。陶弘景曰:此应是北丰鬼王决数罪人住处,其神即经所称阎罗王矣。《太平广记》曰:东都丰都市,在长寿寺之东北,初筑市垣,掘得古冢,土藏无砖甓,棺木陈朽,触之便散,尸上着平上帻,朱衣得铭曰"筮道居朝,龟言近市,五百年间,于斯见矣"。当时达者参验,是魏黄初二年(221)所葬也。然范成大诗"云有北阴神帝庭,太阴黑簿囚鬼灵",则丰都之说亦不起于近代。

[明]曹学佺:《蜀中广记》卷十九《重庆府三·丰都县》,清文渊阁四库全书本,第24页a-30页a。

丰都县,本巴郡枳地也,汉永元二年(90)分枳置平都县,盖山名云。改平为豊自隋始,豊傍加邑国初始。

[明]曹学佺:《蜀中广记》卷五十三《蜀郡县古今通释第三·上川东道属》,清文渊阁四库全书本,第5页。

丰都,后周以前与忠州同,隋始析临江置豊都县,唐属忠州。本朝改豊为酆,并南宾入焉。

正德《四川志》卷十三《重庆府·建置沿革》,明正德刊刻嘉靖增补本,第3页。

丰都县,(忠)州至西二百里,本汉巴郡枳县地,和帝分治平都县,蜀汉并入临江县,梁属临江郡,隋属巴东郡,义宁初始析置豊都县,唐属忠州,宋仍旧,元至元中并垫江县入焉。本朝改豊为酆,又以南宾县并入,编户四里。

嘉靖《四川总志》卷九《重庆府·建置沿革》,第3页b-4页a。又见万历《四川总志》卷九《郡县志·重庆府·建置沿革》(虞怀忠、郭棐等修纂),《四库全书存目丛书》,济南:齐鲁书社,影印本,1997,史部第199册,第354页;万历《四川总志》卷九《郡县志五·重庆府·建置沿革》(吴之皞、杜应芳修纂),《原国立北平图书馆甲库善本丛书》,北京:国家图书馆出版社,影印本,2013,第356册,第227页。

丰都县,古巴国地,周为巴子之封域,秦属巴郡,汉为枳临江地,是时有平都县,一曰故巴子之别都云。晋以后俱为临江地,隋属巴东郡,义宁二年(618)始析临江地置豊都县。唐仍为丰都县,属忠州南宾郡。宋初县废,南渡后复置丰都县,咸淳初升忠州为咸淳府,县属如故。元改府仍为忠州,丰都县仍属隶重庆路,元末为明玉珍僭据。国朝洪武四年(1371)归附,改豐为酆,九年(1376)并入涪州,十四年(1381)复为县,并南宾、龙渠二县入焉,隶忠州,总属重庆府,编户四里。

万历《重庆府志》卷二《沿革》,《上海图书馆藏稀见方志丛刊》,北京:国家图书馆出版社,2011,影印本,第209册,第127-128页。

丰都县,汉枳县地,梁置临江郡,隋属巴东郡,唐属忠州,宋因之,元并垫江入焉,明改今县,编户四里,隶重庆府。皇清因之,编户一里。

康熙《四川总志》卷四《建置沿革》,第14页a。

《禹贡》:梁州之域。

周,巴子别都。

《水经》曰:江水又径东望峡,东历平都。注云"峡对丰民洲,旧巴子别都也"。《华阳记》曰:巴子虽都江平洲,又治平都。即此处也。

秦属巴郡。旧志:秦惠文王与楚共灭巴,置巴郡。

汉枳县地,属巴郡。《水经注》:江之南岸有枳县。《华阳记》曰:枳县在江州巴郡东四百里,治涪陵水会。庾仲雍谓有别江出武陵者也。又曰:枳东四百里,东接朐忍县,有盐官云云。按以道里计之,丰都实在重庆东四百里,又东四百里则云阳,盐井乃接朐忍今夔州也。特《水经》误以枳县注"涪州"条下,以盐官注"临江"今忠州条下耳。若谓枳在涪州,则西至江州,东至临江,俱无四百里,而临江亦不接朐忍。《武隆志》曰:枳县故基在治东上流二十里。《省志》:古迹,枳县城在府城西一百一十五里。《史记》:楚得枳而国亡。即此。晋桓温伐蜀,移枳县于临溪,此城遂废云云。《广舆记》因之而又云:丰都,汉枳县地。按府城西亦无枳城旧址,而丰邑道里,旧志俱从忠计算,则"府"字乃"州"字之误,于道远近俱合。如谓桓温移枳于临溪,则"溪"字或"江"字之误。然亦无府西一百十五里,东移至五百里外之理。阙疑以备考可也。

东汉和帝永元二年(90),分枳县置平都县。《水经注》:有平都县,为巴郡之隶邑。

东汉,属永宁郡。献帝初平元年(190)分巴为二,自江州至临江为永宁郡。

蜀汉，并入临江县。

晋，属巴东郡。按《晋书》：巴郡江州、垫江、临江、枳四属，则枳为丰之旧名，应属巴郡，而不属巴东郡矣。

宋、齐，属巴郡。

梁，为临江郡。

后周，为临州。

隋，为临江县，属巴东郡，后仍改临州，析临州置豐都县。旧志载义宁二年（618）析临州置豐都县，属忠州。查恭帝为李渊所立，不过数月，西蜀声教不通，奚暇析置州县乎？史载隋文帝开皇三年（583）废诸郡以州治民，九年（589）廓定江表，以户口滋多，析置州县，丰都之分当在此时也。按隋文帝开皇三年（583），废诸郡以州治民，炀帝大业三年（607）改州为郡，唐武德初改郡为州，武德元年（618）即炀帝大业十三年，恭帝义宁二年也。旧志载明初改豐为酆，《东坡集》豐傍亦无邑，而《广舆记》误作隋酆都。今改正。

按春陵杨齐贤注李青莲诗"下咲世上士，沉魂北丰都"句，云涪州丰都观乃北都罗丰所治，名平都福地，则改豐为酆。明之先已添邑傍，且亦曾分隶涪州矣。

唐，属山南东道南宾郡忠州。贞观八年（634），改临江为忠州，以巴蔓子严颜也。按《唐志》，忠州隶南宾郡，而丰都属忠州，则是忠、丰俱统辖于南宾矣。

宋高宗建炎初，增设丰都县，属忠州。咸淳初，因度宗潜邸，升忠州为咸淳府，丰都仍隶焉。《宋史》：忠州旧三县，临江、垫江、南宾，南渡增设丰都、龙渠二县。而北宋苏诗犹有"丰都"之名，岂仍隋唐之旧耶？按《土司考》云：唐改施州为清江郡，宋改清江郡为南宾县。唐武德二年（619）分浦州武宁县置南宾县，今石柱司城是也。

元，仍属忠州，至元中罢垫江并入丰都县，别于垫江设临江镇巡检司。

伪夏窃据，复分置垫江县。

明洪武四年（1371），明升归附。九年（1376）并入涪州，十四年（1381）复置，县改豐为酆，又以南宾县并入焉，属重庆府，带忠州衔。

国朝因之。

按：丰都分于隋，忠州改于唐。丰之名，视忠较古，唐宋以来俱属忠州，其在有明不过带衔而已。康熙三十四年(1695),知县马腾云始祥请不带忠州衔。

康熙《丰都县志》卷二《建置志·沿革》,第1页a-5页a。

丰都县,古巴国别都,汉为枳县地,永元二年(90)分置平都县,属巴郡。蜀汉延熙十七年(254)并入临江县。梁属临江郡。隋属巴东郡,义宁二年(618)置豐都县。唐属忠州。宋初因之,元丰后废,绍兴初复置,咸淳初属咸淳府,元至元中并垫江入焉。明洪武初改豐为酆,又以南宾县入焉,隶重庆府。皇清因之,雍正十二年(1734)改隶忠州。

雍正《四川通志》卷二《建置沿革》,第16页b。

丰都县,古巴国别都,汉为巴郡枳县地,东汉永元二年(90)分置平都县,仍属巴郡。三国汉延熙十七年(254)省入临江。隋义宁二年(618)分临江县,置豐都县。《寰宇记》:取界内平都山为名。唐属忠州。宋初因之,后废,绍兴初复置,仍属忠州。元因之。明洪武初改豐曰酆。皇朝初属重庆府,雍正十二年(1734)改属忠州。

嘉庆《四川通志》卷五《舆地·沿革·忠州》,第51页b-52页a。

丰都,(忠)州西南。元曰豐都。洪武十年(1377)五月省入涪州,十三年(1380)十一月复置,曰酆都。南滨大江,有葫芦溪自西南流入焉。东南有南宾县,洪武中省。又有沙子关巡检司。

《明史》卷四十三《地理四·四川·忠州》,北京:中华书局,1974,第1033页。

(忠州)设龙渠、临江、南宾、丰都、垫江五县为属焉。元至元二十年(1283)复改忠州,裁去临江、龙渠、南宾三县,止属丰都、垫江二县。洪武四年(1371)取蜀,仍其旧,编户七里,所属二县添设守御十所。我朝定鼎,裁去守御所,编户二里,所属二县。

乾隆《忠州志》卷一《沿革》,《故宫博物院藏稀见方志丛刊》,北京:故宫出版社,2012,影印本,第137册,第338-339页。

隋开皇初(临江)郡废,大业初(临)州废,(临江)县属巴东郡,义宁二年(618)复置临江,析州地置豐都县。按恭帝为李渊立,不过数月,西蜀声教不通,奚暇析置州县? 史载隋文帝开皇三年(583)废诸郡,以州治民,九年(589)廓定江表,以户口滋多,析置州县或在此时。唐贞观八年(634)以曼子、严颜故,改名忠州。……天宝初改曰忠州南宾郡,乾元复为忠州,属山南东道,丰都、南宾、垫江、清水四县。……宋初名忠州南宾郡,属夔州路,咸淳元年(1265)以度宗潜邸故,升为咸淳府,移府治于黄华洲。临江、龙渠、丰都、南宾、垫江五县属焉。熙宁五年(1072)又省垫江县地入忠州。元复为忠州,至元二十一年(1284)改属重庆路,临江、丰都、南宾属之。明洪武初以州治临江县,省属重庆府。皇朝初因之。雍正十二年(1734)以州直隶四川省,丰都、垫江、梁山属之。

道光《忠州直隶州志》卷一《沿革》,第2页a-b。

丰都,《禹贡》梁州之域,周为巴子别都。《水经》曰:江水又径东望峡,东历平都。注云"峡对丰民洲,旧巴子别都也"。《华阳记》曰:巴子虽都江平洲,又治平都。旧志以为即此处。秦属巴郡。旧志:秦惠文王与楚共灭巴,置巴郡。汉置枳县,仍属巴。《水经注》:江之南岸有枳县,《华阳记》曰:枳县在江州巴郡东四百里,治涪陵水会。庾仲雍谓有别江出武陵者也。又曰:枳东四百里,东接朐忍县,有盐官。《武隆志》曰:枳县故基在治东上流二十里。《省志》:古迹,枳县城在府城西一百一十五里。《史记》:楚得枳而国亡。即此。晋桓温伐蜀,移枳县于临溪,此城遂废。《广舆记》云:丰都,汉枳县地。旧志。按以道里计之,丰都在重庆东四百里,又东四百里则云阳,盐井乃接朐忍,今夔州也。特《水经》误以枳县注"涪州"条下,以盐官注"临江"条下耳。若谓枳在涪州,则西至江州,东至临江,俱无四百里,而临江亦不接朐忍。又按府城西亦无枳城旧址,而丰邑道里,旧志俱从忠计算,则"府"字乃"州"字之误,于道远近俱合。如谓桓温移枳于临溪,则"溪"字或"江"字之误。然亦无府西一百十五里,东移至五百里外之理。愚按《前汉书·地理志》:巴郡县十一,临州、临江、枳、阆中、垫江、朐忍、安汉、宕渠、鱼复、充国、涪陵;《后汉书·郡国志》:巴郡十四城,江州、宕渠、朐忍、阆中、鱼复、临江、枳、涪陵、垫江、安汉、平都、充国、宣汉、汉昌;《续汉志》:朐忍属巴郡;《大清一统志》表"万县,汉朐忍县地",则旧志谓朐忍为今夔州,误矣。又按旧志注"临江即今忠州",

忠、万实邻焉，有不接胸忍者。世代变迁，山川陵谷，古人载籍当必有据，若但以今之道里计，吾乌乎知之。东汉和帝永元二年（90），分枳县置平都县。《水经注》：有平都县，为巴郡之隶邑。献帝初平元年（190）分巴为二，自江州至临江为永宁郡，平都隶焉。蜀汉延熙中省平都入临江县。晋、宋、齐属巴郡。旧志谓晋属巴东郡。按《晋书》：巴郡四属，江州、垫江、临江、枳。丰在汉为枳，晋仍旧名，应属巴郡，而非属巴东郡。梁为临江郡，后州（周）为临州，隋为临江县，属巴东郡，后仍改临州，析临州豐都县。旧志载义宁二年（618）析临州置豐都县。按恭帝为李渊所立，不过数月，西蜀声教不通，奚暇置析州县？史载隋文帝开皇三年（583）废诸郡以州治民，九年（589）廓定江表，以户口滋多，析置州县，丰都之分当在此时。唐贞观八年（634）改临江为忠州，属山南东道南宾郡，丰都隶之。旧志。《唐志》：武德二年（619）析普州之武定县地置属临州，寻属忠州，宋元因之。明初省入丰都县。按《唐书》：忠州隶南宾郡，而丰都属忠州，是忠、丰俱统隶于南宾矣。昭宗乾宁二年（895），荆南节度使成汭尽取滨江州县，丰都不能守，降于王建。旧志。宋高宗建炎初，仍设丰都县，属忠州。咸淳初，因度宗潜邸，升忠州为咸淳府，丰都仍隶焉。按《宋史》：忠州旧县三，临江、垫江、南宾，南渡后增设丰都、龙渠二县。而北宋苏诗犹有"丰都"之名，岂仍隋唐之旧耶？旧志。按《土司考》云：唐改施州为清江郡，宋改清江郡为南宾县。按唐武德二年（619）分浦州武宁县置南宾县，今石柱厅城是也。元仍隶忠州，至元中罢垫江并入丰都县，别于垫江设临江镇巡检司。旧志。伪夏窃据，复分置垫江县。明洪武四年（1371），明升归附。九年（1376）并入涪州，十四年（1381）复置，县改豐为酆，又以南宾并入焉，属重庆府，带忠州衔。国朝顺治十三年（1656）二月，丰都归顺，仍隶重庆。康熙十二年（1673）十二月，逆藩吴三桂反。十三（1674）年正月陷丰都。十九年（1680）八月，王师复丰都。闰八月，逆镇谭宏叛，丰都再陷。二十年（1681）正月，王师克谭宏于百丈梁，乘胜东下，重复丰都。雍正十一年（1733），升忠州为直隶州，割重庆府之丰都、垫江二县，并夔州府之梁山一县隶焉，今遂为忠州属。

按旧志：丰都分于隋，忠州改于唐。丰之名，视忠较古，唐宋以来俱属忠州，其在前明带衔而已。康熙三十四年（1695），丰都知县马腾云始祥请不带忠州衔。

同治《丰都县志》卷一《舆地志·沿革》，第2页b-4页b。又载光绪《丰都县志》卷一《舆地志·沿革》，第2页b-4页b。

忠州直隶州：繁，难。隶川东道。明，重庆府属州。顺治初，仍明制。雍正十二年（1734），升直隶州，以重庆之丰都、垫江及夔州之梁山来隶。……领县三。……丰都简。（忠）州西南百十里。东：青牛、大峰。西：石壁。南：金盘。东北：平都山。《水经》所谓"径东望峡，东历平都"者也。大江自涪州入，东北流，径城南，又东北入州。渠溪自州西南流，葫芦溪自石柱西流，碧溪自金盘山东南流，并入大江。西：北涪镇。

《清史稿》卷六十九《地理十六·四川》，北京：中华书局，1977，第2234页。

大地抟抟，厘为九州岛，划为行省，析为府厅州县。丰于梁州下邑也，周为巴子别都。《水经》曰：江水又径东望峡，东历平都。注云"峡对丰民洲，旧巴子别都也"。《华阳记》曰：巴子虽都江平州，又治平都。旧志以为即此处。秦属巴郡。旧志：秦惠文王与楚共灭巴，置巴郡。汉置枳县，仍属巴。《水经注》：江之南岸有枳县，《华阳记》曰：枳县在江州巴郡东四百里，治涪陵水会。庾仲雍谓有别江出武陵者也。又曰：枳东四百里，东接朐忍县，有盐官。《武隆志》曰：枳县故基在治东上流二十里。《省志》：古迹，枳县城在府城西一百一十五里。《史记》：楚得枳而国亡。即此。晋桓温伐蜀，移枳县于临溪，此城遂废。《广舆记》云：丰都，汉枳县地。旧志。按以道里计之，丰都在重庆东四百里，又东四百里则云阳，盐井乃接朐忍，今夔州也。特《水经》误以枳县注"涪州"条下，以盐官注"临江"条下耳。若谓枳在涪州，则西至江州，东至临江，俱无四百里，而临江亦不接朐忍。又按府城西亦无枳县旧址，而丰邑道里，旧志俱从忠计算，则"府"字乃"州"字之误，于道里远近俱合。如谓桓温移枳于临溪，则"溪"字或"江"字之误。然亦无府西一百十五里，东移至五百里外之理。愚按《汉书·地理志》：巴郡县十一，临州、临江、枳、阆中、垫江、朐忍、安汉、宕渠、鱼复、充国、涪陵；《后汉书·郡国志》：巴郡十四城，江州、宕渠、朐忍、阆中、鱼复、临江、枳、涪陵、垫江、安汉、平都、充国、宣汉、汉昌；《续汉志》：朐忍属巴郡；《大清一统志》表"万县，汉朐忍县地"，则旧志谓朐忍为今夔州，误矣。又按旧志注"临江即今忠州"，忠、万实邻焉，有不接朐忍者。世代变迁，山川陵谷，古人载籍当必有据，若但以今之道里计，吾乌乎知之。东汉和帝永元二年（90），分枳县置平都县。《水经注》：有平都县，为巴郡之属邑。献帝初平元年

(190)分巴为二,自江州至临江为永宁郡,平都隶焉。汉延熙中省平都入临江县。晋、宋、齐属巴郡。旧志谓晋属巴东郡。按《晋书》:巴郡四属,江州、垫江、临江、枳。丰在汉为枳,晋仍旧名,应属巴郡,而非属巴东郡。梁为临江郡,后周为临州,隋为临江县,属巴东郡,后仍改临州,析临州置豐都县。旧志载义宁二年(618)析临州置豐都县。按恭帝为李渊所立,不过数月,西蜀声教不通,奚暇置析州县?史载隋文帝开皇三年(583)废诸郡以州治民,九年(589)廓定江表,以户口滋多,析置州县,丰都之分当在此时。唐贞观八年(634)改临江为忠州,属山南东道南宾郡,丰都隶之。旧志。《唐志》:武德二年(619)析普州之武定县地置属临州,寻属忠州,宋元因之。明初省入丰都县。按《唐书》:忠州隶南宾郡,而丰都属忠州,是忠、丰俱统隶于南宾也。昭宗乾宁二年(895),荆南节度使成汭尽取滨江州县,丰都不能守,降于王建。旧志。宋高宗建炎初,仍设丰都县,属忠州。咸淳初,因度宗潜邸,升忠州为咸淳府,丰都仍隶焉。按《宋史》:忠州旧县三,临江、垫江、南宾,南渡后增设丰都、龙渠二县。而北宋苏诗犹有"丰都"之名,岂仍隋唐之旧耶?旧志。按《土司考》云:唐改施州为清江郡,宋改清江郡为南宾县。按唐武德二年(619)分浦州武陵县置南宾县,今石柱厅城是。元仍隶忠州,至元中罢垫江并入丰都县,别于垫江设临江镇巡检司。旧志。伪夏窃据,复分置垫江县。明洪武四年(1371),明升归附。九年(1376)并入涪州,十四年(1381)复置,县改豐为酆,又以南宾并入焉,属重庆府,带忠州衔。清顺治十三年(1656)二月,丰都归顺,仍隶重庆。康熙十二年(1673)十二月,南藩吴三桂反。十三年(1674)正月陷丰都。十九年(1680)八月,清师复丰都。闰八月,逆镇谭宏叛,丰都再陷。二十年(1681)正月,清兵克谭宏于百丈梁,乘胜东下,重复丰都。雍正十一年(1733),升忠州为直隶州,割重庆府之丰都、垫江二县、夔州府之梁山一县隶焉,丰遂为忠州属邑。民国初改忠州为忠县,丰始不属于忠。

民国《重修丰都县志》卷一《建置篇》,《中国地方志集成·四川府县志辑》,成都:巴蜀书社,1992,影印本,第47册,第497页。

丰都,汉平都县,有平都山,道书七十二福地之一,王方平得道于此,阴长生亦于此成仙。地志误称为阴君上升,世俗遂指为鬼窟。祝枝山《语怪》复备载永

乐间尤令事,相沿成俗。有请牒于官,为先灵觅路者。陈成永《送王文在之丰都令诗》谓:异时倘得题请更名平都,庶可祛愚民之惑,亦君子反经之一道也。

[清]杨钟羲:《雪桥诗话》三集卷四,民国求恕斋丛书本,第7页。

古巴国别都。汉为巴郡枳县地,后汉永元二年(90),分置平都县,仍属巴郡。三国汉延熙十七年(254)省入临江。隋义宁二年(618),分临江置豐都县。《寰宇记》取界内平都山为名。唐属忠州,宋初因之,后废。绍兴初,复置,仍属忠州,元因之。明洪武初,改豐为酆。

[清]钟登甲:《蜀景汇览》卷十三《忠州》,乐道斋光绪八年刻本,四川省地方志编纂委员会:《四川历代方志集成》第4辑,第22册,北京:国家图书馆出版社,2017年,第361页。

第二节　重大事件

一、祥异

宋绍兴二年(1132),旱。

绍兴十年(1140),彗星见参度。

淳熙十三年(1186)七夕,平都山顶阴长生丹井五色云见,驯鹿群集。

明嘉靖七年(1528),大旱。

万历二年(1574),螟虫生,禾根如刈。

万历二十六年(1598),大疫。

崇祯十七年(1644),日中有赤气数道,下丰上锐,自东指西,长竟天,经年乃灭。

清康熙十一年(1672),大水。

康熙十六年(1677)七月初二日申时,有星自西南来,陨于平都山后,其声如雷,火光数十丈,照耀数里。

康熙十九年(1680)七月,蚩尤旗见于西方。

康熙二十三年(1684),大旱。

康熙二十五年(1686)六月十一日,五色云见于平都山顶。

康熙二十九年(1690)七月二十八日,大火,城内民居尽毁。①

乾隆五十三年(1788)六月,江水暴涨,入城溢于屋。知县李元挈居民登平都山避之,三日水落,不伤一人。

嘉庆十五、十六、十七年(1810—1812),均大旱。

道光四年(1824),大火,延县署东科房,文案尽毁。

咸丰九年(1859)五月,江涨溢城,舟行于市。

同治三年(1864)十一月朔,甘露降波罗场树间。

同治九年(1870)庚午六月,大水,全城淹没无存。

光绪四年(1878)戊寅夏六月初五日,天初暝,黄云四塞,大风雨冰雹,城中屋瓦皆飞,鹿山苏祠并坡公像悉化烟云飞去。

光绪五年(1879)己卯迎春节(正月十三日),中街旅店失慎。知县何诒孙先期示谕,铺张繁盛,观者拥集县署,突见火光,争先逃命,挤毙数十人。腊月,地震。

光绪六年(1880)庚辰二月十二夜,邑属大地震,拂晓高镇沿街均有墨线痕。夏夜有赤星如日,由双桂山坠平山东。

光绪八年(1882)六七月间,蚩尤旗见东南方,星大如月,光长三丈许,宽三尺,轰轰有声,升高数丈渐低落,日出而没。

光绪九年(1883),大疫,城中日计数十百人倒地即毙,医药弗及。

光绪十年(1884)甲申,彗星见。八月,城中大火,延烧三千余家,昭忠祠亦毁。

光绪十二年(1886),大旱。五月,夜半大雨,复兴寺侧之卢家碥地裂二里许,刘、杨两家房屋陷没。

光绪十四年(1888)腊月晦日,大雪,城中雪花如掌,乡中压折古木竹树尤多。

---

① 《清史稿》卷四十一《志十六·灾异二》载:"康熙二十九年(1690)七月二十八日,丰都城内大火,民居尽毁。"

光绪十六年(1890)三月晦日,堡兴场一带大雨雹,损坏豆麦无收。

光绪二十年(1894),大疫。

光绪二十二年(1896)六月,淫雨经秋,无半日晴,稻粱糜黑生耳,等于无获,实未见之奇灾也。

光绪二十三年(1897)秋冬间,乡中豺食童幼。

光绪二十六年(1900),南岸乡人频惊变乱,男妇弃家狂奔,临江争渡,半日之间,纵横及百余里,俗谓之起"地皮风"云。

光绪二十七年(1901)六月初二夜,大雷雨,十乡溪涧同时走蛟,洪流遍山野,傍溪场市民畜率多淹没,东关三元桥费数千金,功甫竣荡然无片石存,他可知矣。

光绪三十一年(1905),东关打一虎,各乡豺食人,城门早闭,夜惊豺声。

宣统三年(1911),西关外打虎伤毙二人。七月,近北斗一星大如鸽卵,色赤,外有黑气罩之,光射二丈余。十月反正。

民国三年(1914)四月,西北见黑云如浓墨,矗立十数丈,午后大风雨雹。秋大旱。

民国五年(1916)二月十二日晓,护国军入城,午后北兵纵火围攻,烧毁二千余家,民死于乱枪者众。次晨,火熄,北兵入城,因言语不通无辜被杀者又数十人,一惨劫也。

民国六、七年间(1917—1918),南北岸桐李树枝变结刀矛形,刃柄宛然。

民国九年(1920)六月,多处民居瓦雀结群逐燕,占有其巢,久仍被燕逐去。

民国十年(1921)三月初七薄暮,大风由东南而西北,城东奎星阁倒塌,摧折大木无算。风声之恶,来从未有。

民国十三年(1924)冬,朗溪毛瑞贞之妻一产三男。

民国十四年(1925)四月十二日将晚,有大星流天由南而东,圆如月,光如电,殷殷若雷声。是时米价陡昂,逐日增涨无跌。十月,新隆街王惠氏一产三男。十一月,大雷电,升米值钱四串。

民国十五年(1926)六月初十日拂晓,夜梨坪大雷雨,地下闻吼声,随裂里许,民居荡然。八月,锡福桥打一虎。九月,担子台药毙虎一豹一。

民国《丰都县志》卷十三《杂异志·祥异》,《中国地方志集成·四川府县志辑》,

成都:巴蜀书社,1992,影印本,第47册,第684-686页。另参照康熙《丰都县志》卷一《舆地志·祥异》补充部分内容。

二、军事

《明史·土司传》曰:石柱地邻丰都,互争银场。成化十八年(1482)三月,盗三百人入石柱,杀宣抚马澄及隶卒二十余人,焚掠而去。四川巡抚孙仁奏除其课,闭其洞,仍移忠州临江巡检于丰都南宾里之姜池,以便防守。从之。

[清]嵇璜:《续文献通考》卷二百四十一《四夷考》,清文渊阁四库全书本,第66-67页。

明天启元年(1621),蔺贼奢崇明陷内江,围成都,其党樊龙、张彤搜重庆,杀巡抚徐可求,川中大震。时贵州布政司参议胡平表以忠州判官在围城中,缒城徒跣,诣石柱土司秦良玉乞援,效包胥号泣,不食者数日。良玉乃遣兄邦屏、侄翼明潜渡渝江,驻南坪关,阻贼归路,拱明袭两河,焚贼船阻其东下。裨将秦永成领千兵分张旗帜山谷间,守护忠、万、丰、涪,贼不敢犯,邑得以全。事平,邑人德胡公之赐,于平都山麓冶金为相,筑祠祀之,殁赠太仆寺卿。

清顺治十五年(1658)二月,丰都归顺。①

康熙十二年(1673)十二月,吴三桂反,僭号大周,次年正月丰都陷。十九年(1680)八月,清兵复丰都。是月②总兵谭宏叛,丰都再陷。二十年(1681)正月,清兵克谭宏于百丈梁,乘胜东下,重复丰都。

嘉庆三年(1798),教匪冉文俦扰丰北境,邑武生胡星率乡勇却贼于邑之刘家哨,连捷于青冈垭、大垭口等处,复鏖战烟墩山、戴家沟、棕家沟、冠子山、凉碜磴一带,贼俱不得逞。后驻营滩山坝,贼掩至,众寡不敌,星格杀数十人,力尽死。事闻,荫恤如例。前后从星战死者凡一百五十六人,俱祀昭忠祠。

教匪之役,邑人徐永韬设策防御,侦知贼由间道趋城,请于官,率乡勇扼巇碑梁,与城犄角。贼逼西关,永韬亲然巨炮,殪贼数人,贼知有备,遁。是年十二月,

---
① 此条据康熙《丰都县志》之《补遗》补。
② 康熙《丰都县志》记为"闰八月",补遗第1页b。

贼匪张汉朝由丰入忠境,沿途焚掠。

咸丰七年(1857),石涪土匪马景明乱丰界二境,势颇炭炭。邑绅傅世纶、苏为桢等佐县捕获匪首多人。事平,得奖者二十四人。见人物志武勋。

咸丰十一年(1861),巨匪蓝朝鼎由涪珍溪入境,蹂躏永兴、社坛、红庙子、滩山坝等处。三月初六,破严家寨,烧民房数百家,死者数百人。妇女节烈死者见人物志。初七日,匪围关圣寨,寨人以疑兵殪贼数十人,继攻毛期寨、太平寨,不克。乃入忠境,由拔山寺遁去。

同治元年(1862),巨匪周跻子拥众万余扰丰北岸,盐商曾康侯,邑绅王鹤亭、唐笙斋、冉萃云等倡练万人团,御于箐口、北关等处,贼绕出忠境。事平,得奖者二十四人。见人物志。是年,石达开三路扰丰,一出羊渡溪,一出高家镇,一出波罗场,邑绅傅世纶督团御之,力竭被擒,骂贼不屈,死。事具世纶传中。从战死者一百一十六人。详人物志。贼溯流屯县南王家渡一带,连营百余里,隔江相望。曾康侯倾重资饷军,联邑绅率万人团昼夜防守,月余不懈。贼知有备,悉众引去围涪州,徐邦道突围击之,涪围解,丰警亦平。

光绪二十七年(1901)十月,社坛团总曾武城督团擒巨匪申子高绰号张七大工并其党十三人解县。知县蒋履泰同涪州知州邹放会审确实,俱伏诛,奖武城五品衔,以府经历分发补用,其余各保奖有差。

宣统三年(1911)秋,革命事亟,邻封次第反正,邑人虑客军入境糜烂,集绅决议,由本县自动组织推前云南楚雄知府郎承诜开临时军政分部兼县长,本城五团各练丁壮百名以资镇摄调遣。十月初三日,宣布独立,秩序井然。

民国二年(1913)夏,熊(克武)、杨(庶堪)称兵讨袁,未几败退。八月十三日,溃兵纷纷过境售枪,极端迫胁,邑人见其横悍,醵金购之。善遣去时,乡团尚未成立,民间购买之枪渐次为匪攫取,购枪人竟有以此罹祸者,匪焰遂不可收拾矣。按是役散失枪支以数千计,其黠者从亡命走南、涪间,恃枪劫掠,大队则市枪于沿江州县,迫商民承购,护法军兴,匪徒响应,四出索枪,川东匪祸之烈即缘于此。

三年(1914),义顺乡团攻破沙子关匪巢,擒其渠谭姓解县伏诛。

四年(1915),水警兵护送商船至羊渡溪遇匪,阵亡警兵一人。见人物志。

四年(1915),邓匪窜崇德乡,高小校校长廖鹏里遇害,知事许长龄率军往击,始溃去。

五年(1916)，袁世凯僭号洪宪，滇督蔡锷倡义称护国军，袁兵攻滇，取道四川，北兵纷纷入境。王维纲结涪陵，警队响应蔡，欲据城遮北兵，驰军马虎垭、大池，警耗日亟，许知事遂留北兵守城。二月十四日拂晓，间道攻城，北兵出南海溪，不设备而遇之，兵败城陷，知事许长龄死之。事具长龄传中。

是役北兵忿邑人通敌，四面纵火，围攻毁烧千余家，死者百余人，全城精华悉尽，维纲亦遁去。劫县匪如毛、张、刘、龚、熊、杨、胡等匪假护国名义立匪棚数十百起，啸聚邑境，劫掠烧杀无虚日。富者迁徙入城，贫者露宿榛莽间，无敢家居者，全县元气亦销耗尽矣。秋，四川陆军五师营长余顺筠驻丰都，匪屯聚厢坝、竹子坝一带劫掠，余命连长牛济之清乡。济之，江津学生，奉令后以剿匪为己任，因除夕积雪盈尺，于风雨泥淖中冥行数十里直捣贼巢，口令为"破蔡"二字，盖取雪夜入蔡州也。时匪方守岁，置酒欢呼，闻枪警觉，仓促不及成列。然邓故悍贼，率匪徒且战且退，牛尾追数日不及，反。

五年(1916)，洪宪之役，巨匪杨潘龚等窜太平、新建两乡，拉肥无算。

六年(1917)秋，靖国军起，北兵溃出川，土匪乘机蠢动，皆假靖国名义四出劫掠，县城一夕数惊。

七年(1918)二月初九日，马蝗冲场集期，匪徒数十人遮各场口，尽驱市人，入庙收索，复挨户劫掠，团众驰援，快枪适中殿上鸱尾，匪惊溃，追杀三匪，余悉窜去，场亦损失甚巨。

四月，知事余仑光同江防赵连长会兵剿鹞子坪巨匪，匪遁，兵去匪复来。顺庆乡教练王之敬督团攻其巢，始溃散。时林家庙亦有匪，警涪知事请会剿，以之敬为坚军，涪军失期，之敬还，遇伏于汤元石，之敬战死，同难者九人。事详人物志之敬本传。

八年(1919)，匪队彭耀武受黄复生抚，充靖国军驻丰，纵兵劫掠，匪焰愈炽，境内匪棚大小三百余，以高、李二匪为最，盘踞同兴场一带，劫捉不可胜数。烧民房四百余家，是年义顺乡团练剿匪于清明山，团丁阵亡者五人。见人物志。

八年(1919)十月，股匪啸聚凉礤礅，太平、安仁两乡民团围攻激战一昼夜，团丁死数十人，有姓名可传者五人。见人物志。

九年(1920)三月，川军共驱滇黔军，滇令彭耀武赴战，留参谋戴礼守丰，更立

游击司令部。四月，江防别动队破之，擒戴礼及留守军官二人，乘势占领忠、丰、石三县，高、李二匪伪就抚，杀之，人心大快。

秋八月，邑廪生李德九遇害。生临事敢言，不避权势，县局颠危，多赖维持，竟以此获罪，人皆悼惜之。十月，剿冠子山匪，忠武乡团丁死者三人。见人物志。

十年（1921）三月，一军独立旅长杨春芳驻丰，二师第四旅费东明代之。费军纪严肃，街市不见一兵，常着布衣见客，军官佐无美服者。兵皆礼拜日浣衣江岸。戍半年，未筹一饷。十乡故多匪，先谍查得实，按名逮治，良民无扰。北五乡匪类肃清，方从事南五乡，适以奉调援鄂。去丰，人攀辕涕泣，乡农妇孺称颂，舞蹈尤挚，叹为民国仅见之良好军队。

八月，川军六混成旅唐庄驻丰。

十一年（1922），杨春芳复驻丰。

十二年（1923），杨森由宜入川，率队西上。知事刘侗莅丰，以时局多事，政务纷繁，集绅会议，各乡于团练外添设练总，收支员分理其事，殆亦仿行军财三部分治之意也。旋独立旅贺龙驻丰。五月，七师田旅移丰，贺退涪陵，旋同四师陆柏香营攻丰，田旅退忠，贺乃返涪，留陆营驻丰。适边防军汤子模由江津攻涪，贺复返丰，通款一军提陆营枪支，挟知事刘侗去，委胡大镛知事，邑人许襄臣留守。许兵力薄，土匪蜂起，秩序大乱，治城对岸戴家渡至高镇龙孔庙一带为程匪势力，高镇下游沿岸至乌羊镇为冉匪势力，分段各守，绵亘百余里，炊灶无烟五阅月。六月初二日，匪扑城，房胡知事去，后邑人以一千五百元赎回，各界议以承审员张显南摄县事，匪徒任意出入，莫敢谁何。邑绅诣涪请援。初八日，汤遣纵队长康巨五率兵到丰。初九夜，匪从东北门纵火围攻，激战十三小时，康弹尽，引退，城再陷。匪据县城，沿街拉捉，牵以长绳，如贯鱼然，日且数十牵，牵且数十人。河内拉肥之船，日数载或十数载不等，丰人搭轮避渝，或纷纷窜忠武乡及涪属之南沱、马颈子等，络绎不绝。

七月，冉匪就一军游击司令彭斌抚，率队来城。程匪亦自称义勇军来城，压迫冉匪去，程匪遂为城防，城内外人人惴恐，乞援于李宣抚使。李故驻涪，八月十五日遣游击司令易其周率队抵丰，匪抵抗二小时，溃退高镇。先是匪徒拟于中秋夜人民团聚时纵火劫捉，购洋油数十箱，牵肥绳数十捆，幸援兵兼程抵丰，始解此厄。按：县城连年兵祸，以此为最惨。团防守城，激战数次，损失团枪一百四十七只（支），子弹一千五百九十一发，阵亡队长一名，团丁三名。见人物志。

九月，一军周团及陈纵队、陈旅后先抵丰，人心稍定。十月，二军反攻，丰遂不守，军长杨森入城，邑人陈诉疾苦，始留十六师驻丰清乡，秩序渐复。后程匪为李树勋招抚，冉匪仍退踞老巢。

附程、冉二匪概略

程匪既据治城，四出劫掠。五月劫双路口场，捉二百余人，劫马蝗冲场，捉四百余人。九月劫社坛场，捉一百零九人。初犹择肥而噬，非值千元者不捉，继则数百元数十元亦捉，甚至每到一方，以匪徒纷守要隘，挨户尽人而捉，谓之拦河网，不分贫富。曾有被捉十一人，以八元赎回，亦罕闻也。幸北岸忠武乡，南岸新建乡，各团总整顿民团甚力，扼治城上，游匪攻扑数次但被击退，匪未得逞，然亦仅能自守，无力扑灭。后程受招抚，复谋不轨，被杀。

冉匪啸聚高镇下游之蒲家场、龙究庙、倒流水等处，尤以黄金台、土寨子竹木翁蔚，纵横数十里，据为老巢。居民俱被胁从，直无地非匪，无人不匪矣。受祸之烈，以忠县洪河镇、石柱羊渡溪、对岸孙家坝等处为最。上游高镇旧有民团，重加整顿，与匪相持一二年，双方戒备激战数次，互有夷伤。匪怨益深，常率数十人于界毗连处，往来飘忽，伺隙劫捉，先后捉去人畜甚伙。七月十五夜，匪猛攻，团众彻夜力战，被匪捉去团丁一名，击毙四名，见人物志，损失团枪八支。十月，匪围攻孙家坝，屠杀男女十数人，捉去三百八十余人，烧民房哨棚多处，提去团枪二十支，土枪一百余支，伤团丁三十多人，租稔捐谷二十一石，居民衣物谷米无算。匪棚内男女老幼，络绎转运，重滞者悉烧毁。

十一月，二混成旅营长赵伦、何洁护商船至罗家坡下游，与冉匪激战，匪退据虎须滩、大石砟，赵、何极力猛攻，始向羊渡溪溃退。旋跟踪追击，匪复据尖山子、鸡公岭、蒲家场，抵抗一夜，击毙匪徒八九十人，生擒四十余人，夺获步枪十五支，马枪八支，手枪二支，行李辎重无算，负伤逃窜者甚伙。冉匪始率残部向黄金台、土寨子退去。是役也，匪损失甚巨，逃散肥绅约值洋数万元。事闻上峰，传令嘉奖，匪势亦渐衰矣。

是年，陈匪劫江池、长坡岭，团众抵御不利，损失团枪八支，子弹九百余发，烧民房十五向（间），稻谷一百余石，伤二十人，死者十六人。见人物志。冬，巨匪张跦子盘踞新建场，烧民房数十家，杀乡民二十余人，各乡团练围攻之，马蝗冲场团丁直入匪巢，援兵不继，死六人。见人物志。后该匪受黔军抚，引去。

十四年（1925），知事邓述先呈请刘督办派兵剿冉匪，奉令大举清乡，嗣由驻忠许旅绍宗电驻丰杨旅国桢分南北，节节进攻，杨旅兜剿南岸，许旅兜剿北岸，凡四阅月斩匪徒二千余级，烧匪房一百余家。忠最多，丰次之。擒巨匪傅子堂、匪参谋白子尚正法，匪遂不支，退匿老箐，官兵合围，披荆斩棘，逐段搜索，箐内匪徒饿死、缢死者无数，冉匪逸去。积年匪患一旦荡平，人民始渐有生机。

民国《丰都县志》卷十二《兵防志·历代兵事》，《中国地方志集成·四川府县志辑》，成都：巴蜀书社，1992，影印本，第47册，第677—680页。

第三节　历史人物

一、官宦

段文昌

段文昌字墨卿，西河人。高祖志玄，陪葬昭陵，图形凌烟阁。祖德皎，赠给事中。父谔，循州刺史，赠左仆射。文昌家于荆州，倜傥有气义，节度使裴胄知之而不能用。韦皋在蜀，表授校书郎。李吉甫刺忠州，文昌尝以文干之。及吉甫居相位，与裴垍同加奖擢，授登封尉、集贤校理。俄拜监察御史，迁左补阙，改祠部员外郎。元和十一年（816），守本官，充翰林学士。

文昌，武元衡之子婿也。元衡与宰相韦贯之不协，宪宗欲召文昌为学士，贯之奏曰："文昌志尚不修，不可擢居近密。"至是贯之罢相，李逢吉乃用文昌为学士，转祠部郎中，赐绯，依前充职。十四年（819），加知制诰。十五年（820），穆宗即位，正拜中书舍人，寻拜中书侍郎、平章事。

长庆元年（821），拜章请退。朝廷以文昌少在西蜀，诏授西川节度使、同中书门下平章事。文昌素洽蜀人之情,至是以宽政为治,严静有断,蛮夷畏服。二年(822),云南入寇,黔中观察使崔元略上言,朝廷忧之,乃诏文昌御备。文昌走一介之使以喻之,蛮寇即退。敬宗即位,征拜刑部尚书,转兵部,兼判左丞事。

文宗即位,迁御史大夫,寻检校尚书右仆射、扬州大都督府长史、同平章事、淮南节度使。大和四年(830),移镇荆南。

文昌于荆、蜀皆有先祖故第,至是赎为浮图祠,又以先人坟墓在荆州,别营居第以置祖祢影堂。岁时伏腊,良辰美景享荐之。彻祭,即以音声歌舞继之,如事生者,搢绅非焉。

六年(832),复为剑南西川节度。九年(835)三月,赐春衣中使至,受宣毕,无疾而卒,年六十三,赠太尉。有文集三十卷。

文昌布素之时,所向不偶。及其达也,扬历显重,出入将相,洎二十年。其服饰玩好、歌童妓女,苟悦于心,无所爱惜,乃至奢侈过度,物议贬之。子成式。

成式字柯古,以荫入官,为秘书省校书郎。研精苦学,秘阁书籍,披阅皆遍,累迁尚书郎。咸通初,出为江州刺史。解印,寓居襄阳,以闲放自适。家多书史,用以自娱,尤深于佛书。所著《酉阳杂俎》传于时。

《旧唐书》卷一百六十七《段文昌传》,北京:中华书局,1975,第4368-4369页。

明末忠烈三贤(陈士奇、王行俭、王锡)

忠烈三贤传(林明俊)

忠烈三贤者何?川抚陈公士奇、渝守王公行俭、巴令王公锡,同事渝,为三贤也。逆献寇蜀,三人复同难,蜀人哀其死烈甚,称为忠烈三贤也。

陈公,福州人,字平人,天启乙丑(1625)举于礼部。为人掀鼻昂颡,有大节,为文多奇气,不屑于一切,海内人艳称之。在部以忤忠贤谪居,会天下更始复起。辛未(1631),分节上川东兵宪,察吏亲民,课士典戎,咸藉藉。寻迁贵州学使者,庚辰(1640)复视学于蜀,校士最当人意。时献大乱楚延荆归,逼蜀,蜀人恐。公典文事,退而治器,散金募士以备。朝廷知公兵略,属以蜀抚军,公抚蜀值蜀兵久弛,将以名应兵,隶于府者多市人,不习战,束于功令,饷又不继。四方胥有事,寡援。糜一赵云贵授以兵柄,气骄,常把剑挟文吏弗驯。公知不足恃,常有忧容,图

所以待献未一日少佚也。

王公,字质行,宜兴人,崇祯丁丑(1637)举进士。年少丰姿玉立,尤显于文。以部郎出守渝州,渝治开渝社,以文章节义劝士,士之遇于公者,尽洗浮嚣力反古,始摄兵宪,严武备,檄属从事堡隘。凡要害,令图以进,披图而览,览而画,不啻身履其处,捐募死士,抑骄养气,毋敢嬉游于市,备敌翼翼如也。

王公,字子美,丰城人,庚辰(1640)廷对,以文章节孝名于时。为巴令,所至民安乐之。甲申(1644),逆献去楚窥入峡。夔师失利,遂屠夔城,焚杀无遗。飞书驰至,适姚黄贼乘衅大肆掳掠,遍渝属忠、丰、长、涪北境,公率亲信击之,以歼姚黄。闻夔报,驰返巴,同王公质行请增兵堵献,一战于小江,再战于曹溪,再战于黄草峡,再战于明月峡。舟师数捷,陆道失险,蹓入江北,以断我右臂,水路兵与将遂逸去,三公拥孤城,城兵可指数,贼至城下,三公分道登陴分布,飏火器,飞矢石,贼多中死。益倍力攻城,城中器与矢尽,三公仰天,计无所出。六月十日,贼虹霓炮大发,城崩裂,遂入城。先执三公于献所,不屈,目夔夔以睨献。献一笑杀人,一颦磔人,而下三公,欲夺其志也。阴戒贼部,婉转诱导,语出,一以掌击贼,一攫贼冠碎之,一厉声大作,献始恣睢暴发,命脔解之。骂诃与气同绝,正作怒,皎日风雷大作,雪块如车轮,震瓦断椽,贼众偃仆伤毙。献恐,命巫收敛锻炼,贼遂不敢留于渝,指成都而去。

逸史氏曰:余览编年,叹执笔之误,且阙略荒陋不逮甚矣。书张献忠由成都顺流取重庆,推官王行俭死难,事莫大于亿万生灵,官莫重于仗节之吏。书顺流而下,何其误也。书守为理而司理郑问元间出未死,何其荒陋不稽也。传之后世,何足征哉?孔子曰:"吾犹及史之阙文也。"又曰:"斯民也,三代之直道而行也。史文阙,直在人心。"我蜀子遗存者,岁时佥曰:忠烈三贤尤怪世俗之言曰"文士鲜行",以概天下贤者,谓文章不得与节义同齿,辄诋文人一切无用,而不知关于名教舍文章末由也。文者,道之著,节义所从出也。三公以封疆之臣,值末造,兵孤饷绝,战不胜,守弗克,不得已以身殉死。临死张舌,欲饮贼一斗血,气尽,骂诃始歇,上感天怒,贼用落胆,俾人纪永植,天常不坠,岂非文章之教哉?维彼其说,不知晚近来称仗节志不辱,委狗至惨,极于身而犹诋诟者,属何辈也?三公方驾格泽,骖宾于帝所,正气拂郁于天壤,死且称快,不以死为重轻,而传多荒舛,无以笃俗训人,疑议于兹也。余以渝人习闻而见,表而出之。方贼来蜀,无三尺童子乞降,蜀人较天下祸更烈,而甘死不投贼,亦未始非三公之教也。悲夫,抚军、郡侯,余诸生辱文章,知遇甚厚。既梓余文公天下以示劝,复相深于行谊,今兹之言非私也,夫亦何嫌。屈原为宋玉师,原死,玉作些以招原。是传,余之些也。而出于蜀人之同,私亦公也。

康熙《丰都县志》卷七《艺文志》,第30页a-33页b。又载同治《丰都县志》卷四《艺文志》,第36页b-39页a;光绪《丰都县志》卷四《艺文志》,第46页b-49页a;民国《丰都县志》卷十一《艺文志》,《中国地方志集成·四川府县志辑》,成都:巴蜀书社,1992,影印本,第47册,第633-634页。

丰都知县

丰都历代知县(知事)表

朝代	姓名	籍贯	资格	任期	治绩
宋	李长官				旧志谓以慈惠异政闻
	牟虚心				平都提点
元	鲁达(达鲁)花赤完者帖木儿				始建学校
明	桂仲拳				创县署,立学校,课士爱民
	窦谷曙	应天			修学校,均田亩,定版籍
	杨谦	陕西			重建学校
	余元亨	浙江东阳			洁己爱人
	柳俨	湖南巴陵			有惠政
	周尚文	湖南道州			廉能爱民,均徭平赋
	柴广	祥符			筑城修学,定赋,劳心惠民,升汉州知州
	李毅				修城修学
	明绅				同前

续表

朝代	姓名	籍贯	资格	任期	治绩
明	万谷	云南	丙午进士		清查田粮,厘定徭役。黎元作《生祠记》
	周延甲	湖广开武			重士爱民,暇则讲武。奢苗之变,亲率民兵克之,授监军同知
	冒梦龄	江南如皋			清廉爱民,升宁州知州
	陶宗孔	广西			听讼有异才,升岳州府推官
	张钦明	广西桂林			清勤爱民,宏奖士类
	彭用礼				
	曾鼎				
	李元敷				修文庙
	杜思敬				
	苏原浩				
	陈鼎				
	胡珪				
	曾宗				
	姚臣				
	张机				
	金坦				
	王朴	贵州贵阳	嘉靖辛卯进士		修县署,治绩载崔奇勋记
	周包荒				
	刘孟桓				
	左应麟				
	蒋思忠				
	张守刚				
	张需				

续表

朝代	姓名	籍贯	资格	任期	治绩
明	郭魁				
	萧宗高				
	林梅				
	龚自成				
	严官				
	文廷高				
	张邦衡				
	江文亨				
	周大纪				
	杨有培				
清	商起予	陕西阶州		顺治十七年（1660）任	建县署堂
	汤濩	江南清河	顺治己亥进士	康熙元年（1662）任	有惠政，升晋州知州，崇祀名宦
	李如涝	北直高阳	己亥进士	康熙十二年（1673）任	创学校。吴逆叛，抗节潜归。崇祀名宦
	王廷献	浙江海宁		康熙十五年（1676）任	重建学校，修辑县志，升户部陕西司主事。崇祀名宦
	张凤翀	陕西中部	癸丑进士	康熙十九年（1680）任	
	曹慎独	北直景州	甲午举人	康熙二十一年（1682）任	
	王镳	山西曲沃	甲午举人	康熙二十三年（1684）任	
	常绅	北直雄县	壬戌进士	康熙二十八年（1689）任	
	霍仪世	北直清苑	甲午举人	康熙三十年（1691）任	

续表

朝代	姓名	籍贯	资格	任期	治绩
清	马腾云	奉天	岁贡	康熙三十三年（1694）任	
	朱象鼎	浙江秀水	康熙戊午举人	康熙四十四年（1705）任	修署县学
	周润	山东	岁贡	康熙五十二年（1713）任	
	汪德修	江南	监生	康熙五十七年（1718）任	
	曹源郜	浙江	拔贡	雍正二年（1724）任	
	何可如	陕西三水	雍正甲午举人	雍正七年（1729）任	
	田朝鼎			乾隆六年（1741）任	
	吴琏	云南蒙化	乾隆丙辰进士	乾隆七年（1742）任	
	陈邦器	山西长子（治）	贡生	乾隆十六年（1751）任	
	萧宗元	贵州都匀	乾隆己未进士	乾隆十七年（1752）任	
	王国模				
	边镛	江西峡江	乾隆乙丑进士	乾隆十九年（1754）任	修学署
	孙豫	浙江上虞		乾隆二十五年（1760）任	
	黄钟	江西新城		同前	
	王紫绪	山东诸城	乾隆丁丑进士	乾隆三十二年（1767）任	
	曾自伊	江西长宁		乾隆三十五年（1770）任	

续表

朝代	姓名	籍贯	资格	任期	治绩
清	杨梦槎	江西金匮	乾隆丙子举人	乾隆三十六年（1771）任	梦槎,字载骞,金川军兴,檄赴西路军营,管炮局。木果木之变,降番蜂聚,四山围合,先劫炮局,梦槎给贼,筑炮多实子药,反击杀贼数十人,贼怒,磔之,死状甚烈。赠道衔,祭葬赍荫如例
	刘伯勋	直隶任邱（丘）	乾隆辛未进士	乾隆三十二年（1767）任	
	章汝楠	浙江会稽	乾隆丙子举人	乾隆三十七年（1772）任	
	王思恭				
	唐仕瑾	江苏江都	贡生	乾隆三十八年（1773）任	
	詹世适	湖北黄陂	乾隆壬申进士	乾隆三十九年（1774）任	
	柯支树	广西北流	乾隆戊辰进士	乾隆四十一年（1776）任	
	张伟	贵州平远	乾隆丁丑进士	乾隆四十三年（1778）任	
	潘邦和	浙江仁和	附监生	乾隆四十四年（1779）任	
	李元	湖北京山	举人	乾隆五十三年（1788）任	
	何桢	福建汀州府	乾隆壬午举人	乾隆五十四年（1789）任	
	徐仕林	顺天通州	廪生	乾隆五十六年（1791）任	
	李祖悦	广东化州	乾隆丁酉拔贡	乾隆五十七年（1792）任	
	饶觐光	湖北长阳	乾隆丁酉举人	乾隆五十八年（1793）任	

续表

朝代	姓名	籍贯	资格	任期	治绩
清	杨燮	云南赵州	乾隆乙酉举人	乾隆五十八年（1793）任	
	黄昭苏	湖南桂东	乾隆丁酉拔贡	乾隆五十九年（1794）任	
	李毓玑	贵州普安	乾隆壬午举人	嘉庆四年（1799）任	
	葛若炜	山东濮州	监生	嘉庆五年（1800）任	
	陈汝秋	江苏宝山	乾隆己酉进士	嘉庆七年（1802）任	
	幸翰	江西奉新	嘉庆丙辰进士	嘉庆九年（1804）任	时四川困于军需，丰岁频歉，民无所措。翰权挪常平仓谷发用，俟秋采补，民甚德之。邑义学久废，翰至，捐俸延师主讲，士习为之一变。邑故多讼，或自毙儿女以为诈索，甚或骨肉争控不休，翰动以天性，维以法纪，其风遂息。持己以俭，每出驺从无过三四人，邑人歌之曰："山路肩舆只二人，一茶一饭不关民。乡间不解官来到，认作寻常行路人。"丙寅，以忧去。丰人攀辕泣送，为建生祠祀之
	李铸	河南柘城	乾隆丁酉拔贡	嘉庆十一年（1806）任	
	陈作琴	湖北天门	嘉庆辛酉拔贡	嘉庆十一年（1806）任	
	瞿颉	江苏昭文	戊子举人	嘉庆十一年（1806）任	修学修志
	李应元	云南晋宁州	壬子举人	嘉庆十四年（1809）任	

续表

朝代	姓名	籍贯	资格	任期	治绩
清	李自超	直隶遵化	举人	嘉庆十七年（1812）任	
	方宗敬	湖南巴陵	嘉庆戊午举人	嘉庆十八年（1813）任	修署修学
	何赐年			嘉庆二十一年（1816）任	
	赵秉濂	江西南丰	举人	道光四年（1824）任	
	何蔚然	广西平乐府	举人	道光四年（1824）任	
	孙熙	河南夏邑	贡生	道光五年（1825）任	
	黄初	云南永北	进士	道光五年（1825）任	重修二仙阁
	朱琦	顺天宛平	进士	道光八年（1828）任	
	车申田	山东海阳	进士	道光十年（1830）任	
	薛丙勋	浙江会稽	监生	道光十一年（1831）任	
	闻金策	浙江钱塘	副贡	道光十二年（1832）任	
	李盘	陕西洋县	举人	道光十二年（1832）任	
	李谦	甘肃秦安	进士	道光十三年（1833）任	至十六年（1836）五月以事去，十月回任。崇奖士类，增置书院膏火田亩。后告养归，卒于家
	王培荀	山东淄川	举人	道光十六年（1836）任	
	黄懋祺	福建闽县	进士	道光二十年（1840）任	好学爱士

续表

朝代	姓名	籍贯	资格	任期	治绩
清	姜廷灿	江苏元和	荫生	道光二十一年(1841)任	
	张绍龄	直隶天津	举人	道光二十二年(1842)任	至二十四年(1844)调署昭化,二十六年(1846)回任,重修学宫
	朱有章	浙江丽水	拔贡	道光二十四年(1844)任	惠爱士民,政平讼理,建培元塔以补文峰,后科第果盛,邑人呼为朱公塔。补大邑县令,告养归
	福奎	满洲镶蓝旗		道光三十年(1850)任	
	周树棠	湖南长沙	进士	咸丰二年(1852)任	
	吴锦铨	贵州毕节	举人	咸丰三年(1853)任	至四年(1854)以事去,七年(1857)回任。八年(1858)去,九年(1859)六月回任。十一月又去,同治元年(1862)回任
	张香海	山东蓬莱	举人	咸丰四年(1854)任	筹防费,饬团练,置军械,创火药局。去任后,连年贼警,赖以防守。邑人感之,调安县御滇匪遇害
	黄奉樾	福建侯官	道光癸卯举人	咸丰八年(1858)任	洁己爱民,胥丁不扰。增置义学,嘉惠士林。治丰仅九月去任,士民攀恋,竞为诗歌送之。岁贡毛奇玥句云"容易乡民见长官",候选训导秦棣有"到来惟饮一杯水,归去仍携两袖风"之句。众以为实录。后告养归丰,民时或跋涉诣其家。同治甲子(1864),卒于乡。邑人闻者,莫不悼惜
	王志棠	浙江归安		咸丰九年(1859)任	

续表

朝代	姓名	籍贯	资格	任期	治绩
清	孟书城	直隶东光	道光己亥举人	咸丰十年(1860)任	
	曹绍樾	安徽歙县	举人	同治三年(1864)任	
	张嗣成	浙江余姚	举人	同治四年(1865)任	
	田秀栗	陕西城固	增贡生	同治五年(1866)任	以靖边功保升知府,在任年余,创修考棚,置宾兴田亩
	徐浚镛	湖南清泉		同治七年(1868)任	重修县志
	张瑞麟	山东高苑	进士	同治九年(1870)任	禀迁县治
	马佩玖	河南光州	咸丰己未举人	同治十年(1871)任	迁修县治、城垣、衙署
	梅震煦	陕西长安	廪贡生	同治十二年(1873)任	
	刘树义	云南保山		同治十三年(1874)任	
	孔庆龄	贵州贵筑	举人	光绪二年(1876)任	禀请复还县治
	陆镕	安徽芜湖		光绪三年(1877)任	迁复县治,补修衙署
	乔世清	湖北孝感		光绪四年(1878)任	
	锡纶	汉军正白旗		光绪六年(1880)任	
	何诒孙	云南晋宁		光绪四年(1878)任	至六年(1880)以事去,七年(1881)回任。九年(1883)去,十三年(1887)回任。十六(1890)年去。创立学田院费

续表

朝代	姓名	籍贯	资格	任期	治绩
清	黄际飞	广东文昌		光绪九年（1883）任	
	傅亦舟	湖南湘潭		光绪十一年（1885）任	
	彭修	湖北潜江	光绪庚辰进士	光绪十二年（1886）任	有传
	沈全修	安徽石埭		光绪十七年（1891）任	详定学田章程
	傅达源	贵州贵筑		光绪十八年（1892）任	创设乡古课，刊定学田章程
	蒋履泰	浙江山阴	荫生	光绪十九年（1893）任	
	张兰		附生	光绪二十三年（1897）任	慈惠爱民，时逢岁歉，煮粥救民，全活无算
	汪贲之	江西临川	进士	光绪二十五年（1899）任	有传
	杨士垿	贵州		光绪二十七年（1901）任	
	赵源浚	江苏长洲	进士	光绪二十九年（1903）任	
	王铨	浙江山阴	监生	光绪三十年（1904）任	
	徐樾			光绪三十年（1904）任	
	饶征绂		监生	光绪三十年（1904）任	
	梁昌	山西	拔贡	光绪三十一年（1905）任	
	丁孝虎	直隶	优贡	光绪三十二年（1906）任	

续表

朝代	姓名	籍贯	资格	任期	治绩
清	孙锡祺	浙江山阴	监生	光绪三十三年（1907）任	
	李英	安徽	进士	光绪三十四年（1908）任	
	赵维城	江苏长洲	优贡	宣统二年（1910）任	有传
民国	郎承诜	本邑	本邑生	民国元年（1912）任	云南特授楚雄府,有传
	李廷铨	湖北荆门	贵州法政讲习科毕业	民国元年（1912）任	
	王天介	四川荣县	法政学校毕业	民国二年（1913）任	
	曾国幹	四川涪陵	绅班法政毕业	民国二年（1913）任	是年八月以典狱员代理县印
	傅霖	四川乐山	同前	民国二年（1913）任	
	郭煊	四川资中	廪生	民国三年（1914）任	
	许长龄	江苏江宁	举人	民国四年（1915）任	股匪陷城,殉难。有传
	张国浚	直隶清苑	癸卯顺天副榜	民国五年（1916）任	值北兵毁城,语言不通,任性擅杀,国浚委曲周全,民赖以安。去时,不名一钱,称贷始克成行
	魏恩溥	四川叙永	中学毕业生	民国五年（1916）任	
	李圻	山西汾阳	附贡生	民国六年（1917）任	
	余器光	四川犍为	日本明治大学毕业	民国七年（1918）任	
	杨光辉	四川隆昌	廪贡生	民国七年（1918）任	

续表

朝代	姓名	籍贯	资格	任期	治绩
民国	卢峻	四川泸县	中学毕业	民国八年（1919）任	
	张之翰	四川乐山	法政专科毕业	民国八年（1919）任	
	唐印侯	四川中江		民国八年（1919）任	
	于登瀛	四川三台	武生	民国八年（1919）任	
	熊寿徵	四川彭水	川东师范毕业	民国九年（1920）任	
	余绩	四川涪陵		民国十年（1921）任	
	黄鹤年	四川富顺	廪生	民国十年（1921）任	才能听，断案无留牍
	李福林	四川仁寿	重庆府法政毕业	民国十一年（1922）任	
	王璋	四川长寿	重庆府法政毕业	民国十一年（1922）任	
	罗襄	贵州赤水	廪生	民国十一年（1922）任	
	刘侗	四川成都	法政毕业	民国十二年（1923）任	年少多材，人不敢干以私语。驻军威迫筹款，不为动，而于办团治匪尤力
	胡大镛	湖南	拔贡	民国十二年（1923）任	
	赵汝翼		军官	民国十二年（1923）任	
	陈汝藩	四川涪陵		民国十二年（1923）任	
	赵鹤		军官	民国十二年（1923）任	

续表

朝代	姓名	籍贯	资格	任期	治绩
民国	杨春辉	贵州定远		民国十三年（1924）任	
	胡汉宏	四川广安	法政毕业	民国十三年（1924）任	
	李映芳	四川阆中	廪生	民国十三年（1924）任	清白循良，折狱如鉴，有传
	邓述先	四川西充	军官	民国十四年（1925）任	
	程积善	四川江津		民国十四年（1925）任	
	何木根	四川永川	重庆府法政毕业	民国十四年（1925）任	
	缪继光	四川中江		民国十五年（1926）任	黔军四师屯丰，人心惶惑，继光受其委任，不为筹款，兵民和安，人多称之
	唐郐伯	四川南川	二军营副官	民国十五年（1926）任	
	黄光辉	四川苍溪	六师参谋	民国十五年（1926）任	
	江汉宗	四川双流	中学毕业	民国十五年（1926）任	
	张树猷	四川成都	普通文官	民国十六年（1927）任	
	唐朗如	四川广安	中学毕业	民国十六年（1927）任	

资料来源：民国《丰都县志》卷四《官师表》，《中国地方志集成·四川府县志辑》，成都：巴蜀书社，1992，影印本，第47册，第519-524。

宋元时期丰都知县

龙驷，太原人，进士，政和元年（1111）判县事刑纲。

丁慰，高密人。

赵汝璩。

宋章,南阳人,淳祐丙午(1246),主管劝农。

常篪,宝祐癸丑(1253)任。

刘祖兴,西夏人,宝祐乙卯(1255)任。

元:张杰,至正己丑(1349)任。

万历《重庆府志》卷二十七《官表四·丰都县知县》,《上海图书馆藏稀见方志丛刊》,北京:国家图书馆出版社,2011,影印本,第209册,第287页。

达鲁花赤完者帖木儿、张杰

按川主庙记,二人乃同时者。达鲁称侯,张杰称尹。查元《百官志》,路府州县长官皆蒙古人,而汉人、南人贰焉。县志达鲁花赤一人以蒙古色目人为之,县尹一人,主簿、典史各一人,儒学教谕一人,杰于此时亦县佐也。

康熙《丰都县志》卷四《秩官志·知县》,第1页a-1页b。又见嘉庆《丰都县志》卷二《职官志·知县》,第2页a-2页b。

姚福贵

姚福贵,任丰都县知县,先为水灾,受钞三十七贯五百文,戴徒罪读书。

《大诰三编》,明洪武内府刻本,第29页。

窦谷曙

窦谷曙,应天人,洪武中知丰都,建学校,均田亩,定版籍,百度维新,多建置之功焉。

万历《重庆府志》卷三十九《官绩六》,《上海图书馆藏稀见方志丛刊》,北京:国家图书馆出版社,2011,影印本,第210册,第80页。

窦谷曙,应天人,洪武初知丰都,建学校,均田亩,申版籍,百度维新。
康熙《四川总志》卷十三《名宦上》,第42页b。

窦谷曙,应天人,洪武初知丰都,建学校,均田亩,申版籍,百度维新。
雍正《四川通志》卷六《名宦上》,第72页b。

王必祁

王必祁,福建人,洪武中任丰都教谕,教法严正,师范克端,擢监察御史。

万历《重庆府志》卷三十九《官绩六》,《上海图书馆藏稀见方志丛刊》,北京:国家图书馆出版社,2011,影印本,第210册,第80-81页。

郑溱

郑溱,丰润人,洪武中任丰都教谕,克端师范,勤于教人。擢詹事舍人,历给事中。

万历《重庆府志》卷三十九《官绩六》,《上海图书馆藏稀见方志丛刊》,北京:国家图书馆出版社,2011,影印本,第210册,第81页。

周尚文

周尚文,道州人,知县,平直简易,兴学恤民,升崇庆知州,有去思碑。

正德《四川志》卷十三《重庆府·名宦》,第22页b。

周尚文,道州人,濂溪之后。景泰中以举人知丰都县,平易简直,兴学恤民。迁知崇庆州,有去思碑。

万历《重庆府志》卷三十九《官绩六》,《上海图书馆藏稀见方志丛刊》,北京:国家图书馆出版社,2011,影印本,第210册,第103页。

周鉴

周鉴,字仲伦,江西奉新人,历官四川长宁、丰都知县。正己爱人,专务德化。景泰二年(1451)考最,升郁林知州,州人闻其官蜀多惠政,辄额手相庆。及莅任,教士养民,一如治蜀时。卒于官,人甚惜之。旧志。

雍正《广西通志》卷六十六《名宦》,第20页b。

柴广

柴广,字文博,祥符人也。少游开封郡学,诚实不苟,与朋友约,风雨必践。每遇文庙春秋丁祀,必易服斋戒以往。景泰间,贡入太学,始仕四川丰都县知县。廉介有守,遇岁大旱,祷于神曰:此令之不德,所致乃省,已过理冤狱。不三日甘

濯沾足。先是邑无城池,叹曰:城池所以卫民也,兹役非令得已。于是申请上司,役民兴工,平地则筑墙,山冈则栽树,城郭完整。是时土民赵铎啸聚倡乱,势甚猖獗,率邑中壮勇之士以身先之,遂擒首恶,地方底宁。以荐擢知汉州。修学校,建舆梁,均赋役,政绩着著闻。亡何,乃引年乞致仕,而丰都、汉州俱立去思碑。

[明]过庭训:《本朝分省人物考》卷八十五,明天启刻本,第26页a-26页b。

邵麟

邵麟,字邦祥,号显郊,富阳人,正统十三年(1448)以贡生授四川忠州吏目,居官廉谨,任事果断。十四年(1449),镇远播州苗獠作乱,上命御史周文偕靖远伯王骥往剿,麟奉檄从征画策,破贼险隘,贼惧归款。纪功升本州岛同知,寻署丰都县。民为之谣曰:民食缺,邵公哺;民衣破,邵公补;邵公去后民无釜。任十三年,前后报最,以亲老请归养。

乾隆《杭州府志》卷八十七《人物》,第13页b-14页a。

翁佐

翁佐,诸暨人,正统中任丰都教谕,端谨谦厚,有学善教。

万历《重庆府志》卷三十九《官绩六》,《上海图书馆藏稀见方志丛刊》,北京:国家图书馆出版社,2011,影印本,第210册,第100页。

胡琏

胡琏,鄱阳人,成化中知丰都县,廉明公恕,吏畏民怀。以忧去,有遗爱焉。

万历《重庆府志》卷四十《官绩七》,《上海图书馆藏稀见方志丛刊》,北京:国家图书馆出版社,2011,影印本,第210册,第116页。

陈献

陈献,金陵人,举人,成化中任丰都教谕,学行俱优,诲迪有方。邑志之葺,是其所创云。

万历《重庆府志》卷四十《官绩七》,《上海图书馆藏稀见方志丛刊》,北京:国家图书馆出版社,2011,影印本,第210册,第116页。

虞书

虞书,丰城人,教谕,接人无伪,训士甚勤,去之日士子皆流涕。本学教谕。

正德《四川志》卷十三《重庆府·名宦》,第22页b。

虞书,丰城人,举人,成化中任丰都教谕,接人无伪,训士甚勤。去之日,士有垂泣者。

万历《重庆府志》卷四十《官绩七》,《上海图书馆藏稀见方志丛刊》,北京:国家图书馆出版社,2011,影印本,210册,第116页。

张凤羽

张凤羽,字拱宸,大理人,弘治戊午(1498)举人,为丰都教谕。士贫不能婚葬者,随力助之。岁饥作粥以济贫窭。后迁资阳令,明于断狱。守潼川,值威茂张游击死吐蕃之难,捧檄往勘,排浮议而白其忠至今。里中称为玉山先生。

康熙《云南通志》卷二十一之一《人物·乡贤》,第39页b。

闪镋

闪镋,字大声,郡人,少负义气。为诸生时,人有窃其二马者,知其人不发。正德丙子(1516)举乡试,仕至丰都县令,居家不治产业,惟菽水奉亲。

雍正《云南通志》卷二十一之一《人物·乡贤》,第41b。

王朴

王朴,清平人,举人,嘉靖中知丰都县,宽严并用,有为有守,庭无猾吏,讼无冤民,一时废坠次第修举,学校尤多培植,父母之颂至今尤藉甚焉。

万历《重庆府志》卷四十一《官绩八》,《上海图书馆藏稀见方志丛刊》,北京:国家图书馆出版社,2011,影印本,第210册,第168页。

黄均德

黄均德前任丰都县丞服阕赴京过余林下

三仕为丞不负人,蜀中赤子恋慈亲。先茔已许号松柏,宣室犹思问鬼神。偶

过草堂留药物,又趋京国拂衣尘。承家黄霸能为郡,他日应期昼锦新。

[明]蓝仁:《蓝山集》卷四《七言律诗》,清文渊阁四库全书本,第1页。

万谷

万谷,永昌人,举人,隆庆中知丰都县,有才有守,除害兴利,种种不一。当事嘉与之,令立石仪门,以垂永鉴,尤知人造士。四年一节,擢知忠州,清白益励,时称一尘不染,百度维新。尝捐俸立会,以督课程,执法除强,以安黎庶。循良之颂,遐迩同声。祀良宦。

万历《重庆府志》卷四十二《官绩九》,《上海图书馆藏稀见方志丛刊》,北京:国家图书馆出版社,2011,影印本,第210册,第179页。

万谷,清查田粮,厘定徭役。黎元作《生祠记》。

民国《丰都县志》卷四《官师表》,《中国地方志集成·四川府县志辑》,成都:巴蜀书社,1992,影印本,第47册,第519页。

冒梦龄

冒梦龄,字汝九,如皋人,以选贡授会昌知县,移知丰都。奢寅变起,与石柱司女将秦良玉协力破贼,城赖以全。量移宁州,归。子宗起崇祯时以进士为兖西佥事,监军河上,张献忠破襄阳,调襄阳监军。时贼数十万往来,窥伺城中虚无,人宗与左良玉收合余烬,力保岩疆,以功被上赏。量调宝庆,归。所著有《拙存堂集》。

乾隆《江南通志》卷一百四十五《人物志·宦绩七》,第36页b-37页a。

刘孟桓

刘孟桓,通城人,万历中知丰都县,有才有学,慷慨正直,以少脂韦左迁去,邑人惜之。

万历《重庆府志》卷四十二《官绩九》,《上海图书馆藏稀见方志丛刊》,北京:国家图书馆出版社,2011,影印本,第210册,第199页。

张守刚

张守刚,思南人,举人,万历中知丰都县。莅任六年,民安讼简。升任去,去之日百姓遮道,至今思之。

万历《重庆府志》卷四十二《官绩九》,《上海图书馆藏稀见方志丛刊》,北京:国家图书馆出版社,2011,影印本,第210册,第200页。

张守纲

敕曰:朕寤寐升平,视巴蜀万里如在宇下,间者用台臣奏逮贪墨吏薄示其惩,苟廉吏不旌,何以示劝尔。四川重庆府丰都县知县张守纲擢秀乡闱,蜚声黉校,晋司民牧,有守有为,剔刷严而奸豪敛迹,抚绥笃而夷汉归心,荐牍交扬,课书称最。特授尔阶文林郎,锡之敕命。夫俗吏之所务在于刀笔筐箧,而实政不修,朕安用此尔?尚益愍前猷勉图后效,以称朕惠康小民之意钦哉。

[明]黄洪宪:《碧山学士集》别集卷四《銮坡制草》,明万历刻本,第30页b-31页a。

张霈

张霈,渭南人,举人,万历中知丰都县。慈祥不苟,人亦不忍玩之。任一年,以忧去。

万历《重庆府志》卷四十二《官绩九》,《上海图书馆藏稀见方志丛刊》,北京:国家图书馆出版社,2011,影印本,第210册,第200页。

李如涝

李如涝,北直高阳人,己亥(1659)进士,创学校。吴逆叛,抗节潜归。

同治《丰都县志》卷一《官师志·知县》,第2页b。

李如涝,字仲渊,号澹庵,高阳人。旧志。其祖、父明末皆死于乱,如涝间关冒死访遗骸于兵火之中,其行谊为乡党所称。《四库全书提要》。顺治己亥(1659)成进士,任万安知县。旧志。康熙初知零陵县,明察善断,他邑疑狱皆委审谳。县附郭依山为险,好事者倡为凿池之举,道府檄下兴作,如涝叹曰:"民力竭矣,尚

堪以重困耶?"力争之,得寝。以丁内艰去任,邑民赴阙请留者数百人,格于例不允。《湖南通志》。服阕,官四川丰都知县,拯残救弊,惠政实多。会吴三桂反,不受伪职,贼收縶之,三年极危,苦志不变,乘间脱归,历荒箐陟险阻,抵荆州叩军门,述贼可灭状,且画策,总督上其事,朝廷嘉之,复其官。旧志。卒祀乡贤。著有《行素堂诗集》《畿辅诗传》。

光绪《保定府志》卷五十五《列传九·仕绩六》,第15页a-b。

李如涝,字仲渊,号澹庵,高阳人。顺治己亥(1659)进士,官丰都知县,有《行素堂诗集》。诗话:澹庵令丰都,值吴三桂反,不受伪职,羁之三年。乘间脱归抵荆门,叩军门,述贼可灭状,且为画策。制府以闻,朝廷嘉之,复原官。其集纂入《四库书存目》,今不多见也。

[清]徐世昌:《晚晴簃诗汇》卷三十一,民国退耕堂刻本,第14页b。

丰都知县候补京秩高阳李君(李如涝)墓志铭

今夫志节之事,宜出于学士大夫。然有平居无事,坐谈书史,嚣嚣然名义自许。及一朝遭变,沸鼎在前,白刃在后,忽焉丧其守者,利害迫于中,威武慑于外,即回面污行,而有不暇恤也。若天性忠孝,而又生强仁慕义之邦,世笃忠贞之族,其坚确之槩,生死不渝,固非矜诩之流可同日而语者。如吾友高阳李君澹庵,非其人耶?燕赵古称多慷慨悲歌之士,而保定一郡于今尤烈。数十年来,邦人之取义成仁赫赫在耳目间者,何可更仆数?君自束发,即耳濡目染,少而习,安有若天性故。其令丰都也,遘滇逆之变,井参分野,五州二十七县,镇抚以下莫不反颜事,甘受伪命。君不过一邑长吏耳,讵能抗鸱张之势而反之正哉?然始也,谋集兵拒守不可支,则以死自誓。锋所加,命在漏刻。据衙坚卧,义色不为少动。迨拘囚民舍,固苦三年,乘间而逃崎岖山汉篁箐之间,跋踄虺蛇豺虎之窟,终归京师,再睹天日。天子嘉其节,方且之京秩,明示天下以愧励为人臣而怀二心者。不幸生归未几,溘然观化九原,不可复作矣,岂不悲哉?君名如涝,澹庵其字,生而类异,甫读书即以忠孝仁让为学。顺治丙戌(1646)荐于乡,己亥(1659)成进士,初授万安知县。兵后界混淆,盗垦不报税,君按亩清丈,顽民无容其奸。俗重婚嫁,靡费无纪,产女者多溺死。君设为厉禁,而生聚渐蕃,改知零陵。军民杂处,军为民病,请于上官严治之。水夫工食向以给兵,兵罢责取民间如故,君一切革去,两邑皆尸祝焉。君祖都阃公,讳守成。父文学公,讳预。母某氏。君弱冠值家难,收祖、父骸骨于兵燹之余,负衣衾成殓以葬母,卒零官舍扶柩还乡,露悲号三月不怠。抚养弟如沆,竭诚致爱。弟疾则不能食,训诲谆切,至于流涕。如沆亦克奋厉,有闻于时。妻刘氏,国学生振龙女。子六人:榛,府庠生;桧,邑庠生;标,国学生;余俱幼女,一人适庠生冉琛。孙男三人,女一人。君之归自贼中也,间关匍匐,因遂成疾。弟又居官,不独理家政,乃折已产命诸子与侄均分,宗党称仁让焉。君素工诗,当陷蜀时,悲愤填胸,发于歌咏,多忠君爱国之思。予既为序以行,今年三月某日其子榛等将葬君于先茔之某穴,沆来请铭,予不得辞也。铭曰:惟昔杜甫,身陷长安。吞声蒲柳,黯怆江干。喜达行在,涕泪受官。君亦罹变,大节以完。忠不忘君,间道辛酸。胡为弗禄,赍志穷泉。燕山苍苍,易水漫漫。幽宫永托,万世是观。

[清]叶方蔼:《叶文敏公集》不分卷,钞本,不注页码。

王廷献

王廷献,字幼拔,号文在,二甲,官至刑部陕西司郎中。康熙三十年(1691)辛未科进士。

乾隆《海宁州志》卷八《选举上》,第23页b。

王廷献,字幼拔,康熙辛未(1691)进士,任丰都知县。僻处蜀东,学者不知圭臬,廷献设书院,讲课经义,邑士登第自此始。民多匿报垦荒,里长搜敛之,藉名充公,实饱私橐,廷献力稽弊窦,则其壤而成赋焉。输将转易,合境称便。行取户部主事,典河南试,历刑部郎中,卒于官。子仁锡,由安福丞历知绥宁、江阴、江宁诸县,展布宜民,所至皆有干誉。

乾隆《海宁州志》卷十《循吏》,第30页b。

送王文在赴任丰都丁丑
一行作吏入巴东,此去先经草阁中。不信诗成能泣鬼,携尊试问浣花翁。
一关人鬼只几希,不用虚参个里机。铁面刚肠真面目,笑他世俗枉脂韦。

谁道幽明隔两尘,无欺屋漏即神君。灵台一点澄如镜,不数然犀温太真。
五官并用本长才,疑狱全凭听断来。天赐重生包孝肃,昼升厅事夜乌台。
愁绝尝思著广骚,汨罗沉恨最难消。九天若果魂能牒,宋玉文章底用招。
丰都闻说是仙都,神术还能缩地无。早晚候君消息到,凤楼高处看双凫。
盈虚消息甚平平,志怪搜神强立名。他日若逢宣室问,莫贪舌辩误苍生。
蜀才偏我系思频,可怪文人骨相屯。儋耳夜郎公案在,烦君参勘是何因。
谁从唐举取讥诃,宦绩千秋贵不磨。上柱国原吾自有,人生几见活阎罗。
郎官得得绾新符,结束行装出帝都。自顾囊中羞涩甚,不愁鬼物有揶揄。

文在有诗留别即次元韵奉答丁丑
绾符西去及秋时,努力为官莫自疑。我辈于人无可合,君才何地不相宜。
阳台有梦经年别,杜半伤春若个知。独爱浣花溪上客,一尊好与细论诗。
官途原不计千年,底是愁他蜀道遭。贫乏立锥非是病,吏能免俗即为仙。
何妨无鬼存兹论,岂有通神亦使钱。遥想讼庭清暇处,五经弹罢一炉烟。
不与终南斗要津,料无熟客往来频。既称福地何嫌僻,尚有诗囊未是贫。
人到相知青眼少,交因弥淡白头新。多君密订金兰簿,投分偏于物外身。
醇醇恋恋日三升,醉后挥毫力倍胜。但使风流名藉甚,何忧殿最事无凭。
影衾不愧吾能信,魑魅争光尔亦憎。自分烟波踪迹渺,双鱼那觅寄心朋。
[清]顾永年:《梅东草堂诗集》卷三,清康熙刻增修本,第21页b-23页a。

送王文在尹丰都(宫鸿历)
地绝中原俗自醇,平都春望草如茵。扬帆初上瞿塘马,斫鲙先烹丙穴鳞。

兵甲销时征战少,雁鸿归后版图新。时流人入蜀占籍者以数万计。还朝应上贤臣颂,宣室无劳对鬼神。

落日春山叫子规,排船琴鹤远相随。江分巴字刘焉国,锦迭蛮笺杜甫诗。

木佛那堪烧舍利,丛神应怕毁淫祠。邑有王方平庙,俗云与冥司相通。君名旧在灵仙箓,且与方平话见期。

[清]陶梁:《国朝畿辅诗传》卷二十八,清道光十九年红豆树馆刻本,第18页a。

送王文在廷献之丰都令(陈成永)

丙子(1696)夏,文在谒选得丰都,汉王方平、阴长生升仙处也。地志误称为阴君上升,故世俗遂指为鬼窟。而祝枝山《语怪》复备载永乐间尤令事,相沿成俗。有请牒于官为先灵觅路者,习俗移人至此。异时倘得题请更名平都,则愚民之惑庶可袪除,而筮仕者亦不至视为畏途矣。文在倜傥不羁,不数年便当置身台省,能为此地重开生面,令后之考古者不复传讹,是亦君子反经之一端也。

我闻世有卅六大洞天,光明景曜来群仙。第五青城之洞周围二千里,第七峨眉之麓虚凌太妙人争传。又闻福地七十二,夔门、巫峡仙坛峙。蜀川自古多仙踪,山灵处处标神异。惟有平都山更奇,五云楼阁耸瑶池。方平仙蜕至今在,长生丹诀留穿碑。世人读书不读真,矜奇语怪徒纷纶。漫以阴君上升处,指为鬼窟丛青磷。我闻圣人设教本神道,况今袭谬承讹,已逐狂澜倒。从来善政每因民,阎罗何必非包老君。今叱驭到江湄精神,昭假修明禋廉明。炯炯烛幽隐当令,神君之颂垂千春。神君才调越伦等,治安策奏枫宸迥。宣室他年问鬼神,长沙贾傅名应并。

[清]潘衍桐:《两浙輶轩续录》卷三,清光绪刻本,第36页b-37页a。

严履泰

严广文履泰墓志铭(易简)

先生严姓,讳履泰,字衷介,其先湖广麻城人。祖讳衮者,以孝廉任庆符县教谕,遂家焉。高祖讳廷佐,曾祖讳辑,祖讳应麟,父讳敦典,字克修,俱县诸生。克修公负奇节,好施与,所交多豪杰之士,提携极贫尤至焉。甲申(1644)之变,死人如麻,骸骨遍野,公独捐资敛葬以数千百计,所积德行皆此类。配李孺人,早卒。继娶张孺人,原任广东布政使司经历应乔公之女生。先生少聪颖过人,诵书目千言,八岁已能道掌故。九岁克修公殁,先生哭泣过恸,敛葬一一皆其所历,不苟且免丧。益自刻苦,年十二补弟子员,屡冠诸生。又十二年登明经,又二十四年任丰都县训导,莅任二十一年,卒于官。年六十九岁,实雍正元年(1723)癸卯十二月十五日也。先生未仕时,尝膺叙州守聘襄幕事,调剂便民,不肯阿附主人,意有不可者辄争之,至十反犹不已。守初难之,已而大服。来丰都,下车即革去陋习,劝士力学,一以古圣贤为宗。初丰人以距省二千余里,入乡试者尝少,先生至,多

方成就,邃养兼优而困于境者,先生皆恤助之,故科名彬彬,称一时极盛焉。简侍从先生十年,先生夙有侠气,冰操至廉,虽禄薄不足以自赡,犹慷慨乐施,故没之日明器不具。先生生四子,长曰元和,贡生,次元正,增生,次元春,廪生,次元灯,附生,皆孺人于氏出,孙士庶等凡十三人尚幼。先生卒之前一日,手书命简曰:吾病笃,殆不能起,尔知我者,我死,尔铭吾墓,其务实以传信,毋谀。先生卒,门人郎与立等为之敛。越十日,元正等至,将扶柩归里,谋志于简。于是垂泣顿首,为之铭曰:先生前世代有闻人,积善垂庆于先生身。先生笃学口角翻澜,未尝一日舍书不观。先生学博尤精于史,西川轶事撮其大旨。先生课士曰贵立品,曷为脂韦丧其所禀。先生论文以气为主,瑰伟卓荦非此不取。先生爱士不在富贵,贫不能学乃助之费。先生子孙既多且贤,哲人有后克缵其传。先生归葬蜀西南陲,昭示来许琢石此词。

民国《丰都县志》卷十一《艺文志》,《中国地方志集成·四川府县志辑》,成都:巴蜀书社,1992,影印本,第47册,第644页。

朱象鼎

朱象鼎,字禹州。父麟世,从征川幕,署知夔州府,再参浙幕。时获山贼党,谳上议属族皆死。麟世曰:律称谋反族诛者,为期以上言也,大功以下滥入,非律意。因奏得末减。象鼎,康熙戊午(1678)举人,知丰都县。川东饥禁私枭,于是川楚各属皆遍,枭民大困,力请弛其禁。迁通政经历。

光绪《嘉兴府志》卷五十二《列传·秀水县》,第36页b。

汪德修

汪德修,字协克,官襄垣、丰都知县,有惠政,擢工部虞衡司员外郎。

同治《徐州府志》卷二十二上之下《人物传》,第18页b。

谢宜相

谢宜相,字赞王,余姚人,雍正甲辰(1724)顺天解元,官四川丰都知县。

[清]潘衍桐:《两浙𬨎轩续录》卷五,清光绪刻本,第13页a。

王𦶜绪

王𦶜绪,字成祉,家栋元孙,乾隆二十二年(1757)进士。授丰都知县,县自明季乱后,故家寥寥,罔知礼义。𦶜绪采古礼可行者,作《治丰礼略》,率士子肄习,俾各教于其乡。山多槲,教之饲蚕,著《蚕说》。县濒江,舟行见物怪辄溺,𦶜绪为文祭之,遂不复溺。迁石柱厅同知,石柱故土司地,乾隆初始设流官,其地春秋多雨,夏常旱,不宜稻,居民但种稻,𦶜绪令秋种麦,夏种秋,山岩种卮茜,民食乃足。会土寇为乱,出没山谷间,负嵎抗命。𦶜绪单骑,抵其巢,从容谕以祸福,遂献其魁艾世隆,众悉解散。迁南雄府知府,以足疾告,卒于成都。子森文,别有传。凤文,举人,授饶阳知县,教民凿井备旱,调静海许鸣者佃王府田,倚势强横侵占民地,官吏莫敢直。凤文依法案治之,后为云龙州知州,卒于官,州人立祠祀之。𦶜绪族弟引楷援例为融县知县,民作三清谣美之,升宁明州知州,署镇安府,祷于城隍,平虎患,后升临安府知府,历曲靖、临江,卒于官。

咸丰《青州府志》卷四十九《人物传十二》,第22页a-22页a。

杨梦槎

无锡杨明府梦槎,乾隆间以孝廉令四川丰都,值金川酋逆命,调赴监制炮位,屡有功。癸巳(1773)六月,大军至木果木山,夜半贼劫炮局,遂拥之去,环叩用炮之法。明府阳教之而阴诡其制,反裂,殪贼无算。贼酋切齿,刹其尸如泥。事闻,诏赠兵备道,赐祭葬,荫一子如其官。呜呼,烈且智已。

[清]陈康祺:《郎潜纪闻二笔》卷十,清光绪刻本,第14页b。

杨丰都殉难诗并序(张云璈)

杨明府梦槎,无锡人,乾隆丙子(1756)孝廉,任四川丰都令。值金酋逆命,调赴军营监制炮位,屡有功。癸巳(1773)六月,大军至木果山,夜半贼劫炮局,遂拥公去,环叩用炮之法。公阳教之而阴诡其制,反裂,殪贼无算。贼酋切齿,刹公尸如泥。事闻,诏赠兵备道,赐祭葬,荫一子如其官。

木果山前阵云赤,红衣大炮轰天坼。金酋肉破飞满空,战骨千年不能白。杨侯手奉将军令,一击能歼万人命。炮局惊传制作精,铁骑虽行不敢横。贼冒万死来急攻,计劫炮局先劫公。有公不患炮不工,首崩厥角请命同。公伪大笑欣相

从,教之枢纽藏其中。忽然反走军无功,奔马倒蹶深谷穷。狂蛟退入冯夷宫,贼如落叶随迅风。快扫屯蚁巢为空,残骸剩体不见踪。人血作雨漫天红,贼众耻为公所绐。露刃攒公骨俱碎,万点寒沙万点磷。倘化阴兵成一队,朝廷痛惜褒忠魂。赠官赐葬荫子孙,贼虽恨公重公义。丰都啧啧名犹存,以贼攻贼贼不知。转环计妙乃若斯。君不见杨侯之心本铁石,杨侯之手直霹雳。

[清]潘衍桐:《两浙輶轩续录》卷十,清光绪刻本,第20页b-21页a。

章响山

章响山(汝梅),会稽人,乾隆丙子(1756)孝廉,历署丰都、新宁、达州,金川用兵,曾办军务,后补甘肃文县。因事谪戍黑龙江,匹马投边。着诗千首。

[清]王培荀:《听雨楼随笔》卷八,清道光二十五年刻本,第65页b。

张伟

张伟,平远人,以安顺籍中[乾隆二十二年(1757)丁丑进士],官丰都知县。

道光《大定府志》卷三十二《选举簿第一上·俊民志一》,第3页a。

黄昭苏

黄昭苏,字思瞻,由拔贡中乾隆庚子(1780)顺天乡试,历署冕宁、丰都知县,廉干有声,补延亭,清操愈著。卒于官。

光绪《湖南通志》卷一百九十七《人物志三十八·国朝二十三·郴州》,第44页a。

瞿颉

瞿大令颉,字孚若,号菊亭,居五渠,乾隆三十三年(1768)举人,本名颙,后避仁宗讳改今名。知丰都县,有政绩。精于音律,著有《鹤归来》《雁门秋》等院本,并《巴蜀见闻录》《四书质疑》数种,尝得钱蒙叟"秋水阁"旧额,悬之渠上,草堂因即以名。其集《书朱买臣传后》云:男儿宦达蚤有誉,五十富贵妻已去。故乡典郡亦足豪,邸吏惮惶胥失措。朱幡五马会稽来,此是当年负薪处。可怜覆水竟难收,自经沟渎莫肯顾。呜呼,买臣妻世无数,祗今邑子谁严助?君少年乡举,十一试礼部不售,己酉春试出院,云"那堪后进推先辈,渐觉同来少故人",又云"身随九陌春俱老,心逐三条烛并灰",盖感慨深矣。解组后,予犹及见之。语及春明仍郁郁云。

[清]单学傅:《海虞诗话》卷七,民国四年铜华馆本,第5页a-b。

瞿颉,字孚若,乾隆三十三年(1768)举人,官丰都知县,撰《丰都县志》。性通敏,以《四书注疏》有与朱注异者标出,参以己见,著《四书质疑》四卷。喜为诗古文,兼善词曲。子毓秀,亦工诗词。

同治《苏州府志》卷一百零二《人物三十》,第5页a。

摄篆丰都,登平都观,阁上悬联云:"以邀以游,得仙人之旧馆;一觞一咏,极天下之大观。"深爱其词,视款,题瞿颉。退考县志,则所修也。瞿号菊亭,明季大学士忠宣公式耜之后。忠宣殉节广西,国朝以其尽忠于明,全其家室。菊亭谱鹤归词,表扬先烈,以孝廉谒选,宰丰都及仁寿,著有《宣南坊草》《秋水吟》诗集。

[清]王培荀:《听雨楼随笔》卷八,清道光二十五年刻本,第51页b-52页a。

李自超

李自超,癸卯科(1783)举人,历官河南叶县知县,四川西昌、洪雅、崇宁等县知县,入高行传。

光绪《丰润县志》卷五《选举》,第17页b。

李自超,字季伟,乾隆癸卯(1783)举人,博文嗜古,一言动无所苟,出仕崇宁县令,以病回籍,两袖清风而已。

光绪《丰润县志》卷六《高行》,第61页a。

黄耀枢

永北黄星海明府耀枢,原名初家,文忠公己卯(1819)典试云南所得士也。以少年名进士,出宰西川,为丰都令最久。多善政,丰人至今歌去思。初任郫县,暗以平反冤狱,拂大府意,世以强项目之,为吾乡陈望坡先生所激赏,而终身之坎壈亦基于是矣。嗣拣发来闽权福清二载,因案被劾改官。广文尝于少香师案头见

其《延晖阁诗稿》,感怀诗语,语沈挚诗云:骨肉无百年,聚首未及半。可怜参与商,出没望辰换。树高分四歧,千柯共一干。去条春复生,去本枝必断。物理怆吾怀,搥胸发长叹。孤枕云孤枕,当遥夜中肠。郁乱丝梦回,灯息久愁绝。月明知化蝶,飞何处怀人。系所思年长,休比漏漏转。较年迟四十字无限感慨。又题同舟图云:江波无际夕阳晴,画出扁舟送远行。一路青山吟不尽,萧萧黄叶入诗情。二十八字,有南宋人风味。又改官后尝有句云:壮心到此真灰尽,媚骨生时未带来。咏老奴云:伤心知己尽,回首阅人多。亦可想其所遇之不偶矣。山行句云:山水有幽响,野花无定名。亦苍秀可诵。其嗣君肖农礋尹伯颖以俊才官盐场大使,道光乙酉拔贡,著有《海粟山房吟余草》,诗出性情,无优孟衣冠习气。读范文正传云"经济文章此大贤,千秋已定秀才年。甲兵满腹资雄镇,风教关心广义田。父子功名三世共,黎民忧乐一人肩。先生节尚高山水,百拜严陵记一篇"。礋尹所作诗多随手弃去,其读少香师续集,诗亦风格老苍,非深于诗律者不能道。诗云:老去文心未肯平,依然下笔雨风惊。才华久已空余子,著述真堪副盛名。杜甫无家归计左,梁鸿有偶世缘轻。只今诗卷留天地,好向烟波理旧盟。绘有鸥汀渔隐图,礋尹更有佳篇可咏者。另见别卷。

[清]林昌彝:《射鹰楼诗话》卷二十一,清咸丰元年刻本,第8页b—10页a。

方宗敬

方宗敬,字恪庭,惠潮嘉道应元之子,嘉庆戊午(1798)举于乡,历宜春、清江、丰都知县,擢汉州知府。宜春为袁江首邑,号难治,郡守以新令年少为疑。及视事,剖决如流,乃惊喜过望。丰都,山环三面,其一面下临急湍,啯匪出没其间,往往至不可踪迹,宗敬至则申明保甲法,贼囊橐无所,各越境遁去,其境遂无一贼,俄而役以得贼,告询之则楚北逋匪,甫入境而被擒。由其稽查严密也。治汉州尚严。旋乞终养,后复任。迎旧牧者,作为诗歌,至比之寇恂孟。尝惠民二年,以微疾自免归。宗敬为政,明慎用刑而不留狱,有所勘验,率一二僕从肩舆疾赴,民无杯勺累。其救荒也,委曲劝分而割俸为倡,身自给,散之必实必平民,绘赈饥图以志其德。所至为创书院、新考棚、葺公廨,汉州及丰都皆为立生祠以祀。生平笃内行,论者以孝友、睦姻、任恤推之,而方氏宗祠之改建,尤族人所倚赖者。拳拳于师友,风义足以厉世事。具刘维理传中。

光绪《巴陵县志》卷三十一《人物志·列传》,第1页b—2页b。

曾琮

曾琮,字石卿,号丹崖,壬午(1822)领省荐,授丰都令。性嗜书,未尝一日释手。风日清和,则又临摹法帖,故文辞既富而字画亦精。刘玉《执斋集》。

[清]倪涛:《六艺之一录》卷三百六十六《历朝书谱》,清文渊阁四库全书本,第20页a。

李谦

李谦,号挹谷,甘肃秦安进士,补丰都令。道光十六年(1836)入黔买铅,沿途得诗一册。有句云:"连鸟撒千山,黑天入羊肠。一线青余多,刻露不涉庸。"熟以母老告归。作七律二首。别诸同人。

[清]王培荀:《听雨楼随笔》卷五,清道光二十五年刻本,第14页b。

邹桂林

邹桂林小山,巴县人,为丰都学博,嗜饮,作自寿诗数首。有句云:"岂谓奇文争轧茁,几忘鏖战老英雄。"又云:"世途阅尽吟怀减,宦味尝余老态多。"盖以举人不第,自伤苜蓿盘也。余尝作文寿之。

[清]王培荀:《听雨楼随笔》卷六,清道光二十五年刻本,第61页b。

朱有章

朱有章,字文焕,丽水人。拔贡生,朝考一等,授四川知县,历署奉节、丰都、新繁、梁山诸邑,所至有惠政,百姓甚爱戴之。权夔州府事,护理盐捕府,题补大邑县,星夜从公,积劳成疾。母又春秋高,遂告归。上宪及同僚践齐行,旋里被服,如儒生足迹不入城市,积书数万卷,口不绝吟。咸丰十一年(1861)城陷,贼檄有时望者充伪职,必欲得有章,章见檄大骂,焚之,率勇捍御,徙母居九盘山,日一往省。贼侦知,潜伏山下,章适奉母他徙,贼焚山蓼(寮)而去。同治三年(1864)卒。著有《烬余残稿》。

同治《丽水县志》卷十一《人物二》,第45页b—46页a。

朱有章，浙江丽水人，拔贡，道光二十四年（1844）接替张绍龄始任丰都知县。[①]惠爱士民，政平讼理，建培元塔以补文峰，后科第果盛，邑人呼为朱公塔。补大邑县令，告养归。

民国《丰都县志》卷四《官师表》，《中国地方志集成·四川府县志辑》，成都：巴蜀书社，1992，影印本，第47册，第522页。

张香海

张香海，杰子，辛卯（1831）优贡。乙未（1835）署阳武知县，时值荒旱，并遭河决，人相食，乃捐俸分厂施粥，全活无算。旋丁艰归。起复梓潼知县，署丰都，皆以缉盗安良为亟务。咸丰十一年（1861），黔匪窜江油，窥安县，大吏知其材，飞檄调署。及抵任，稽查城垣、军储均无可恃，乃力为整顿。甫阅月，而贼已入境，众寡不敌，再战不利，贼以地雷攻之，城遂陷，率勇巷战，死之。赐祭葬。赠直隶州知州。敕殉难地方及原籍建立专祠。著有《诗经典确》《春秋三传辑义》《礼经典实》《密崖文集》《全史诗》《牟子诗钞》《潼江吏绩》《南赘吏事》《竹轩摭录》《清霭亭丛钞》《宦蜀纪程》《东牟纪事》。

光绪《增修登州府志》卷四十《举人》，第6页a。

田秀栗

田秀栗，陕西固城人，增贡生，同治五年（1866）任丰都知县。[②]以靖边功保升知府，在任年余，创修考棚，置宾兴田亩。

民国《丰都县志》卷四《官师表》，《中国地方志集成·四川府县志辑》，成都：巴蜀书社，1992，影印本，第47册，第522页。

徐浚镛

光绪二十三年（1897）八月己丑，谕已革四川丰都县知县徐浚镛，前在任内，于江水进城，并未救护灾黎，辄先登舟出避，经吴棠奏参，革职永不叙用。兹据都察院奏，该革员遭抱以被参情节，均系邑绅徐昌绪挟嫌呈控，并串通总督衙门幕

---

① 据民国《丰都县志》撰。
② 据上引书撰。

友徐巽斋舞文陷害等词,赴该衙门呈诉。案关绅幕交通,职官被参,冤抑虚实均应根究。此案奏结有年,丁宝桢无所用,其回护,即着该督确切查明,据实具奏。抱告民人张福该部照例,解往备质。

[清]朱寿朋:《东华续录》,光绪二十三年八月己丑条,清宣统元年上海集成图书公司本,第12页a。

彭修

彭修,字慎斋,湖北人,光绪癸未(1883)进士,授知县,签分川省,逾年署理邑篆。雅重儒术,下车观风,首先校士。时太史郎承谟尚未第也,修阅其卷,叹曰:此翰苑才也。取置诸生第一,后果领乡荐,入词林,人咸服其知人之明。性敦敏不矜,明察而折狱如神。莅任之初日,晨起开衙视事,亲受民词讼,小争细故立即判销,事关巨大者,飞签传讯,不数日轇轕澄清矣。曾有乡农被人控告,衙役奉票唤讯,跋涉百余里,索望甚奢,及至其家,农先期出外,访讯不获,因循数日,资斧罄绝,不得已踥蹀转归。适乡农亦自县来,相遇于途,役喜疾呼曰:将何往?尔有巨案不自知耶?出票示之,势欲加以缧绁。农曰:事诚有之,然案已结矣。役嗤其妄,牵曳至县,询之果已随堂带审,两造欢然释怨去矣。役栩腹瞪目,无从责偿,闻者皆为绝倒。又有姑虐其妇者,朝夕鞭责,邻生某悱恻不平,阴匿之,置舄江滨,联名控其姑鞭妇投水,纸舄为证。修立传中审,姑战栗曰:鞭责时或有之,谓逼之死不惟不敢,亦不忍。邻生请械之,哂曰:岂有情急觅死,尚暇解舄耶?事之曲折,尔自知之,盖隐窥其匿妇报姑也。未及,其妇果自邻生家出,姑亲送法庭。修先覆讯邻生曰:何如?我固知其不死,汝怜人妇荼毒,我怜尔仁而闇愚,设遇鹘突官宰械姑抵偿,妇复出无恙,罪将安归?薄责使去。复谕其姑曰:人为尔受责,尔须改行。姑言知悔,偕妇同归,卒和好无间。案结,远近争颂之。修莅丰数月,始则日判数十案,继则花落庭间,几于无讼也。去任之日,祖饯塞道,自署达江,百姓携老扶幼,临歧欷歔,各怆然泪下。满清循吏,此为仅见焉。

民国《丰都县志》卷十四《人物志·循良》,《中国地方志集成·四川府县志辑》,成都:巴蜀书社,1992,影印本,第47册,第689-690页。

汪如练

汪如练，字漱白，一字贲之，江西名进士也。清光绪己亥（1899）来权丰都篆，甫下车值夏旱，如练默祷苏祠而雨。新秋苦潦，复祷而霁。爰捐鹤俸千余金，一新鹿山苏祠，跋宜雨、宜晴之轩，开别径竖箪亭，楹曰：径仄饶余地，山庐补半亭。亭西百余步筑屋三楹，颜曰瓣香榭，供石刻东坡来游像。祠宇新成，时和年丰，刑清政简，每月校士两次，分课制艺词章，优给膏火，次日率生童前十六人集苏祠谶饮，分韵联吟宏奖，风流极一时之盛。去之日，不名一钱，邑人赋诗祖钱，有"对客毫无官气象，临民常有佛心肠"之句。其惠爱士民，持身廉正，可想其梗概矣。

民国《丰都县志》卷十四《人物志·循良》，《中国地方志集成·四川府县志辑》，成都：巴蜀书社，1992，影印本，第47册，第690页。

许长龄

许长龄，字石生，江苏江宁举人，以大挑知县发蜀，尝权双流、梓潼知县，当官廉惠。国变后澹于仕进，欲归乏资，濡滞成都为童子师，以供饘粥。已面东道尹刘体干、政务厅长冯书交荐其贤，始权丰都县事。民国乙卯（1915）夏莅任，治事廉勤，尤究心学务，举行观摩运动会，淬励学子，复甄录师范以慎师资。洪宪改制，护国军侵蜀，北军次第进援，沿途骚扰，士民忿之。丙辰（1916）二月，叙泸战烈，北军待援急。壬子（原注：二月十三日）党人引王维纲军屯邑之大池，扬言据城以遮援军。侦获其谍，囚之。适八师张营舣舟江上，龄过张，白其状，请分军守城，许之。遂遣师西出新城，扼其来径，为向导所绐，左出大桥，纲取道大池抵新城，而张不知。癸丑（原注：二月十四日）平明，张前队出新城，未戒备，猝与纲遇，枪不及弹，伤数十人，遂溃退不可收拾。纲乘胜入城，趋县署，龄始走匿教堂，继子身返署见纲，说以勿苦酆民，纲诘收其印，不出劫之行。亦不去，据公座曰：此吾死所，适张营集败兵据平山，而奉天游击军亦至，三面纵火，居高下击伤平民数十人，烧民房数千家。龄泣曰：留兵以守城，吾之职也。吾尽吾职而误吾民，留兵者龄，请早杀龄去，勿令多伤吾民。龄愠其留张，遂击杀于天官门右以遁。时龄年五十六，今殉难处犹有遗迹，阴雨益显，殆忠魂之不泯欤。邑人郎世祚经纪其丧，葬于新城学田。

民国《丰都县志》卷十四《人物志·循良》,《中国地方志集成·四川府县志辑》,成都:巴蜀书社,1992,影印本,第47册,第690页。

赵维城

赵维城,字芸苏,江苏长洲人也,以优贡授四川知县,历权长寿、大宁等县。宣统庚戌(1910)秋来摄丰篆,勤慎和平,俭若寒素,究心民瘼。喜与士大夫晋接,雅重学务,安仁、忠武、义顺、崇德、仁寿、太平诸乡高小学校皆所筹备,而建置者尝捐金,课会县属学生及初小教员,多所奖掖,以姑学子争自灌磨,学风丕变。丰邑山多田墝,凤擅罂粟利,农民衣食强半赖之。清季与英缔约,限年禁绝,维城晓以利害,束约保甲,令农民改种菽麦,一茎不留。严冬亦轻车简从,历全县履勘,辗转施南彭黔交错间,山深雪积,不惮烦劳。会有以烟苗告者,督之锄尽,薄责遣去,期年俗变,罂粟尽绝,乃倡实业局设贫民习艺所及蚕桑学校,令邑绅谭宗枢购桑麻、茶漆、黄连诸种,劝农民各因土宜,以补罂粟之利。设施未竟,会遭国变,去官寓丰数月,长寿士民请禀上峰,仍委旧治。临去,丰人祖饯,其留别诗载《艺文志》,忠爱之意流露言间,亦晚晴之贤吏也。

民国《丰都县志》卷十四《人物志·循良》,《中国地方志集成·四川府县志辑》,成都:巴蜀书社,1992,影印本,第47册,第690页。

李映芳

李映芳,号桂五,阆中人,历官多邑,俱有政声,抗直不畏强御。民国十三年(1924),来宰是邦,携妻子自奉甚廉,日蔬食钱不许逾千。勤于治,不时徒步出署,有以冤闻者,即倚杖与语,随签传不稍停滞,善决狱,判无不服。以军饷繁苛,忤驻军,迫索不应,胁以兵,亦不动。抵死力争,几以身殉,邑人为之感泣。任不满三月,卸篆去。走送者以万计,填街拥巷,直达江滨,饯官之盛,彭、汪之后以此为最。

民国《丰都县志》卷十四《人物志·循良》,《中国地方志集成·四川府县志辑》,成都:巴蜀书社,1992,影印本,第47册,第690-691页。

二、士女

丰都进士列表

朝代	姓名	科别	纪略
明	杨大荣	天顺丁丑	由景泰庚午(1450)举人中第,官授江西按察司佥事,崇祀乡贤
	杨孟瑛	成化丁未	由成化庚子(1480)举人中第,官授浙江杭州府知府、顺天府丞,崇祀乡贤
	黄景星	正德辛未	由弘治己酉(1489)举人中第,官授河东盐运使。崇祀乡贤
	黄景夔	正德甲戌	由正德丁卯(1507)举人中第,官授兵部员外郎
清	易简	康熙壬辰	由康熙辛卯(1711)举人中第,官授翰林院编修
	李存周	嘉庆辛未	由乾隆乙卯(1795)举人中第,官授安徽舒城县知县
	徐昌绪	咸丰丙辰	由道光己酉(1849)选拔壬子(1852)举人中第,官授翰林院编修,升侍讲学士衔
	傅世纶	咸丰己未	由咸丰乙卯(1855)举人中第,官户部主事,升员外郎,河南即用道
	郎承谟	光绪壬辰	由光绪己丑(1889)举人中第,官翰林院庶吉士,历任正安州、古州厅、遵义县,升平越直隶州,在任候补府

资料来源:民国《丰都县志》卷六《选举表》,《中国地方志集成·四川府县志辑》,成都:巴蜀书社,1992,影印本,第47册,第538页。

丰都举人列表(不含中进士者)

朝代	姓名	科别	纪略
明	余亨	洪武己卯	贵州黎平通判
	冯麟	洪武己卯	任陕西延长知县
	曾添麟	永乐辛卯	官户部郎中
	何青	永乐辛卯	官云南浪穹县知县。省志作何清,涪州人
	黄宪	永乐辛卯	
	刘济	永乐甲午	
	陈懋	永乐甲午	

续表

朝代	姓名	科别	纪略
明	王瓒	宣德壬子	官湖广兴山训导
	罗中	宣德乙卯	陕西巩昌推官
	郑贵	景泰庚午	
	胡廉	天顺壬午	省志作合州人
	冯祐	成化辛卯	省志作冯祐
	熊永昌	成化庚子	
	陈济	成化癸卯	云南曲靖通判,崇祀乡贤
	王羽	成化癸卯	
	向子俊	弘治乙卯	广西桂林同知。省志作何子俊
	胡一德	弘治戊午	云南按察司经历,省志遗
	杨柬	正德庚午	贵州麻哈知县
	杨伟	正德庚午	
	杜友才	正德癸酉	
	黄洵	嘉靖戊子	湖广郧阳推官
	古养敬	嘉靖己酉	工部员外郎,见人物文学,崇祀乡贤
	陈荣	嘉靖乙卯	
	秦范	嘉靖戊午	
	杨叔京	嘉靖辛酉	云南曲靖知府,崇祀乡贤
	陈栗	嘉靖甲子	陕西蓝田知县。省志作陈粟
	黄著	嘉靖甲子	推官
	曾继先	嘉靖甲子	知县
	黄世修	嘉靖甲子	湖北推官
	林启凤	嘉靖庚午	涪州学。省志作起凤,涪州人
	戴文亨	万历癸酉	省志作戴友亨。江西南昌知府
	杨铨	万历己卯	

续表

朝代	姓名	科别	纪略
明	杨心传	万历壬午	湖南安乡知县,见人物
	黄常德	万历辛卯	省志作黄尚德
	陈载宽	万历癸卯	山西知县
	熊京	天启辛酉	
	李方开	天启丁卯	陕西按察司佥事
	熊阳徵	崇祯庚午	
	古心	崇祯丙子	云南云龙州知州,见人物文学,崇祀乡贤
	李如星	崇祯壬子	解元,见人物
清	熊文蔚	顺治庚子	
	谭戬谷	康熙癸卯	
	林坚本	康熙壬子	
	柯允芳	康熙辛酉	
	古慥四	康熙丁卯	邻水教谕
	杨汲	康熙丁卯	筠连教谕
	古毓英	康熙己卯	由岁贡中式,授遵义教谕
	李戴枢	康熙己卯	由岁贡中式,授广安学正
	罗云师	康熙己卯	涪州教谕
	冯轨	康熙壬午	
	李仙龄	康熙壬午	由丙子副榜中式。省志作新都县人,误
	林敬修	康熙乙酉	由丁卯副榜中式,授盐亭教谕
	曾上哲	康熙乙酉	
	李孟修	康熙戊子	
	古可法	康熙辛卯	
	李实繁	康熙甲午	
	朱华衮	雍正癸卯	

续表

朝代	姓名	科别	纪略
清	罗弥高	雍正癸卯	
	罗弥敬	雍正甲辰	
	罗弥元	雍正丙午	
	易龙图	乾隆戊午	甘肃敦煌知县
	湛玥	乾隆戊午	浙江缙云知县
	王怡	乾隆甲子	浙江宁波府同知,见人物宦绩
	曾友伋	乾隆甲子	广东德庆州知州、琼州府知府,见人物宦绩
	杨芝	乾隆壬申	由庚午副榜中式,授眉州学正
	杨显仁	乾隆壬申	丹棱县教谕
	傅昌前	乾隆癸酉	
	蔡念祖	乾隆癸酉	陕西韩城知县
	高慎	乾隆壬午	直隶东明知县,署宣化府同知
	郎士贵	乾隆戊子	广西宣武知县
	杨英	乾隆癸卯	
	许金芝	乾隆戊申	
	湛露淳	嘉庆癸酉	
	郎官升	嘉庆戊寅	广安州学正
	佘兆登	道光甲午	新繁县教谕
	苏为桢	咸丰乙卯	任湖南长宁县知县
	王元曾	同治甲子	由咸丰辛酉拔贡中式,授湖北知县,后任沔阳州知州
	李济川	同治乙卯	由岁贡中式
	湛文堂	同治庚午	巴县教谕
	刘宇元	光绪乙亥	任云南嶍峨县知县
	胡应涵	光绪己丑	
	佘元章	光绪丙子	任陕西延长县知县

续表

朝代	姓名	科别	纪略
清	戴君义	光绪甲午	山东知县
	王绶	光绪甲午	景山、宫山教习,拣选知县
	刘培德	光绪丁酉	签分福建直隶州州同,民国任威远县知事
	王京普	光绪壬寅	法部郎中,任城固县知县
	余树堂	光绪壬寅	拣选知县
	陈光策	光绪壬寅	拣选知县

资料来源:民国《丰都县志》卷六《选举表》,《中国地方志集成·四川府县志辑》,成都:巴蜀书社,1992,影印本,第47册,第538-540页。

苏洵

苏洵,眉山人,尝游平都。邑令李长官见曰:固知君之将至也。此山有鹿甚老,而猛兽猎人终不能害。每佳客至,则也辄鸣,故常以此侯之,未尝失。洵闻而异之,乃为纪其事。其后子轼、辙皆有游平都诗。

万历《重庆府志》卷四十三《流寓》,《上海图书馆藏稀见方志丛刊》,北京:国家图书馆出版社,2011,影印本,第210册,第205页。

余亨

余亨,丰都人,洪武初同知(岳州)州事,廉勤平恕,迁后军都督府经历。

隆庆《岳州府志》卷十三《宦绩列传》,第69页a。

湛清

湛清,丰都人,洪武十年(1377)任户部主事。

[明]凌迪知:《万姓统谱》卷九十,明万历刻本,第20页a。

湛氏

湛氏,出晋湛方生之后也。丰都其族最茂,明有丰都县学贡生湛清,官嘉兴府通判;湛隆、湛永清,官监利训导,国朝乾隆三年戊午科(1738)举人;湛明,嘉庆十八年癸酉科(1813)举人;湛露淳,巴县学岁贡生;湛昌,西昌学恩贡;湛文谟,拔贡;湛松,官宜宾教谕,盐源学岁贡;湛时遇,拔贡;湛迥,官安县教谕;湛露清,官温江教谕;湛铭,岁贡;湛霖、湛同湛,官巫山训导;湛先昌,官大宁训导;均丰都人。

[清]张澍:《蜀典》卷十二《姓氏类》,清道光武威张氏安怀堂刻本,第4页a-b。

周瑄

周瑄,字公桓,洪武时庠生,文行无玷,尝辑丰都八景,为之注序。

康熙《丰都县志》卷五《选举志·文学》,第19页b-20页a。

周瑄,字公桓,洪武时庠生,有文行。

嘉庆《丰都县志》卷二《邑人志》,第58页b。又见光绪《丰都县志》卷三《人物志·文学》,第19页b页;民国《丰都县志》卷十四《人物志·文学》,《中国地方志集成·四川府县志辑》,成都:巴蜀书社,1992,影印本,第47册,第702页。

曾天麟

曾天麟,丰都人,永乐中乡举,任户部郎中,以刚直称。

万历《重庆府志》卷四十五《往哲二》,《上海图书馆藏稀见方志丛刊》,北京:国家图书馆出版社,2011,影印本,第210册,265页。

何青

何青,永乐辛卯(1411)举人,任云南浪穹知县,刚而不苛,岁荒出粟赈饥,全活甚众。事载《云南通志》。

民国《丰都县志》卷十四《人物志·宦绩》,《中国地方志集成·四川府县志辑》,成都:巴蜀书社,1992,影印本,第47册,第707页。

陈铎

乐山陈处士墓志铭(刘春)

丰都有隐君子曰乐山处士者,姓陈,讳铎,字鸣振,爱所居北郊别墅。有山曰

金羊,崒崪郁秀,日徜徉其间,因以乐山为号,而人亦谓其德似之,故皆称为乐山而不名云。处士性至孝,父讳良晟,三十有六即弃世,母邓时年仅三十有三。担括之十八日生处士,稍长,秀敏不凡,为母所钟爱,择师教之。处士克承母志,读书日见进益,继以志于色养,遂弃仕进弗事。久之,慕为司马子长之游,挟资由瞿塘,历江陵、洞庭,过武昌,遇胜概辄肆品题词,旨隽永识者歆赏。寻舟发九江,迅风暴作,帆樯几摧折者再,舟人虽怛怵水而尽股栗魄丧,处士神色不动,但且祷且诵曰:老亲无鹤算,游子必鲸吞。有顷风息,舟获无虞,人谓孝之所感也。

比归,不复出,筑室城东,构楼三楹以奉母,扁于楣曰览胜。每良辰佳节,则率妻孥奉觞称寿,极懽而后罢以为常。母晚遭羸疾,起处非人力不能。处士恒身亲之,未尝或委于婢仆,汤药必亲进,衣不解带者阅数月。既卒,哀毁骨立葬祭一依礼。家居手不释卷,每读史得古人嘉言善行,率手录口,称以训迪后进。尤不靳施予,凡桥梁道路之废圮者多捐金修缮,乡邻有急往称贷者无弗应,其有贫不能偿则取券焚之。配董氏,出邑名族,贞懿简素,与处士合德。处士意所欲为,恒能先之。梱内事巨细,综理井井有条。至出纳钱穀,纤悉不遗忘,若籍记然。事姑孝爱,甚得其欢心。处士之所以得竭孝养而成其家者,固有助焉。

处士以永乐癸未(1403)九月二十六日生,卒于成化丙戌(1466)十月二十九日。孺人生视处士先一年,其卒后九年。男三,长济,仕至曲靖府通判;次淳;次治,出侧室。女一,适邑人冉悦谦。孙男六,可、言、训、谟、善、诰。孙女四,曾孙男二。

处士之先为楚之孝感人,祖讳彭者在元为镇抚,有事于蜀,因家丰都,今遂为丰都人。彭生仲荣,仲荣生处士之父,俱有隐德。余偕济领成化癸卯(1483)乡荐,悉其家世,乃见谇曰:吾二亲俱于卒之明年合葬金羊山之原,墓石尚未铭,盖有待也。子曷容辞,乃为之铭曰:金羊之山气郁㠂,中有异人迥杰出。爱山不但空挂笏,安常不动多利物。生往游之葬于没,乐哉斯丘此其律。世无有害端可必,考德吾文非浪述。

[明]刘春:《东川刘文简公集》卷十七,明嘉靖三十三年刻本,第25页b-27页b。

陈济

陈济,丰都人,成化中乡举,任曲靖府通判。为人简重沉默,言咲不苟,勇退林下,耻事干谒。邑人高之。

万历《重庆府志》卷四十六《往哲三》,《上海图书馆藏稀见方志丛刊》,北京:国家图书馆出版社,2011,影印本,第210册,第330页。

何宗鲁

何宗鲁,丰都人,举人,景泰间任浪穹知县,性刚直不为苟,细岁饥出粟,全活者甚多。

天启《滇志》卷十一《官师志第七之三》,第26页a。

何宗鲁,丰都人,举人,景泰间任(浪穹知县),刚正不阿,有安善锄强,济饥活众之惠。

康熙《大理府志》卷十八《名宦》,第18页a。

何宗鲁,四川丰都人,景泰间任浪穹知县,刚直不苟,岁饥出粟,全活甚众。

乾隆《云南通志》卷十九《名宦》,第42页b。

何宗鲁,四川丰都举人,景泰间任,刚直不阿,安善锄强,岁饥出粟,全活甚众旧(《云南通志》)。

光绪《浪穹县志略》卷七《秩官志·名宦》,第19页a。

何宗鲁,景泰间任云南浪穹知县,刚而不苟,岁荒出粟赈饥,全活甚众。事载《云南通志》。

光绪《丰都县志》卷三《人物志·宦绩》,第22页b-23页a。

杨大荣

江西提刑按察司佥事杨君墓志铭(吴宽)

江西提刑按察司佥事,丰都杨君,致仕余二十年,以弘治七年(1494)八月十八日卒,享年七十三。君讳大荣,字崇仁,天顺元年(1457)登进士第,初授大理右

寺评事,已①善折狱,有名法司间。庐陵王恭毅公时长大理,藐视其属,顾独见器许。会宪宗命大臣各举所知擢用,恭毅特举君,始有江西佥事之擢。江西俗喜讼词,相牵引辄数十百人,挟私报复,反覆深巧,猝未易辨。君至,稍加讯鞫即见情伪。南昌有势要人被盗,其子婿诬仇家,君察其诬状,释去,众为君危。毅然不顾曰:"某不能以民命附势也。"后真盗出,始皆愧服。建昌豪民杨洪三以盗诬朱槐等二十八人,瘐死且半,亦辨其诬,而抵豪于法,阖邑称快。九江指挥李贵与百户田春不相能,知巡按御史金忠刻,欲陷之,嗾盗引春,春不胜榜掠,诬服。君独疑之,时多惮金,无敢争者,曰"案成矣"。君争之甚力,立释春及同案者十六人,故都御史贵溪高公实传其事。然君非特折狱而已。尝分巡九江,盗猝起,设策掩捕之,获其首舒原一等三十五人。未几盗复起宁县,杀官吏,众相愕眙,计无所出。君不为动,曰"是恶能为"。徐谕兵士躬督捕之,获罗万珪等七十人,邻邑为万珪余孽所苦,复遣人潜捕,获之凡五十二人。自是所部帖然,无敢为梗者。君既以才具自负,耻随俗上下,大忤当道者,秩将满,竟乞致仕去,部民数千人争走上司请还君,君不顾而行。士大夫叹其高致,多赋诗送之。今张学士廷祥为序其首。君既家居,非公事不至县门。然事有不平者亦言之,令不能嘿嘿也。家故饶裕,更斥所有为义事不一。至所感遇,往往发之于诗,岁久成编,号《静轩集》云。君之先为麻城人,五世祖德元仕元为万户,统军于蜀,始家丰都。曾祖继祖、祖文兴俱不仕,父弘道阴阳学训术,赠文林郎、大理右寺评事,母戴氏封孺人。娶吴氏,封如其母,先卒。子男六人:曰孟琦,华阴县丞;曰孟瑛,刑部主事;曰孟琳,阴阳训术;曰孟琼;曰孟瑶;曰孟瑜。女十人:长适蕲水县主簿文学,次适承事郎夏邦政,次适贡士张阅岩,次适千户罗璋,次适贡士牟正大,次适县学生黄吉,次适国子生易象,次适县学生王寅,余尚幼。孙男五:曰乾,曰蒙,曰颐,曰晋,曰巽。女六。曾孙男二。于是孟瑛将归葬其父,既卜得卒之明年某月某日,以其父平生宜有铭,自为状来请于予。予曰:子之母之葬,尝书其墓矣,此宜他图。则固请不已,乃叙而铭之。

铭曰:

杨在巴蜀,自楚而分。有家爰起,以武统军。既历四世,为佥宪君。邑故朴

---
① 疑应为"以"。

野,科第无闻。君游乡校,褎然出群。遂取甲科,始显以文。孰不入官,人亦有云。凡治刑狱,颇类放纷。君在臬司,强抑冤伸。群盗敛迹,况敢猖狺。直道自信,掩其功勤。虽不获上,卒信于民。投劾而归,早奉其身。扣船其留,耄倪蔽津。高位不酬,大耋渐臻。乃以其余,遗其后人。过庭受教,儒服振振。仲也刑曹,复继清芬。乐哉乡社,几席前陈。邑令乞言,礼为上宾。何命之邅,岁行在寅。奄忽即世,莫知其因。龙停之原,若堂者坟。琢石叙述,永闭幽窀。

[明]吴宽:《家藏集》卷六十三(四部丛刊景明正德本),《景印摛藻堂四库全书荟要》,台北:世界书局,影印本,1988,集部第66册(总第413册),第616-617页。

江西提刑按察司佥事杨君墓表(王鏊)

杨世家麻城,有讳德言者,仕元为百户,领军莅蜀,因家忠州之丰都,至君五世矣。君讳大荣,字崇仁,登景泰庚午(1450)四川乡试,天顺丁丑(1457)进士。丰都故无举进士者,士子诵习旧文而已,君始自出一家机轴,作为文章,联收科第,丰人始知向学。君以进士授大理寺右评事,谳狱明允,庐陵王恭毅长大理,所属无当其意者,顾独才君。成化初,诏大臣各举所知,恭毅以君名上,遂擢江西按察佥事。会宁县罗万珪等杀将吏,将陷城,邑众愕眙,无所出。君督甲士擒万珪等七十人,余孽出没南昌,君戒其下密捕,获五十二人。又擒盗顾原一等三十五人,胁从者一无所问。南昌有盗入权贵家,弗得,执平民数十人在狱,君悉驱出之,曰"无以民命事权势"。众不谓然。未几,盗得,众乃服。九江指挥李贵嗛百户田春,嗾盗染春,御史锻成之,春自诬服。君知其冤状,固争之御史,曰"案成矣"。君为疏其冤状于朝,春等十七人皆得释。江西俗健讼,所至牒盈庭,君据案剖决,各厌其意而去,同列有忌之者,媒蘖于当道,君因自劾去。吏民数千,遮道乞留,当道方思还之。君曰:"尚可仕也乎哉?"竟去不顾。弘治甲寅(1494)八月日卒,年七十有三。君博学能文,喜为诗吏事,尤所长也。顾以刚直不能兴世俯仰,坐是龃龉,官不甚遂。其平生才志有不尽施者乎?治天下者,常患无才。而士之抱才者,常患于不用。用矣,复不尽。此世之所同惜也。君之子孙多且贤,孟瑛以进士为刑部主事,文学政事,迥出辈类于戏,君可谓有后矣。其所未施者,

将亦有时而行乎。君之世家、行历,吏部侍郎吴公已志之,予独书其大者,揭之墓上,昭示蜀之人。墓在丰都龙亭山之原,葬之日为弘治八年月日。

[明]王鏊:《震泽集》卷二十五《行状表碣》(清文渊阁四库全书本),《景印摛藻堂四库全书荟要》,台北:世界书局,影印本,1988,集部第67册(总第414册),第461-462页。

江西提刑按察司佥事杨君墓表(王鏊)[1]

杨世家孝感,有讳德言者,仕元为万户,统军莅蜀,家忠州之丰都,至于君五世矣。君讳大荣,字崇仁。曾祖讳继祖、祖讳文兴,俱不仕。考讳弘道,赠大理寺右评事。君登景泰庚午(1450)乡试,天顺丁丑(1457)进士。丰都故无举进士者,君始自出一家机轴,作为文章,联取科第,丰人始皆向学。君自进士授大理寺评事,狱称平允。庐陵王恭毅公长大理,所属罕当其意,顾独才君可大用。成化初,诏大臣各举所知,恭毅以公名上,遂擢江西佥事。会宁县罗万珪等杀将吏,将陷城,邑众眙愕,计无所出。君督甲士擒万珪等七十一人,余孽出没南昌,君戒其下密获五十二人。又擒九江盗舒原一等三十五人,胁从者一无所问。南昌有盗入权贵家,弗得,诬平民数十人在狱,君悉驱出之,曰"不欲以民命事权势"。众谓不然。无何,盗得,众乃服。杨洪三者,武断一乡张甚,君抵于法,阖郡快之。九江指挥李贵嗛百户田春,御史锻成之,春自诬服。君知冤状,固争之,御史曰"案成矣"。君为疏于朝,春等十七人皆得释。江西俗健讼,所至牒盈庭,君据案剖决,各厌其意而去。才名发闻,同列有忌之者,媒糵于当道,君因引去。吏民数千,遮道乞留,当道方思还君。君曰:"尚可仕乎哉?"竟去不顾。归蜀且老矣,见州县事不平,民冤官横,犹历为上官言之。君家居仁义,喜出财以赈贫困,举废坠,蜀人德焉。弘治甲寅(1494)八月卒,年七十三。君好学能文,喜为诗吏事,尤所长。顾以刚直,不能与世俯仰,官不甚遂。其生平才有不尽施者,此世之所惜也。娶吴氏,子六:孟琦、孟瑛、孟琳、孟琼、孟瑶、孟瑜,女十,孙男十四,曾孙男二十。君之子孙多且有立,而孟瑛方以文学政事有名于时。呜呼,君可谓有后矣。其所未

---

[1] 该篇文字与前文在内容和字词上具有较多不同之处,可能该文是刻在杨大荣墓碑上的文字,而前文为作者王鏊的初稿。故将两文一并列出,除供读者了解全文外,还可感受墓志铭从初稿到定稿的差异。嘉庆志标题作《江西按察司佥事静轩杨公墓表》。

施者,将亦有时而行乎。君之世系、行歷,吏部侍郎长洲吴公已志之墓,予独书其大者,揭之墓上,以示后之人,其尚有考也。墓在丰都龙亭山之原,葬之日为弘治八年(1495)十月十二日也。

康熙《丰都县志》之《补遗》,第5页a-6页b。又见嘉庆《丰都县志》卷4《补遗》,第39页a-40页b。

杨佥事小传(杨廉)

公姓杨氏,名大荣,字崇仁,其先湖广麻城人,至公之五世祖德言,当元季时为统军万户,有事于蜀,因家丰都。曾祖继祖、祖兴文仍世不仕,父弘道性豪爽不群,尝为其邑训术,卒以公贵,赠大理评事,母戴氏,赠孺人。公自少不凡,大理器之,遣补邑庠弟子员。时丰人鲜知学,公以□□籝游邻邑间,遂领景泰庚午(1450)乡荐,天顺丁丑(1457)登进士第。适大理至京师,见而喜曰:"吾邑甲科天荒,今始于吾儿矣。"于是人咸荣大理有子,谓公为能悦亲。既而丁大理忧,即吉授大理评事。甫四载,朝廷诏大臣举所知,司寇王恭毅公时为大理卿,举其属独以公,遂升江西按察佥事。江西民讼素繁,公尽心剖决,率夜烛视事,事无留滞,所至尤以洗冤泽物为己任。建昌□□□诬朱槐者二十八人为盗,瘐死过半,因并槐产,公至一讯,悉破械出之。九江□□□□与百户田春有隙,尝令盗引春,狱成。公翻其案,请于朝,事下廷尉,覆奏可之。南昌有权贵家被劫,其讼其仇,逮系满狱,无敢辩者。公独明其非辜,众为公惧。公曰:"吾终不能以民命附势也。"顷之,果获行劫者,众皆愧服。公猝遇变,胸中具有方略。九江舒原一、宁县罗万春,皆拥众窃发,至杀守将,公率民兵禽其渠魁,至是诸郡尽帖然矣。成化甲午(1474),公以才见忌,遂致其事。齐民闻之,赴当道乞留者几千人。公自大理以上,累资巨万□。当家居,凡梁断涂阻,为行者所病,辄挥金□之,尤乐于周贫。公在官,不以吏事废文学,所历属郡,必引诸生讲论经籍,阔略边幅。至其执法则不可犯也。公娶吴氏,封孺人。子男六:长孟琦,华阴县丞;次孟瑛,刑部主事,博学能文,负气节,才力甚劲;次孟琳,阴阳学训术;次孟琼、孟瑶、孟瑜云。

赞曰:予闻公归丰都,里有万全者,为族人诬伏人命,有廖仕干者为暴令所忌,欲置之死,皆为申救之。公已致仕,犹如此,则其居官从可知矣。世有戴法冠

厌投牒，不暇理，当其怒尽取而裂之于庭，冤声载道，若不闻其视公为何如？使公不即致仕，不止提刑一方，则天下或庶几乎无冤民矣。然则公之去留，其所系岂小哉？

［明］杨廉：《杨文恪公文集》卷三十七（明刻本），《续修四库全书》，上海：上海古籍出版社，影印本，2002，第1333册，第27-28页。

佥宪杨君传（程敏政）

君杨氏，讳大荣，字崇仁，其先居湖广麻城，至君高大父德言，元季为统军万户，有事于蜀，因家丰都。曾大父继祖，大父文兴，父宏道仕为邑之训术，通诸家，负识鉴，尝幼异君，曰"此子当不凡"。遣入学为生徒而勖之，君果颖出流辈，业精行成，思亢其宗，以天顺丁丑（1457）举进士。丰都邑陋僻，国朝举进士实自君始。君为人刚直，而宅心恕。每思为有用之学，故遇事可不可即勇持之，未始以人言自沮也。筮仕大理评事，所谳狱必反复参验，得其平而后已。时庐陵王恭毅公长大理，慎许可更官属十余人，独才君可大用。值有诏，大臣各举所知者，公即以君名上，升江西按察佥事。江西民哗讼繁，君治之不劳而办。尝行部九江，宁县盗猝起，攻陷郡邑，杀将吏，众相顾愕眙，计无所从出。君不动，曰"是恶能为"。徐授策甲士，躬督之，与格大蹙其众，擒其首罗万珪及党与三十人。未几，盗复起九江，君驰往掩捕之，擒其首舒原一及党与七十人。南昌丰城为万珪余孽所苦，君戒指挥王镛密捕，获之凡五十二人，由是所部帖然，无敢倡乱者。南昌有权贵人被盗，其婿诬仇家数十人，君察其状尽释之。众危君，君毅不顾，曰："某不能以民命附势也。"久之，真盗出，危者皆愧君。建昌豪民杨洪三武断乡曲，以盗诬朱槐等二十八人，死且半，君辨其诬，而置豪于法，阖邑称快。九江卫百户田春与巡捕指挥李贵不相能，贵知御史金忠素刻，嗾盗引春，春不胜搒掠，诬伏。君独疑之，以白御史石玉。玉视案，曰成矣。时多惮金，无敢争者。君即日上其事，事下，立雪春等十七人，闻者壮之。君既以洗冤泽物为己任，不能复与人婥婳，遂大忤权贵。人以成化甲午（1474）致仕去。去之日，吏民数千人乞还君，当道者方谋所以处之，而君有决志不留矣。君归蜀乡，人莫不高其节。然君亦不能恝然忘世，凡乡人孤弱而为奸媒，理直而为暴令所锢者，君必为言上司，曰"某也冤，某也横"，

74

其言一出于公,上司亦敬听之,冤者得不死,而横者敛迹。君事亲孝一第,后即有父丧,哀毁尽礼。家饶于资,而喜施赈穷济涉,挥所有不吝。君在江西贵溪,高都宪上达尝赠之文,称曰"伟丈夫"。其归也,南昌张太史廷祥大书其行卷,曰"林下一翁"而序之。两公亦近世闻人,其言殆可征也。

论曰:世率谓刑官少仁,故多不利其身与其后者,是大不然。刑所以辅世之治而济夫仁者,非以示厉也。彼冤者释而暴者伏其辜,皆仁之用,而谓刑官少仁,何哉?刑官少仁,固系其人,而岂先王制刑之意哉?若杨君为刑官中外十余年,所全活既众,而又进退以之,亦求不失其本心而已。然寿终名完,而有子世其业,将充拓而光扬之,利孰甚焉?吾思世之论刑官者怠于仁以为利,而弗之省也,故为之立传。君以弘治甲寅(1494)八月十六日卒,年七十有三。子六人:孟琦,陕西华阴县丞;孟瑛,举进士,为刑部主事,其言议操履有父风;孟琳,阴阳学训术;孟琼;孟瑶;孟瑜。

[明]程敏政:《篁墩集》卷五十(明正德二年刻本),《原国立北平图书馆甲库善本丛书》,北京:国家图书馆出版社,影印本,2013,第719册,第3231页。

书近作后(程敏政)

予素不工诗,亦不好稿,至于书札,尤非所工者。进士杨君温甫,数辱过旅中,索旧作,束装之际,漫无以应,命童子检弊箧,得前数诗,呵冻书之。温甫盖过听,谓予词翰可观也。

[明]程敏政:《篁墩集》卷三十七(明正德二年刻本),《原国立北平图书馆甲库善本丛书》,北京:国家图书馆出版社,影印本,2013,第719册,3106页。

杨大荣,丰都人,由进士仕至江西佥事,刚敏多政绩,详见学士程敏政传。

嘉靖《四川总志》卷九《重庆府·人物》,《北京图书馆古籍珍本丛刊》,北京:北京图书馆出版社,影印本,1991,第42册,第190页。又见万历《四川总志》卷九《郡县志·重庆府·人物》(虞怀中、郭棐等修纂),《四库全书存目丛书》,济南:齐鲁书社,影印本,1997,史部第199册,第386页;万历《四川总志》卷九《重庆府·人物》(吴之皞、杜应芳等修纂),《原国立北平图书馆甲库善本丛书》,北京:国家图书馆出版社,影印本,2013,第356册,第278页。

杨大荣，字崇仁，四川丰都人，由进士授大理寺评事。升（江西提刑按察司佥事）。

嘉靖《江西通志》卷二《藩省·命使》，第75页a。

杨大荣，丰都人，天顺中第进士，为人刚直，宅心平恕。初授大理评事，谳狱详慎，剖决平反。历迁江西佥事。时贼首罗万珪、舒原为乱，荣躬捕之。一有被诬者，立为昭雪，以忤权贵，遂拂衣归。以寿终。子孟瑛相继登第。

万历《重庆府志》卷四十六《往哲三》，《上海图书馆藏稀见方志丛刊》，北京：国家图书馆出版社，2011，影印本，第210册，第303-304页。

杨大荣，丰都人，以进士历江西佥事，刚敏多政绩，详见学士程敏政传中。
康熙《四川总志》卷十五《人物上》，第62页b。

杨大荣，刚毅多政绩，详见学士程敏政传。墓傍有王鏊墓碑。
康熙《丰都县志》卷五《选举志·政绩》，第19页a。

杨大荣，字崇仁，四川丰都人。天顺元年（1457）进士，成化初官江西佥事。宁县盗罗万珪等杀将吏，将陷城邑，大荣督甲士剿擒之及其余党，又擒九江盗舒原一等三十五人。南昌有盗匿权贵家，弗能得，良民受诬者数十人，大荣悉出之狱。众谓不然。无何，盗得，众乃服。九江指挥李贵嗛百户田春，御史锻成之，春已诬服，大荣为疏于朝，春等十七人皆得释。寻为忌者所潜，遂引归。卒年七十有三。据明王鏊《震泽集》补。

光绪《江西通志》卷一百二十七《宦绩录》，第14页a-b。

杨大荣，字崇仁，天顺丁丑（1457）进士，由大理寺评事擢江西按察司佥事，刚毅多政绩。详见王鏊墓碑。
嘉庆《丰都县志》卷二《邑人志》，第58页a。

杨大荣，字崇仁，天顺丁丑（1457）进士，由大理寺评事擢江西按察司佥事，擒宁县巨盗罗万珪等七十一人，余党扰南昌，又捕获之。性明决，不畏强御，冤抑多得雪理。九江指挥李贵嗛百户田春,御史锻炼成狱。大荣为疏,白其冤,春等得释。后为当道所忌,引退,卒于家,年七十有三。

光绪《丰都县志》卷三《人物志·宦绩》,第22页b。又见民国《丰都县志》卷十四《人物志·宦绩》,《中国地方志集成·四川府县志辑》成都:巴蜀书社,1992,影印本,第47册,第705页。

杨大荣,字崇仁,丰都人,天顺丁丑(1457)进士,历官佥宪江西。九江卫百户田春与巡捕指挥李贵不相能,贵知御史金忠素刻,嗾盗引春,春不胜搒掠,诬伏。君独疑之,以白御史石玉。玉视案,曰成矣。时多惮金,无敢争者。君即日上其事,事下,立雪春等十七人,闻者壮之。

[明]张萱:《西园闻见录》卷八十五《刑部二》,民国哈佛燕京学社印本,第21页b-22页a。

杨孟瑛并妻张氏

送杨温甫守杭州序(刘春)

天下藩省以两浙为称首,而两浙之郡以杭为称首。比者刑部郎中杨君温甫,被上命,守杭州,盖简任也。命初下,缙绅大夫知温甫者,率以为宜而荣之。盖杭州自昔谓万商所聚,百货所殖,吏奸民慝,未易推究,非负才局者,可概治也?温甫往居法从,奉法持公。有谋害其夫者,权贵为之地,积岁不决。君曰:妇之于夫,犹子于父也,而可以轻贷,则法恶乎用?卒正其罪。持此治杭,其肯以法媚人而败伦伤教乎?顺天诸郡邑,吏多不饬,篁篡有数人者,迹既败露,而其一独善结纳,欲求出之,君竟一置于法。以此治杭,其肯蓄桑雍以为民病乎?诸戚畹多倚势侵夺富民土田,有司莫敢问,君独坐其罪,而后知有法。以此治杭,其有闾阎豪右之苦也?予闻而韪之,既又叹曰:是岂足以尽温甫哉?温甫明《易》学,才识英悟,举进士,有司刻其文为程序,善为古文词,一根究于义理而法度整饬,为名家者赏识不厌。其律身不肯以毫发受污玷,言辞侃侃,未尝少假借于人。若其执法之公,议辟之明,乃余事耳。余固信其将以所负显赫于时,而岂但宜一守哉?温甫濒行,同官者相率为赠,而以言属。余惟杭在东南,自古慎择其人,守之而亦多垂声绩,予所仰止者,则如李邺侯之引湖水以利民,如李公惠之崇简俭以矫俗,如

张忠定之决子婿之讼,如苏子容释逋负之民,其岂弟仁恕之心,清平惠利之政,至今犹可想见而爱慕不替焉。以温甫之持心饬行,其所已历卓卓不群如此,则兹往岂多让于往哲哉?惟俗尚与世移易,而爵禄名位易,以溺人淮阳之薄尚见于戆直之儒,况其他耶?宜其循良之化仅见于世,而窳虎臧彪顷刻集事者,率相师效以为贤也。温甫往矣,重乎内而不逐乎外,尽乎己而不负于人,使英声茂实,日流天朝,虽欲辞,显恶可得乎。

[明]刘春:《东川刘文简公集》卷三,明嘉靖三十三年刻本,第12页b-14页a。

送杨温甫郎中出守杭州(吴宽)
刑曹已脱簿书忙,剧郡新除又古杭。雪后远郊驱五马,川中名族数诸杨。
白公石在官初满,苏子堤成姓共长。莫信一麾俄出守,前贤遗爱自黄堂。
[明]吴宽:《家藏集》卷二十八《诗八十七首》,四部丛刊景明正德本,第14页a。

赠太守杨君温甫入觐序(杨廉)
皇皇建元弘治之十有八年(1505),岁在乙丑,复当天下司府官入觐阙庭。丰陵杨君温甫,以杭郡太守应期以行,其僚属相率绘图以为赠,而通府刘君、推府箫君征予为文以序诸图之上,方其言曰:杭,浙之会府也。日临其上者,有藩,有臬,有巡按,近复有巡视焉。若中贵有镇守,有市舶,时复有织造焉。他而征催之部属,与夫恒有事于此者,又弗论焉。凡事之不得以专行,而相梗相桡者十常八九矣。自世俗言之,以为在于吾侪者咈之,则获上之道乖,在于此辈者逆之,则中伤之祸作。惟吾太守则异于是,苟于事断有所不宜,于民诚有所不便,日与诸公争可否,或盈纸滔滔之文,或对面侃侃之论,不但已也。于所当行者则毅然任之,无所与逊。惟专于惠下爱民为主,而僚属咸有所依赖焉。如追宿逋、完新额于织造,禁包揽、清役占于传邮,白粮以钩稽盐绢而足,军赋以取办盐税而充,使他人为之则事事掣肘。惟吾太守告之公上则见从,行之权豪则帖服。其觐于天朝也,循良之政,固书之于册,以报诸如此类。抑岂能以尽之?幸有以发扬,庶几闻于司黜陟之柄者。又复转而闻之于上。或如天顺间朝觐故事,举卓异数十人,设宴礼部,及膺非常之擢,则凡郡县之官知吾太府以惠爱小民、不畏强御举职,获朝廷异数,岂有不交相以为劝勉者乎!时予方有事于浙,知温甫之政益详。盖温甫以儒术饬吏治，其为学也讲论于师友益深，其居官也精练于刑曹益久，宜其当此剧郡，为之绰绰如是哉。予以同年厚善得君治状，为之喜甚，使无刘、第二君之命，犹当有以赠之，况重以授简之勤勤乎！遂次第其语以复之，若温甫之政与学固当进其大于此者，岂以是而自足哉。

[明]杨廉：《杨文恪公文集》卷十六（明刻本），《续修四库全书》，上海：上海古籍出版社，影印本，2002，第1332册，第503-504页。

书杨温甫小传后（杨廉）

杨君温甫示予以姜仁夫所为其小传一通，且曰：事之未书者有三，书而未尽者有三，子其为我别为之。予谓韩退之于张中丞，柳子厚于段太尉，皆有遗录，苟可以互见，亦云足矣，传不必更作也。况此传止于温甫作郡，今为京兆少尹矣。异日遍历台省，有可必者，请于功成名遂，乃通作之不亦可乎。杭旧有工部分司，凡征处诸郡之竹木，富商大贾筏浮舟载于此者，既已榷之矣。

至于钱塘之安溪等关，成化间奸民假公营私，倡言利网尚疎，宜并榷之。至是公家得其一，奸民得其九，君谓此等竹木不通河水，村民负担出山以谋朝夕，间左艰难不免竟刀锥之末，朝廷宽大，岂可无锱铢之遗？遂奏罢之。

郡有宋死节赠修撰徐应镳墓，君以祀事请于朝，其略曰：当元将伯颜帅师次皋亭山，陈宜中白太皇太后，奉表请降，唯文天祥不屈被执，伯颜迁三宫北去，两府庶僚、三学诸生皆随行，时应镳为大学生，独不从，率其子女投岳祠井中。出其尸，僵立，瞋目如生，此亦何愧文天祥哉？奏上，付礼官详议，立祠于其墓方家峪，岁时致祭。

尝谓府州县旧制，设惠民药局，官为置医买药，以济民之夭死，医有士有官，久之名存实废。为之官者多贵族，势家徒窃冠裳之荣，且往往营摄公事以为财贿之计。并与为之士者《素》《难》不知，关尺莫辨。周官十全之法谁其致诘？故在郡务使官守其职，士精其术，轮日在局以待病者，民受其惠。此三事所谓传之未书者也。

弘治癸亥（1503），杭被旱蝗特甚，饥殍相枕藉，田粮十三万石无龠合之登，户部海行于邻郡拨补，及那（挪）移官钱充解，君具疏言，拨补、挪解未易能，追征激

变大可虑，得减其半七万石。

福建镇守贡方物道浙，移文促杭预造舟三十艘以俟，且执为旧规。君取陈案视之，乃言于镇巡曰：兹事在先年衢尝备十舟耳，又其后杭应以水手若干耳，而造舟之费实出其省，今并于杭，复增数倍，其何以堪？并举各省进贡，广譬曲喻，谓江浙不假舟于山东，云贵不借助于湖广，反复事理，如睹黑白。镇巡从之，杭唯出六艘。

君取诸属驿之余而足，斤斧不闻，公私无扰。先是杭水马驿夫最为民病，有夫首，有夫贴，身任其役，官与之符任其役，则剥削于民也。固有辞，与之符则叫嚣于乡也。孰与禁？又民间田粮多诡籍官灶以避是役，君不分二籍，每一亩通征银二分，令输于州县，俾佣者自诣受，直岁不得过十二两，自是小民不知有水马役之害矣。其后募民浚西湖，兴水利，为莫大之费，皆所征银之余也。此三事所谓传之已书而未尽者也。

若温甫之才之志，仁夫已论之详，予无改论，且平生与温甫缔交文字相赠处颇有一二，此亦可以互见也。然传以循吏，许温甫亦以作郡为言耳。史家立传，循吏外有儒林，有文苑，有忠义等名，至《宋史》又有道学。温甫之造诣树立殆未可量，虽循吏可遽限之耶？温甫其尚务其极哉，不患乎世无迁固也。

[明]杨廉：《杨文恪公文集》卷三十九（明刻本），《续修四库全书》，上海：上海古籍出版社，影印本，2002，第1333册，第42-43页。

杨温甫传（费宏）

杨君孟瑛，字温甫，号平山，四川丰都人也。丰都初无甲科，君显考讳大荣，始登丁丑（1457）进士，历官江西按察司佥事。佥事公在任时，故谕德安成晋轩刘先生犹未第，因礼聘教君。君天姿颖异，方治举子业，已能纵观群书，作为古文词，伸纸立就数百言，先生慎许可，独于君亟加欢赏，以远大期之。君以庚子（1480）领荐，丁未（1487）会试中礼部第八人。刻文为程，入对大廷，同学皆推逊，以为必登上第。既而赐同进士出身，则又皆为之称屈，而君未尝意动。

初授户部主事，连遭太夫人及佥宪之丧，先后服阕，皆改刑部。才名日起，升员外郎，未几升云南司郎中。云南为刑部剧署，铨曹知公茂才，拔于九人之后，人无敢心竞者。司统邦圻，法恒挠于势。妇有戕夫者，权贵为之地，积岁不能决，公始至而正其辜。京兆府属官贪赃败露，欲怙求出罪，卒显黜之。一戚畹夺民田，有司不敢问，公取归之民，清强之声溢于朝。

宁会杭政久敝，冀得贤守冢宰，钧阳马公疏君以闻，制报可。君至，郡值岁祲，高邱之成灾者为赋十三万四千八百余石，户部听摊税于邻郡，贷银于公帑，而其实皆不能办，势必以严刑督之。君上疏，当恤灾以防意外之变，得蠲十五。盖弘治癸亥岁也。明年，两浙复旱饥，诏以淮扬盐课银二万五千两，蜀佥都御史王公璟使充□□［赈济］之用，而其半犹未至也。君以赃罚银充之，民遂无殍。凡荒政之可用者，又缕白于王公，不以为嫌。时郡廪类无余积，君曰：荒而无备，吾可以罪岁乎哉？增筑廪六十楹，发郡帑粜诸民间，前后凡得粟七十万石，盖他郡莫及。西湖浚于苏公，且四百年豪右日侵其傍以为桑田莲荡，绮错星布，不知其所有也。君因御史以重浚请，既报可，募化兴役，不半岁而功讫，湖面之复几四千亩，其所畚除之土，西薄山筑堤以为界，东附苏堤，增其崇与广焉。于是六桥烟水悉还旧观，而上塘数千顷之田可无旱暵之忧矣。方肇事，谤议藉藉。君曰：天下事未有不任怨而能立功者，况是非久当自定，苟利吾民，吾何恤哉！及功成，而谤亦息。士民睹伟迹，且云异时当与苏、白同垂不朽。浼少傅谢公纪事刻之石。

驿传之夫法当调于田税，故有户头、贴头，多市籍奸豪踞之，假符牒索修船买马诸费于乡之贫弱，害及鸡豚，其桀黠者能以税窜于宦家，于灶户，则幸而免。君因民之愬，计产输银，亩若干无敢欺隐。凡佣者诣官受值，岁有常度。自是横索顿除，羡余日积，修湖之费盖取诸此而民无与焉。

福建守臣贡方物，移文趣杭郡造舟三十艘以待，君考诸故牍，则前此闽贡尝至浙易舟，费皆自办，杭特以篙工助之耳。将疏请民劳当悯之，故当道用君议，以其舟均于浙之列郡，而杭仅十之二，省费岁六十余缗。

安溪等阙贫民兴贩竹木为朝夕计，与通津巨贾不同。成化初，奸民网利，请隶于工部分司，锥刀之末至与民争，非国体也。君奏罢之。

郡之商税前政辄因公而取之课，缘是不足，君惩其弊务，官至降黜而揽户配边者又十余人，追理积欠得锱楮数十万，军卫俸廪赖以少给。

药局之官多旧族，苟冒冠裳士，于诊疗亦漫不咨省。自君至，官必守职，士知

方技，日更番在局以待病者，而民始受其惠。君孜孜官事，未尝苟且，皆此类也。

赠修撰太学生徐应镳墓在钱塘方家峪，岁久芜没，君谓当宋之亡，上自宰执，下至三学诸生，皆随三宫降虏而独应镳不屈，阖室死节，可以激劝来者，宜立祠墓，下有司以春秋致祭。诏下礼官议而行之。孤山有三贤祠，祀苏公及白乐天、林和靖君，谓六井之浚养而不穷，作新宫并祀李泌，自为记辞以迎送神。文辞义甚美，盖君之才识英敏，气度恢宏，视天下之事无难为者，敛而施之，一郡特其绪余耳。

故处盘错纠纷之中，从容整暇，恢恢乎有游刃之地，加以文章妙丽，缘视有余，所谓儒而通，吏而华者也。然君自负逸气，与世落落，顾笃许宏为知己，宏浅陋，何能为役？第尝载笔从史氏后，于贤俊之事功，不忍使其无传，乃始载其治政之绩。他日传循吏，未必无取于此云。君春秋鼎盛，其所以为不朽者，固不止此也。

赞曰：吾闻杨平山自杭郡入丞京府，民歌之曰：杨君来，西湖开；西湖清，杨君升。盖民同欲，固有先事而托诸黄鹄者。况乐成于既复之后乎？驿传之役自平山始均，杭民虑其既去而讼更，相率请其建议之牍刻诸坚珉以垂示永久。是亦非肆其吞鲸之威而强之使然也。《易》曰：不见是而无闷。平山邃于《易》者，肯以毁誉得丧动其中乎？

康熙《丰都县志》之《补遗》，第6页b-11页a。又见嘉庆《丰都县志》卷四《补遗》，第40页b-45页a；同治《丰都县志》卷四《艺文志》，第10页a-13页b；光绪《丰都县志》卷四《艺文志》，第20页a-23页b；民国《丰都县志》卷十四《人物志·宦绩》，《中国地方志集成·四川府县志辑》，成都：巴蜀书社，1992，影印本，第47册，第705-707页。

杨孟瑛，丰都人，进士，历杭州知州，浚复西湖，不畏强御。居乡严毅，人服其介。

万历《四川总志》卷九《郡县志·重庆府·人物》（虞怀中、郭棐等修纂），《四库全书存目丛书》，济南：齐鲁书社，影印本，1997，史部第199册，第386页。又见万历《四川总志》卷九《重庆府·人物》（吴之皞、杜应芳等修纂），《原国立北平图书馆甲库善本丛书》，北京：国家图书馆出版社，影印本，2013，第356册，第278页。

杨孟瑛，字温甫，四川丰都县人，成化丁未（1487）进士，弘治十五年（1502）知杭州，迁顺天府丞去。以在任浚西湖多靡官帑被劾，复降知府。事语具事纪中。瑛当事敢任，如奏安溪竹木关却福建进贡之借艘于杭，减免旱灾粮七万石，定水马驿夫之征，皆便民美政。其浚复西湖，俾水有蓄泄，实利益下塘诸田，而论者或谓其敛怨生谤，此其故不可详究，要之亦一时敏干吏云。

万历《杭州府志》卷六十三《名宦三》，第51页a。

杨孟瑛，丰都人，大荣之子，倜傥有能干。成化中第进士，授刑部主事，历郎中，出知杭州府，当事敢任，才尤敏捷，不避劳怨。时郡旱灾，奏减免粮七万石。旧安溪竹木关福建进贡，借艘于杭，悉奏却之。驿递水夫先是计亩派应，瑛以为繁重，请革之，征银给募，民以为便。西湖又为豪右侵占，甚者塞而为田，筑而为居，瑛因建议于御史车梁、佥事高江，锐意复其旧额，佣工开浚，且俾水有蓄泄，以利益于下塘诸田，其功甚伟。六载秩满，擢顺天府丞。寻以浮言为御史胡文璧奏劾，朝议复命，移知杭州，量用民力以终前功。瑛复往，讫功，遂乞归。家居严毅，里人尤服其介。

万历《重庆府志》卷四十六《往哲三》，《上海图书馆藏稀见方志丛刊》，北京：国家图书馆出版社，2011，影印本，第210册，第328-330页。

杨孟瑛，丰都人，进士，历杭州知府，浚复西湖，不畏强御，居乡严毅，人服其介。
康熙《四川总志》卷十五《人物上》，第62页b。

杨孟瑛，知杭州府，浚复西湖，不畏强御，居乡人服其介。工文章，旧县志其手笔也。
康熙《丰都县志》卷五《选举志·政绩》，第19页a。

杨孟瑛，字温甫，大荣仲子也，成化丁未（1487）进士。由刑曹出守杭州，浚复西湖，严毅不畏强御。居乡，人服其介。工文章，旧县志，其手笔也。详见费宏所为《杨温甫传》。
嘉庆《丰都县志》卷二《邑人志》，第58页a。

《浚复西湖录》一卷,皇明杭州知府,西蜀杨梦(孟)瑛温甫著。载浚湖章疏、文移、碑记二十篇,以论古今利病事势,以纪告厥成功之始终也。

[明]高儒:《百川书志》卷五史,清光绪至民国间观古堂书目丛刊本,第11页a。

杨孟瑛,成化进士,博学能文,纂县志有序,载杨升庵《全蜀艺文志》。

光绪《丰都县志》卷三《人物志·文学》,第20页a。又见民国《丰都县志》卷十四《人物志·文学》,《中国地方志集成·四川府县志辑》,成都:巴蜀书社,1992,影印本,第47册,第702页。

杨孟瑛,字温甫,大荣仲子,成化丁未(1487)进士。由刑曹出守杭州,浚复西湖,禁蠹革弊,士民称歌。费宏有传,见艺文。

光绪《丰都县志》卷三《人物志·宦绩》,第22页b。

杨温甫,孟瑛,四川丰都人。弘治十六年(1503)知杭州府,时西湖民间规占者十九,温甫建议于御史车梁、佥事高江,锐情浚复,而浮言胥动。温甫乃为文谕民曰:"先贤为民深弘利本,特浚西湖之浸,用溉上塘之田。多历岁年,渐成湮废。比者,乡贤侍郎何公,生长是邦,习知成事,著为三说,辩析百端。伏蒙当道俯念地方,力图浚复。予又职司水土,敢惮劬劳?重惟湖上之园池,尽是豪家之封殖,一旦开毁,百口怨咨,民既伤心,我亦动念。但今民产,本昔官湖,民侵于官以肥家,固已干纪。官取于民以复旧,岂为厉民?又惟上塘万顷之田,宿仰西湖千亩之水,水尽湮塞,田渐荒芜,利归于数十家,害贻于千万井。况古人留利物之泽,岂今日启生事之端。幸相导以平心,勿相摇于异说。有以占产自首者,原情免罪,奏请除粮。查得铜钱局及崇兴、崇善、禅智等废寺,田以亩计者数千,地以顷计者盈百,动连阡陌,间附城闉,膏沃可耕,标换如数。况在昔湖田,皆捏报之税,于今清籍,有新增之粮,新增者至九百而有奇,捏报者几八百而不足,稍加查派,不费更张,决不累民,无患亏赋。予性知执法,心在利民,非势力之可移,惟鬼神之是质。凡我父老,率尔乡间,蚤为迁移,无肆顽梗。"观于斯文,公之任怨亦剧矣。乃以正德二年(1507)二月二日兴工,六月十日歇役,八月十九日续工,九月十二日讫事。日用夫八千人,银二万八千七百余两。

[明]田汝成:《西湖游览志余》卷十一,万历四十七年商浚刻本,第26页b-27页b。

封安人张氏墓志铭(刘春)

封安人张氏,世家泸州,都察院右佥都御史讳骏之孙,江西布政使司右布政使讳轼之子,今丰都顺天府丞平山杨公之妻也。平山幼颖异不群,侍先佥事公于江西按察司时,布政公为同乡,安人方偏爱于父母慎择所归,平山议聘爱许焉。既归,事舅姑孝敬,处姒娌雍睦者,不但得于家教然者事。平山自为诸生,历任刑部主事,丞顺天治,于内者咸有仪法,故平山心无内顾,得益究心所事,以名行著称,人于是知安人有内助之贤也。初平山举进士,母夫人挈安人至京师,逾年遘疾,安人躬奉汤药,扶持卧起,久益不少懈。比疾革,乃执其手曰:"孝妇,孝妇。"人益知其孝敬有如此。遇妾媵有恩,饮食恒与共。抚其所出与己者无纤毫薄厚,儿随甫周岁失母,安人鞠育顾腹,人视之若有母者。随既长,亦忘其母之没。岁时荐祀,辄哭之恸,其逮下有如此。安人,正德甲戌(1514)八月二十二日卒,享年五十有九。子男四:长晋,育德邑胶克承家学,次节,次豫,次随。女四:一适指挥白卿,一适李云龙,余未行。孙女二。晋辈以丁丑(1517)十一月七日奉枢葬于朱家山之原,乃以父所序行状属余铭诸幽石。余偕平山举进士同年,有通家之谊,于安人之贤淑不独得于状也,乃为之铭曰:妇无公事,内助非易。礼克肃人,恩恒掩义。嗟惟安人,茂德幽闲。归宜其家,大小欢颜。弗怵于丰,弗矜于贵。贤孝之孚,不间外内。有幽新宫,卜云其吉。世永无亏,壶彝攸式。

[明]刘春:《东川刘文简公集》卷十六,明嘉靖三十三年刻本,第19页a-20页b。

胡廉

胡廉,丰都人,乡举。成化中知石门县,性严毅,有才略,剖讼明决,操履清慎。劝民务农桑,凡有兴作,不违其时。重人伦,厚风俗,锄强抑梗,革胥欺奸,公庭寂然,一邑安堵。《湖广总志》纪之。

万历《重庆府志》卷四十六《往哲三》,《上海图书馆藏稀见方志丛刊》,北京:

国家图书馆出版社，2011，影印本，第 210 册，第 328 页。

胡廉，丰都举人，成化时知县事。严明廉干，巡课农桑，折伦纪，锄强梗，革奸蠹，公庭闃然。

嘉庆《石门县志》卷三十八《政绩志》，第 11 页 a。

胡廉，丰都人，成化中知石门县，劝民务农桑，以时兴作。革吏胥之奸欺，县以无事。明统志。

光绪《湖南通志》卷九十八《名宦志七·明二》，第 20 页 a。

胡廉，天顺壬午（1462）举人，严毅有识略。成化中任湖广石门知县，劝民耕桑，锄强梗，革奸胥，县以大治。事载《湖南通志》。

光绪《丰都县志》卷三《人物志·宦绩》，第 23 页 a。又见民国《丰都县志》卷十四《人物志·宦绩》，《中国地方志集成·四川府县志辑》，成都：巴蜀书社，1992，影印本，第 47 册，第 707 页。

熊永昌

熊先生小传（祝允明）

先生熊姓，永昌名，某字，家丰都之遥溪。先生学圣贤之道，务求内以率性而外以铸人，近以达家邦而远以理百职，统经综史，博撷群籍，舒为文辞，如春熙水流，陶镕性情，寓发诗雅，宛然唐风。然而仕限于格，半生儒教，皋比屡移，徒使经济之略，广付四方英髦，而未克出诸其身。虽然尼山万世道祖，厥勋被当年，亦独三月鲁司寇泽尔。其教散于三千，粹于七十，功绩乃度越官守百倍，先生胡少焉？先生在吾长洲数年，声效尤赫，上官累推荐，今资满，当扬明于天曹，宜必有大擢授，近侍天子或膏泽苍黎，功不止士类已。然使非以资丞疑可也？先生平日交友临众，随所地有建树。余生颛蒙受益殊弘，当别莫所为言聊述大概尔尔。今天下凡于师儒职无贤不肖，贵贱密疏，悉以先生称，称而称者指几屈如吾熊先生称称者一人乎！先生哉，先生哉，宜无间于天下。

［明］祝允明：《怀星堂集》卷十七《传志》，明万历刻本，第 11 页 b–12 页 b。

熊永昌，丰都人，成化中乡举，任武陵教谕。历长洲、吴县，操行廉洁，模范克端，校文两省，得士良多。当道累荐之，知洛南县，寻致仕。吴中名宦祀之。

万历《重庆府志》卷四十六《往哲三》，《上海图书馆藏稀见方志丛刊》，北京：国家图书馆出版社，2011，影印本，第210册，第330页。

黄景星

黄景星，丰都人，正德中第进士，任户部主事员外郎，历河东运使，为人廉，不近名，介不绝物，忠实简重，有古人风。仁爱性成，政皆不忍。时方累荐，恳疏乞休。老幼攀留之，从祀名宦。

万历《重庆府志》卷四十七《往哲四》，《上海图书馆藏稀见方志丛刊》，北京：国家图书馆出版社，2011，影印本，第210册，第369页。

黄景夔

黄景夔，主事，由进士，四川丰都人。正德十六年（1521）在任。关法旧部使与守臣共事敌礼，公至即呈部革之，仍庭参如下僚，统体乃正。时继中官后，地方荐饥且为权豪所残，遂举赈贷，兴义仓。居民多所存活，禁浮屠巫祝淫祀及燔尸诸丑俗，民应若桴鼓，无敢挠者。卫学旧无廪饩，公稽官田括租赡之，亲课诸生，有兴起者，凡所措置，士民至今赖之。但敛怨喜功，偏任群小，迹涉嫌疑，亦罔知避，竟以此败官，人多惜之。

［明］詹荣：《山海关志》卷四《官师四》，明嘉靖十四年葛守礼刻本，第2页b-3页a。又见山海关旧志校注工作委员会：《山海关历代旧志校注》，天津：天津人民出版社，1999，第73页。

黄景夔，丰都人，星之弟。正德中第进士，任户部主事，历职方员外郎。奇才博学，力追古作。所著有《白水家藏稿》。

万历《重庆府志》卷四十七《往哲四》，《上海图书馆藏稀见方志丛刊》，北京：国家图书馆出版社，2011，影印本，第210册，第369-370页。

黄景夔，户部主事，升兵部员外郎，有《白水集》。

康熙《丰都县志》卷五《选举志·文学》,第20页a。又见光绪《丰都县志》卷三《人物志·文学》,第20页a;民国《丰都县志》卷十四《人物志·文学》,《中国地方志集成·四川府县志辑》,成都:巴蜀书社,1992,影印本,第47册,第702页。

黄景夔,字□□,户部主事,升兵部员外,有《白水集》。
嘉庆《丰都县志》卷二《邑人志》,第58页b-59页a。

黄洵

黄洵,丰都人,嘉靖戊子(1528)举人。嘉靖二十三年(1544)任襄阳府幕。
万历《襄阳府志》卷十九《秩官》,第5页b。

黄洵妻暨其子世修妻两世守节,捐资建世祀庵,以奉父母翁姑香火。云南巡抚巴人刘世曾为之记。有司旌表其门,曰一门双节。
康熙《丰都县志》卷五《选举志·节烈》,第23页b。

黄洵妻暨其子世修妻两世守节,捐资建世祀庵,以祀父母翁姑。云南巡抚巴人刘世曾为之记。有司旌表其间,曰一门双节。
嘉庆《丰都县志》卷二《邑人志·列女》,第66页b。

邹嘉典

邹嘉典,丰都人,嘉靖中贡士,耿介持己,诚心授徒,乡论伟之。
万历《重庆府志》卷四十八《往哲五》,《上海图书馆藏稀见方志丛刊》,北京:国家图书馆出版社,2011,影印本,第210册,第439页。

古养敬

古养敬,字□□,宜山教谕,工部员外,以文章名。
康熙《丰都县志》卷五《选举志·文学》,第20页a。

古养敬,字□□,宜山教谕,工部员外,以文章名。
嘉庆《丰都县志》卷二《邑人志》,第59页a。

古养敬,宜山教谕,历官工部员外郎,有文名。

光绪《丰都县志》卷三《人物志·文学》,第20页a。又见民国《丰都县志》卷十四《人物志·文学》,《中国地方志集成·四川府县志辑》,成都:巴蜀书社,1992,影印本,第47册,第702页。

黄著

黄著,四川丰都举人,隆庆五年(1571)任霍邱教谕,勤于课士,教育多方。爱霍之山川风土,致政后遂家于霍。

乾隆《颍州府志》卷六《名宦志》,第52页a-b。

黄著,丰都人,隆庆时任霍邱教谕。历楚雄府推官,致仕后爱霍风土清醇,遂卜居焉。颍州府志。

光绪《重修安徽通志》卷二百六十五《人物志·流寓》,第10页b。

戴文亨

戴文亨,丰都人,万历十六年(1588)任兴平知县。

乾隆《兴平县志》卷四《职官》,第6页a。

戴文亨,丰都举人,万历二十年(1592)判南昌府,署县事。清廉明直,案无稽牍。催科不扰,邑人德人。县志。

同治《南昌府志》卷二十六《职官·名宦》,第66页b。

杨心传

杨心传,字泗滨,丰都人,由举人,万历丙辰(1616)任知县。清姿远览,好士爱民。招抚流离,一时复业者不下百十余户。革除常例,每岁节省者约数百金。堤浣廨宇,捐俸改修。疆御牟渔,望风喙息。睹旧志缺,集庠士纂修,费以不赀,一方之文献以备。

康熙《安乡县志》卷七《名宦传》,第10页a。

杨心传，丰都人，万历中知安乡县，抚移流，革陋规，修筑堤垸廨宇，搜辑志乘，备一邑文献。旧志。

光绪《湖南通志》卷一百零一《名宦志十·明五》，第17页 b。

杨心传，字泗滨，万历二十四年（1596）任湖南安乡知县，招抚流离，革除常例，筑堤防，修廨宇，搜辑志乘。事载《湖南通志》。

光绪《丰都县志》卷三《人物志·宦绩》，第23页 a。又见民国《丰都县志》卷十四《人物志·宦绩》，《中国地方志集成·四川府县志辑》，成都：巴蜀书社，1992，影印本，第47册，第707页。

陈乐

陈乐，字韶峰，英敏积学，文名冠全蜀。

康熙《丰都县志》卷五《选举志·文学》，第20页 a。又见嘉庆《丰都县志》卷二《邑人志》，第59页 a；光绪《丰都县志》卷三《人物志·文学》，第20页 a；民国《丰都县志》卷十四《人物志·文学》，《中国地方志集成·四川府县志辑》，成都：巴蜀书社，1992，影印本，第47册，第702页。

古心

古心，字貌符，处继母异弟，笃行孝友。崇祯壬午（1642）任云南云龙知州，值沙贼之变，亲率士兵恢复大理，全活生命以万计。擅文学，邑中士子多从之。著有《怙庐集》《四书抄读》。

康熙《丰都县志》卷五《选举志·政绩》，第19页 b。

古心，字貌符，事继母，抚异弟，以孝友著。崇祯壬午（1642）任云南云龙知州，值沙贼之变，亲率士兵恢复大理，全活以万计。擅文学，邑中士子多从之。著有《怙庐集》《四书读抄》。

嘉庆《丰都县志》卷二《邑人志》，第58页 b。

古心，字貌符，积学能文，著有《怙庐集》《四书抄读》。

光绪《丰都县志》卷三《人物志·文学》，第20页a。又见民国《丰都县志》卷十四《人物志·文学》，《中国地方志集成·四川府县志辑》，成都：巴蜀书社，1992，影印本，第47册，第702页。

古心，崇祯壬午（1642）任云南云龙知州。值沙贼之变，亲率士兵恢复大理，全活以万计。

光绪《丰都县志》卷三《人物志·宦绩》，第23a页。

古心，崇祯丙子（1636）举人，任云南云龙州知州。值沙贼之变，率士兵恢复大理，全活以万计。

民国《丰都县志》卷十四《人物志·宦绩》，《中国地方志集成·四川府县志辑》，成都：巴蜀书社，1992，影印本，第47册，第707页。

古氏、杨氏

古氏，古养浩女，适儒士杨同春，三年生一女而夫殁。女长适生员余子化，未二年而夫亦殁。母女奉二姓舅姑及夫柩葬白鹿山下，筑室墓前，俱削发为尼。历数十年，亲邻绝迹，有司申请旌奖。古心有《双节歌》《竹雪庵记》。鼎革后里人斩刈荆棘，墓前石碑如人拜者，三垂倒而不朴，众异之，仍故地立庵，隔其墓于垣外，随成随倒，众曰：必氏灵未安也。为筑垣内。

康熙《丰都县志》卷五《选举志·节烈》，第23页b-24页a。

古氏，古养浩女，适儒士杨同春，生一女而孀。女长适生员余子化，亦早孀。母女奉二姓舅姑及夫柩葬白鹿山下，筑室墓前，俱削发为尼。历数十年，亲邻绝迹，有司为之请旌。古心有《双节歌》《竹雪庵记》。鼎革后里人斩刈荆棘，墓前石碑如人拜者，三垂倒而不仆，众异之，仍故地立庵，隔其墓于垣外，随成随倒，众曰：必氏灵未安也。为筑垣内。

嘉庆《丰都县志》卷二《邑人志·列女》，第66页b-67页a。

陈鼎祚

陈鼎祚，字方壶，任内江教谕，流贼入境，官吏望风逃窜，鼎祚着官服，坐明伦堂，骂贼不绝口，全家死难。

康熙《丰都县志》卷五《选举志·忠孝》，第21页b。

陈鼎祚，字方壶，贡生，任内江教谕，流贼入境，官吏望风遁，鼎祚着官服，坐明伦堂，骂贼不绝口，全家死之。

嘉庆《丰都县志》卷二《邑人志》，第59页b。

陈鼎祚，字方壶，贡生，内江教谕，流贼陷城，鼎祚公服坐明伦堂，骂贼不屈，全家死之。从祀忠义祠。

同治《丰都县志》卷三《人物志·忠义》，第7页a-b。

书内江教谕陈方壶死事传后（王廷献）

余读丰志，至陈方壶内江死节事，未尝不掩卷太息也。国君死社稷，大夫死封疆，广文死于学校，非特敬一时之官守，亦以立百世之伦常也。然鼎革之际，纪载多阙，若此类名湮没而不传者，可胜道哉？志曰：陈鼎祚，字方壶，由贡生，任内江教谕，流贼入境，官吏望风逃窜，鼎祚着官服坐明伦堂，骂贼不绝口，全家死难。夫士君子立身行己志节，自负杀身成仁，亦期返衷不愧耳。事之传不传，乌所计哉？林明俊者，丰之志节士也。献忠之乱，梁益陆沉，故相王应熊承制讨贼，考拔人才，擢明俊第一，授兵部职方，主政后迁驿盐观察使。蜀川入我版图，引病不复仕，悲方壶之死于官而不得传也。贻内江友人书曰：昨与足下话敝邑方壶先生司铎贵庠，会逆献屠蜀，先生集义旅不下五百人，扼守孤城，逆献攻破内江，执先生，诱降不屈，脔解之，临死骂不绝口。明纪荒略，大者不书，而书及殉节，广文无有也。足下为贵邑人，望仆是以谆谆，有以属足下。夜即梦先生过我，抚其背曰"君今在阆州，亦知姚洪已事乎？"忽不见，及寤大惊，乃取五代史阅之，洪为唐指挥使，长兴中将千人戍阆口，董璋反，以书招洪，洪投之厕中，璋破阆执洪，洪骂曰："尔昔为李十郎奴，扫马粪，得一脔残肉，感恩不已。今天子用尔为节度，何苦反耶？"璋怒，然镬令壮士剉食之。至死大骂，明宗闻而泣，谓大臣失节，反不如也。

血烈如此,与广文抗节无异,然得染汗青数行无憾,而先生湮没无闻,仆贱(渐)久绝意通显,备野史可也。足下行将为史馆中人,以邑人疏邑事,庶不负方壶先生以梦感也。书载《巴字园集》中。同时有杨凌云者,亦丰产也,以明经任蓬溪教谕,流贼入境,不屈,死之。然考内江、蓬溪志,两人俱不传。

外史氏曰:余阅旧志,谓士颇倜傥,常怀忠信,心窃疑之。盖近时之风气,或有不尽然者。然前辈杨温甫,守我杭,重浚西湖,至今民食其利,而当时不惜以敛怨去。迨至晚季,方壶、台真各死所事,旧志所云,良不我欺?位旃晚年逃名,石鹤志节,何矫矫耶!宏之叛,坚卧不出,良由识见卓越也。其孙敬修笃学好古,更为余言方壶死事,时曾背城一战,盖祖父所称述,知非谬矣。

康熙《丰都县志》卷七《艺文志》,第49页b-51页b。又见嘉庆《丰都县志》卷三《艺文志》,第44页b-46页b;同治《丰都县志》卷四《艺文志》,第又47页a-48页b;光绪《丰都县志》卷四《艺文志》,第59页a-60页b。

杨凌云

杨凌云,字太真,贡生,任蓬溪教谕,流贼陷城,死之。

嘉庆《丰都县志》卷二《邑人志》,第59页b。

杨凌云,字台贞,贡生,蓬溪县教谕,流贼陷城,死之。从祀忠义祠。

同治《丰都县志》卷三《人物志·忠义》,第7页b。

熊应凤

熊应凤,字碧山,顺治初从定南将军下浙,留守温州,以功升盘石营游击。戊戌,海寇犯郡,攻围半月,城破,战死。事闻,赠副将,赐祭葬,荫其子天琳世职,注卫籍。

嘉庆《丰都县志》卷二《邑人志》,第60页a-b。

熊应凤,字碧山,顺治初从定南将军下浙,留守温州,以功升碧石营游击。戊戌(1658),海寇犯郡,围攻半月,城陷,战死。事闻,赠副将,赐祭葬,荫其子天琳世职,注卫籍。从祀忠义祠。

同治《丰都县志》卷三《人物志·忠义》,第7页b。

熊兰徵

熊兰徵,原名元徵,字克起,生颖异,七岁能属文。崇祯壬午(1642),中副榜。甲申(1644)膺荐举。事孀母以孝闻。国变后隐居教授,从游者多知名之士。著述甚富,其注《南华》《离骚》,常得别解。至于讲学,则宗金溪姚江云。

康熙《丰都县志》卷五《选举志·文学》,第20页b-21页a。

熊兰徵,原名元徵,字克起,生颖异,七岁能属文。崇祯壬午(1642),中副榜。甲申(1644)膺荐举。事孀母以孝闻。国变后隐居教授,从游者多知名士。著述甚富,注《南华》《离骚》,得别解。其讲学,则宗金溪姚江云。

嘉庆《丰都县志》卷二《邑人志》,第60页b。

熊兰徵,崇祯副贡,幼颖异,七岁能属文。明鼎革,隐居授徒,著述甚富,注《庄子》《离骚》,常得别解。讲学则宗金溪姚江云。

光绪《丰都县志》卷三《人物志·文学》,第20页a-b。又见民国《丰都县志》卷十四《人物志·文学》,《中国地方志集成·四川府县志辑》,成都:巴蜀书社,1992,影印本,第47册,第702页。

熊天琳

熊天琳,字玉立,袭父荫,食禄温州卫。耿精忠反,王师南下,遣天琳谕降伪将军曾养性,为所杀。事闻,赠游击。[①]

嘉庆《丰都县志》卷二《邑人志》,第61页a。又见同治《丰都县志》卷三《人物志·忠义》,第7页b-8页a。

李如星

李如星,字井仙,奇姿积学,负不羁才。甲申(1644)后,孙可望欲罗致之,不屈,遣伪将军张启杀之。

康熙《丰都县志》卷五《选举志·文学》,第20页b。

---

① 同治志续纂:从祀忠义祠。

李如星,字井仙,负不羁才。甲申(1644)后,孙可望欲罗致之,不屈,为伪将军张启所杀。

嘉庆《丰都县志》卷二《邑人志》,第59页a。

李如星,字井仙,崇祯壬午(1642)解元,负不羁才。甲申(1644)后,贼将孙可望欲罗致之,执至涪州,不屈,为伪将军张启所杀。从祀忠义祠。

同治《丰都县志》卷三《人物志·忠义》,第7页a。

李嗣靖

李嗣靖,如星次子,孙可望疾如星不为己用,遣人杀之,嗣靖请代,不从。以身卫父,手指迎刃皆断,抱尸同死。

嘉庆《丰都县志》卷二《邑人志》,第60页a。

李嗣靖,邑绅李如星次子,献贼将孙可望疾如星不为己用,遣贼杀之,嗣靖请代,不从,以身卫父,手臂迎刃皆断,抱尸同死。

同治《丰都县志》卷三《人物志·孝友》,第1页b。

杨维新

杨五湖先生传(曾德升)

先生讳维新,字五湖,姓杨氏,世为平都望族。始祖讳德言,仕元为万户侯,统军入蜀,遂居于丰。二世祖讳继祖,袭封万户侯。三世祖讳文兴,不仕。四世祖讳宏道,封大理寺评事。五世祖讳大华,不仕。其从祖讳大荣,登顺天[①]丁丑(1457)进士,擢江西金宪。六世祖讳孟蕙,以明经任经历。其从祖讳孟瑛,登成化丁未(1487)进士,授顺天府丞。高祖讳汴,应岁荐,典教兴文。曾祖讳一通,岁贡生。父讳纯仁,庠生。先生年十二遭太夫人丧事,继母以孝闻。少好学,以文章意气自豪,读书喜秦汉,读诗爱少陵,视时下帖括无足当其意者,自愿不合于时,遂发愤为诗古文词,由是益与时不合。而人之从其游者,皆知爱先生落落足奇,而不知其才之有以用也。崇祯丁丑(1637),入邑庠,甲申(1644)得拔贡。会献忠之乱,巴蜀陆沉,阁部王公应熊承制讨贼,考拔人才,见先生意气豪举,文章

---

① 应为"天顺",原文误。

卓越,遂授瓮安县令。未仕。后我朝定鼎,总制李公题叙,先生引病弗仕。家园筑宝字庐三间,中置宋刻碑,左右列图史诗书,教子若孙,诵读其间,愉愉如也。余以后进常诣先生,论世事得失,考古今成败,先生驰骋上下,慷慨激昂,余益叹先生时虽塞而意气自豪也。后经南浦之变,先生坚卧不出,隐居山庄,因石为磊园,终日于竹洲花坞间弹琴赋诗,啸歌自得。戊辰(1688)秋,余过小邱园,先生出近集示余,其文上追秦汉,其诗远逼少陵,余又益叹先生年虽衰而文章自健也。惜其不合于时,使有用之才赍志以没。悲夫,迄今十余年,回思往日宝字庐中论世考古,则杳乎不可得矣。即重游磊园,咏石上沧浪之句,漠然徒见山高水深,更百年后文章意气鲜有能之者。故笔之为传,以付其孙雪堂。雪堂读书为文,倜傥有大志,异日珥笔史馆叙传,亦得以有据云。

同治《丰都县志》卷四《艺文志》,第21页a-22页b。又见光绪《丰都县志》卷四《艺文志》,第31页a-32页b。

杨维新,字五湖,明崇祯丁丑(1637)附生,笃学嗜古。明鼎革,隐居不仕,啸傲泉石,著古文诗若干卷,悉散佚。岁贡曾德升为立传,见艺文。

光绪《丰都县志》卷三《人物志·隐逸》,第32页a。

林明俊

林明俊,字位旃,慷慨有大志。少时即能为诗古文辞。甲申(1644)蜀陷,阁部王应熊承制讨贼,膺荐举第一人,授兵部职方司主政,屡迁贵州驿盐副使。本朝己亥(1659)题授副使,以病不仕。后举博学鸿词,复不赴,隐居著述三十余年。有《澹远堂文集》《巴字园诗集》《梧桐居近集》行世。

康熙《丰都县志》卷五《选举志·文学》,第21页a。又见嘉庆《丰都县志》卷二《邑人志》,第61页a-b。

林明俊,字位旃,丰都人。学富经史。甲申(1644)献寇陷蜀,从阁部王应熊讨贼,筹策多中。后以病假归,屡征不出,隐居著述,有《澹远堂》《巴子园》《梧桐居》等集。

雍正《四川通志》卷三十八《隐逸》,第8页a。

林明俊,字位旂,慷慨有大志,工文辞。明季蜀乱,阁部王应熊承制讨贼,荐其才,授兵部主事,迁贵州驿盐副使。本朝题授副使,卧病不出。后举鸿博,复不就,隐居三十余年。著有《澹远堂文集》《巴字园诗集》《梧桐居近集》行世。子坚本,举人,能世其家学,王渔洋门下士也。

光绪《丰都县志》卷三《人物志·文学》,第20页b。又见民国《丰都县志》卷十四《人物志·文学》,《中国地方志集成·四川府县志辑》,成都:巴蜀书社,1992,影印本,第47册,第703页。

达士林位旂先生明俊,平都人也。慷慨有志,少时即能为诗古文词。崇贞(祯)甲申(1644)蜀陷,阁部王应熊承旨讨贼,膺荐举第一人,授兵部职方司主事。明亡不出。顺治间,题授副使,称病不仕。后举博学鸿词,亦不赴。结庐桐阴,旷然自适,隐居三十余年。尝在平都请乩,余偶临其笔,赠以"铁肝石胆"四字。所著有《淡远堂文集》《巴字园诗集》《梧桐居近集》存世。

[清]李西月:《张三丰先生全集》卷二,清道光刻本,第55页a-b。

甲辰扫墓记(林明俊)

俊为儿时,随先府君至墓下尾拜,起末既奠。先府君命子弟扶长老有服者,次序列坐其处,举酒进欢,爱长老,戒幼少,敢有蹈于非,勿使近墓辱先人,子弟好修而贤也多,饮之吾门笃俗,期勿陨先训,拜扫勿歝。如此今老矣,幸得生还,睹旷然一抔土而已,富贵何足羡,于兹独有感也。感而有言,详吾之所出也。言之而有不及亲尽,故也。林之籍于丰,前自闽入蜀,姑不纪。自六世祖文振公在丰以岁进士,官武昌二郡,赠奉政大夫,传至明俊,皆力耕读书。既无车马赫奕,婢妾靓丽,荡惑乡里,亦无官爵货力,动摇府县。凡亲未尽,与亲既尽,子姓颇敦尚礼让,崇励廉耻,无敢有胥官司者、走讼者、安乡宄者,矫诈修饰言语,欺罔君子,与夫乱俗者。由今思昔,犹有近古之遗。甲申一变,祸乱踵于蜀,献贼贼其半,姚黄贼其半,乱兵贼其半。蜀亡而渝随之,林族子侄千余,室无有存者,余幸领乙酉辱征辟,滥入官路,携从弟明佑、明伟、明倬,既儿坚本、侄约有七八人于外,幸免耳。呜呼,毛羽之属,尚知报本,余独非人子,忍捐弃坟墓远游哉?以其轻者较其重者,功名利禄非所论也。以其缓者较其急者,全其身及子弟以存祀,田园庐墓

姑置之也。置之而旷阙，于心如烽烟道阻，隔若绝国，何取年岁？考之二十载，始得于岁甲辰（1664）秋九月，携有生三阅月之弱子，抚成二十一岁，与侄厚本、健本、坚本，同伏墓下，偕东坦刘沛远、徐尔强，暨族一长老乡邻之犹有存者，席草列坐焉。呜呼，时移事换，万族寡鲜，十里一犬吠声，牲杀祭告之余，不知泣之何从也。俊德薄，邀先人厚庇其可幸者，犹有三焉。贼发冢盗取无遗，而祖茔石窀先府君墓独无恙，归扫如故，一也。子若侄犹能读先世书，立功名，继遗烈，二也。昔人以官为家，眉山父子当天下无事，飘若萍梗，究卒于官，不得生还西川，死犹有余恨。余值沧桑之幻，身经百变，携其主妇并子若女，弟若侄，破深阻而浩然归里，诣墓而扫，招族亡人指数，耕祭田，修祠宇，三也。三者之赐，皆祖若父之积，先祖府君在乡校斋长，中型邑多士。先府君生有完行，孝友著闻，轻财慕义，重然诺。君子长者，常以不能交为恨。賈庇时，俊年十有七岁，倚先恭人壮游，老归齿发俱变，墓间首数回而肠折，又不知泣之何从也。略其事不书，无以示乡党邻里，垂后世子孙。伐石记诸于兹，尤有感也。能为俊者，如俊而止，尤不失为中人。扩俊而大，将等而上之。不能为俊，对墓面热内惭，汗出食不下，庶其慎所不能而戒之哉。

康熙《丰都县志》卷七《艺文志》，第 38 页 a-40 页 a。又见嘉庆《丰都县志》卷三《艺文志》，第 33 页 a-35 页 b；同治《丰都县志》卷四《艺文志》，第 34 页 b-36 页 b；光绪《丰都县志》卷四《艺文志》，第 44 页 b-46 页 b。

易简

易简，号半山，康熙壬辰（1712）进士，选庶吉士，散馆授职编修。丰邑之入词林者，简一人而已。澹于仕进，引疾归，为渝城书院山长，课士有法。著有诗文集若干卷，藏于家。

嘉庆《丰都县志》卷二《邑人志》，第 61 页 b。

易简，字位中，号半山，翰林院编修，澹于仕进，解组归，闭户读书，不慕荣势。晚年主讲锦江书院，造士甚众，著有诗文集若干卷，藏于家。子龙图，举人，官甘肃敦煌知县。

光绪《丰都县志》卷三《人物志·文学》，第 20 页 b-21 页 a。

易简,字位中,号半山,清康熙丁卯(1687)举人,壬辰(1712)进士,授翰林院编修,澹于仕进,解组归,闭户读书,不慕荣势。年大将军羹尧督川,优礼罗致,简见其骄侈甚,讽谕不听,力疾辞去。赠以重金不受,函询其起居亦不报。后年难作,抄无片纸,免党坐。晚主讲锦江书院,造士甚众,著有诗文集若干卷,散佚。居家极俭,奁赠其女仅竹箱,实以诗书,里歌有"问谁家里箧箱箱,道是编修嫁女郎"之句。子龙图,举人,官甘肃敦煌知县。

民国《丰都县志》卷十四《人物志·文学》,《中国地方志集成·四川府县志辑》,成都:巴蜀书社,1992,影印本,第47册,第703页。

曾友伋

曾友伋,字同甫,乾隆甲子(1744)举人,为河南登封令。公余勤于课士,文风丕变。岁饥尽心赈济,全活甚众。戊戌(1778)大旱,友伋步祷嵩岳,雨立沛,民获有秋。再任广东琼山令,值洋寇滋事,设方略,擒其渠魁,擢德庆州牧。子一元,字子开,以例贡为广西融县令,著有政声。

嘉庆《丰都县志》卷二《邑人志》,第61页b-62页a。

曾友伋,字同甫,乾隆甲子(1744)举人,任河南登封县。勤于课士,文风丕变。岁饥赈济,全活甚众。戊戌(1778)大旱,步祷嵩岳,雨立沛,民获有秋。再任广东琼山,值洋盗滋事,设方略,擒其渠,擢德庆州牧。子一元,以例贡官广西融县,著有政声。

光绪《丰都县志》卷三《人物志·宦绩》,第23页a-b。又见民国《丰都县志》卷十四《人物志·宦绩》,《中国地方志集成·四川府县志辑》,成都:巴蜀书社,1992,影印本,第47册,第707页。

王恒

王恒,拔贡,任安徽桐城知县。洁己爱民,政声丕著。河决,宿州捐资工筑,不事科敛,士民喧颂。尹文端公继善、高宫保晋皆深器重。调芜湖,旋署安庆同知,以艰归。

光绪《丰都县志》卷三《人物志·宦绩》,第23页b;民国《丰都县志》卷十四《人物志·宦绩》,《中国地方志集成·四川府县志辑》,成都:巴蜀书社,1992,影印本,第47册,第707页。

王怡

王怡,字远亭,乾隆甲子(1744)举人,辛巳(1761)拣发山西试用知县。太谷县饥民数万,将为乱。抚军檄怡往,且欲以兵随之。怡曰:是趣之叛也,请单骑往。至,则谕之曰:若辈苦饥耳,赈且至矣。众悉解散,治其党魁十余人,安邑。民有诬其叔某叛者,其外兄刘实嗾之,怡廉得其情,逮刘至,立杖杀之。或谓刘罪名未定,何遽致之死。怡曰:吾知为天理所不容耳,他非所计也。其刚果类如是。擢浙江宁波府同知,以病免。著有《竹轩诗文集》若干卷。

嘉庆《丰都县志》卷二《邑人志》,第62页b-63页a。

王怡,字远亭,乾隆甲子(1744)举人,任山西太谷知县。饥民数万将乱,大府檄怡安抚,欲以兵随之。怡曰:是趣之叛也,请单骑往。至,则谕之曰:若辈苦饥,赈且至矣。众悉散,治其魁十余人,安邑。民有诬叔某叛者,其外兄刘实嗾之,怡廉得其情,逮刘至,立杖杀之。或谓刘罪未定,何遽致之死。怡曰:吾知为天理所不容,他非所计也。其刚果类如是。擢浙江宁波府同知,以病免。

光绪《丰都县志》卷三《人物志·宦绩》,第23页b-24页a。又见民国《丰都县志》卷十四《人物志·宦绩》,《中国地方志集成·四川府县志辑》,成都:巴蜀书社,1992,影印本,第47册,第707页。

高慎

高慎,乾隆壬午(1762)举人,任直隶东明知县。醇谨诚笃,爱民如子。丙辰(1796)夏旱,慎祷雨辄沛。飞蝗入境,食叶而不食谷。邑大夫多歌咏之。

光绪《丰都县志》卷三《人物志·宦绩》,第24页a。又见民国《丰都县志》卷十四《人物志·宦绩》,《中国地方志集成·四川府县志辑》,成都:巴蜀书社,1992,影印本,第47册,第707页。

郎士贵

郎士贵,字真儒,乾隆戊子(1768)举人,任广西武宣知县①。摄来宾篆一年,狱为之空。以疾归,卒于夔府,贫不能治丧,人以是知其廉也。

嘉庆《丰都县志》卷二《邑人志》,第63页 a-b。又见光绪《丰都县志》卷三《人物志·宦绩》,第24页 a-b;民国《丰都县志》卷十四《人物志·宦绩》,《中国地方志集成·四川府县志辑》,成都:巴蜀书社,1992,影印本,第47册,第707页。②

冯乃骃

冯乃骃,字祥麟,少孤,母李氏以节自誓,乃骃下帏攻苦,中乾隆甲子(1744)副榜,事母以孝闻。母殁,哀毁特甚,服阕发白齿落,颓然老矣。为江津教谕,课士有法,以老乞休。居乡十余年,为里党所矜式。

嘉庆《丰都县志》卷二《邑人志》,第62页 a-62页 b。

冯乃骃,乾隆甲子(1744)副贡,少失怙,事母李氏以孝称。壮年,母没哀毁,逾恒服阕,发白齿落,颓然老矣。

同治《丰都县志》卷三《人物志·孝友》,第1页 b。

冯乃骃,乾隆甲子(1744)副贡,幼体孀母教,力学攻苦,才华赡博。为江津教谕,课士有法,以老乞休。居乡十余年,后学成就者众。

光绪《丰都县志》卷三《人物志·文学》,第21页 a。又见民国《丰都县志》卷十四《人物志·文学》,《中国地方志集成·四川府县志辑》,成都:巴蜀书社,1992,影印本,第47册,第703页。

郎奎章

郎奎章,以岁贡任乐至县训导,笃学励行,著有《四书纂要》。卒年九十四。

嘉庆《丰都县志》卷二《邑人志》,第63页 b。

郎奎章,岁贡,任乐至县训导,笃学励行,著有《四书撮要》。卒年九十四。

---

① 嘉庆志为"为广西武宣令"。
② 嘉庆《武宣县志》卷十《秩官》载,"郎士贵,成都人,举人,乾隆四十六年(1781)任(知县)"。

光绪《丰都县志》卷三《人物志·文学》，第21页a。又见民国《丰都县志》卷十四《人物志·文学》，《中国地方志集成·四川府县志辑》，成都：巴蜀书社，1992，影印本，第47册，第703页。

曾一贯

曾一贯，字子唯，乾隆戊子(1768)副榜，谨身励行，博通经史，从游者众，所造就皆知名士者。著有《梅峰稿》，藏于家。选东乡教谕，卒年六十五。

光绪《丰都县志》卷三《人物志·文学》，第21页a。又见民国《丰都县志》卷十四《人物志·文学》，《中国地方志集成·四川府县志辑》，成都：巴蜀书社，1992，影印本，第47册，第703页。

曾德升

曾德升，字玉峰，康熙岁贡生，积学，隐居洪崖。著有《学庸图考》，邑令张香海为镌板行世。又著有《三省堂文集》《梅竹轩》《石竹园》《琼瑶》《涪陵》等诗集，家藏未镌。

光绪《丰都县志》卷三《人物志·文学》，第21页b。又见民国《丰都县志》卷十四《人物志·文学》，《中国地方志集成·四川府县志辑》，成都：巴蜀书社，1992，影印本，第47册，第703页。

王五桂

王五桂，字双山，道光岁贡，以文行称。著有《双山诗集》，未镌。

光绪《丰都县志》卷三《人物志·文学》，第21页b。又见民国《丰都县志》卷十四《人物志·文学》，《中国地方志集成·四川府县志辑》，成都：巴蜀书社，1992，影印本，第47册，第703页。

杨钟桂

杨钟桂，岁贡生，精理学，长于《易》，后学多所裁成。

光绪《丰都县志》卷三《人物志·文学》，第21页b。又见民国《丰都县志》卷十四《人物志·文学》，《中国地方志集成·四川府县志辑》，成都：巴蜀书社，1992，影印本，第47册，第703页。

佘兆登[①]

道光十六年(1836)秋佘署丰都,孝廉佘禹门兆登与乃兄邀游鹿鸣山,东坡先生旧游地也,自后文宴屡开。卸篆时赠诗录二首:

家世琅琊旧,官声枳水新。晏裘廉厉俗,姜被暖分人。素友爱最笃。
恤下鞭停响,虚中镜拂尘。此行留爱日,风景负暄辰。

素仰风规峻,焉知雅兴饶。昼闲衙早放,夜作市无嚣。
携屐名山问,衔杯皓月邀。碧纱留句好,追琢壮岩峣。

游平都观作长古,去后刻石。诗中未免溢美,存之志当日雅意耳。

[清]王培荀:《听雨楼随笔》卷七,清道光二十五年刻本,第26页b-27页a。

寄别佘孝廉禹门

自顾百事不如人,偶然承乏来南宾。案牍颇稀讼亦简,欣逢佳士如饮醇。
君家兄弟敦孝友,潇洒襟怀得未有。良宵每共谈风月,名山相与携美酒。
五日京兆惜匆匆,归舟轻借一帆风。金樽饯别不能饮,碧云倏吞落照红。
前行已抵渝州路,尽是离人系情处。磊磊落落江边石,郁郁苍苍山上树。
回头不见平都峰,缥缈楼阁迷烟雾。中夜秉烛意傍偟,开箧细读赠别章。
鱼龙惊起舞混茫,星斗斜垂吐寒光。大江东去流汤汤,淘尽英雄几断肠。
李白仙去东坡亡,安得与汝豪士倒玉觞?呜呼,安得与汝豪士倒玉觞?

[清]王培荀:《寓蜀草》卷二《七言古》,清道光二十七年刻本,第13页a-b。

徐昌绪

徐昌绪,号遁溪,字琴舫,世居邑城。父云嵩,以拔贡生选三台县教谕,升潼川府教授。子五人,昌绪其长也,道光己酉(1849)拔贡,朝考授户部小京官。咸丰壬子(1852)中式顺天乡试,丙辰(1856)成进士,授编修,旋膺使命,出办山东团务,特旨交杜受田任用。杜钦其贤,疏荐擢侍读学士。已而与鲁抚龃龉,乃交欢圣裔孔某,筹给军食,勒习团兵屯卫捻匪,久之军饷不给,郁郁求去。其留别诗有"书来但说公无渡,城守焉知贼不屠"之句,盖谓此也。是时僧亲王军屯大沽口,

---

[①] 佘兆登,丰都人,道光甲午(1834)举人,任新繁县教谕。

与英人战,不利,趋德州,兵士乏食。昌绪至山东归,过僧军,见僧军无粮,势将溃,鞭马急驰京,告大学士文祥发帑市面以济饥军,稍稍会集。未几英兵入京,日行五六里止舍,恐乡兵猝起击之。适文宗驾幸热河,留亲贵居守,与英媾和,久不决。英兵诛求无艺,昌绪侦知敌情,立草伪檄言通州起兵勤王,将大至矣,趣弟昌裔星夜张揭城门及附近村土,英兵大骇,议遂成。初,昌绪签分户部,肃顺为司,喜延揽。闻昌绪贤,颇优礼之。昌绪慑于势,不敢拒,虚与委蛇,岁时谒见。及奉使归,肃已晋尚书,领部务。昌绪见其恣肆,移书规之,一劝其公忠体国,一勉其恪慎将事。逮三奸案覆,缇系肃顺,穷治党羽,昌绪下刑部狱待鞫,几濒于危。后籍没肃顺家,发二书,恭亲王持交军机处,谓徐某心地可,自始免吏议。以终养乞假归,道经江南,曾国藩留参戎幄,辞不就。黔抚曾璧光聘修黔省志,亦不就。后主讲东川书院,以授经终,寄籍巴县,年六十八。昌绪有至性,处庶母诸弟克让,所得修脯悉以分之诸弟。尤笃乡谊,甲申(1884)丰城大火,民多失业,昌绪募渝商巨金周之,至今乡人尤怀其惠。子礼隆,诸生,湖南知县。遇隆,定远把总,水警厅长。佐隆,举人,湖北知县。际隆,诸生,省署科员。

民国《丰都县志》卷十四《人物志·宦绩》,《中国地方志集成·四川府县志辑》,成都:巴蜀书社,1992,影印本,第47册,第708页。

王元曾

王元曾,字桂珊,由拔贡中顺天举人,幼体双母教,力学攻苦,母以纺督课。既长,才识卓异,文艺渊涵,为乡党宗族所矜式。主讲平山、五云等书院,造就甚众。鲍忠壮公超,尝邀入幕办理奏议,颇为当道嘉尚。李相国曾称其辞意简明,可以传示天下。著有遗稿若干卷,藏于家,待梓。

光绪《丰都县志》卷三《人物志·文学》,第21页b-22页a。

王元曾,湖北教习、知县,同治九年(1870)署南漳县知县。下车即对神誓:若苞苴行当绝吾子孙书香。向规每案官索差票钱若干贯,元曾立剔之。曰:吾得若辈一钱,民将不堪。大堂悬金以待鸣冤,随时断结。在任八月,事无留牍。政简刑清,结前任一千余积案,役之更业者十有八九。大府闻其政,擢升沔阳知州。

沔地洼,堤常溃,元曾令沿堤积土牛以防水溢,又令堤外密植柳以御浪。会夏涨,险甚,元曾祷祭。俄顷,水退三尺。遇旱祈雨,靡不响应。岁颇丰穰,野自生稷,咸以为德化所感云。

光绪《丰都县志》卷三《人物志·宦绩》,第24页b-25页a。

王元曾,字桂珊,城西人,父裕庆,行谊具孝友篇,早卒,母氏范居贫厉节,以纺织为生。元曾幼失怙,念非学无以自立,刻苦读书。成咸丰辛酉科(1861)拔贡,中式顺天甲子科(1864)举人,以八旗官学教习。期满授知县,分发湖北,令权南漳县事,颇励清勤,居官八月,判结积讼千余案,书役易业者十居八九。鄂督闻其政,调沔阳州,沔界江汉间,地势卑洼,易成巨浸。民俗筑堤障水,划界护守,往往豪右结富饶邻里别营小堤自卫,谓之私垣子。任大堤倾圮,漫溢港汊,壅闭湫底,悉恝然置之,一有水患,贫民尽为鱼鳖,而私垣子独安全无害。元曾至,谕以营私自卫之非法,当协力治大堤,捍大患,禁豪右不再私筑。适奸民严士廉乘间煽惑,纠乡愚数千围州署谋变。元曾服坐皇堂,晓陈利害,乡民惶骇散去,疆吏闻变令发兵属营按治兵至,元曾持不可,谓罪祇士廉,遣一干役捕治可也,余皆被胁无辜,可多杀乎?乃牒请大府撤兵,置士廉于法。至是沔阳筑私垣子之风亦稍稍戢矣。

先是元曾应礼部试,自京归至忠,闻母病,舍舟步行,是夜抵家,奉汤药,与妻戴氏祷减己寿以益母。时母年已六十矣。及沔任受代,其母年逾八十,遂以亲老陈情假归,主讲五云书院。诸生服习其教,成就最伙。已而鲍忠壮奉命督山海关防务,函聘参戎帏。时元曾丁艰,以守制辞。忠壮复函,云夷人思逞,凡有血气莫不敌忾同仇,君臣义重,未可作壁上观。始墨绖从行,办理奏议。李文忠称其词意简明,乐亭之意颇有赞襄。师还,忠壮欲以劳勋保奏,元曾固辞。服阕,复官原省。会法国构兵越南,忠壮复督师出关,调取元曾入营,水陆兼进,积劳病殁。事闻,赠恤如例,附祀霆军祠,荫一子名潼植直隶河工县丞,累保至知府。民国,保免知事,署保定县。长子俊先,贵州知县,具宦绩篇。季京普,壬寅(1902)举人,援例法部郎中,民国权陕西城固知事。仲亮普,援例主事不出。

民国《丰都县志》卷十四《人物志·宦绩》,《中国地方志集成·四川府县志辑》,成都:巴蜀书社,1992,影印本,第47册,第708-709页。

王俊先

王俊先,字子贵,元曾长子也。积学未售,援例入仕,任贵州青溪知县,兴利除弊,洁己爱民,颇有父风。摄篆一年,狱为之空。清平县有巨案,数十年莫能结,大宪檄俊先审理。去之日,同寅相吊,俊先曰作朝廷官,理百姓事,岂以难辞?遂毅然就道。抚宪谕以兵从,俊先曰恐激之变也,请缓。及至,提案集讯,廉得其情,两造悦服狱息。其明决善断如此。

光绪《丰都县志》卷三《人物志·宦绩》,第25页a。又见民国《丰都县志》卷十四《人物志·宦绩》,《中国地方志集成·四川府县志辑》,成都:巴蜀书社,1992,影印本,第47册,第709页。

王治普

王治普,由廪生援例通判,任云南巧家同知,历缅宁、宁洱等县,著有政声。以获匪功擢广西直隶州知州。

光绪《丰都县志》卷三《人物志·宦绩》,第25页a-b。又见民国《丰都县志》卷十四《人物志·宦绩》,《中国地方志集成·四川府县志辑》,成都:巴蜀书社,1992,影印本,第47册,第709页。

胡德铨

胡德铨,性聪颖,不慕荣利,涉猎经史,酷嗜吟咏,与其弟德铭杜门不出,日以唱酬为乐,著有《桥棠诗草》。

光绪《丰都县志》卷三《人物志·文学》,第22页a。

廖应梦

廖应梦,字兆先,辟佛崇儒,善谈好辩,人谓有韩孟之风,著有《孝篇》及《三字孝文》,以正蒙养。孙聘三、纯学,曾孙嵩高,岁贡生。

民国《丰都县志》卷十四《人物志·文学》,《中国地方志集成·四川府县志辑》,成都:巴蜀书社,1992,影印本,第47册,第703-704页。

秦之旦

秦之旦,字东阳,性脱略,不立崖岸,善属文,每作少饮而卧,既醒摇笔成篇,大有王子安之概,最喜奖掖后进。晚为乡塾师,多所成就。

民国《丰都县志》卷十四《人物志·文学》,《中国地方志集成·四川府县志辑》,成都:巴蜀书社,1992,影印本,第47册,第704页。

傅永图

傅永图,年十四入邑庠,性刚正,有胆识,善排解,为乡人所敬惮,胥吏不入里门者三十年。以攻擒石柱教匪欧永昌,得奖六品军功。晚治宋学,喜作擘窠,大字劲挺,类其人。著有《易象解》《尚文亭诗集》。年八十卒。弟永穆十三岁同时入武庠,乡人荣之。

民国《丰都县志》卷十四《人物志·文学》,《中国地方志集成·四川府县志辑》,成都:巴蜀书社,1992,影印本,第47册,第704页。

王雅言

王雅言,邑诸生,凌波府同知王怡之曾孙也。工诗,著有《唾余集》八卷,友有劝其付梓者,言曰:"诗以自写性情耳,宁借以沽名哉?"婉谢之。家贫而性鲠介,常慕陶渊明之为人。乡邻招饮,必尽情欢醉权要有欤见者,则门闭泄柳矣。会岁暮,偶至友人家,客有谈蒙正祀灶事,言笑曰:我贫亦若此,但不屑祀灶耳。讯之,始知其腊尽岁除,儋石俱无。适有富醯曾康侯在侧,温言慰之曰:君无忧,我有屠苏之资,请助君东风一醉,何如?言艳然曰:是何言哉?尔富自富,我贫自贫,尔善贾岂欲贾人之廉节耶?诃责而出。时有议其不逊者,康侯曰:嗟乎,我结纳名士多矣,未有如此君之高洁者。我言冒昧,适足以污其耳,何怪其怒?为归以鱼肉醇酒加厚币而送其家,言怒,悉扑诸门外。其妻阴于后径内之,瞬元辰,言见酒肉堆案,怪,问始知其妻所为。掷箸怅然叹曰:我生平至行被尔辈蔑辱尽矣。虽然不可不报,索笔立成诗四首答之,且曰:秀才人情纸半张,此之谓也。卒不至其门,康侯得诗,喜极,表悬座右。时人交美之。

民国《丰都县志》卷十四《人物志·文学》,《中国地方志集成·四川府县志辑》,成都:巴蜀书社,1992,影印本,第47册,第704页。

林梦裕

林梦裕,庠生,其高祖廷献,曾祖大木,祖竹,父树蕃,俱列上庠,文名噪一时。树蕃年十四,应院试,文宗奇其卷置冠。童军发落日,见蕃尚幼,而又以廪保。林竹即其父也,疑为家塾《窗稿抄录》,弋获而试之,前后皆符,文宗大悦,题"儒风济美"匾额赠之。后梦裕弟开元增生,次子鹏云贡生,七世青缃萃于一门,邑所未有。

民国《丰都县志》卷十四《人物志·文学》,《中国地方志集成·四川府县志辑》,成都:巴蜀书社,1992,影印本,第47册,第704页。

卢朗

卢朗,字伯卿,贡生,品端学粹,造士有方,门下多拾青紫。清季邑宰聘长小学校,殚心教授,殁于校内,人多惜之。

民国《丰都县志》卷十四《人物志·文学》,《中国地方志集成·四川府县志辑》,成都:巴蜀书社,1992,影印本,第47册,第704页。

王官盛

王官盛,字建六,贡生,食饩时谭宗师叔裕刻其文于试牍秉铎,丰、涪多所造就。著《醉六山房诗文集》,待刊。

民国《丰都县志》卷十四《人物志·文学》,《中国地方志集成·四川府县志辑》,成都:巴蜀书社,1992,影印本,第47册,第704页。

蒋绍琬

蒋绍琬,字昆圃,增生,以文行称,教士有方,门下多列胶庠。著有文稿,待刊。卒年七十一。

民国《丰都县志》卷十四《人物志·文学》,《中国地方志集成·四川府县志辑》,成都:巴蜀书社,1992,影印本,第47册,第704页。

孙怀骏

孙怀骏,字焕章,恩贡,天姿颖悟。同治初防鹤游坪,发匪与蓝逆遇,几罹不测。晚好善举,著《三圣经句解》,劝世善事父母,割产让弟。补开县学正缺时已殁数月矣。

民国《丰都县志》卷十四《人物志·文学》,《中国地方志集成·四川府县志辑》,成都:巴蜀书社,1992,影印本,第47册,第704页。

陈士冠

陈士冠,贡生,品学兼优,奖掖后进,多获科名。以医术济人,值旱饥出粟赈济,全活甚众。

民国《丰都县志》卷十四《人物志·文学》,《中国地方志集成·四川府县志辑》,成都:巴蜀书社,1992,影印本,第47册,第704页。

陈永贞

陈永贞,恩贡,积学能文,课徒五十年。无私,积有所得即施贫苦,尤喜著书。卒年八十二。

民国《丰都县志》卷十四《人物志·文学》,《中国地方志集成·四川府县志辑》,成都:巴蜀书社,1992,影印本,第47册,第704页。

秦飞鹏

秦飞鹏,附生,品端学粹,教授有方。入其门者,多拾青紫。

民国《丰都县志》卷十四《人物志·文学》,《中国地方志集成·四川府县志辑》,成都:巴蜀书社,1992,影印本,第47册,第704页。

傅世华

傅世华,字春园,廪生,笃学能文,课士有法。同治初,防堵发逆有功,奖训导,补邛州训导。邛州荒,亲诣调查,襄办赈务,后告老终于里第。

民国《丰都县志》卷十四《人物志·文学》,《中国地方志集成·四川府县志辑》,成都:巴蜀书社,1992,影印本,第47册,第704页。

陈正己

陈正己,字敬修,庠生,品端学粹,诱掖后学,多登科第。孝事继母,分产让

兄,屡捐重金襄善举,至老不倦。

民国《丰都县志》卷十四《人物志·文学》,《中国地方志集成·四川府县志辑》,成都:巴蜀书社,1992,影印本,第47册,第704页。

刘逢吉

刘逢吉,博学通经,门下多名士,书法尤佳。晚以医术济人,邑令旌其门。

民国《丰都县志》卷十四《人物志·文学》,《中国地方志集成·四川府县志辑》,成都:巴蜀书社,1992,影印本,第47册,第705页。

傅济宽

傅济宽,字舜卿,贡生,品端学正,不入公门。日手一编,至老不倦。

民国《丰都县志》卷十四《人物志·文学》,《中国地方志集成·四川府县志辑》,成都:巴蜀书社,1992,影印本,第47册,第705页。

秦棣

秦棣,字萼楼,贡生,博通经史,诱掖后进,多所造就。同治初,截堵石逆有功,乡人德之。

民国《丰都县志》卷十四《人物志·文学》,《中国地方志集成·四川府县志辑》,成都:巴蜀书社,1992,影印本,第47册,第705页。

张从铭

张从铭,字春霆,贡生,家贫课读,性高洁,不事权贵,衣布食蔬宴如也。

民国《丰都县志》卷十四《人物志·文学》,《中国地方志集成·四川府县志辑》,成都:巴蜀书社,1992,影印本,第47册,第705页。

谭士正

谭士正,字德卿,贡生,品端学粹,日手一卷,不问家事。秉铎六十年,门生多得科第。晚任女学校长、小学教习,犹训诲不倦。

民国《丰都县志》卷十四《人物志·文学》,《中国地方志集成·四川府县志辑》,成都:巴蜀书社,1992,影印本,第47册,第705页。

秦之杰

秦之杰,字位三,廪生,品学端正,羽翼文教,后进多出其门。任小学校长,规模宏整。任团总,公私裨益。晚年向道,临终前知名教完人也。

民国《丰都县志》卷十四《人物志·文学》,《中国地方志集成·四川府县志辑》,成都:巴蜀书社,1992,影印本,第47册,第705页。

秦家蕴

秦家蕴,字远平,贡生,品行端方,课徒以《孝经》《小学》为根本。出其门者多端人。

民国《丰都县志》卷十四《人物志·文学》,《中国地方志集成·四川府县志辑》,成都:巴蜀书社,1992,影印本,第47册,第705页。

鲁炳堃

鲁炳堃,字培元,廪生,性刚方,教授后进多所裁成。

民国《丰都县志》卷十四《人物志·文学》,《中国地方志集成·四川府县志辑》,成都:巴蜀书社,1992,影印本,第47册,第705页。

刘珂听、项贞奎

刘珂听、项贞奎,早慧,通五经,十二岁同入邑庠,有神童之目。

民国《丰都县志》卷十四《人物志·文学》,《中国地方志集成·四川府县志辑》,成都:巴蜀书社,1992,影印本,第47册,第705页。

李正扬

李正扬,夙慧,年十二已于十三经过目成诵。学时艺亦佳,惟少小多病,似李百药,不幸早夭,师儒深惜之。

民国《丰都县志》卷十四《人物志·文学》,《中国地方志集成·四川府县志辑》,成都:巴蜀书社,1992,影印本,第47册,第705页。

陈树藩

陈树藩,字芭塘,邑廪生,工书画,善琴,性和易,笃友于邑令,皆礼重之。

民国《丰都县志》卷十四《人物志·文学》,《中国地方志集成·四川府县志辑》,成都:巴蜀书社,1992,影印本,第47册,第705页。

林光宇

林光宇,字华轩,邑庠生,书学灵飞,工秀毕肖。徐太史旧志稿为其一手书。

民国《丰都县志》卷十四《人物志·文学》,《中国地方志集成·四川府县志辑》,成都:巴蜀书社,1992,影印本,第47册,第705页。

李沅

李沅,字湘兰,邑增生,工诗书画,作擘窠,大字一笔而就,意在笔先也。小行草神似香光,丰致洒然。

民国《丰都县志》卷十四《人物志·文学》,《中国地方志集成·四川府县志辑》,成都:巴蜀书社,1992,影印本,第47册,第705页。

郎官勤

郎官勤,工画蟹,尺幅珍于拱璧。其孙霁岚画山水绝佳,直入三王之室。上京馆松尚书祝山家,以上宾优之。因中寒,服上药不起,京朝达贵执绋送之者数百人,颇极荣哀之至云。

民国《丰都县志》卷十四《人物志·文学》,《中国地方志集成·四川府县志辑》,成都:巴蜀书社,1992,影印本,第47册,第705页。

王德章

王德章,字竹松,邑贡生,毕业成都高等学堂,任邑高小校长、忠县中学教习。工诗,清丽迂绵,别饶风致。

民国《丰都县志》卷十四《人物志·文学》,《中国地方志集成·四川府县志辑》,成都:巴蜀书社,1992,影印本,第47册,第705页。

许仲均

许仲均,字泽田,邑廪生,性耽吟咏,书法兰亭。与弟宝田俱善鼓琴,有安贫乐道之风。

民国《丰都县志》卷十四《人物志·文学》,《中国地方志集成·四川府县志辑》,成都:巴蜀书社,1992,影印本,第47册,第705页。

杨星海、余藩

杨星海、余藩,皆廪贡生,博览经史,强记忆力,制艺词章,俱擅胜长,为一时冠。

民国《丰都县志》卷十四《人物志·文学》,《中国地方志集成·四川府县志辑》,成都:巴蜀书社,1992,影印本,第47册,第705页。

郎润农

郎润农,天姿英敏,胸怀洒落,有郑虔三绝之誉。书法间出道州,画水墨丹青俱妙,丰啬随遇,朝夕咏吟弗辍。兼精医学,无贫富,速即往,不受馈遗。人皆德之。

民国《丰都县志》卷十四《人物志·文学》,《中国地方志集成·四川府县志辑》,成都:巴蜀书社,1992,影印本,第47册,第705页。

傅世纶

傅世纶,号鸥村,字翰仙,邑太和乡人也。年十八为诸生,喜谈兵。咸丰辛卯①举于乡,时达州白莲教匪余孽窜石柱,结匪目欧玉昌劫众倡乱,世纶勤习乡兵,进捣匪穴歼之,以功叙用知县。己未(1859)成进士,授户部主事。是时粤匪久踞金陵,其党石达开率捍贼窥川,世纶以御史赵亮熙荐,奉命回川练团,募乡勇五百人,进屯县城,与涪陵北岸之刘岳昭军相为犄角。困于军饷,还屯县东高家镇。已而石贼由黔循乌江袭涪,世纶遣所募乡勇会官军,大破贼于武隆镇之羊角碛,贼溃去。捷奏,加员外郎衔,以道员用。明年壬戌(1862)正月辛亥二十七日石达开悉众掠石柱,世纶分勇遮青冈垭、横岭关、奶子山诸隘口。贼间道出羊渡溪,欲北犯,适骆秉璋督川,虑达开北渡,与蓝李诸贼合不可制,令沿江州县舣舟北岸,划江严守。贼至是,不得渡,悉趋高家镇。丁巳二月初四日平明谍闻世纶惊出布阵,贼众蜂拥范家河口,络绎于罗家坡大滩脑,下游乡勇皆欲引退,世纶曰:今贼众且迩,彼见若皆走追杀,我立尽,吾乃张寡弱以示不走,彼必以我为诱,

---

① 咸丰朝无辛卯年,当为乙卯年(1855)。

不敢前。令裨校傅朝喜率数骑挟矢立大溪口,见贼目从数十骑涉水进要而射之,杀彼数人,贼目下马怪之,不敢冲。未几贼麇至,亦以为市有伏兵,因张左右翼直薄高家镇,朝喜矢尽,其从骑皆亡匿,反视世纶,贼已生得遂泅水去。事具武勋传。石贼素闻世纶贤,令与贼目并马驰,欲说之降。世纶佯应之,至南宾河口,地故狭绝,世纶睨贼目不备,推堕之,鞭马远驰,贼数百骑驰追之,不得脱,骂贼不屈。焚杀之事闻,以道员阵亡例赠恤,荫子正舆入监读书,世袭云骑尉。光绪中,其弟世斌、世绶悯其忠,具衣冠葬之,刊其《鸥村诗存》行世。

民国《丰都县志》卷十四《人物志·宦绩》,《中国地方志集成·四川府县志辑》,成都:巴蜀书社,1992,影印本,第47册,第707-708页。

傅朝喜

傅朝喜,邑高家镇人,口讷,善拳勇,矫捷有胆力,少孤,处昆季友爱。同治元年(1862),发逆石达开突逼镇,众惶然。朝喜年且五十,独持长刃与其徒张凌富挟弓矢,出镇伏隘御之。贼前队数骑至,朝喜跃起斩一人,夺其马,过隘射殪数人。贼队继至,傅、张凭隘并射,矢注如雨,贼不测众寡势,稍却。镇民得乘间逃者数百人。贼觇知势孤,拥队大至,傅、张矢亦尽,趋江而泅。朝喜衣赘不得前,复登岸遇贼,绐请解衣就缚。贼爱其材,欲生降许之。朝喜忽奋臂断缚,拳扑贼,脱走扑江。贼追及,以长矛伤其股,泅至中流遇救,竟无恙。众以其非阵亡也,弗闻于官,朝喜亦不求赏。夫以数万之贼,一二人御之,而数百人获生,是亦能捍大患者矣。草莽细民,奋然敌忾,义不从贼,岂必捐躯而始为勇乎?录之以为义勇者劝。

民国《丰都县志》卷十四《人物志·武勋》,《中国地方志集成·四川府县志辑》,成都:巴蜀书社,1992,影印本,第47册,第712-713页。

邹文模

邹文模,丰陵山川之气,沉郁雄杰,多生伟人,而山势崇隆,江流迅驶,则受气而生者人性。又每流于轻,遽以此朴实高厚之人为足重焉。今夏四月扃试平山书院生童,应课邹学庸将所辑诗稿呈阅,稔知乃翁名文模,字美材,布衣终老。余获知其梗概,始阅之,亦无足异。既而思之,诚悫以教子孙,宽厚以睦宗族,和易以处乡间。少而家庭无间言,其孝堪纪也。长而族党无怨谵,其敦笃可风也。老而远迩无贬词,其始终足法也。且习为岐黄,济人为念。创修祖宇,追远为心。至其修桥梁,施茶水,燃夜灯,皆动于片念之真肫,俱为一生之实际,是殆不求名而名自至。夫名者,实之归也。务名者,名不远,其人存或至,是好名而得名。不务名者,名未传,其人殁而名旋至,是不好名而得名。此中有天焉,不誉于生前而誉于生后,盖棺论定未可强,而致余有司牧之责,恶者瘅之,而善者不彰,谁职其咎?因为立传,作后者劝,并勖学庸,勉先型,勿堕善士家声也。邑令张香海撰。

民国《丰都县志》卷十四《人物志·义行》,《中国地方志集成·四川府县志辑》,成都:巴蜀书社,1992,影印本,第47册,第714页。

书邹文模传后(谢家山)

前邑令牟子张公为邹善士传,言其孝友乐施,懿行备矣。戊午(1858)春,善士之族孙家珍者,负笈从余游,尝为余言,善士无他,好喜读书。先是里中文教几不振,善士谋之众,置文会于社坛之广德堂,倡捐劝助,得金若干,择里中之长而贤者董其成,而权其生息焉。月有课,课之膏火供给悉取诸。是时挹谷李公以关中名进士来宰是邦,嘉是举之有裨于学校也。届期辄亲考校而成就之,善士之志以是益坚而不懈。迄今熏陶渐染,咸知力学而倍于他日者,皆善士之力也。邹生之言如此,余闻之慨然曰:鼓励无方,则人材不出,栽培有术,则士习倍新。善士立会课文,始终不怠,以视世之厚资自拥,不闻出一丝一粟以襄文教而于立学造士之道,反薄为迂谈者,其识量之相越远矣。然则善士之所以为善士者,善其有诸己之谓乎,抑善其乐取人以为善之谓也。余故于张公之所以传善士者,有所不论,论其遗事云。

民国《丰都县志》卷十一《艺文志》,《中国地方志集成·四川府县志辑》,成都:巴蜀书社,1992,影印本,第47册,第660页。

曾溥

曾溥,字筱泉,邑廪生,筮仕黔省,历任八寨厅、思州、贵阳、都匀各府知府,清廉谨慎,取与不苟。时黔经苗乱,民生凋敝,溥兴礼立学,文化渐开,士民为立生

祠,著有《公余补拙草》传世,卒封荣禄大夫。

民国《丰都县志》卷十四《人物志·文学》,《中国地方志集成·四川府县志辑》,成都:巴蜀书社,1992,影印本,第47册,第709页。

刘宇泰

刘宇泰,字星阶,世居安仁乡何家场。同治癸酉科(1873)拔贡,贫无以如京应礼部试。学使夏鹭门资之金,且趣之行,以朝考第一人补户部小京官,俸入薄,儌直之余,尝为彭侍郎典籤,以补不给,有羡辄遗归奉母饔飧。居官勤慎,历任堂官皆喜之。由主事擢员外郎、郎中,屡举京察一等,记名府道及御史诸官。朝邑阎文介公以协揆长户部,凤钦宇泰贤,令兼管北档房。故事全国财赋总汇于北档房,例无汉员司行走者,以故二百余年国家租赋皆由满员主持,而满员多不谙筹算事,权委之胥吏,鹘囵枝梧,积弊极深。一旦改革,宇泰亦不辞劳怨,尽发档中陈积卷册一一勾稽,掇钗贯串,缕晰条分,于是国计之出入盈绌,乃大暴于天下。而北档房之有汉员亦自宇泰始。清季海禁大开,交涉日繁,因设总理各国事务署,领之即今之外交部也。以王大臣总其成,而择勤劳谨慎之部员副之。宇泰适符其选,恭亲王奏调入署,颇资臂助。庚子(1900)拳匪祸京师,目总署为汉奸,扬言必尽杀,乃已同官争匿去,宇泰独委蛇自公然,亦未尝遇害。会孝钦德宗仓卒西幸,扈从寥寂,宇泰以财交两部之事,丛集于厥躬,劳心焦思,几成痼疾。至是以扈跸功特擢内阁侍读学士,赏二品衔。辛丑(1901)回銮,召对数称旨,特赏花翎。光绪壬寅(1902),中国与各国修订商约,朝命宇泰为襄办商约大臣驻沪,先后成中英、中美、中日、中葡等约,凡国家主权皆抗议力争。奉旨以出使大臣,记名简放,赐恩荫二名。俄日诸国共称其能,亦赠以高级勋章。清季新政迭兴,财用匮乏,朝议设国家银行以利金融,宇泰出任四川重庆分行总办,而资本无多。川盐款旧储盐库,乃建言盐款宜归分行经理,户部如其请,经营三年,川行利溢巨万,调浙江行。即遭国变,归隐于丰,杜门不出。有告以袁氏篡国者,怆然泣下,未几病卒。子麒照,附生,中书科中书。麒骧,江苏知县。孙麟祥袭荫吏目。

民国《丰都县志》卷十四《人物志·宦绩》,《中国地方志集成·四川府县志辑》,成都:巴蜀书社,1992,影印本,第47册,第709-710页。

佘元章

佘元章,好琴雅,邑丙子(1876)举人,积学敦行,为邑名宿,昆弟四人均早世。子侄十数辈咸赖其教养婚娶,得以成立。主讲邑五云书院,才俊士多出其门,兼精岐黄术,盖不受贽,贫者反助以药里之资。其质直好义如此。嗣以大挑宰秦两次,分房得人称盛。初权怀远篆三,榷厘务,皆以廉洁勤慎见重上峰,遂奏补延长。地瘠民贫,岁值荒旱,甫下车见哀鸿遍野,稍迟即成沟瘠。乃禀请以旧储边军粮数万石赈粜外,多羡余四百余石,例归有司,吏以为请。章曰:古人不惜毁家纾难,我何私焉?悉以赈恤灾黎。赓续三年,饥而不害。延长煤油苗质最旺,民畏开掘烦扰,相噤不言。章禀请筹款开办,工程矿师、测绘委员络绎于道,悉捐廉接待,不以烦民。经营五载,井穿油出,硗瘠之区顿成繁富,乃欣然曰:行年七十,讵久恋此五斗粟哉?今为斯地辟一利源,吾志遂矣。遂请告归,不能办装,典质以行。返里后蔬食韦布,依然儒素。又十余年乃卒,尤为人所难云。

民国《丰都县志》卷十四《人物志·宦绩》《中国地方志集成·四川府县志辑》,成都:巴蜀书社,1992,影印本,第47册,第710页。

杨正发

杨正发,字晓楼,世居顺庆乡厢坝,幼贫,废学习为商,久而弃去服农,而不甘于陇亩,辍锸叹息,长老讥其不足有为,乃挟厚朴十数束至湘,沿五岭达东粤,依乡人温医士居,卖卜自给。适英兵虏叶珉(名)琛去,粤城鼎沸,正发酒酣,论粤事曰:书生误国,今古一辙。若我处置,当不令英酋猖獗若此。爰弃卜习吏事,游沿海诸省,历浙以杭守陈子中荐,获知蒋果敏公,令筦繁属钱漕。正法善综核,凡不便民者请蠲之,剔除中饱,在归安一年漕额羡二十万金,果敏称其能,疏荐以州同议叙,且封赠其三代。至是始谋归,抵家申敬宗睦族之义,首建宗祠。自念年少失学,终日兀坐书斋,置经史择其有裨政治者,立程自课。旋以州同捐升同知,指分黔省,初委谳局承审判正安弁之狱,持正不阿。及权归化通判,颇洽民心。去任几半年归,人具牌伞题颂词赍省献寓所,惟恐弗纳,同官皆荣之。旋委普安平彝青山厘局,及毕节税务处,润不胜。时引关西四知自励,藩司邵积诚、李次青皆有奖饰。后调龙里县,历威灵州,治事谨慎,性骨鲠,除地方积弊,严绳胥吏兵弁

之不法者,尤善开导,莅民如家人父子。黔俗汉夷杂居,民多偷伪,捐刊劝善,录千百部以化之。贫苦老弱,羁旅有瘴疠疾瘼者,置医药疗之。威城有草湖,阔数十里,欲辟之以利农田,未及履勘,病殁任所。子云鸿恂恂儒雅,通省自治研究所毕业。云鹄,县学生员。

民国《丰都县志》卷十四《人物志·宦绩》,《中国地方志集成·四川府县志辑》,成都:巴蜀书社,1992,影印本,第47册,第710页。

王绰

王绰,字鹤雏,少不羁,读书无所遇,援县丞例,需次黔省数月,即办镇远府属善后事。时兵燹后绝业、逆业、流亡业纷如,办理者每乘其纠纷渔利。绰招徕安集,计亩授田,丝毫无所染指,时论翕然。委天柱县鞫狱事,把岑一带距县远甚,乃亲诣相验,无纵无枉。署荔波县捕务,寻代县篆。荔波,岩邑也,夙称难治,绰措之裕如。贵东道调办文案,兼邑谳局,并管护兵营及营务处。理繁治剧,独任其难。寻奉札以护兵营随大军会剿梵净匪,积年巨寇,一战成擒,以军功保奏知县,留省尽先补用,由理问衔加同知衔。旋丁父忧回籍服阕。由渝解转饷赴黔,请咨引见,顺道回籍谇亲,因母老病,遂不复出。性鲠峭,不避权贵,邑有公事辄侃侃直谈,要于至当。邑令某中伤之,几危,卒平反以归。光绪丙申(1896),岁饥,襄办赈务,分赈粜借粥四法,无挂漏冒滥、拥挤践踏等弊。夔属筹赈督办华观察稔其能,调夔襄理其事数月,义不受薪,以邑中赈务吃紧,辞归。筹集昭信股票,官府屡欲侵蚀,复力争保全焉。邑人议重葺学宫,款无所措,旧有学田为学官把持,绰毅然为之,卒蒇厥事,迄今万仞宫墙巍然在望,绰之力也。至治家勤能,犹其余事,因无关邑乘,暂付阙如。

民国《丰都县志》卷十四《人物志·宦绩》,《中国地方志集成·四川府县志辑》,成都:巴蜀书社,1992,影印本,第47册,第710-711页。

郎承谟

郎承谟,号希辅,字定斋,世居城西,父辅之,以孝义称,事具孝友传。母氏何,励节抚孤,课读綦严,以纺绩资脩脯。承谟益自奋,年十五游庠食饩,己丑(1889)举于乡,庚寅(1890)成进士,壬辰(1892)入翰林院庶吉士,癸巳(1893)散馆授户部主事，为亲老请改外官，以知州分发贵州，任抚院暨善后局文案，上官赏其明敏，令解铅入京，引见以卓异班回原省补用，委瓮洞厘局，解额较增巨万，补授正安州知州，勤慎廉惠，善听讼，不用刑讯，号曰神君。始正安人未知文学，承谟设书院以经义课士，数年文风丕变。调权遵义县篆，一如正安之治。常会课选刻课录，其后通籍者强半，皆录中人。温水教匪起，抚之。丙妹夷变，剿之。以功赏戴花翎，擢知府，权古州厅同知，调黎平府知府。适云南达字军过黎平哗变，戕管带，贷金散给遣去，仅罪为首者。黔抚疏闻，加三等衔，以道员用。回正安任，代梓潼县，调平越州知州，政声益著，令署大定府。未上，太夫人卒于平越任所，承谟扶柩归。值国变，筑楼莳花，不复出。而驻军知事来谒，必有所规，益阴以福利于桑梓。客至必留饮，饮辄醉，侈谈国家事。盖黍离麦秀隐，茹深痛一寄之于酒，非常人所能窥也。年四十八卒，弟承诜自有传。子宗霖，字润农，石柱县知事。

民国《丰都县志》卷十四《人物志·宦绩》，《中国地方志集成·四川府县志辑》，成都：巴蜀书社，1992，影印本，第47册，第711页。

郎承诜

郎承诜，号潜夫，字尔宜，家事具承谟传。弱冠游庠食饩，困于乡荐，乃纳粟授知县，分发云南。初委谳局承审，旋擢正审，凡讼狱疑难，常人屡鞫不决者，承诜折以数语，情伪立揭，丁督称其才。令权恩安县篆，不赴，调霑益州知州，任满改知府，解铜入京，引见以卓异班留原省补用。尝权永昌、东川、丽江、澄江诸府知府，每诫属僚治狱勿假刑威，当矜平躁释，寓教养于听断之中。永昌土司承袭，例馈府官三千金，却之，夷情大悦。澄江教民恃法，教士左袒，多恣横，而领事宋荞喜偏听，因案要挟。承诜据公法申论邦交，按律治之，无偏无纵。调思茅厅税务，适三点会匪倡乱，同知与藩司有旧，乱作委印逃，藩司令承诜兼理，请督抚立剿。承诜倍道晋省，白大吏请抚治为首者，余悉解散去。复令会勘蒙自铁道，先是法人筑滇越铁道，经蒙自，缘野人山行，有生番、飞蝗、瘴气三患，藩司以此陷诜，诜往，卒无恙。旋任两级师范监督陆军学堂，提调军械局、省总巡诸差，皆通敏精干，声誉益著，李督经羲特疏荐赏戴花翎，以道员用，补授楚雄府知府。调迤西道，途次遭母艰，奔丧贵州平越州，偕兄扶榇归。数月，国变，邑人公举县知事，

诛一不法团正，全境震服，期年去任，邑人立纪念亭记之。癸丑（1913）渝变，溃军过丰，承诜以礼遣之，相戒不敢劫掠，悉众引去。洪宪改国，北军残毁，邑城人人亡匿，承诜多方调处，北军稍就约束，民乃渐集。丁巳（1917）刘、罗构兵，渝商举承诜至叙见罗，陈述川民凋敝，不堪再战，罗感泣下。归居城西，凡驻军、知事皆就而请益，每言地方利弊及民生疾苦，无不娓娓动听，间举古名将良吏遗事以讽之，其调护桑梓之隐与乡邦受赐之巨，官斯土者皆能言之，年五十五卒。晚治宋学，所集《人鉴心相篇》，如宋人语录，待刊。

民国《丰都县志》卷十四《人物志·宦绩》，《中国地方志集成·四川府县志辑》，成都：巴蜀书社，1992，影印本，第47册，第711页。

李彰鹇

李彰鹇，监生，饬行好义，尝偕苏永泰等重修学宫，有劳勋，勾资立种福会有记见艺文，置义冢地若干区，修男女丐所，施棺拯溺，至老不倦。年八十卒。

民国《丰都县志》卷十四《人物志·义行》，《中国地方志集成·四川府县志辑》，成都：巴蜀书社，1992，影印本，第47册，第714页。

高国斌

高国斌，监生，性慷慨，识大体，道光丙戌（1826）迄己丑岁（1829）连饥，疾疫并作，斌出粟赈济，全活甚众。尝捐己田作义冢，以巨资贷贫乏，折券弃责。年七十卒，至今犹有称其义者。妻林氏，曾刲股疗夫疾。

民国《丰都县志》十四《人物志·义行》，《中国地方志集成·四川府县志辑》，成都：巴蜀书社，1992，影印本，第47册，第714页。

刘寿彭

刘寿彭，字健庵，邑贡生，端谨谦冲，勇于任事，处家教子咸有法，宗族以化，数十年无讼争。历任邑宰甚礼重之，因尽言民生疾苦，多所补救。尤喜培植寒素，邑之宾兴、卷局、善堂诸义举皆竭力赞成。同治庚午（1870）大水，彭时在渝，亟请于巡使，而冒暑衔波，护粮归赈。水退，疫大作，彭精岐黄，倾囊出己资，按症和药，全活无算。子宇元，光绪乙亥（1875）举于乡，出宰云南。诸子侄游庠食饩者踵相接,皆彭之教也。

民国《丰都县志》卷十四《人物志·义行》,《中国地方志集成·四川府县志辑》,成都:巴蜀书社,1992,影印本,第47册,第714页。

胡炳煃

胡炳煃,字彪臣,邑增生,刚直无私,遇事敢言。书院学基为豪贾所夺,煃讼于东道,得理赖以保全。县署书役素贪横,讼者苦之,煃联庶常郎承谟自邑宰厘定规费,刊布城乡,一革书役旧日之习。子峄登己酉科拔萃,有父风。

民国《丰都县志》卷十四《人物志·义行》,《中国地方志集成·四川府县志辑》,成都:巴蜀书社,1992,影印本,第47册,第714页。

杨彦清

杨彦清,字海平,邑武生,性刚直,任团正十余年,民无雀角争。尝与伊叔创修沙溪沟大桥,并刘家山大庙,先后数年虽劳不怨。后弟河清,侄洪武、光武均入武庠,人多荣之。

民国《丰都县志》卷十四《人物志·义行》,《中国地方志集成·四川府县志辑》,成都:巴蜀书社,1992,影印本,第47册,第715页。

傅作祥

傅作祥,急公好义,以己业分弟侄,屡捐重金助赈,褒封三代。邑丁粮按分作亩,力争豁免。至兴义渡、修桥路、立宗祠、施医药棺木,人尤称之。

民国《丰都县志》卷十四《人物志·义行》,《中国地方志集成·四川府县志辑》,成都:巴蜀书社,1992,影印本,第47册,第715页。

郎世祚

字福仙,邑廪贡生,见义勇为,不避权贵。清制捐输津贴,应由地方绅收绅解,治独为县署把持,合丁粮并收,多弊。祚出力争,得复定制,官吏中饱于兹始绝。

民国《丰都县志》卷十四《人物志·义行》,《中国地方志集成·四川府县志辑》,成都:巴蜀书社,1992,影印本,第47册,第715页。

许朝贵

许朝贵,热心公益,垫巨款修议场,创办民团,修白石岸寨,筑屋十余间。积劳病殁,人多惜之。

民国《丰都县志》卷十四《人物志·义行》,《中国地方志集成·四川府县志辑》,成都:巴蜀书社,1992,影印本,第47册,第715页。

隆湘

隆湘,任团总三十余年,公正无私,以医术活人,不取分文,乡邻称之。

民国《丰都县志》卷十四《人物志·义行》,《中国地方志集成·四川府县志辑》,成都:巴蜀书社,1992,影印本,第47册,第715页。

秦文光

秦文光,博学能文,以医术济人,父母年九十余,孺慕终身。同治初,发逆扰酆,修崇福寨,防堵大梨树、猪桊门等处,贼不入境。

民国《丰都县志》卷十四《人物志·义行》,《中国地方志集成·四川府县志辑》,成都:巴蜀书社,1992,影印本,第47册,第715页。

秦善之

秦善之,武生,性刚介,昆季五,独养母廿余年无倦色,捐金急兄难。同治初,石逆扰丰,督办团练,修太平、人和、清平三寨,地方赖以保全。邑令田因粮逼民围城,片言解纷,创宾兴,修考棚,筑新城,置鹿鸣寺灯田,人尤称之。

民国《丰都县志》卷十四《人物志·义行》,《中国地方志集成·四川府县志辑》,成都:巴蜀书社,1992,影印本,第47册,第716页。

秦之禄

秦之禄,事继母至孝,母患痿痹,侍汤药未尝稍离。修宗祠、办赈济,练乡勇,修清平寨,倾囊不吝。卒后,井研廖季平铭其墓志。

民国《丰都县志》卷十四《人物志·义行》,《中国地方志集成·四川府县志辑》,成都:巴蜀书社,1992,影印本,第47册,第716页。

杨淑

杨淑,字辰浦,岁贡生,钟万次子也。刚正廉明,绰有父风。任三甲团总,豪棍皆敛迹,每到一市场,人人起立致敬焉。

民国《丰都县志》卷十四《人物志·义行》,《中国地方志集成·四川府县志辑》,成都:巴蜀书社,1992,影印本,第47册,第717页。

刘麒义

刘麒义,字集生,贡生,邑粮按分作亩,肉税浮收,义联名禀销,被选谘议局省议员,争回路政,多所赞助。办团,奖一等桑梓章,乡人荣之。

民国《丰都县志》卷十四《人物志·义行》,《中国地方志集成·四川府县志辑》,成都:巴蜀书社,1992,影印本,第47册,第717页。

冉德新

冉德新,乐善好施,闻合州办赈,以二百金助之,不书姓氏。恒养孤贫数十名,而亲族待之举火者数家。至施医药,庄严平都山大雄殿佛像,犹其余事。

民国《丰都县志》卷十四《人物志·义行》,《中国地方志集成·四川府县志辑》,成都:巴蜀书社,1992,影印本,第47册,第717页。

三、仙释

王方平

王远,字方平,东海人也。举孝廉,除郎中,稍加至中散大夫。博学五经,尤明天文图谶、河洛之要,逆知天下盛衰之期,九州吉凶,观诸掌握。后弃官入山修道,道成,汉孝桓帝闻之,连征不出,使郡牧逼载以诣京师。远低头闭口,不肯答诏,乃题宫门扇板四百余字,皆说方来之事。帝恶之,使人削之,外字始去,内字复见,字墨皆彻入板里。方平无复子孙,乡里人累世相传共事之。同郡故太尉公陈耽为方平架道室,旦夕朝拜之,但乞福消灾,不从学道。方平在耽家四十余年,耽家无疾病死丧,奴婢皆然,六畜繁息,田蚕万倍,仕宦高迁。后语耽云:"吾期运将尽,当去不得复停,明日日中当发也。"至时方平死,耽知其化去,不敢下着地,

但悲涕叹息曰:"先生舍我去耶,我将何如?"具棺器烧香,就床上衣装之。至三日三夜,忽失其尸,衣带不解,如蛇蜕耳。方平去后百余日,耽亦死,或谓耽得方平之道化去,或谓方平知耽将终,委之而去也。

其后方平欲东之括苍山,过吴往胥门蔡经家。经者,小民也,骨相当仙,方平知之,故住其家。遂语经曰:"汝生命应得度世,故欲取汝以补仙官,然汝少不知道,今气少肉多,不得上升,当为尸解耳。"尸解一剧,须臾如从狗窦中过耳,告以要言乃委经。去后,经忽身体发热如火,欲得水灌,举家汲水以灌之,如沃燋石,似此三日中,消耗骨立,乃入室以被自覆,忽然失其所在。视其被中,惟有皮头足具,如今蝉蜕也。去十余年,忽然还家,去时已老,还更少壮,头发还黑。语其家云:"七月七日王君当来过,到其日可多作数百斛饮食以供从官。"乃去。到期日,其家假借盆瓮,作饮食数百斛,罗列覆置庭中。其日,方平果来。未至经家,则闻金鼓箫管人马之声,比近皆惊,不知何所在。及至经家,举家皆见方平着远游冠、朱服、虎头鞶囊、五色绶带剑,少须黄色,长短中形人也。乘羽车,驾五龙,龙各异色,麾节幡旗,前后导从,威仪奕奕,如大将军也。有十二玉壶,皆以腊蜜封其口。鼓吹皆乘麟,从天上下悬集,不从道行也。既至,从官皆隐,不知所在,惟见方平坐耳。须臾,引见经父母兄弟,因遣人召麻姑相问,亦莫知麻姑是何神也。言:"王方平敬报,久不在民间,今集在此,想姑能暂来语否?"有顷,信还。但闻其语,不见所使人也。答言:"麻姑再拜,比不相见,忽已五百余年,尊卑有序,修敬无阶,思念烦信,承来在彼,登当倾倒,而先被记,当案行蓬莱。今便暂往,如是当还,还便亲觐,愿未即去。"如此两时间,麻姑来。来时亦先闻人马之声,既至,从官当半于方平也。

麻姑至,蔡经亦举家见之。是好女子,年十八九许,于顶中作髻,余发散垂至腰,其衣有文章而非锦绮,光彩耀日,不可名字,皆世所无有也。入拜方平,方平为之起立。坐定。召进行厨,皆金玉杯盘无限也。肴膳多是诸花果,而香气达于内外。擘脯而行之,如松柏炙,云是麟脯也。麻姑自说:"接待以来,已见东海三为桑田,向到蓬莱,水又浅于往昔,会时略半也,岂将复还为陵陆乎?"方平笑曰:"圣人皆言海中行复扬尘也。"麻姑欲见蔡经母及妇侄,时经弟妇新产数十日,麻姑望见乃知之,曰:"噫,且止,勿前!"即求少许米,至,得米便以撒地,谓以米袪其秽也,视米皆成真珠。方平笑曰:"姑故少年也,吾老矣,不喜复作此曹辈狡狯变化也。"方平语经家人曰:"吾欲赐汝辈酒,此酒乃出天厨,其味醇酽,非俗人所宜饮,饮之或能烂肠。今当以水和之,汝辈勿怪也。"乃以一升酒合水一斗,搅之,以赐经家,人饮一升许,皆醉。良久,酒尽。方平语左右曰:"不足,复还取也。"以千钱与余杭姥,相闻求其酤酒。须臾,信还,得一油囊,酒五斗许。信传余杭姥答言:"恐地上酒不中尊者饮耳。"又麻姑手爪不如人爪形,皆似鸟爪。蔡经中心私言:"若背大痒时,得此爪以爬背,当佳也。"方平已知经心中所言,即使人牵经鞭之曰:"麻姑,神人也,汝何忽谓其爪可以爬背耶?"便见鞭着经背,亦不见有人持鞭者。方平告经曰:"吾鞭不可妄得也。"

经比舍有姓陈,失其名字,尝罢尉,闻经家有神人,乃诣门扣头求乞拜见。于是方平引前与语,此人便乞得驱使,比于蔡经。方平曰:"君且起,可向日立。"方平从后视之,曰:"噫,君心不正,影不端,终不可教以仙道也,当授君地上主者之职。"临去,以一符并一传着小箱中,以与陈尉,告言:"此不能令君度世,止能令君竟本寿,寿自出百岁也。可以消灾治病,病者命未终,及无罪犯者,以符到其家,便愈矣。若有邪鬼血食作祸者,带此传以敕社吏,当收送其鬼。君心中亦当知其轻重,临时以意治之。"陈尉以此符治病,有效,事之者数百家。陈尉寿一百一十一岁而死,死后,其子孙行其符,不复效矣。

方平去后,经家所作饮食数百斛在庭中者悉尽,亦不见人饮食之也。经父母私问经曰:"王君是何神人?复居何处?"经答曰:"常治昆仑山,往来罗浮山、括苍山。此三山上,皆有宫殿,宫殿一如王宫。王君常任天曹事,一日之中,与天上相反覆者数遍。地上五岳生死之事,悉关王君。王君出时,或不尽将百官,惟乘一黄麟,将士数十人侍。每行,常见山林在下,去地常数百丈。所到山海之神皆来奉迎拜谒,或有千道者。"后数年,经复暂归家,方平有书与陈尉,真书廓落,大而不工。先是,无人知方平名远者,起此,乃因陈尉书知之。其家于今,世世存录王君手书及其符传于小箱中,秘之也。

[晋]葛洪:《神仙传》卷三,清文渊阁四库全书本,第6页b-12页a。

(《真诰》)又曰王远,字方平,东海人,举孝廉,除郎中,累迁至中散大夫。博学,尤明天文图谶、河洛之要,逆知天下盛衰之期。汉桓帝嗣位闻之,连诏不出,使郡国逼载以至京师。但低头,闭口不答诏,乃题宫门板四百余字,皆说方来。帝恶之,归乡里。同郡故太尉公陈耽为方平驾道室,旦夕事之。方平在耽家四十余年,后语耽云:"吾当去,明日日中发。"至明日,果卒。耽知仙去,曰先生舍我矣。

[宋]李昉:《太平御览》卷六百六十二《道部四·天仙》(上海涵芬楼影印宋本),北京:中华书局,复制重印本,1960,第3册,第2955页。

(《灵宝赤书》)又曰王远,字方平,见蔡经骨相当尸解,且告以要言。方平冠远游冠,朱衣,虎头鞶囊,五色绶带剑,黄色少髭,长短中人也。乘羽车,驾五龙,异色绶带,前后麾节,幡旗自天而下。须臾,引见经父兄。因遣之召麻姑,姑报先被诏,按行蓬莱,今便往,愿还来即去。如此两时,闻麻姑来。先闻人马声,从官当半于远。姑至,经举家亦见之。是好年才,如笄于顶上作髻,余发散垂至腰,衣有文彩,又非锦绣,光彩曜日,不可名状,皆世所无也。入拜远,远为之起立。各进行厨,脯行云是麟脯。远去,经父母怪,私问经。经曰:"王君常在昆仑山,往来罗浮等山,山上有宫室,王君出唯乘一黄麟,十数侍者,每行,山海神皆奉迎拜谒也。"远有书与陈尉,其书廓落,大而不正。先是无人知方平名远,用此知之。陈存录王君手书于小箱中也。经后尸解而去。

[宋]李昉:《太平御览》卷六百六十四《道部六·尸解》(上海涵芬楼影印宋本),北京:中华书局,复制重印本,1960,第3册,第2965页。

(《道学传》)又曰王远,字方平,常降蔡经家。须臾,麻姑至,骑从半于方平。麻姑手爪如鸟,经私心曰:"时背痒,得搔之佳也。"方平曰:"姑,神人,汝何遽此?"遂鞭之。经愿从方平学道,方平使背立,从后观之,曰:"心邪不可教之仙道。"乃与度世术。

[宋]李昉:《太平御览》卷六百六十六《道部八·道士》(上海涵芬楼影印宋本),北京:中华书局,复制重印本,1960,第3册,第2973页。

王方平，前汉时弃官，隐遁在太尉陈耽家尸解。魏青龙初，于平都山升天。杜成先生为作《神仙传》。

[明]李贤：《明一统志》卷六十九《重庆府·仙释》，清文渊阁四库全书本，第43页a。

王方平，前汉时弃官，隐遁在太尉陈统①家尸解，魏青龙初，于平都山升天。杜成为作《神仙传》。

正德《四川志》卷十三《重庆府·仙释》，第51页a。又见嘉靖《四川总志》卷九《重庆府·仙释》，《北京图书馆古籍珍本丛刊》，北京：北京图书馆出版社，影印本，1991，第42册，第192页；万历《四川总志》卷九《郡县志·重庆府·仙释》（虞怀中、郭棐等修纂），《四库全书存目丛书》，济南：齐鲁书社，影印本，1997，史部第199册，第391页；万历《四川总志》卷九《重庆府·仙释》（吴之皞、杜应芳等修纂），《原国立北平图书馆甲库善本丛书》，北京：国家图书馆出版社，影印本，2013，第356册，第289页；康熙《四川总志》卷二十《仙释》，第12页b。

王远，字方平，东海人，举孝廉，除郎中，明天文图谶。汉桓帝问以灾祥，题宫门四百余字，帝令人削之，墨入板里，后弃官隐去。魏青龙初，飞升于平都山。有杜成为作神仙传。

万历《重庆府志》卷五十三《仙释》，《上海图书馆藏稀见方志丛刊》，北京：国家图书馆出版社，2011，影印本，第210册，第657—658页。

后汉王远，字方平，东海人，举孝廉，除郎中，明天文图谶学。桓帝问以灾祥，题宫门四百余字，帝令人削之，墨入板里，后去官隐去。魏青龙初，飞升于平都山。见广成先生《神仙传》。按平都山，今之丰都县也。又新都志，方平常采药于县之真多山，有题名云王方平采药此山，童子歌玉炉三涧雪信宿乃行。

[明]曹学佺：《蜀中广记》卷七十五《神仙记第五》，清文渊阁四库全书本，第6页b。

---

① 两种万历《四川总志》和康熙《四川总志》均为"陈统"，应"陈耽"。

王方平,弃官学道,寓太尉陈统(耽)家,忽然尸解,栖真平都山。魏青龙初,白日升天。

雍正《四川通志》卷三十八之三《仙释》,第9页b。

王方平,名远,前汉中散大夫,弃官学仙,隐于太尉陈耽家尸解,避地平都山。魏青龙初道成,蒸黄土数十甑,以丹药洒之,尽成黄金,有五色云裂地而出,捧足仙去。杜成为作《神仙传》,称总真真人。

按《列仙传》,后汉王远,字方平,东海人,举孝廉,除郎中,明天文图谶学。桓帝问以灾祥,题宫门四百余字,帝令人削之,墨入板里,后弃官引去。魏青龙初,飞升于平都山。

康熙《丰都县志》卷六《名胜志·仙释》,第4页b-5页a。又见嘉庆《丰都县志》卷二《名胜志·仙释》,第92页a;光绪《丰都县志》之《志余·仙迹》,第138页a;民国《丰都县志》卷十三《杂异志·仙释》,《中国地方志集成·四川府县志辑》,成都:巴蜀书社,1992,影印本,第47册,第686页。

阴长生

阴长生者,新野人也。汉阴皇后之属,少生富贵之门而不好荣位,专务道术。闻有马鸣生得度世之道,乃寻求,遂与相见。执奴仆之役,亲运履之劳。鸣生不教其度世之道,但日夕与之高谈当世之事,治生佃农之业,如此二十余年。长生不懈怠,同时共事鸣生者十二人皆悉归去,独有长生不去,敬礼弥肃。鸣生乃告之曰:"子真是能得道者。"乃将长生入青城山中,煮黄土而为金以示之,立坛四面,以太清神丹经受之,乃别去。长生归合丹,但服其半,即不升天,乃大作黄金数十万斤,布施天下穷乏,不问识与不识者。周行天下,与妻子相随,举门而皆不老。后于平都山白日升天。临去时,著书九篇。云:上古得仙者多矣,不可尽论。但汉兴已来得仙者四十五人,连余为六矣。二十人尸解,余者白日升天焉。

《抱朴子》曰:洪闻谚书有之,曰"子不夜行,不知道上有夜行人",故不得仙者,亦安知天下山林间有学道得仙者耶?阴君已服神丹,虽未升天,然方以类聚,同声相应,便自与仙人相寻索闻见,故知此近世诸仙人之数尔,而俗民谓为不然,以己所不闻,则谓无有,不亦悲哉!夫草泽间士以隐逸得志,以经籍自娱,不耀文彩,不扬声名,不循求进,不营闻达,人犹不识之,岂况仙人,亦何急急令闻达朝阙之徒,知其所云为哉。

阴君自序云:维汉延光元年(122),新野山北予受和君神丹要诀,道成去世,副之名山,如有得者,列为真人。行乎去来,何为俗间不死之道?要在神丹。行气导引,俯仰屈伸,服食草木,可得少延,不求未度,以至天仙子欲闻道,此是要言。积学所致,无为为神,上士闻之,勉力加勤,下士大笑,以为不然。能知神丹,久视长存,于是阴君裂黄素写丹经,一通封以文石之函,著嵩山;一通黄柜简漆书之,封以青玉之函,置大华山;一通黄金之简刻而书之,封以白银之函,著蜀经山;一通白缣书之,合为一卷,付弟子使世世当有所传付。又著书三篇,以示将来。

其一曰:唯余之先佐命唐虞,爰逮汉世紫艾重纡,余独好道而为匹夫,高尚素志,不事王侯,贪生得生,亦又何求?超迹苍霄,乘虚驾浮,青腰承翼,与我为仇,入火不灼,蹈水不濡,逍遥太极,何虑何忧,邀戏仙都,顾愍群愚,年命之逝,如彼川流,奄忽未几,泥土为俦,奔驰索死,不肯暂休。

其二曰:余之圣师体道如贞,升降变化,松乔为邻,惟余同学十有二人,寒苦求道,历二十春,中多怠慢,志行不勤,痛乎诸子命也。自天天不妄,授道必归贤身,投幽壤何时可还,嗟尔将来,勤加精研,勿为流俗富贵所牵。神道一成,升彼九天,寿同三光,何但亿年。

其三曰:惟余垂发少好道德,弃家随师,东西南北,委于五浊,避世自匿。二十余年,名山之侧,寒不遑衣,饥不暇食,思不敢归,劳不敢息,奉事圣师,承颜悦色,面垢足胝,乃见哀识,遂授要诀,恩深不测。妻子延年咸享无极,黄金已成,货财十亿,役使鬼神玉女侍侧,余得度世神丹之力。

阴君留人间一百七十年,色如童子,白日升天也。

[晋]葛洪:《神仙传》卷五,清文渊阁四库全书本,第1页b-4页b。

弟子葛洪曰:晋大兴元年(318)岁在戊寅,十月六日前南海太守鲍靓向洪曰,其年八月二十二日靓游于都,当暂还江,乘马见一人,年可十六七许,好颜色,相逢于建康蒋山北道,俱行数里。靓学道,占观气候,兼通道术,多能者也。见此人步行,徐徐而实轻速。靓乘马奔走,才及相追。渐远意怪在其迅速不凡,因问曰:

"君欲何之,行甚疾也,相观步迟而实速,似有道者行乎。"此人乃止曰:"吾所谓仙人阴长生者也,太上见使到赤城,君似有心,故得见我耳。"靓饱综道书,自知古有阴君得仙,此必是矣,即下马向拜,问讯寒温,未及他有所陈。阴君曰:"此处当复十年,必有交兵大乱,流血膏野,君亦何为于此间索生活哉?"言语移时良久,乃别告鲍氏曰:"君慕道虽久,而精之甚近,而年已耄矣,佳匠勖之,吾相看亦当得度世耳。夫仙法老得道者,尸解为上,上尸解用刀,下尸解用竹木。"靓请问曰:"尸解用刀,刀自伤耶?"阴君曰:"不如君言,言刀尸解者,以刀代身为人,缘以着棺中以绝子孙之情,断世俗之路也。以太上玄阴生符书刀刃,左右传之,以神丹为笔,须臾便自成人像,如所书者,面目死于床矣,其真身可于是遁去,勿复还家。家谓之刀为身其人也,哀哭而葬埋之。其下口(尸)解用竹木,皆神丹笔书符,如书刀法也。"以此符文授鲍氏,所言者讫,徘徊遂失阴君所在。于是仰望山泽之间,但见群鹤数只于草中飞起,东南翔去,良久过山入云,不复见也。

[汉]张道陵:《金液神丹经》卷中,明正统道藏本,第27页a-28页a。

阴真君传阴真君自叙附

阴长生者,新野人,汉和帝永元八年(96)三月己丑立皇后阴氏即长生之曾孙也。少处富贵之门而不好荣位,潜居隐身,专务道术。末闻有马明生得度世之道,乃以入诸名山求之,到南阳太和山中得与相见,乃执奴仆之役,亲运履舄之劳,明生不教以度世之法,但旦夕与之高谈荣华当世之事,治生园圃之业十余年。长生未尝懈怠,同时有共事明生者十二人,皆怨恚归去,独长生礼敬弥肃,而明生数因言语得失之际屡骂之,长生乃和颜悦心,奉谢不及。如此积二十年,后清闲之日,明生问其所欲,长生跽曰:"惟乞生尔,今以粪草之身委质天匠,不敢有所汲汲惮于迟速也。"明生哀其语,乃告之曰:"子真是能得道者也。"乃将长生入青城山中,煮黄土为金以示之,立坛歃血,即日以太清金液神丹授之,欲别去,长生乃叩头陈谢,暂留仙驾,拜辞曰:"弟子少长豪乐,希执卑逊剋身励已,若临冰谷,不能弘道赞德,宣畅妙味,徒尸素壁立而老耄及之。是以心存生契,舍世寻真,天赐嘉会,有幸遭遇。自执箕帚二十二年,心力莫植,常惧毁替筋,力弱蒲簿,微效靡骋,恩养不酬,夙夜感慨。告以更生,顿受灵方。是将灰之质,蒙延续之年,炎林燋草,惠膏泽之沾,若绝炁以其苏息,瞽暗开其视听,感荷殊戴,非陋词所谢。昔太岁庚辰,闻先生与南岳真人、洪崖君、云成公、瀛洲仙女数人共坐,论传授当委绢之誓,教授有交带之盟,应祭九老仙都、九炁丈人诸君。祷祠受之,大药必行,不祭而受,为之不成。弟子预在曲室,尝侍帷侧,亦具闻诸仙起末得道之言,说昔受丹节度矣。先生今日见谕,不复陈此,或非先生所授之不尽,将恐是弟子困穷尔。"马明生慰谕之曰:"非有不尽,汝性耽玄味,专炁而和,灵官幽鉴,以相察矣,不复烦委,为俗人之信耳。"于是长生入武当山石室中合丹,又服半剂,不即升天,而大作黄金数万斤以布施天下穷乏,不问识与不识,周行天下,与妻息相随,举门皆寿。后委之入平都山,白日升天。临去著书九篇,云:上古仙者多矣,不可具记而论,但汉兴已来,高士得仙者四十五人,迨予为六矣。二十人见尸解去,余者白日升天焉。弟子丹阳葛洪,字稚川,曰尝闻谚言有云"不夜行,则不知道上有夜行人",今不得仙者,亦安知天下山林间密自有学道得仙者耶?阴君已服神药,虽未升天,然方以严丽同声相应,便自与仙人相寻求闻见,故知此近世诸仙人之数尔。而俗人谓为不然。己所不闻则谓之无有,不亦悲哉。夫草泽闲士,以隐逸得志,经籍自娱,不耀文彩,不扬名声,不修求友,不营闻达,犹不能识之,又况仙人。亦何急令朝菌之徒,知其所云为哉。

阴真君自叙

惟汉延光元年(122),新野山之子受仙君神丹要诀,道成去世,副之名山,如有得者,列为真人。行乎去来,何为俗间不死之道?要在神丹。行炁导引,俯俯(仰)屈伸,服食草木,可得小道,不能永度于世,以至天仙。子欲闻道,此是要言。积学所致,不为有神,上士为之,勉力加勤,下愚大笑,以为不然,能知神丹,久视长存?

[宋]张君房:《云笈七签》卷之一百零六《传》,四部丛刊景明正统道藏本,第21页b-24页b。

(葛洪《神仙传》)又曰阴长生,新野人,后汉阴皇后之属籍也。少居富贵,不好荣利。知马明生得度世之术,乃求寻之,遂相见,执御者之礼,事十余年不懈。明生曰子真得道矣,乃入青城山,授以太清神丹经。告别后,于平都山仙去。

[宋]李昉:《太平御览》卷六百六十二《道部四·天仙》(明万历二年周堂铜活

字印本),《原国立北平图书馆甲库善本丛书》,北京:国家图书馆出版社,影印本,2013,第581册,第3523页。

(《灵宝赤书》)又曰阴长生,新野人也,后汉戚里,专务道术。闻马明生得度世之道,乃造焉。明生但日夕别,与之高谈论语当世之事,治田农之业,如此十余年。长生不懈,同事明生者十二人皆悉归,唯长生弥肃。明生曰:"子真得道矣。"乃将入青城山,以太清神丹经授之。丹成仙去,著书九篇。云:上古仙者多矣,但汉兴以来四十五人,连余为六矣。三十人尸解,余并白日仙去。

阴君自序曰:汉延光元年(122),新野山北之子受仙君神丹要诀,道成去世,付之名山。于是阴君裂黄素乌丹经,一通函以文石,置嵩高山;一通黄栌简漆书之,函以青玉,置太华山;一通黄金之简刻而书之,函以白银,著蜀经山;一封缣书,合为一篇,付弟子,使世世当有所传付。又著诗三篇以示将来也。

[宋]李昉:《太平御览》卷六百六十四《道部六·尸解》(上海涵芬楼影印宋本),北京:中华书局,复制重印本,1960,第3册,第2965页。

(《抱朴子》)又曰要于长生去留,各从所好耳。服还丹金液之后,若且欲世间者,但服其半;若求仙去,当尽服之。昔安期先生、龙眉宁公、修羊公、阴长生皆服金丹半剂者也,其止人间或近千年,然后去耳。

[宋]李昉:《太平御览》卷六百七十《道部十二·服饵中》(上海涵芬楼影印宋本),北京:中华书局,复制重印本,1960,第3册,第2987页。

延光元年(122),阴长生者,阴皇后之属。师事马明王,学道度世,同入青城山,煮黄土为金,立坛授以太清神丹经。长生合丹服其半,不升天,大作黄金数十万斤以施穷乏。在民间二百年,后于平都山白日升天。

[宋]释志磐:《佛祖统纪》卷三十五《法运通塞志第十七之二》,大正新修大藏经本,不注页码。

阴长生,《神仙传》:后汉安帝时延光元年(122),长生于马明生边求仙法,乃将长生于青城山中以太清神丹经示之,立坛喋血,取太清神丹经授之,乃别去。

长生后于平都山白日升天。

[元]孛兰肹等撰,赵万里校辑:《元一统志》卷五《四川等处行中书省·成都路·仙释》,上海:中华书局,1966,第498页。

阴长生,后汉延光初从马明生求仙法,乃得长生于青城山中取太清神丹经授之,遂别去,后于平都山升天。

[明]李贤:《明一统志》卷六十九《重庆府·仙释》,清文渊阁四库全书本,第43页a。

阴长生,后汉延光初从马明王求仙法,乃得长生于青城山中取太清神丹经授之,遂别去,后于平都山升天。

正德《四川志》卷十三《重庆府·仙释》,第51页a。

阴长生,后汉延光初从马明王求仙法,乃得长生于青城山中取太清神丹经授之,遂别去,后于平都山升天。

嘉靖《四川总志》卷九《重庆府·仙释》,《北京图书馆古籍珍本丛刊》,北京:北京图书馆出版社,影印本,1991,第42册,192页。又见万历《四川总志》卷九《郡县志·重庆府·仙释》(虞怀中、郭棐等修纂),《四库全书存目丛书》,济南:齐鲁书社,影印本,1997,史部第199册,第391页;万历《四川总志》卷九《重庆府·仙释》(吴之皞、杜应芳等修纂),《原国立北平图书馆甲库善本丛书》,北京:国家图书馆出版社,影印本,2013,第356册,第289页。

阴长生,新野人,后汉阴皇后之亲属。少居富贵,不好荣利。从马明生学度世之道,明生取太液神丹经授之,遂别去。后于平都山中白日升天。长生临仙去,著诗三篇,以示将来。今山王、阴二仙棋局,识迹尚存。

万历《重庆府志》卷五十三《仙释》,《上海图书馆藏稀见方志丛刊》,北京:国家图书馆出版社,2011,影印本,第210册,第658页。

《司马紫微集》:七十二福地第四十五平都山,在忠州,是阴真君上升之处。

《云笈七签》云：阴长生者，新野人，汉和帝永元八年(96)三月己丑立皇后阴氏，即长生之曾孙也。少处富贵之门而不好荣位，潜居隐身，专务道术。延光末闻有马明生得度世之道，入诸名山求之，到南阳太和山中得与相见，乃执奴仆之役，亲运履舃之劳。明生但与之高谈荣华当世之事，治生园圃之业十余年，长生未尝懈息。同时有共事明生者十二人，皆怨恚归去，独长生礼敬弥肃，而明生数因言语得失之际屡骂之，长生乃和颜悦心，奉谢不及，如此积二十年。后清闲之日，明生问其所欲，长生跽曰："惟乞生尔，今以粪草之身委质天匠，不敢有所汲汲惮于迟速也。"明生哀其语，乃告之曰："子真能得道者也。"乃将长生入青城山中，煮黄土为金以示之，立坛歃血，即日以太清金液神丹授之，欲别去，长生乃叩头陈谢，暂留仙驾，拜辞曰："弟子少长豪乐，希执卑逊刻身励已，若临冰谷，不能弘道赞德，宣畅妙味，徒尸素壁立而老耄及之，是以心存生契，舍世寻真，天赐嘉会，有幸遭遇。自执箕箒二十二年，常惧毁替，恩养不酬，夙夜感慨。告以更生，顿受灵秘。是将灰朽质，蒙延续之年，炎林燋草，惠膏泽之沾，若绝炁获其苏息，瞽暗开其视听，感荷殊戴，非陋词所谢。昔太岁庚辰，闻先生与南岳真人、洪崖公、云成公、瀛洲仙女数人共坐，论传授当委绢之誓，有交带之盟，应祭九老仙都、九炁丈人诸君。祷祠授之，大药乃灵，不祭而受，为之不成。弟子预在曲室，尝侍帷侧，亦具闻诸仙起末得道之言，说昔受丹节度矣。先生今日见谕，不复陈此，或非先生所受之不尽，将恐是弟子困穷尔。"马明生慰谕之曰："非有不尽，汝性耽玄味，专炁而和，灵官幽鉴已久，相察不复烦委，为俗人之信耳。"于是长生入武当山石室中合丹，但服半剂，不即升天，而大作黄金数万斤，以布施天下穷乏，不问识与不识，周行天下，与妻息相随，举门皆寿。后委之入平都山，白日升天。其临去作诗二篇，书九篇。诗曰：维余之先，佐命唐虞。爰逮汉世，紫艾重纡。予独好道，而为匹夫。高尚其志，不事王侯。贪生得生，亦又何求。超迹苍霄，乘飞驾浮。青要乘翼，与我为仇。入火不灼，蹈波不濡。逍遥太极，何忧何虑。遨戏仙都，顾闵群愚。年命之逝，如彼波流。奄忽未几，泥土为俦。驰走索死，不肯暂休。予之圣师，体道知真。升腾变化，松乔为邻。又云：维予同学，一十三人。寒苦求道，历三十年。中多怠惰，志放六经。辟世自匿，二十余年。名山之侧，寒不遑衣。饥不暇食，思不敢息。奉事圣师，承颜悦色。面垢足胝，乃见哀识。遂传要诀，恩深不测。妻子延年,咸享无极。黄白已成,货行不悭。痛乎诸子,命也自天。天不妄授,道不归贤,勤加精研。勿投幽壤,何时可还。嗟尔流俗,富贵所牵。神丹一成,乘彼九天。寿同三光,何但亿千。又维予垂发,少好道德。弃家随师,东西千亿。役使鬼神,玉女侍侧。予得度世,神丹之力。黄庭坚题其后云:忠州平都山仙都观朝金殿西壁有天成四年(929)人书阴真君诗三章,余同年许少张以为真汉人文章也,余考之信然,因试笔偶得佳纸为钞此诗与王泸州补之季子观。阴君所学守尸法耳,犹须择师勤苦,如是乃能得之,何况千载之后?尚友古人求知道德之真宰者乎。阴仙自序其书略曰:上古仙者多矣,不可具记而论,但汉兴已来高士得仙者四十五人,迨予为六矣。二十人见尸解去,余者白日升天焉。弟子丹阳葛洪曰:谚言"不夜行,则不知道上有夜行人",今不得仙者,亦安知天下山林间密自有学道得仙者耶?阴君已服神药,虽未升天,然方以类聚,同声相应,便自与仙人相寻求闻见,故知此近世诸仙人之数尔,而俗人谓为不然。己所不闻则谓之无有,不亦悲哉。夫草泽闲士,以隐逸得志,经籍自娱,不耀文彩,不扬名声,不修求友,不营闻达,犹不能识之,又况仙人。亦何急令朝菌之徒,知其所云为哉。

按《仙都山阴君洞验记》云:君将欲升天,谓门人刘玄远曰:"此山孤峙,势若龙蟠,其首东向,必当吐云送我。"言讫有五色云从地涌出,乘云升天。出云之处,呀成洞穴。水旱祈祷,立有感通。大历九年(774)七月十五日,邑人宇文万年、女人阿乍等一十五人,以元节之晨奉香花于洞门礼拜,忽见洞中波涛涌溢,出一金手一玉手,其大如扇,良久乃隐,水波亦不复见。长庆元年(821),江陵人傅缃闻洞中雷吼之声。咸通初道士王芳芝闻洞中声如群鸟飞,异香纷郁,遍于山顶,乡人常以之占岁,鹤翔必致于年丰,鹿鸣必致于岁歉。不栖凡鸟,每有二鸟。广明辛丑岁(881),刺史陈侁修置道场,有祥云天乐之应,甘露泫于丛林,宠诏褒美。中和甲辰(884)年,赐紫大德曹用言准诏斋醮,有卿云瑞雪之祥。时既毕,黄录道场未撤门纂,有神人见,曰:"云山斋醮,必命神祇主张,我即近庙之神,差卫坛墠,斋功既毕,门纂未移,我不敢辄还。"本庙道众闻言睹异,遽折门纂,其神见形,愧谢而去。

[明]曹学佺:《蜀中广记》卷七十五《神仙记第五》,清文渊阁四库全书本,第7页b—12页a。

阴长生，后汉延光初从马明王求仙法，乃取太清神丹经授之。初居青城，后于平都上升。

康熙《四川总志》卷二十《仙释》，第12页b。

阴长生，延光初从马明王求仙，乃取太清神丹经授之。初居青城，后于平都山上升。

雍正《四川通志》卷三十八之三《仙释》，第10页a。

阴长生，新野人，汉和帝后之曾祖，不好荣仕，从马明生得度世法，相携入青城山，太清金液神丹成①，著书九篇，以延光元年(122)于平都山白日升天。

康熙《丰都县志》卷六《名胜志·仙释》，第5页a。又见嘉庆《丰都县志》卷二《名胜志·仙释》，第92页b；光绪《丰都县志》之《志余·仙迹》，第138页b；民国《丰都县志》卷十三《杂异志·仙释》，《中国地方志集成·四川府县志辑》，成都：巴蜀书社，1992，影印本，第47册，第686页。

尔朱洞

尔朱洞，字通微，不知何许人也。少遇异人，授还元抱一之道，炼大丹不死之方，因自号归元子。唐懿宗朝，至蓬州，州有大小蓬山，世传周穆王时有人于此刻木为羊，跨而仙去。通微曰："是与海上三山名同，又有跨羊仙迹，吾期成道于兹乎。"乃援修蔓躄，绝壁得石室，喜甚，曰足办吾事矣。久之，复舍去卖药于蜀汉之间。其行飘然如乘太虚，时时啖猪血灌肠饮酒，哦诗人莫之测，所舍逆旅主人每夕怪其室中膈膈有声，间窥之则其身自榻而升，触栋而止，后伺其醉，以粉涂其腹，黎明视其栋，着其上皓然。或者于枯骸中得物如雀卵，持以问通微。通微曰："殆服神丹，而不能修炼，故纯阴剥消，无阳与俱，独就丹田成此尔，女子吞之，当生异儿。"果有吞卵者，生儿神光烁日，异香满室。唐昭宗大顺中，王建围成都，通微亦在焉。馆通微者忧懑曰："建约城陷日夷戮无噍类，奈何？"通微曰："勿忧也，施席笼，摄建及其三军入其中，有如聚蚁。"建与军皆见神人乘黑云，叱其军曰："敢有一毫伤吾民，若等祸且及。"建等怖伏曰不敢。建入成都，果束兵

---

① 嘉庆志、光绪志和民国志仅作"丹成"。

市不改肆,民既全济矣。

通微则又往客果州,尝大醉天封精舍,呕丹于其井中,曰后当为良药。至今炎夏病瘵者,饮之必差。果州朱凤山,州之南,尔朱仙及李淳风养炼之地。通微一日谓所善郡人张洪之曰:"吾久不朝元,今欲往谢氏仙山趋宸极。"时冬夜晴澈漏,方中大雪暴集,洪之念通微冻踣,漏甫尽,即出求之,见其衣单衣卧道上,举碧玉简示洪之曰:"吾朝元误坠此溪上,盘石有声尔,视之石必断矣。"视之信然。邻有毙于酒者,通微以药灌之即蹶然起,言已入阴府,主者令亟还,曰真人有命延寿一纪。洪之因是火骇请授以道,通微曰:"尔股上天鱼首倒无益也,更一生乃可尔。"洪之股有痣若鱼形,首素上向,至是果倒矣。通微鬻丹阳一粒需钱十二万,太守召鬻之,曰:"太守金多,非一百二十万钱不可售。"太守怒,以为惑众,纳之竹笯沉于江。至涪陵上流,有二人乘舟而渔,举网怪其重,出之乃通微,貌如常。渔者曰:"必异人也,入定乎?"叩铜缶窹之。少焉,通微开目视二渔者曰:"子等何人,此去铜梁几何,有三都乎?"曰:"我白石二江人渔水上,此去铜梁四百里,自是而东即丰都县平都山仙都观也。"通微曰:"吾师谓吾遇三都白石浮水乃仙去,殆此即先是。"通微至江滨,多投白石待其浮,人不解也。通微既登岸,从容语二渔者曰:"子类有道者有所传乎?"二渔曰:"我昔从海山仙人得三一之旨,炼阳销阴,亦有年矣。"通微于是索酒与剧饮,取丹分饵之。至荔枝园下,旌节自天降,导三人升云而去。涪州松屏出石山间,尔朱先生种松于此,映山之石皆有松文,采者祈祷得佳,天然成文。其后通微再见于世,有成都胡二郎仙井道士遇焉。据《五代史》补云,尔朱先生功行甚,至遇异人,与药一丸,云君见浮石而后服之,则仙道成矣。先生如教,每遇一石必投诸水,后游峡上将渡江,有叟舣舟相待,问其姓曰石氏,问地所属曰涪州,先生豁然而悟,遂服其药,即时轻举矣。

[元]赵道一:《历世真仙体道通鉴》卷四十五,明正统道藏本,第10页b-13页b。

尔朱洞,其先出于元魏尔朱族,遇异人得道。唐僖懿间落拓成都市中,于江滨取白石投水,众莫测。后自果至,合卖丹于市,价十二万,刺史召问其直,更增十倍,以其反复,盛以篾笼弃诸江,至涪州,渔人姓白石得之,授以丹,二人俱仙

去。张商英为作传。

[明]李贤:《明一统志》卷六十九《重庆府·仙释》,清文渊阁四库全书本,第33页 a-b。

尔朱洞,其先出于元魏尔朱族,遇异人得道。唐僖懿间落魄成都市中,于江滨取白石投水,众莫测。后自果至,合卖丹于市,价十二万,刺史召问其直,更增十倍,以其反复,盛以蒻笼,弃诸江,至涪州,渔人姓石者得之,授以丹,二人俱仙去。张商英为作传。①

嘉靖《四川总志》卷九《重庆府·仙释》,《北京图书馆古籍珍本丛刊》,北京:北京图书馆出版社,影印本,1991,第42册,第192页。又见万历《四川总志》卷九《郡县志·重庆府·仙释》(虞怀中、郭棐等修纂),《四库全书存目丛书》,济南:齐鲁书社,影印本,1997,史部第199册,第391页;万历《四川总志》卷九《重庆府·仙释》(吴之皞、杜应芳等修纂),《原国立北平图书馆甲库善本丛书》,北京:国家图书馆出版社,影印本,2013,第356册,第289页。

尔朱真人,其先出元魏尔朱族,遇异人得道。唐末遂落魄成都市中,于江滨取白石投水,众莫测。后自果至,合卖丹于市,价十二万。刺史召问其直,更增十倍,以其反复,盛以篾笼弃诸江,至涪州,渔人姓石者得之,授以丹,二人俱仙去。

康熙《四川总志》卷二十《仙释》,第12页 b-13页 a。

尔朱仙,唐僖懿间,落魄成都市,取白石投江中,众莫识。后自果至,合卖丹于市,价十二万,刺史召问其值,更增十倍,怒其反复,醉以酒,沉之江流。至涪州,渔人白姓石名者,举网得之,击磬方醒,相携至平都山修炼,后乘白鹤仙去,故涪州有白鹤滩,丰都观亦称白鹤观也。

按《列仙传》载尔朱仙名通微,别号归元子,伪蜀广政间侨寓渝州,尝一日遍游成都、新都、广都间,至晚即还,人皆异之。有"朝游成都,暮宿金鸡"之谚。喜饮酒,食猪脏,自言遇异人赠药一丸,嘱令见浮石而后服之,则成仙矣。每取石之有异者,即投诸水,而冀其浮,人虽笑之不顾也。渝州守恶其妖妄,以竹笼沉于

---

① 两种万历《四川总志》均无"张商英为作传"句。

江,顺流至涪,为渔人网得,问其姓氏曰石氏,此地何所曰涪州,遂豁然悟曰:浮石之言验矣。因服前药,便觉轻举。乃采涪州所产矢镞砂,止平都山白鹤观,炼丹数年,竟仙去云。尔朱先生《还丹歌》曰:"欲究丹砂诀,幽元无处寻。不离丹与汞,无出水中金。金欲制时须得水,水遇土兮终不起。但知火候不参差,自得还丹微妙理。人世分明知有死,刚只留心恋朱紫。岂知光景片时间,将谓人生长似此。何不回心师至道,免逐年光虚自老。临樽只觉醉醺酣,对镜不知渐枯槁。二郎二郎听我语,仙乡咫尺无寒暑。与君说尽只如斯,莫恋骄奢不肯去。感君恩义言方苦,火急回头寻出路。吟成数句赠君词,不觉便成今与古。"①

按《仙都山阴君洞验记》云:君将欲升天,谓门人刘元远曰:"此山孤峙,势若龙蟠,其首东向,必当吐云送我。"言讫,遂有五色云从地涌出,乘云升天。出云之处,呀成洞穴,水旱祈祷,立有感通。大历九年(774)七月十五日,邑人宇文万年、女阿仵等一十五人,以元节之晨奉香花于洞门礼拜,忽见洞中波涛涌溢,出一金手一玉手,其大如扇,良久乃隐,水波亦不复见。长庆元年(821),江陵傅缃闻洞中雷吼之声。咸通初道士王方芝闻洞中声如群鸟飞,异香纷郁,遍于山顶,乡人常以之占岁,鹤翔必年丰,鹿鸣必岁歉。不栖凡鸟,每有二鸟翔集。广明辛丑岁(881),刺史陈佺修置道场,有祥云天乐之应,甘露泫于丛林,宠诏褒美。中和甲辰年(884),赐紫大德曹用言准诏斋醮,有卿云瑞雪之祥。时既毕,黄箓道场未撤门纂,有神人见,曰:"云山斋醮,必命神祇主张,我即近庙之神,差卫坛壝,斋功即闭,门纂未移,我不敢辄还。"本庙道众闻言睹异,遽折门纂,其神见形,愧谢而去。

康熙《丰都县志》卷六《名胜志·仙释》,第5页b-10页b。又见嘉庆《丰都县志》卷二《名胜志·仙释》,第93页a-95页b;光绪《丰都县志》之《志余·仙迹》,第139页a-141页;民国《丰都县志》卷十三《杂异志·仙释》,《中国地方志集成·四川府县志辑》,成都:巴蜀书社,1992,影印本,第47册,第686-687页。

麻姑

麻姑,青城山中洞焉。上清道士寇子隐元祐间游洞,及途见一女子,谓之曰:

---

① 民国《丰都县志》卷十三《祥异志·仙释》增载按语曰:"按《全唐诗话》有胡二郎者,常见一道士卧通衢,二郎怜之,辄取石支其首,道士醒,感之。因劝修道,且歌以讽之,二郎问为何人,曰:我尔朱先生也。二郎亦得仙。"

麻姑出矣！顾女子遽失所在。祠在上皇洞。

[元]孛兰肹等撰，赵万里校辑：《元一统志》卷五《四川等处行中书省·成都路·仙释》，上海：中华书局，1966，第500页。

麻姑，魏青龙某①年七夕，访王方平过此，有诗曰：王子求仙月满台，玉箫清转鹤徘徊。一声飞过不知处，山上碧桃花自开。今平都山后有仙姑岩。

康熙《丰都县志》卷六《名胜志·仙释》，第5页a。又见光绪《丰都县志》之《志余·仙迹》，第138页b。

麻姑，魏青龙某年七夕，访王方平过此，有诗曰："王子求仙月满台，玉箫清转鹤徘徊。一声飞过不知处，山上碧桃花自开。"今平都山后有仙姑岩。

按汉魏以前，七言诗仅有柏梁体，未闻有绝句也。后人附会无疑。

嘉庆《丰都县志》卷二《名胜志·仙释》，第92页b。又见民国《丰都县志》卷十三《杂异志·仙释》，《中国地方志集成·四川府县志辑》，成都：巴蜀书社，1992，影印本，第47册，第686页。

吕洞宾

吕洞宾，飞云山王氏道院去蒲村镇五里。昔有道人过之，留题云：携筇来此步飞云，钱满宾阶绿藓匀。江上同归共谁去，不堪回首不逢人。以逐句第三字合成吕洞宾来。主人觉而异之，已失道人所在。又绍兴癸丑（1133）道会，有道人携凉笠而至，会散，乃挂笠于壁，无挂笠之物而不坠。题诗云：偶乘青帝出蓬莱，剑戟峥嵘遍九垓。我在目前人不识，为留一笠莫沈埋。

[元]孛兰肹等撰，赵万里校辑：《元一统志》卷五《四川等处行中书省·成都路·仙释》，上海：中华书局，1966，第498-499页。

吕纯阳，访王阴二仙过此，有诗曰：盂兰清晓过平都，天下名山所不如。两口单行人不识，王阴空使马蹄虚。又曰：一鸣白鹤出青城，再谒王阴二友人。口口惟思三岛乐，抬眸已过洞庭春。

康熙《丰都县志》卷六《名胜志·仙释》，第5页a-b。

---

① 康熙志无"某"字。

吕纯阳,名岩,唐宗室,尝登进士第,从钟离权得道。访王、阴二仙过此,有诗曰:"盂兰清晓过平都,天下名山所不如。两口单行人不识,王阴空使马蹄虚。"又曰:"一鸣白鹤出青城,再谒王阴二友人。口口惟思三岛乐,抬眸已过洞庭春。"

嘉庆《丰都县志》卷二《名胜志·仙释》,第93页a。又见光绪《丰都县志》之《志余·仙迹》,第128页b-129页a;民国《丰都县志》卷十三《杂异志·仙释》,《中国地方志集成·四川府县志辑》,成都:巴蜀书社,1992,影印本,第47册,第686页。

丰都道士

丰都道士,未详何处人,元大德戊戌(1298),栖隐雪峰山。乙卯(1315)季各召集道友曰:"吾化矣。大道坦然,皎如日月,虽由人弘,岂随人往?诸生宜遵道而行,母令半途而废。"偈曰:朴庵寄住有年,东西南北依然。里面浑无一物,只有玄文数篇。今日草茅朽腐,须要改换栋椽。眼底风波太恶,不容久住山颠。选得幽居去处,和区移上六天。端坐而逝。

万历《四川总志》卷八《郡县志·重庆府·人物》(虞怀中、郭棐等修纂),《四库全书存目丛书》,济南:齐鲁书社,影印本,1997,史部第199册,第57页a。

丰都道士,未详何许人,元大德戊戌(1298),栖隐雪峰山。岁乙卯(1315)召集道友曰:"吾化矣。大道坦然,皎如日月,虽由人宏,岂随人往?诸生宜遵道而行,毋令半途而废。"偈曰:朴庵寄住有年,东西南北依然。里面浑无一物,只有元文数篇。今日草茅朽腐,须要改换栋椽。眼底风波太恶,不容久住山巅。选得幽居去处,和区移上六天。端坐而逝。

[明]曹学佺:《蜀中广记》卷七十五《神仙记五》,清文渊阁四库全书本,第31页b。

丰都道士,未详何处人,元大德戊戌(1298),栖隐雪峰山。乙卯(1315)季冬召集道友曰:"吾化矣。大道坦然,皎如日月,虽由人弘,岂随人往?诸生宜遵道而行,毋令半途而废。"偈曰:朴庵寄住有年,东西南北依然。里面浑无一物,只有玹文数篇。今日草茅朽腐,须要改换栋椽。眼底风波太恶,不容久住山巅。选得

幽居去处,和区移上大天。端坐而逝。

康熙《四川总志》卷二十《仙释》,第7页a。

丰都道士,未详何许人,元大德戊戌(1298),栖隐雪峰山,乙卯(1315)季冬召集道友曰:"吾化矣。大道坦然,皎如日月,虽由人弘,岂随人往?诸生宜遵道而行,毋令半途而废。"偈曰:朴庵寄住有年,东西南北依然。里面浑无一物,只有玹文数篇。今日草茅朽腐,须要改换栋椽。眼底风波大恶,不容久住山巅。选得幽居去处,和躯移上大天。端坐而逝。

雍正《四川通志》卷三十八《仙释》,第5页a。

丰都道士,未详何许人,相传自平都栖隐雪峰山仙去。

按《蜀中广记》云:元大德时,有道士隐雪峰山,一日集道友曰:吾化矣,大道坦然,皎如日月,虽由人宏,岂随人往?诸生宜遵道而行,毋令半途而废。偈曰:"朴庵寄住有年,东西南北依然。里面浑无一物,只有元文数篇。今日草茅朽腐,须要改换栋椽。眼底风波太恶,不容久住山巅。选得幽居去处,和区移上六天。"端坐而逝。道士,丰都人也。

康熙《丰都县志》卷六《名胜志·仙释》,第10页b-11页a。又见嘉庆《丰都县志》卷二《名胜志·仙释》,第96页b-97页a;光绪《丰都县志》之《志余·仙释》,第142页a-b;民国《丰都县志》卷十三《杂异志·仙释》,《中国地方志集成·四川府县志辑》,成都:巴蜀书社,1992,影印本,第47册,第687页。

竺峰

竺峰,丰陵徐氏子,铁壁高弟,为人聪慧倜傥,飘飘欲仙。继席治平寺,屡迁名刹。清康熙壬午(1702),主嘉禾之楞严。春,圣祖仁皇帝改治平,赐额为振宗,遂赍敕黄。还蜀终焉。

民国《丰都县志》卷十三《杂异志·仙释》,《中国地方志集成·四川府县志辑》,成都:巴蜀书社,1992,影印本,第47册,第687页。

大宁

大宁,亦丰人,嗣铁壁。赞达摩像曰:"对御谈元一字无,九年冷坐石头枯。亲将皮髓平分后,那个男儿不丈夫。"

按《忠县志》载:铁壁,罗氏子,别号庆忠,主聚云席十年,道场一时有视释迦婢呼弥勒奴之誉。著语录二十卷,附楞严大藏流行,康熙年因其嗣法徒竺峰之请。谥曰妙先,并敕赐治平寺,为振宗禅寺。

民国《丰都县志》卷十三《杂异志·仙释》,《中国地方志集成·四川府县志辑》,成都:巴蜀书社,1992,影印本,第47册,第687页。

破山老人

清康熙年间来邑之三教寺曜灵宫,住平山崇报祠最久。题楹联云:"懒去何心翻贝叶,闲来无事理蒲团。"其曜灵宫山门一联云:"不涉阶级须从这里过行一步是一步,无分贵贱都向个中求悟此生非此生。"自记康熙二年癸卯(1663)秋破山老人题并书,书法迅快矫变,直追怀祖,洵乎禅林墨宝焉。民国六年(1917)二月初,香会盛时,残纸钱灰积门限外,晚风吹拂,门木燃尺许,而门联无恙,人皆目为灵异。

民国《丰都县志》卷十三《杂异志·仙释》,《中国地方志集成·四川府县志辑》,成都:巴蜀书社,1992,影印本,第47册,第687页。

觉成

邑岸南士人,本朱姓,名学城,宦归无子,乃与妻氏刘同参出世法,易名觉成,尽捐其财产建罗山堂佛寺及平都玉皇殿,撰书碑记,遗稿今存,文字古澹整洁,犹想见清初典型也。并为刘修南华庵,庵寺规模宏远,常住产各百余亩,传二百余年,至清季败坏,存者惟拨充圣宫灯田四十石耳。

民国《丰都县志》卷十三《杂异志·仙释》,《中国地方志集成·四川府县志辑》,成都:巴蜀书社,1992,影印本,第47册,第687页。

别中

前邑令张绍龄记云:轮回之说起自佛家,谓有其事乎?余不敢信。邑北金盘

寺古刹也,乾隆间有湖北贡生某披剃于此,号别中,苦修行,创寺院极多,于某年月日示寂。而陕西汉中府洋县李公盘即于是日生,公生之夕,其母梦一僧人入门授以金盘,故曰盘,筮仕四川,权丰都篆。因公至此,恍然旧迹重游,然则公其别中之后身欤? 轮回之说信有之欤? 僧净域为余述其事,因记之。

民国《丰都县志》卷十三《杂异志·仙释》,《中国地方志集成·四川府县志辑》,成都:巴蜀书社,1992,影印本,第47册,第687页。

第四节　山川

一、平都山

《神仙传》云:后汉延光元年(122)阴长生于马明生边求仙法,乃将长生入青天山中,煮黄土为金以示之,立坛喢血,取太清神丹经授之,乃别去。长生后于平都山白日升天,即此山是也。山在南宾县北二里。

[宋]李昉:《太平御览》卷四十九《地部十四·西楚南越诸山》(明万历二年周堂铜活字印本),《原国立北平图书馆甲库善本丛书》,北京:国家图书馆出版社,影印本,2013,第576册,第354页。

平都山,在县北二里。《神仙传》云:后汉延光元年(122),阴长生于马明生处求仙法,乃将长生入青城山中,煮黄土为金以示之,立坛喢血,取太青神丹经授之,乃别去。长生后于平都山白日升天,即此。张道陵所化二十四居其一也。大江在县一百步。

[宋]乐史:《太平寰宇记》卷一百四十九《山南东道八》,清文渊阁四库全书补配古逸丛书景宋本,第8页a-b。

平都山,后汉阴长生于此升仙,有炼丹遗迹存焉。

[宋]王存:《元丰九域志》卷八《夔州路·下忠州南宾郡军事》,清文渊阁四库全书本,第20页b。

平都山,在丰都县东北三里,道书七十二福地之一也。前汉王方平得道于此,后汉阴长生亦于此升仙,有炼丹古迹及仙都观,观有唐碑十段。

[明]李贤:《明一统志》卷六十九《重庆府·山川》,清文渊阁四库全书本,第24页a。

平都山,丰都道书七十二福地之一,汉王方平得道于此。上有仙都观,林木幽深,夹径翠柏十数株,乃千年物也。麂鹿出没林间,颇与人狎,号紫府真仙之居。

[明]陆应阳:《广舆记》卷十六,清康熙刻本,第27页b。

丰都山,在治东二里,即平都山,上有观。
正德《四川志》卷十三《重庆府·山川》,第11页b。

平都山,丰都县东,上有丰都观。
嘉靖《四川总志》卷九《重庆府·山川》,《北京图书馆古籍珍本丛刊》,北京:北京图书馆出版社,影印本,1991,第42册,第171页。

平都山,治东,上有丰都观。
万历《四川总志》卷九《郡县志·重庆府·山川》(虞怀中、郭棐等修纂),《四库全书存目丛书》,济南:齐鲁书社,影印本,1997,史部第199册,第357页。又见万历《四川总志》卷九《重庆府·山川》(吴之皞、杜应芳等修纂),《原国立北平图书馆甲库善本丛书》,北京:国家图书馆出版社,影印本,2013,第356册,第230页;康熙《四川总志》卷三《山川》,第29页a。

平都山,治东北一里。《方舆胜览》云自丰都东行二里许,始登山,石径萦回,林木幽秀,翠柏夹迳十数株,殆千年物也。麂鹿出没林间,颇与人狎。汉王方平、阴长生炼丹于此,白日冲举,奕台丹灶尚存,麻姑、纯阳游此,俱有留题。道书号位平都福地紫府,真仙之居,故为八景称首焉。

康熙《丰都县志》卷一《舆地志·山川》,第2页a。

平都山,在县东北,一名丰都山。《寰宇记》:在丰都县北二里,县以此为名,后

汉时阴长生于此白日升天,亦张道陵二十四化之一也。《方舆胜览》:在县东北一里。又曰:自县东行一里许始登山,石径萦回,可二三里,平莹如扫,林木邃茂,夹径皆翠柏,殆数万株,麂鹿时出没林间,与人狎甚。有景德宫,旧名仙都观,又名禹庙,又名平都福地,乃前汉王方平得道之所。《名(明)一统志》:在县东北三里,道书七十二福地之一。旧志:山顶有五云洞。

雍正《四川通志》卷二十三《山川》,第43页b。

平都山,在县东北,一名丰都山。《寰宇记》:在县北二里,即阴长生白日升天之处,张道陵二十四化之一也。《方舆胜览》:自县东行一里许始登山,石径萦回,可二三里,平莹如扫,林木邃茂,夹径皆翠柏,殆数万株,麂鹿时出没林间,与人狎甚。有景德宫,旧名仙都观,一名禹庙,又名平都福地,乃前汉王方平得道之所。《明统志》:在县东北三里,道书七十二洞天福地之一。旧志:山顶有五云洞。王士正《驿程记》:《水经》所谓"径东望峡,东历平都"者也。上平都山,访仙都观故址,观王方平、麻姑二洞,入八卦台,台前为凌虚阁。

附《青城道士诗》:万仞峰峦插太清,麻姑曾此会方平。一从宴罢乘云去,玉殿珠楼空月明。

宋苏轼诗:足蹑平都古洞天,此身不觉到云间。抬眸四顾乾坤阔,日月星辰任我攀。平都天下古名山,自信山中岁月闲。午梦任随鸠唤觉,早朝又听鹿催班。山前江水流浩浩,山上苍苍松柏老。舟中行客去纷纷,古今换易如秋草。空山楼观何峥嵘,真人王远阴长生。飞符御气朝百灵,悟道不复诵黄庭。龙车虎驾来下迎,去如旋风搏紫清。真人厌世不回顾,世间生死如朝暮。学仙度世岂无人,餐霞绝粒常辛苦。安得独从逍遥君,泠然乘风驾浮云。超世无有我独存。

赵遇诗:丰都有山县之东,岗势崛起如游龙。盘盘层级上绝顶,郁郁巨柏凌苍穹。秘殿梁唐制作古,绛气缥缈浮琳宫。自昔王阴驾鹤去,至今爽气飘仙风。尔珠先生继其后,百炼冲举游鸿蒙。五云破地已尽升,白石水岸遗遐踪。大江浑浑复东注,南岭趋伏而朝宗。溪流山足重巘抱,千古福地平都雄。神仙奥宅异凡境,楼观窈窕丹霞浓。游人到此意超诣,如在蓬莱渤海中。(是诗本二十八韵,古碑残缺,不得其全。)

明李本诗:叠巘层峦远近宗,平都天表削芙蓉。西连岷岭三千界,东接巫山十二峰。瑶草琪花闲野鹿,琳宫贝阙拥苍龙。十年五度经游此,聊赋新诗纪游踪。

朱之臣诗:真仙不可望,所得在孤岑。地既近而远,人惟王与阴。石霞尚余翠,松气有遗音。幽洞其谁力,高云非众心。遥知山寂寂,下视水深深。每得相宜者,悠然共远寻。

国朝王士正《麻姑洞诗》:神仙宫府事纷然,懒漫谁能更学仙。但乞麻姑爬背痒,余杭兑酒此中眠。洞口无人薜自青,蓬莱清浅几曾停。他时小别三千载,又似当年过蔡经。

嘉庆《四川通志》卷二十一《舆地·山川·忠州》,第5页a-6页b。

平都山,在丰都县东北,《隋书·地理志》:临江县有平都山。《寰宇记》:在丰都县北二里,县以此为名,后汉时阴长生于此升天,亦张道陵二十四化之一也。《方舆胜览》:自县东行一里许,始登山,石径萦回,可二三里,平莹如扫,林木邃茂,夹径皆翠柏,殆数万株,麋鹿时出没林间,与人狎甚。有景德宫,旧名仙都观,乃汉王方平得道之所。《明统志》:在县东北三里,道书七十二福地之一。旧志:今亦名丰都山,顶有五云洞。

嘉庆《大清一统志》卷四百一十六《忠州直隶州》,四部丛刊续编景旧抄本,第4页a-b。

江水又东北经平都山,七十二福地之一,相传汉王方平、阴长生栖隐处。五云洞,其遗迹也。《胜览》曰:自县东行一里许,始登山,石径萦回,可一二里,平莹如扫,林木邃茂,夹径皆翠柏黄葛,殆数万株,有数十株云是千年物。麋鹿时出没林间,与人狎。段文昌记曰:平都山最高顶即汉时王、阴二真人蝉蜕之所也。峭壁千仞,下临湍波,老柏万株,上插峰顶,灵花彩羽,皆非图志中所载者。昏旦万状,信非人境。《名胜记》曰:丰民洲在平都山下,隋两取之以名县。自豐旁加邑,而罗丰地府之说始行。《真诰》:罗丰山在北方癸地幽州北海中,去岸不知几千万里。六天宫是鬼神六天治,世有知丰都六天宫门名,百鬼不敢为害。陶弘景谓是北丰鬼王决数罪人处,其神即经所谓阎罗王矣。《太平广记》:东都丰都市在长寿寺东北,初筑市垣,掘得古冢,土藏无砖甓,棺木陈朽,触之便散,□□平帻朱衣,

得铭云"筮道居朝,龟言近市五百年间于斯见矣",当时达者参验,是魏黄初二年(221)所葬也。宋范成大诗"洞宫福地古所铭,云有北阴神帝庭,太阴黑簿囚鬼灵",则丰都之说亦不始于近代。

愚按山不甚高,无林峦之美,无邱(丘)壑之邃,无洞宇之幽,而仙家艳称之。五云洞直下深黑,乃如水井。有阎罗王祠,香火最盛,每除夕元旦之交,游灯上下,如火龙翔,舞光曜烛,天如白昼,以此为胜景矣。《水经注》谓"县有天师治,兼建佛寺,甚清灵",殆始自晋宋间耶。阎罗鬼王本无形质,何假华居以为庇荫,其地亦非僻邃阴森之所,阎罗何择而居之?灵所照察,欲遍寰宇,何县治密迩?复有鬼魅凶恶之为感也。噫!亦妄矣。

[清]李元:《蜀水经》卷六,清嘉庆传经堂刻本,第3页b-5页a。

平都山,治东北一里,石径萦纡,林木幽秀,梵宇层出。旧志谓平都福地,紫府真仙之居,汉仙人王方平、阴长生炼形于此,世传麻姑过之,有留题绝句,则沿道书。附会之说也。

大仙岩,在平都山半。

仙姑岩,在平都山五云洞后,旧志谓麻姑过此得名。

同治《丰都县志》卷一《舆地志·山川》,第6页a。又见光绪《丰都县志》卷一《舆地志·山川》,第6页a;民国《丰都县志》卷八《方域志·山川》,《中国地方志集成·四川府县志辑》,成都:巴蜀书社,1992,影印本,第47册,第586页。

二、县境内其他山川

石龟山,在丰都县东五十里,宋苏轼诗"我生飘荡去何求,丹过龟山岁五周。身行万里平天下,僧卧一庵初白头"。

灵泉,在丰都县景德观,水味甘寒,相传为王真人所凿,清浊增减与江水相应。

[明]李贤:《明一统志》卷六十九《重庆府·山川》,清文渊阁四库全书本,第24页a、第27页a。

鸡公嘴山,在治东北三十里。

石龟山,在治北五十里,宋苏轼诗"我生飘荡去何求,再过龟山岁五周。身行万里半天下,僧卧一庵初白头"。

尖峰山,在治东五十里。

周城山,在治南七十里,其形似城。

灯盏窝山,在治西七十里。

大峰门山,在治东七十里,有二石并峙如门。

红花山,在治南三十里。

金盘山,在治北三十里,山如金盘。

白鹿山,在治北一里,昔白鹿夜鸣子[于]上。

青牛山,在治东三里,昔青牛见于此。

龙停溪,在治东二里,中有龙潭。

矾石滩,在治西南二里观音滩下。

南宾河,在治南二里。

石板溪,在治西三里,其下石平如板。

正德《四川志》卷十三《重庆府·山川》,第 11 页 b。

石龟山,丰都县北五十里,苏轼诗:"我生飘荡志何求,再过龟山岁五周。"

鸡公嘴山,丰都县东北三十里。

尖锋山,丰都县东五十里。

周城山,丰都县南七十里。

灯盏窝山,丰都县西七十里。

大峰门山,丰都县东六十里。

红花山,丰都县南三十里。

金盘山,丰都县北三十里,形若金盘故名。

白鹿山,丰都县北一里,昔有白鹿鸣于上。

青牛山,丰都县东三里,形若青牛。

矾石滩,丰都县西南二里。

龙停溪,丰都县东二里,中有龙潭。

灵泉，丰都县景德观中，水味甘寒，相传为王真人所凿，清浊增减与江水相应。

嘉靖《四川总志》卷九《重庆府·山川》，《北京图书馆古籍珍本丛刊》，北京：北京图书馆出版社，影印本，1991，第42册，第171-173页。

石龟山，治北五十里，苏轼诗"我生飘荡志何求，再过龟山岁五周"。

鸡公嘴山，治东北三十里。

大锋山，治东五十里。

周城山，治南七十里。

灯盏窝山，治西七十里。

火峰门山，治东六十里。

红花山，治南三十里。

金盘山，治北三十里，形若金盘，故名。

白鹿山，治北一里，昔有白鹿鸣于上。

青牛山，治东三里，形若青牛。

矾石滩，治西南二里。

龙停溪，治东二里，中有龙潭。

灵泉，景德观中，水味甘寒，相传为王真人所凿，清浊增减与江水相应。

万历《四川总志》卷九《郡县志·重庆府·山川》（虞怀中、郭棐等修纂），《四库全书存目丛书》，济南：齐鲁书社，影印本，1997，史部第199册，第357-359页。又见万历《四川总志》卷九《重庆府·山川》（吴之皞、杜应芳等修纂），《原国立北平图书馆甲库善本丛书》，北京：国家图书馆出版社，影印本，2013，第356册，第230-233页；康熙《四川总志》卷3《山川》，第29页a。

石龟山，治北五十里，《华阳国志》：巴子又市于龟亭。今新市里是也。《水经注》曰：平都县有市肆，四日一会。旧志龟山在县东五十里，其下有村墟。

鸡公嘴山，治东北三十里。

大锋山，治东隔江五十里，东壁文峰。

周城山，治南七十里。

灯盏窝山,治西南七十里。

大峰门山,治东隔江六十里,两崖壁立,中通行人,有古垒。

红花山,治南三十里,春来多花,娇艳媚目。

金盘山,治北三十里,形若金盘。

白鹿山,治西北一里。旧志:自平都西去一里,林树丛密者,白鹿山也。苏诗序云:至丰都县,将游仙都观,见知县李长官云:"固知君之将至也,此山有鹿甚老,而猛兽猎人终莫能害,将有客来游,鹿辄夜鸣,故常以此侯之而未尝失。"余闻而异之,乃为作诗。蒋夔记:右萦白马,象形也。八景载"白鹿夜鸣"。

青牛山,治东三里,大江萦绕,峰峦环护。道经云老子骑青牛度函谷,将息驾于平都,今在平都左,故名。林志。蒋夔记:左跨黄牛。故旧志称黄牛山,亦象形也。八景载"青牛野唻"。

万聚山,治东南七十里,一山高耸,众山环聚,故名。

花聚山,治南二十里,学宫之锦屏。

石壁山,治西七十里。旧志称西高山,峭壁千仞,老树万株,有仙人修炼于上,铸铁符藏之。又名铁符岩。

铜鼓山,治西南六十里,状若铜鼓。

珠帘山,治东二十五里,北岸,平冈叠翠,形若珠帘,朝旭初出,倒影入江,彩霞夺目。八景载"珠帘映日"。

五鱼山,治北二里。蒋夔记:后拥五鱼。

铧头山,治南八十里。

大仙岩,平都山半。

仙姑岩,在五云洞后,因麻姑过此得名。

岷江,治南,江水东流,自涪州入本境三十里,经县治南门外,环绕若襟带,东注五十里,入忠州界。

《水经》曰:江水又径东望峡,东历平都。东望峡,疑即观音滩也。

南滨河,治南一百里,自石柱司来,大山阻之,水从山底伏流曰沁,上经龙河,出葫芦溪口,入大江。

渠溪河,治北六十里,自忠州仓井发源,西流经县界,出涪州深溪口入江。

碧溪河，治西三十里，北岸自金盘山后发流，西南流出涪州，北背入江。

流杯溪，治北一里，白鹿山之阴赵村涧水流出，盘石平坦，昔人凿池九曲，引水以流觞焉。相传平都之仙常燕集于此。八景载"流杯池泛"。下流出通仙桥入江，俗称小福溪。

□□溪，治东二里，北岸，自□河坝山谷发源，南流十五里，□□□家田坝入大江。

榔溪，治东十里北岸，山上有魏夫人墓，未详何代。

罗云溪，治西三十里南岸，溪心为涪、丰分界。

白水，治西二十里南岸。

葫芦溪，治东南二里，由南宾河来。溪口形圆似镜，邃窈莫测，青箬绿鬓，上下相映，所谓"月镜潭"也。八景载"月镜凝山"。旧志载马祖得太上丹诀，虽通大道，未即飞升，乃隐钓于此，晦夜忽见霞光，烜耀空中，堕一葫芦，内有五金八石之药，马祖得之仙去。马祖，阴长生师也。

涂溪，治南七十里。溪在古南宾地，今为南宾里，邻石柱司。

油峰溪，治南一百里，为石柱司分界，详见兴福寺下。

诸溪之外，北岸尚有瓦窑溪、南客溪、洗脚溪、龙洞溪、九溪、子赤溪、老蛇溪、丁溪、双溪、凿溪，南岸尚有夫子溪、瑶溪、丁庄溪、刀水溪、沙溪、曹溪、泥坝溪、木屑溪、石板溪、文溪、高家溪。

灵泉，省志：平都山景德观中，水味甘寒，相传为王真人□所凿，清浊增减与江水相应。麻姑崖下有方井，为草莱湮没，疑即此。

丹井，在平都山顶，阴长生炼丹井也。

玉鸣泉，白鹿山之阳，翠微掩翳，有泉盈尺，冬夏不竭，滴□作琴音，清滢如玉，故名。

□□，俗称绿水池，滨江北岸，水涸始见。石盘溪下注水若□，□影荡漾，莹绿如染。春来士女多泛觞于此，黄白水诗勒石壁。

观音滩，治西十里，险冠全蜀。万历甲辰巡按黔人李时华开漕以利行舟，崖上镌"澄清伟绩"四大字。又有石碑镌李公诗，黄辉作《平险碑记》。

矾石滩，治西南二里，江中石盘高十丈许，流水潆回，清波荡漾，□□□空，映耀可爱。八景载"送客晴澜"。

龙床,治南,江中石盘耸出,流水旋绕,汹涌昼晦,疑是蛟龙窟也。刻石纪游,多宋元遗迹。石面勒"龙床春玩",又"石槎"二大字,徐寿恺书。纪念绍兴、大德、端平诸号,今尚存,亦称笔架石,傍横勒八大字,曰"天下文章,莫大于是"。又一联曰:阁乾坤之大笔,写江汉之雄才。冬尽水浅则见。八景载"龙床暮雨"。

丰稔坝,治东二里,大江近南岸,长洲绵亘数里,可容民居数百家。形胜作:县治下臂,实锁石柱水口也。里人以兆丰年,故名。

康熙《丰都县志》卷一《舆地志·山川》,第2页a-9页a。

石龟山,在县北五十里。苏轼诗"我生飘荡志何求,再过龟山岁五周"。即此。

鸡公嘴山,在县东北三十里。

大锋山,在县东隔江五十里。山峰矗起如卓剑然,亦曰尖峰山。

周城山,在县南七十里。石壁四周俨如城壁。

灯盏窝山,在县西七十里,接涪州界。

大峰门山,在县东六十里。峰顶二石并峙如门。

红花山,在县西南隔江三十里。

金盘山,在县北三十里。岩石回环,形如金盘,故名。

白鹿山,在县西北一里。与平都山峰峦相接,昔有白鹿鸣于上,一名鹿鸣山。

青牛山,在县东三里,形如青牛。

大江,在县南,自涪州流入,又东北入忠州界。《水经注》:江水自铜柱滩,又经东望峡,峡对丰民洲,又东历平都,又经虎须滩,至临江。《寰宇记》:在县南一百步。

粮溪,在县东,下流入江。

矾石滩,在县西南二里。《一统志》:矾石滩下有观音滩,在县南门外,入县境三十里至城南,又东南二十里至忠州界。

望涂溪,在县南。《寰宇记》:在南宾县北二百步,西流至丰都县,南注蜀江。旧志:有南宾河在县南二里,即此。

葫芦溪,在县西南,自石柱司流入大江。又有石板溪,在县西三里。

龙停溪，在县东二里，源出改河坝山谷，东南流十五里至古家田坝，入江中，有龙潭。

灵泉，景德观中，水味甘寒，相传为王真人所凿，清浊增减与江水相应。

雍正《四川通志》卷二十三《山川》，第43页a-49页b。

尖峰山，在丰都县东，隔江五十里。山峰矗起如卓剑然，亦曰大峰山。

大峰门，山在丰都县东六十里。峰顶二石并峙，如门之口。

周城山，在丰都县南七十里。石壁四周俨如城壁。

白鹿山，在丰都县西北。一与平都山峰峦相接。一名鹿鸣山。

金盘山，在丰都县北三十里。岩石回环，状如金盘。

嘉庆《大清一统志》卷四百一十六《忠州直隶州》，四部丛刊续编景旧抄本，第4页a。

鹿鸣山，治西北一里，旧志引苏诗序谓此山有鹿，客将至辄鸣，故以名山。蒋夔记"右萦白马"，肖形也。按《东坡年谱》，嘉祐四年（1059）冬，公及弟子由同侍老苏自蜀舟行至楚，过丰都县，有《留题仙都观》及《仙都山鹿》二诗。据《苏诗全集》白鹿诗注，旧志所引系老苏诗序，而《嘉祐集》无此序，亦无此诗。或老苏过此别有诗而偶逸之欤？存以俟考。

青牛山，治东五里，大江下萦，峰峦环绕，状似蹲牛，故蒋夔记"左跨黄牛"，旧志亦称牛山。

五鱼山，治北一里，蒋夔记"后拥五鱼"。

双桂山，治西一里，双峰对峙，高俯群山。

南北坛山，治西二里，山南北旧有社、厉两坛，故名。今俗讹为南北台。

贾郭山，治东九十里，十字路场北。

花聚山，治南二十里，旧志谓为"学宫锦屏"。

珠帘山，治南二十里，朝旭初上，山翠倒影入江，状若珠帘。

鸡公嘴山，治东北三十里。

红花山，治南三十里，春时多花。

金盘山，治北五十里，形似金盘。

铧头山,治南八十里。

大峰山,治东南五十里,旧志谓东壁文峰。

交头山,治南一百二十里。

石龟山,治北五十里,《华阳国志》:巴子又市于龟亭。旧志谓即此。

灵应山,治东六十里,北岸对高家镇。

大峰门山,治东南六十里,两壁峭立,中通人行。旧志谓有古垒。

灯盏窝山,治西七十里。

鹰嘴岩山,治西七十里。

石壁山,治西七十里,峭壁千仞。旧志谓老树万株,昔有仙人炼形于上,铸铁符藏之,故又名铁符岩。

万聚山,治东南七十里,万山环拱。故名。

狮子山,治南六十里,波罗坝西北。

铜鼓山,治西南六十里,状若铜鼓。

凤山,治南六十里,对波罗坝场。

高石山,治南百里,地名担子台,石壁无土,草木不枯,石壁下垂,泉自中出,大旱不涸,旁有垂石,俗呼白鹤老鹰岩。按高石山俗名象鼻岩,以形似得名。白鹤岩、老鹰岩相距各四五百里,非一地一名也。

碧岩山,治南六十里,波罗坝中。

金佛山,治西北一百四十里,俗呼凉磙磴,高极云霄,渐下迤逦而东。邑人谓群山之祖。西麓接涪州鹤游坪。

尖子山,治六十里。

关口山,治南百里,在太□乡后,明末秦良玉置戍于此,石址犹存。

岷江,治南,江水东经涪州一百里入县境,径南门外若襟带,又东九十里入忠州境。按蜀三江,外水岷江,中水沱江,内水涪江。

灶门子滩,治西四十里,立石镇东,江水半涨,下水船险。

卷篷子滩,治西三十里,灶门子滩东,江水满时,船上下俱险。

观音滩,治西十五里,江水满时,船上下俱险。旧志谓"险冠全蜀",明万历间巡按御史李时华凿,以利行舟。黄辉为作《平险记》。

大佛面滩,治西,上连观音滩,江水满时,船上下俱险。

土地盘滩,治西五里,江半涨时下水船险,舟人至此,最宜傍北放棹。

送客堆滩,治西,上连土地盘,江半涨时,下水船险。

巉碑梁滩,治西,上连送客堆,境内第一险,滩石梁亘江心,水满则没。半涨时,下水船险,舟人或避险而南,则又驶入百丈滩矣。旧设救生船二只,水手十二名。按滩东西长三百四十三丈。

百丈滩,治西南三里,斜对巉碑梁,江半涨时,下水船险。

按丰都上游诸滩实屏蔽,县城障水使南,故城处北岸无恙。诸滩平削,水势直注县城,人其鱼矣。比年石工或取滩石城,东山堤数崩,是其一验平险者,固利彼而不利此也。

龙床石滩,治南,江中盘石耸出,流水激涌,冬尽水落,下水船险。石面镌大字曰"石槎",傍有题刻,水落辄见。

关石滩,治东五里,江半涨时,下水船险。

林阁老滩,治东南五里,江水微涨,下水船险。

碧溪河,治西三十里,自金盘山发源,西南流绕涪州,背入江。①

南宾河,治南一百里,自石柱司来,大山阻之,伏流山底,经龙河出葫芦溪口入江。②

渠溪河,治北六十里,自忠州仓井发源,西流经县境,出涪州珍溪口入江。

丰稔坝,治东二里,江中长洲绵亘,可容数百家,为县城下臂。旧志谓"锁石柱司水口",邑人以兆丰年,故名。

葫芦溪,治东南二里,溪口平圆似镜,所谓"月镜潭"也。旧志谓阴长生师马明生炼形于此,得葫芦丹药仙去。

流杯溪,治北一里,鹿鸣山阴涧水缘石而下,迤逦出通仙桥入江,旧志谓昔人

---

① 民国《丰都县志》卷八《方域志·山川》中"碧溪河"条下内容是"治西三十里,自金盘山发源,西南流入忠义乡社坛至复兴场河边,东流名东流口,桥曰东流桥,入忠武乡,经永兴至高洞,若瀑布数丈,湍急如飞,洵胜境也。至仁寿场入涪界,于施家角入江"。该卷还另增"铁门坎,治南八十里,在楠竹坝左。冬时水落见底,轮船住此每搁礁"。

② 民国《丰都县志》卷八《方域志·山川》中"南宾河"条下内容是"治南一百里,发源于湖北利川鱼筌口,入邑义顺乡,有野鹤溪自忠属来汇,复西流入石属。经邑属观音寺,至邑南乌杨坝,大山阻之,伏流山底,经龙河出葫芦溪口入江。此溪容小流最多,惜陡绝,不能导,致成弃材"。

凿池九曲,引水流觞,故名。

龙洞溪,治东二里,自老柏沟山谷发源,经平都山阴入江。

小福溪,治东五里,自黄韩堰山谷发源,经赵村坝绕北关后涧,群溪汇之,环流至东关下入江。

洗脚溪,治西三里,自北关内山谷发源,环流至西关下入江。

榔溪,治东十里。

罗云溪,治西南三十里,溪心为丰、涪分界。

白水溪,治西南二十里。

涂溪,治南七十里。

油峰溪,治南一百里。①

按诸溪外,北岸有瓦陶溪、南海溪、九溪、子赤溪、老蛇溪、丁溪、双溪、凿溪,南岸有佛子溪、瑶溪、丁庄溪、刀小溪、沙溪、曹溪、泥巴溪、木屑溪、石板溪、文溪、高家溪。

龙塘,在治南六十里日照坝,四时不涸,土人引以溉两岸田,岁旱祈雨或应。

老龙潭,在治南六十里波罗坝,广三十余步,溉田数顷。

灵泉,平都山景德观,旧志谓仙人王方平凿,清浊增减与江应。

玉鸣泉,鹿鸣山阳,石泉滴沥作琴音,莹洁如玉,故名。

丹井,平都山顶,旧志谓阴长生炼丹处。

八角井,西门外数武,明洪武二年凿。国朝咸丰庚申(1860)坍,邑人重浚。按县城少井,官民皆汲于江,惟城北内马道有二井,同治元年(1862)发逆警,城闭,邑人争汲于此,多不给,或穴城底,引田水饮焉。守土者若附城筑水道属江,则人心安定,进退自如矣。

新城灵泉,邑令马佩玖浚。②

同治《丰都县志》卷一《舆地志·山川》,第6页a-11页b。又见光绪《丰都县志》卷二《舆地志·山川》,第6页a-12页a;民国《丰都县志》卷八《方域志·山川》,《中国地方志集成·四川府县志辑》,成都:巴蜀书社,1992,影印本,第47册,第586-588页。

---

① 民国《丰都县志》卷八《方域志·山川》中增加"渭溪,治南七十里,发源于观音洞,四时不涸"。
② 民国《丰都县志》卷八《方域志·山川》无上列龙塘、老龙潭、灵泉、玉鸣泉、八角井诸条及按语等,并将"新城灵泉"条书为"灵泉,清邑令马佩玖浚"。

第五节　寺观(含楼阁、祠庙)

一、景德观(丰都观、仙都观)

咸平元年(998),赐忠州仙都宫《太宗御书》一百二十卷。

景德元年(1004),赐名景德观。

[宋]王应麟:《玉海》卷一百《郊祀》,清文渊阁四库全书本,第21页b。

显佑显应真人庙,庙在丰都县平都山景德观前。汉王真人远嘉定七年(1214)、十年(1217)封显佑真人,后汉阴真人长生封显应真人。

[清]徐松:《宋会要辑稿》礼二一,稿本,不注页码。

丰都观,在丰都县治东。一名景德观,宋建。

[明]李贤:《明一统志》卷六十九《重庆府·寺观》,清文渊阁四库全书本,第32页a。

丰都观。

正德《四川志》卷十三《重庆府·寺观》,第50页b。

丰都观,在丰都县内。

嘉靖《四川总志》卷九《重庆府·祠庙》,《北京图书馆古籍珍本丛刊》,北京:北京图书馆出版社,影印本,1991,第42册,第177页。又见万历《四川总志》卷九《郡县志·重庆府·祠庙》(虞怀中、郭棐等修纂),《四库全书存目丛书》,济南:齐鲁书社,影印本,1997,史部第199册,第363-364页;万历《四川总志》卷九《重庆府·祠庙》(吴之皞、杜应芳等修纂),《原国立北平图书馆甲库善本丛书》,北京:国家图书馆出版社,影印本,2013,第356册,第237-238页。

丰都观,城内。

康熙《四川总志》卷二十四《寺观》,第8页b。

丰都观,在平都山顶,唐曰仙都,宋改景德,亦称白鹤。省志作城内,误。旧志有景福宫、昭应宫、救苦宫、景灵宫,蒋记有通明殿、四圣殿,俱毁,不可考。

按《水经注》曰:县有天师治,兼建佛寺,甚清灵。知山上寺观其来旧矣。

寥阳殿、玉皇殿、王母殿、观音阁、曜灵殿(有碑二,一在凌虚阁下,一在殿后壁)、龙虎君殿,以上俱平都山顶。九蟒殿,亦称九炁楼,平都山半。

东岳殿、北阴殿、石佛殿、接引殿、玄天宫(今废,碑存),以上俱平都山麓。

康熙《丰都县志》卷六《名胜志·寺观》,第11页a-b。又见嘉庆《丰都县志》卷二《名胜志·寺观》,第98页a-99页a。

丰都观,在丰都县平都山,唐建,本名仙都,宋改名景德,又名白鹤观。相传汉王方平、阴长生得道处,有阴长生《石本金丹诀》、吕洞宾《平都访仙诗》及唐碑十。

嘉庆《大清一统志》卷四百一十六《忠州直隶州》,四部丛刊续编景旧抄本,第10页a-b。

丰都观,《一统志》:丰都县,在忠州西南一百十里。《方舆胜览》:自丰都县东行二里许,始登山,石经萦回,可一二里,平莹如扫,林木邃茂,夹径翠柏黄葛殆万株,有数十株是千年物,此即平都山也。段文昌《修平都观记》云:平都山高顶即汉时王、阴二真人蝉蜕之所。

[清]沈钦韩:《范石湖诗集注》卷十九,清光绪刻功顺堂丛书本,第45页b-46页a。

丰都观,在平都山顶,唐曰仙都,宋改景德,亦称白鹤观。省志作城内,误。按李唐祖老聃,俗多好道,相沿及宋季,故道书附会,谓仙人阴长生、王方平炼形于平都,吕纯阳有访王、阴不遇诗,释氏误将阴、王连读,以为阴司之王者,遂附会为地狱之说。好事者又引李白诗"下笑世上士,沉魂北丰都"二语证之,于是皆信丰为鬼国矣。不知酆在唐为豊,明洪武十四年(1381)始加邑旁,李白诗当是别有所指,非谓蜀之丰都也。

九蟒御史庙,在平都山半。旧志谓御史杨姓,明宏治[①]二年(1489)巡按至丰都,登平都山,忽九蟒绕车而化,遂葬焉,邑人建庙墓前,肖像祀之。按蒋夔《景德观记》,在明永乐二十二年(1424),云大仙岩有九蟒之神,周延甲记谓宋庆历时人。而旧志则谓宏治二年(1489)事,其误可知,且九蟒随车事甚不经当,亦山僧诡语惑人耳。

平都山顶庙六:寥阳殿、玉皇殿、王母殿、观音阁、曜灵殿、龙虎君殿。

山麓庙五:东岳殿、北岳殿、石佛殿、接引殿、元天宫(今废,碑存)。

山阴庙三:竺国寺、十方寺。

光绪《丰都县志》卷三《祠庙志》,第86页a-87页b。

平都山各庙

九蟒殿,在平都山半。旧志谓御史杨姓,明宏治二年(1489)巡按至丰,登平都山,忽九蟒绕车而化,遂葬焉,邑人建庙墓前,肖像祀之。按蒋夔《景德观记》,在明永乐二十二年(1424),大仙岩有九蟒之神。周延甲《三鱼碑记》谓宋庆历时人。一人年代三异其说,其谬可知,且九蟒绕车事甚不经当,亦山僧诡语以惑人耳。殿侧有尔朱洞,旧志谓尔朱仙炼形处。邑知县朱有章于殿后石壁书"岷岳"二字,径二尺,甚雄厚。

寥阳殿,在平都山半。明蜀献王于殿前修三石桥,今尚存。

玉皇殿,在平都山顶。铁像,高数丈。王廷献《秋山拾遗记》谓远人岁致巨烛,可燃一年。今仍岁致,仅燃数月耳。

王母殿,在平都山顶。殿前有杨宣尉重修景德观碑。

观音阁,在平都山顶。

龙虎君殿,在平都山顶。王廷献《秋山拾遗记》谓石上镌李阳冰书"道山洞天",即此处也。

仙都观,在平都山顶,俗称天子殿。唐曰仙都,宋改景德,亦称白鹤观。省志作城内,误。按李唐祖老聃,俗多好道,沿及宋季,道书误会,谓仙人阴长生、王方平炼形于平都山,吕纯阳有访王、阴不遇诗,释氏误将阴、王连读,遂为地狱之说。

[①] 原文如是,应为"弘治",后同。

谓阴司在丰，且引李白诗"下笑世上士，沉魂北丰都"二语证之，于是皆谓丰都为鬼国矣。不知酆在唐为豐，明洪武十四年（1381）始加邑旁，李白诗当是别有所指，非谓蜀之丰都也。殿前悬铜镜，曰业镜，围丈余。王廷献《秋山拾遗记》谓日久蒙昧，而奸邪过此，犹凛凛不敢正视焉。凌虚阁在仙都观后，有王、阴对弈像，俗呼二仙阁。旧志谓有明御史卢庸隶书东坡诗碑及雍诗碑，兵燹后寺观俱毁，此阁岿然独存。省志作凌云阁。五云楼在凌虚阁下，旧志谓有唐书"瑶池乐部"四字，今无存。省志谓在景德观后，唐段文昌建，《广舆志》因之。清嘉庆间，忠州知州周景福颜曰"五云深处"，知县瞿颉题曰"水天一色"。楼规模宏敞，俯见城郭井里，大江襟带其左，洵巨观也。天下名山坊在仙都观前，明万历九年（1581）典史彭镒建，古养敬、杨忭为之记。唐碑十，在仙都观侧，段文昌《修观记碑》、段少监《修斋记碑》、《天尊石像记碑》、《老君石像记碑》、《感应碑》、张大理《诗碑》、杜光庭《石函记碑》、李吉甫《阴真人影堂记碑》、李吉甫《真君碑》、《仙公碑》，又《二仙公碑》，唐景云二年（711）李虔之撰；《二仙君铭碑》，唐景云二年（711）薛湜撰；《三官堂碑》，唐中和元年（881）忠州刺史陈侁撰；《道山洞天碑》，唐李阳冰书，见蒋夔记。旧志作吕仙书，误。按以上诸碑《蜀雅》谓李吉甫三碑尤佳。今惟吴道子画像存耳。

民国《丰都县志》卷三《庙坛祠观仓署局所表·庙坛祠观表》，《中国地方志集成·四川府县志辑》，成都：巴蜀书社，1992，影印本，第47册，第515页。

二、县境内其他寺观

竺国寺。

十方堂。

关帝宫，天启初胡公平表讨奢贼，祷于平都关祠，临阵获神助。事平，乃于平山之阴，更立庙，函金为像祀之。俗称圣帝宫。

以上俱平都山阴。

玉鸣寺，白鹿山顶，天顺间邑人杨大荣创建，忠州进士李青霄碑记。本因玉鸣泉得名，因老泉事，前知县冒梦龄勒坊曰来苏，前凿石作白鹿状，遂讹为鹿鸣寺也。

五显祠,城内。

天福寺,治西二里。

金盘寺,治北三十里。

观音寺,治西四里,岷江西岸。今废。

华严寺,治西十里。

望月寺,流杯池北。

浮藏寺,治北五十里。

悟惑寺,治南十五里。

峰顶寺,治南十里。旧志,治东北二十里。今毁。

长溪寺,治南九十里。

鹿门寺,治南二十里。

世祀庵,万历丙戌,节妇杨氏建,俗称黄菩萨寺。

竹雪庵,崇祯初,节妇杨氏建。

匪石庵,崇祯末,节妇冉氏建。今废,碑存。

憩云庵,金盘山右。

兴福寺,在油峰溪,与石柱接壤。万历间知县萧宗高、主簿尹学士题梁现存。康熙三十四年(1695)改建,因县司不睦,石柱将县衔削去,另列司衔,且以强邻狷狲等事详司府。康熙三十六年(1697),知县王廷献查明,原系县地,详改县衔,司府俱有成案。

康熙《丰都县志》卷六《名胜志·寺观》,第11页b-14页a。又见嘉庆《丰都县志》卷二《名胜志·寺观》,第99页a-100页b。

玉鸣寺,在鹿鸣山顶,明天顺间邑绅杨大荣建,忠州进士李青霄作记。本因玉鸣泉得名,因老泉事,前知县冒梦龄作亭曰来苏,凿石作白鹿状于前,今遂讹为鹿鸣寺。

禹王宫,治西一里。

万寿宫,治西一里。

川主庙,治西一里。

天福寺,治西一里。

金盘寺,治北三十里。

观音寺,治西四里,岷江西岸,今废。

华严寺,治西十里。

望月寺,流杯池北。

浮藏寺,治北五十里。

悟惑寺,治南十五里。

峰顶寺,治南十里。

长溪寺,治南九十里。

鹿门寺,治南二十里。

世祀庵,明万历丙戌(1586)节妇杨氏建,俗称黄菩萨寺。

竹雪庵,明崇祯初节妇杨氏建。

匪石寺,明崇祯末节妇冉氏建,今废,碑存。

憩云庵,金盘山右。

兴福寺,在油峰溪,与石柱司接壤。

社坛寺,在社坛场。续纂:寺名永兴庵,在社坛场耳。

川主石庙,在邹家桥。

开花寺,在县北岸。

双龙寺,以左右山形得名,中有大石,空其中似桥,下有水,寺祀观音大士。

报国寺,旧名常乐庵。

湛家寺,治南六里。

续纂:福禄宫,即八省会所,在治西。

三圣宫,四甲大柏树场,乾隆五十九年(1794)建,同治三年(1864)重修。

三元寺,大柏树场七里,康熙三十年(1691)建。

观音庵,大柏树场五里,乾隆十年(1745)建,光绪四年(1878)重修。

石庙子,大柏树场四里,雍正八年(1730)建,光绪四年(1878)重修。

万天宫,九甲弹子场西南七里。

杨泗庙,九甲天池山,同治初设防堵。

金龟寺,九甲弹子场东北。

庆云庵,在九甲南岸普济沱三里。

三教寺,内十二甲三益场。明季古刹,乾隆壬子(1792)毁于火,今重修。

元通寺,内十二甲,明季古刹。

联芳寺,内十二甲桥头坝场十里,明天启间建。

光绪《丰都县志》卷三《祠庙志》,第88页a-90页a。

城内外各庙

纯阳观,治西。光绪八年(1882)知县何诒孙建。

天上宫,治西。

万寿宫,治西。

禹王宫,治西。清知县方宗敬有记。石壁刊"禹穴"二字,直径八尺余,笔书雄恣。

川主庙,治西。

镇江寺,一在治西,一在东门内,一在东门外。

天佛寺,治西。明嘉靖黄洵碑记犹存。铜佛高二丈余。

福禄宫,治西。

桓侯宫,治东。

三抚庙,治东。

平都山麓各庙

定慧寺,治东。

接引殿,治东。

东岳庙,治东。有放生池,王廷献《秋山拾遗记》谓东岳天齐行宫是也。

石佛殿,治东。王廷献《秋山拾遗记》谓石佛高二丈余,犹岿然在也。

雷祖庙,治东。

奎阁,治东。今已倾圮。

鹿鸣寺,治北二里。明邑绅杨孟瑛建,山下流杯溪侧有沐浴亭。明万历蒋侯劝农碑犹存,但字迹漫漶不可考。

竹雪庵,治西。明万历碑犹存。

竺国寺,在关庙右。

十方寺,在竺国寺右。内有铜佛数尊。

望月寺,在五鱼山顶。

十乡各庙

三圣宫,四甲大柏树场。清乾隆五十九年(1794)建,同治三年(1864)重修。

石庙子,距大柏树场四里。清雍正八年(1730)建,光绪四年(1878)重修。

万天宫,顺庆乡担子台西南七里。

杨泗庙,顺庆乡天池山。清同治初防发逆,设防堵于此。

八角庙,马虎垭场西八里。清乾隆四十六年(1781)建,光绪初重修。

大石庙,永兴场。清初创修,民国十三年(1924)邹集之、陈惠迪等重修。

金子庙,观音寺场。明成化间重修,碑记尚存。

庙高峰,俗名关口,为观音寺场西来之关键。清咸丰辛酉岁(1861),王元曾题"剑壁云生"四字,于岩间关门,有吴道子观音遗像。

太保祠,太平寨内。清同治壬戌年(1862),秦姓族人同建。

清会宫,郑家营。清北部郎傅世纶题诗尚存。

华严寺,治西十里。明万历戊戌年(1598)建。

金盘寺,治北六十里。明万历癸未年(1583)建,清光绪戊戌年(1898)毁于火,庚子年(1900)重修。

悟惑寺,治南十五里。

匪石寺,治南。明崇祯末,节妇冉氏建,今废,碑存。

兴福寺,在汕峰溪,与石柱接壤。

三元寺,大柏树场七里。清康熙三十年(1691)建。

三教寺,内十二甲三益场。明季古刹,乾隆壬子(1792)毁于火,今重修。

联芳寺,桥头坝场十里。明天启间建,古碑尚存。

藏经寺,大月坝场冉家河。明清得佛经颇富,现贮寺内。

无方寺,在五龙场前。明毛姓名无方者变产为寺。

天竺寺，观音寺场后十里。寺僧每年认捐高小校经费谷二十石。

明云寺，治西雪峰顶。明万历时建，古碑尚存。

普济寺，治西北岸。明季建，古碑、匾额犹存。

仙境寺，五龙场傅家坪。殿后有孔圣像，相传为宋时塑。

天台寺，敞天坝。明万历时建。

熊家观，即福德观，在仁寿乡。明天启七年（1627）补修。

南华庵，治南十里。清初县令李如涝赠古铜花瓶，高二尺，铸康熙年号。

憩云庵，治北金盘山右。清康熙十年（1671）重修。

世祀庵，马虎垭场五里。明万历节妇黄杨氏建，俗称黄菩萨寺。

观音庵，大柏树场五里。清乾隆十年（1745）建，光绪四年（1878）重修。

按丰城各庙古迹良多，军兴以来，孔庙迭次驻兵，而平都山鹿鸣寺庙宇鳞次，适为防守奥区。盘踞既久，不特楹联、屏额荡然无存，即楼桷、窗棂半为折毁，而花木、泉石之摧残更无论矣。十乡庙产甚富，禅房羽室装饰精严，庙前后森林多数百年古木，近日乡校林立，提庙产作经费，岁修无着，顿改旧观也。

民国《丰都县志》卷三《庙坛祠观仓署局所表·庙坛祠观表》，《中国地方志集成·四川府县志辑》，成都：巴蜀书社，1992，影印本，第47册，第514-515页。

三、楼阁

五云楼，在丰都县景德观，唐段文昌建。楼下壁间有唐书"瑶池乐部"，甚妙。

凌云阁，在丰都县平都山顶，有碑刻"凌云"二字。

[明]李贤：《明一统志》卷六十九《重庆府·宫室》，清文渊阁四库全书本，第30页 a-b。

五云楼，在治景德观，唐段文昌建，楼下壁间有唐书"瑶池乐部"甚妙。

凌云阁，在治平都山顶，有碑刻"凌云"二字。

五云亭，在治平都山五云洞，通判游和作亭覆于上。

挹翠楼，在平都山右，临仙姑崖。

拱辰楼,在涪治西。

正德《四川志》卷十三《重庆府·台榭》,第47页 b。

五云楼①,丰都县景德观后,唐段文昌建,楼壁有唐书"瑶池乐部"甚妙。

挹翠楼,丰都西右②。

拱辰楼,丰都治北。

凌云阁,丰都县平都山顶,有碑刻"凌云"二字。

五云亭,丰都平都山上。

嘉靖《四川总志》卷9《重庆府·宫室》,《北京图书馆古籍珍本丛刊》,北京:北京图书馆出版社,影印本,1991,第42册,第175-176页。又见万历《四川总志》卷九《郡县志·重庆府·宫室》(虞怀中、郭棐等修纂),《四库全书存目丛书》,济南:齐鲁书社,影印本,1997,史部第199册,第362页;万历《四川总志》卷9《重庆府·宫室》(吴之皞、杜应芳等修纂),《原国立北平图书馆甲库善本丛书》,北京:国家图书馆出版社,影印本,2013,第356册,第236页。

五灵楼,丰都县景德观后,唐段文昌建。挹翠楼,丰都治右。拱辰楼,丰都治北。凌云阁,丰都县平都山顶,有碑刻"凌云"二字。五云亭,丰都平都山上。

康熙《四川总志》卷6《宫室》,第6页 a-b。

五云亭,平都山上,即阴长生丹井也,日久无泉,遂成土穴。旧有八角亭,宋淳熙十三年(1186)七夕井中五色云见,天花缤纷,驯鹿群集。前高密丁尉侯作诗纪其事,仍为亭以覆之,因号五云洞。明宣德间,通判游和重修。万历初,好事者③立关祠于上,井口凿石作炉状。客至,山僧则燃纸照之,日就淤塞,邑人杨维新有《五云洞悲歌》。

凌云台,平都山顶,旧有石碑,镌"凌云"二字。相传王、阴对弈处。石枰犹存。④

---

① 万历《四川总志》(虞)作"五灵楼"。
② 万历《四川总志》(虞)作"丰都治右"。
③ 嘉庆志无"好事者"三字。
④ 嘉庆志作"今亭址石枰犹存。"

凌虚阁，凌云台前，俗称二仙楼，有明御史卢庸隶书东坡平都山诗碑及雍诗碑。兵燹后平都寺观俱烬，此楼岿然独存。省志作凌云阁。

五云楼，楼壁有唐书"瑶池乐部"四字。按蒋夔记，五云楼在灵星门前，楼下峙三级台，当今石坊处。省志则称景德观后，唐段文昌建。《广舆志》因之，且误作五云楼。①

尔珠洞，平都山半，尔朱仙修炼处。

挹翠楼，治右。今废。

拱辰楼，治北，今废。按挹翠、拱辰当是城楼，南城楼亦称熏风楼，可类推也。

沐浴亭，流杯池侧，有万历时蒋侯劝农碑，字迹漫漶，不可考矣。

平山书院，明邑人杨孟瑛立家塾，王守仁为之记。今废，故址犹存。

凌云书院，明知县万谷建，即今文昌宫旧址②。

魁星楼，在治东，隔江丰稔坝。今毁。③

枳江亭，在东门内，今废。

两峰塔，治南，今毁，故址犹存。

康熙《丰都县志》卷六《名胜志·古迹》，第1页a-2页b。又见嘉庆《丰都县志》卷二《名胜志·古迹》，第87页a-89页a。

天下名山坊，丰都观前，万历九年(1581)典史彭镒建。古养敬、杨忻为之记。

康熙《丰都县志》卷六《名胜志·石坊》，第3页a。又见嘉庆《丰都县志》卷二《名胜志·古迹》，第89页a-b。

五云亭，在平都山顶，旧志谓阴长生丹井，泉涸成土穴。宋高密丁尉侯为亭覆之，号五云洞。明宣德间通判游和重修。万历初，改建关祠。好事者凿石井口作炉状，客至，山僧则燃钱纸其中，谓其下有冥府焉。

---

① 嘉庆《丰都县志》卷二《名胜志》"五云楼"后附增"国朝嘉庆九年，忠州知州周景福颜曰'五云深处'。十一年九月，知县瞿颉偕僚友登高，于此题名曰'水天一色'。楼在平都山顶，规模宏敞，俯视城郭井里，历历在目。大江襟带其左，洵一邑之巨观也"。
② 嘉庆志作"基址"。
③ 嘉庆《丰都县志》卷二《名胜志》作"魁星阁，旧在文庙前西南隅，后毁。邑人移建于治东，隔江丰稔坝，而文风始衰。嘉庆十二年六月，知县瞿颉率邑人重建于文庙之东北梧桐街，而孝廉许金芝等又请修丰稔坝魁星阁，亦有举不废之意也"。

沐浴亭，在流杯溪侧，有明万历时蒋侯劝农碑，字迹漫漶不可考。

凌虚阁，在平都山顶，有王、阴对弈像，俗呼二仙阁。旧志谓有明御史卢雍隶书东坡诗碑及雍诗碑。兵燹后寺观俱毁，此阁岿然独存。省志作凌云阁。

五云楼，在凌虚阁下层，旧志谓有唐书"瑶池乐部"四字，今无存。省志谓在景德观后，唐段文昌建，《广舆志》因之。国朝嘉庆间，忠州知州周景福颜曰"五云深处"，知县瞿颉题曰"水天一色"。楼规模宏敞，俯见城郭井里，大江襟带其左，洵巨观也。

凌云台，在平都山顶，旧有石碑，镌"凌云"二字。旧志谓王、阴对弈处。今石枰犹存，当是好事者为之。

尔朱洞，在平都山半，旧志谓尔朱仙炼形处。

龙墩，在治西北岸石盘下，注水若塘，萦绿如染，水落则见，俗呼绿水池，游人多泛舫于此。

科名坊，旧在学宫两辕，分题自明以来邑人科名于上。道光中重修，学宫坊遂斜置，邑人拟迁之。

天下名山坊，在丰都观前，明万历九年（1581）典史彭镒建，古养敬、杨忻为之记。

节孝总坊，在梧桐街口，署知县陆镕建。

光绪《丰都县志》卷三《古迹志》，第81页a-83页a。

四、祠庙

严公祠，在治西北。

正德《四川志》卷十三《重庆府·祠庙》，第49页b。

严公祠，丰都县西北，祀汉严颜。

嘉靖《四川总志》卷九《重庆府·祠庙》，《北京图书馆古籍珍本丛刊》，北京：北京图书馆出版社，影印本，1991，第42册，第177页。又见万历《四川总志》卷九《郡县志·重庆府·祠庙》（虞怀中、郭棐等修纂），《四库全书存目丛书》，济南：齐鲁书社，影印本，1997，史部第199册，第363-364页；万历《四川总志》卷九《重庆府·

祠庙》(吴之皡、杜应芳等修纂),《原国立北平图书馆甲库善本丛书》,北京:国家图书馆出版社,影印本,2013,第356册,第237-238页。

严公祠,在治西北,祀严颜。
康熙《四川总志》卷九《祠祀》,第15页a。

社稷坛,治西一里。洪武十四年(1381),知县窦谷署立,每岁二、八月上戊日致祭,俗称上坛。社稷坛神位石碑,兵毁无存。康熙四十五年(1706),知县朱象鼎重立。

风云雷雨山川坛,治东北一里。洪武十四年(1381),知县窦谷署建,每二、八月择日致祭,今俱于戊日。碑系万历七年(1579)知县左应麟建立。

厉坛,旧有二处,一在治东长坝镇,一在治西上坛右。久荒莫辨。康熙庚申(1680),知县张凤鹋重为立碑,今亦无存。每年祭,无祀坛,多在下坛也。

城隍庙,治东七十步。兵燹后康熙丙午(1666)知县汤濩建,康熙四十六年(1707)知县朱象鼎重建后殿三间。

文昌祠,治北一里。旧志,在县西八十步,今在平都山麓。明万历十二年(1584),知县张守刚建,戴文亨为之记。兵火后,康熙壬子(1672),知县李如涝重建,林坚本为之记,每逢丁祭日,有司备牲醴致祭。

汉寿亭侯祠,平都山顶,即五云洞旧址,明万历初建。兵火后康熙乙巳,知县汤濩重建,每丁祭日有司致祭,如文昌祠。

严颜祠,省志:在治西北,祀汉严颜。按平都西北严祠故址已不可考,然颜系巴守而丰系巴分出者,祠亦所应由。

余阶祠,平都山顶,祀宋余阶。考亭,夫子为之记。见蒋夔记。今毁。

胡平表祠,治北一里,通仙桥北。康熙三十九年(1700),知县王廷献建,有亭。康熙四十七年(1708),知县朱象鼎重修。

万谷祠,平都山麓有万谷祠,涪人黎元为之记。康熙四十四年(1705),知县王廷献重建。

窦希颜祠,并祀于万谷祠,詹贞吉为之记。康熙四十四年(1705),知县王廷献重建,颜曰崇报祠。

土主庙,祀周巴蔓子,治北门内,今毁。旧志载每年三月初七日致祭,今废。有明成化年铸钟,现存曰土主紫霄大帝。

川主庙,祀秦李冰,治西一里。元至正间重修,碑记载旧志,今废。有明成化七年铸钟,现存曰川主崇应惠民大帝。按省志,嘉靖名宦载隋赵昱,青城人,与道士李珏游,累辞征聘,后炀帝征为嘉州太守。时州有蛟为害,昱令民雇舡数百,率千余人临江鼓噪,自披发仗剑入水,有七人亦披发仗剑入水,随之天地晦冥。少倾,云雾敛收,七人不复出,惟昱左手持剑,右手提蛟首,奋波而出,河水尽赤,蛟害遂除。开皇乃隋文年号也,二字误间挈家入山,踪迹不见。后有运饷者见昱乘白马,引白犬,一童子腰弓挟弹,以随驺从,如平生焉。唐太宗封为神勇大将军,庙祀灌口。明皇幸蜀,进封赤城王。宋张咏治蜀之乱,祷祀得神助,蜀平。事闻,封川主清源妙道真君,蜀所祀川主即此。今碑记用凿离堆事,则指秦李冰也。

康熙《丰都县志》卷二《建置志·祠祀》,第13页b-17页a。

社稷坛,旧在治西一里,今在治东山王庙后。

风雨雷电坛,治东北一里。

先农坛,治东山王庙后。

厉坛,治西一里。旧在城西,光绪七年(1881)知县何诒孙移建北门外平都山麓山王庙侧。十八年(1892)署知县傅达源移建山王庙左。

文庙,在学署东。明初在县署东,知县桂仲拳建。洪武十四年(1381),知县窦谷曙重修。二十一年(1388),知县杨谦改建于县署西,黄常为之记。宏治中知县李毅、明绅,万历七年(1579)知县左应麟重修。兵毁。国朝康熙元年(1662),知县汤濩建。九年(1670)知县李如淓、四十二年(1703)知县王廷献、四十四年(1705)知县朱象鼎,嘉庆十二年(1807)知县瞿頡、二十一年(1816)知县方宗敬重修。道光二十七年(1847),知县张绍龄改建。光绪元年(1875),钦颁"斯文在兹"匾额一道,亦钦遵恭制悬挂。

崇圣祠,在大成殿后,同时修。钦颁匾额:康熙二十三年(1684)御书"万世师表"匾额一道;雍正三年(1725)御书"生民未有"匾额一道;乾隆三年(1738)御书

"与天地参"匾额一道;嘉庆七年(1802)御书"圣集大成"匾额一道;道光二年(1822)御书"圣协时中"匾额一道;咸丰二年(1852)御书"德齐帱载"匾额一道;同治二年(1863)钦颁"圣神天纵"匾额一道。先后奉到,钦遵建立于大成殿。光绪元年(1875),钦颁"斯文在兹"匾额一道,亦钦遵恭制悬挂。

文昌庙,治东平都山麓,康熙十一年(1672)知县李如涝建。同治九年(1870)毁于水,光绪八年(1882)知县何诒孙重建。

关帝庙,在东门内,乾隆四十八年(1783)知县章汝楠建。同治九年(1870)毁于水,十一年(1872)知县马佩玖补修。

城隍庙,在东门内。

龙神祠,在治东山王庙后。同治九年(1870)毁于水,光绪元年(1875)知县刘树义补修。

火神祠,在治东山王庙后。同治九年(1870)毁于水,十一年(1872)知县马佩玖补修。

名宦祠,在学宫戟门左,所祀之人见官师志。同治九年(1870)毁于水,光绪元年(1875)知县刘树义补修。

乡贤祠,在学宫戟门右,所祀之人见人物志。同治九年(1870)毁于水,光绪元年(1875)知县刘树义修复。

忠义节孝祠,在学宫棂星门左,所祀之人见人物志。先是并建一祠,同治九年(1870)毁于水,光绪元年(1875)知县刘树义重建。

忠义祠于原址移建。

节孝祠于棂星门之右。

昭忠祠,在小西门内,所祀之人见人物志。同治九年(1870)大水漂没,嗣因修复旧治,移祀新城典史署。光绪十九年(1893)移祀忠义祠。

纯阳观,在县治西门外双桂山麓,光绪十五年(1889)知县何诒孙建。

光绪《丰都县志》卷二《典祀志》,第1页a-15页b。

崇报祠,明天启初胡平表讨奢贼祷于平都关祠,临阵获神助,事平,乃别立祠于山之阴,颜曰崇报。冶金为像,置祭田祀之,俗称老关庙。祠前有古柏二株。

诸葛武侯祠,在平都山麓。

胡平表祠,在平都山麓。

窦希颜祠,在平都山麓。

光绪《丰都县志》卷三《祠庙志》,第 87 页 b-88 页 a。

孔子庙,治西大西门内教育局东。明初在县署东,知县桂仲拳建。洪武十四年(1381),知县窦谷曙重修。二十一年(1388),知县杨谦改建于县署西大门内,黄常为之记。宏治中,知县李毅、明绅,万历七年(1579)知县左应麟先后重修。明季兵毁。清康熙元年(1662)知县汤濩建。九年(1670)知县李如涝、四十二年(1703)知县王廷献、四十四年(1705)知县朱象鼎,嘉庆十二年(1807)知县瞿颉、二十一年(1816)知县方宗敬俱重修。道光二十七年(1847),知县张绍龄改建。同治九年(1870),毁于水。光绪元年(1875),知县刘树义修复,邑人王元曾为之记,见《艺文》。

先坛庙,治东山王庙后。

社稷坛,旧在治西一里,今在治东山王庙后。

关岳庙,治东东门内。清乾隆四十八年(1783),知县张汝楠建。同治九年(1870)毁于水。十一年(1872),知县马佩玖补修。民国初与岳武穆并祀。

崇圣祠,在孔子庙西。建置年代与孔子庙同。同治九年(1870)毁于水。光绪元年(1875)知县刘树义修复。

名宦祠,在孔子庙戟门左。同治九年(1870),旧祠毁于水,光绪元年(1875)知县刘树义修复。

乡贤祠,在孔子庙戟门右。同前。

忠义祠,在孔子庙棂星门左。同前。

节孝祠,在孔子庙棂星门右。同前。

风云雷雨坛,治东北一里。

龙神祠,治东山王庙后。清嘉庆丁卯岁(1807)知县瞿颉建,有记见《艺文志》。同治九年(1870),旧祠毁于水。光绪元年(1875)知县刘树义补修。

城隍庙,县城东门内。

火神祠,治东山王庙后。同治九年(1870)旧祠毁于水,光绪十一年(1885)知县马佩玖建。

按旧志祀典各庙首列社稷、先农坛,次学宫,次中小祀。今升孔子大祀,应首列孔子庙,次先农、社稷各坛,次关岳,次中小祀。凡在礼典者依次列表,其未载祀典依旧志列后。

⋯⋯⋯⋯⋯

胡公祠,治东。民国五年(1916)旧祠毁于火,八年(1919)重修。王元曾有诗,见《艺文志》。

窦公祠,治东。明万历九年(1581)建,詹贞吉作记,见《艺文志》。清嘉庆丁卯岁(1807),知县瞿颉重修,有记见《艺文志》。

武侯祠,治东,旧在双桂山顶,清嘉庆丁卯岁(1807)知县瞿颉移建治东。有记,见《艺文志》。

北岳庙,治东。

文昌宫,治东。明万历壬午年(1581)建,戴文亨有记,见《艺文志》。清初重建,林坚本有记,见《艺文志》。光绪初复修。

苏公祠,治北。有石坊曰"来苏",旁有石鹿、吴道子观音像碑。明洪武初泐石,旧有亭,圮。同治七年(1868),邑人重建光绪二十六年(1900),知县汪贲之捐重金补修,今多倾圮。

武庙,在平都山顶。旧志谓阴长生丹井处,后泉涸成土穴。宋高密丁尉侯为亭覆之,号五云洞。明宣德间通判游和重修。万历初,改建武庙。好事者凿石井口作炉状,客至,山僧燃钱纸其中,谓其下有冥府焉。

老关庙,在平都山阴。明季胡平表平奢贼,祷于关侯,凯旋修庙,冶铁像祀之,号崇报祠。

民国《丰都县志》卷三《庙坛祠观仓署局所表·庙坛祠观表》,《中国地方志集成·四川府县志辑》,成都:巴蜀书社,1992,影印本,第47册,第514-515页。

第六节 风俗

士民有信义之风丰都志。

正德《四川总志》卷十三《重庆府·风俗》，第16页a。又见嘉靖《四川总志》卷九《重庆府·风俗》，《北京图书馆古籍珍本丛刊》，北京：北京图书馆出版社，影印本，1991，第42册，第169页；万历《四川总志》卷九《郡县志·重庆府·风俗》（虞怀中、郭棐等修纂），《四库全书存目丛书》，济南：齐鲁书社，影印本，1997，史部第199册，第355页；万历《四川总志》卷九《重庆府·风俗》（吴之皞、杜应芳等修纂），《原国立北平图书馆甲库善本丛书》，北京：国家图书馆出版社，影印本，2013，第356册，第228页；康熙《四川总志》卷二十一《风俗》，第3页a。

丰都县士民有信义之风。总志。

士尚礼乐，民业耕种。

万历《重庆府志》卷三《风俗》，《上海图书馆藏稀见方志丛刊》，北京：国家图书馆出版社，2011，影印本，第209册，第202页。

士民有信义之风。

士颇倜傥，常怀忠信。

服食俭约，男女别涂。耕不失时，葬不逾期。

士勤耕读，民多椎鲁。

妇女不妆饰，虽衣绮罗，必外加青布衣掩之，谓之大衣。

丧礼称家有无，人死不久停，七日内即葬。

民间凡有户婚钱债小事不能决者，则赴城隍庙或阎罗殿斫鸡剁狗，以白其心，甚有置经于地，裸体踏践者，谓之开藏经。

丰邑山多田少，有涧水可蓄，一经栽插，不事耘耨，直待秋成，谓之靠天，故收获亦薄。凡高坡大麓，尽可开开辟，悉皆荒弃，虽曰土瘠民贫，地力亦未尽也。

兵火后士鲜师传，每致沿讹。又土瘠家寒，多亲操耒耜。及学使将到，乃呷唔月余，试毕即置高阁。山川秀异，英俊颇多，特揣摩未熟耳。

丰人多制砸嘛酒,用秔米拌制,贮小磁坛中,黍稷粱粟皆可入酿,月余始熟。客至以热水满贮,酒不上浮,用细竹通窍入坛底吸饮,上可添水一杯,则下去酒一杯矣。或剪纸为旗,卧坛面以旗转为度,传饮至味淡乃止。杜诗曰"酒忆郫筒不用沽",盖郫人截大竹为筒以盛酒。丰之砸酒,亦郫筒遗意也。香山诗"闷取藤枝吸酒尝",东坡诗"浮蛆艳金碗",放翁诗"满注浮蛆瓮",皆谓此也。

康熙《丰都县志》卷一《舆地志·风俗》,第10页b-11页b。

立春及元日剪彩纸作钱样,遍贴门户。

元日迟明,燃九烛于门外,谓之九品烛。

元旦,用腌肉鸡子满贮碗内,加酒食之,人一盏,曰投醪。

元旦,拜贺。三日醵金置酒寺观欢饮,谓之大办年。

上元日,食粉团,街市张社火,闹元宵,唱秧歌、采茶歌。

二月三日,都人士集文昌宫作会赛神饮福。

寒食扫墓,清明插柳踏青。

端阳食角黍,悬蒲艾,饮雄黄酒泛蒲,道家送朱符,贴中堂。

十三日,集关祠祭赛散福,俗称单刀会。

十五日,俗谓大端阳,泛龙舟,欢聚饮酒,与五日同。

七夕,童稚以凤仙花染指,妇女用瓜果对月穿针乞巧。

中元日,祝先荐亡,庵寺建盂兰会。

中秋,制月饼,设席玩月。

九月九日,登高,食重阳糕。

十月朔,祭扫与清明同。

十二月八日,用糯米杂果蔬辛物煮糜曰腊八粥。

二十四日,用糖饼祀灶。

康熙《丰都县志》卷一《舆地志·时序》,第12页a-13页a。

民有信义之风。

士颇倜傥,常怀忠信。

服食俭约,男女别涂。耕不失时,丧礼称家有无,葬不逾期。

妇女不妆饰,虽衣绮罗,必外加青布衣掩之,谓之大衣。

邑人多制砸嘛酒,黍稷粱粟皆可入酿,贮小坛中,月余始熟。客至以沸水注满,插细竹入坛底吸饮。香山诗"闷取藤枝吸酒尝",东坡诗"浮蛆艳金碗",涪翁诗"满注浮蛆瓮",皆谓此也。

立春及元日剪彩纸作钱,遍贴门户。

元日迟明,燃九烛于门外,谓之品烛。

元日,用腌肉鸡子满贮碗内,加酒食之,人一盏,曰投醪。新春拜贺。三日醵金置酒寺观欢饮,谓之大拜年。

上元日,食粉团,街市张社火,闹元宵,唱秧歌、采茶歌。

二月三日,都人士集文昌宫作会赛神饮福。

寒食扫墓,插柳踏青。

端阳食角黍,悬蒲艾,饮雄黄酒泛蒲,道家送朱符,贴中堂。

十三日,集关祠祭赛散福,俗称单刀会。

十五日,谓之大端阳,泛龙舟,欢聚饮酒,与五日同。

七夕,童稚以凤仙花染指,妇女用瓜果对月穿针乞巧。

中元日,祝先荐亡,庵寺建盂兰会。

中秋,制月饼,设席玩月。

九月九日,登高,食重阳糕。

十二月,祭扫,与清明同。

十二月八日,用糯米杂果蔬煮糜曰腊八粥。

二十四日,用糖饼祀灶。

同治《丰都县志》卷一《舆地志·风俗》,第23页a—24页a。又见光绪《丰都县志》卷一《舆地志·风俗》,第25页a—26页b。

新婚礼(礼制馆定案)

议婚。凡婚礼以家长为之。父母为子女议婚,先询其意。男女自议婚者,必告父母,请其可否,无父母则告家长。乃使媒氏往来通辞,俟许,男女及岁,本身及主婚者无期以上(丧)服皆可行。

纳采问名。纳采先期主人具书书词随宜,后仿此,请女为谁氏出,并问生年

月日,别具婚者名字、伯仲、生年月日附于书。媒氏预告女家,其日夙兴,以子弟一人为使,具大礼服,奉书偕媒氏如女家。女氏主人亦大礼服迎门外,让入升堂,宾东面奉书致辞,从者陈礼物于庭。主人北面鞠躬受书,宾逊请退。竣命候者亦使子弟一人为之如宾服,导宾入别室。主人以书入,具复书具女所出及名字、伯仲、生年月日附于书。傧延宾升堂,主人捧书出,西南鞠躬授书,宾鞠躬受书,从者请退。主人请礼宾,宾礼辞礼辞者一辞,后仿此,许馔者布席,宾主各就座进馔,行酒三巡,宾兴离席,皆退。行一鞠躬礼,主人答一鞠躬,送宾于门外如初。

纳币。先期具书,备礼物、章物一称章如其等、币饰、食品,多寡丰俭惟家之宜。媒氏预告女家,其日夙兴,主人遣使奉书及礼物如女家,女氏主人受书及礼物,具复书授宾,如纳采仪。

请期。请期婚有日,主人具书备礼物遣使如女家,女氏主人迎宾入。宾致辞请期,主人辞言期日由夫家,宾乃奉书告期,主人受书许诺。宾告退。退如纳币仪。

亲迎。婚期前一日,女家使人以衾具张陈婚室,至日婿家筵于室中,位东西向,别以案陈合卺器,设证婚人位于堂正中,陈醮爵于堂东。初婚婿盛服爵弁服裳黑色缘,有官者章服各如其等,竣于堂,鼓吹乐人无定数,备而不作,无者听。婿马一乘或车或轿随宜,二烛前马,妇彩车一乘或轿,均俟于门外。主人盛服出,醮子父殁则以服尊长醮,后仿此位于堂东,南面命执事者授爵,婚者北面跪受。卒,爵反于执事者。父命之迎婚者兴降出乘马,执事者随以礼物□二两他物惟宜,仪从在前,妇车在后如女家。其日,女家父告于祠堂无祠堂告于寝,辞曰:某之第几女某将以今日归某氏,敢告。还醮女于堂,父东母西,姆相女具服加饰,服视婿之等,加缥缘。出至父母前,北面再拜,侍者斟酒醮女,如父醮子仪。父训女以宜家之道,母申命之,女识之不唯。婿既至,主人迎于门外,一让而入,婿从至厅事。主人西南,婿北面立,从者陈礼物,婿三鞠躬,主人不答。姆奉女出于中门,婿鞠躬降出,妇从。主人不降送,姆奉妇登车,婿执策行驱车轮三周,御者代如用轿则止于厅内,婿揭帘,侯妇升轿毕,乃出。婿乘马先俟于门,妇至降车,婿导入升堂,并北面立,执事者请证婚人亲友中年德高者为之就位,南面立,读证婚书以金笺或朱砂笺为之,书辞随宜,婚妇乃署名加印,证婚人、主人、媒人皆如之,使使者致,于女氏主人亦署名加印。若行礼不在婿家,则女氏主人可先至,与众同为之。执事者赞婿妇交见,婿西面,妇东面,相向立,各三鞠躬。赞婿妇谢证婚人,证婚人西面,婿妇东面立,三鞠躬,证婚人答礼。赞婿妇谢媒氏,媒氏礼辞许西南立,婿妇三鞠躬,媒氏答礼。讫,执事者导婿先行,姆奉妇从之适其室若行礼不在婿家,则婿乘车先,妇从,至其家合卺如仪。媵妇家送者布婿席于东,御婿家送者布妇席于西,设匕箸醢酱。婿肃,妇即对筵坐,馔入卒食。媵取盏实酒醋婿,御取盏实酒醋妇,醋酌用三卒卺。婿出,媵、御施衾枕,婿入烛出。

妇见舅姑。厥明妇夙兴,盛服饰,婿导见舅姑。媵执笲竹器以帛衣之,实枣栗腶脩以从无舅不用枣栗,无姑不用腶脩,姆设席于堂中为位,舅东姑西,均南向。媵入,奠笲于席,舅姑即席,婿妇并北面再拜,舅姑答鞠躬。若同居有尊者谓夫之直系尊亲,妇见若见舅姑礼。见夫之伯叔父母三鞠躬,答一鞠躬。见夫之姑姒小姑,以夫之齿序,皆一鞠躬。夫兄弟之子若女来见,答以一鞠躬。

妇盥馈舅姑飨妇。是日,妇具酒馔,设匕箸醢酱,行盥馈礼。舅姑就坐,妇从者奉馔入授妇,献于舅姑,视卒食,乃酌酒醋舅姑,送酒皆一鞠躬,舅姑卒饮。兴,乃共飨。妇侍布妇席稍东西向,具酒馔,设匕箸醢酱,舅姑临之,妇卒食,姑临之,妇鞠躬受,卒饮。舅姑反,休于室。妇退。

庙见。三日妇见于庙无庙则见于寝。厥明,执事者设馔具,主人启椟,陈主如常祭礼。主人为位阶下之东,婚者在后。主妇位阶下之西,妇在后。各就位,再拜。主人升献酒,读告辞曰:某之第几子某今日婚毕,率新妇某见。余辞如祭式。退立于东,妇进当中阶下,北面再拜,兴,复位。主人复位及主妇以下行再拜如礼。纳主撤退。

婿见妇父母。择日婿者以贽往见女之父母,至门,主人俟于厅,事婿升阶,北面三鞠躬,主人西阶答一鞠躬。入见,主妇于内亦如之若婿偕妇同见妇之父母,妇再拜,婿亦再拜。次见妇党诸亲,妇家醴婿如常礼。

附丰邑通行婚礼

凡媒书开庚问名纳采请期亲迎仪节悉与礼制馆婚礼同。亲迎前一日,男家备衣饰酒盒送女家,女家即以所被妆奁送男家,曰过礼。是夕,男着礼服,行四跪三叩礼拜父母及诸族戚,族戚或赐花红,或与金钱,曰伴郎。亲迎日,男坐四人官

轿,备四人彩舆,择族之娴礼者夫妇二人,坐肩舆,偕媒氏夫妇,鼓乐彩旗,同诣女家,曰娶亲。既至女家,内外张筵,曰迎风酒。宴罢,于阶前设拜垫行雁礼,正副礼生东西向立,仆从执雁西向立,正"行奠雁礼",执事者各司其事。宾至男诣拜垫立,主人出迎宾,宾主交揖,副"一揖,再揖,三揖"。正"主人退,宾就位,四伏四起",举雁、传雁、授雁、鸣雁、奠雁,行谢雁礼,四伏四起,主人出送宾,宾主交揖,副"一揖,再揖,三揖"。正"礼成",主人退,宾御轮。先归女家,送女坐彩舆。仍择族之娴礼者夫妇二人同女至男家,曰送亲。彩舆至,庭前设香案,然(燃)品烛,曰回。车马至门,正副礼生登堂,东西向立,女下彩舆与男并肩立家龛前,正"行周堂礼",四伏四起,"行交拜礼",男女对拜,"礼成,同入洞房"。次晨,男女着礼服拜父母及诸族戚,行四跪三叩礼。族戚各与金钱,曰拜茶。是日,女家请男女,或择日请。既至,拜见女之父母及女之族戚,族戚仍与金钱,曰转门,亦曰馈。不行奠雁礼者,通行四跪三叩礼。

按吾国婚礼,《礼经》言之详矣。而孔子必曰:殷因于夏,礼所损益可知也,周因于殷,礼所损益可知也。礼之不相沿袭,固如是乎?兹录礼制馆编定新婚礼,附以吾邑同行婚礼,俾用者有所考焉,亦古今得失之林也嘻。

丧祭礼(礼制馆编定)

新丧礼说略。家中有丧,衣衾棺椁之事宜称家之有无,量力行之。凡在当地之亲友,平时往来较密者,宜即报告。凡有服者男女可暂用旧式丧服,亦可仍用平时礼服。惟男之左腕围以黑纱,女之胸际缀以黑纱结,来宾亦然,不用亦可。既定设奠受唁之日,即以讣文通告戚友宗族,并可登载日报。设奠日,孝子孝孙受来宾之唁,宜脱帽三鞠躬致谢。出殡日,来宾有执绋亲送随柩而行者,或有设筵祭于途者,均宜脱帽三鞠躬致谢。出殡之日,即葬最为便利。否则,亦宜速营窀穸。定期设奠,受人吊唁之外,尚有在家或借公共处所,或借巨大园林开追悼会者,无论男女均可前往。其开会秩序如下:一摇铃开会,二奏哀乐,三献花果,四奏琴唱追悼歌,五述行状,六读哀祭文,七奏哀乐,八行三鞠躬礼,九奏琴唱追悼歌,十演说,十一奏哀乐,十二家属答谢行三鞠躬礼闭会。至于在事职员,应设如下:主礼员一人,庶务员二人,男招待员八人,女招待员八人,献花果二人,述行状一人,读追悼文一人人数多少临时酌定。

新丧礼仪节

一服色。丧服现未规定,暂可仍旧。至来宾则男子左腕围黑纱,女子胸际缀黑纱结。二吊仪。挽联、挽帏、香花等,商埠有送花圈以鲜花扎成者,然非初丧所用,宜于安葬时送之。盖花圈为安置墓上之用也。三设备。灵前供亡人照影一张,并陈列香花等件,亲友所赠之挽联、挽幛、香花等。四礼节。甲奏乐唱歌,乙上香,丙献花,丁读祭文,戊向灵前行礼三鞠躬,己来宾致祭一鞠躬,庚演说亡人事实,辛举哀,壬奏乐唱歌,癸谢宾一鞠躬。五发引。先檀香提炉,次盆花纸制亦可,次挽联,次挽幛,次花圈,次亡人照影,次祭席,次主人,次灵柩,最末来宾送葬者。丧礼以肃静为主,不必用音乐。

新式祭礼仪节

一奏哀乐,乐止。二排班主祭者就位,众客以次就位,奏哀乐,乐止。三主祭者诣灵位前献花果,拈花献花,捧果献果,主祭者行一鞠躬礼。四读祭文。五主祭者率众客向灵位前行哀祭礼,奏哀乐,一鞠躬,再鞠躬,三鞠躬,乐止。六散班。七奏哀乐,礼成。后有续来致祭者,均诣灵位前行三鞠躬礼。

关于丧礼者

如初终之立丧主以嫡长子,无则长孙承重、主妇以三者之妻,无妻及母之丧,则以丧主之妻当之,无嫡长子及长孙或竟无承祀之人者,则设主。盖本于司马光《书仪》及《朱子家礼》,而仍其旧。如袭礼之陈沐浴巾栉含具,祭冠祭服各以其等。侍者迁尸沐浴,即床前为位,立魂帛。小殓之加殓衣,复一禅一皆以缯,复衾一黄表素裹,绺绞皆素帛。大殓之实空,则以纸裹镫心草,或蜃灰、石灰等。比葬,柰无定数,长七尺,题曰"中华民国显考某府君之柩"有官书某官,妇则书"显妣某氏",成服之凡丧三年者旧礼有仕者解任之文,今不编入。以丁忧去职与否,当定之官规耳。

关于祭礼丧礼者

朝夕奠夏正朔望则殷奠。初祭大祭之物品无定数。侍者收衣服,俟丧者送遗族戚。亲宾吊奠,赙之,依行辈行礼。扶丧之亲诣灵前告白,闻丧奔丧之期以

下,闻讣者易服为位而哭。治丧具之百日内为葬期,营葬地及葬具,有祖茔可袝者袝葬,凡地之大小,封之高卑,惟其宜。围以垣,守茔人无定数。碑身高不逾九尺,广不逾三尺六寸,皆员首方趺,文人并书艺。其色青赤黑,其饰绣绘素,皆无限制。明器或埏土,或以竹木及纸为之,谓像器物,非谓像房屋者,奉魂帛朝祖,如今之吉辰朝祖,祖奠之永迁之礼,灵辰不留。遣奠发引之不逾四十八人。窆之遂窆合葬者男左女右。题主之是日,依行辈行礼,哀子某云云,某于父丧称孤子者听。反哭虞之退复拜位,越一日再虞,翼日三虞,至家乃虞。卒哭之。卒哭之明日,丧主及诸子有故而出。服墨衰其服西装者,依服之等差,以麻若布围之于袖,阔不逾三寸,色用黑。小祥之于忌日行事,大祥之忌日行事,禫之虚左一位一俟其仍应祧之主,但依昭穆之序奉新主于祠者听。袝之厥明执事。拜扫定于岁,清明或霜降节祭。以上各要义,无不准情酌理。考全国风俗习惯之异同,取其便民而不忘古训。视昏礼为尤繁云。

官吏居丧制闻已由礼制馆议定其要点如下:一无论文武官吏,其居丧均遵守同一之规定。二官吏居丧,其服制与人民无异,不过停职百日以资治丧,期满仍复原职,但职务重要及有特别事情,大总统得以特令缩短其停职期限,及免予停职。三官吏治丧期竣,复职后于丧服未满之内,对于一切宴飨并服装上一切多有制限之规定。

附丰邑通行丧礼

凡亲丧,择日成服,具讣文告亲族。殡葬前一日,成主开吊。是夜,行家奠礼,正副礼生二人,讲书一人,读礼一人,歌蓼莪一人,歌哀思一人,读祝数人。正"行家奠礼",执事者各司其事,鸣金击鼓奏乐。乐止,孝子出丧,次孝眷等各出丧,次副"已出丧",次正"孝子就位",孝眷等各就位。副"已各就位",正"设馔迎神"。副引孝子至迎神所,释丈行三鞠躬礼,执杖复位。正"参神",四伏四起,奠帛爵,行初献礼。奏初献乐,歌蓼莪之首章。歌毕,副引孝子至盥洗所濯水授巾诣酒樽,所司樽者举幂酌酒。正执爵帛者捧爵帛入,副引孝子登堂诣灵位前跪,释杖上香,献帛晋爵,执杖举哀。正"请歌哀思"。歌毕,副"哀止",伏起复位。正"行讲书礼",副引孝子至讲书官公座前,跪请讲书。讲毕,伏起复位。正"行读礼礼",副引孝子至读礼官公座前,跪请读礼。读毕伏起复位。正"行读祝礼",副引孝子至读祝位前跪。正"孝眷等皆跪",副读祭文。读毕,伏起复位。正"奠帛爵行亚献礼",奏亚献乐,歌蓼莪之次章。副诣酒樽,登堂上香。举哀歌、哀思、讲书、读礼与初献同。正"奠帛爵行终献礼",奏终献乐,歌蓼莪之卒章。副诣酒樽,登堂上香。举哀歌、哀思、讲书、读礼与亚献同。正"撤馔辞神,四伏四起,送神",副引孝子至送神所,释杖行三鞠躬礼,执杖复位。正"读祝者、捧祝司帛者捧帛恭诣燎望所",副引孝子至燎望所,望燎复位。正"礼成"。孝子哭入丧帏,孝眷等各哭入丧帏,鼓乐齐鸣。次日或殡或葬,孝子执魂幡负绋哭前行,孝眷于丧后哭送,亲族执绋送葬。后送神主入祠,三年除服。

按吾国礼制至成周而大备,秦人一炬荡无复存矣。汉高起朝仪,尊崇礼制,故唐宋元明清诸代虽互有损益,而其弊不免繁重。民国力趋简易,时为之也。兹就礼制馆定新丧礼,及吾邑通行丧礼著于篇,祀典则载典礼备考。以今视昔,能无发思古之幽情乎!

家庭风俗

服食俭约,男女别涂。耕不失时。丧礼称家之有无,葬不逾期。

婚礼无贫富必亲迎。近间有文明结婚者。

无卖婚买妾及买卖童婢之习惯。

童养媳,贫家有之。无赘婿。

男子多业农桑,习工艺者较少。乡居妇女最勤苦。

普通食品,城居食米者多,乡农多食杂粮。

山后养蜂较多,养蚕者少。

社会风俗

占籍以湖广麻城为最多。

民有信义之风。

士颇倜傥,常怀忠信。

邑南山多田少,水土厚。邑北田多,水土薄。

农商业渐发展。

邑南道路津梁多险峻,邑北较平坦。

场镇滨江者繁盛,山市小而寂。

迎神赛会外无游戏娱乐之所。

土产以榨菜、桐油、药材为特色。

人工制品以竹席、陶器为特色。

诉讼山后较多。

税收增十倍。

公益事旧有诚善堂、养济院、恤贫所,新设平民夜课、《通俗壁报》《商务周报》《实业周刊》。

旧道德犹存,新文化输入渐多。

地方自治趋于团练。

节序风俗

立春及元日剪彩纸,遍贴门户。

元日迟明,燃九烛于门外,谓之品烛。

新春拜贺。三日醵金置酒寺观欢饮,谓之大拜年。

上元日,食粉团,街市张社火,闹元宵,唱秧歌、采茶歌。

寒食扫墓,插柳踏青。

端阳食角黍,悬蒲艾,饮雄黄酒,泛龙舟,道家送朱符,贴中堂。

十三日,集关祠祭赛散福,俗称单刀会。

十五日,谓之大端阳,欢聚饮酒,与五日同。

七夕,童稚以凤仙花染指,妇女用瓜果对月穿针乞巧。

中元日,祀先荐亡,庵寺建盂兰会。

中秋,制月饼,设席玩月。

九月九日,登高,食重阳糕。

十二月八日,用糯米杂果蔬煮糜曰腊八粥。世日祭扫与清明同。

民国《丰都县志》卷十《礼俗志》,《中国地方志集成·四川府县志辑》,成都:巴蜀书社,1992,影印本,第47册,第612-617页。

丰都地方文献
资料选编

第二编 方志文献辑要

第一节　万历《平都山志》

霞绍晖[①]

一、点校前言

《平都山志》不分卷,明万历癸丑(1613)知丰都县事龚自成撰,万历乙卯(1615)丰都知县滇南陈汝善重修付梓。

龚自成、陈汝善二君之生平事迹,寥见于载籍,万历间曾先后任丰都知县。

丰都古称巴子别都,东汉末置县。城东有山,曰平都山,相传为汉王方平、阴长生升仙之地。其地众山环堵,列嶂接云,俯临长江,秀峻瑰琦。山巅仙都诸观,云树护映,丹灶留存。唐宋以来,修道之士、墨客雅笔,络绎不绝,飞白宏词,代有郑重。有识者睹其胜迹,捡编纂辑,咸有记述。

考《崇文总目》《宋史·经籍志》,皆有"平都山仙都观"之目,然时代渺远,炳星换移,其卷数或二或一,不可得而闻其详。有明嘉靖间,邑人戴葵作《仙都山志》二卷,盖重仙迹而略文艺,是故万历间知县楚人龚自成纂辑是书,一依歌咏纪胜为主,而仙鬼之意,教化之方,皆略而不传。以今观之,则表彰名胜,记述先哲,有耀乡梓之奇幻矣!

该志收诗300余首,文近10篇。诗之所及,皆咏平陵美景,诸如珠帘映日、青牛野哄、曲水流觞、白鹿夜鸣、送客晴澜、龙床夜雨、月镜凝潭之类,而阎罗地狱之字,仙境鬼府之文,一并省之。其所收之什,诸如唐马逢之作,《全唐诗》未见,宋刘真人、李安、高密丁尉、李兴宗等人之诗,《全宋诗》失之,则其辑佚之价值,尤可见也。至若有明邑人之歌咏,倍觉于此,实乃旧邦之新声,历历在目。有此一编,则仙山之盛,游宦之慨,垂之永远也。

此编之辑,邑人成化二十三年(1487)进士杨孟瑛所首昌,邑人庠生冉杲于嘉靖十六年(1537)纂辑而成。又万历间楚人龚自成知丰都县事,集结邑人杨叔京、陈载宽等重辑,而儒学教谕杨时隆、熊文寿辅助之。或由资费不足,龚氏捐奉为

[①] 霞绍晖:四川大学古籍整理研究所博士。

之缮续完编。然其完编，据龚氏序文后所附"万历乙卯（1615）孟夏任丰都县知县滇南陈汝善重修"云云，是龚氏所期"以付剞劂"，则两年后矣。虽其文第84页有"皇明天启壬戌（1622）秋七月既望"之文，则天启二年（1622），又有补刻，补者何氏，无从知悉。

今唯可见者，原国立北平图书馆善本丛书也。1909年，清政府筹建京师图书馆，调拨内阁大库、翰林院、国子监南学、文津阁《四库全书》及各殿藏书，后两江总督端方为之采进徐乃昌积学斋、姚觐元咫进斋部分书籍，再加之劫余敦煌遗书，总并入馆。1928年，京师图书馆更名为国立北平图书馆。其后，国立北平图书馆秉持"为国家庋藏重籍""供给科学研究"的方针，多方搜讨，撷精取英，聊城杨氏、常熟瞿氏、长沙叶氏散出之旧椠精抄，相继入藏。1931年6月，国立北平图书馆文津街新馆落成，新馆启用，善本库进行调整，原有宋、金、元及明代前期善本庋藏之库曰甲库。甲库专藏宋、元、明早期善本，多精刻名抄，是编幸列其中，而其渊源，则杳渺难考。抗战爆发，国民政府多方努力，未让此库所藏毁于一旦，终使我中华文脉一线相继，而此编幸存，实乃中华文化之不绝于世之冰山一角矣！

时值国运隆泰，复兴旧志，幸得有此之便，董理其编，仙都之墨迹篆渍，游宦之兴叹慨歌，恍然如梦。然其文漫漶错讹，不可名状，无奈学识谫陋，才力贫瘦，唯取康熙《丰都县志》及民国《丰都县志》诸书校订，其不全者在在而有。所校之文，异者列之，讹者存之，疑者考校之，一仍旧貌，以待有识。不实斯编幸中之不幸也。余尽三月而完，未能拾掇于万一，然备其遗珠，待后来者详订之。

二、《平都山志》

序一

《平都山志》，志平都也。何居乎志与？昔名流韵侣，率托奇胜，以写旷怀，而襟江如练，列嶂稍云，为福地四十之二，旧传汉王、阴二仙羽化处。嗣是洞宾、东坡递留飞白宏词，郑重其间。则兹山灵胜，固昭耀来喆，历唐宋至今不替，非若海上方洲渺不可即之境也。车马客络绎登眺，咸有纪述，而闲览者亦与歌咏。总之奇平都也，旧志芜漫，龚令新而绣之剞劂。述形胜，载古今，固有司者事，然观风采语，讵外瞩编纪概哉！志成，请题其端，爰掇数语，以鸣兹山之盛。

赐进士第中宪大夫分守川东道右参政楚人苏岭陈大道题。

序二

丰都平都山□□洞天福地也。環池峙汉，秀峻瑰琦，金碧辉煌，云皆护映，称胜概云。而题咏扁刻往往不乏，山旧无志志之。自先府丞杨公始，而属编于云岩冉君之手，盖亦详备矣。惜其铨次重复，主客失序，且岁年经久，字画错漫。予莅兹土访之，续云岩而志者，前有□□杨君，今有汇渠陈君，先后捡编纂辑，而学博南充杨君以振敝维缺为任，一时冗者删之，遗者捃之，失序者栉比之，不数月而志成。或曰：志以纪事，非关于政典巨要则不书。矧兹山固王、阴二仙羽化之窟宅也，虑诞而不可为记。余曰：历汉以来千八百年，其间文人墨士、硕公显胄，攀蒙茸，蹑巉嵝，俯冯夷而眺烟霞者，巉石削壁之□韵备矣。世代换移，炳者淹没，而残者复续。人心好古，异代同符。拾断刻于煨烬之余，摹隶篆与蚀剥之条，非宜地之灵，亦人之杰也。藉非此山沿岷江，屹中流，唐宋诸君子之履屐弗及，则虽丹灶探烟，白鹿拂云，青牛墟其紫，苍虹沛其霖，亦乌能声施刻画以存不朽。余重惜冉君之志善而信作之，不可无述也。倘美而弗传，即以搜奇探秘之英，能无致慨于守土者乎？予高目胜概，不惜捐俸，为之缮续完编，以付剞劂，爰叙其颠末而弁之首。

时万历癸丑（1613）孟冬之吉，知丰都县事楚古隋龚自成撰。

万历乙卯（1615）孟夏任丰都县知县滇南陈汝善重修。

序三

平都山距西蜀川东丰邑，土山戴石，广袤五里，突起平壤，百十丈许。岷江横前，曲水龙亭，二溪夹流左右，万聚红花，诸山周遭错峙，灵岩奇窦，丁剜鬼凿，不可名状。汉季异人王方平、阴长生潜修是山，丹成仙去，凭太虚，游汗漫，神炉丹灶尚存。魏晋齐梁以仙境崇重，琳宫闳殿，杰阁危亭，架崖跨洞，名仙都观。贞元十五年（799），上柱国邹平郡开国公段文昌西游岷蜀诸山，以王事孔棘，书名"岩穴"遄去。后镇荆门，遣使增创楼阁。太和七年（833），移镇剑南，旌幢再集，勒记

贞砥,扁书"瑶池乐部"。时松桧参天,白鹤群集,名白鹤观。宋季制度越古,金银玩设殊丽。元祐庚午(1090),监察御史安公至止,命知县刘德董甃梯阶,养真是山者万五千人,敕赐景德观额。元季克蜀,火亭宫,掠重器,毁碑刻,文明丧坠。余存汉阴长生,唐吕岩、薛莹、马逢,宋苏轼、宇文湛诗记。国朝永乐癸未(1403),道士①李道遑奉□□□□□□□□□□□□□□□□□□□□□。宣德辛亥(1431),□选□主事丰城游和□□□□□冥祠塘□□□□□焕然改观,尚未古若。弘治戊申(1488),罗□火,毁烬殆半,碑碣□剥,文字□□,缘未□刻失传。正德戊寅,监察御史姑苏卢雍更□冥坊,扁书"平都仙境"。□□□绝□峡西游,舣舟登眺,求二仙之说者,□荒篆鲁鱼,询黄冠舌强,俾四方之未至者不得闻而知,其至者不得见而知也。虽然,今之视古,犹后之视今,古之作□□□今之作,咸可濯□□□□□□□□□□,安望后之知乎?□②可至山之幻化,文之古今,□之□□月累岁皆得□□□之有不出户庭而得指□□谷,谈空论玄,恍若竚立五云亭,徘徊洞府丹台间,不知其身之未尝至也。杲自知学值荒落,敢云述古今,昭来世?然有好事者起,必取是书增广之,有相之道焉。是为记。

嘉靖拾陆年(1537)岁次丁酉九月九日邑人云岩冉杲③书。

丰陵八景

平都仙迹,在县后山左;白鹿夜鸣,在县后山右;

青牛野唊,在县东里许;龙床夜雨,在县前江心;

曲水流觞,在县后右涧;月镜凝潭,在县前对江;

珠帘映日,在县东五里;送客晴澜,在县西江中。

平都胜迹

二仙楼,在平都山巅,王、阴二仙上升处。凌云亭,王、阴二仙敲棋处。

炼丹台,在平都山顶,丹灶犹存,今湮。洞宾碑,唐仙吕洞宾、麻姑访王、阴二仙绝句。

---

① 道士:二字原缺,据陈璲《平都纪胜篇》文补。
② 此处漫漶而致无法识别文字众多,以"□"代之。
③ 冉杲:康熙本《丰都县志》作"冉果",疑误,后同。

东坡碑,宋学士眉山苏轼登山留题,系卢雍隶书。纯阳亭,在玉皇殿后,万历癸丑(1613)知县楚隋龚自成捐俸新建。

仙石亭,在四圣殿下,有古石五片,上书"道山洞天总真总仙之府"大字。挹翠楼,在平都南崖,今废。

麻姑崖,在平都山侧,有仙掌石迹。灵泉崖,在平都山半,二仙汲水于此。

玉皇殿,在二仙楼前。寥阳殿,在玉皇殿前。

耀灵殿,在凌云亭左,内有业镜台。汉寿亭侯祠,在平都山顶,有关侯篆碑、□印碑台。

兵书楼。三义祠。

忠义坊。玉虚宫,在耀灵殿左。

救苦殿,在二仙楼右。星主殿。

地藏殿。王母楼,俱在玉皇殿右。

鸣钟阁,在寥阳殿左。四圣殿,在寥阳殿前。

玄坛殿,在四圣殿左。二天门。

名山坊。直指台,在山腰。

九炁亭,在台下。石佛寺。

东岳殿。平麓寺。

仙境坊。大罗天寺。

北阴殿。万窦生祠。

定慧寺。文昌宫。

玄天宫。宝莲殿,俱在山麓。

通仙桥,知县严官造,知县龚自成重修。通仙坊,知县龚自成修。

总真桥,在山下北门外,耆民尹孟荣修。天福宫。

宝盖庵,在白鹿山右。鹿鸣寺,在白鹿山顶。宋苏公过此,有白鹿夜鸣,东坡留诗。

华严寺,在白鹿山后。帝君殿,在县上街。

平山书院,在宝莲殿之右,总真桥之左。

县治

青牛野啖　　　珠帘映日

平都仙境

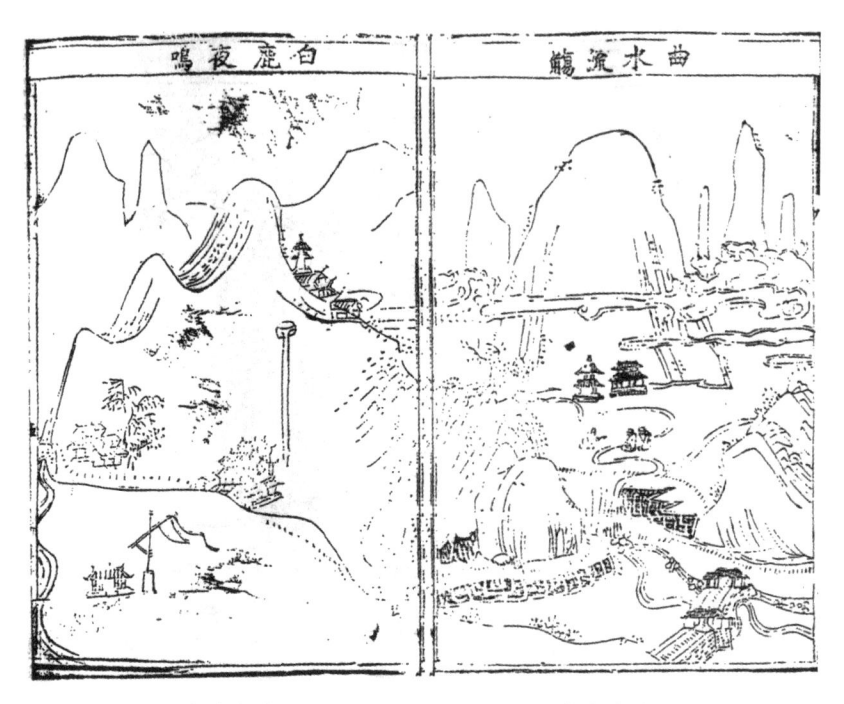

白鹿夜鸣　　曲水流觞

龙床夜雨　　送客晴澜

月镜凝潭

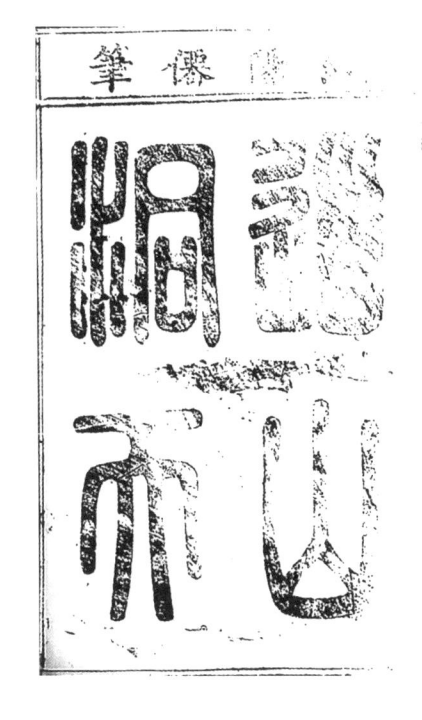

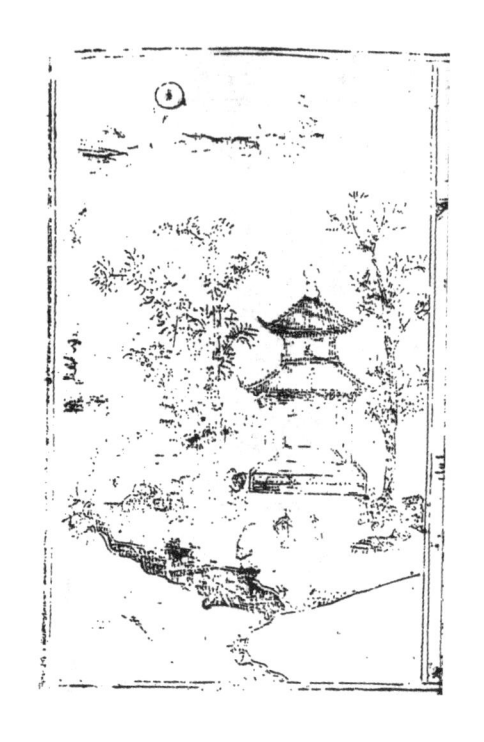

平都仙迹

楚人鹤汀张启明

丰都治临大河,由县南城而东三里许,有山平都,盘曲而上,众山环堵。晋时仙子王方平、阴长生修炼于此,丹炉止存基迹,基上建一小亭,塑二仙像对局。山去河几五里,顶有一井,通河口,圆叁尺,源深莫测,峻岭坚石,殆非人力所成。传说曾置活鸭于井中,其鸭从穴出河内,验之。吕洞宾访二仙山中,有题二绝。麻姑仙亦会方平,留题二绝。二仙丹就,井中五色云起,乘之升天而去。其山对峰曰白鹿山。宋时,山鸣数日,人咸以为异。一老者云:"此不为异,当有贤人来此。"果苏东坡云游,憩住三月,留题二绝,里人遂于本山建鹿鸣寺,今址尚存。东坡诗系卢雍篆书,携石埋没土中。正德戊寅(1518)冬,御史东吴卢公亦名雍按临,访寻东坡遗事,适里人典工建凌云阁,掘地而此碑出焉。卢公见之,益奇其名姓之同而事之偶合也,遂竖碑阁上。且名山大川,天下不少也,此山以王、阴所寓,称名犹胜。惟纯阳亦谓天下所不如,况其他乎?辛巳(1521)春,予以公委过县,□贤侯蒋君请登之,一临胜概,奇矣!奇矣!因颂阁上扁韵,勉步一律。嗟乎，此山本名平都，况有仙寓，夫何世人惑于杨墨之教，崇祀香火，名曰丰都观？栋宇连云，金碧耀日，率以道、佛相先绘塑幻像，引人信尚之不暇。[1]至于仙井，覆以关庙，使往来焚献投之香纸填塞其中，竭泽不通一水，惜哉！惜哉！虽然，愚人不惑，无怪也。当日名县者，且舍平都而曰丰都，则惑之甚者也。更名请印将来，有待于智者。

平都山志

邑人杨叔京、陈载宽重辑

儒学教谕杨时隆、熊文寿校正

知丰都县事龚自成新刊，陈汝善重修

神仙王方平，名远，前汉中散大夫，弃官学仙，隐于太尉陈耽家，避地于丰都平山。魏青龙初道成，蒸黄土数十甑，以丹药洒之，尽成黄金，往青城鹤鸣醮谢三清，济贫拔苦。复归山，有五云裂地而出，捧足仙去。杜成先生为作《神仙传》，号总真真人。后与麻姑游吴地蔡经家，即今朱明寺，姑指如鸟爪，经默念背极痒时可搔，方平使鬼鞑其背度蔡经。尸解十年，经远家，云七月七日王君来，作一百石饮，待侍从。其日果至，召麻姑，姑至，言妾得侍以来，沧海三遍为桑田，今蓬莱水复清浅矣。各进行厨，金盘玉杯，麟脯仙馔。里有陈姓者，知经家有神人，往谒，方平言此人求见不笃，不可授以至道，赐符箓各一，延寿一百叠。见经传。

阴长生，后汉中散大夫。延光初从马明生求仙法，乃得长生术于青城山中，以太清神丹经授之，别去，隐于平山。遇太上翁，以七转灵丹葫芦一枚坠于南滨，出水溪，有异气，长生往观，服之，白昼上升，今出水溪名葫芦溪。伏溪山名青牛山也。宋黄山谷游是山，录天成四年（929）人书阴长生诗三首于朝金殿西壁。今见《南濠传》。

尔珠洞青城卖药，尝以白石投江中，世人莫识。后郡守异之，与买丹药，其价终日不定。郡守怒，以酒醉缚之，沉于江中，流至水涪州，渔人接之，睡正熟，其渔人姓白名石，相携至平山，一日与渔人白昼冲举。[2]

---

[1] 此句疑有脱文。
[2] 疑后有脱文。

阴长生①

维予②之先,佐命唐虞。爰逮汉世,紫艾重纡。予独好道,而为匹夫。高尚素志③,不事王侯。贪生得生,亦又何求。超迹苍霄,乘飞驾浮。青要乘翼,与我为仇。入火不灼,蹈波不濡。逍遥太极,何忧何虑。遨戏仙都,顾闵群愚。年命之逝,如彼波流。奄忽未几,泥土为俦。驰走索死,不肯暂休。予之圣师,体道知真。升腾变化,松乔为邻。

维予同学,一十二人④。寒苦求道,历二十年⑤。中多怠惰,放志五经⑥。辟世自匿,二十余年。名山之侧,寒不遑衣,饥不暇食,思不敢归,劳不敢息。⑦奉事圣师,承颜悦色。面垢足胝,乃见衷识。遂传要诀,恩深不测。妻子延年,咸享无极。黄白已成,货行不坚⑧。痛乎诸子,命也自天。天不妄授,道必⑨归贤。勤加精研,勿投幽壤。何时可还,嗟尔。流俗富贵,所牵神丹。一成升⑩彼,九天寿同。□□三光⑪,何但亿千。

维予垂发,少好《道德》。弃家随师,东西千亿。役使鬼神,玉女侍侧。予得度世,神丹之力。

古井丹法

阴长生

蜀道⑫观中凿井见碑,其文似赋,有隐士言是汉时阴真人所著炼丹法,杂着于子玉碑⑬。其语意□□□□□□□□□□□□。其文云:有物有物,可大

---

① 下三首诗为阴长生所作,此诗又见晋葛洪所著《神仙传》卷五阴长生传。
② 予:四库本《蜀中广记》作"余"。
③ 素志:上引书卷七十五作"其志"。
④ 一十二人:上引书作"一十三人"。
⑤ 二十年:上引书作"三十年"。
⑥ 放志五经:上引书作"志放六经"。
⑦ 此句"息"字上,上引书无"归劳不敢"四字。
⑧ 坚:上引书作"悭"。
⑨ 道必:上引书作"道不",且在"不"字后标注"缺"字。
⑩ 升:上引书作"乘"。
⑪ "三光"之上疑脱二字。
⑫ 蜀道:原缺,据嘉庆修《四川通志》卷三十九补。
⑬ "是汉"后十二字原缺,据明杨慎《全蜀艺文志》卷二十三补。

可久。采乎蚕食之前，用乎火化之后。①成汤自上而临下，夸父虚中而见受。②气应朝光，功参夜漏。白英聚而雪惭③，黄酥凝④而金丑。转制不⑤已，神趣鬼骤。金欤玉欤⑥，天年上寿。无著于文，诀之在口。

养生金丹诀

苏东坡⑦

予治平末溯峡还蜀，泊舟仙都山下。有道士以《阴真君长生金丹诀》石本示予，问之，曰⑧："不知也，然士大夫过此，必以问之，庶有知之者。"予佳意⑨，试问以烧炼事。对曰："养生有内外。精气，内也，非金石所能坚凝；四肢百骸，外也，非精气所能变化。欲事内，必调养精气，极而后内丹成，内丹成则不能死矣。隐然居⑩人间久之，或托尸假而去，来⑪变化轻举，不可得也。盖四大，本外物和合而成，非精气所能易也。惟外丹成，然后可以点瓦砾，化皮骨，飞行无碍矣。然内丹未成，内无以受之，则服外丹者多死，譬⑫积枯草弊絮而置火其下，无不焚者。"予甚善其说。告之曰："昔人有服金丹，不幸赴井而死，既而五脏皆化为黄金者。又有服玉泉，死于盛夏，而尸不败坏者。皆无内丹以主之也。子之说信然哉。"后十于岁，官于南京，张公安道家有一道人，陕人也，为公养金丹。其法用紫金丹砂，费数百千，期年乃成。公喜告予曰："吾药成，可服矣。"予为⑬公何以知其药成也？公曰："《抱朴子》言：药成⑭，以手握之，如泥出指间者，药真成也。今吾药如是，以

---

① "乎"上原缺十四字，据杨慎《全蜀艺文志》卷二十三补。
② "而见受"上原缺十一字，据上引书补。
③ "雪惭"：原缺，据上引书补。
④ "黄酥凝"：原缺，据上引书补。
⑤ 不：原缺，据上引书补。
⑥ 玉欤：原缺，据上引书补。
⑦ 此文见苏辙《龙川略志》卷一，故非苏东坡所撰。
⑧ "曰"上，当作"有道士以《阴真君长生金丹诀》石本相示，予问之曰：'子知金丹诀否？'道士"。见苏辙《龙川略志》卷一，中华书局标点本，1982年版。
⑨ 予佳意，应为"予其佳意"，原缺"其"字，据上引书补。
⑩ 隐然居：当作"然隐居"，见上引书。
⑪ 来：当作"求"，见上引书。
⑫ "然内丹未成"等十八字，原脱，据上引书补。
⑬ 为：当作"谓"，见上引书。
⑭ 药成：当作"药既成"，见上引书。

是知其成无疑矣。"吾为公道仙都所闻,谓公曰:"自知内丹成,然后此药可服,若①犹未也,姑俟之若何?"公笑曰:"我姑俟之耶。"

平都山

[唐]吕洞宾

盂兰清晓过平都,天下名山所不如。两口单行人不识,王阴空使马蹄虚。

一鸣白鸟出青城,再谒王阴二友人。口口惟思三岛好,抬眸已过洞庭春。

麻姑仙②

王子求仙月满台,玉箫清转鹤徘徊。一声飞过③不知处,山上碧桃花自开④。

[唐]青城道士

万仞峰峦插太清,麻姑曾此会方平。一从宴罢归何处,玉殿珠楼空月明。

[唐]薛莹

十载别仙峰,峰前千古踪。王阴⑤求道处,云雪满高松。

洞口风雷异,池心星汉重。明朝下山去,片月落残钟。

[唐]马逢 忠州太守

杳杳仙都观,岩岩白帝冈。江山从古胜,宫殿□□长。

误入无痴玩,幽栖有长房。地灵枯柘茂,洞密景云翔。

难道仙坛乐,犹存乐□香。故碑岩□涧,神翰玉□方有御□碑。

羽化重泾汉,楼居旧历唐。尘埃三市外,烟雾九霄旁。

客至曾鸣鹿,时清合□凰。谁知□叔夜,亦学□□光。

---

① 若:原脱,据《龙川略志》卷一补。
② 此诗原题《缑山庙》,为唐许浑作。许浑,字用晦,武后朝宰相许圉师之后。太和六年(832)进士,及第为当涂、太平二令,以病免。起润州司马,大中三年(861)为监察御史,历虞部员外郎,睦、郢二州刺史。有《丁卯诗集》2卷传世。此署"麻姑仙",或为丰都梓人附会。
③ 一声飞过:当作"曲终飞去",见四库本唐许浑《丁卯诗集》卷上。
④ 山上碧桃花自开:当作"山下碧桃春自开",见上引书。
⑤ 王阴:《御定全唐诗》卷五百四十二作"阴王"。

[宋]苏轼①

足蹑平都古洞天,此身不觉到云间。抬眸四顾乾坤阔,日月星辰任我攀。
平都天下古名山,自信山中岁月闲。午梦任随鸠唤觉,早朝又听鹿催班。
山前江水流浩浩,山上苍苍松柏老。舟中去客日纷纷,古今换易如秋草。
空山楼观何峥嵘,真人王远阴长生。飞符御气朝百灵,悟道不复诵黄庭。
龙车虎驾来下迎,去如旋风转太清。真人厌世不回顾,世间生死如朝暮。
学仙度世岂无人,餐霞绝粒常辛苦。
安得独从逍遥君,泠然乘风驾浮云,超世无有我独行。

[宋]苏辙②

道士白发尊,面黑岚气染。自言王方平,学道古有验。
道成白昼③飞,人世不易窒。后有阴长生,此地亦所占。
并骑双龙翔,霞绶紫云檐。阳阳玉堂上,与此作丰歉④。

[宋]牟虚心 平都提点

窗开四面纳空明⑤,水色山光画不成。舒⑥与蹁跹老黄鹤,飘然物外自心清。

[宋]刘真人

百花头上百花神,妆点乾坤一片新。小道卷帘看明月,五云深处又三春。
昔约清明会五云,草鞋踏破晓山青。药炉火候归来冷,云拥山门不暂停。

[宋]赵遇 此诗二十八韵,因碑残落不得录全篇,仅录其存者

丰都有观⑦县之东,冈势崛起如游龙。盘盘会级上绝顶,郁郁巨柏凌苍空⑧。

---

① 此诗原题为《留题仙都观》,明曹学佺《蜀中广记》卷十九误记为苏辙作。
② 此诗原题为《登仙都观》,不见于《栾城集》,而收入《补续全蜀艺文志》卷八。
③ 白昼:或作"白日",见明杜应芳《补续全蜀艺文志》卷八。
④ 丰歉:或作"丰稔",见上引书。
⑤ 空明:或作"虚明",见康熙本《丰都县志》卷四。
⑥ 舒:或作"输",见上引书。
⑦ 观:或作"山",见康熙本《丰都县志》卷八。
⑧ 空:或作"穹",见上引书。

秘殿梁唐制作古,绛气漂渺浮琳宫。自昔王阴驾鹤去,至今爽气飘仙风。尔珠①先生继其后,百炼冲举游鸿蒙。五云破地已灵异,白石水岸遗遐踪。大江浑浑复东楫②,岭南趋伏如③朝宗。溪流山足重巘抱,千古福地平都雄。神仙奥宅异凡境,楼观窈窕丹霞浓。游人到此意超诣,如在蓬莱渤海中。

仙迹

五云洞在平都山顶,深不测,古有五云出焉。宣德间通判游和作亭覆洞。

[宋]高密丁慰

君不见吕公昔日飞过青草湖,惟有树精独遇④城南隅。

仙人来去定何许⑤,风色⑥袅袅飞云孤。江山英灵⑦钟平都,隐然⑧真仙之所居。

汉人⑨得道几千载,白鹿长生还自如。今年七夕知何自,群鹿未游⑩崖穴。

有气如虹起洞口,时闻芳馥浮满庐⑪。吾知仙迹无定在⑫,出往⑬必有神明俱。

有时一笑下碧虚⑭,坎离刀圭传世愚⑮。仙家从来多异事,予亦爱之因屡书。

王阴二仙⑯不复见,谁云五云佳气无。

---

① 珠:或作"朱",见康熙本《丰都县志》卷八。
② 楫:或作"注",见上引书。
③ 如:或作"而",见上引书。
④ 惟有树精独遇:或作"独有老柳物色",见上引书。
⑤ 定何许:或作"无定所",见上引书。
⑥ 风色:或作"东风",见上引书。
⑦ 江山英灵:或作"江上灵秀",见上引书。
⑧ 隐然:或作"巍然",见上引书。
⑨ 汉人:当作"王阴"。
⑩ 未游:当作"来游",见上引书。
⑪ 时闻芳馥浮满庐:或作"天花芳馥蒲茅庐",见上引书。
⑫ 吾知仙迹无定在:或作"总真真人住洞府",见上引书。
⑬ 出往:当作"出入",见上引书。
⑭ 碧虚:或作"尘世",见上引书。
⑮ 传世愚:或作"觉凡愚",见上引书。
⑯ 王阴二仙:或作"二仙邈矣",见上引书。

[宋]李安

道人昔日游江湖,归来识见能□隅。返观内□得佳趣,清臞骨立如鹤孤。
乘风御气本无碍,惠然来主真仙居。平都百废尽修举,手植松柏森森如。
当涂好事建仙额,金碧辉映凌清虚。笻观实是总仙府,气象遑遑迢衡庐。
五云呈祥出洞口,天香芬馥来与俱。神仙异事难拟议,我欲妄议真痴愚。
偶因大手出奇作,强颜续貂聊尔书。道人从此名不朽,神仙感应谁云无。

[宋]李兴宗

尘劳脱迹走江湖,杖履直曳东海隅。归来未厌家山好,江干一带青螺孤。
楼阁玲珑美且都,仙家自合云半居。坐倾西蜀奉香火,去帆来楫何纷如。
似闻王阴眷旧宅,乘飞驾浮下碧虚。真人隐显人岂见,夕发泰华朝匡庐。
独留异事破俗拘,香云五色群鹿俱。追之若见□□□,袖管不复讯□愚。
此身倪与二峰图,何用计考书中书。他年挂冠寻丹灶,寄问王阴还许无。

国朝王汝宾次行人

天风吹我到玄都,万壑烟霞纵所如。我欲崖前吹玉笛,招摇仙侣步清虚。
紫雾空中有赤城,一天一地着凡人。笑予亦有长平兴,安得阳生叩上真。

蒲州刘成德行人

福地摽题古,云岑晓望遥。玄都云里认,羽旌目巾摇。
细草浓苍壑,长松荫碧霄。废垣鸣野鹿,残雨剥山椒。
白日丹炉火,青牛降节朝。层城连上苑,蓬海隐回潮。
夜肃瑶坛月,春吹玉洞箫。有田堪种术,无客可窥桃。
溪暖花争发,江寒雪半消。凌云亭北树,流水涧边桥。
绝境通崖谷,澄江隐练绡。舟乘思太乙,柯烂忆王樵。
陂杖看龙化,天门见虎跳。步虚声袅袅,飞驭路迢迢。
楼阁青霞杳,衣冠紫府高。乘鸾谁不羡,去鹤故难招。
空有谷神传,仙人久寂寥。

姑苏陈述①

览胜琳宫一吐奇,山灵应笑我来迟。天开地辟壶中景,月白风清画里诗。
桂树小山招隐处,桃花流水遇仙时。登临自是平生兴,不用扬州借鹤骑。②

莆田彭韶尚书

西蜀名山□□□,□□多住白云层。术田艺雨苗皆长,丹灶沉□□□。
往事已随人物变,遗宫尤逐岁时英。□□□□登临兴,览罢图经感慨增。
有客当年负□□,崎岖谪宦过平都。乾坤高眼谁当有,今古清□却有无。
吊古应怜仙子迹,寻真还拂玉皇炉。直将真干昂秋壑,莫羡蓬麻不用扶。

博野吴樏参议

回峰西望尽涪陵,仙客今居第几层。茶灶有烟春雾动,丹炉无焰□□□。
真人已过无消息,遗迹曾经几废兴。比日□□聊骋目,细看民物邑中增。

四明严真

琳宫③翼翼镇丰陵,石磴萦纡上九层。无数好山清气逼④,不多⑤修竹翠云蒸。
风尘自古嗟⑥存没,香火于今叹废兴⑦。□□□舆扶桑日⑧,满怀佳趣⑨望中增。

湖东江璞

名山福地数丰陵,□□□□第一层。古洞扃云□□合,灵□□□□□。
□□□□□□,□□□飞此日兴。惆怅眼前奇绝处,纷纷多是后来增。

---

① 康熙本《丰都县志》署作"曾鼎"。
② "登临"下二句,原文模糊不清,据康熙本《丰都县志》所载该诗补。
③ 琳宫:或作"珠宫",见康熙本《丰都县志》卷八。
④ 无数:或作"对客";逼:或作"迥"。同见上引书。
⑤ 不多:当作"傍岩",见上引书。
⑥ 自古嗟:或作"异地悲",见上引书。
⑦ 香火于今叹废兴:或作"祠宇千年感废兴",见上引书。
⑧ 此句前三字漫漶难辨,上引书作"归路蓝舆扶落日"。
⑨ 满怀佳趣:或作"苍茫烟雾",见上引书。

涪陵方赞同知

西蜀关山第一陵,凭崖甃路石层层。千年常有仙风在,六月全无暑气蒸。
遗址旧闻唐再造,古碑多是宋中兴。更从绝顶扶筇望,老眼频惊庵画增。

越人魏瀚知州

万叠青山列画图,偶逢尘鞅①谒清都。生祠碑古人何在,业镜台空事有无。
瑶草生香缘玉洞,碧云流影护丹炉。神明威望森如许,公道于今仗力扶。

富顺李本

叠巘群②峦远近宗,平都③天表削芙蓉。西连岷岭三千里④,东接巫山十二峰。
瑶草琪花闲野鹿,琳宫贝阙拥云龙⑤。十年五度经游此,聊赋新诗纪⑥旧踪。

合阳李实都御史

三到平都山上游,一周甲子又从头。壶中风景淹乌兔,袖里龙光射斗牛。
醉后狂歌天地老,□边□□鬼神□。有人借问金丹□,□夜分明月满楼。

平都山怀仙吟有引

江左吴用先都御史

丰都山,世所传为司冥者,余意其地必阴森萧瑟,过之而愀然动人也。洎抵兹境,取《志》读之⑦,知古称仙都,肇晋迄宋,代不乏灵异⑧。乃舣舟登眺,翠盘丹磴,逶迤悦人。及临⑨绝顶,见王阴二仙弹棋⑩处,爽然会心,仰奇⑪巘之耸汉,抚大

---

① 偶逢尘鞅:或作"相逢尘侣",见康熙本《丰都县志》卷八。
② 群:或作"层",见上引书。
③ 平都:上引书作"年都",当误。
④ 三千里:上引书作"三千界",或误。
⑤ 云龙:上引书作"苍龙"。
⑥ 纪:上引书作"记"。
⑦ 取《志》读之:或作"阅县志",见康熙本《丰都县志》卷八《怀仙吟序》。
⑧ 异:上引书无此字。
⑨ 临:或作"登",见上引书。
⑩ 弹棋:或作"对弈",见上引书。
⑪ 奇:或作"绝",见上引书。

江之环流,真壮观矣。载谒诸圣[1],琳宫瑶宇,俨若聚真,祥云时绕,白鹤可乘。三岛十洲,谁谓弱水隔之？飙驭太虚,且不复知有人间世,何问冥府？噫！业由识造,境惟心生。心净[2]则升腾清都,心秽[3]则沉沦幽域。然则畅玄览之致者,安能滞迹于尘途？希步虚之踪者,胡不游心于物外？慨焉有感,援笔作怀仙吟二章,以质之方平、长生二老云尔。

其一

一自王阴步玉京,平都千载拟蓬瀛。五云洞口麻姑降,八景山前白鹿鸣。丹灶药炉成往事,琪花瑶草岂虚生。我来拍手一长啸,碧水澄波接太清。

其二

对弈仙踪不可攀,空留几着向云残。手谈尽是参同契,坐隐应成九转丹。枰上输赢谁得定,壶中境界许多宽。樵夫亦复知消息,冷眼忘机局外看。

寥阳殿礼真

吴用先[4]

仙都标异界,名胜冠巴赛。宛转百盘磴,登临一杖筇。
峰头云渺渺,山下水淙淙。灵岳函真气[5],瑶坛肃圣容。
蕊书翠霭闳,玉牒紫泥封。凤吹排空度,鸾旌带月逢。
斋心香寂历,敷疏语诚[6]恭。微尚师黄石,幽期访赤松。
敢云宦况淡,只觉逸情[7]浓。顾解区中缚,还希尘外踪。
凌霄拟控鹤,攀雾欲骑龙。至诀不轻授,玄言自可宗。
春风鸣众籁,谁与扣洪钟。

---

[1] 诸圣：此二字康熙本《丰都县志》卷七无。
[2] 心净：或作"净其心",见上引书。
[3] 心秽：或作"秽其心",见上引书。
[4] 民国《丰都县志》卷十一署作"吴用心",误。
[5] 真气：或作"真色",见康熙本《丰都县志》卷八。
[6] 诚：上引书作"虔"。
[7] 逸情：上引书作"野情"。

王、阴羽化于汉,洞宾在唐,其寻访若夙友,乃知千载有真人。旦莫遇之,因和原韵二绝

吴用先

羽衣龙节历青都,雾驾云軿纵所如。咫尺自封膻悦子,夏虫犹自讶冰虚。

蚤跨清虹上赤城,云端挥手谢时人。等闲蓬岛一□□,洞口桃花几百春。

越人倪朝宾

丙辰之夏,予自威茂移秦中,从三峡归越,舟次丰都,令尹陈君邀予登平都岭,饮凌虚阁,访王、阴二仙之遗迹,感而赋此。

平都顶上①古丹丘,为访仙踪六月游。洞口千年鸣白鹿,关前几度驾青牛。
石床夜雨闲棋局,庭树春风送管篌。坐久清谭②天籁发,白云点缀万山秋。

广济陈恺知府

公余五马访仙流,知是蓬瀛第一洲。九蟒崖前风气蔼,五云洞口瑞光浮。
羽衣幻化知何在,白鸟飞来不计秋。览遍残碑归路晚,药炉丹火照青牛。

仁和张宣知府

一上平都景最幽,群峰端拱瞰江流。五云灵洞人何在,九转丹房迹尚留。
翠岭比环鸣白鹿,晴峦东崿唉青牛。寻真若遇纯阳子,却老仙方许我求。

钱塘莫琚同知

平都绝景③旧仙踪,蹑履萦纡路几重。红露观楼歌碧树④,青莲崖洞⑤引苍松。
鹿因羽化留遗迹,龙为丹成守故封。我亦登临毛骨爽,飘然身在五云峰。

---

① 顶上:康熙本《丰都县志》卷八作"绝顶"。
② 久坐清谭:上引书作"枯坐谈深"。
③ 平都绝景:上引书作"王阴当日"。
④ 红露观楼歌碧树:上引书作"红露台高凌碧汉"。
⑤ 崖洞:上引书作"崖直",当是。

吴廷举侍郎
丰都山顶平都观,步入山时见夕阳。翠碧丹崖真景象,药炉荆杖自荒唐。
彩云镇日封深洞,野烧何年劫道场。游兴渐残归兴晚,月华霜气满衣裳。

江西王稽副使
昔闻丰都名,今到丰都山。碧水流不住,白云去复还。
闲花飘古洞,深殿锁重关。兴罢欲归去,徘徊霄汉间。

鄱阳胡琎知县
作邑乘清暇,来登第一山。乘骢行觉近,飞鸟倦[①]知还。
仙迹废已久,尘氛了不关。翻思市朝客,扰扰利名间。

长寿孔嘉谏
岷峨蟠秀结平都,都里仙人今有无。长笑古今千载梦,侧身天地一山孤。
迓宾白鹿还鸣夜,入蜀青牛再画图。不用西山结邻去,世间容我作伍夫。

姑苏卢雍御史
平都福地偶登登[②],回首斜阳感废兴。轻拂苔碑磨篆刻,细听羽士说飞升。
神仙可学恐无益,幽怪欲书何所凭。江上寒峰孤月出,划然长笑[③]白云层。

湖西萧世贤推官
古今兴废谷为陵,劫火空余败瓦层。雄构何年随幻化,高跻有客触炎蒸。
春归幽壑花犹落,鸟宿深林昼未兴。无数风帆西上急,夜来山下水新增。
□攀岂不是良图,身入云峰貌入都。绿树楼台新暑薄,清风襟宇点尘无。
道人洞塞空愚俗,仙子丹成不爱炉。踏遍幽芳双足倦,下山须倩仆夫扶。

---

① 倦:康熙本《丰都县志》卷八作"渐",误。
② 登登:上引书作"登临"。
③ 长笑:当作"长啸",见上引书。

丰城虞书教谕

今古纷纷擅此山,官游应得谩跻攀。非□厦木□颠际,谁信桃源渺漠间。
楚井无凭年甚远,镜台幻立昼长闲。指南径与黔愚路,周砥明明趁早还。

麻城明绅知县

膴原雄堑卓天成,福地乾坤亘古名。山拥清都凝紫极,水涵灵脉护金城。
仙翁将去龙光化,学士来游鹿夜鸣。物阜民康真乐土,弦歌处处荷升平。

滇南李铨

万古平都观,巍巍江上山。洞中仙子去,松下道人还。
云暗龙归洞,风生虎啸□。□□天咫尺,顿觉异人间。

成都宋文都指挥

特寻仙迹白云层,千古金符镇地灵。楼阁□□□牛极,蓬莱咫尺膈沧溟。
□□□□□□,□□□珠夜色□。安得一朝秦□玉,吹笙同驾紫霓軿。
仙山屹屹倚苍穹,蹑蹬扪萝一径通。晻蔼烟霞迷古洞,参差宫阙隐林丛。
词人纪述碑犹在,仙子腾凌①迹已空。几度登临伤往事,碧桃岁岁领春风。

滇南李铨②训导

万古平都观,巍巍江上山。观中仙子去,松下道人还。
云暗龙归洞,林□鹿守关。举头天咫尺,便觉异人间。

盱江黄进

丰都灵迹异③,天下说名山。福地开三岛,仙丹炼九还。
楼凭青鸟度,洞许白云关。石壁留题处,芙蓉紫翠间。

---

① 腾凌:康熙本《丰都县志》卷八作"升腾"。
② 此诗前文已载录,而文字稍异。
③ 丰都灵迹异:上引书作"平山何翠峰"。

兴国周包荒[①]知县

人言此地有蓬莱，我来览胜携青鞋。洞口五云安在哉，藤萝烟雾藏楼台。
古碑剥落生莓苔，登登绝顶疑天台。凡骨愧非刘阮侪，我闻至道殊尘埃。
径思脱屣离形骸，欲向王阴觅梯阶。王阴一去不复回，人间沧桑变劫灾。
短歌激烈持酒杯，日落尊前返照来。长松老鹤鸣清哀，山灵为我增徘徊。

葫山戴吉经历

龙崧孤嶂倚江东，曾起王阴汉世翁。绘栋翚飞千古壮，藏崖凤翥五云丰。
鸟啼玉岭清霄月，花舞丹台白昼风。览胜何妨攀绝顶，高怀逸兴画图中。

沈继芳教谕

寻春误入洞天游，俯仰乾坤任豁眸。玉鹭搏风来远浦，锦云耀日拥岑楼。
阴阴佳木凭崖出，细细寒泉绕涧流。回首不堪仙去远，尚余丹灶在山头。

潜江李秀华[②]教谕

平都胜景快人游，乘暇来观[③]豁倦眸。石洞有泉通巨海，丹炉无火傍危楼。
亭凌碧汉云常锁，山枕清江水自流。坐久松稍天籁发，恍疑仙驭过峰头。

滇南何大伦训导

乘骢寻古洞，清景竟悠然。到此□尘想，于中即性天。
有人驯野鹤，无客饮贪泉。门外多春意，何劳动宿缘。

□□□□□训导

平都仙去已□□，□□□今尚耸然。日暮洞天腾瑞气，□朝□□□□□。
□□□□□□，□□远岫飞来翠，快意清流涌□□。
何□王阴曾会得，我来顿觉坐中天。

---

① 此诗康熙本《丰都县志》卷八题为《游平都山》。
② 上引书有诗题为《平都山》。
③ 来观：上引书作"登临"。

川南孙甫 寺正

平都有路入烟霞,楼殿高低景最嘉。风满回廊翻残叶,水流绝涧泛空花。

青松阅世风霜古,翠石题诗岁月赊。谁谓无生真可学,山中亦自有年华。

紫城孙见易

平山形胜拟蓬莱,云锁朱门向日开。钟鼓楼高朝暮景,琉璃殿耸鬼神台。

豪游宦客皆黄土,纪事残碑尽绿苔。惟有洞前松尚在,月明空见鹤飞回。

梅野戴葵

屹立江边天柱峰,殿台□□古今宗。幽通蟠径藤长蔓,市遮浮烟翠且重。

□□松椵玄室隐,云和草静旧炉封。王阴飞去不知处,都里碧桃花自红。

两溪谭良相[①]

仙阁灵坛[②]草木苍,回梯曲蹬接[③]天长。微风撼竹千崖雨[④],晴日[⑤]曛花百和香。

洞里静忘人跨鹤,世间劫远海成桑。[⑥]蓬莱欲觅知何处,只在烟云弱水旁。

荆门黎一夔 同知

使节临秋暮,平山破晚登。仙踪今已远,鬼异事□凭。

水向孤城落,云从古洞腾。天涯遇乡士,一笑寄高情。

登平都山

赫瀛御史

我上凌虚俯太空,鸿荒宇宙此蒙蒙。湾环江水明如线,起伏山峰列似丛。

日月两丸手可摘,乾坤万里目能通。飘然我欲翔千仞,结屋层霄傍紫宫。

---

① 康熙本《丰都县志》有诗题为《五云楼》。
② 灵坛:上引书作"灵台"。
③ 接:上引书作"与"。
④ 微风:上引书作"深风";千崖:上引书作"千重"。或误。
⑤ 晴日:上引书作"暖日"。
⑥ 此二句上引书作"阅尽人天余鹤鹿,经残灾劫问沧桑"。二本或皆误。

又和吕祖韵二首

舣舟杖履访仙庐,洞口白云祇自如。羽化仙人今在否,手披紫雾问清虚。

王阴二士真仙侣,笑我亦非尘世人。丹炉火候谁传得,且向桃园觅早春。

龚懋贤 御史

山抱青牛壮蜀都,登临此夕意何如。当时仙子楼居在,谁□餐霞炼六虚。
平都山色满丰城,上有千年羽化人。一去不来成幻迹,桃花犹带洞中春。

郑友周 参政

仙人踪迹此间留,羽士高谈尚未休。丹井空余荒石古,青山如故白云悠。
澄江晴日拖新练,归鹤何年返旧垠。寄语飞升或幻化,王阴陈事已千秋。

姑苏卢雍 御史

古洞五云出,长松双鹤归。丹炉无宿火,夜夜发光辉。

蓬山王汝宾 行人

平都山上玄都观,舣棹山蓬间一登。客喜晚凉舒远眺,人谈古迹有飞升。
青牛白鹿何从问,雾阁云宫似可凭。惆怅忽惊山色冥,长松擎月照吾襟。

凌云亭 在平都山绝顶,王阴二仙上升之地,其亭入《一统志》

君不见丰都平都山,天下景概名奇观。古来流传有异事,神鬼幽怪书志删。又传汉代有仙侣,采药修炼丹真还。此是地天灵会处,理气静动恍惚间。奇哉四面好危峭,□颠广平殿阁环。俯□江汉□一线,仰观星斗手可攀。安得移住最高湾,黄精白发留朱颜。等闲富贵浮云外,白鹿青牛心自闲。

贵州范府

仙真腾碧汉,遗迹有丹台。五色云长护,千年鹤更来。
吕翁留妙构,苏子揿奇才。选胜登临暇,襟期澹欲开。

陈大道参政

平都称福地,隔水有仙潭。白鹿迎佳客,青牛度老聃。
岭头天为拭,林气午犹寒。弈者何时已,风吹落石楠。

曹学佺参政

渐尚初谐物外情,神明鳞萃此江城。谁觇函谷青牛度,应兆平都白鹿鸣。
一局棋悬明月在,七飞丹绚彩云生。一童四皓纷纶至,会见仙凫入帝京。

谢廷谅知府

夏日登临暑阁凉,四山郁霭树苍苍。高情叔度投簪晚,雅抱相如引兴长。
连夜酒尊倾浩白,百年心事共清狂。已堪飘泊浮云外,又听山僧为鼓簧。

李九标[①]同知

巴山春色莺啼老,总为惜春常起早。春去明年还复来,客子羁愁何日扫。
平都风景侣[②]玄都,上接瑶台下幽岛。槐阴日午匝宫庭[③],窗外清风动疏筱。
噫予不是看花人,试把芒蹊[④]踏芳草。功成白日生羽轮,回首巴山一卷[⑤]小。

孙芝知州

平都一脉万山盘,王事驱驰过此山。亭上有仙曾对局,井中无水可观澜。
吕宾遗韵须堪赏,苏子游魂怎再还。恨到凡胎空迷性,那时跨鹤采芝餐。

张启明通判

君不见王阴道人飞上天,功成九转朝群仙。地静风清彩云见,异事秘怪于今传。丹井渊渊不可窥,人言下透将之湄。纯阳长啸唤星斗,麻姑仙耕几时延。空

[①] 此诗康熙本《丰都县志》署作"孙芝",且诗题为《游平都山》。
本志部分诗词疑署名在诗文之后,如第225页《白鹿夜鸣》署作"杨叔章",应系"苏东坡",但就此现象未逐一指瑕。
[②] 侣:当作"似",见上引书。
[③] 宫庭:当作"空庭",见上引书。
[④] 芒蹊:当作"芒鞋",见上引书。
[⑤] 一卷:当作"一拳",见上引书。

余台榭依然在,老柏苍苍钻暮烟。白鹿青牛渺何处,桑田沧海几千年。我来访古一登览,别有天地非人间。安得王阴跨鹤游,俗□庶可陟天关。

陈禹谟[①]忠州太守,夷陵州人

茫茫人代几平都,踏遍名山总不如。洞口薜萝春自老,岩前棋局月同孤。
空余白鹿人何在,悟到黄粱梦已虚。我亦烟霞尘外客,心随云树渺苍梧。

倪伯骐忠州知州

平都平都,幽冥事有无?阿鼻岳原从心造,光明藏宁籍金铺。生为柱国皆虚梦,死作间浮亦象图。桃女谩言为地府,莱公应自辟洪炉。阮瞻执论无鬼,通名者非乎?干宝备记《搜神》,谓鬼之董狐。嗟吁!嗟吁!天堂地狱知何处,不堕轮回是丈夫。

尹愉知州

紫气绕朱槛,坐断清风高阁,顿忘桑海变多番;
苍山含碧霭,现彻明月灵台,那管阆浮春几劫。

□良知州 对联

山高月色疏,云去云来天不定,真个是空中楼阁;
水近林华冷,花开花落草长生,将无同海上蓬莱。

□包□知县 对联[②]

奇山天肇造,遗迹不知年。药洞深春草,丹炉锁暮烟。

胡琏知县

平都名福地,洞府几仙游。台观今依旧,烟霞冷素秋。

---

①此诗康熙本《丰都县志》署作"倪伯骐",且诗题为《平都山》。
②此为诗,非为对联,或手民误记。

曾晰知县

仙境平都观,寥阳古殿开。云深龙出洞,夜静鹿鸣台。
王子知何在,阴生去不回。丹炉遗故迹,仿佛是蓬莱。

翁佐教谕

山上有奇踪,幽深路几重。石床灵草护,丹灶白云封。
天瞑龙归洞,风来鹤舞松。自从仙去后,谁得再相逢。

周尚文知县

九疙亭

巉崖石壁储灵异,奇树偃蹇横犹坠。元气磅礴殊栽培,密干稠枝郁青翠。
根穿瘦石蛰龙蛇,叶拥苍霄云盖萃。延袤二亩势穹窿,蔽翳神祠出凡类。
凌霜凝露老春秋,月镂日雕影幽邃。杜陵枯楠摧作薪,蜀相老柏皆憔悴。
吁嗟此物历风霜,寿永年长等天地。异物从来神护持,默视阴扶侍鬼魅。
巨灵劈山撼不摇,撑地支天挺生质。龙煤画手真难图,造化天然出人意。
我来坐此纵高吟,两腋习习清风至。仰攀王阴何所求,飘然欲起乘风去。
弱水茫茫那得前,敢控抟云黄鹤翼。

万谷知县

灵崖泉[①]在平都山侧,世传阴长生炼丹取汲于此

苍崖石隙泻流泉,幻出乾坤太始前。冷射天边云掩护,窍通山顶气盘旋。
濯缨自是清堪酌[②],与耳[③]还无俗可捐。间把春瓢贮江月,不妨随口到丹田。

刘孟桓知县

仙迹

仙境尘寰有路通,王阴飞去故山空。只今洞口桃还在,每到春来花自红。

---

① 此诗康熙本《丰都县志》署作"刘孟桓"。
② 酌:康熙本《丰都县志》卷八作"掬"。
③ 与耳:上引书作"洗耳"。

左应麟知县

五云楼在平都山顶,唐益州刺史段文昌创,扁书"瑶池乐部",入《一统志》

五云仙子今何在,山上五云空有名。八极浮游不知处,丹台芳草自生生。

金蟆跨海山仍白,玄鹤巢松夜更鸣。胜事真知那得去,每于灵境饭青精。

张守刚知县

回梯曲径洞深幽,胜事千年迹尚留。水火鼎铛烹白石,旌幢羽卫说青牛。

芝田苔长闲清昼,瑶圃烟残冷素秋。惟有江上仍自旧,曾经得见古人不。

张霈知县

叠叠寒峰面面屏,一间天放此山亭。乔松偃蹇双擎月,古殿参差半碍云。

脱尾金蟆鸣绿沼,垂丝玉鹭上青冥。无人识得闲中趣,独自歌来闲自听。

严官知县[①]

帘垂春院静,梁上燕飞来。入座花香细,残红点绿苔。

深林鸣[②]好鸟,涧石沸泉深[③]。客至添烧篆[④],幽香益座清[⑤]。

云封秋嶂碧,小院闭[⑥]深幽。木叶萧萧下,帘光翠一钩。

柴门扃霁雪,石鼎煮寒泉。漏下山头月,看经夜不眠。

张邦衡知县

习游曾壮古今怀,我眺平都亦□哉。槛外长江拖练去,眼前叠嶂列层来。

白鹿峰联真洞府,翠游寺族小蓬莱。飞凫欲借修翎液,怅望留云百尺台。

独上危楼倚太空,旅游何幸觅仙踪。云升洞口形犹在,丹转炉中世莫逢。

遐想烂柯终一局,不将萝薜易三公。予今归去渊明里,踪不飞升乐也同。

[①] 此诗康熙本《丰都县志》署作"张邦衡知县"。
[②] 鸣:或作"来",见上引书。
[③] 涧石沸泉深:或作"幽涧古泉鸣",见上引书。
[④] 添烧篆:或作"琴声寂",见上引书。
[⑤] 幽香益座清:或作"余香绕座清",见上引书。
[⑥] 闭:当作"倍",见上引书。

林梅知县

蜀国多仙山,仙都观里花千般。千秋福地兹其一,方平得道因驻颜。此去栽花神明府,翩翩仙吏众父父。才名不数阆仙祖,滟滪瞿塘笔下吐。李桃日满锦城封,花飞膏雨□时□。古来□□称佳丽,相如□台千万世,浣花溪上草堂开。□□诗篇□若□□君栽遍,仙都千树花三年□□□天帝会应凫□勒花,骢我犹在此欢□。□□□□□笑我,换酒迎风鹧鸪贯。

右蓟门送龚芝田之任丰都
程图

□目平都胜,形踪宇内奇。层岚云日丽,飞阁斗星垂。
篆壁犹千古,仙风自一时。就中饶景趣,玄赏快心期。

龚自成知县

迢递过巴国,行藏愧楚鱼。依依严武署,望望紫云居。
愁杀未归客,怪来招隐书。云山风雨暗,何处是吾庐。

操明德

江上孤峰树色寒,神仙曾此跨飞鸾。香含芝草烟霞老,云护丹炉岁月残。
白鹿夜还鸣古洞,碧桃春自笑空坛。几回吟望徘徊处,恍惚蓬莱眼界宽。

陈璹教谕

万籁无声境最澄,神仙第宅倚高陵。烟和云雾丹炉火,光闪星辰殿阁灯。
黄绮有期缘未结,白榆堪种事何能。灵砂欲觅怀清想,知在瑶台第几层。

窦希颜教谕

孤峰直上倚高空,遥指蓬壶碧海中。潇洒恍疑凡觉脱,来风欲访药珠宫。

李春敷教谕

仙子乘鸾去不回,青松崖半手曾栽。寻常有鹤隔空下,疑是传书过海来。

吴观周训导

星坛遗址浑苍苔,曾记登坛几度来。铁□无声凉夜寂,月光还照炼丹台。

竹可上①训导

斜晖霭翠②映澄澜,树色苁茏碧涧寒。山屿③崟崎来白鹤,楼台缥缈驭青鸾④。苔藓剩有犹龙气,珰鼎⑤长虚捧露盘。我欲乘风排玉宇,冰轮初下满琅玕。

又

才到平都尽日闲,危峦俯听水潺湲。炉中丹鼎疑犹在,天上碧桃信可扳。一局烟笼今古径,五云瑞指觉迷关。巑岏不尽尘襟洒,拾得仙风玉露还。

杨时隆教谕

密荆危磴陟平都,渔火江天半月孤。峰顶仙亭残局在,山腰丹井碧沙俱。药珠宫内青蛇壮,冥帝祠前白眼呼。寄语江湖云水客,绛霄曾有棋台无。

曾祐巴庠教谕

仙老奇□半草□,孤峰缥缈玉虚台。星辰倒落丹崖下,厂阁高悬碧□隈。万岭影随牛角动,长江声送鹿车回。振衣直步凌云顶,指点春光次第开。

又二仙阁

层楼厂⑥霄汉,仙客喜奇游⑦。万树摩苍壁,千峰拥碧流。
丹楹⑧元气合,朱桷⑨野云浮。凭倚雕阑⑩上,时闻鹿韵呦⑪。

---

① 康熙本《丰都县志》卷四题为《平都山》。
② 霭翠:或作"万丈",见上引书。
③ 山屿:或作"翠岭",见上引书。
④ 楼台:或作丹台;驭:或作"下"。见上引书。
⑤ 珰鼎:或作"炉灶",见上引书。
⑥ 厂:上引书作"倚",当是。
⑦ 喜奇游:上引书作"恣夷犹",误。
⑧ 丹楹:上引书作"天空",或误。
⑨ 朱桷:上引书作"江净"。
⑩ 阑:当作"栏",见上引书。
⑪ 时闻鹿韵呦:上引书作"闲看麋鹿游"。

熊文寿[1]训导

邑人黄景星户部郎中
崒律仙山蜀水涯,飘飘仙驭杳何之。飞云古洞堪招隐,鸣鹿峰攒若斗奇。
无鬼孰从高论悟,谷神应向道心持。杖藜不尽登临兴,花鸟春风入品题。
灵境高岗一振衣,江山如故昔人非。羽翰白日空春梦,亭榭丹丘但夕晖。
尘世沧桑叹累变,石坛松鹤任相依。壮游愧我今投老,聊尔寻真历翠微。

邑人陈济通判
何处蓬莱胜此山,鹿鸣随步任跻攀。自知眼界见天下,别有乾坤非世间。
倡和且陪千古意,荒唐暂活片时闲。傍人欲识真行乐,长啸浮云任往还。

邑人戴纲[2]推官
平都四十二福地,锦室[3]丹梯险绝通。纷郁烟霞迷绿树,嵯峨宫阙拥清穹[4]。
玉台春暖蟠龙起,古洞云闲白鸟[5]逢。几度徘徊山月出,细吹铁笛响丝桐[6]。

邑人杨柬[7]知州
杖履谒清都,危峰插晴昊。仙人好楼居,一览[8]城郭小。
耿耿怀王阴,学道苦未早。欲款玉女闺,何由托青鸟。
望望三山间[9],划然一长啸。

邑人杨履知县
风景寰间分外优,更从何处觅丹丘。楼台突兀低霄汉,灯火光芒乱斗牛。

---

①后缺半页。
②此诗康熙本《丰都县志》署作"杨柬",非为"戴纲"。
③锦室:上引书作"石室"。
④拥清穹:上引书作"倚苍穹"。
⑤白鸟:上引书作"宿鸟"。
⑥响丝桐:上引书作"和松风"。
⑦此诗康熙本《丰都县志》卷八署作"杨履",且题为《游平都山》。
⑧一览:上引书作"渺然"。
⑨山间:上引书作"神山"。

鸣鹿尚留苏子句,骖鸾不见吕仙游。王阴一去山名在,金鼎苔浸岁月流。

邑人李祥知县
平都高耸碧云端,一瞩乾坤可大观。寂寂更无仙泮涣,淙淙惟有水潺湲。
苍松翠柏霜还茂,白鹿青牛月自湾。读罢断碑增感慨,何年云汉跨飞鸾。

邑人熊永昌知县
烟霞深处访仙山,栖鹤危巢我独攀。老木千章倚天外,飞楼百尺屹云间。
碑存荒篆文章古,洞锁壶天岁月间。几度临风登绝顶,徘徊霄汉不知还。

邑人杨孟琦县丞
羽化王阴仙迹远,人间此地尚留山。白云缥缈封遗灶,青鸟殷勤守旧关。
何处笙歌天上奏,谁家灯火月中还。登临一洗尘嚣虑,顿觉茫茫宇宙宽。

邑人杨乾训导
危亭轩翥五云岑,咫尺星辰势可凭。丹灶空存灰已冷,仙人一去世犹称。
月涵竹树虚窗映,霞醉桃花碧洞蒸。俯仰乾坤舒一笑,羽耕曾见几人登。

邑人邹嘉典训导
步入平都古洞游,洞中清景照双眸。寻碑吊古重磨篆,栋宇题诗更倚楼。
闲整丝弦调绿绮,漫传玉□泛黄流。王阴回首成追忆,笑指蓬莱天际头。

邑人杨孟蕙训导
孤峰壁立大江滨,曾说飞仙寄此身。瑶草紫芝香扑地,药炉丹鼎道通神。
壶中日月疑无夜,洞里乾坤别有春。几度临风登绝顶,恍然如在碧霄层。

邑人熊存[1]
仙都从古胜[2],洞口紫霞浮。老树擎云雾,岑[3]楼碍斗牛。

---
[1] 此诗康熙本《丰都县志》署作"戴文星",且诗题为《二仙楼夜坐》。
[2] 从古胜:上引书作"古名胜"。
[3] 岑:当作"层",见上引书。

豪吟江月起,清啸海天秋。独坐忽惊恐①,蓬莱阁上游。

邑人戴文星②监生
青连碧汉五云峰,闷殿跻攀上九重③。乌兔鼎炉无火候,龙蛇碑刻有苔封。
仙祠荒落悲吟壮,翠壁④淋漓醉墨浓。几度临高⑤归兴晚,徘徊星月听松风⑥。

邑人杨晋⑦监生
空山踏翠马蹄寒,十二芙蓉面面看。洞口白云千古在⑧,江南黄鹤几时还。
瑶台丹冷烟霞护,石磴苔深岁月闲。到此尘消胸次豁,不知身寄画图间。

邑人杨节⑨监生
寻春刚及早春时,风景撩人不构思。高阁凭虚临鸟度,连峰极目过云迟。
烟霞境僻⑩斜通径,野鹤巢倾欲堕枝。传与⑪风光共延赏,莫将公事恼痴儿。

邑人古养敬员外
王阴厌世入清穹,千载游人感慨同。碑刻井藏丹诀秘,灵湍龙化石床隆。
乔松鹤幻鸦成僻,闷殿台空燕作宫。回首不堪频吊古,夕阳西下水还东。

邑人陈栗同知
苍霭仙都境,西来第一冈。擎云崖树古,逼汉石样长。
累榭藏丹诀,层楼□道房。洞深□□护,径僻鸟翱翔。
文武玄珠幻,龙蛇□□□。□□□苏□,□□景长方。

---

① 惊恐:康熙本《丰都县志》作"长忆"。
② 上引书该诗署作"杨晋",且题为《游平都》。
③ 上九重:上引书作"又几重"。
④ 翠壁:上引书作"石壁"。
⑤ 几度临高:上引书作"为爱登临"。
⑥ 听松风:上引书作"傍长松"。
⑦ 上引书该诗署作"杨节",且题为《游仙都观》。
⑧ 千古在:上引书作"千载住"。
⑨ 此诗上引书署作"古养敬",且题为《春日登平都山》。
⑩ 烟霞境僻:上引书作"卧龙潭僻"。
⑪ 传与:上引书作"好与"。

荒址经梁宋,苔□□汉唐。□山□□□,□宇锦江傍。
伏气烹乌兔,冲霄起凤凰。□名垂汗节,千古耀三光。

邑人冉杲①庠生
层楼杰阁路窈窕,洞府②有人学黄老。玉炉伏火乌兔悬,煮石餐松茹灵草。
九还七返炼丹成,服饵换骨能长生。驱神役鬼摄万灵,呼日吸月守内庭。
幢旌羽节时奔迎,云骈杳忽归太清。故山寂寂无复顾,鹤来如怨鸣朝暮。
炼形养气世滔滔,入室参玄心独苦。
我欲乞灵总真君,凭空御虚踏紫云,道俸天地身长存。

邑人黄常德③知县
扪崖蹑磴陟仙峰,对景留题兴转浓。宇宙三千春□□,开河百二水溶溶。
鸟从幽谷乔林动,人在光天化日逢。豪与摩天重吊古,欲骑黄鹤访仙踪。

草树玲珑郁殿台,烟霞纷绹胜④蓬莱。总真桥上人行处,流水胡麻莫浪猜。

登平都山
俯视寰区等一尘,孤峰有路透天津。独怜云雾最深处,堪着乾坤别样人。
福地有灵神自护,洞天无字月恒扃。灾祥未必真堪寄,海宇而今沐至仁。

邑人阳孟瑛□□
碧霄削出玉芙蓉,矻峙江千秀色浓。松桧参□□霭合,楼台尽日白云封。
仙灵尚有当年迹,潇□应闻午夜钟。谁嗣苏公流妙响,凭栏怀古□心踪。

邑人杨叔京⑤知府
江峰拥翠逼诸天,隐隐云中石磴穿。不定烟岚浮涧壑,多情花鸟共林泉。

---

① 该诗康熙本《丰都县志》署作"黄常德",且题为《仙都观次苏韵》。
② 洞府:上引书作"洞里"。
③ 此诗第二首上引书署作"杨孟瑛"。
④ 纷绹胜:或作"缭绕似",见上引书。
⑤ 此诗上引书署作"曾继先",且题为《平都仙迹》。

丹铅化气从何日,金碧开山不记年。早晚每来登绝顶,王阴还似①有前缘。

邑人曾继先知县
乾坤突兀古苍丘,攀附萝藤一壮游。芳草碧□连玉宇,丹崦赤嶂接琼楼。
箫音缥缈云犹在,炉迹依稀药可求。把酒凌空酌羽化,恍然天外小瀛洲。

邑人杨心传②通判
名山耸秀大江隈,叠嶂从天推出来。山中有景③看不尽,乘暇登临亦快哉。
我闻畴昔多仙侣,披褐幽岩④同穴处。只云数息度春秋,谁识还丹待冲举。
仙童采药出荆扉,青青箬笠绿蓑衣。⑤直向白云窝里过,长挑明月担头归。⑥
相将岁月倏飞升,缤纷古洞五云蒸。次第蹁跹何处去,蓬莱弱水任骞腾。
一去无踪增感慨,至今惟有琳宫在。为鬼为神天将雄,玄关呵护百千载。
百载⑦曾修台榭多,金茎碧瓦□山阿。华阁亭亭侵日道⑧,长桥隐隐接天河。
此地逍遥无历日,年去年来人不识。琪花瑶草泄春辉,白鹇黄鹂调玉律。
松桧参差不记春,几番风雨长龙鳞。招得鹤来丹室憩,依稀仙子税飙轮。
飙轮鹤驾终难挽,且把楼头帘幕卷。不知步已临空⑨,但觉天津为未远。
骚客品题无了期,烟水云山色色奇。若将好景包罗得,后人何用强裁诗。

邑人陈载宽举人
九日登九炁楼⑩
醉倚高楼眼界宽,碧云深处罄君欢。西风无奈多情帽,急雨其如早挂冠。
兴到不妨诗韵窄,怀开未许酒杯寒。呼童薄采山中菊,留取来朝醒眼看。

---
① 还似:康熙本《丰都县志》作"亦似"。
② 上引书署作"陈在宽",且题为《平都山放歌》。
③ 景:上引书作"境",或误。
④ 岩:或作"崖",见上引书。
⑤ 此二句原不清,据上引书补。
⑥ 此句前五字原不清,据上引书补。
⑦ 百载:或作"接踵",见上引书。
⑧ 道:当作"影",见上引书。
⑨ 此句有误,或作"不如长啸临空去",见上引书。
⑩ 该诗上引书署作"戴文亨",且诗题为《九日登九炁楼用杜甫韵》。

邑人戴文亨通判

登凌虚阁

遥瞻云气拥凌虚,都弃仙人聚与余。坐对春风程可拟,归来雅韵点何如。
乘时桃李争芳只,稀世圭璋岂韫诸。灯火参差蓬鸟径,一天星斗傍安车。

邑人毛宗德贡士

金堂玉殿仙都山,揭来登啸舒大观。洞天云深欲迷路,苔封碑刻遗文删。
王阴二仙已陈迹,跨鹤一去何时还。长松萧萧竹树碧,空有白鹿鸣人间。
琅玕芝草日犹长,冉霞紫雾相萦环。江流日夜□今古,游人谁不思追攀。
忆昔探奇此山湾,青春绿□怀仙颜。我欲乘风上瑶□,壶中日月长高间。

邑人杨□举人

仙子山中静养真,乘鸾飞去玉坛尘。黄茅白□元无物,火棘交梨别有春。
麋鹿岩空花作侣,餐霞洞古月为邻。五云灵气如还在,愿取金丹寿世人。

邑人黄着推官

步入玄都景自幽,何须海外觅仙游。繁阴夹道浑无暑,□气侵襟可□□。
四十风尘惊午梦,三千浪漫总虚舟。王阴剩有家风在,云府霞觞尽日留。

山人黄与可

王阴羽化玉楼空,倚栏潇然雾彩蒙。鼎废萝封青壁洞,棋残鲜合翠微丛。
得无跨鹤昆仑缈,空拟浮槎天汉通。安得再来同结足,仙班初缀紫霄宫。

邑人杨绪[①] 赠奉政大夫

道院清虚睡起迟,闲时瞻眺醉吟诗。扪崖磨刻云生履,开瓮分春月堕卮。
夜永只闻风弄竹,日长惟见鸟争枝。悠然自谓羲皇侣,问到羲皇总不知。

邑人黄世修知县

缥缈琳宫倚太清,探玄纳履漫趋迎。烟霞阆结迷金阙,星斗低垂挂赤城。

---

① 该诗康熙本《丰都县志》署作"黄世修",且诗题为《仙都观》。

林吐琼花春不老,山脚月镜日争明。好怀欲借仙人塌,把酒临风一醉倾。

邑人陈志伊州同

物我初无性自流,圃圃拥衲坐清幽。定回香鼎频添篆,讲罢风帘更下钩。
白日灯传闻甲子。红尘市远淡春秋。从今洗却维摩病,花雨飞空石点头。

邑人杨铨知县

江干翠秀拥□巘,不记居诸古迹丛。磴道萦纡□洞府,琳宫叠构接苍穹。
云低日近飘身处,紫气丹华联日中。乘兴时临归去晚,呦呦恍若彻冥空。

邑人戴嘉乐[①]恩选

谁道王阴去不来,瑶池宴向此山开。青牛驻辙云为护,白鹿吹笙韵克谐。
曲水霞觞从地涌,洞天玄记有仙裁。一春两观桃花会,回首兰亭更异哉。

邑人李树声[②]训导

景入平都幽更幽,不辞十日两三游。林梢润带黄梅雨,砌草清分刈麦秋。
鸟语丁宁云外笛,风涛起伏海边舟。黄昏不尽登临兴,月色山灵为我留。

邑人毛之麟贡士

灵境天开接太清,松涛竹韵送江□。亭中弈局随朝着,炉里丹烟向夕明。
白鹿已闻鸣午夜,青牛曾见唼春塍。何时重会□□□,□登相邀话永生。

邑人杨遇春监生

平都台阁是仙踪,丹灶千年尚自封。仰望浑迷云树远,遥瞻直逼斗牛通。
羽流冲举留琼液,仙籁长鸣报玉峰。一入山来名利澹,迢迢清夜听疏钟。

[①]康熙本《丰都县志》该诗署作"李树声",且题为《平都山》。
[②]此诗上引书署作"毛之麟",且诗题为《初夏游平都山》。

毛如德[①]贡生

仙都纪胜吟

岷峨迢递平都结,秀耸巃嵷擅奇绝。逢[②]观宛尔峙江中,近历方知与尘别。
云树青苍[③]上下封,楼观巍峨前后列。毓萃瑶草与珍禽[④],镂镌墨妙并丹诀[⑤]。
品题历代属名家,蜕化千龄[⑥]有仙客。曾传聃史[⑦]跨牛青,又报苏公鸣鹿白。
石床烟雨带云浓[⑧],悬知江浒跃神龙。隔岸芦花秋瑟瑟,映潭月镜夜溶溶。
曈昽初上东郊日,影射朱帘光四溢。西蟠梁石泊舟航,酌酹歌骊旅怀逸。
兰亭胜事已千秋,九曲流觞迹尚留。尤有回仙飞白字,大书巧构等琳球。
余生夙报烟霞僻,五岳壮游志期[⑨]适。矧当密迩有丹丘,雅兴飞浮能自斁。
披襟正际风光好,洞口桃开春不老。恍接王阴向碧云,何必偓佺驻蓬岛。
新编山志古今传,骥附名公长不扫。

又咏二仙弈处

身世浑忘得大还,机心何事寄枰间。橘中乐趣何人[⑩]识,只许回仙倚醉看[⑪]。

邑庠杨延春

云联洞口桃花好,石磴黄芝间芳草。羽客留诗雀几飞,仙子敲棋松为扫。
晴春载酒日初斜,彩笔风流自一家。王阴授我游仙秘,难与人间说岁华。

---

① 此二诗康熙本《丰都县志》卷八署作"杨延春",且第一首诗题为《丰陵纪胜吟》,第二首诗题为《二仙弈处》。
② 逢:上引书作"遇"。
③ 青苍:上引书作"青松"。
④ 毓萃:上引书作"深溪";与:上引书作"伏"。此二处上引书或误。
⑤ 此句上引书作"穿碑墨妙传丹诀。"
⑥ 千龄:上引书作"千年",或是。
⑦ 聃史:上引书作"柱史"。
⑧ 烟雨:上引书作"如雨";云浓:上引书作"云封"。
⑨ 志期:上引书作"志气"。
⑩ 何人:上引书作"无人"。
⑪ 倚醉看:上引书作"带醉看"。

杨廷春①

平都深处五云台,紫气浮浮②入望来。不尽江声天外落,无边山色洞前开。扪萝争访飞仙迹,洗篆咸夸学士才。我欲乘风觅真侣,逍遥同步玉京回。

杨凌云③

春满山桃雨红雪,云木④长松霄挂月。仰摩篆碣斗牛寒,闲卧烟霞天地别。都中风景各名奇,曲径斜穿好采芝。汉时仙子家何在,万古敲残一局棋。

杨凌斗

平都福地古今传,我愧相安不识天。峭壁千寻临水浒,断云五片耀山巅。金文缥素真仙诀,玉篆凝香墨客编。况说幽都此处是,主君仍握万邦权。

杨叔章⑤

白鹿夜鸣

日月何促促,尘世苦拘束。仙子去无踪,故山遗白鹿。

仙人已去鹿无家,孤悒怅望岑城霞。至今闻有游洞客,夜来江浦叫平沙。

长松千树风萧索,仙客去人无咫尺。夜鸣白鹿安在哉,满山青草无形迹。

苏东坡⑥

青山无尽头,白云苦拘束。丰都天下名,青牛对白鹿。

内有仙人阴王⑦家,洞口桃花飞紫霞。仙人一去不复返,空余明月笼寒沙。

峰峦峨峨松瑟瑟,上去太虚才一尺。今日我来寻二仙,踏破云霞⑧满山迹。

---

① 此诗民国《丰都县志》卷十一署作"杨凌云",且诗题为《平都山》。
② 浮浮:上引书作"东浮"。
③ 此诗康熙本《丰都县志》题为《二仙对弈处》。
④ 云木:上引书作"云里"。
⑤ 此诗乃苏东坡作,杨叔章诗或被手民漏略,故后面所属诗,疑署名在诗文之后。下文每逢此问题,仍标注与上引书不同处,以备有识者考之。
⑥ 此诗康熙本《丰都县志》署名"冯裡",非为"苏东坡"。考东坡诗集,亦无此诗。
⑦ 阴王:上引书作"王阴"。
⑧ 云霞:上引书作"烟云"。

丽庵冯裡①

白鹿知何代,空山月夜鸣。至今岩②畔路,行处③紫芝生。

曾鼎

白鹿出尘氛,通灵迥不群。鸣依丹井月,身隐洞天云。
濯濯形难见,呦呦声自闻。王阴何处去,怅望几经春。

翁佐

白鹿夜鸣

品自仙家种,回头灭幻尘。呦呦鸣夜月,唤醒梦中人。

青牛野啖

老子西来紫气浮,服厢只见一青牛。平都山脊仙踪杳,遗向人间作话头。

龙床夜雨

一夕风云起卧龙,九天甘澍遍寰穹。丹房奇石连霄洗,赤水环山带雨洪。
四处毗氓枯槁润,霎时草莽干枝荣。三农报道丰年瑞,昨夜滂沱第一功。

月镜凝潭

良宵万里暮云收,一鉴当空浸碧流。摩荡清光潭自媚,渔郎难卜钓鳌钩。

珠帘映日

一片奇峭石,垂垂天琢成。风来云自卷,雨过玉无尘。
波里花为坞,帘中鱼作邻。扶桑清影上,光耀世间人。

陈汝善

空山遗白鹿,应不染尘氛。素质向人□,□□雨□闻。
云来常作伴,鹤化久离群。不比人间□,□餐涧底芹。

---

① 此诗康熙本《丰都县志》署名"曾鼎",且题为《白鹿夜鸣》。
② 岩:或作"崖",见康熙本《丰都县志》卷八。
③ 行处:或作"犹见",见上引书。

周尚文

野色真仙种,山游了不惊。明朝有嘉客,今夜向人鸣。

胡□

云林野鹿异寻常,毳色浑如玉雪装。仙去故留千载物,客来先叫五更霜。惊回鹤梦天转曙,唤起山灵夜未央。此日寥寥何处去,满溪瑶草日生香。

陈璘[①]

仙质玉无尘,人间久亦驯。一声江月白,应是报嘉宾。

卢雍

呦呦白鹿更何求,吊古凭高豁远眸。野旷云底山脚瘦,江空水落石子惆。寒泉淅沥飞声细,古木萧森夹气秋。俯仰两问应不愧,对时且泛掌中瓯。

马良臣 教谕

清秋登眺鹿鸣峰,潇洒年华兴转浓。世事静看棋一局,人生行乐酒千钟。迎风坐处山当画,载月归来马腾龙。犹记东坡旧游处,留题谁复继遐踪。

李席宠[②] 教谕

匡庐素质向来闻,又逐仙踪伴白云。皓魄夺将琼岛色,野心眠稳石幢芹。空林霭霭传天籁,永夜呦呦发性氲。幸有青羊犹在肆,平都知尔结为群。

倪伯麒(麒) 知州

邀客鹿鸣景自佳,遥分清况共天涯。江舟竞渡穿危浪,野寺逢僧啜苦茶。旧日鸣泉犹嗽玉,汉时仙子本无家。亭前石鹿传遗事,好当菩提一树花。

张守刚 知县

杨太守招饮鹿鸣寺

---

① 此诗康熙本《丰都县志》卷八署作"卢雍",且诗题为《白鹿夜鸣》。
② 此诗上引书署作"倪伯麒",且诗题为《白鹿》。

层岚叠上路盘埼,修竹森森绕砌围。白鹿谩传鸣旅夜,碧云犹白护禅扉。
醉翁雅抱欧公兴,词客才多子建挥。落照樽前催去急,钟声遥自度霏微。

唐廷化 州判
孤标原自出瑶京,偶向尘寰托化生。素□安为松鹤上,□心不见□华清。
春澜□□花阴□,宾至先期月下鸣。毛骨已随仙踪远,江涓古刹尚留名。

沈滨 主傅
名都佳气日氤氲,学士曾兹动彩芬。白鹿不缘沉玉囿,清声犹觉到江濆。
冰肤讵令尘淄化,曜魄唯同鹤鹭群。只为山灵能好客,长鸣天籁焕星文。

杨时隆 教谕
千仞岗头古木榛,仙驹元此曜精灵。光摇琼岛三天碧,影泄银河万坚新。
清籁呦呦鸣夜月,野心隐隐适芳芹。锦观□气知多少,早把佳征报枳滨。

熊文寿 训导
石田瑶草共长生,四五灵中又一灵。我屋丘园留独守,谁家鸡犬笑同升。
丰姿颇忆孙三雪,消息无惭董五经。行到庐山最深处,李家书院得宁馨。

杨孟瑛
天养灵精自不群,青山绿水往来频。春游自在常留迹,秋泓分明若有神。
昨夜林间传好韵,诘朝江上见□宾。几回惊破清霄梦,又是兰台宴上人。

杨大荣
迹扫庐山何处寻,呦呦云洞托长吟。孤姿□照□烟碧,尘□唤回江市深。
响发寂机无□□,听□真感识希音。玄都有客如相访,寤对月明千里心。

黄景夔
冰霜素质岂允麇,玉兔移来月下鸣。灵性谁如几见早,嘉宾未至报先呈。
漫游草野真闲在,高卧林泉迥不惊。万化千年何处觅,空遗一笑□中生。

熊永昌

灵鹿深藏玉树春,素姿穿照紫薇岑。林虚迹钦仙风寂,月夜深鸣碧露深。
幽枕唤回尘网梦,荒山不断野云心。仙童结伴留余响,只恐嘉宾有惠音。

杨孟瑶

佳景天留白鹿眠,山灵千古尚怅然。迹□庐□遥分派,名切宜春一再传。
夺玉光毫占瑞应,迓宾清韵得机先。高才见说从仙隐,瑶园芝田远结缘。

杨节

仙踪白鹿阆风岑,瑶草琼芝是食苹。星月叫残□□□,□□□□□林春。
绝□玉质元超俗,肯信灵心□报宾。千载悠悠长自适,辽东化鹤与为邻。

黄洵

玉骨仙姿迥出尘,呦呦应是报佳宾。几回叫落清宵月,多少人间觉寐人。

戴文星[1]

洞古树盘曲,亭深云敛束。玄鹤去不还,苍崖鸣白鹿。
仙人遥诣太虚家,斡旋造化凌飞霞。浮游一去今千载,星坛金鼎生尘沙。
陟巇寻真更岑寂,睥睨乾坤不[2]盈尺。欲求绝牧[3]上天衢,茫茫仙仗无踪迹。

冉杲

唐使君燕集次韵

穿□□□骇□□□,阁参差紫□□围。灵籁中宵□客履,遗踪千载傍禅扉。
□□□局金□□,家□滁阳□□挥。日春□□□□道,遥听钟声磬度岑微。
□□□

---

[1] 此诗康熙本《丰都县志》署作"冉果",且题为《白鹿山用苏韵》。"冉果"或当作"冉杲"。
[2] 不:上引书作"下",误。
[3] 绝牧:当作"绝粒",见上引书。

青牛野啖老子后汉延光间即至此

紫气西来远,平都一驻踪。夕阳山下路,云迹草茸茸。

曾鼎

老子度函关,青牛尚此山。烟岚封秘影,松露湿苍颜。
细草眠云外,清泉饮石间。神游今已远,遗迹在尘寰。

翁佐

远从函谷至,寄牧蜀江滨。不食云根草,如耕垅上春。
毡毛迷翠霭,塞路谢红尘。老子知何在,青山迹未陈。

周尚文

生来应不解耕田,天放郊原得自然。山色深藏形自办,溪光静照影堪怜。
春风草蕙餐应饱,秋雨泉井饮自便。自是老聃车下物,仙踪留得至今传。

陈献(瓛)

青牛此驻足,千古重山名。芳草春烟起,犹疑紫气生。

卢雍

叩角繇来□帝庭,桃林放后那能馨。却经函谷千年紫,留取平都万古青。
春雨长眠□井□,前溪足饮稿衣冷。桑麻影动碧云驭,横笛一声过短町。

杨时隆

薄板车中道气浓,一朝八百且从容。乘田共饱宣尼牧,烟水偏承老子龙。
千古名山标榜旧,万年古树葆精重。于今不必桃林放,唯愿君王一问农。

杨孟瑛

长辞柱史作西游,不出函关暂此留。白鹤应随仙驾去,青牛犹食此山头。
暖风自在餐春草,寒雨苍凉卧石丘。多少牧童骑不得,夕阳何处笛横秋。

杨大荣[①]

薄板西游税驾年,青牛老结碧山缘。径深云树不知处,洞口[②]桃花别有天。友鹿紫芝饥啮露[③],呼龙瑶草伴耕烟。牧林何处闲横笛,吹向东风布谷[④]前。

黄景夔

老子当年蜀地游,云骈鹤驭主平都。牛眠山月遗踪迹,草卷江云共□□。□□□□□久远,人疑幻妄亦模糊。耕犁未许寻常用,培养仙山骨自殊。

熊永昌

停轮何处憩乌犍,不与尘凡踏陇烟。玉步独寻灵景地,丹峰故侣大华巅。耕云寂寞农家冷,野草深萋混色眠。函谷路分遗此迹,关星虚度几千千。

杨孟瑶

青牛一去旧山空,景像依稀在眼中。不见仙骖游汗漫,空余佳气郁葱珑。已辞辕轭从刍牧,无事耕犁课岁功。薄板重来更何日,郊原春望草芃芃。

杨节

逸驾青牛迹杳茫,遗名犹自寄仙乡。度关已谢红尘远,入蜀还看紫气长。灵草牧时春荟蔚,夕林眠处月昏黄。天河亦晚牵牛在,不与人间共服箱。

黄洵

老子曾经汗漫游,迢迢云汉驾青牛。一从飞过不知处,山上空饮紫气浮。

戴文星

龙床夜雨

一江空阔雨初晴,纵步闲舒物外心。卧石临流懒回首,家山咫尺万松阴。

[①] 康熙本《丰都县志》卷八署作"黄景夔"。
[②] 洞口:上引书作"洞外"。
[③] 饥啮露:上引书作"浥露草",或误。
[④] 布谷:上引书作"播谷"。

蔡静然

江心有盘石,传说是龙床。变化清宵雨,波涛自渺茫。

曾鼎

江上空堆石,渊龙此遁藏。迅雷惊变化,猛雨纵翱翔。
春涨通三峡,云腾覆八荒。丰陵知地胜,神护水中床。

翁佐

昨夜春雷动,江头出异踪。雨声连上浦,云气暝前峰。
电火明千里,天门耀九重。有人在江浦,争看起潜龙。

周尚文[①]

神龙久化去,水砥[②]石床平。月冷江空阔,风声作雨声。

卢雍

江石平如砥,潜龙□□□。□雷惊起夜,九有□□霖。

胡琏

寒江石出势隆隆,人说龙曾出此中。午夜迅雷惊地裂,半天凉雨洗床空。
坐看水碛通高岸,飞作泉声落远峰。处处野田沾溉足,农家应解颂年丰。

陈璘

云石移舟汗漫行,青山绿树雨初晴。南宾水抱沙浪白,送客堆瑶月色明。
濠口散渔腾瓦影,埠头呼渡定难名。涪翁才思天留意,时向清流自濯缨。

尹觉

仙客丹房寄石矶,蛰龙营窟静相依。两问人物灵通感,一夕飞腾会有机。
屹立中流真砥柱,昂藏清夜促征鸡。为霖时雨重霄上,雪浪浮空带月归。

[①] 此诗康熙本《丰都县志》署作"卢雍",且诗题为《龙床夜雨》。
[②] 砥:上引书作"底"。

杨孟瑛

春雷初动水晶宫,惊起蛟龙雨挟风。已撤神床□海若,尚留仙榻镇江中。神灵呵护川常润,水□□□□□。明□□□□□,□□□□□□。

杨大荣[①]

野柳晴娇江草青,灵川嬉水紫烟生。春来凫鹭游俱并,岁久鱼龙狎不惊。岸树半侵帆日落,汀花乱点钓线轻。投冠今得从渔父,一笛孤篷沙际横。

春日出郊江上行,白沙翠岸照新晴。凭城楼阁花中出,转浦帆樯鸟外明。拟买钓舟存晚计,谬通朝籍尚虚名。尘冠却对沧浪水,笑掬清漪一[②]濯缨。

黄景夔

贝阙鼍宫信杳芒,江心惟见石为床。雷声催雨轰长夜,仙子乘龙上彼苍。胜概千年云物护,真源一派雪涛狂。个中佳致应难拟,砥柱中流谁颉颃。

熊永昌

江泛磷磷白石床,蛟龙曾此奋危泷。沫喷浪雪惊翻折,影射云雷不受降。赖有神功征旱祷,试将新渥散泉淙。横霄更挽银河水,万里□□夜雨窗。

杨孟瑶

巨石磷珣涣碧淙,江光隐见像龙宫。凭凌雾雨中流动,蓄束□□□会□。入□通林□□□,□石润物见神功。祈年慰满三农望,际会风云变态中。

杨节

诗句龙墩信有神,东风十里过前津。梅花玉笛无双侣,江鹤云天自在春。谁许新丰人市酒,何劳洛浦袜生尘。长歌独酌多情思,桑梓青烟树色真。

[①] 此诗第二首康熙本《丰都县志》卷八署作"黄景夔"。
[②] 一:或作"为",见上引书。

杨叔京[1]

此地当年起卧龙,洞门[2]深锁石床空。不知子夜千山雨,飞向云天第几重。
漏转江楼催急溜,梦回渔父湿孤篷。至今鲸吼清滩下,暝答仙都观里钟。

黄洵

览胜龙□霁景融,萦纡碧涨奋朝东。势随巴蜀千山转,□接银河一窍通。
轻软□风鸣爽籁,沧芒寒□动清穹。因思自昔人安在,道体昭然见始终。

冉裴

一夕潜灵蛰已惊,石床突出水心横。春涛还似蛟螭动,月夜犹余风雨声。
势仡□波浮断霭,影差落照浸空明。苍霄奋跃天河决,满望三农洗甲兵。

冉杲

龙□□□□□,□□□空今几秋。五夜□声如听雨,不知还有□龙不。

戴文星

宋刻摩看思惘然,佳名还与世相传。潜龙已遂飞云去,锦鲤谁将钓饵悬。
万古中流瞻砥柱,一时胜事共江船。言归不尽清游兴,回首长吟欲暮天。

陈言

春衣初试舞风凉,恣意江天纵目长。山阁晓晴青未了,柳舒春岸绿无央。
临流据石追随尽,听鸟看花应接忙。不尽清游归亦懒,更磨苔壁吊荒亡。

杨缜

奇石江间觉有神,孤舟峡口曲通岸。光回海上三山日,秀岌壶中九华春。
俯瞰龙宫生雾气,远移渔浦隔风尘。乘春□望吟方父,弄月徐归兴更真。

---

[1] 此诗康熙本《丰都县志》卷八署作"黄洵",且题为《龙床夜雨》。
[2] 洞门:或作"洞口",见上引书。

杨逢春

曲水流觞

凿石引清泉,流觞送管弦。废池芳草合,胜事是何年。

曾鼎

□除何日事,凿此石渠开。夹岸湾湾绕,清泉曲曲来。
桃花浮细浪,竹叶泛流杯。幽兴谁能继,年年长绿苔。

翁佐

昔人真好事,林下兴萧然。引水曲还折,流杯去复旋。
幽禽声宛转,芳草色茵绵。陈迹今安在,重阴夕照前。

周尚文

曲水流泉日,金杯到客时。酒□诗律细,清玩足忘饥。

胡琏[①]

九曲池边倒玉瓶,绿茵铺地水痕清。轻浮香液税云溜,细绕泉流触岸停。
客醉坐间争得句,官闲此处[②]且忘形。风前何物供[③]清兴,黄鸟啼春在石屏。

陈璘

坦石知谁凿,寒泉自九回。回仙相访日,应□□霞□。

卢雍

□□□□山下泉,引得纡曲自何年。红叶香动浮荷叶,碧玉流飞洒素弦。
□入野云真见道,醉余芳草藉高眠。情知不是山阴会,何处伶伦竞□然。

杨大荣

羽觞乐事莫相姑,九折方圆信手图。细浪游鱼吹□玉,随流泛□曲通珠。

---

① 此诗康熙本《丰都县志》卷八署作"陈璘"。
② 此处:上引书作"尘外",或是。
③ 供:上引书作"添"。

邯郸有地争蚂角,芍药无花赠绣襦。世事区区安足间,笑看沧海几时枯。

杨孟瑛

石池穿曲引流泉,春宴群贤坐折旋。载绿琼丹飘荡漾,落红锦池席留连。
饮凭触岸清波送,兴比巡筵翠袖传。鸟语提壶唤沽酒,山松空涧奏□弦。

黄景夔[①]

何谁[②]凿石引流泉,几曲清流泛酒船。幽草有情依座畔,闲花无语落尊前。
令行不必资壶矢,归咏应须寻圣贤[③]。策马悠悠新月上,春风随袖舞蹁跹。

熊永昌

碧涧飞悬瀑布泉,仙侪凿翠引盘旋。长回萦曲风丝动,裸结丛□笑语嫣。
□□盈盈荷盖荡,水花□闪酒筹传。临台醉缱增新兴,坐听流声上玉弦。

杨孟瑶

谁凿清池引涧□,一觞一咏足迢然。骋怀不计留连饮,箕坐从教诘曲旋。
酬唱正堪成雅集,风流聊复视前贤。斯游不减山阴兴,更拟他年禊事传。

杨节

九折泉池巧凿成,郊林曾此集仙宾。微风暖送金荷动,流水香汲竹叶清。
应诏昔闻荣举礼,罚筹何事□传觥。嘤嘤伐木山幽处,花鸟年年作好春。

黄珣

袯禊穿砥春宴张,临流畅饮共迎祥。形依此斗仍纡曲,象取黄河自短长。
酒泛碧筒志献□,泉飞清壁按宫舌。一时乐事千年在,剩得追随作醉乡。

冉杲

仙侣流觞迹浪传,湾还九曲动清涟。□年上巳来游处,不似当时酒味玄。

---

①此诗康熙本《丰都县志》卷八署作"熊永昌"。
② 何谁:上引书作"何年",或是。
③ 应须寻圣贤:上引书作"何须忧管弦",或是。

戴文星[1]

月镜凝潭

空潭澄皓月,皎洁沁山川[2]。半夜[3]银蟾浴,青鸾下九天。

曾鼎

石潭闲钓处,夜静月华明。天湛含昭鉴,林空散碎琼。
寒光千里洁,水色十分清。理与心俱寂,仙功自此成。

翁佐

烟消云更□,碧落见生辉。青□□苍岛,寒光射翠微。
行吟人有影,坐钓客忘归。洞彻非镕铸,应知本化机。

周尚文

空潭开玉鉴,片月弄银盘。夜半□风色,波深峰岫寒。

卢雍

一轮□夕挂,孤岫转分明。几度惊鸟雀,虚凭匜树声。

胡琏

空潭月色鉴光寒,总彻溪头一带山。白石波中潜玉兔,素娥影□□云□。
危峰倒插渊微处,高树移来咫尺间。皎皎自非磨洗就,轻尘不掩四时闲。

陈璲

月光原合水通明,千尺寒潭是月坑。未向峨眉□秋色,已从洋海看潮生。
山光识面通今古,仙诀传心非鼎铛。笑对葫芦样活水,葫芦真个得仙灵。

---

[1] 此诗康熙本《丰都县志》卷八署作"曾鼎"。
[2] 皎洁沁山川:或作"孤影落前川",见上引书。
[3] 半夜:当作"夜半",见上引书。

杨孟瑛[1]

潭面浮霜月正圆,葫芦此夕坠中天。一轮金彩层霄外,万倾银辉叠嶂前。
清湛蓬壶真太极,白生虚室见虞渊。兴来更欲腾双翼,飞伴吹笙跨鹤仙。

杨大荣

溪门霁月吐澄空,下瞰蛟潭夕霁中。争拭菱花开玉匣,寒浮桂露浥青铜。
参差峰乱天光堕,隐映岚横树色重。相见凌波步仙子,风鬟雾鬓照妆容。

黄景夔

月满寒潭宝鉴园,波澄风静映岑巅。清辉入眼羲皇夜,淡澹无为□率天。
已付诗脾歌态度,底须阆苑觅神仙。潭边漫说凝山镜,更有蛟龙深处眠。

熊永昌

风格鲜明天际峰,蛟龙下窟石潭中。孤蟾恍朗浮如镜,一色精光莫辨铜。
烛射水心飞鸟净,影翻□背映山浓。海天普照阴寒谷,金锁难悬若不容。

杨孟瑶

层云消尽袅烟轻,尘匣谁开宝鉴莹。蟾满太虚寒影洞,桂浮虚碧露华明。
娟娟晃映千山静,历历光涵永夜清。万古何曾用磨洗,一轮谁识是阴精。

杨节

壁月天心宝匣开,鉴湖风景似蓬莱。光浮玉兔秋毫见,晕尽金波星斗回。
叠嶂空明涵翠黛,方诸滉瀁动佳觥。素鸾舞罢生东白,隐隐仙姝下玉台。

黄洵

澄潭空洞不知年,想泻鸿蒙未判先。影夺金蟆晃秋色,光磨银永象规圆。
倒涵虬树横斜落,凭湛钩天上下悬。笑取水心相对比,清辉千古照婵娟。

---

[1] 此诗康熙本《丰都县志》卷八署作"杨大荣"。

冉杲

一池寒碧彻苍穹,缥缈云烟上下同。光比月华明比鉴,不将清影照房栊。

戴文星①

珠帘映日

一帘秋水色②,斜映③大江流。日暮浮云卷,青天挂玉钩。

曾鼎

山势珠簏样,高悬在翠微。水晶澄夕霁,翡翠映朝晖。
制作非工巧,生成□化机。舣舟闲眺望,彩色逐江飞。

翁佐

山挂珠帘巧,垂垂映日红。光摇金锁碎,影动玉玲珑。
高插半天外,分明孤岛中。晓来登眺处,疑在广寒宫。

周尚文

落落排天外,绯绯叠障中。五云应不蔽,光彩衬阳红。

胡琏

丹崖耀日若珠帘,垂向江边不记年。绣额半舒烟欲敛,玉钩新挂月初弦。
光摇玳瑁清溪上,影动波□夕照前。争似汉宫悬翠箔,一时富丽竟潇然。

陈瓛

峭壁垂帘赤,偏宜□日临。晴霞加无染,濯锦碧波心。

卢雍

□□□□化工,天然削壁倚层空。一钩细卷山城雨,下□高□阆苑风。

---

① 此诗康熙本《丰都县志》卷八署作"曾鼎"。
② 水色:或作"草碧",见上引书。
③ 斜映:或作"倒映",见上引书。

曦驭才临光□□,□华欲上影玲珑。明皇西幸留銮驾,曾此名区作故宫。

杨大荣
飞崖削堑控岷江,天蔽寒风萃地降。细抑余辉交赤壁,扶察清影□清淙。
锦□□□共照水,海曙未明先报窗。不是五侯□富贵,汉□□□拥旌幢。

杨孟瑛
珠帘标榜□□□,□□□□亦□□。影惑江螭惊自失,度□山□去□□。
雾林穿旭□金锁,霞浦摇风漾碧洄。复有□□低永夜,影随钩月上瑶台。

黄景夔
一峰云锁倚遥天,屹立江滨不记年。□□珠帘闲岁月,远衔晴日□□□。
乾坤有景□□□,□□□□物□□。□饮舒怀□不□,□□又□□归船。

熊永昌
崖削霞铺紫气开,浑成帘挂岂宜猜。水澄透壁添明净,日彻莹辉映去回。
风激满钩斜卷月,璃惊触影倒摇堆。山帘无比翠滴滴,宜与琼宫壮玉台。

杨孟瑶
百尺飞崖半倚虚,晨曦初上一帘如。光浮□踪天经纬,影落参差日卷舒。
丹障□开江净处,绮霞红映雨晴余。悠然远隔红尘断,远地真堪对结卢。

杨节
一帘高幅接虚无,赤壁分明见画图。升旭叠波摇锦绮,落霞□树贯蜦珠。
鸟窥远势低穿幕,鱼沫疏纹骇避□。千尺蜷霓下天汉,半江清影挂珊瑚。

黄洵
混沌天开幻巧留,绛帘十幅胜蓬丘。纵横未必通春燕,舒卷何能上月钩。
气□丹砂垂□落,光凝鸟彩耀沧洲。汉家鳞尾□□在,□向岷江竟不收。

冉杲

□□□□□

□四十二福地□□九□□长广□□□□□□□□气□佳□□萧萧净雾霾鳞次□□□□□浮天际万□□□钟入夜□无□急□□□□□。徒倚二仙楼上月,长江疑送酒如□。

幽都□镇俨天京,爱有通明接化城。呵护千□凭□□,飞升八极托方平。
晴澜忽送红花雨,夕籁如闻白鹤声。底事游人成汗漫,独留苏迹伴仙枰。
徂冬我亦强栖山,幞被篝灯一月间。向晓饥乌□岭树,漫江□雾带城□。
探危不减鼋鼍窟,扼要居然虎豹关。回首经年成往事,平都居士梦初还。
平都山下露横江,与客临流倒□□。试听沧浪歌有几,谁言赤壁赋无双。
仍□月色低云树,如诉萧声□□□。□忆半年前此日,隔江挥羽拥油幢。

平都仙境

□都□□无,平山坐受诬。华竟鬼耶仙,请以质□□。
□□衣带流,林岚□画图。刹那泡影尽,仙□□亦□。

送客晴澜[①]

送客晴澜上,停杯发棹歌。水流无尽处,还似别情多。

曾鼎

仙客知何往,遨游天地宽。风尘辞旧侣,霄汉跨飞鸾。
日色澄清濑,云光漾碧澜。袖中腾紫气,余得九远□。

周尚文

老子分携处,晴澜清更幽。碧波鸣玉佩,红日映仙舟。
江静笙箫□,杯香琥珀浮。至今遗迹在,不逐水东流。

[①]此诗康熙本《丰都县志》卷八署作"曾鼎"。

翁佐

江流为别酒,江声当离歌。万里东归客,其如岁宴何。

卢雍

旭日维舟际,沙头判别秋。滔滔东注水,总为客□□。

胡琏①

客泛灵槎江上行,江头霁色拥仙旌。一声环佩云程远,三叠沧浪别恨生。影动金龙②波浩渺,光摇银汉影澄清。至今石激滩鸣处,似诉当年不尽情。

白鹿夜鸣

圣□歌濯濯,宾筵赋呦呦。何如叫晴沙,夜耿山□幽。
人禽了不关,声气相应求。坡公不复作,响绝半千秋。

青牛野啖

下有黄龙潭,上有青牛麓。野啖几千秋,何物果其腹。
安得秦皇鞭,驱之就吾服。化为可耕田,千犁春雨霂。

龙床夜雨

潭深龙卧稳,龙去床亦空。剩有鲛人宅,或以比隆中。
一卧经秋雨,三顾夹天风。人龙宁异姿,潜跃故应同。

珠帘映日

但闻瀑为布,不见山作帘。坠石与悬藤,押稳钩□□。
穿帆疑□逐,□影惊鱼潜。蟾光漾水晶,宁虞日薄崦。

曲水流觞

□事久不修,山阴兴以疏。烟迷荒□合,觞□池□□。

---

① 此诗康熙本《丰都县志》卷八署作"陈璘"。
② 金龙:或作"金螭",见上引书。

□□□钟，为决兰亭渠。□□初无难，□□□□□。

月镜凝潭
新月照古潭，游之冷客心。简出孤秋霁，频来妨夕阴。
人景巧相值，□然发高吟。渔舟愕相顾，千载一鼟音。

送客晴澜
年年送客处，回澜若为留。共言愁天吴，将无清石尤。
宁以九折□，易兹衣带流。公无赋渡河，于迈曾弗休。

时
皇明天启壬戌（1622）之秋七月既望。

陈璛
盘石夷然亘蜀江，当时仙子奏离觞。悠悠水色□天色，隐隐天光映日光。
沙鸟尚歌前日调，云鸿还送此时樯。古今聚散真成别，祖宴能从此地张。

杨大荣
举手浮云浴晴日，老龙真向水边来。一时人物地难载，万顷江花天自开。
脚底忽疑凌拆木，眼中不远是蓬莱。相凭寄与函关吏，紫气从今莫浪猜。

杨孟瑛
摇映晴□烟柳津，堆名送客有余情。江连岸树开清晓，日暖滩花动碧粼。
曲水赐回罗带绕，层波愁叠锦文新。阅人正似阳关□，管领年年惜别频。

黄景夔
江空水落石崔嵬，聃老西游过此堆。惜别百篇知缱绻，忘机一笑洗尘埃。
尽吞湖海诗囊富，才脱牢笼眼界开。川上如斯真乐在，东风长送客船来。

熊永昌

风情深切送归情,步向沧洲觅远深。□□□□□白□,穿□日暖水粼粼。
关尘岭月仙踪渺,岸草□花江色新。多少离怀托云迹,至今人渡小舟频。

杨孟瑶

锦江晴石极空明,今昔留传此送行。樯燕岸花兢客意,水光山色照离舣。
浮生未了悲欢理,世路其如聚散情。不比阳关唱三叠,江流千古当歌声。

杨节①

锦波如织漾新晴,送客滩头去往分。夹岸树移青雀舫,中流歌起白鸥群。
满江行色浓春酒,千里怀人隔暮云。却忆何梁携手处,遗风苏李至今闻。

黄洵

白石清沙小渚洲,古今惜别此淹留。频倾桂酌绸缪饮,信宿兰舟汗浸游。
云影蹴天空玉鉴,波光摇日袅金蚪。澄江□解睽离意,每过堆前咽不流。

冉杲

晴日翻江锦浪狂,江门千古送危樯。萦纡不尽堆前水,别意与之谁短长。

戴文星

□□□□□□□□□□□□□□□□□□□□□□

修仙都观记②

[唐]段文昌

平都山最高顶,即汉时王、阴二真人蝉蜕之所也。峭壁千仞,下临湍波,老柏万株,上插峰岭,灵花彩羽,皆非图志中所载者。昏旦万状,信非人境。贞元十五年(799),余西游岷蜀,停舟江岸。振衣虔洁,诣诸洞所。石岩灵窦,苍然相次,苔龛古书,依稀可辨。时与道侣数人坐于松下。须臾天籁不起,万窍风息,山光耀

---

①此诗康熙本《丰都县志》卷8署作"黄洵",且题为《龙床夜雨》。
②本文字迹漫漶,多处或空缺,或模糊不清,依康熙《丰都县志》卷七载段氏之文订补。

于耳目,烟霞拂于襟袖,相顾神竦,若在紫府玄圃矣。牵于行役,不得淹久,瞻眺惆怅,书名而去,迩来已三十四年。太和庚戌岁(830),自淮南移镇荆门,有客由峡中来者,皆言当时题记文字犹在。观宇岁久,台殿荒毁,不出①数年必尽摧没于岩壑矣。乃捐一月秩俸,俾令修葺,子来同力,浃洵报就。去年冬十一月诏命换麾幢,再领全蜀,溯三峡,历旧游,依然景物。重喜登览,闻泉声而缓步,爱松色而难别,遂命笔砚,志于岩谷,时太和七年(833)正月五日,剑南西川节度使知节度事,管内观察处置,统辖近界诸蛮及西山八国、云南安抚等使,金紫光禄大使,检校尚书,左仆射同中书门下平章事,兼成都府上柱国,邹平郡开国公食邑三千户段文昌记。

平都山景德观砌街记

宇文湛乡进贡士

古者名山大川,必载祀典,岂非其神灵之应有以泽于斯民耶。自道佛之教兴,而名山大川,奇峰胜景,有能出灵响及迩遐者,率皆建圣神格响之居,而人之祈福禳祸,于是萃焉,与古之所谓能泽斯民而载祀典者异途而同归。故山川之胜而灵响足恃者,皆曰国家之福。由是则为上者,知所崇其神,隆其道,辑其居宇,理其□址,俾其灵万世,不歌与国祚。俱求者,不亦上忠于君而下庇于民乎。本邑平都山,自两汉王阴二□升霄于此,其神踪灵迹,冠绝巴寰,而宏宇邃殿,□□□极尊众圣之位号存焉。居者旅者无□□□□□,皆得瞻礼而祈禳矣。其峰秀□,其宇幽清,□□于此者,莫不去外□而生,内观寥寥乎洗尘虑清天君也。于是乎知神仙犹可以学而至,则向道者起至诚不倦之心矣;知罪戾者犹以忏悔除,则闻过者起迁善远罪之心矣。又况于岁之水旱,祈焉则应;人之疾厉,祷焉则消。其安民康国,岂曰小补之哉! 故当途之士,每必注意于斯迩者。监察御史安公判曹此方,按察之暇,亦尝造焉。而此山颇崔嵬,土而戴石,故昔之游者有"赤脚动遭砭"之句,则其途可知矣。公于是以其登陟之有未善也,不足以称神明之居,乃命邑宰刘公相其地,筹其费,以谕黄冠之徒召工,以专石而梯甃之。自山足至五云洞,无虑四百余丈,不逾月而功就焉。噫! 比山之神不昧也。鉴此伟功,固当有以泽斯民而固皇基也,则在位之君子,忠君庇民之心得矣。

---

① 出:《全蜀艺文志》作"三"。

重修平都观亭记

游和

宣德九年(1434),赐进士兵部武选司主事任重庆府通判丰城游和记曰:平都山名景德观,为天下福地之最。其地自西南数百里至此,耸拔峻绝,状若龙飞凤舞。江渚萦绕于前,锋峦环护于后,势凌霄汉,人迹罕至。世传汉王方平、阴长生炼药于此,丹房井灶,遗址尚存。唐吕纯阳题石曰"道山洞天",又名"总真总仙之府",又"纯阳诸仙",亦多题咏。顶有凌云亭,暨余玠祠碑。前有通明殿、寥阳殿、丰都宫、救苦殿,又前有四圣殿、山门、玄坛祠,后有南阎王殿。又北有石穴,深数寻,覆之以亭,常有五色云气浮于上,号五云洞。山门左为东岳,右为北阴。其他殿堂藏庑,未暇悉举。曩时制多壮丽,遭宋元兵燹荡尽。永乐初,郡城三灵宫道士何悟因来居此,经营数载,始建三清殿,余皆榛砾。宣德辛亥(1431)秋,余以抚民莅丰都邑,公暇登山蔼眺,但觉天风冷然,清气逼人,恍若身在太虚之表,信非人世。既而披荆棘,睹石刻,旧创甚夥,俱未有建。询诸父老,咸谓五云亭、北阴殿、阎王殿最宜先建,以安神栖而备瞻仰。归而叹曰:"神不安栖则民生不遂!抚绥之道安在?"遂捐己资,易材贸工以建。岁壬子(1432)七月亭成,竖于八月二日。工既撤,视二殿未有克治者,谋诸邑官耆庶,咸喜而新之。余即备资,命众抡材,获良木数百,遂鸠工斫石,芟荆棘,祛瓦砾。是年八月二日经始,七日立柱,九月北阴殿成,十月两庑月台成。越明年正月,山门成,中设北阴像,旁置左右府,东西两庑列诸冥官神位。秋七月,立土神祠,宇瓦扉砌,次第俱就,高亢明爽,背山面流,左右环护,千万载不骞之制也。甲寅(1434)春二月四日,复购材,命工仍故址建阎王殿,肖王像于中殿,亭门梁揭以题榜,自是兹山制颇仍旧,焕乎一新,真灵妥栖,民护安处,至者靡不悚敬。夏四月,道士皮应元诣余,告曰:"是山自宋元迄今数余纪,人咸欲兴建,俱未有就。今郡侯半载而咸建若是,殆由侯诚心,感趋工之速,亦监厥悃,俾兹山之神默相而致然尔。"宜请文刻石,以示弗谖。余辞,弗获,遂书建置岁月始末次第以复之,使后之人知。夫重建之详,余等用心之确尔。是为记。

平都纪胜篇

成化七年(1471)金陵陈璘撰

蜀之忠州丰都县平都山,按舆志,列天下福地中四十二也,因县名丰都,传称丰都山。其山去县二里,孤峙江滨,郡峰环拱,势若盘龙。南有大仙岩,东有五云洞,顶有凌云台,中有寥阳殿,暨诸楼阁仙宇,古今题咏。老子尝游于此,前汉西域总真真人王方平修炼其上,故有"大仙岩"之名,"总真桥"之额。仙都山、仙都观,乃其别名也。后汉新野阴君长生于延光间入青城事焉,因得真人以仙丹与之,服半,曰:"子道在平都,可往谒焉。"后如其言。丹成,告门人曰:"吾当升矣。"言既,俄乘五色云去,即五云洞是也。今凌云台、丹池、丹灶犹存。唐段文昌增创勒记,更名"白鹤观",而吕纯阳亦尝游访。李冰阳大书"道山洞天",浚仪卢璿隶书"总真总仙之府",石勒皆存。及宋真宗景德间,以仙境闻,敕赐"景德观"额。时有白鹿夜鸣,或驯于洞。眉山苏长卿尝留题咏,至三越。孝宗淳熙间,保宁太师□□,复住山十有三年。七月七夕,复有五色祥云现于洞口,天香芬馥,群鹿驯集,时名公赓和,碑文尚在。理宗淳祐三年(1243),余玠为制置太使治蜀,民得安土生祀,有碑见存。元末,观宇残毁。我朝永乐癸未(1403),道士李道遑奉蜀献王令旨,重建廖阳殿,为景德观前。王、阴二仙事迹,据之旧志,参之《真仙通鉴》,考之劝善制书,验之古今题咏碑碣,皆合。但今观中制度多不古,若姑撮梗概于右,而著其所以为胜云。

平山书院记

平山书院,杭郡守丰都杨公温甫所建也。有山险怪环奇,冠绝天下。而岷嶓之流,惊涛奔湍,经络天地,故多奇材,而尤奇于人,而其人尤奇于文。自司马相如、杨雄、宋苏氏父子,与山川并称,到于今不衰。丰都之秀,则为平山,温甫蚤岁读书其下。既显矣,建书院,图淑后人。盖温甫之学,得诸其父金事静轩公,归宿于刘宫谕景元先生。其文祖六经,先左氏,而成于韩愈氏,富瞻似相如,奇奥似雄,逸发似苏,要其心之所到,虽于古人,尚有择焉。若今之所就,亦自成章,有足尚者已。予初因吾友李大理茂卿识其为人,心重之。今年春入杭,始与定文学交,而得其所为文如此。温甫操修之洁,精力之强,政事之数,夫人皆知之,未必

知其文也。即知其文,而未有及于此者。于是温甫以予知已,尽告其平生所为学,而因及旧学之地与今书院所由作,且曰:"以是遗吾子孙,其有能读吾书者乎?盍为我记之?"予闻是院之制,中为含远楼,贮书数千卷。登楼而眺,则峨眉巫峡,青苍杳霭隐隐在。自展卷而读,掩卷而思,衡之八□,纵之上下,先之往圣,后之来学,立若有□,坐若有椅,万里森然,皆吾所容受也。楼之下有寒香坞,梅所丛也。秋芳亭,桂所集也。夫草木花于四时而有,花尤繁且奇。独取此者,或以岁寒之姿,足当贞元之会;芳郁之气,足起芳烈之志哉!有楼云窝,其所居也;洗月池,其所濯也。夫窝之所,栖池之所,濯亦多矣,而独有取于此者,岂非似云无心而卷舒,可以触外物而相忘;月自然而无亏,可以照万象而不留迹!流动充满,触处世道,游思藏修,随在皆学。动静相涵,内外交养,所以殖学问之本者,于是乎备。如是而为文,非今之所谓文也,亦非杨马苏氏之文也。《易》曰:"观乎天文以察时变,观乎人文以化成天下。"皆是物也。文之义大矣哉!是皆温甫心之所到也。温甫殆以平山名哉!□□□□□立不伍,□□超出于云汉之表,而连岗断峦,相与拱接。□□于下,望而知其有隐君子出为天下计者,□□其中,亦岂无□哉!□知温甫无负于平山,平山无负于温甫。后之东游是院者,当亦无负于平山、温甫。余又闻丰都以明经举进士自静轩公始,而温甫嗣之,异时书院中伟人继出,企前修而名当世,必杨氏也。夫庸记其事,俾□诸石以竢。

赐进士及第翰林院修撰,国史华亭钱福书。

白鹿赋

邑人黄景夔员外

邑《图志》有曰"白鹿夜鸣"者,盖本苏老泉诗。序曰:"至丰都县,将游仙都观,见知县李长官,云固知君之将至也。此山有白鹿甚老,猛兽猎莫能害,闻有佳客将至,则其夜辄鸣,故常以此候之而未尝失。予闻其异之,乃为作此诗。"老泉之言如此。其诗已不可复见,不知其旨何谓,独东坡同赋,其略云:"仙人已去鹿无家,孤栖怅望岑城霞。至今闻有游洞客,夜来江浦叫平沙。"云耳,恨未见。有以异者著其异者,以为不尽鹿臆,怅然有感于心,乃赋其事,以备风人之旨。孔子曰:"可以人而不如鸟乎?"厥义斯在。赋:

食苹周野,托燕下而实无;建名泸洞,陋事人以为娱。嘉报宾以鸣夜,旷白鹿之绝殊。尔其栖灵仙都,列宿星缠,俯江干之危峤,宅域中之洞天;感金精以艳日,濯玉彩而辉烟。乘元化以蜕质,必跨代于千年。朝芝田兮暮尤圃,茹□□兮□□芬。游兮若飘风,止兮若凝云。骇虞机以□□,□猛气而溃分。岂呦呦与狉狉,同町疃之能群。于是沈寥兮星河在野,暧霭兮严城漏下。悄群动之无营,黯苍苍之良夜。尔乃抗首空郭,激扬哼吭。蕴至性之将逞,逸意气以自放。杳不知其所来,若天声之骤降。始则徘徊独立,怅望矜顾。既作忽止,乍含复吐。冷冷切切,如有所付。如吟如喜,如念如慕。及其上下涧巇,间歇联络。猗猗靡靡,从风陟落。裛韵松篁,沓出丛薄。方发越于林表,遽高游于天末。纤清籁以扣鳖,乱飞涛而翻江。初传布于城市,静人语于嚣庞。俄应铎以飘筝,咽钟鼓之幽腔。潜□慓起,怆亮迟回。乍冲月以流庭,步循栏而启扉。忽云窗之梦觉,惊寒帏而命衣。方谛伺以延停,仿似是而疑非。咸相顾以欣愕,聆玄玄之出机。是故其鸣也寂不虚,感时然后鸣;其感也触不虚,应动然后形。惟声音之所出,畅自然之高情,匪天机之□乎闶,清嗷嗷而靡呈。爰宾旅之高贤,抗鹢首而于迈。道羽人之遗□,指烟霞以眺霭。寄逯心于登观,思回轩而驻盖。□□□□□□□□□□□□□□□□□□□□□□足牧讵九□而□□□□□□□可废粤三苏之将至□令固已前知。奚浪凭而臆语曰:闻声而审,斯鸣呼?声自气发,气由心形,罔德斯好,匪灵弗莹。□知人之似□□先知之□□气协声而动,灵洞彝心于凤□。乃若风雨点夕,星月良宵,野狐啸怪木魅啼趦悽,独吟于悲沉。纷共语夫寒□,是其命侣呼曹群。啾𪃸哧徒,足怆江上之放臣,悲闺中思妇,孰为贵?夫此声纵夜鸣,其何取,客有感而言曰:虚灵知觉,惟人降衷。物则能尔,曷人靡同。堂堂一翁,一文□日已不逮,□□二季□南迁,胡不相贷。世有贤而不识,顾心之安在?曾一鹿之不如□时相□□□嘈,故知何物不□善鸣者奇何物有□□□□□人心之不□□□以同归暮斯□□自感怀□音之远□□□□觉神物之旧乡□当时之□□□□□□荒□有形之不敝,留妙□以称长。

平都山志跋

愚屡上公车,辄以暴腮,故试铗胶庠,不自意叨天幸,縻禄丰毡,得遡旧所历游,大发平生揽胜之概□。而获从事都侯芝田龚翁,暇即羽扇纶巾,探幽奇,步绝

岭,揖王、阴二仙之柯焉,而长啸焉,俄而碧洞排虚,山岚度霭,紫霞拂杖,萝月摆云,不翅身在蓬岛方壶间也。倾之检残编磨断刻,封玄关之秘决,漱宋唐之微言,又美餐瀣茹芝,有鹤攀排霄之气,人谓千古一时,足当吏隐倡和,久之无何。旧本淹没,新调罕俪,俾寻芳吊古者□□矣。核瓦缶杂悬,识者非之,遂扼腕删定成集,繇是蔚然而鸾凤翔,铿然而钧韶振,烟霞之状,缥缈之思,发撼魂礴之奇,无不含情抱致,万态百出,与目谋而与神遇者,皆景仰是山□□□道,复先薛苏□英□之□□□□芝,检揭日月而行,斯意意乎! 斯志意乎! 是为跋。

丰都县署教谕举人南充杨时隆书于平都书院。

余之始游平都也,平都形胜平等而已。今再游而睹梓里龚侯建亭建坊若干所,留云插天,气佳哉! 宛若□昔探奇容与于三峨上岭时也,余于是知前乎此者人以山重,后乎此者山以人重,龚侯之政之名,当与兹山并不朽矣!

楚孝感程翕。

万历癸丑(1613)仲冬望日之吉绣梓

□书陈共盏、戴云鹤

督工熊天爵

第二节　县志文存

一、县志存目

[明]杨孟瑛修纂:《丰都志》(卷数不明),弘治年间编印。该志现不存。

[清]林坚本、王廷献、朱象鼎等修纂:《丰都县志》8卷、补遗1卷,康熙四十九年刻本。

[清]瞿颉、方宗敬等修纂:《丰都县志》4卷,嘉庆十八年刻本。

[清]田秀栗、徐昌绪等修纂:《重修丰都县志》4卷附《典礼备考》8卷,同治八年刻本。

[清]蒋履泰等纂修:《丰都县志》4卷外集附《典礼备考》,光绪十九年刻本。

[民国]黄光辉、郎承诜等纂修:《重修丰都县志》14卷,民国十六年石印本。

[民国]刘承烈编:《丰都县乡土志》14卷,民国十八年排印本。

丰都县名山管委会编:《名山志》,重庆:科学技术文献出版社重庆分社,1990年。

四川省丰都县地方志编纂委员会编:《丰都县志》,成都:四川科学技术出版社,1991年。

丰都县地方志编纂委员会编纂:《丰都县志(1986—2005)》,成都:电子科学技术大学出版社,2014年。

二、旧志序文

弘治《丰都志目录序》(杨孟瑛)

武王赐太公履东至海西于河,南于穆陵北于无棣。孟子亦曰,域民以封疆之界,益都分土,守而为邑,以是为守也,故首疆域;疆域之内有山川,故次山川;山川险阨,邑恃以固,故次形胜;九州皆有分星,不以是辨野,何以察妖祥,故次星野;世易物改,则邑有并有割,故次沿革;邑以民为本,故次户口;有人此有土,故次田赋;有财,故次土产;山川、田土、户口、贡赋,必治以官,故次官治;三里之城,七里之郭,与民守之,故次城郭;街与坊巷,皆城中之途市,则乡民市贾,以粟与械器相易,所谓以羡补不足者也,故次街市坊巷;城有坊,乡有里,所以区别民居,故次乡里;邮驿宣令,津梁通往来,皆政之不可关也,故次邮驿,次津梁;政有所宜,先莫若哀穷,故次惠政;岁有丰凶,不可备,故次荒政;足食足兵,事相维系,故次武备;民为贵,社稷次之,故次祀典;民治神事,政备修矣,又何加焉,曰教之,故次学校;科贡学校所成也,故次科贡;茂才异等或行业名世,科贡之英才也,故次人物;教化兴行贤哲作则风动于上,习变于下,故次风俗;大都以廉耻节义为重,故次贞节;次隐逸;然必一邑之间得贤长吏为之父母,师帅休养以厚生,化导以敦俗,有赖焉,故次名宦;推封以劝孝,故次高年;崇爵敬长,亦风化之余,世改人亡,遗迹未泯,皆人物之余,故次恩典;次古迹,次邱墓,次楼台,惟释老之教,于吾道别为一端,故次释老;文所以纪一邑之事,诗则咏歌之者也,故以为终。邑有志犹

国有史,掌于史官,日有记,岁有录,代有书。郡邑得人则志修,否则废,废文则事皆逸,文献不足徵矣,岂细故哉。吾邑之志,毁于兵燹且百年。成化甲午(1474)教谕陈先生璘尝有事编纂,未脱稿满去。弘治丙辰麻城明侯绅雅意修辑,请于郡,宋公甫公以属孟瑛,瑛延长寿孔董臣与同事,按实于稗官,质疑于故老,事以类分,例以义立,类例之间,各著臆说,虽才乏三长而事备条目,览疆域则经画,阅废置则见盛衰,稽户口田赋则见贫富,考风俗人物则见政教。吾乡之文献,盖庶几焉。凡治邑者,取一编置案牍之间,仕优而读之,因文以求义,因事以求鉴,兴废补弊因革从时,吾民尚亦有利哉。瑛成是书,板行十余年矣。自病寡陋,恐多阙遗,顷备官天府,特乘余暇而更刻之,序此于目录左方。

弘治《丰都志》序(邵宝)

古者国有史,史必世官,惟世故专,专则实而审,公而断,传之天下后世而不诬。若董狐在晋,太史在齐,倚相在楚是也。今之郡县,盖古列国之变,然不得为史。不得为史,而志出焉。志无世官,则于谁作而可?无世官而有世族。世族者,文献之所在也。族有人焉,以学以政,于时称才志之作。舍是人将焉归哉?丰都为县,国朝以进士举者,惟金宪某庵先生,而温甫继之,所谓文献世族者,莫有盛于杨氏矣。故论者谓,温甫宜为志,固若职分。然而温甫亦以是自任,采择以求实,去取以求公,如不得已焉,凡十有五年,始克成编。乌乎,志之病也久矣,而非独才之罪也。盖附望以为雄,其病也;夸逞浮以为富,其病也;俗崇异以为奇,其病也。诡三者有一焉,皆足以坏志之体,况兼有之乎?此无他,执是笔者非宦焉之吏,则游焉之客,所谓实且公者,无怪其慊焉而未足也。况才之在人,又有称不称哉。今观斯志,简而不夸,质而不浮,正而不诡,学以基之,政以参之,而文献之不可诬者于斯焉。在君子谓:斯志也,其史乎?古之为史者,观其所书而知其所不书,故左氏释《春秋》,每致意于不书之故,以求圣人之情,其义精矣。今天下言丰都者,多神怪之说,而温甫顾略焉不书,则其所书者其实而审哉,其公而断哉。《书》曰"绝地天通",此天下之大义也,以一邑之志而大义存焉。使其当国史之任,又将何如邪?温甫有史才无所发,而寓于此,君子盖深惜之,其请序于予久矣,至是乃克以复,其亦以是也夫。

[明]邵宝:《容春堂集》前集卷十三,清文渊阁四库全书本。本序同时收录于《甲库善本》第725册,第866页。

康熙《丰都县志》序（林明俊）

……自献贼入蜀,丰民无孑遗,迨国朝丁酉(1657),甫入版图,旋为谭逆叛据,溯诸全盛,十不得一焉。……名胜以适游观,原无关于政治也。至佛老之教,尤吾儒所不道。然平都本以仙迹著,相沿成讹,遂使幽冥荒诞之说,得掩本来面目。纪其盛所以黜其妄也。况游览亦性情之寄,岩壑之胜,非博物者所务详与。

康熙《丰都旧县志》序（朱象鼎）

丰都县旧志,兵燹后无存,今上御极之二十六年,海寓荡平,敕征天下郡县志乘。丰邑孝廉林稚庵先生应诏纂辑,旬日告竣,虽戒期迫促,勿克大备。然当文献无证时,存十一于千百,而后人得以踵事增华,谓非此志之筚路蓝缕耶。就浙王文在先生以名进士分符枳水入年,久仕,苦心搜讨排纂成帙,蔚乎足观焉。乙酉闰夏,先生内擢部曹。象鼎受代濒行,手授志稿。谓鼎曰:"余未敢即付之,剞劂者,以山川人物古迹胜事沿革建置分野开方之类,不暇详校袭误,而时贤之诗歌亦未经决择,其姑待之。"鼎深服先生之虚怀卓识,且日望其厘正之本,邮寄来丰也。不意先生遽乘箕尾,有志莫逮。良可慨矣。鼎猥以谫陋,窃禄兹土,碌碌簿书,方救过之不遑,又何能从事铅椠而当校雠之任哉。客春奉宪檄征志书,爰取先生所授稿本抄录,以应其间。偶为耳目所及,若年来户口之增添,田野之开辟,废坠之修举,科贡之踵兴,悉为订补。第恐抄本传沿日久,或致鲁鱼亥豕之讹,乃与诸同寅暨邑中绅士重加商略,捐俸锓梓非敢掠美,诚不欲前人之烈泯灭,故也。至于疑殆之阙如,尚期博雅君子,核据点定俾信而可据庶几昭垂于不朽云尔。时康熙四十九年(1710)龙集更寅天中节日知丰都县事秀水朱象鼎题于官署之听鹿轩。

康熙《丰都县志》序（刘德芳）

汉以枳地分治平都,为丰都设邑之始。初平以后,代有废置。隋开皇间,析

临州置丰都,相沿至今。而疆域之广袤,山川道里之远近,人物之盛衰,土风之淳漓,固已划然区别,而不可假易。一邑之志定有成书,以传信而永久。往往纪载家好夸多以侈美盛,名贤土产不详,里居古迹胜概,半借他境。甚荒诞不经之谈,亦入卷帙,触目可憎,尚可以资考订备采择乎。蜀中经蹂躏之后,典籍故亡,求其断简残篇,已不可得。康熙丁卯(1687)有抄本丰都县志,成书仓促,尚属梗概。海昌王子令兹土七年,自受事来,政事余暇,无日不以纲罗编纂为汲汲,取抄本中之依据蓁杂,捃摭挂漏,语近稗史别集者,悉加芟除,采获积以岁月,其或未悉。自山邮旅亭,僧房寺壁,荒畴野冢,古碑誊刻,故老之所传闻记忆,搜剔讨论,靡有遗缺。改增抄本,存者仅十之一二,王令用心良苦矣。书成质于余,犹必反复商定,乃授之梓。王令文学吏事皆能,不负生平,是书典雅详核,尤擅所长,序而行之。庶使好学深思之士,知传信为足贵,而述作之不可苟焉已也。

康熙《丰都县志》跋(严履泰)

浙禾朱公莅丰六载,案牍之暇,取旧志抄本,手自校勘。既定付梓工告竣。余窃不揣冈陋序诸末简,曰天下省郡州县莫不有志,凡以存掌故示昭鉴几与国史方驾,亦綦重矣。我蜀叠遭寇变,乘籍散失。皇朝定鼎,承平日久,官斯土者,往往搜索文献纂集成书,然欲求其完美可传盖不啻十之一二焉。丰志创稿于邑人林孝廉,纂辑于海昌王令君,较诸他州县志,固已称翘楚矣。兹者,公复核正而增删之,直而信,谨而该,醇而不缛,质而不俚,简金汰沙,彬彬乎,良史才之匹也。且其叙例谦冲雅不欲居功于己,而归美前烈,又何其古道照人如斯耶。昔宋梁周翰筮仕虞城,宰相范鲁公、王文康公闻其善属文,擅史家之三长,交荐于朝,谓不当任外邑召为秘书郎直史馆,后历翰林学士,工部侍郎。论者以嘉祐治平文章之盛,实胚胎于此。今余与公之大手笔有足征焉,至于公之出身加民纯一无伪,尤非晚近之所能及者,人皆知之。固不得疑余为阿其所好云。

旨康熙四十九年(1710)岁次庚寅孟秋月邻治年家晚生古祥严履泰顿首拜跋。

嘉庆《丰都县志》序（瞿颉）

志与史相为表里，凡忠义节烈，祯祥灾眚，因革损益，足以备太史輶轩之采者，悉以邑志为权舆焉。非是则文献无征，流传鲜据。史官载笔，掌故阙如，岂非守土者之咎欤。丰之有志，昉于前明邑人杨孟瑛，厥后随时修辑，鲜有阙失。自前令朱君象鼎重修之后，废而不举，其遗文故事，虽耆老有所弗知。盖迄于今百年矣。丙寅（1806）八月余始治丰，阅旧志而喟然曰：是余之责也夫。乃纲罗散失，征求轶事，始于丁卯（1807）季春，迄于庚午初夏，凡三阅寒暑而后告蒇。夫丰虽僻在巴渝，而平都山为道书七十二洞天之一，王方平、阴长生之仙迹犹有存焉者。又地滨大江，为舟楫往来要津，骚人逸士，宦游所经，讴吟不绝，而频年以来，邪匪肆扰，烽烟屡警，义士捐躯，贞媛殉难，俱足以垂光史乘，风励顽懦，尤当大书特书，以信今而传后者也。至于删其繁芜，归诸简要，则欧阳子所谓事增文省者，庶几无愧焉尔。

嘉庆《丰都县志》序（方宗敬）

邑之有志，风俗之书也。风俗与化移易，或数十年而一变。顾上所风厉而化导之者，何如？若据一时所见，登诸梨枣，谓天下有一成不变之风俗，无是理也。丰邑故属山乡，去京师九千余里，其在国初，数为叛逆所据，重冈深箐，往往有人迹所不到之区，归化迟则被化较浅，以故前志所载，其风颇不雅驯。……余自嘉庆十八年（1813）奉命来尹是都，甫下车，即索阅前志，知自国朝以前，叠遭兵燹，概经散失，所存惟前令朱、瞿二公所辑山川、人物以及沿革、建置诸大端，梗概略具，第念如所云云。……是古所称易治之区，殆不是过也，前志云云。特就国初被化尚浅，拿鄙无文之日言之，岂必今不异于古也？比来莅此盖三年矣。……适绅士辈有补修邑志之请，余以薄书故不暇兼及，徐商之鹿鸣主教刘燮堂老师，及枳江王容斋先生，共为编辑，邑绅等分任采访。越十月而书成。

同治《丰都县志》序（李鸿章）

丰都古县也，俗传其地有冥府，乃不经之论。己巳（1869）秋，余奉命按事四川，取道万县，未获过丰都。冬月自成都还，次重庆东川书院，山长徐琴舫学士以所修《丰都县志》见示,为书四卷,子目十二,意在备掌故、谨陀塞、表忠节、正人心、维风俗,而神异则别为志余,力加辩证,一洒流言丹青之惑。盖数易草而成,又奉庭训而始定。故其文简,其事核,其体例矜慎,发凡序说详矣。余常学于旧史,氏知篇家鸿笔,非徒以才学见长,必有过人之识焉。大用之,足以任天下之重;小用之,亦足以彻古今之蔀也。昌黎文起八代之衰,而不敢当修史之任,所撰顺宗实录且有遗议。良史如左丘明、司马迁,而浮夸荒怪异于春秋之谨严,识者犹訾之。若夫属辞比事而不乱者,其惟涑水紫阳乎。琴舫秩在史官,具此卓识,将充实光辉之蕲,至古先哲人,更出其弥,纶滂浡之才之学之识,以任天下之事,济时局之艰,尤不佞。所望于贤者而不第,以邑志传也。方事之殷不遑启处葳斯役也,溯游东下,道出平都,一览山川人物,则此志又余之导师也夫。

同治八年(1869)仲冬月既望,太子太保协办大学士兵部尚书兼都察院右都御使衔湖广总督一等肃毅伯加骑都尉世职合肥李鸿章序。①

同治《丰都县志》序(完颜崇实)

邑之有志尚矣,山川之险易,风俗之良莠,建置之沿革,往迹之真伪,胥于志而征信焉。使非良有司勤于采访,贤士大夫慎于纂述,虽有成书而文则因陋就简,事则踵伪沿讹,其不足以信今传后,而资国史之取材,明矣。忠州之丰都,川东岩邑也。邑志屡经修葺,迄无完书。同治丁卯(1867)、戊辰(1868),令尹田君秀栗、徐君浚镛先后摄篆,是邑慨然以修志为己任,而邑人徐太史昌绪实董其成,六阅月而竣事。邮寄省垣,索余弁言于简端。余取而阅之,见其体例谨严,考证详核,彬彬然良史裁也。夫丰都,汉为平都,隋为豐都,明初始改豐为酆,后人因李白之诗误以为鬼国。神道设教,泯泯棼棼,不可复辨。是志也,屏祥异,斥仙迹,可以破愚俗之沉迷,息二氏之附会矣。其他,志营建知典章之重而例不嫌创,志舆地知承平之世而防不可驰,志忠节知乡曲之愚而志不能夺,是盖其识卓,其学闳,其才肆,以史体为志,扶世教正人心,埒于良史而以信今传后也,谁曰不宜,

---

① 据志载,本序原为李鸿章为《重修丰都县志》而作,后被收录于光绪《丰都县志》。查《李鸿章全集》(安徽出版集团、安徽教育出版社2008年版)第37册(《诗文》)并未收录该文,亦无李鸿章游丰都诗文。但李鸿章在同治八年(1869)赴川调查四川总督吴棠贪污一案,并处理教案事件,有奏稿数篇。李鸿章于同治十年(1871)12月初从重庆回鄂。若其确实写了该序,应在同治八年(1869)冬天。

田、徐二令尹膺民社之寄,而汲汲焉,网罗故实,俾数十百年未竟之巨典,一旦聿观厥成,亦良有司也,是为序。

赐进士出身前翰林学士户部侍郎钦差大臣兼署四川总督镇守成都等处将军完颜崇实撰。

同治《丰都县志》序(锡佩)

从来莅政施教,必因地制宜,以利导之。故信史而外,各郡县咸有方志,借以知山川之险易,疆域之广狭,民俗之美恶,人事之得失,用资考镜,以为措施,固不仅以文章夸娴雅才也。余自甲子(1864)之春,仰奉恩命,出守渝州,旋摄巡符,即邀除授,计纡辙于此邦者已五年于兹矣。尝念川东为全蜀门户,扼吴楚上游,水复山重,夙称形胜,且滨江千里,鳞次皆滩。因思区画卫要,为有备无患之方,利济帆樯,设补弊救偏之策。爰征各属方志,冀可稽古揆今,力图修举。乃翻阅,既偏虽存文献可征之名,殆多谩衍轶矩之作,或矜渊博而斗靡姱多,或尚神奇而幽渺附会,或因陋就简,如吏胥之簿籍,或徇名溢美,皆绅贵之词章,求其体例,不背于古典,则可信于今,要言不烦,实事求是者,曾未尝数观焉。夫乃叹,志虽小道,非有良史才,诚未易漫为记载也。伊古迁固断代郑焉,编年都无方隅之限,惟盛宏之荆州记,及辛氏三秦,罗含湘中乃分区域,而开其先者,实惟常道将《华阳国志》,道将故蜀人也,以蜀人言蜀事,故详核精当,复尚一时生道将之后继道将而有言,诚戛戛乎,难矣。虽然难者其才,苟得其才,古今人何遽不相及哉。同治己巳(1869),余延徐琴舫学士来主川东讲席,过从之次,袖《丰都县志》稿见示,并告余曰:"是书为田子实、徐锦笙二邑宰相属,迄久未以应也。缘以丰人言丰事,恐未能如道将之志之,见信于千古也。"

旋奉封君命,始秉笔为之,成书四卷。余受而读之,取法则如网如纲,立言则有典有则,削繁摘要,敛华贲实,炳炳麟麟,无愧作者,盖学士以魁伟绝特之才,早掇甲第,入校秘书,奄有三长,兼习庭诰,故其诣力所至,迥非时流所可企及。而余尤所服膺于学士者,如书中志关隘,必详道里,使人知牧圉之宜捍,志险滩,必加疏注,使人知趋避之有方,指导迷津,绸缪未雨,仁言利溥,先得我心。且丰邑为巴国别都,汉为枳县地,后汉分置平都,后于延熙中,省入临江,隋义兴(宁)二

年(618)改置豐都,明洪武初始改豐为酆,则丰都之名,明时始定。后人不详沿革,辄因李白一诗目为鬼国,转相传播,习而不知,学士特为厘正,无一字及隐怪之说,尤可为敦励浮俗之助。若夫修坠继绝,彰善瘅幽之功,学士与田、徐二令尹固相得益彰,名与是编共堪不朽矣。爰弁数语,促付手民,使他日者家置一编,将披核图籍,可思患以为预防,景行前徽更奋兴由于观感,上以巩皇图于勿替,下以跻风俗于大同,是匪特都人士荣抑亦守土者之深幸耳。是为序。

诰授通奉大夫盐运使衔川东备兵使者锡佩拜撰。

同治《丰都县志》序(徐浚镛)

志外史也,周礼外史掌四方之志,即今直省通志与各府州县志,所以资考镜备采风者也。无郡邑志,不能成一代之史,非良史才,不能成一邑之志。昔人论之详矣。龙门兰台而后,若常道将志华阳,康对山志武功,韩五泉志朝邑,陆稼书志灵寿,啧啧人口者,古今几人哉。同治戊辰(1868)夏,余承乏丰都,征求掌故,而图籍缺如,询知旧志佚于水火,岁久未辑,前署令田子实延平山书院山长徐琴舫学士秉笔,甫建议而田君去,学士又以训课无暇辞。余访诸邑人,固谓非学士莫可属者。适其封翁云岩广文假归里,余与邑人开局,复属以礼而请焉。封翁命学士始终厥事,于是昕夕纂辑。余亦公余过从,往还商榷。六阅月书成,余受而读之。体严义正,文简事核,疆里之广袤,山川之险隘,与夫丁籍赋算之繁赜,人情物产之细微,莫不井井有条,了如指掌,而于风教所系,防守所资,尤复思深虑达三致意焉。是诚守土者,有用之书,不当以寻常记载目之也。学士凤擅三长,十年史馆故是编,出入于武功朝邑之间,卓然自树一帜,而学士犹以旧闻多佚,搜罗未周,兢兢焉疏漏,是惧其识量不又度越寻常与抑。余谓古称良史,据事直书,文献无征,虽圣不述史之阙文,固不害为良史也。后之作者,诚踵而增益之,以期于大备,是则,余与学士所厚望也夫。

同治己巳(1869)春正人日四川候补直隶州牧知丰都县事湘南徐浚镛撰。

同治《丰都县志》序(田秀栗)

从来作述之事,非其人,莫能成。得其人,或亦未能遽成。是殆有数焉,迟速先后于其间，又非人之所能为也。同治丙寅(1866)，余摄篆丰都，下车索阅志乘，仅得胥抄残本，芜杂缺略，莫可补缀，山川道里，半多舛讹，盖自嘉庆间旧志荡于水，前令巴陵方君纂刊后又毁于火，于是丰之文献等诸杞宋无征焉。余恻然思所以复之顾，未得其人且力不逮。明年徐琴舫学士读礼回籍，邑人延主书院讲席。戊辰(1868)，余与邑人创建试院落成，众请以其羡资纂刊邑乘，即延学士秉笔，佥谓得人，方设局集众分任采访各事。而余以代满去，丰属诸新令尹徐君锦笙。后闻丰人以余去弛乃事，学士亦训课无余闲。余窃怅然谓此志成无日矣。既又闻锦笙与丰人复开局，延学士父云岩广文总纂。窃意广文秉铎梓州，去丰千里，安能分心纂辑，遂益疑，此志之未必果成。洎己巳(1869)春，余权摄酉阳，行李次渝，锦笙缄其邑乘来索余序。倚装展读，则学士承其父命为之落落十万言，纲举目张，文简事核，俾数十年就湮之文献，一旦复照人耳目之间，而其阐发幽光，足以维风励俗，指陈经画，尤足使守土者循图按籍，因地制宜，是书之功，亦伟矣哉。昔司马史记世业于谈迁，班氏汉书溯源于彪固，下至武功一志，艺林艳称要，亦长公对山父作子述，今广文乔梓作述同，时以古方今，复何多让，余谓非其人莫能成者，于兹信焉。夫是书也，肇议于余，以为得学士，可以成而不成，必待锦笙而后成之，锦笙得学士可以成而不遽成，必待广文归，诏学士而后成之，此成于一人之手，而迟速先后异焉者，果孰为之欤。余故谓有数焉，非人之所能为也，余以斯志之成，为锦笙喜，为丰人喜，爰寄语以为之序。

旨同治八年(1869)正月既望署酉阳州知州升用知府前署丰都县事城固田秀栗撰。

同治《丰都县志》序（徐昌绪）

常道将有言，善为志者，述而不作，丰都县志，作自明京兆尹杨君，其书不传。国朝康熙、嘉庆间，县大夫朱、瞿、方三君尝先后述之，今缺有间矣。同治戊辰(1868)邑人将有事于搜辑，余适里居，令长田侯、徐侯以次来属编纂，未敢，辄以陋劣应。是年秋，家大人自潼川学署假归，因徐侯之请诏昌绪曰：古人处父母之邦，桑梓恭敬，矧其人文典物，将即湮坠，而忍漠置乎。史官，汝职也，而可辞乎。昌绪惶惧，领命禀受。例义条流甫立，大人复如潼。昌绪罗其案牍，访稿夙夜掇

拾。以为朝廷疆圉封守綦严,诸侯宝三首曰土地,述舆地第一;先王体国经野,次以设官分职,述官师第二;官以厘事大事,先祀春秋昭格厥有典常,述典祀第三;事神莅民,用奠厥居,颓坏具营,斯利居守,述营建第四;凡厥兴作视力与财赋,算丁籍,会计必当,述赋役第五;既庶既富,教亦宜之,述学校第六;陶淑渐久,储才贡登,述选举第七;登明选公,贤俊斯出,述人物第八;今人与居,不废稽古,述古迹第九;往迹伪传,流为荒怪,区辨人鬼,以破愚惑,述祠庙第十;理明于言,先民有作文以纪之,诗以咏之,述艺文第十一;有文事者,必有武备,所以卫其土地人民、典章图籍者也,故述武备终焉。自秋徂冬,得书四卷,未及裁饰,徐侯趣以付梓。夫采略则漏收博则滥,无文则俚,多撝则浮繁,引则支鲜,据则陋数者,交识何以志,为江文通谓修史莫难于志,信矣。旧闻多佚,小子何述县境邃廓,搜采难周,谓无旧漏,昌绪不敢憪然,然亦无可如何也。大雅君子取其节焉,而补缀之罪我者,其庶可逭乎。

同治己巳(1869)元日前侍讲学士衔翰林院编修邑人徐昌绪撰。

光绪《续修丰都县志》序(郎承谟)

天下良吏难,良史亦难,以良吏而为良史则尤难。求其作良吏则召杜齐名,作良史则马班济美,上下古今恒落落乎,不数观焉。邑侯蒋石生先生,浙郡名流,今官蜀省,历膺民社,卓著政声。癸巳(1893)春来守斯土,下车期年,百废具举,为宾兴置产业,为书院增膏火,定书役规费,培名胜方舆,种种循良,不堪枚举。而于邑乘一事,尤能竟廿余未成之志,而传诸数千百年。考丰志创自明京兆尹杨君,而成于邑学士徐琴舫先生。自庚午(1870)水患,版籍飘零,于是旧志一书,至等诸无征文献,欲修明而补缀之,亦綦难矣。前令长何侯虽毅然有志补修,卒未获告成而去,是非书之难成,亦成书者之未得其人耳。或曰:先生之成是书也,盖就徐氏原书补订,故不劳而成耳。余曰:嘻,子不闻常道将言,善为志者,述而不作乎。试问宣圣因鲁史成春秋,非就鲁史原书而撰述乎,如必自成一家者言。以为志是华士夸多斗靡而不足以信今传后也。不见渊雅如左氏而不免浮夸,浩瀚如史迁而不无荒诞乎,即纲举目张如紫阳,孰非就周秦以后诸史而参订乎,且是书体例仍旧,其中所留意者,尤在山水关隘全图,又岂非于原书外自树一帜,而实与原书异曲同工乎。后之读是书者,阅舆图可以固封疆之守关,记载可以知人物之繁阔,典礼艺文可以进和声鸣盛之雅,即是书以学。先生为良吏也可学,先生为良史也可学。先生以良吏而兼为良史也,亦无不可。是为序。

光绪甲午(1894)春孟既望赐进士出身翰林院庶吉士邑人郎承谟拜撰。

民国《重修丰都县志》序(余器光)

昔袁简斋序江宁县志,谓志江宁较难于治江宁。治之者,行其当然之事,志之者,纪其已然之迹,当然者可以意为,已然者不可以意为,然非志之详则治之绩亦必不备谅哉。言乎民国十余年来,予尝两治丰都矣,初下车盗贼纵横,噩言朋兴,欲求暇晷,一览山川文物之胜,考风土人事以验政事之得失,亦不可得,则予之治丰都已可知也。丁卯(1927)秋,予再治丰都,萑苻风清,匪盗敉平,迹其已然,行其当然,此其时也。而丰都县志适以告成。予观六志五表,秩序井然,觉袁简斋所谓难者,诸君子亦既勉为之也。而所谓不难者,予亦殊难,自信耳。虽然治者一时,志之者万世。使千百年后,览是志者,谓志丰都之日,即予治丰都之年,已然之纪皆当然之行而无甚过,差将志无穷而。予之名亦与之无穷,岂非予之大幸也哉。

民国《重修丰都县志》序(余树堂)

周礼小史掌邦国之志,外史掌四方之志。说者谓小史所掌即国史之滥觞,外史则直省通志及州府县之嚆失焉。丰隶梁州,汉曰平都,隋曰豐都,明曰酆都。名称虽旧,古志无征,其轶乃见之《华阳国志》《寰宇记》诸书。往往于建置方域特详。予窃谓地道一成而不变,天道则十年或数十年而一变。人心风俗之不同,礼教政刑因之而异,而户口之繁减,税役之盈缩,识者于此觇世变焉。不察其变,而第论其形胜。丰为巴子别都,当日曼子守土,英风浩气,固足为丰人增一异彩。平都七十二洞天之一,尉迟敬德之建筑,段文昌之记载,吕纯阳之题咏,王方平、阴长生之仙踪逸迹,亦足为名山生色。至若双桂、五鱼、青牛、白鹿诸胜地,春秋佳日,骚人词客登临选胜,发为诗歌如苏子瞻、范成大、卢雍诸贤之传,诸载籍者更觉历数千年而常新也。盖丰都旧志,明清不乏著述,然存者仅徐太史一书,而日月迁流,相距五十余稔,为时未甚久矣。芸芸赤子生齿日益繁,生计日益蹙,苟

敛横征日益剧烈,不思补救而青年学士争趋解放。丰滨大江,风气尤先,新文化愈灌输,旧道德愈堕落,世道人心之变,如珠光电影瞬息万状,是亦珥笔者,所为废书兴叹矣。丙寅(1926)秋,县长黄笃生先生开局修志,郎尔宜先生膺总纂,两阅月而笃生先生卸篆,尔宜先生亦遽归道山。丁卯(1927)春,县长张开猷先生赓续开办,聘余秉笔。余以非材辞,不获。巳乃日与邑之士大夫旁征博采。县长公余之暇,亦往复商榷。凡官师之改组,学校之变迁,赋税兵役之繁多,无不详加考证。而节孝廉贞之关于世道,诗词传纪之裨于人心。尤兢兢焉,大书特书,欲以信今而传后。至山川险易、疆域广袤、周礼外史之所掌,前人言之详也,故不复赘云。

民国《重修丰都县志》序(林熙云)

民国革命,百度维新,文物典章,悉改旧制,果今是而昔非耶,不得而知也。抑今非而昔是耶,亦不得而知也。第以守残抱缺,儒生天职,前乎今者为昔,昔人作之,利用因距乎,昔者为今,今人变之,利用革独其间,风气之所趋,潮流之所激。昔见为是,今见为非,昔见为非,今见为是,是是非非之交,党与党异,派与派分,□乎,昔则厌乎,今狗乎,今则悖乎,昔作之而不善述,变之而弗求通因革,两失其据矣。夫纲不举则目不张,治丝而棼,非棼之过也,条理不办,治术先穷矣,此六志五表统为昭示其则欤。间尝三复其义,知其为天下后世虑者,未许为外人道而又不得为外人道也,先圣有言曰"质胜文则野,文胜质则史",断章取义。邑之有志,一邑之史也。无质不信,无文不传,既传矣,虎豹之变,仅取乎,革可乎。今诗书之厄烈于秦火。莘莘学子,明目张胆,白话日新,文言日下,过此以往,迁流不知,何极国粹之存,千钧一发耳。不为一时意气争宁,不为一脉绝续争乎,斯文未丧,彼苍犹或鉴之,所愿气吐长虹者,改敩万丈眼光也,我辈按图索骥,腐败之讥诚甘顺受,然远取旧载,不敢瑕疵昔人也。近采流风,不敢菲薄今人也。执领从事者,十有一人,雪夜霜晨,互相讨论,凡山川之险易,民物之盛衰,兵凶防其危,礼俗考其正,若者可歌可泣,若者为灾为祥,莫不汇别条分,信则征之,疑则阙之,而公是公非,概不参以己之见焉,书曰勿作聪明乱旧章,详乃视听,视也听也,惟聪明人为能详之,聪明不作旧章,改犹未改也。斯真善用聪明哉,我辈愧非聪明,无可作,尐不敢改,兢兢焉,循途守辙,勉完天职而已,若夫起当代之衰,著千秋之鉴,岷峨毓秀,知必有人焉,郁郁彬彬,以俟君子。

民国《重修丰都县志》序(邓绶)

明于千里,盲于眉睫,人情倏远忽近,坐蹈积弊,若知之,若不自知,甚矣。聪明之过也,三传始于左盲,作史者,岂尽盲人哉。民国肇兴,言论自由,立说著书,驰骋无忌,莘莘学子,指地画天,岛国海邦,全球无外,远史近事,信口倾谈,区区下邑,公孙子阳且不屑作井底鸣者,才亦奋矣。夫君自故乡来,应知故乡事,名山胜水,钓游所当经也,遗风流俗,见闻所目接也,及叩其邦族,讥其物情,则乡树扶疏不辨桑梓故人欤,洽不详里居,噎数典忘祖,犹之可也,徙宅忘妻,无乃去甚乎,绶老大一衿,猥总商务,然感时势之迁流,酒酣耳熟辄与二三知己,笔诰口述,拟记成篇,书生气习,真未化哉,忽省饬飞来一纸,辎轩谘采邑俗,绶喜曰是可一举两得矣,殷请邑宰黄公笃生,改修旧志。黄公大喜,绶益喜,爰推毂旧好,列坐分曹,绶执简以侍曰,此绶与诸生素愿矣。今幸得遂矣。愧绶琐琐商场,不获分劳笔砚,适馆授餐忝请为东道主人耳。虽然绶之不才,窃有请焉,作史之难,不难于远而难于近,纪载失真是谓目盲,搜罗不备是谓耳盲,熏□异臭,品汇不分是谓鼻盲,三者俱失而欲以口舌代之,口舌可视听乎哉。左氏之弊端在浮夸,文言不如白话,当世据为口实,诸君宜古通今,曷谓我邱明一解其嘲乎,举座笑颔之,忽忽一周六志五表,脱稿灿然,绶急取伏读,诸君曰君试自评之,无亦盲人读盲稿乎。绶亦笑颔曰,然。绶不善腴,盲如诸君,恐今之高瞻远瞩者,不解其盲也。诸君之得失茫茫,大陆遥遥,后世自有不盲者,在如绶者,不过先为盲人知己耳嗟,夫左迁右固,徒大言欺人,美雨欧风,究空谈何补,诸君黜华崇实,但不盲目于心可耳。绶敢诩谓明眼人哉。

中华民国十六年丁卯岁十二月初十日邓绶序。

第三节　民国《丰都县乡土志》

《丰都县乡土志》凡例

一、是编根据县志,而山脉、河流、十乡、地势、全图、分图,悉出刘君承烈手,记之,不敢掠人美也。

二、食货。吾邑少特产,故略。而户口、田赋、杂税,不妨详载,以备参考。

三、兵防。今之要务是编叙历代兵事、团练保甲及近城关隘、南北远近隘,以备采择。

四、吾邑人物,可传者多,以限于篇幅,故仅就各门采取一二。

五、艺文美不胜收,兹就关于掌故者录数篇,以便诵习。

六、邑人惑于神道,故祠庙甚多,特著"辨惑"一篇,以破迷信。

七、典礼有专书,兹就通行婚丧、祀典礼著于篇,风俗仍从旧志。

八、杂异固记灾变,而仙释、隐逸、流寓之在吾邑者,多有可传,故备录之。

《丰都县乡土志》弁言

乙丑(1925)秋,予任西区小学教务,校长刘君承烈出所著《丰都县乡土志》示予,予既序而行之矣。丁卯(1927)春,予以菲材,总纂邑乘,将蒇事,筹备员邓汝锡先生嘱编乡土志,将以教各级学子。夫一邑掌故,莫备于县志,而卷帙浩繁,士大夫惮于检阅,寒素之子则又难于购置,遂致眼前常识,习焉若忘,一问以故乡风景,或茫然莫对,或语焉不详。面地方之沿革,疆域之广袤,食货之丰歉,礼俗之醇薄,兵防杂异之纷繁,人物艺文之秀美,更无论也。兹编据县志体例,参以刘君旧志,择其精者大者,分为八章六十一节,非敢云美备也。吾邑学子,各手一编,聊示常识普及云尔。

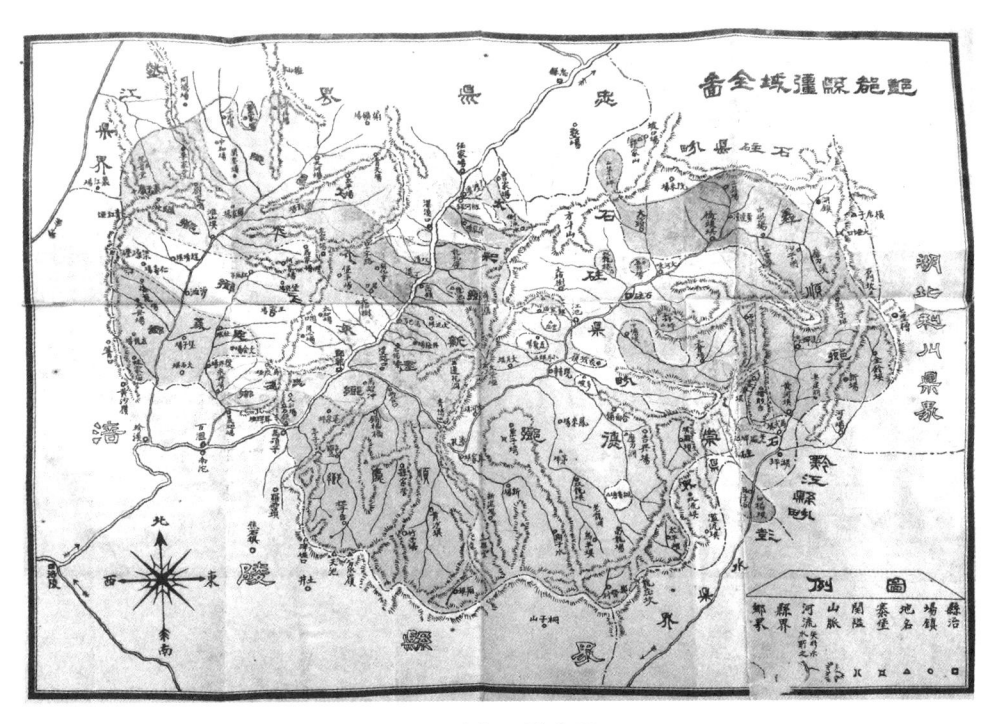

民国丰都疆域全图

《丰都县乡土志》目录

第一章　建置：沿革、位置、设官、立学、官署、局所、公所、县城、街市

第二章　方域：疆域、山脉、河流、平都山、鹿山、双桂山、八景、险滩、祠庙、辨惑、农田、水利、十乡

第三章　食货：户口、物产、赋税、杂税、钱币、工商、交通

第四章　礼俗：婚礼、丧礼、孔庙祀典礼、关岳庙祀典礼、风俗

第五章　兵防：清初之乱、教匪之乱、发逆之乱、丰都反正、洪宪之役、冉程匪略、团练保甲、关隘形胜、县城形势、南北关隘

第六章　杂异：灾异、仙释、隐逸、流寓

第七章　人物：循良、孝友、烈女、烈妇、忠义、文学、武勋、义行、寿耆、旌节

第八章　艺文：文、诗

第一章 建置

第一节 沿革

丰都属《禹贡》梁州之域,周为巴子别都,秦属巴郡,汉置枳县,仍属巴,是为置县之始。东汉时,分枳置平都县,后析巴为二,隶平都于永宁郡。蜀汉省平都入临江县,晋、宋、齐属巴郡,梁为临江郡,后周为临州。隋为临江县,属巴东郡,后仍改临州,析临州,置豐都县。唐时隶于南宾郡,宋属忠州。元罢垫江,并入丰都,明初并入涪州。洪武十四年(1381)复置县,改豐为酆,又以南宾并入焉。清仍置县,隶忠州。民国改忠州为县,丰遂不属于忠。

第二节 位置

县治在忠县西南,地跨巴水之中,负山瞰江。治分南北,广二百里,袤三百六十里。北连忠县,东北一隅,弯幽如钩,深入石柱境内;东与湖北利川县毗连;南与黔江、彭水接壤;南及西南俱接涪陵;西北与垫江为邻。四围皆崇山峻岭,为自然之分界焉。

第三节 设官

宋设平都提点。元设鲁达花赤按鲁达花赤,元制官名,即知县。明设知县、教谕、训导、主簿、典史、驿丞。清设知县、教谕未几裁、训导、典史、把总。民国设知事、典狱员、教育局长、征收局长、警佐、实业局长。

第四节 立学

学宫即孔子庙,在大西门内。学署即训导署,仪门三间,内为明伦堂,左置卧碑,右为阅报室,后为二堂。署右筑屋三楹,训导乔松置经史子集其中,俾诸生肄习。书院有平山鹿鸣、凌云、五云、经古等名称。聘山长主讲月课、制艺、词章,奖给膏火三年。岁科试入庠者十八人,武庠八人,廪增生各二十名。每岁试贡生二名。遇恩恩贡一名,岁在西拔贡一名,卷局凡考试由局备考费、学田入库院费、宾兴文武乡会试分给旅费、制科停,并作教育费。

县立小学校一堂,附初中、师范、初小各一堂。

各乡小学校七堂。

县立女子小学校一堂，附师范、初小各一堂。

城区初小校十三堂，今并三堂。

十乡县立国民初小校五十堂。

城乡公立国民初小校一百五十三堂。

第五节　官署

县署在宣化门内，明洪武时创建，明末毁。清顺治时重建大堂三间，俟后屡有增修，以成今日巨观。头门颜曰行政公署，外为狮子坝。二门即仪门，内有石坊一，前为大堂，颜曰法庭；后为二堂；内为三堂；有东西两花厅，东曰听鹿别墅，议事会向设于此。典狱署在县署仪门之右，清康熙时所建者也。

第六节　局所

教育局在大西门内，清时训导署也，宏壮与县署等。实业局无寻址，现住竹雪庵。征收局在后街，租民房暂住。警察所在馆驿门内，前清汛署也前段改建图书馆，后段为警察所，门向梧桐街。

第七节　公所

县议会即参事会，旧设县署东花厅今已解散。商会在花市街，农会在实业局，教育会在初级中学校，此属于法团者。地方税收支所在稻谷仓，团务局在东门内。近日开办门户练，各乡俱设办事处，属于地方机关者。其他诚善堂为种福会会所，在小西门外，天主教堂在稻谷仓街，福音堂在大西门外。

第八节　县城

明天顺时，知县柴广垒石为垣，高二丈，周六百丈。门六，曰宣化门，曰东门旧曰迎恩，一曰守智，曰馆驿门一曰会川，曰大西门一曰阳和，曰小西门，北门一曰庆丰，皆有城楼。又小门二，曰东水门，曰西水门。清嘉庆十八年（1813）始置埤堄。咸丰十年（1860）易堞以砖，附城置空心炮台六。同治六年（1867）增堞五百六十六雉。今议折城垣以利交通。

新城

县城滨江,水溢坍塌。同治九年(1870)全城淹没。十一年(1872)就治西傅家堡叠石筑城,周六百七十六丈,高二丈余,次亦丈六七尺,堞一千二百六十二。门四,曰东作,曰西成,曰南化,曰朔易,各有楼别。辟水门二,各官署俱建修。是年四月迁治,然交通不便。光绪三年(1877)仍还老城,新城遂废。近年修城街道,取石于此,已非旧观也。

第九节 街市

城内街道平坦,可车行。近复修整,更觉宽宏。商务以中街及东门外为最繁盛,而上下米市及柴市,每午前一集。牲市在河坝,以三六九为集期,亦颇繁华。输出品以榨菜、桐油为最,谷米粮食次之;输入品以盐、糖、纸、绵、纱为大宗,绸缎等次之。城西险滩逼近,水稍涨即波涛汹涌,不易停舟,商务不无阻滞。然此诸滩实为县城屏蔽,障水使南,若滩平则水势直注县城,人其鱼也。

第二章 方域

第一节 疆域

北岸。东陆路九十里十字路场,又九十里忠州城。水程九十里羊渡溪,忠州界。北陆路九十里董家场,忠州界。西北陆路四十里界牌垭,涪陵界。又一百里涪陵城。西水程三十里立石镇,涪陵界。又一百里涪陵城。北陆路百六十里龙洞塆,垫江界。又百四十里垫江城。

南岸。南陆路百八十里花猪子,涪陵界。东南陆路三百六十里塞家坝,黔江界。东南陆路百六十里江池,石柱界。又四十里石柱城。南陆路二百四十里花地塘,彭水界。又百八十里彭水城。南陆路四百二十里七里槽,湖北利川界。又二百四十里利川城。

第二节 山脉

小梁山脉,自巴山来,由忠县分二支入境,一在长江与渠溪河之间,为贾郭冠子、大峰堡、鹦鹉崖诸山;一为与垫江、涪陵之分界,最著曰金佛山俗呼梁碛碛,高极云霄,昔人谓为群山之祖,良有以也。西麓接涪陵鹤游坪。

武陵山脉自石柱分二支入境,一曰七曜山脉,在南宾河之南,为利黔彭涪之分界;一曰万斗山脉,在长江与南宾河之间,全境山峦重叠,惟附近大江较低,下亦无平原旷野之观。

第三节 河流

长江自涪陵来,斜贯境内。东北流入忠县,凡百八十里。支流以南宾河为最大,亦曰龙河,自石柱入境,会合无数支流,至葫芦溪入江。渠溪河自忠县来,与长江平行,至涪陵珍溪入江。碧溪河源出金盘山西南,流经社坛、永兴,至涪陵施家角入江。

此外,小溪北岸有双溪、丁溪、老蛇溪、赤溪、朗溪、小福溪、流杯溪、洗脚溪、南海溪、瓦陶溪,南岸有大深溪、渭溪、高家溪、文溪、石板溪、木屑溪、泥巴溪、曹溪、沙溪、高啸溪、丁庄溪、陶溪、佛子溪、白水溪、罗云溪。

沼泽之大者,俱在南岸。日照坝之龙潭,四时不涸,旱辄于此祷雨。波罗坝之老龙潭,广数十步,溉田数十顷,农民称便。

第四节 平都山

出东门,过通仙桥俗呼仙桥,有亭翼然。桥北有严官碑,万历时修桥以记年月者。过此即平都山麓,东行数武①,有胡公祠,盖明天启间胡公平表讨奢贼,邑人冶像祠祀之。东为文昌宫,明平山书院遗址也。又东有石佛殿,佛高二丈许,左为山川风雨坛,其前即奎星阁旧址。阁之西北为东岳庙,内有放生池,四时不涸,僧徒各有职司,规模为各庙之冠。

由东岳殿西始登山,有明万历时修路碑,折而西有节孝总坊,复折而东,巨石依山,刊字六,曰"南无阿弥陀佛"。台上即大仙崖,崖有九蟒亭,塑九蟒绕神像,后有圈石,相传为杨御史墓,有天启甲子碑,载神始末极详。

登级而上,折而西,至千手观音殿,有石坊西向,曰"总真福地",相传即五云楼故址。内有古养敬、杨忄二碑及窦希颜修路五碑,李阳冰书"道山洞天"四字,

---

① 武:泛指脚步。

旁为纪念亭,亭高数层,下临文昌宫,登之,江山在目,洵圣地也,春夏游人多宴集于此。

第五节　平都山

由纪念亭再上至寥阳殿即大雄殿,前建三石桥,以肃观瞻俗呼奈河桥。右有心神碑,以铁铸成,阴阳各一。历阶而上为玉皇殿,右为王母殿,有杨宣尉重修景德观碑。登山顶,过观音殿,则凌云阁一作凌虚阁,俗呼二仙楼岿然出焉,阁前有明巡按卢雍书东坡留题二绝,并已作八景五言绝及游平山诗。平山祠宇,明末俱毁,惟此阁独存。为楼三,最上塑二仙对弈像,下即五云楼,规模宏敞,匾题如"有仙则名""五云深处""水天一色"等,最有名,亦游人宴集所也。凭栏四望,高入云际,下极江流,隔江之丰稔坝,近若襟带,葫芦溪树隐见郁葱,恍然月镜中游。邑人林明俊联曰:"虚阁静涵天常余云气奔城脚,娟峰妙插水犹带江声挂树枝。"斯楼之盛可想见也。

第六节　平都山

阁后即凌云台,为平山绝顶,相传王阴对弈处,亭址石枰犹存。二仙以铜为之,各高三四尺,李鹞子之乱,遂亡去。台后为曜灵殿即天子殿,东向颜曰"幽都"。本见《水经注》,世人遂以为阴司实证。王端冕撎圭,前悬孽镜,围逾丈,日久蒙昧邪,人犹不敢正视。

曜灵殿东为武庙,神龛前有深穴,旧志谓即阴长生丹井,泉涸成土穴。宋高密丁尉侯为亭覆之,号五云洞。明宣德间,通判游和重修。万历初改建关祠,好事者凿石井,口作炉状。客至,山僧然纸钱其中,谓其下即冥府俗呼天星眼是也。外铸铁狮二,偃月刀一,竖石碣,刊侯印式,并刻王凤洲《赞》于上,明杨叔京为之。有大碑卧地,刻清忠州守孙芝倪伯麒《游平都山》诗,笔法隽逸。殿后小楼数楹,遥望青牛、珠帘诸山,足与凌虚阁媲美。祠后为仙姑崖,相传景龙中麻姑尝访王方平于此。

第七节　鹿山

自流杯池右岸登鹿山,石蹬修紫,里计抵玉鸣寺。寺东向遥对二仙楼,明天顺时杨大荣创建,因玉鸣泉得名。苏东坡游平都,题《白鹿诗》,谓此山有鹿,客至辄鸣,遂讹为鹿鸣寺,寺旁有吴道子画观音像。明洪武初□石,后复建阁以奉之。玉鸣泉翠微隐翳,滴沥如戛玉声,四时不涸,题其壁曰"第一泉"。前建石桥一,两端接以亭榭,楼栏曲折,俱在绿荫中。遥望平都,烟风蔼蔼,俯瞰江城,一瞭而尽。幽雅为县中冠,每值炎夏,避暑者麇集。山下为竹雪庵,建自明季,有古心碑。近城诸山,以双桂为最高。九秋佳日,游人于此登高焉。

第八节　八景

平都山晓。唐段文昌《仙都观记》云:峭壁千仞,下临湍波,老树万株。上插峰岭,灵光彩羽,昏旦万状,非虚语也。

流杯池泛。出北门数百步,至平山麓,两山相对,赵村涧水中出,环为九曲,名流多泛觞于此。旧有蒋侯劝农碑及沐浴亭,今无存。

白鹿夜鸣。邑志载宋名宦李长官令丰,闻仙鹿夜鸣,异之,使人往山踪迹,遇老人云:"当有贤人至。"翼日,苏文忠乔梓,果过访焉,遂以鹿鸣名山。

青牛野畖。平都山之东,越小福溪,有山曰青牛,大江前横,峰峦层叠而出,如牛蹲江岸回首而饮于溪。蒋夔记谓"左跨黄牛"即此。

珠帘映日。珠帘山在治东二十里,俗呼溜沙坡。朝旭初上,石壁倒影入江,晶莹闪烁,状若一桁珠帘,洵奇观也。

月镜凝山。南宾河入江之口,状似葫芦,故名葫芦溪。夜月当空,影射上下。潭四山环绕,平圆如镜。《华阳国志》称明月峡广德屿,即此。

龙床夜雨。龙床石盘由江心拓出,浪花点石面,若雨泠然,上镌大字曰"石槎"。下游水落,石纹若云鬟,凹若磬,或如瓮,如无底臼,不一其状。

送客晴澜。送客堆在龙墩之上,乱石磊落,矗出江心,春秋佳日,波澜壮阔。游客轻船,觞咏其上,极观澜之致焉。

第九节　险滩

县境险滩极多,在上游者有盗灶门子、卷蓬子、观音滩、大佛面、土地盘、送客堆、礧碑梁、百丈滩等。治南有龙床石,下游有关石滩、林阁老等。就中以观音滩

为最险,水满时,汽船亦不能行。县志谓险冠全蜀,信不虚也。明季曾经开凿,仍无大利。礧碑梁横亘江心,长可三百四十余丈,亦为险滩,上下行船,不可不注意焉。

第十节　祠庙

孔子庙在教育局东,建自明季。清同治时毁于水,光绪初修复,朱壁黄瓦,缭以宫墙。东西二门,曰圣域、贤关。内为泮池,跨三石桥,有棂星门,以石为之。后为戟门,为天井,为露台,上为大成殿,位至圣孔子,旁为两庑,各以古先贤哲配祀。后为崇圣祠,每值春秋上丁致祭,与清无异。戟门之左有名宦祠,右有乡贤祠,宫墙左右有忠义、节孝两祠。关岳庙在东门内,亦有春秋两祭。右为城隍庙,进香以邀福,免愆者无日无之,每年城隍神出行三次,送迎者皆持香火,街为之塞。每家皆设香烛,神至辄跪叩,邑人之迷信,可想见也。福禄宫基址宽广,屋宇高亢,故近年沦为军队驻扎地。禹王宫在上王庙之右,亦雄伟,内有李太白书"禹穴"二字,镌于石壁,大可八九尺,字极雄恣。此外庙宇尚多,记不胜记。

第十一节　辨惑

丰都为阴司冥府,不独邑人深信,他县人尤为迷惑,特录县志,以正其谬。

《山海经》云:宇内洞天福地四十有二,丰之平都厕焉。人人耳食山灵,遂埒于蓬莱三神山之属,不知李唐祖老聃,俗多好道,相沿及宋季,附会道书,谓仙人阴长生、王方平炼形于平都,吕纯阳有《访王阴不遇》诗,释氏误将阴、王连读,以为阴司之王者,遂附会为地狱之说,好事者又引李白诗"下笑世上人,沉魂北丰都"二语证之,于是皆信丰都为鬼国也。不知丰在唐为豐,明时始加邑旁,李白诗当是别有所指。

九蟒之庙,事极不经。按蒋夔《景德记》在明永乐二十二年(1424),云大仙崖有九蟒之神,周延甲记谓宋庆历时人,而旧志则谓宏治二年(1489)事,其误可知。

麻姑于魏青龙某年七夕过丰访方平,有诗曰:"王子求仙月满台,玉箫清转鹤徘徊。一声飞过不知处,山上碧桃花自开。"此绝句也,汉魏以前七言仅有柏梁体,此必后人附会为之也。

大雄殿前三石桥,俗呼"奈何桥",桥下曰"血河池",不知此殿在明曰"寥阳殿",明藩蜀献王修,前建三石桥,以壮观瞻,别无意味。僧人附会阴司之说,指为奈何桥、血河池,以愚妇女,其诞甚也。

第十二节　农田水利

《周官·司空》:"居四民,时地利。"丰邑虽小,聚族于斯者,大都宅乃宅,畋乃田,而堤堰沟洫,要必修水利,备旱潦,以为财用衣食之源。然地多硗瘠,能经十日雨,不能耐十日晴。北岸山少田多,溪涧多无源之水,故水利在塘。南岸田少山多,而龙水四出,故水利在堰。守土者以时灌溉,吾民庶有利哉。

第十三节　十乡地志

忠武乡,位县治之东南,南滨长江,西南接涪陵,西北与忠义乡毗连,东北与安仁乡为邻。全境成菱形,面积在十乡中为最小。通涪、垫,扼江流,县之右臂也。

地势北高南下,山脉自安仁乡入境,为鹦鹉崖山,本乡最高处也。三面峭壁,因以为寨。自此逶迤,而东为鹤燕山,东南至大池而低下,复隆起为高山坪雪峰山,折而西,经界牌垭、华峰寨,而终于立石镇。

水之大者,长江外有碧溪河,自忠义乡来,经永兴场,至大溪口入涪陵境。碧溪河盛产鲫鱼。

永兴场为本乡首场,以三六九集。距城六十里,交通便利,商务繁殷,贸易以杂粮、牲畜为多。

马虎垭通垫江要道,当鹤燕山微凹处,兵家莫不重视之。距城四十里,二五八集,商务次于永兴。东南三里之世祀庵,明举人黄世修妻杨氏建,世修祖景星、叔祖景夔,俱明进士,著有《白水集》。今本乡与忠义乡社坛联立,小学校即在庵中。庵东里许,三星伴月,明云南曲靖府知府杨叔京父青野墓在焉。

人合场亦二五八集,贸易不盛,为丰、涪陆路必经之地。南五里之曾家沱,举人曾友汲故里。

白沙沱在乡之东境,有江津教谕冯乃骃墓,骃以文学名。

第十四节　忠义乡

忠义乡在忠武之西北,西南接涪陵,西北接太平乡,北连安仁乡,幅员大于忠武。地势西北高而东南下,梁磉碛山脉自太平乡来,绵亘西境,为与涪陵分界线。

水之大者为渠溪河,自安仁乡来,经踏水桥堡子场,而南入涪陵。次为碧溪河,亦由安仁乡来,经社坛而入忠武乡。二水纵贯境内,恰成平行,社坛为本乡首场。距城八十里,一四七集,商务为北五乡各场冠。地当丰、垫通衢,商旅往来不绝。其南江广人置义冢地,古柏数株,非近代物也。附近之唐家塆,有举人王元会墓。

林家庙离城百二十里,二五八集,入涪孔道也。西行越箐口,达涪之鹤游坪,边防要地也。

堡子场距城八十里,一四七集,为本乡适中地。全乡开议会,必假会场于此。

第十五节　安仁乡

安仁乡位于县治之北,东滨长江,南接忠武、忠义,西北接太平,面积三倍忠武。

地势西高东下,西部山脉自梁磉碛来,东部山脉自太平乡冠子山来,入境以大峰堡为最高处。低凹处曰关口,形势天成,本县西北各场入城要道也。其分东南,以成附城诸山。

河流以渠溪河为著,自太平乡来,南流入忠义乡。次为碧溪河,导源于冠子山之支脉,亦南流入忠义乡。

王家场在关口之西,距城六十里,二五八集,本乡首场也。乡立小学在焉。贸易以米、麦、大豆、落花生为多。西北入城者,必经此地,故旅客往来不绝。

何家场,本乡北部大市,贸易之盛,与王家场埒。离城九十里,集期一四七。

沙滩场滨渠溪河东岸,本乡西境首场也。通垫江大道,地势平坦,交通便利,故商务亦盛。离城百二十里,二五八集。

老柏沟在乡之东南,距城三里,有明进士杨大荣墓。其子孟瑛亦进士,葬砚台石,俱三百年前古墓也。

第十六节　太平乡

太平乡在安仁乡之北,东滨大江,西接涪、垫东北,西北接忠县,北接仁寿乡。本乡多山,西境山脉自忠县来,为大成寨、拦马坎、寨子岭一带高地,复折而南,为青杠垭、梁磲碛、大地垭诸岭,与涪、垫分界。东境山脉亦自忠县来,最著者冠子山,东部诸山祖也。

河流之大者为渠溪河,在本乡会合数支而成。其源皆自仁寿乡来,斜贯本境而入安仁乡境。

双龙场濒渠溪河,支流距城百二十里,一四七集,交通便利,为丰都北部商业之中枢。本乡小学校在焉。附近观音桥有翰林编修易简墓。

十字路离城七十里,三六九集,为县北各地入城要道。贸易尚盛,亦本郡东境大市也,与忠县分界市之一部,亦属忠县,贾郭山在其北,高入云际,非天气清明,不见山巅。

摊山坝濒渠溪左岸,距城百二十里,三六九集。清嘉庆时教匪之乱,胡星率乡勇击之,后驻营于此,以军单阵亡。

罗家场距城百二十里,二五八集,大路四通,贸易亦盛。

李家市,本乡西部首场,距城百六十里,一四七集,附近多沙田,盛产米。

第十七节　仁寿乡

仁寿乡,县之极北地。东北接忠县,西南接太平乡,滨江之孙家坝一带,为忠县属地所隔绝。全境山脉皆自忠县来,地势极高。河流为渠河之上游,源自忠县来。

董家场在乡之西北,距城百八十里,二五八集,与忠县分界处也。大路四通,商贩云集。产米、杂粮、篾席等,为本乡极北之繁市。

关圣场,二五八集。附近有渠溪支流,由高崖下泻,形成瀑布,长数十丈,宽五六尺,最为美观,水激声宏可达十余里。

大河场在渠溪之滨,离城百八十里,三六九集,贸易颇盛。

第十八节 太和乡

太和乡在长江东岸,隔江与仁寿、太平相对。北接忠县,东接石柱,南邻崇德、新建二乡。山脉由石柱方斗山来,大坪山其分界也,滨江一带,地较低下。

河流除长江外,渭溪较大。

高家镇在江滨,离城六十里,镇中立高等小学校一,初级小学校三。街市繁殷,商贾云集,不特为本乡首场,实全县第一市镇也。水路可连忠、丰,陆路可逾横梁子以达石柱,故防丰者不可不注意焉。清同治元年(1862),进士傅世纶办团练,御发逆石达开于此,势孤被擒,死之。东南后池坝,石柱属地。东北龙窕庙,贸易亦盛。

红河镇与羊渡溪对峙,为忠、丰、石三县交界地,近年股匪出没其间,虽已扑灭,市境萧然。

第十九节 新建乡

新建乡在太和之西南,为县城南屏。出境山势高峻,为与崇德乡之分界,尖山子其最高峰也。龙河会合数支贯流其间,夏季水涨,可行小船。近年程、冉二匪盘据高镇羊渡溪,络绎百余里,肆行劫掠,乡人扼龙河严防,屡攻不克,上游赖以安全。

泥巴溪滨长江,为柴、米集散地。陆通兴隆、义顺各场。

双路口,一四七集,距城二十里,贸易多米、杂粮及牲畜。南岸边地入城者,多住宿于此。西三十里至莲花洞,道分二歧,一通梨子湾,一通大月坝,附近坦铺。进士李存周墓在焉。

马蝗冲,三六九集,南经锡福桥以达顺庆乡,与东之两汇口,俱为入黔、彭要道,贸易亦盛。

石佛场联络双路口、兴隆场,可通观音寺长坡岭一带,贸易颇多,布业特盛。

第二十节 顺庆乡

顺庆乡在新建之南,隔江与忠武直对。南接涪陵,多以山为界。溪流之大者有三,皆北入龙河,小者为佛子溪、白水溪、罗云溪,俱入大江。

波罗坝,俗呼包鸾,距城六十里,三六九集,本乡首场也。北连马蝗冲,西经亭子垭、朱家嘴而连长江。南经担子台以入涪境,道路四达,贸易亦盛。所制陶器、竹席,亦有名。乡立小学校在焉。

孙家营,二五八集,西北通锡福桥,南经竹子坝、厢坝以入涪境,故旅客往来极多。

黄沙坝在乡之东南,贸易亦盛。

第二十一节　崇德乡

崇德乡在顺庆之东,南界黔、彭、石柱诸县,西北连新建、太和,面积为十乡之冠。东南接顺庆,皆以峻岭为界,故全境皆山。龙河与其支流起伏山间,水势湍急。

观音寺滨龙河东岸,距城百四十里,一四七集,本乡首场也。出米佳而多。附近有乡立小学校。西通大月坝,越大柴垭以至莲花洞,东北之长坡岭,与石柱分界,产米尤佳。西南梨子塆,距城百四十里,在崇崖寨内。寨周围峭壁,径可六十里。南宾河及其支流环绕其下,形势殊险,可战可守者也。

都督村,位乡之极南,距城二百四十里,二五八集;东之龙庄坎,扼入彭咽喉,形势亦险。南之大界坡、西之花椒崖,皆要隘也。

第二十二节　义顺乡

义顺乡在崇德东北。东邻湖北利川县,西北两面俱与石柱犬牙相错,山势磅礴,矿产极富。溪流以龙河为大,洗脚溪则乌江之支也。

桥头坝在龙河北岸,距城三百二十里,二五八集,本乡首场也。团练颇著成效,故反正以来,未罹匪患。西南有大道通石柱,东经中坝场以至沙子关,入鄂之要道也。东北之黄连坝,以产药材著。

梨子坝西北通沙子关,东南经金铃坝以达黔江,实县东堂奥之地也。下塘坝距石柱城最近,其南三星伴月,复与长坡岭、三根树联络,俱丰、石交界地也。

黄河坝为乡东南之首场,界于石、彭、利川之交,亦边防要地也。

厢子石在乡之南,不舆本乡连接,而为黔、彭、石之分界,住民约三百户。

第三章 食货

第一节 户口

清初,流贼张献忠由陕入川,土匪乘机屠戮东川人民殆尽。我邑城乡数百里,迄无居人,户口全空矣。顺治十八年(1661),献贼殄灭,余贼亦为胡公平表擒杀。先民田宅,悉外省人移补,而湖广麻城人尤多。

时灰烬之余,土旷人稀。清廷命汤公濩来宰吾邑,全城皆瓦砾场。公草创衙署,招抚流亡,因地征赋,有一户即载一粮籍。粮籍之多寡即户口之多寡,按册了然,无烦再计。

其后人满地蹙,粮籍所不能载,通称民籍。民籍外,又分客籍、商籍、军籍,而户口盈缩无定矣。乾隆时,敕县报民数,册籍散失无考,据可考者列后:

咸丰四年(1854)报部一万八千五百七十户,男女七万三千九百三十丁口。

同治七年(1868)报部二万一千四百五十四户,男女八万二千五百五十五丁口。

光绪十九年(1893)报部二万七千九百三十五户,男女八万八千四百五十丁口。

宣统二年(1910)汇报九万一千一百户,男女四十一万丁口。

民国十五年(1926)汇报九万六千一百四十九户,男女四十七万四千六百九十八丁口。

第二节 田亩

清初分田地为上中下三等,共计十九万九千七百六十二亩。同治六年(1867),川督骆秉章奏定简章,全县田地平均计算,折合中田十五万四千一百零七亩,民国仍之。

第三节 气候

丰滨长江流域,气候温和,春夏雨水较多,冬无严寒,或终年无雪者。边境山地,异常凛冽,最高处有十月飞霜,冰可盈寸。三伏无酷热,入夜必用大被,侵晓早行,至见霜霰。

第四节 物产

物产丰富,百谷皆宜。长坡岭之米、蒋家沟之纸尤佳。榨菜为特产,运售宜汉、上海各埠,获利甚巨。漆与桐油亦常出口。花木亦多,果品随在。皆有药品,有黄连、天麻、厚朴、五倍子、黄檗等。动物家畜,外有獏、山羊、土貂、鹦鹉、吐绶鸡、桐花凤。矿物不饶,开采者仅煤、铁、石灰数处。江滨有淘金者,所出不多。工艺品包鸾之篾席、陶器,王家渡之锅,皆有名。麸醋、酱油,尤他县所不及。啤酒为民间常用品,味甘美,随时可饮,亦特产也。

第五节 赋税 附附加

国家正供,丁粮名义,最为正大。清康熙六年(1667),川省田地,统分上中下三等。雍正七年(1729),奉文丈量,我邑除籍田四亩九分不征外,上田四百五十七顷三十亩九分毫厘不计,下仿此,亩征银一分八厘四毫丝忽不计,下仿此;中田四百六十五顷三十三亩五厘八毫,亩征银一分六厘一毫;下田四百二十一顷八十九亩九分五毫,亩征银一分二厘;上地一百五十八顷三十六亩七分三毫,亩征银五厘六毫;中地二百七十四顷八十五亩一分,亩征银四厘九毫;下地一百九十八顷五十三亩二分,亩征银四厘二毫。合并积算田亩地亩共一万九千七百六十亩九分,岁额征银二千四百九十二两五钱一分二厘。遇闰加征银一百二十一两,加一五火耗,征解定后,永不再加。

雍乾嘉道以来,代有蠲免。同治六年(1867),川督骆秉章以田亩地亩参差不一,征银多寡相去悬殊,奏定简章,不分上中下,折合为中田十五万四千一百零七亩,亩征银一分六厘一毫,岁共征银二千四百九十二两五钱一分二厘。遇闰照摊银一百三十九两一钱九分六厘,加一五火耗,银三百七十三两八钱七分七厘,永为定章,赋不加增。

未几而捐输之名出矣,津贴之目出矣。捐输分新旧两项,旧捐输额,订岁征银一万一千六百两,为常年定例。新捐输无定额,岁约解银六千两。津贴之额,以丁粮正粮为准。

民国改用银币,取清旧名目,一律更易,以工粮为正赋,原额解银三千九百八十八两二分一厘。依银币扣算,百亩应征银二元六角二仙四星,以津贴捐输为副

税,年额征银三千八百零八十两,百亩征银二十元零三角一仙四星,外全年解费银三千四百八十六两八钱一分二厘,合计年实解银三万八千三百五十四两八钱三分三厘。近因军饷日急,连年预征,已垫解二十二年也。

团练局费,按亩加收钱二百四十文。留学贷费,按亩加收钱三十八文。实业局费,按亩加收钱三十文。县议参会费,按亩加收钱三十文。

第六节　杂税

盐课。向由商认销犍、蓬、射、水引四百五十八张。岁征羡截银三千四百八十四两六钱五分。光绪五年(1879),提归官运认销者指定岸口,先以保证押金入官,准其专岸独办。民国反正,并官运取消,无论官民,皆可贩运。

茶课。茶腹引百张,岁征羡截票息银七十两零一钱。现无商认销,课停。

鱼课。岁取银四钱四分。

田房契税。向非正供,今则按价征收,与丁粮无异。清初邑人契据白纸墨书,无所谓红契也。至嘉道时,始有红契之名,亦无所谓契税也。其后丁口渐繁,买卖田业者益多,官宰量其价格,值百税五,无定额,亦无解欵。契税最旺,一岁价格约四十万串,所谓契税,不下二万串,悉为县官津贴。光绪六年(1880)。始岁解银五百一十七两。二十一年(1895),续征解银一千二百两,旋又加征解银三千四百两,仍由官收解,羡余颇多。清末赵督奏设经征局,另派员收解。民国仍之,今每千征钱至九十七文也。

田房契税附加。省议会公告费,按价每千加收钱四文。县教育局中学费,按价每千加收钱九文。新加教育局中学费,按价每千加收钱三十文。县实业局公告费,按价每千加收钱三十九文。县警察局,按价每千加收钱八文。囚粮费,按价每千加收钱十文。征收局局用经费,按价每千加收钱九文四毫。教育局中资捐,按价每千加收钱二十九文。验契费每契征银一元二角,官契每张征库平银一两,推拨费按价每千收钱五文。

肉厘。光绪甲午之役,奉宪扎每只抽厘二百文,偿日本兵费。二十六年(1900),复奉扎加厘二百文,由征收局招商包办。缴局由局报解。民国十二年(1923),川督杨子惠以教育经费无几,将此项全数拨归教育厅,作教育经费,永为定额。而治属学堂林立,在在需款,除附加税外,经各法团议决,留三分之一作邑教育经费,附加列后。

高小学费,按只加收钱四百文。十乡学费,按只加收钱一百文。新加全县添设小学费,按只加收钱三百五十文。议事参事费,按只加收钱二百五十文。新加议事参事费,按只加收钱三百文。三费局每只加收钱一百文。招待去来兵费,按只加收钱三百文。警备费,按只加收钱二百文今年改拨团费。司法费,按只加收钱五十文。实业局,按只加收钱五十文。

禁烟查缉捐。岁约五千余担,担准千两,每担出口捐银三十六元。

乐捐。亦名入口捐,凡杂货、药材、烟油等类,按物贵贱纳捐,无定额。

护商捐。商船往来,沿江以兵护送,量物酬金,无定额。

烟酒公卖捐。烟酒非必用品,寓禁于征,亦戒奢之意。然邑人用之甚少,全年收入不及千元。

船捐。亦因巡查江面、御匪护商而设,抽收亦无定额。

第七节　钱币

铜币。旧制重一钱二分,径七分,面铸国号,背铸满文,中有方孔。由一而十而百而千,以索贯之,名曰一贯。咸丰季年,江南军事急,饷奇绌,兼铸当十大钱,径一寸二分,重一两二钱。后以重赘难行,遂废。光绪中叶,成都造当十当二十铜币,面铸省名,背铸龙文,无孔,民用称便。民国兵多饷浩,改造当百大钱,重六钱一分,大径寸,百物因之腾贵。近更铸当二百大钱,邑尚未通用。

银币。旧制通用生银,约铸十两为大锭,中锭半之,百货交通,以银为定位,而辅以铜钱。自中外通商,银币始出,初未盛行。今则各省遍铸,从前大锭,概不适用。

第八节　工商

县属金工、木工、石工、土工等,大都恃十指以谋升斗,故制造幼稚。近日石印照像、放大画像、镶牙补牙、修理钟表、机械织袜、机器缝纫、机器挂面,各工艺日益发明,业此者亦渐多。

商业。罂粟为出口大宗,榨菜、桐油、药材等次之,米、盐、糖、绵纱为入口大宗,杂货、烟酒等次之,其余列肆者,不过服食日用之品,交易往来,不甚繁盛。近日江滨建轮船码头,由江岸至中街,越郎家巷子直达后街,改建商业场,将来发达,可计日而待。

第九节　交通

水运便利。长江可行小汽船及帆船,惟险滩连绵,不易停泊。今日议建轮船码头,不为无见。陆路西北通垫江,舆马可行,尚称坦夷。东北入石柱,亦无道难之叹。惟东南一带,崎岖莫比,运输者除肩负外无他术。邮政设立有年,颇著成效。电政局多随军人转移,人民每感不便。

第四章　礼俗

第一节　婚礼

民国礼制馆新订新婚礼,凡议婚,以家长主之,纳采、问名、纳币、请期,俱用媒妁往来,两姓允可而后履行。至亲迎礼,吾邑无论贫富,必行之。惟富贵家迎亲,行奠雁礼,余通行四跪三叩礼。

第二节　丧祭礼

民国礼制馆新订新丧祭礼,凡家中有丧,衣衾棺木等事宜,称家之有无,亲友宜讣告。有服男女,可用旧式丧服礼服。男之左腕围以黑纱,女之胸际缀以黑纱结。吾邑丧礼,葬不逾期,葬之前一日,题主开吊,受亲友吊唁,或用挽联,或用帐彩。是夜,家奠设豕一、羊一,行三献礼,至期安葬。近有开追悼会者,无论男女,俱可前往,以其会多在公地也。

第三节　祀典礼

民国礼制馆颁祀孔典礼。每年春秋上丁日,合城官员,以太牢祀孔,行三献礼。春秋上戊日,官员以太牢祀关岳,仍行三献礼。其余先农坛、风云雷雨坛、龙神、城隍神、火神、崇圣祠、忠义祠、节孝祠、乡贤祠、名宦祠,俱有典礼,县知事以时致祭。

第四节　风俗

民性质朴,勤苦耐劳,重节操,守信义。近年留学省、国内外者,逐渐加多。民智发达,有一日千里之势。

俗多崇信鬼神,元旦然香烛于门外,谓之品烛。上元夜张社火,闹元宵,此十余日内,人民多创设龙灯狮子,唱秧歌、采茶歌,以供愉乐。二月初,建天子胜会,朝山进香者,络绎不绝,至整队拜跪,由道士唱导者,谓之烧拜香。泸渝各地,结伴买舟而来者,俗称娘子船。有进巨蜡者,清雍乾时可然一年。近犹大八九寸,然十余日不息。清明拜扫祖墓,端阳食角黍,悬蒲艾,饮雄黄酒,道家送朱符,贴堂中,竞渡龙舟,吊屈原,民皆休业一日。商人清账,作一度之结束。中元日祀先荐亡,寺观建盂兰会,中秋制月饼,设席玩月。商民休业结账,与端阳同。重九日登高。腊月八日,寺僧煮粥送民家,曰腊八粥。二十四日,用糖饼祀灶。除日祭天地祖宗,拜扫祖墓,然炮送腊。

第五章　兵防

第一节　明末清初之乱

明天启元年(1621),蔺贼奢崇明陷内江,围成都,其党樊龙、张彤据重庆,杀巡按徐可求,川中大震。时忠州判官胡平表在围城中,缒城徒跣,诣石柱土司秦良玉乞援,效包胥号泣,数日不食。良玉乃遣兄邦屏、侄翼明潜渡渝江,驻南坪关,阻贼归路。拱明袭两河,焚贼船,阻其东下。裨将秦永明分张旗帜山谷间,守护忠、万、丰、涪,贼不敢犯,邑得以全。

崇祯末,流寇张献忠入川。土匪乘机杀掠,城乡民房尽毁,平都山各庙,悉付一炬,惟五云楼独存。各乡坟墓,多被发掘。

清康熙十二年(1673)十二月,吴三桂僭号大周。次年正月,丰都陷。十九年(1680)八月,清兵复丰都。是月,总兵谭洪叛,丰都再陷。二十年(1681)正月,清兵克洪于百丈梁,重复丰都。

第二节　教匪之乱

嘉庆三年(1798),教匪冉文俦扰丰北境,邑武生胡星率乡勇却贼于邑之刘家峭,连捷于青冈垭、大垭口等处,复鏖战烟墩山、戴家沟、钟家沟、冠子山、梁礤碏一带,贼不敢逞。后驻营滩山坝,贼掩至,众寡不敌,星格杀数十人,力尽而死。

教匪之役,邑人徐永韬设策防御,侦知贼由间道趋城,请于官,率乡勇扼礵碑梁,与城犄角。贼逼西关,韬亲然巨炮,殪贼数人,贼知有备遁。是年十二月,贼张朝汉由丰入忠,沿途焚掠,损失甚巨。

咸丰七年(1857),巨匪蓝朝鼎由涪之珍溪入境,蹂躏永兴、社坛、滩山坝等处。三月初六日,破严家寨,烧民房数百家,死数百人。继围关圣寨,寨人以疑兵,殪贼数十人,贼遁。

第三节　发匪之乱

同治元年(1862),巨匪周跻子拥众万余,扰丰北岸。盐商曾康侯,邑绅王鹤亭、唐笙斋、冉萃云等,倡练万人团,御贼于箐口、北关等处,贼绕道入忠。

是年,石达开三路扰丰,一出羊渡溪,一出高家镇,一出波罗坝。邑绅傅世纶督团御贼高镇,力竭被擒,骂贼不屈,死事最烈。

贼既掠高镇,溯流而上,屯县南王家渡一带,连营百余里,隔江相望。曾康侯倾重资饷军,联邑绅率万人团昼夜防守,月余不懈。贼知有备,引众悉去。围涪,徐邦道突围击贼,涪围解,丰警亦平。

第四节　丰都反正

宣统三年(1911)秋,革命事烈,邻封次第反正。邑人虑客军入境糜烂,集绅议决,由本县自动组织,推前云南楚雄府知府郎承诜开临时军政分部兼县长,城厢五团,各练壮丁百名,资镇摄调遣。十月初三日,宣布独立,秩序井然。

第五节　洪宪之役

五年(1916),袁世凯僭号洪宪,滇督蔡锷反对,袁兵攻滇,取道四川,北兵纷纷入邑境。王维纲结涪陵警队响应蔡,欲据县城遮北兵。军至马虎垭、大池,警耗日亟。许知事长龄遂留北兵守城。二月十四日拂晓,维纲攻城,北兵不熟地利,溃败南海溪,城陷,许知事死之。

是役也,北兵死数十人,损失枪械亦多。维纲去,迁怒丰人,四面纵火围攻,烧毁千余家,死者百余人,全城精华悉尽。时县匪如毛、张、刘、龚、熊、杨等匪,假护国军名义,立匪棚数十百所,啸聚邑境,劫掠烧杀无虚日。富者徙入城,贫者露宿榛莽间,全境元气销耗尽也。

第六节　程冉二匪概略

十二年(1923)六月,程匪扑城,掳胡知事去邑人以一千五百元赎回。遂据城,四出劫掠,尝于双路口、马蝗冲、社坛等场集期,率匪党捉去约七八百人。初犹择肥而噬,非千元以上者不捉,继则数百元、数十元亦捉,甚至每到一方,以匪徒分守要隘,挨户尽人捉之,曰拦河网。曾有被捉十一人,以八元赎回,亦罕闻也。

程匪据城时,沿街拉捉,牵以长绳,如贯鱼然。日数十牵,牵且数十人,河内拉肥之船,日数载或十数载不等,丰人四出避难,络绎不绝。

冉匪啸聚高镇下游之蒲家场、龙窕庙、倒流水等处,尤以黄金台、土寨子一带为老巢,盖此处竹木蓊蔚,纵横数十里。居民多被胁从,受祸之烈,红河镇、羊渡溪、高镇而外,以高镇对岸孙家坝为最。

第七节　团练保甲

明编户四里:曰丰乐上里、丰乐下里、市郭里、南宾里,里各十甲。清康熙六年(1667),编户一里,统名安仁里。凡十二甲,北岸为一、二、三、四、五、六、七、八等甲,南岸为九、十、十一、十二等甲。惟十二甲幅员太广,分该甲为内外两甲,故或谓十三甲云。

向无团总名称,每保设保正一人。同治时,川督骆秉章令各县办保甲,清户口,发门牌,未几废弛。光绪二十年(1894),知县蒋履泰奉令各甲设置团总,位于保正之上。次年开办团练,练丁由十二甲保送,挑选一百名,委邑人邹世骐管带。练费由门户捐、烟灯捐、契底项下,每串抽钱八文支给。宣统元年(1909),裁练丁并入警察。宣统二年(1910),划分全县自治区域,改十二甲为十乡。北岸五乡,

曰仁寿、太平、安仁、忠武、忠义；南岸五乡，曰顺庆、崇德、新建、太和、义顺。合城区为一城十乡。

民国元年(1912)，奉民政长令办团练，设总、副长各一人，参议四人，练丁六十名，经费契底，每串加抽八文，猪厘每只加抽二百文。

民国三年(1914)，公布编制法，十家为牌，置牌长；十牌为甲，置甲长；五甲为保，置保董。每乡置团总。花户发给门牌，注明业主姓名、年岁、籍贯、男女、丁口总数、有无粮业枪械，取九家连坐结，经费就地筹款。

民国六年(1917)，颁团练章程。城设总局，举正、副局长各一人，自治区域设分局，正、副长各一人，场市设正、副分所长各一人，各乡团正直隶分局长。八年(1919)四月，省颁团练章程，专重门户练，设立团练局及各乡办事处。凡排甲长、团正属于团总，附郭者隶城厢团练局。

十一年(1922)四月，省颁团练大纲，以门户练治本，以常练治标，招练丁二百四十名，以三十名为一分队，三分队为一大队，两分队驻城中策应，余编两大队，各乡游击。

十四年(1925)七月，省令整顿门户练，颁发督练长员服务规则，设督练长一人，每区各设督练员一人。

十五年(1926)五月，省令整顿门户练，实行按户抽编。每甲编三分队，每队教练两月，毕业后每月会操三次，以租税捐谷购枪械，收租三十石者，购夹板枪一支，六十石者倍之，余仿此。各乡一律举行，复于悟惑寺开团练传习所，招学员二百余人。顺庆乡亦照办学员八十余人。

第八节　关隘形势

东关，治东五里，古佛崖畔，临小福溪口，溪东为青牛山。清嘉庆五年(1800)，典史章遇春筑以御贼，城郭人民赖以无恙。同治元年(1862)，邑人补修。

西关，治西三里，南北坛山麓，临洗脚溪口，溪西土阜对峙，俗呼茋坡嘴，与东关同时修。

北关，治北八里，内俯近城诸山，外临峭壁，环以深涧，涧外远山绵亘，层叠如屏。同治元年(1862)修。

猫儿关,北关山梁东,邑人筑以防山谷小径者。

宋家垭口石卡,北关山梁,微凹可径。清咸丰三年(1853)邑人筑石防之。

第九节　县城形势

面临长江,背负群山,平都在其东,五鱼在其北。鹿鸣、双桂在其西,而双桂特峙,右挈南北坛山。微凹处为彭家垭口,有径宜防。自双桂峰背蜿蜒而北,更上七里许,石峰巉起,峭峙千寻,俗呼老鸦坡,北关在焉。外绕涧壑,山梁环匝如堵墙,回望近城诸山,尽归眼底。缘山梁而东,石径高低,越猫儿关约八里许,为东关。缘山梁而西,迤逦渐下,绕出西关外为茈坡岭。顶铜罐庙、茈坡嘴,可与西关掎角,故附城要隘,此关第一,以其地高,可应东西也。

第十节　北岸近隘

立石镇,距城三十里,位华峰寨西,当丰、涪之交,依山扼水,为江防要地。

界牌垭,距城三十里,当华峰、崇福两寨之间,地势高峻,通丰、涪要道宜防。

马虎垭,距城四十里,高据山梁,为丰、垫通衢,与界牌垭遥对,号音可达,亦要隘也。

烟墩山,距城五十里,亦丰、垫要冲。沿山而上,最高处曰鹦鹉崖,目光可达数百里,不惟险而可守,亦瞭望最善之地。

关口,距城四十五里,治北奥区也。仁寿、太平、安仁三乡后段入城必经之路,梁、垫入丰,亦取道于此,故近年为兵家所注重。大柏树距城四十里,为忠、丰孔道必防之地。

溜沙坡,距城三十里,扼忠、丰水道,亦江防要地。

第十一节　北岸远隘

金庄山,治西五十里,近永兴场,通涪陵百汇场,大路宜设防。

大石庙、林家庙两地,不足言隘,然当涪陵珍溪入境孔道,不可不防。

箐口,山岭高耸,形势最险,路通鹤游坪,宜重视之。

大地垭、寨子垭、青冈垭,俱布列于金佛山巅,与箐口声气相通,而青冈垭通丰、垫,大路尤宜严守。

寨子岭、栏马坎、刘家哨、大成寨,俱依山设险,联络一气,可以防西北一带。

李家寺有大道,通忠、垫,为我邑边境繁盛之场,亦布防要区也。

董家场、太平场,俱与忠县接壤,道路四达,亦边防要地。

嵌口、石佛子,俱仁寿乡东境要隘,当忠、丰之交,形势最险,宜防。

十字路,距城七十里,在贾郭山东,依山为险,扼忠、丰要冲,必防之地。

濯溪口,距城七十里,滨大江,为忠、丰交界地,防江者不可忽焉。

第十二节 南岸近隘

治南近隘,自大坪山脉横亘中央,地跨太和、新建、崇德、顺庆四乡,成天然要隘。

横梁子,属太和乡,距治九十里,当丰、石孔道,为高镇后方屏蔽,最宜重视。

梯子崖,属崇德乡,距治百里,为大月坝、长坡岭、观音寺入城要道。两旁山高百余丈,中宽仅丈余,与高领、双路口有密切关系。

硝洞湾,为新建、崇德两乡交界地,山极高峻,登此则观音寺、大月坝、崇崖等处在望,最险处真天堑也。

九溪沟,距治六十里,为新建极南地,交崇德乡界,由溪陡壁上山顶约十五里,其险可知。

古佛洞,属顺庆乡,距治七十里,地势险要,为黄沙坝、新建场等处通孙家营、波罗坝大道,并与锡福桥、两汇口有安危关系。

青冈垭,为大坪山分脉,由尖山子绵延至上渡口,青冈垭即在其上,亦要区也。

黑石梁,据治西上游,与观音滩对岸,江面至此极狭,滩凶水恶,江防重镇也。

第十三节 南岸远隘

桥堂及鱼腹渡,距治百五十里,为长坡岭,通大月坝、小月坝要路,据龙河上游,天然险地。前魏部溃退长坡岭、观音寺一带,不能越大、小月坝一步,皆恃二地之险。

太平坝,属崇德乡,距治二百六十里。地为高原,左带贺家湾之险,右据鸡公岭之雄,边寨重镇也。

都督村,属崇德乡,距治二百九十里,为彭水及涪陵桐子山各处交易中心点,贸易之盛,与观音寺垺。右方要隘龙庄坎至花地塘等处,可通小河。左方要隘花椒崖、桐子山、仓沟等处,亦通小河,据涪陵上游,地处边境,本地人图自护,团练甚属整顿。

花倩子,属崇德乡,距治百四十里,通桐子山、狗子水、仓沟各地,路亦甚险要。

猪捲门,属顺庆乡,距治二百里,由厢坝入口至出口处,中约二十余里,尽山峡,无居人,行人至此戒惧。

分水岭,属顺庆乡,距治百十里。亦甚高险,通担子台、波罗等场,最宜防守。

亭子垭,属顺庆乡,距治四十五里。罗云坝及波罗坝往来咽喉,并为治南上游江防屏蔽。

第六章 杂异

第一节 灾异

宋淳熙十三年(1186)七夕,平都山顶阴长生丹井五色云见,群鹿驯集。

绍兴二年(1132)旱,十年彗星见参度。

明嘉靖七年(1528)大旱。万历二年(1574)蝻虫生,禾根如刈。崇祯十七年(1644),日中有赤气数道,下丰上锐,自东指西,长竟天,经年乃灭。

清康熙十一年(1672)大水。十六年(1677)二月二日申时,有星自西南来,陨于平都山后,其声如雷,火光数十丈,照耀数里。十九年(1680)七月,蚩尤旗见于西方。二十三年(1684)大旱。二十五年(1686)六月十一日,五色云见平都山顶。

乾隆五十三年(1788)六月,江水涨入城,溢于屋。嘉庆十五、(十)六、(十)七年(1810—1812年),均大旱。咸丰九年(1859)五月,江涨溢城,舟行于市。同治九年(1870)大水,全城淹没无存。

道光四年(1824)大火,延县署东科房文卷尽毁。同治三年(1864)十一月朔,甘露降波罗场树间。

光绪四年(1878)六月五日,天初暝,黄云四塞,大风雨雹,城中屋瓦皆飞。五年(1879)迎春节,大火,观者争逃,挤毙数十人。六年(1880)二月十二夜地震,有赤星如日,由双桂山坠平山东。八年(1882)七月,蚩尤旗见东南方,星大如月,光长三丈许。十年(1884)彗星见。十二年(1886)大旱。十六年(1890)大雨雹。二十二年(1896)淫雨经秋,谷尽霉黑。二十三年(1897)秋冬间,乡中豺食幼童。

民国三年(1914)四月,大风雨雹,秋大旱。六、七年(1917—1918年)间,桐李树枝变刀矛形,刀柄宛然。十四年(1925)四月十二将晚星大如月,光如电,殷殷若雷声。冬月大雷电。

玉格丰都稻名重思米,如石榴子稍大,味如菱真,诰丰都山有稻名重思,亦以上献仙官,杜琼作赋曰:"霏霏春暮,翠矣重思。云气交披,嘉谷应时。"

第二节 仙释

王方平名远,前汉中散大夫,弃官学仙,隐于太尉陈耽家尸解,避地平都山。魏青龙初,道成蒸黄土数十甑,以丹药洒之,尽成黄金,有五色云裂地而出,捧足仙去。杜成《神仙传》称总真真人。

阴长生,新野人,汉和帝后之曾祖,不好荣仕,从马明生得度世法,相携入青城山。丹成,著书九篇,以延光元年(122)于平都山白日飞天。

麻姑姓廖名飞琼,江西建昌人。魏青龙某年七夕,访王方平过平都,有诗曰:"王子得仙月满台,玉箫清转鹤徘徊。一声飞过不知处,山上碧桃花自开。"故平山后有仙姑崖。

尔朱仙,唐僖懿间落魄成都市,取白石投江中,众莫识。后自果至,合卖药于市,价十二万。刺史招问其值,更增十倍,怒其反复,醉以酒沉之江,流至涪陵,渔人白姓名石者,举网得之,击磬方醒。相携至平都山修炼,后乘白鹤仙去,故涪陵有白鹤滩,丰都仙观亦称白鹤。

丰都道士,隐雪峰山,一日集道友曰:"吾化矣。大道坦然,皎如日月,虽由人宏,岂随人往?诸生宜遵道而行,无半途而废。"偈曰:"朴庵寄住有年,东西南北依然。里面浑无一物,只有玄文数篇。今日草茅朽腐,须要改换栋椽。眼底风波太恶,不容久住山巅。选得幽居去处,和区移上六天。"端坐而逝。道士,丰都人也。

别中,湖北贡生,披剃于邑之金盘寺,苦修行,创寺观极多。示寂日而陕西汉中府洋县李公盘即于是日生。公生之夕,其母梦一僧人入门,授以金盘,故名盘。后筮仕四川,权丰篆,因公至金盘寺,恍然旧迹重游,公殆别中之后身非欤？邑令张绍龄为记载县志。

第三节　隐逸

杨维新,字五湖,丰人。明崇祯甲申(1644)拔贡,以文章意气自豪。张献忠乱蜀,陆沈阁部王应雄讨贼,考拔人才,见五湖负才名,授瓮安令,未仕。明鼎革,筑宝字庐三间,因石为磊园,终日琴诗啸歌自得。清初,总制李公题叙,坚卧不出。

曾从周,有卓识,隐居不求闻达,人以逸民称之。

秦茂林,隐居自乐,以礼齐家,乡里称善人。卒年八十余。

第四节　流寓

欧阳某,江西人,发配来丰,人莫知其能文也。时邑宰方公宗敬修苏祠落成,拟联有"定是香山老居士"之句,苦无成语属对。某以"俨然天竺古先生"对之,方大悦,优礼之。邑人多与倡酬,今犹传其一律云:"半学参禅半学仙,半间矮屋恰平肩。深深花锁三弓地,小小门吞一角天。疏竹绿从墙背后,好山青到枕头边。此身以外无长物,架上琴书壁上笺。"后遇赦归。

第七章　人物

第一节　循良

彭修,字慎斋,湖北进士,署丰篆,重儒术,折狱如神。尝有乡农被控,役奉票至伊家,农先出,因循数日,归途遇农,役示以票。农曰:"事诚有之,案已结也。"役妄之,相将至衙,果审结。役枵腹瞪目,无从责偿,闻者绝倒。又有姑虐其妇者,邻生不平,匿之,置乌江滨,联名控姑鞭妇投水,证以鸟。修立审姑曰:"责或有之？"谓逼之死。良不忍,生请械姑。修曰:"岂有情急觅死？尚暇解鸟耶？"第令寻觅。未几,妇果自生家出。姑送审。修先讯生曰:"我固知若不死,汝怜妇荼

毒,我怜汝愚暗。"薄责使去。谕姑曰:"人为汝受责,汝须改行。"姑言知悔,偕妇归无间。修折狱多类此。去之日,祖饯之盛,罕有伦比。

汪如练,字漱白,江西进士。权丰篆,捐千余金新苏祠,月课生童制义、词章两次,优给膏火。课之次日,率生童前十六人,集苏祠饮宴,分韵联吟,宏奖风流,极一时之盛。去之日,不名一钱,邑人赋诗祖饯,有"对客毫无官气象,临民常有佛心肠"之句,其惠爱士民,持身廉正,可想见也。

许长龄,字石生,江苏举人。清季任蜀双流、梓桐等县知县。国变欲归,乏资。民国五年(1916),署邑知事,治事廉勤。时洪宪改制,护国军侵蜀,北兵进援,次第过丰。党人引王维纲军屯大池,扬言据城,以遮援军。许遂留北兵守城。二月十四日,北兵出南海溪,纲间道至新城,凭堞俯击,北兵败,城陷。纲入署,许见不屈,遂见杀。今天官门右即殉难处,犹有遗迹,阴雨益显。

李映芳,字桂五,阆中人,性抗直。民国十三年(1924)宰吾邑,自奉薄而勤于治,尤善折狱,判无不服。以军饷烦苛忤驻军,迫索不应,胁以兵,亦不动,抵死力争,几以身殉。邑人感泣,任不满三月,卸篆去,走送者以万计,茗果屏帐,填街拥巷。近年钱官,以此为最。

第二节 孝友

李嗣靖,明季解元李如星次子。张献忠将孙可望疾如星不为己用,遣贼杀之。靖请代,不从,以身护父,手臂迎刃皆断,抱父同死。

孙文珒,文生孙学沣之父,性友爱。弟文映夫妇早殁,遗子学灏甫四岁,珒抚如己出。嘉庆教匪之乱,负侄及子走避,艰苦备尝。后积巨资,与侄均分,更让己宅与侄,至今称之。

高廷玉,业医,善事继母,供异母弟增读、增入邑庠食饩,旷达不治生产。玉虽屡空,必使弟裕如。后弟殁,益厚遇其子,不令析炊。

郑荣发,事母至孝,年七十不稍懈。同治初,发逆突至,母年九十,病笃,家人皆逃。发与老仆留侍不去。贼悬发索资不获,以刀砍其颈,未殊创甚,贼退。仆解救复苏,仍侍母不去。贼又至,倒悬如前。仆哀乞以身代,贼义释之,母子竟无恙。

李正英,家贫,性笃孝。父在伦生五子,独英佣工养亲。同治初,周逆扰境,母易氏适病,家人皆逃,英守不去。贼至,悯其孝,不掳。逾三日母死,贼与一棺,不受,贼亦不害。

王绶,字印川,邑举人。兄绰为邑宰构陷成狱,趣解省对簿,绝家族通问。欲道毙之以灭口,绶锐身急难,茧足行千里,匿姓名为佣保,手调羹汤以进。卒阻狡谋,嗣大府白其冤,邑宰被劾去,人咸快之。

李淑河,性友爱。发逆之乱,与弟春圃俱被执。河请留释弟,贼果释圃。执河至綦县,始脱俘。团甲复执交县宰,河备呈遇贼状,释令归。

朱人灿,字符亮,性孝友。幼随父馆读,年十四失怙,即继父馆训课,有疑义辄就老宿请益,卒为名师。与弟人理先后成名,门下多所造就。善事孀母,老而弥笃。

第三节　烈女、烈妇

杨烈女之父元科,民国十四年(1925)匪四起,女闻告父曰:"我家距城远,缓急无可恃,盍早避之。"弗听,女退而泣曰:"天乎!殆不欲全我父子乎!"盖逆知其必死也,于是磨铁为矛,贮灰瓦罐为弹,堆置楼隅,为自卫计,无何。贼夜暴至,火光穿帐。女惊起,急扶父登楼,捐其梯,以身捍父。贼远,掷灰弹击之,近以矛刺之,中伤数人。贼怒并攻,女知事不可为,毁壁使父遁,反身抵敌,而一弹飞来,中其要害,女立毙。贼搜元科不获,散去。

秦烈女,年十余,甲子秋偕母入城,道经小福溪,溪水盛涨,母失足堕水,女冲波号救,与母偕死。

陈烈妇,谭廷盛妻。归盛八年,盛殁,媒妁踵至,咸却之。家贫,以针黹供祖母甘旨十年。祖母殁,拮据营葬,唁之者申前议,妇闻零涕。会中元,设馔荐夫于寝,集两姓亲属饮宴。午后携楮帛,偕邻哑女到溪边焚化,投江而死。亲属雇渔网出之,衣履不紊,而貌如生。

邹蒋氏,邹大贵妻。同治初,避发逆于严家寨。三月六日寨破,氏见贼势汹涌,恐罹害,抱二岁子,投火焚死。

秦彭氏,二十五岁寡,无子。匪突至,兄嫂弃三岁儿逃。氏冒险负儿匿麻丛

中,卒能两全,人咸称之。

秦谭氏,秦先镛聘妻也,未字时,人欲污之,不从死。清道光时建坊金家坪,题曰"至性常存"。

张李氏,张金陵妻。金陵病故,氏悲号,仰药以殉。

第四节 忠义

李如星,字井仙,崇祯壬午(1642)解元。负不羁才,甲申(1644)后,贼将孙可望欲罗致之,执至涪陵,不屈,为伪将军张启所杀,从祀忠义祠。

陈鼎祚,字方壶,杨凌云,字台贞,俱邑贡生,一任内江县教谕,一任蓬溪县教谕。流贼陷城,均死之。同祀忠义祠。

熊应凤,字碧山。顺治初,从定南将军下浙,留守温州,以功升碧石营游击。戊戌(1658),海寇犯郡,围攻半月,城陷战死。赠副将,赐祭葬,荫其子天琳世职注卫籍。祀忠义祠。

熊天琳,字玉立,袭父荫,食禄温州卫。耿精忠反,清师南下,遣天琳谕降,为伪将曾养性所杀。赠游击,从祀忠义祠。

胡星,武生。嘉庆三年(1798),教匪警,星率乡勇却贼于邑之刘家哨,复连捷于青冈垭、大垭口等处,擢千总,后驻营摊山坝,贼掩至,军单不敌,死之,祀昭忠祠。

王子德,字之敬,涪陵滥坝场人,任顺庆乡教练。适黄湛何各巨匪立边棚十余于林家庙一带,涪陵知事函约会剿,邑知事余仑光令之敬前往。匪闻远扬,清获匪拉绅士十余人,匪枪一支,马一匹。守候数日,涪军失期不至,乃买舟回丰,至汤圆石,突遇匪徒百余人,拦江截击,激战三小时,舟沉死之。

第五节 文学

林明俊,字位旃,慷慨有大志,工文辞。明季蜀乱,阁部王应熊承制讨贼,荐其才,授兵部主事,迁贵州驿盐副使。明亡,清授副史,卧病不出,后举鸿博,复不就。隐居三十余年,著有《澹远堂文集》《巴字园诗集》《梧桐居近集》行世。子坚,本举人,能世其家学。

易简，字位中，号半山，翰林院编修。淡于仕进，解组归，闭户读书，不慕荣势。晚年主讲锦江书院，造士甚众。著有诗文集藏家。子龙图，举人，甘肃敦煌县知县。

王雅言，邑诸生，工诗，有《唾余集》。性（鲠）介①，家酷贫。会岁暮，客有谈吕蒙正祀灶事者，言曰："我贫亦若此，但不屑祀灶耳。"适盐鹾曾康侯在座，慰之曰："君无忧，我有屠苏之资，助君东风一醉，何如言？"艴然曰："尔善贾，岂欲贾人廉节耶？"拂袖去。其清介类如此。

郎官勤，工画蟹，尺幅珍于拱璧。其孙霁岚画山水绝佳，直入三王之室。尝至京馆松尚书祝山家，优以上宾。因中寒，服上药不起，京朝达贵执绋走送者数百人，颇极荣哀之至云。

第六节　宦绩

杨大荣，字崇仁，明天顺丁丑（1457）进士。由大理评事擢江西按察司佥事，擒宁县巨盗罗万钰等七十一人，余党扰南昌，又捕获之。性明决，不畏强御，冤抑多得昭雪。九江指挥李贵瞒百户田春御史，煅炼成狱。荣为疏，白其冤。后为当道所忌，引退，卒于家，年七十二。祀乡贤祠。

杨孟瑛，字温甫，号平山大荣子也。明成化丁未（1487）进士，授户部主事。丁艰服阕，改刑部升员外郎，旋擢云南司郎中。云南为刑部剧署，司统邦圻，法恒挠于势。妇有戕夫者，权贵为之地，积岁不能决。瑛至，正其辜。京兆府属官贪赃败露，欲怙求出罪，卒显黜之。一戚畹夺民田，有司不敢问，瑛取归之民。出守杭州，值岁祲，欠赋十三万四千八百余石，瑛疏争蠲十五。次年复旱，诏以淮阳盐课银赈荒，而其半未至。瑛以赃罚银充之，复增筑廒六十楹，发郡币籴诸民间，前后得粟七十万石以备荒，他郡莫及。西湖浚于苏公，且四百年多为豪右侵占。瑛以重浚请报，可。不半岁而功讫，六桥烟水，悉还旧观，而上下塘数千顷田，无旱叹忧。其他正邮传之役，定贡物之舟，剔税务药局积弊，修太学生徐应镳墓，建苏公、白乐天、林和靖三贤祠，作新宫，并祀李泌，自为记与歌辞，以迎送神，政事文章，类此者不胜记载。卒，祀乡贤祠。

---

① "介"字前脱文为"鲠"，据民国《丰都县志》卷十四《人物志·文学》补。

曾友伋,字同甫,乾隆甲子(1744)举人。任河南登封县,勤于课士,文风丕变。岁饥赈济,全活甚众。戊戌(1778)大旱,步祷嵩岳,雨立沛,民获有秋。再任广东琼山,值洋盗滋事,设方略,擒其渠魁。擢德庆州牧。子一元,以例贡官广西融县,亦著政声。

傅世纶,号翰仙,咸丰辛卯[①]举于乡。时白莲教匪窜石柱倡乱,纶勒乡兵歼之,以功叙知县。己未(1859)成进士,适粤贼踞金陵,其党石达开率悍贼扰川,纶奉命回川练团,督乡勇屯高镇,石贼循乌江袭涪,纶遣所募兵会官军,大破贼于武隆之羊角碛。捷闻,加员外郎衔,以道员用。壬戌年(1862)正月,石贼掠石柱,纶分兵守各隘口,贼间道出羊渡溪,沿江上,高镇谍闻,纶惊,出布阵,贼蜂集,急令裨将傅朝喜率数骑挟矢立大溪口,要而射之。贼张左右翼直薄高镇,朝喜矢尽,泅水去。纶以寡众不敌被擒,骂贼不屈,焚死。

徐昌绪,字琴舫,道光己酉(1849)拔贡,朝考授户部小京官。咸丰壬子(1852)举顺天乡试。丙辰(1856)成进士,授编修,奉命出办山东团练,以军饷不给辞归京。道出德州,见僧亲王军无粮,将溃,急驰京,告大学士文祥,发帑调济,军始集。未几英兵入京,文宗幸热河,与英议和,久不决。绪侦知敌情,立草伪檄,言通州起义兵勤王,将大至也。英兵大骇,和议遂成。后以终养假,归长东川书院,终老焉。

郎承谟,号定斋,光绪壬辰(1892)翰林院庶吉士。次年散馆,请改外官,以知州,分发贵州补正安州知州。善听讼,不用刑讯,号曰神君。设书院,以经义课士,文风丕变。调署遵义县,亦如治正安。常会课,选刻课录,其后通籍者,强半皆录中人。温水教匪起,抚之。丙妹夷变,剿之,以功擢知府,调黎平府知府。适云南达字军过黎平哗变,戒管带,贷金散给,罪为首者。疏闻以道员用,调平越州知州,政声益著,令署大定府,未上。丁艰回籍,值国变,筑楼莳花,不复出。

郎承诜,字尔宜,由廪生纳粟,授知县,分发云南。善决狱,凡疑难案,折以数语,情伪立揭。令权恩安县篆,未赴,调沾益州知州。任满,改知府。尝权永昌、东川、丽江、澄江诸府知府。诫僚属,治狱无假刑威。永昌土司承袭例馈府官三千金,却之。澄江教民恃法教士左袒,横甚,而领事宋茀喜偏听,因案要挟。诜据

[①] 咸丰无辛卯年,原文如是。

公法申论邦交,按律治之,勿偏勿纵。三点会匪倡乱抚之。会勘蒙自铁道,道经野人山,有生番飞蝗瘴气诸患,诜往,卒无恙。补授楚雄府知府,调迤西道,途次丁母艰,回籍。国变,邑人举县知事,政绩卓著。期年任满,邑人立纪念亭记之。家居城西,不复出。凡驻军知事来谒,必有所规益,阴以福利于桑梓,年五十五卒。

第七节　武勋

杨大递,军功,康熙四十二年(1703),剿奢贼有功,擢大昌知县。

傅朝喜,邑人,善拳勇。同治初,发逆石达开突逼高镇,喜持长刃,腰弓矢,与其徒张凌富伏隘御之。贼前队数骑至,跃起斩一人,夺其马,过隘射殪数人。贼队继至,喜与富凭隘并射,贼稍却,镇人得乘间逃者甚多。继侦知势孤,队麇集,喜富矢亦尽,趋江而泅,贼追及,以长矛伤其股。泅至中流,遇救免。

邹世麒,字青山,同治初投效黄军门部下,击贼有功,给军功牌。四年(1865),拨陕甘将军穆图善调遣,克复陕甘各府川县。先后百余战,记功七十余次。由外委把总、千总,守备都司,保升游击,赏戴三品花翎。陕甘总督左宗棠调归宁夏府兵备道节制,旋调回籍,创办团练。

徐其中,字如山,智而好武,闻洪、杨窃据金陵,捻匪复出没江淮间,即纠健儿数十辈,诣川营都统卢泰投效,泰称为将才。随攻汉阳,炮伤太阳左穴,裹创厉战,卒克汉阳,复武昌。旋奉李帅孟群调复霍山县,警报固始围,急不解甲往援,匹马冲锋,夺纛而舞,固始围解。霍山自卢去,城复陷,山还军攻之城,立复。卢大悦,令管带肃清营,时积功已升游击也,山益奋。尾贼至藕塘,一战全胜,晋参将,并给巴图鲁勇号,封侯可立待也。山念母切,假归年余。蓝逆据绵竹,川督调山督中副两营进攻,蓝窜夔、巫。事平,署绥定守备,题补成都石营,复委夔协左营,清蓝逆余孽。适鲍春霆调夔兵,协剿捻匪。山入鲍营,就营务处,赞助尤多。凯归,任成都石营,补太平游击十余年。解组归,著《从军纪略》四卷,待刊。

第八节　义行

李彰鹊,监生,饬行好义,重修学宫,捐款立种福会,置义冢,修男女丐所,施棺拯溺,至老不倦。

高国斌,监生,性慷慨。道光丙戌(1826)迄己丑(1829),岁连饥,疾疫并作,斌出粟赈济,全活甚众。尝捐己田作义冢,以巨资贷贫乏,折券弃责,至今犹称其义。

刘寿彭,邑贡生,以礼化其宗族,无讼争。偶见邑宰,必言民生疾苦,多所补救。喜培植寒士,邑之宾兴卷局、善堂诸善举,皆竭力赞成。同治庚午(1870)大水,彭时在渝,亟请于巡,使冒暑冲波,护粮归赈。水退,疫大作,彭精岐黄,倾囊出己资,按症和药,全活无算。

傅秉敬,素知医,尝设济医院,岁助巨金,二十年不吝。庚子(1840),邑大饥,捐三千金,购米办赈米,尽复,捐千余金济之。癸卯(1843)夏,携汇票至渝,与某号雇工余二同寓,余被窃,失二百金,情急自缢,店主救之苏。敬得其情,解囊如数付之。继至合州,值大饥,见粥厂待哺者众,即送千金,书无名氏捐助。随移别寓,其好义如此。

秦善之,武生,性刚介,昆仲五,独力养亲,捐金急兄难。同治初,石逆扰丰,督办团练,修太平、人和、清平三寨,乡人赖以保全。邑令田因粮,逼民围城,片语解纷。创宾兴,修考棚,筑新城,置鹿鸣寺灯田,人尤称之。

张煦斋,幼孤,守慈训,学业有成。设帐廿余年,诲人不倦。好施与乡里,贫不能养葬婚嫁者,必厚资助之。晚以观音桥侧田岁租十石,古家山田岁租二十余石,舍作善举。

第九节 寿耆

李方鉴,年百零四岁,道光二十九年(1849)详报。

廖家琬妻郑氏,百岁,嘉庆十四年(1809)请旌,给"庆衍期颐"匾额,银八两,缎一匹。

徐贤书,百岁,道光元年(1821)详报。

敖琼妻甘氏,百岁,道光十八年(1838)请旌建坊。

秦仕学妻冉氏,百岁,道光二十三年(1843)详报。

冉志清,百岁,道光二十五年(1845)详报。

鲁洪玺同妻唐氏,均百岁,五世同堂,咸丰五年(1855)详报。

苏福升,百岁,咸丰十一年(1861)详报。

郎学仁,百岁,五世同堂,同治元年(1862)详报。

郎茂术,百岁,同治四年(1865)详报。

李若兰,增生,咸丰戊午(1858)科,以耆寿恩赐副榜。

余怀芳,庠生,以耆寿恩赐举人。

王廷春,庠生,以耆寿恩赐举人。

周凤鸣,庠生,己丑恩科,以耆寿恩赐举人。

杨云程,庠生,己丑恩科,以耆寿恩赐举人。

戴金喜,百零五岁。方百岁时,杨师长赠银五十元,亲往寿焉。

廖应常,百零三岁,子青芝,邑岁贡生。

谭裕与妻李氏,百零二岁。

徐万喜,百零二岁。

张洪范妻杨氏,百零一岁。

谭文宗,百岁,贡生。谭士正父也。兄文升,年亦百岁,乡人荣之。

谭朝贵妻李氏,百岁。

隆大昭妻陈彭氏,均百岁。

刘汉,百岁。

赵先惠,百岁。

第十节　旌节

杨氏,明举人黄洵之妻,守节不茹荤酒。鬻其纺绩,建世祀庵祀父母翁姑。云南巡抚刘世会为之记。

古氏,举人古养浩之女、文生杨同春之妻。生女夫殁,奉舅姑及夫柩,葬鹿山下,筑室墓前,祝发为尼数十年,亲邻罕睹其面。古心为之记。

杨氏。杨同春之女、余化甫之妻。夫殁,与古氏母祝发为尼于鹿山下。母名劲竹,氏名寒雪,名其庵曰"竹雪古心",为作《双节歌》。

戴氏,孙之永妻,年十八夫殁,矢志守义,有强暴欲夺之,氏度难与争,自经死。邑宰王廷献表其墓,并旌其门曰"穷乡奇烈。"

庞氏，苏巨卿妻。夫死守志，有陈元魁者，纠众强娶，坠舆死。

秦氏，余仁普妻也。普死无子，氏矢志不二。翁悯其无依，欲嫁之。会小姑许字，疑为己受聘，携七岁女投水死。

陈氏，徐世福妻。清嘉庆教匪之乱，遇贼于蒲池坝，欲犯之，骂贼死。

徐氏，儒士会时泰妻。教匪之乱，携幼女避于滩山坝，被掳，骂贼死。

谭氏，熊学鲁之妻。教匪之乱，避贼狮子寨。寨破，赚贼刀杀贼，伤其项，为众贼杀。

夏氏，湛在畿妻。少寡，族人欲夺其志，乃携诸子依母家，纺织课读，抚子及孙。后孙露淳中嘉庆癸酉（1813）举人，人以为节孝之报。

谭氏，冯思皇妻，年廿六寡。子甫二龄，翁姑怜其少且贫，劝改适，氏坚守不渝。

冉氏，冯乃骅妻，年十八寡，仅一子。夫病革自缢，姑救免。夫卒，又求死。姑谕以身老子幼，氏隐忍以生。事姑抚叔及子，孝爱兼至。无何子又死，且贫，以纺绩养姑终老焉。

刘氏，郑文志妻，刘仙桃女。同治元年（1862），石逆近，逼投潭水。贼追及，氏奋臂拉贼堕水，与贼俱毙，数日尸浮，犹牢握贼发，爪透于拳。邑人作诗哀之。

秦氏，杨登杰妻。同治元年（1862），石逆突至，匿丛林中，被搜，骂益厉，贼磔之。

郑氏，秦文统妻。发逆至，避不及，绐请入内迁贿，潜溺于塘，被贼捞出，已毙。

湛氏，朱圣宫妻，年二十夫殁，家酷贫，夜间燃榕叶纺绵，抚孤成立。

甘氏，张奇昭妻，同治发逆之乱，以姑目瞽不去。贼至，迫胁不辱死。

徐三姑，徐正林之女，年十四汲于井，邻人欲污之，救免，自缢。邑宰王廷献请旌。

杜大姑，杜奇明之女，嘉庆教匪之乱，殉难而死。

李二姑，广东巡检李如芳女。幼字向云鹤，早殁。母彭氏，欲复字他人，姑悲泣以死。

梁姑，梁永亮女。偶与无服族兄辩《论语》衰，自缢。

王五姑,增生王正极女。幼字沈凤三,未婚病殁。姑奔丧守节,屡缢获救。

江烈女,江正坤之女。同治元年(1862),遇贼投溪,不得溺。骂之,被矛刺死。

萧二姑,萧节旋之女。同治元年(1862)贼掠去,欲犯之,骂贼不辱死。

曾烈女,同治元年(1862)贼至,避丛莽中,为贼窥,逼使偕行,骂贼被杀。

第八章 艺文

第一节 文

甲辰扫墓记

林明俊

俊为儿时,随先府至墓下尾拜,起来既奠。先府君命子弟扶长老有服者,次序列坐其处,举酒尽欢,爱长老,戒幼少,敢有蹈于非,勿使近墓辱先人,子弟好修而贤也多,饮之吾门笃俗,期勿陨先训,拜扫勿斁。如此今老矣,幸得生还,睹旷然一抔土而已,富贵何足羡,于兹独有感也。感而有言,详吾之所出矣。言之而有不及亲尽,故也。

林之籍于丰,前自闽入蜀,姑不记。自六世祖文振公在丰以岁进士,官武昌二郡,赠奉政大夫,传至明俊,皆力耕读书。既无车马赫奕,婢妾靓丽,荡惑乡里,亦无官爵货力,动摇府县。凡亲未尽,与亲既尽,子姓颇敦尚礼让,崇励廉节,无敢有胥官吏者、走讼者、安乡宄者,矫诈修饰言语,欺罔君子,与夫乱俗者。由今思昔,犹近古之道。

甲申一变,祸乱踵于蜀,献贼贼其半,姚黄贼其半,乱兵贼其半。蜀亡而渝随之,林族子姓千余,室无有存者,余幸领乙酉辱征辟,滥入官路,携从弟明佑、明伟、明倬,暨儿坚本、侄约有七八人于外,幸免耳。

呜呼,毛羽之属,尚知报本,余独非人子,忍捐弃坟墓远游哉?以其轻者较其重者,功名利禄非所论也。以其缓者较其急者,全其身及子弟以存祀,田园庐墓姑置之也。置之而旷阙,于心如烽烟道阻,隔如绝国,何取年岁?考之二十载,始

得于岁，甲辰（1664）秋九月，携有生三阅月之弱子，抚成二十一岁，与侄厚本、健本、坚本，同伏墓下，偕东坦刘沛远、徐尔强，暨族一长老乡邻之犹有存者，席草列坐焉。

呜呼，时移事换，万族寡鲜。十里一犬吠声，牲杀祭告之余，不知泣之何从也。俊德薄，邀先人厚庇其可幸者，犹有三焉：

贼发冢盗取无遗，而祖茔石窕先府君墓独无恙，归扫如故，一也。

子若侄犹能读先世书，立功名，继遗烈，二也。

昔人以官为家，眉山父子当天下无事，飘若萍梗，究卒于官，不得生还四川，死犹有憾。余值沧桑之幻，身经百变，携其主妇并子若女，弟若侄，破深阻而浩然归里，诣墓而扫，招族亡人指数，耕祭田，修祠宇，三也。

三者之赐，皆祖若父之积，先祖府君在乡校斋长，中型邑多士。先府君生有完行，孝友著闻，轻财慕义，重然诺。君子长者，常以不得交为恨。賔庇时，俊年十有七岁，倚先恭人壮游，老归齿发俱变，墓间首数回而肠折，又不知泣之何从也。略其事不书，无以示乡党邻里，垂后世子孙。伐石记诸于兹，犹有感也。能为俊者，如俊而止，犹不失为中人。扩俊而大，将等而上之。不能为。俊对墓面热内惭，汗出食不下，庶其不能而戒之哉。

陶孝子官显刲肝愈亲说

张绍龄

昔人云：天道远，人道迩。吾谓迩莫迩于天道。观陶孝子刲肝愈亲一事，而知天日在人耳目前，直呼吸可以相通也。夫伤腥者死，何以穿膜伤肝而竟不死？肝亦血块耳，何以其祖母与母服之而竟愈，此非苍苍者默为体护，则必不生、必不愈。而竟生竟愈，则天日在人耳目前，直呼吸可以相通也。何迩如之彼世之肆意妄行者，直谓天道远，莫之闻、莫之见也，而岂其然哉！观陶孝子事，知上帝刻刻相临，吾惴惴焉大有所惧，更显人人皆惴惴焉大有所惧，则庶几其寡过矣乎！

又凡为人子者，身体发肤，受之父母，不敢毁伤，此礼之所谓孝也。割股刲肝，甚于毁伤发肤，不大违于礼乎？然而愚夫妇，当父母垂危之时，抢地呼天，回生无术，此时此景，凡可以救吾亲者，虽赴汤蹈火不辞。闻昔人有割股刲肝以愈其亲者,号泣告天,持刃自戕,此其一念之肫,诚大可悯矣。卒之,皇天鉴佑,遂其志,并保其身,是其孝也。天许之,天下之人皆许之,而必执礼以责之,过矣。虽然孝则孝也,其所以不列旌典者,何也?皇上以庸行教天下,割股刳肝,奇也,而非庸也。惊世骇俗之行,非可教大下,其不予以旌表,宜也。顾其事不必旌,而其心不可没。有地方之责者,闻其事而给匾以奖之,凡以不忘其心云尔。邑人陶官显割股以愈祖母目疾,又刳肝以愈祖母与母之病,而己亦无恙,有举其事者,予既奖以"愚孝袼天"四字,而复为剖论云。

重修夫子庙赞
王廷献

天覆地载,日照月临;万古长夜,圣人笃生。羲农、黄帝、尧、舜、禹、汤、文、武、周公,统归素王,诲人不倦,吐词成经,千秋木铎,未丧斯文。经明于汉,文盛于唐宋,诏郡邑咸立宫墙。有元至正,学建丰都。迨明洪武,移西城隅。甲申兵燹,惨罹一炬。清和重构,高阳继绪,庙制卑陋,未复旧观。金谋重建,扩一为三,后圃低下,筑土成坛,宫移启圣,用称崖瞻。岁在癸未,鸠工庀材,多士奋兴,庶民子来。季夏经始,建子落成,谨识岁月,勒诸贞珉。

第二节 诗

蜀秀才
傅世纶

贤书出,秀才哭,血染故宫红踯躅,坑儒之祸何其酷。
砚成陇,笔成冢,三万头巾葬一孔,蜀中安得读书种?
咏雪诗,筛石灰,状元头,浸酒杯。杀其躯者小有才,蓝衫委地有余哀。
君不见青羊宫外苔花开,多少文人碧血埋,锦城岂有黄金台。沛公慢骂天下士,东鲁诸生招不来。嗟尔秀才,胡为乎来哉。

劝民四宝歌
黄初

第一宝,孝最好。父母养我身,我养父母老。凡人若能孝双亲,天地神明都相保。劝你们,孝养要趁早。

第二宝,弟最好,手足本同根,相亲如少小。凡人若能爱弟兄,一家和顺无烦恼。劝你们,些微莫计较。

第三宝,勤最好。劳苦方成人,懒惰难自保。试看多少勤苦人,衣又温来食又饱。劝你们,白日莫闲了。

第四宝,俭最好。每天留一文,一年也不少。试看白手可成家,只因减省积蓄早。劝你们,积钱亦防老。

郭才士还人遗金歌
易简

人言世上无好人,以余所闻定不尔。豫章郭君字才士,不知何载来吾里。馆驿门外大江边,盘飧饭客为生理。

去年有客自楚来,匆匆一饭抽身起。遗金在床人不知,主人得之不色喜。置诸箧中坐而待,黄昏客来面色死。床头摸索走踉跄,顿足捶胸泪如泚。求利未得本先失,誓将薄命投江水。郭君挽之笑而问,失金何数封何纸。客言一一都符合,即凭三老开而视。丝如螺文色如雪,举以还之轻若屣。客愿瓜分主则辞,义声从此腾遐迩。

我从山中闻此事,置身如游古人里。世人于利竞刀锥,垄断从来在尘世。何况百金中人产,匿而不与恒情耳。郭君慷慨励末俗,临财不苟偏知礼。我闻为善不求名,鬼神默佑天尺咫。愿君货殖似端木,高贤会作千金子。义利何尝定背驰,报施善人必有以。恨我多年返故国,无由珥笔书其美。何以传之俾不朽,为作长歌垂野史。

双节歌

古心

天地非渺小,圣贤何孤独。譬彼麟与凤,真空羽毛族。所以大名节,未敢许男儿。徒自美仪表,早已愧须眉。世趋日以汗,中流谁作砥。铁骨石心肝,乃至让女子。贤女亦罕遇,枰叟实有姑。十六为人妇,十九丧厥夫。股为夫子割,耳为夫子刈。岂不欲同归,有女年方二。抚女愁不大,教女愁不严。相攸得其所,母意亦忻忻。女命如母穷,偕聚不偕老。未忍众鬼饿,遗腹为夫保。不辰遭祸烈,夫死儿随亡。岂不欲同归,有母鬓如霜。朝夕奉老母,春秋祀远祖。筑刹守孤坟,香烟凭净土。昔年女伴母,屡屡袂相连。今日母并女,双双影共怜。官司阐幽贞,佥以两氏告。坚持不敢当,诏恩已先到。我见世间众,骨少柔情多。忠孝无二理,听取双节歌。

丰都八景

郎承诜

名山岁月等闲过,富贵何人醒梦婪。清磬一声天宇白,五云佳气晓来多。

——平都山晓

而今不是永和年,觞咏依然上巳天。水面桃花杯底月,湾环一溜到君前。

——流杯池泛

葫芦溪上白茫茫,双镜空明分外光。好看嫦娥相对影,四山围住水中央。

——月镜凝山

日轮碾出满江红,倒映珠帘入镜中。世界大千多黑暗,光明独让水晶宫。

——珠帘映日

呼龙和雨自耕烟,饱历沧桑郭外田。不向关门迎紫气,满山春草碧年年。

——青牛野呋

苹野秋高任客行,坡仙去后寂无声。何时再报嘉宾至,月夜空山试一鸣。

——白鹿夜鸣

夜夜滩声作雨声,几经磨洗石床平。日来更觉风涛险,一卧沧江总不惊。

——龙床夜雨

碧云揩净晚烟收,客自观澜水自流。我佛多情无一语,年年江上送行舟。

——送客晴澜

游折丝崖拳庵得拳字

古心

山佣惟任石倚眠,山不入尘石亦颠。丝折崖头帘挂壁,字浮江面水为笺。
闲消僧语三竿日,远隔人家万点烟。莫道香尘仅一衲,乾坤到此只如拳。

题二仙楼

顾光旭

王方平,阴长生,沽浊酒,与尔倾。尔骑白鹤吾长鲸,尔吹铁笛吾凤笙,江风吹起江月明。吾欲醉,尔自醒。醒时应忆醉时事,醉中可以忘吾情。日月星辰挂崖户,不知户外蛟龙舞。惟有一枰与终古,吾将与尔终一枰。一着饶尔先天行,凭栏大唤局中急。江水无波空自声。

闲吟近体二章

曾继贤

一种消愁药,炉烹五字诗。惯吟安分句,不作怨人词。
荆棘春风老,蔷薇夜雨滋。灵台明镜里,花落有谁知。

家贫诗作友,业尽砚为田。药有流年债,囊无隔夜钱。
一心惟爱净,竟日只贪眠。字拙书偏懒,临池每不全。

题忠州向烈女滩

佘起鸿

竖眉一怒倒流惊,甘与冤禽逐队行。无限波澜推不动,水心捧出面如生。

渌水池
邹桂林

为寻名胜迹,信步到江滨。此地何多石,题诗早有人。

前题
正邦

莺花二月天,箫鼓木兰船。鸿迹依云石,龙光映碧川。
暮游乾道记,故事永和年。觞咏临流水,高风愧昔贤。

二仙楼
孔广赞

仙人好楼居,楼成仙何往。
安得王与阴,一枰斗心赏。
山风动疏帘,似闻落子响。

二仙楼怀古
刘麒义

绝顶登临放眼宽,河山可作战枰看。局残收拾非容易,说到神仙下手难。

秋日泊白沙沱五更枕上作
傅永图

野店犹存月,晨炊不见烟。沙明灯影动,石响磨声旋。
尚觉神安枕,都忘睡在船。隔江鸡互唱,两岸若争先。

竹雪庵
张福标

地僻无人迹,荒庵自夕阳。云还眠石磴,春不到禅房。

古鼎添新藓，残碑卧短墙。金铃如有语，风里诉凄凉。

二仙弈处

花落石盘上，崖飞洞口云。知他棋半局，胜负几时分。

游南海溪和徐孟陶原韵

卢峻

闲邀诗客至，俗虑一无萦。山脚大江涨，禅心秋月明。
巉崖吞古寺，落瀑挂荒城。爱听溪流水，潺潺不断声。

中华民国十八年（1929）五月出版
编辑　余树堂汝藩
参阅　朱芳柏新甫
　　　谭又吾管生
筹备员　邓绥汝锡
　　　卢景明
校勘　胡峄东瞻
　　　刘承烈代武
发行处　教育局
印刷处　重庆新文化社印[①]

[①] 据中华民国十八年（1929）七月重庆新文化社印本整理。

丰都地方文献
资料选编

第三编 碑刻文献辑存

第一节　碑目

唐代至前蜀时期平都山所存碑刻有：

《仙都观王阴二仙翁碑》，唐李虔之撰，施楚王正书，景云二年(711)正月立。(金石录)

《仙都观王阴二真君碑》，唐薛镜一撰，宇文楚珪正书，景云三年(712)正月立。(复斋碑录)

《仙都观王阴二真君影堂碑》，唐李吉甫撰，储伯阳行书，贞元十四年(798)正月立。(金石录)

《修仙都观记》，唐段文昌撰，李师复正书，大和七年(833)正月五日记。(复斋碑录)

《题仙都观诗》，唐南卓张次宗作，大和八年(834)五月十八日。(复斋碑录)

《仙都观修斋灵感记》，唐段成式撰，李腾书，咸通四年(863)五月十七日立。(复斋碑录)

《扶风公创造仙都观天尊殿石像记》，唐蹇宗儒撰，尹翃正书并题额，咸通四年(863)十一月二十三日记。(复斋碑录)

《仙都观老君石像记》，唐冯涯撰，尹翃正书，咸通五年(864)七月五日记。(复斋碑录)

《仙都观新建南楼记》，唐柳骈撰，杨珪书，咸通三年(862)四月记，乾符三年(876)七月建。(复斋碑录)

《仙都观黄箓斋祥瑞诏》，中和二年(882)。(诸道石刻录)

《仙都观石函取经记》，前蜀杜光庭撰，正书，天复七年(907)四月。(复斋碑录)

[宋]陈思：《宝刻丛编》卷十九(明抄本)，《原国立北平图书馆甲库善本丛书》，北京：国家图书馆出版社，2013，第454册，第297-298页。

丰都景德观唐碑十：段丞相《修观记》，段少监《修斋记》，《天尊石像记》，《老

313

君石像记》《感应碑》,张大理《诗》,杜光庭《石函记》,李吉甫《真人影堂记》《二真君碑》《二仙公碑》。

唐《平都二仙公碑》,景云二年(711)李虔之撰。

唐《平都山二仙君铭》,景云二年(711)薛湜撰。

玉石碑,即《景德观三真人碑》,唐贞元中李吉甫修。碑刻见存,碑石莹润,号曰玉石碑。唐《平都山真人景堂记》。平都唐碑,惟此二碑尤佳,皆李吉甫修撰,又曰玉石碑。

唐《土州耆老思旧记》,贞元十七年(801)段文昌记。

唐《刺史房公式善状碑》,在唐土州上普宁院中,今在郡庠。

唐《丰都三官堂碑》,唐中和元年(881)忠州刺史陈侁撰。

唐《杜光庭碑》,在平都山。

[宋]王象之:《舆地碑记目》卷四《忠州碑刻》,清文渊阁四库全书本,第26页a-b。

平都山仙都观唐碑十:按唐曰仙都观,宋改景德观,旧志冠之以"景德观唐碑十"者似误。盖李吉甫,唐人也,而可作《景德观二真君碑记》乎?

段丞相《修观记碑记》,载《艺文志》;段少监《修斋记碑》;《天尊石像记碑》《老君石像记碑》《感应碑》;张大理《诗碑》;杜光庭《石函记碑》;李吉甫《阴真人影堂记碑》;李吉甫《景德观二真君碑》,石莹润,号玉石碑。

《平都二仙碑》,景云二年(711)李虔之撰。《平都山二仙君铭碑》,景云二年(711)薛湜撰。《丰都三官堂碑》,中和元年(881)忠州刺史陈侁撰。《道山洞天碑》,唐李阳冰书,见蒋夔记,旧志作吕仙书,误矣。

以上诸碑日久无存。

《吴道子观音像碑》,在白鹿山玉鸣泉旁,洪武初勒石。

《比干铜盘铭》,唐开元间偃师县掘地得铜盘,上有十六字,字画奇古,其释文曰:左林右泉,后冈前道。万世之铭,兹焉是宝。地后五步,比干墓也。重刻于平都山。

康熙《丰都县志》卷六《名胜志·碑碣》,第3页a-4页a。又见嘉庆《丰都县志》卷二《名胜志·碑碣》,第89页b-91页a。

丰都景德观唐碑十：段丞相《修观记》，段少监《修斋记》，《天尊石像记》，《老君石像记》，《感应碑》，张大理《诗》，杜光庭《石函记》，李吉甫《真人影堂记》，《二真君碑》，《二仙公碑》。

唐《平都二仙公碑》，景云二年（711）李虔之。

唐《平都山二仙君铭》，景云二年（711）薛湜。

玉石碑，即《景德观三真人碑》，唐贞元中李吉甫。碑石莹润，号曰玉石碑。唐《平都山真人景堂记》。平都唐碑惟此三碑尤佳，皆李吉甫，又曰玉石碑。

唐《丰都三官堂碑》，唐中和元年（881）忠州刺史陈侁撰。

唐《杜光庭碑》，在平都山。

商比干铜盘铭，唐人开元间于偃师县掘地得。商比干铜盘铭有十六字，字画奇古，其释云：右林左泉，后冈前道。万世之铭，兹焉是宝。后五步乃比干墓，今碑铭复列于平都山。

雍正《四川通志》卷二十六《古迹·丰都县》，第34页a。

平都山仙都观唐碑十：段丞相《修观记碑》，见《艺文》；段少监《修斋记碑》；《天尊石像记碑》；《老君石像记碑》；《感应碑》；张大理《诗碑》；杜光庭《石函记碑》；李吉甫《阴真人影堂记碑》；李吉甫《真君碑》；《仙公碑》，李吉甫三碑，石光莹润，号曰玉石碑。

《平都二仙公碑》，唐景云二年（711）李虔之撰。《平都山二仙君铭碑》，唐景云二年（711）薛湜撰。《丰都三官堂碑》，唐中和元年（881）忠州刺史陈侁撰。《道山洞天碑》，唐李阳冰书，见蒋夔记，旧志作吕仙书，误。《吴道子画观音像碑》，在鹿鸣山玉鸣泉侧，明洪武初泐石，旧有亭，圮。同治七年（1868）邑人重建。

按以上诸碑，《蜀雅》谓李吉甫三碑尤佳。今惟吴道子画像碑存耳。

光绪《丰都县志》卷三《古迹志·碑碣》，第34页a—84页a。

第二节　碑记

一、平都山寺观

修仙都观记①

段文昌

平都山最高顶，即汉时王、阴二真人蝉蜕之所也。峭壁千仞，下临湍波，老树万株，上插峰岭，灵花彩羽，皆非图志中所载者。昏旦万状，信非人境。贞元十五年（799），余西游岷蜀，停舟江岸。振衣虔洁，诣诸洞所。石岩灵窦，苍然相次，苔龛古书，依稀可辨。时与道侣数人坐于松下。须臾天籁不起，万窍风息，山光耀于耳目，烟霞拂于襟袖，相顾神悚，若在紫府元圃矣。牵于行役，不得淹久，瞻眺惆怅，书名而去，迄来已三十四年。太和庚戌岁（830），自淮南移镇荆门，有客由峡中来者，皆言当时题记文字犹在。观宇岁久，台殿荒毁，不出数年必尽摧没于岩壑矣。乃捐一月秩俸，俾令修葺，子来同力，浃旬报就。去年冬十一月诏命换麾幢，再领全蜀，溯三峡，历旧游，依然景物。重喜登览，闻泉声而缓步，爱松色而难别，遂命笔砚，志于岩谷。

时太和七年（833）正月五日，剑南西川节度副大使知节度事，管内观察处置，统押近界诸蛮及西山八国、云南安抚等使，金紫光禄大夫，检校尚书，左仆射同中书门下平章事，兼成都府上柱国，邹平郡开国公食邑三千户段文昌记。

［宋］李昉：《文苑英华》卷八百二十二，明刻本，第3页b-4页b。又见［明］杜应芳：《补续全蜀艺文志》卷三十《记》，明万历刻本，第4页b-5页b；［清］董诰：《全唐文》卷六百一十七，清嘉庆内府刻本，第13页a-b；康熙《四川总志》卷三十六《艺文·碑记》，第33页b-34页a；康熙《丰都县志》卷七《艺文志》，第1页a-2页a；嘉庆《丰都县志》卷三《艺文志》，第2页a-3页a；同治《丰都县志》卷四《艺文志》，第1页a-2页a；光绪《丰都县志》卷四《艺文志》，第11页a-12页a；民国《丰都县志》卷十一《艺文志》，《中国地方志集成·四川府县志辑》，成都：巴蜀书社，1992，影印本，第47册，第622页。

---

① 本记作于唐大和七年（833）。

重修平都山景德观记[1]

蒋夒

平都山，在今四川重庆府忠州丰都县之东北，山有观，额曰景德。相传汉王方平、阴长生炼道登丹之所，吕纯阳尝游历其间，题二诗，刻石尚存。其一曰："孟兰清晓过平都，天下名山所不如。两口单行人不识，王阴空使马蹄虚。"其二曰："一鸣白鸟出青城，再谒王阴二友人。口口惟思三岛好，抬眸已过洞庭春。"

览其山水名胜，则左跨黄牛，右萦白马。前临月镜，后拥五鱼。踵其遗地，则惟丹灶宛然。旧有寥阳大殿及通明殿、丰都宫、救苦宫，至峰顶，有凌云台，余公玠生祠在焉。考亭，朱夫子为之记。台后乃阎王殿，极其东则由土穴，深可数丈，名曰五云洞。曩时洞口尝出五色祥云，及天华缤纷，因是得名。洞之南悬岩之极，则由仙姑岩，岩上镂"岷岳"二大书。由寥阳殿西出，则有[地]藏殿，西庑又为四圣殿，殿之前为龙虎君殿，旁附赵帅祠。又其前则为灵星门、五云楼，楼下峙三级，台山之麓则有流杯池、沐浴亭、大仙岩，岩内有九蟒之神，灵官、土地各有祠，山门之左祠泰山，右祠北阴，此其大概。

惜乎，洞宇悉毁于火久矣。环抱山涧，榜其桥曰"总仙"。大江东下，江之心有石曰"龙床堆"，水落之时则见长洲，绵亘数里，名"丰稔坝"。岿然有古碑立于山之阳，其文曰"总真总仙之府"，又曰"道山洞天"，盖唐李阳冰书也。尝闻太上老君赐方平以九转灵丹，号"总真真人"，领仙官万五千人，故府以"总真总仙"名，本诸此与。今成都府道纪司都纪何悟困，当大明永乐元年癸未(1403)縻钦差道士李进道启奏，蜀献王令旨主持是山，领焚修事。悟困初授业郡城之三灵宫，精通元学，行检端方，闻乎郡邑。至是奉教，以供乃职。莅事之始，以重创三清殿为先务。于是广募檀施，命鸠工入山抡材，滨水陶甓，经画营缮，几经数寒暑乃克落成。黝垩丹雘，金碧辉煌，元教归依，真灵胙蠁，钟鼓镗鞳，神龙呵护。至左右廊庑，亦次第就绪，演法会膳，俱有堂廪。庖湢圊溷，咸一新之。仙岩元坛，仿旧立祠。绕门曲涧，跨以修虹。往来舆马之士，肩摩踵接于途，造无弗达。悟困复欲修古制，恢拓前业，庄严林观，顾力有不逮耳。有司竟以悟困举充今职，兼领青

---

[1] 本记作于明永乐二十二年(1424)。

羊、万寿宫事，间以其始末征余记之。余观悟困身处青阳，而心存景德，虽未复于初制，然有赖于后人。有徒若干，领合州道正曰雷希常，夔府都纪曰熊希贤，从余游则曰刘希范也。悟困积功累行，非一朝夕矣。天鉴厥诚，诸徒绍袭焉。知其不大兴于他日，而壮观于西蜀者乎。余往年以公事道经其邑，舣舟林樾，适逢悟困引登峰顶，纵观遐瞩，襟怀豁如，天风泠泠，恍若笙籁在耳。非人间世，真神仙之境也。既而又获诵坡仙之句，有曰："午梦任随鸠唤觉，早朝又听鹿催班。"谓山中鹿鸣必有异人至，征诸前辈云。自昔距今已数十载，回思旧游如隔蓬瀛矣。悟困将磨石琢辞以示后来垂永久，尘劫可尽，而悟困崇真树教之心为无穷。继自今尚亦有心，悟困之心嗣而葺之，其敬勿忽，则是山观虽与天地日月同其悠久可也。

康熙《丰都县志》卷七《艺文志》，第 3 页 a-6 页 a。又见嘉庆《丰都县志》卷三《艺文志》，第 4 页 b-7 页 a；同治《丰都县志》卷四《艺文志》，第 3 页 a-5 页 b；光绪《丰都县志》卷四《艺文志》，第 13 页 a-15 页 b；民国《丰都县志》卷十一《艺文志》，《中国地方志集成·四川府县志辑》，成都：巴蜀书社，1992，影印本，第 47 册，第 623 页。

平都山砌路记[①]

宇文湛

本邑平都山自两汉王、阴二真升霄于此，仙踪灵迹，冠绝巴賨。其峰秀拔，其宇幽洁，登临于此者，靡不洗尘累而清天君也。于是乎，知神仙犹可以学而至矣。迩者监察御史安公判曹此方，按察之暇亦尝造焉。而此山颇崔嵬土而戴石，故昔之游者有"赤脚动遭砭"之句，则其途可知矣。公以其登陟之有未善也，命邑刘公相其地，筹其费，砖石而梯磴之，自山足至五云洞，四百余丈，逾月而工就焉。

康熙《丰都县志》卷七《艺文志》，第 18 页 b-19 页 a。又见嘉庆《丰都县志》卷三《艺文志》，第 19 页 a-b。

---

① 本记作于明隆庆六年(1572)。

重修平都山记[1]

林明俊

平山,仙山也,而杂传幽怪飘忽之说,闻于天下,集古今称山之所有,其说不驯。布满山中半神祠,半羽屋,半释室。诘其由来,人情好怪,当其无事,乐为非常可喜之议,神仙之说不足以厌之,而幽险深渺之说相继蜂起,以意穿凿,山遂听人修饰,至极盛无以加。而清虚一派为其蔽塞,岂非穿凿太过,反为山累与?盖其初立说,其意不至于此,而其后牵合附会,遂至于此也。亦云势焉而已矣。

前不及考,历汉、唐、宋、元、明,以迄于今,不知几兴废存毁。甲申一变,咸阳烈炬,山中一无有存者,独五云楼岿然屹于灵光。康熙元年(1662),汤侯濩来令兹土,值丰都破裂垂绝后,孑遗散失,侯力洗一时污浊。比于谊,以廉能著。动物本于诚,丰人信之,服其诚而安居。丰又自此始。侯秉正,不喜为异论,荡惑人心。教化丰人,其言平易正直,而不可易。兹山集古今流传,虽不出自学士掌故,吾度其始,指丰都为幽都,或者性情功效之微旨。凡民不晓六经之言,寻常难喻圣人礼乐刑政赏罚,是非有时而穷不得已,托杳冥杂出,悚动人心,曰"狱成于此,勿错履至层层不出也"。其亦忧之深,虑之切乎?皆教也。不然由今思昔,岂无颂法先王,正谊明道,如昌黎、谷永辈,卒无有正之以义者。其辨以晓天下,而天下之人咸知有丰都。由其说虽惊,愚夫妇未始不可以慑奸雄已于未萌,止于将动。又皆权也。教与权,俱以补圣人礼乐刑政赏罚。是非所不及,又安在非性情功效,六经之所变而出也。故汤侯入其邑,汲汲不欲听其尽废,励意修举。夫廉能者,吏治之望者也。有举辄信,命山中主持僧性学往焉。文武群相感发,丰人亦乐风行之,自上不敢私盖藏。越二年,而完阎君殿,以慑弗驯也。越三年,而完玉皇观,存帝鉴于伊迩也。关祠之役,明忠义以笃俗也。平都山又自此始。至仙迹存于五云楼,无事修举。余编氓中之一民耳,弃官老归,目睹心动。计少时读书山中,以此山极盛为忧,虑其事至于不足恃而变生焉。今果后效之不爽,岂非其势使然哉?一山之兴废,丰人不及见多矣,而余见之,感而为记,永遗爱于弗替。表兹役而出之,后来增加至于极盛,又不知在何年所也。圣人在上,明以礼

---

[1] 本记作于清康熙元年(1662)。

乐,幽以鬼神,虽百世可知也。

康熙《丰都县志》卷七《艺文志》,第35页b-38页a;又见嘉庆《丰都县志》卷三《艺文志》,第30页b-33页a;同治《丰都县志》卷四《艺文志》,第32页b-34页b;光绪《丰都县志》卷四《艺文志》,第42页b-44页b。

修平都山二仙楼记[①]
蔡毓荣

余涉瞿唐、滟滪,溯夔门、云阳而上,阅五百里始达丰都。邑有平都山,为汉王方平、阴长生栖真之所,道书所称洞天福地也。余舣舟揽辔,登陟其上,孤峰削成,高插云表,俯看缙云、龙洞诸山直培塿耳。碧波万顷,如堆琉璃。黄葛蟠根石上,大荫数亩,古柏千章,皆非近代所植。灵花彩羽,滴翠流丹,盖自巫夔三峡,崒崒巉岩,观者目怪神摇,至此则心旷意恬,秀色苍霭,俨若赤城元圃,别有天地,非人间矣。山固多奇胜,旧有平都八景,精舍古迹不能悉记,而其最胜为二仙楼。余颜其榜曰"中天积翠"。又集唐人诗为联曰"山随平野尽,天围万岭低",又曰"薜荔摇青气,烟楼半紫虚",此山真境也。楼遭献贼所焚毁,日渐倾圮,余惧其久益摧蚀,乃捐囊中资为修葺费。楼后有关夫子像,神气威严,凛然如生。向有殿置五云洞上,今洞亦堙塞,故移像于楼后,余悉命改葺,俾复旧观。未几丰都尹李如涝以工竣告成,余甚讶其速。迨后复还楚,经过其地,则轮奂一新,令人有凌虚想,益徘徊不能去。因忆蜀志,唐段文昌尝爱此山,后三十余年建麾幢再续旧游,始得崇饰楼观以毕畴昔之愿。余今一岁再游,又工成不日,得非方平与余家先世旧有夙缘,故斯山之兴若有所待?而令尹董事之勤,与百姓子来之义皆可嘉,于是乎书。藩臬、长史捐俸佐工,例得并书于左。

康熙《四川总志》卷三十六《艺文·碑记》,第89页a-90页a。又见同治《丰都县志》卷四《艺文志》,第39页a-40页a;光绪《丰都县志》卷四《艺文志》,第49页a-50页a。

[①] 本记作于清康熙十年(1671)。

重建平都山二仙楼记[①]

黄初

平都山为汉王方平、阴长生栖真之所,绝顶有楼名曰"二仙",志其实也。俯瞰大江,高插云表,溪环三面,木蔚千章,阴晴变态,莫可名状。登乎此者,飘飘然有凌虚之想,故又以凌虚阁名焉。昔唐段仆射文昌尝爱此山,越三十余年节钺全蜀,捐俸修葺楼观以崇。其记载《全蜀艺文志》可考。明季献贼之乱,山之僧庵道院尽毁于兵,而此楼巍然独存,毋亦山之灵有以呵护之欤!清朝康熙十年(1671),川湖总督蔡公毓荣重修之,今又百五十余年矣。楼高而广,风雨摧剥,渐倚而蠹。余公余之暇登临阅视,大惧古人之遗迹久而就湮,因进主持海润等为补葺计。议未定,而向之蠹者腐矣,倚者折矣。余曰:"嘻,异哉,物之兴废固有数哉?抑将以修建之任畀余也?"以是言于州宪靳笠山先生与前州宪吴编山先生,皆慨然捐俸倡首,并住(主)持募化,共得千余金,乃鸠工庀材,撤而新之。经始于己丑(1829)之冬,落成于庚寅(1830)之夏,凡七阅月而告成,规模仍旧,而墙户轩楹稍异其制。凭栏远望,烟火万家,江山千里,尽在指顾。不独西鸣白鹿,东峙青牛,卷翠珠帘,流杯曲水,为足供眺赏已也。窃思仆射去今千余年矣,其建兹楼也,岂其希心方外,创为不经,以骇人听闻哉?当亦乐山之情有不能已耳。后之人曲为附会,遂使阴阳轮回、地狱鬼怪之说艳称远近,转不及斯楼之名,是惊其流而忘其溯也。刘子云"山不在高,有仙则名",仆射殆有取尔。至"阴王"之号,或即王、阴之误耶!余故表而出之,古之人其许为同心乎?山之灵,其许为知音乎?

民国《丰都县志》卷十一《艺文志》,《中国地方志集成·四川府县志辑》,成都:巴蜀书社,1992,影印本,第47册,第650页。

九蟒亭记[②]

周延甲

尝读《山海经》,云宇内洞天福地四十有二,丰之平都厕焉。人人耳食山灵,遂埒于蓬莱三神山之属。余曩即未领略其胜,心实向往之。叨命来抚斯土,惬所

[①] 本记作于清道光年间。
[②] 本记作于明天启四年(1624)。

愿矣。登山凭眺,见峰峦插天,芙蓉削翠,江波映日,桧柏干霄,烟岚蔼蔼,恍若羽化去,几不知身在人世间也。揖柯亭,访炉灶,问古探幽。隐若青牛道士,孤剑仙人,相与语者。玩赏久之,既而憩息山腰,又睹苍岩削壁,鬼凿丁剡,丹篆薜碑,葛天翕翳,中有九蟒之亭焉。住持僧云御史杨公之神也。宋庆历二载(1042),生于西湖,长于洛阳,敕授御史,显异兹土有年矣。梦告里中陈生有"若欲成名,必日月倒悬"之语。及乡闱,本生苞经获售,果符"月恒日升"之验。事之可异不止此。考其创修圈洞,嘉靖戊午(1558)也。既而重饰亭台,隆庆辛未(1571)也。规制湫隘,亭榭卑小,倾圮颓废,砌道崎岖。余心悒悒,为之恻焉。曰:"噫,若此则岩壑不灵,树石无色,何以肃明威而妥赫翼也?"《传》云,"以御大灾则祀,以捍大患则祀",杨公之神,福庇一方,则崇祀而重新之,无非为斯民计,固非淫祀者比。适有僧以是请,爰给印捐资,与僧遍募。甲子(1624)之岁鸠工抡材,拓基运石,第见庙宇杰出,台洞改观,非复向之湫而隘也。丹垩陆离,金碧照耀,非复向之俚而晦也。云磴天梯,周行垣径,非复向之欹而侧也。冶像以铜,非复向之土偶而脱卸也。快睹翚飞,乐由砥矢不仰止益新哉。丹灶石枰之间,五云六野之胜,又增佳话矣。工役告成,僧乞言勒坚珉,以志不朽,爰拈笔书之。

康熙《丰都县志》卷七《艺文志》,第26页b-28页a。又见嘉庆《丰都县志》卷三《艺文志》,第25页a-26页b;同治《丰都县志》卷四《艺文志》,第28页a-29页b;光绪《丰都县志》卷四《艺文志》,第38页a-39页b。

重修九蟒神亭碑记

李黻枢

平都,道书所谓仙山也。王方平而后,阴长生上升,其修炼之迹为最著。自改平为丰,鬼神之道兴,而黄冠缁衣,迭相雄长,由趾及顶,琳宫梵宇以百数。九蟒亭适当山腰,神状若天君,九蟒著体,矫尾扬首,瞻拜者鲜不栗栗然肃也。溯所由建,父老之传闻,其说多不雅驯。明周延甲三鱼碑则述住持僧云,谓神杨姓,宋庆历二年(1042)生于西湖,长于洛阳,敕授御史,显异兹土。蒋夔《景德观碑》只云:"大仙岩内有九蟒之亭,亦称九虺楼,其名甚古。"是说也,予尝疑之。及按《云笈七签》,马明生授阴长生以太清金液神丹,即欲别去,长生跪致词曰昔太岁庚辰,先生与南岳真人、洪岩公、云成公、瀛洲仙女,共论传授,应祷祀九老仙都九炁丈人,授之大药,乃灵,不祷祀而授为之不成云云。因恍然曰:是即阴真君之所以祷祀九炁丈人者乎?东汉以来,楼名古矣。御史杨公九蟒化身,遂以名亭,而主其祠也。其在神道设教后乎?杨公之行事不少概见,意其人必仁明正直,著惠此邦,适殁于此,丰人尸而祀焉,犹桐乡意也。九蟒随车之说,毋亦有所托而云然。夫神仙不足以厌之,而假以鬼神,鬼神不足以厌之,而凿为隐怪,甚矣,人情之好异也。犹是亭也,负岩结撰,前牟客无剩地,左逼巇削,右当山径,斗折处阶阢甓甓,最易倾圮,极其势山径将为中断。秀水禹翁朱老父台治丰之四年,登而叹曰:"此亭之兴废,平山以之,听其倾圮可乎?"捐俸为倡,鸠工庀材,三阅月而工毕。亭与山共永于盘石矣。然不曰九炁,而曰九蟒,则御灾捍患,随祷著灵,神之功于平都可知也。一倡而集,无假督迫,则民气和乐,百废修举,侯之所以治平都者,亦又可知也。

康熙《丰都县志》卷七《艺文志》,第67页 b-69页 a。又见嘉庆《丰都县志》卷三《艺文志》,第62页 b-64页 a;同治《丰都县志》卷四《艺文志》,第55页 b-57页 a;光绪《丰都县志》卷四《艺文志》,第67页 b-69页 a。

重建玉鸣山吴道子画观音大士阁记

戴天

丰有玉鸣山,在邑之右,即蒋记之所谓"右萦白马"者也。东北有来苏石坊,面南有石岩,岩下有玉鸣泉,四时清滢,不溢不涸。尝闻滴沥之声,鸣戛如玉。泉左有观音大士石碑,乃唐吴道子笔也,久没于荒烟蔓草中。邑侯禹州朱老父台先生,秀水名贤,以内翰改授来丰,挥弦而理琴堂。清暇薄书之余,寄情于山水间,每一登临,睹道子遗笔,未尝不致歉于风雨之薄蚀也。于是鸠工庀材,不逾时而阁复新。噫,公之构新阁也,其在升高而望远欤?抑亦玉山可登,清泉可挹,将淡泊以明志欤?不然者,道济之心惓惓,靡不觳适形于普济之大士欤?天追陪之下,不揣弇鄙,遂援笔而志之,且为之歌曰:玉山苍苍,玉水锵锵。大士慈云,与公俱长。

康熙《丰都县志》卷七《艺文志》,第66页 b-67页 b。又见嘉庆《丰都县志》卷三《艺文志》,第61页 b-62页 b。

鹿鸣山记

谭明善

丰城后不里许,即五鱼山。前控平都,左枕真武,兀然耸异,与二山屏列,城则其麓也。山半构浮图精舍,题之曰鹿鸣。鹿鸣者何?相传苏公将游丰,有仙鹿夜鸣,其后应之,遂以名寺。或曰此石鹿也,以石像鹿,鹿何以鸣?即鸣矣,何以兆公之至?岂其公为宋名儒,足迹所过山岳,献灵如昌黎伯开衡山之云,故假于鹿,以示异耶?抑都人士幸公之来,得以望见颜色,欣瞻有道,发其爱慕,以为公不常来,而托之鹿,以媚公耶?夫丰地巉岩百出,所在多山,有蟠若蜿蜒者,有蹲若虎豹者,有形拟青牛状类白马者,奇峰叠巘,罗列于荒烟蔓草间,渐成秽墟,墨客骚人,往往过而弗问。顾兹山自苏公之来几百年矣,经历代兵燹之后,犹自修篁蔽日,古木参天,不失匡庐面目。至于今登高作赋,扫石留题者且踵相接焉。不可谓非山灵之幸也,即不可谓非苏公之灵也。故无论其为仙鹿欤,为石鹿欤,以苏公之来而鸣欤,不以苏公之来而鸣欤,而其人传,其地传,其灵异亦遂亘古今而不朽,宁非苏公之大有造于此山哉!后之来游者,尚其希踪,前哲出其事业文章以相辉映焉可也。至于祇园福地之清幽,梵宇琳宫之匙丽,其兴其废又何足云。

同治《丰都县志》卷四《艺文志》,第 64 页 b-65 页 b。又见光绪《丰都县志》卷四《艺文志》,第 76 页 b-77 页 b。

徙苏文忠公像置龛白云山房序

王元曾

邑志载宋名宦李长官令丰,闻仙鹿夜鸣,异之,使人往山踪迹,遇老人云,当有贤人至。翌日苏文忠乔梓,果过访焉,故以鹿鸣名山,且以名其山之寺。厥后宰斯土者遂肖文忠公像为屋一椽,以位公于寺外,称曰坡公祠。盖以志其山与寺得名之所由来云。余按坡公年谱,嘉祐四年(1059)冬公及弟子由侍老苏,自蜀舟行至楚,过丰都县,有留题仙都山鹿诗。又坡公养生诀曰:"予治平末溯峡还蜀,舟泊仙都山下,有道士持阴长生金丹诀石本示予。"云云。然则肖公像而遗老苏子由者，或以坡公题仙鹿有诗欤？抑谓公于嘉祐、治平数过仙都欤？否则因公好为方外交，故于萧寺外特置一座欤？均未敢以臆度也。第思山与寺之名得公，而名益彰，是其地固以人传，而所以位乎公者，似未可外之于寺也。余少时尝步谒公像，心歉然若不自安。及领乡荐，后偕都人士与游，议所以徙公，而卒以相沿既久不果。迄去岁，余赴海北，秋雨祠后壁尽倾，儿辈蹑山，见公像仆，扶之以待余归。会有鸠资为补苴计者，亦遂仍旧。然至是加饰而庐山面目已失矣。今夏六月五日，天初暝，风雨大作，冰雹压山，移时声息，次晨有报公祠失所在者。遣仆视之，则椽桷摧折，四壁颓然，而公像亦化烟云飞去。噫嘻，异哉，公之不乐居于此也久矣。顾余少时徒对之而不自安，及长也谋徙之，而又不果。去秋雨积壁倾像仆，可以徙矣。而余适远出，不获与里人聚议。今祠之销归乌有者，谓非公之灵示人以必徙乎？示人以必徙而不徙，即复公像而公不歆，鹿亦将不乐鸣，而山与寺之名，其谓之何？于是谋于苏君小坡、曾君访臣、郎君崧生、李君华庭，佥曰：寺中有白云山房，可位公，愿各输金钱，营香龛以妥公像。并议除槛外地数弓，缭以垣植梅花若干，本每岁公诞日置酒为寿，即折梅供奉。或犹募有余资，则仍修复故祠，以祀他神之旧附于公者。议既定，余窃喜，景仰前贤众有同志而尤望踊跃捐助，共勷厥成。庶公之灵常镇此山，而听鹿鸣而来者亦复大有人在也，岂特山与寺之幸哉！

光绪《丰都县志》卷四《艺文志》，第102页b-104页a。

改建天福寺记[1]

黄洵

浮屠法本出西域，其后布衍中夏，滥觞于魏晋，逮萧梁厥风益炽，名山胜区多为蟠踞，虽高明之士犹专信而崇奉之，奚罪愚俗哉？我朝龙兴，卫道斥邪，凡二氏宫刹在山野者毁之，其附丽城郭者不设苛禁，固有所用之也。丰都故有天福寺，为岁时朝贺所，远在西郊，弗便趋跄。兵燹后仅存荒址，至假公署行礼，殊乖于制。嘉靖庚子（1540），佥谋修复。会邑人冉希有愿捐地营寺，献诸官司，遂以其事属之沙门宗宁，募资构材，不惮劬勋。越明年，寺成。又建门楼，以居钟鼓，起

---

[1] 本记作于明嘉靖四年（1525）。

廊庑以备致斋,更衣有室,厨湢有所,独台墀犹鞠茂草,值雨潦则泥淖溅衣,未能致敬。岁在己酉(1549),县大夫清平王侯捐俸,伐石甃治,众皆乐赴。两阅月而工讫,整洁宏敞,可拜可趋。又以寺门旁入,弗称仪观,乃易隙地辟正道焉。每万寿千秋之辰,履端践长之节,长官率群僚诸生演而行之,肃肃雍雍,无怨仪焉。一日,宁来白余,谓侯之绩不可泯,请为记。余因进而语之曰:上古之世,巢居而穴处,土阶而茅茨,若知之乎?方今时雍迓衡,黎民奠居,余与若也拼懞而栖,逸豫而嬉者,秋毫皆帝力也。其可忘所自也?浮屠者,缁而傲顽,弗臣弗子,若属惑于其教,蔽也久矣。余方谓法孔子固当麾而辟之,乌可助其长也。对曰:然则废习仪与?曰:何可废也?余前固已言之矣,且幸于是得观礼焉。卤簿既成,天威咫尺,执玉鸣珂,勃如躩如,睹吾君臣等威之辨,声容文物之章,知先王仁义礼乐,于是乎在,而三纲五典,无所逃于天地之间,将憬然省悟,去墨而儒。若是则化浮屠为忠义之归者,必自兹始矣。以余观宁苦行狷洁,戒律甚严,盖用力于固守者也。其以余言而逆耳哉?既为纪其岁月,与凡佐费者之名氏,而又系之颂曰:

奕奕平都,古县开先。翼翼梵宫,堂陛有严。香火昕昏,鼓钟震宣。宰臣举礼,稽首揭虔。忭舞呼嵩,欢声彻天。岷江西来,朝宗绵绵。刻此祝辞,天子万年。

康熙《丰都县志》卷七《艺文志》,第16页b-18页b。又见嘉庆《丰都县志》卷三《艺文志》,第17页a-19页a;同治《丰都县志》卷四《艺文志》,第15页a-16页b。光绪《三都县志》卷四《艺文志》,第25页a-26页b。

建世祀庵碑记

刘世曾

邑西二十里许有山名大池,瞩之蔚然深秀,中有庵题曰世祀。创庵者谁?里中黄孺人也。孺人姓杨氏,佥宪公大荣,其高祖也。仲子孟瑛,第会魁,累官至京兆,其曾大父也。大父节,光禄丞。父缵,上舍。孺人归黄公世修。修,都运公景星孙,郡宪公洵子也。嘉靖甲子(1564)举乡进士,迎孺人,有年无子,畜侧室,亦未梦兰。孺人不自得,以艰嗣息故亡何又丁永感。孺人愀然叹曰:"人生荷两仪,二亲劬劳覆载,以女流适人,寄之宗祧,今鬓已丝,如后嗣何?予未谂前世何因,今生受者,乃尔不预来世计,竟误矣。"遂减珠翠,缀绮縠,矢之天日,曰:"吾持梁刺齿肥久矣,自今从素食焉。"乃别居一静室,绘大士相,晨昏礼之,起居食息,轮珠诵佛号,求为弟子,凡四相三乘类,恒以悟得之。爰诣大池山,卜地胥宇,捐镜梳衣,币出累年,蚕绩者和之,置田二十亩余,建庵于上,绕以垣墙,厥费自己,毫不置于夫家、母家,冶铜像为佛像祀之。庵中妥皇帝万岁牌位于座前,寝内置都运、郡宪公神主。庵后隙地垒窀穸,制若缁衣者流。他日脱舍,则归形于穸,归主于寝。雇僧二人主若庵,佃若田,岁入其租,祗修醮事,仗佛力以报天地君亲,德黄氏宗祖。洎孺人夫妇身后,咸与荐焉。醮事品物有额,疏章有式,主僧世度其徒,岁遇春秋则按而行之,余租给僧徒衣钵,永充常住。事竣亟币,走使属余记之。使者再拜曰:"吾主此举期垂不朽,恐后为豪右所夺,敢藉公言,以昭劝戒。"余曰:"尔黄氏先人,得尾莲座,庶几万年香火也。世有有后嗣者,一或不肖,则摧先祖祀。孰若孺人,据若所为,可谓无佛而有佛,无后而有后矣。秉彝好德,情所同然。后人游支,遁禅居则生善心,瞻至尊牌位则生敬心。复睹黄氏昭穆及孺人遗塔,则又生不忍心矣。固有增而修者,敢夺之以蹈不仁耶?当世戒庵僧勤修善果,无令睥睨者乘爨焉。尔主了生死,则异世轮回,仍其故业也。"颜其庵曰"世祀",斯名其称情哉? 使者曰:"唯唯,归以之复吾主云。"于是为记。

同治《丰都县志》卷四《艺文志》,第22页b-24页a。又见光绪《丰都县志》卷四《艺文志》,第32页b-34页a。

竹雪庵记[①]

古心

竹雪庵成,表姊杨氏索予记。予曰:"姊之所图者,金石万年之计,乃责笔墨于锥钝之手,窃恐灵岩一片石,未必不为山鬼所笑也。"姊曰:"事属不经者乞于人,未必言即言矣。而情不极切者,言之未必尽,且走币以干,非望之誉丰儿富僧之事,非我未亡人之事也。"予不获已,唯唯。

余氏于邑为腴族,拥高齿肥足以自泽。池山公,姊之翁也。一子子祥,号今吾,故绝。一子子化,号成吾,省祭不仕,高情盛气,时时脱露衡宇,盖贤而隐于侠

[①] 本记作于明崇祯十四年(1641)。

者也。先是吾姑古氏适杨同春，科第世其家，姊生未几岁，姑丈就木，姑抚姊曰："天不祚我，早亡吾夫。幸有吾女，亦天祚也。"及长，适成吾，生子允生，而成吾物故，允生及遗腹子孝友亦殇，茕茕两嫠，欲留此一块肉不可得，不亦难乎！赖姊性慧，捷娴礼义，居恒语及古今节烈大义，确有承当，间有以权宜之说进者，辄曰："权非妇人可用，其在今日，但得苟活，料理以完其心之所不安，以报吾夫于地下而已矣。"于是自城西移鹿鸣山，遴穴以掩其姑，若夫母，若子，并掩其身，且曰：荒冢累累，玉凫恐作湛庐飞去，欲垂不朽，须仗佛力。所憾成吾在日，多讼多病，簪珥俱充药资，孀居二十年来，差繁役苦，绿林两遭，衣囊如洗，乃每年减膳忍寒，以寸积之余作庐墓。前李吏部匡山先生题曰竹雪，姑与姊聊充住持，姑名径竹，姊名寒雪，总取孤冷自傲之意，断除荤酒，朝夕经咒为法器，世世守之。并集田地若干，作香灯费。庵后数武，碣余氏宗祖于上合祀之，土木一切恰中其度。夫世之所谓妇人者，偶得一端，即无佳嗣，亦可长世。吾姊此渺然未死之身，直担余氏数百年欲坠之绪，以一杨氏无甚紧要之女，而并报若父若母已断欲绝之恩，即世之奇男子，不过是矣。直指上其事，并吾姑合表之姓名，且传青史于不坠，是未死其夫也，未死其子也，未死其父，未死其祖也。余氏纷纷浪死，似无一坏可安，而姊能衍之无既也。吾邑多素封，望牛山而涕陨者，不知凡几，余氏独得此绝烈女子，是则可敬也。传之贞珉，以示来祀，夫岂偶然哉！

康熙《丰都县志》卷七《艺文志》，第28页a-30页a。又见嘉庆《丰都县志》卷三《艺文志》，第26页b-28页b；同治《丰都县志》卷四《艺文志》，第又46页a-47页b；光绪《丰都县志》卷四《艺文志》，第57页a-58页b。

净石丰都古来寺碑记

段玉裁

丰都古来山，其半峭壁如虬龙，森峙不可犯。半为寺，名圆觉庵，人称古来寺，乐从兹山之胜也。前弥勒殿，后像诸菩萨、罗汉，旁两楼僧舍客房、香积厨具备，朴素古雅，如宋元遗构。宏治间法藏禅师募檀越郎氏创建，历宝华诸师递廓之，至今心空师丹楹砌石，焕然一新。寺当往来要道，方太平时，达官长者啸傲题咏其间。今兵火之余，惟哀鹤栖猿，与钟声相唱和而已。然诸古刹皆废，此寺独存,经卷鼓钟如古诸侯之抱,祭器皆未残缺,柏百余株有合抱者,竹亦森森成林。数年来,干戈纷扰,大众不废锄耰,岁祲亦可供钵盂,一牛几四十年尚任犁力,此亦农家之常。而在剽掠公行朝市暮夺之际,则兹牛为间出之麟凤矣,皆繇心空师胸无机械绝城府,故虽遭劫运,而兵火自不侵也。心空眉毫长寸许,额有痣如点漆,年七十余,矍铄似四五十人。焚香洒扫,勤课诵,与沙弥等大众同飧,囊无私蓄。命其徒不以其声色相加,自奉命惟谨事胥就理,徒有愿还族与他徙者辄听之,众亦未尝不集也。东廊派已绝常住,当归心空,他寺僧有欲入继者,心空许之,旋以年荒欲委而去,心空亦许之,既去后,欲复回,心空亦许之。揆厥由来,师之心诚空矣。宜兵革之祸至古来寺,亦空也。呜呼,安得大千世界,皆吾心空哉。余披缁留蜀十余祀,于禅林耆宿每留意,然峨眉、瓦屋境非不佳而足未能至,则梦中之境也。一时诸龙像彼自称奇,众亦或奇之,吾未必谓然,亦陌路之人也。今古来寺之胜,吾得而游焉,心空师之贤,吾得把臂而交焉。是生平真乐事。厥修曰:岂特吾师之乐,实兹寺与僧之因缘借以不朽者也。是为记之。师名圆顶,璧山高氏,徒众逝者不复载。其现在者明启,年六十余,性慈、性忠、性镐皆遵戒律,能衍其师之教。原法名明鉴,护法始终不倦,其往事与诸僧檀越姓氏诸僧名号有前碑可考。时□之□□八年岁次甲午夏六月江南净石记。

净石师,法号无想,即高公,讳作霖,号谡心者,乃南直隶镇江府金坛县人。自明季崇祯年间任蜀之定远令,历官宪副,后以世乱挂冠披缁,遨游山水间。甲午春泰邀居古来寺,因为碑记,亦千古之盛事也。祖迹张氏之子,于崇祯五年岁次壬申(1632)五岁失父离母,丙子年(1636)入寺披剃为僧,六十六岁立石。僧性镐记。

[清]段玉裁:《经韵楼集》卷八,清嘉庆十九年刻本,第45页a-46页a。

福禄宫钟序
王元曾

昔人云欲觉闻晨钟,令人发深省,是钟之为用,固神道之假以警世也。邑西门外福禄宫建自同治初年,将落成,适遇九年(1870)奇水,楹桷漫漶。去岁首事等重加修饰,且更张之,以壮大观。既竣,众醵金为铸洪钟,嘱余序事。余维神

者,祷之则灵,亦犹钟焉,叩之则鸣。众姓等果能时发深省,明德以荐馨香,将求财有感,亦如响之斯应也。岂非神之所厚望哉!是为序。

光绪《丰都县志》卷四《艺文志》,第105页a。

兜率寺即观音寺碑记

曾德升

邑之北百八十里许,土名白石子为忠、丰、梁、垫往来赶集之所,其间烟火百家,桑麻遍野,鸡犬相闻,邑之乡丰乐村也。村有大岩,岩下有浮屠庙,曰"观音庵"。竹树掩映,田亩纵横,朝暮钟鼓,鱼钵贝声,梵韵响彻林峦。山寺之清幽,无逾于此。溯厥由来,有僧慈正,邑之杜氏子也。因甲申之变,祝发为浮屠,于顺治十八年(1661)杖锡归里,见祖父田地久芜于荆棘丛中,且念先人茔墓无人拜扫,于是诛茅斩棘,创观音庵,作静室以便守祖茔。尝语其徒曰:"此吾祖吾父之遗产也,吾小筑于此,于世无求,于人无争,吾得终老于斯足矣。"去世之日,出其所素积,以遗其徒,令拓其基为佛殿,辟土地为灯田,其徒性润果能继师志,建七级浮图,即草庵为大雄殿,置如来大像于其中,左右侍以阿禅、迦叶。性润殁后,徒孙晓会继之,装严修饰,方毕前功。而晓会又物故矣。曾孙清祥继之,凿石为沟,筑土为基,特建前殿左楼门,辟静深殿寝言,言凡栖客之室,斋厨、仓库以及僧舍所用铙鼓、铃铎、鱼螺、钟磬之器无不备。而当祀之神,如川主、土主、药王、韦驮、伽蓝、土地之像无不具允矣。栖禅之胜境矣。一日清祥来丐余记,余以一寺之功浸渐积累,间四代而始成,盖其用力也勤,刻意也专,不肯苟成,不求速效,故能以小致大,而其所为无一不如其志。是岂独其佛法之足以动人乎哉?亦其人之才智有以起之也。与之记,以告将来。

民国《丰都县志》卷十一《艺文志》,《中国地方志集成·四川府县志辑》,成都:巴蜀书社,1992,影印本,第47册,第628页。

华严寺大雄殿佛像装金碑记

冯景肯

丰陵山水惟华严最奇,前瞰枳江,后枕金盘,平山拱其左,渠溪绕其右,峰峦攒列,如剑如戟,如屏如障,其溪谷吐秀,如兰芬,如桂馥,而鹿鸣争喧,如笙簧迭奏,如琴瑟交挥,盖天造地设一洞天福地也。明季余君廷贵,不吝千金,率众姓装铸铜佛,谋僧圆静建寺三重,题其中曰"大雄殿",前曰"华严禅林"。当其丹雘初兴,楼阁之巍峨,佛像之整肃,缁衣之云集,晓钟之雷鸣,梵音达夫九天,灯光彻乎四野,一时称盛焉。大清定鼎,日增岁久,榱崩栋折,瓦破檐倾,距今三百余年,宫殿且颓且废矣。住持德安不忍百年古刹一旦就湮,培修中殿几历年所,差有可观,而殿中顶礼诸佛或为释迦牟尼,或为菩萨四大,或为罗汉十八,座则斜也,龛则圮也,头面则尘污也,肢体则垢染也。其诸堆珠镂金则又脱而落,缺而不全也。若不整之修之,涤之洁之,补缀而辉煌之不与,向之榱崩栋折,瓦破檐倾者,增人感慨也哉。德安有志未逮而圆寂,其徒孙心浚守三皈,好清静,缄口不谈世事。余谓之曰:"物理兴废,自古有之。转废为兴,事在人为。今则时和年丰,家给人足,乐善之士固不可概见,然汝能持沿门之钵,拣披沙之金,诵南无之佛,以成前人之志,是即藏经所谓大慈大悲大愿也。何枯坐一室,以参不了禅乎?"僧曰:"是役也,所费不赀,积石焉能填海?"余曰:"诚心者,天必鉴。有志者,事竟成。一人慷慨,万众襄助,功德自无量也。何畏焉?"僧于是高悬慧剑,斩畏葸心,努力募缘,渐次改装。越戊午,而功告竣。余闻之,欣然驾往,第见精舍之中罗列森严,琅琅炳炳,赫赫明明,恍若六丈金身,放金光万丈,与奇山佳水殊物异景互相掩映,永为佛地增辉,且喜古迹由废而兴,而洞天福地之历久如一日也。岂区区之斜者借以整,圮者借以修,污者借以洁,染者借以涤脱,而缺不全者借以补缀辉煌之,一一焕然维新也哉。余嘉僧之不余言负也,爰濡毫而为之记。

民国《丰都县志》卷十一《艺文志》,《中国地方志集成·四川府县志辑》,成都:巴蜀书社,1992,影印本,第47册,第660页。

创修同仁堂序

向世琳

宇宙善功之大,莫大乎以仁人孝子存心。即引斯世孝子仁人之路,亲疏远近,蒙其恩生死存亡,受其福社结香火,泽膏枯骨,伊古来恒忧忧乎难之。县治水驿,惟高镇为最,客商士庶萃处者,不下数百家。去镇里许,溪山缭绕,土石崚嶒,其间荒冢层累,若积阜。然过其地者,辄心焉悯之。嘉庆四年(1799),雷君春芳、李君朝学、王君成礼、文君在榜等集资为每岁盂兰盆会经费,亦既屡侑鬼食也。逮十七年(1812),得许君美才捐助多金,商买廖家沟业,广置义冢,起死人而肉白骨,功孰有盛于此者。然尸骸无暴露之虞,而旅魂鲜招徕之所,善量犹有歉焉。爰相净土,谋立佛寺以壮大观,以全善果。于嘉庆二十五年(1820)鸠工庀材,四月初六日竖建大殿,六月二十六日立下殿,复得李君春宴、曾君俊贤等八人资助,装塑地藏金身左右二像,暨韦驮圣宫,由斯而梵刹巍焕,佛像庄严,莺花胜地,竟若灵鹫宝山矣。非众首士乐善之诚,诸君子玉成之力,讵能若是哉?夫阳为奉佛,而阴以奠亡,古仁人泽被苍生,善机之洋溢,沛若霖雨,其用心不是过也。殿成,爰榜其额曰"同仁堂",示同人效法乎仁人之意耳。并序其颠末,勒诸石以志不朽。

民国《丰都县志》卷十一《艺文志》,《中国地方志集成·四川府县志辑》,成都:巴蜀书社,1992,影印本,第47册,第660-661页。

二、祠庙公署

重修文庙记[①]

昔人云:"天不生宣尼,万古如长夜。"盖以世至春秋,纲常沦没,而人道尽废,天使孔子有帝王志德,无帝王之位,意固欲其扶纲常、正人道,挽颓风以复还淳古之风。使孔子得位,不过行道于当世耳,不过显治业于一时耳。后世之人如聋如聩,孰知有纲常而尽人道也。所谓"万古长夜",正以此也。我朝列圣相承君师,宇内咸立文庙,以帝王之礼尊祀孔子,衮冕为服,宫县为乐,从游弟子列爵以侍左

[①] 本记无著撰人,作于明弘治四年(1491)。

右。又建学校储养髦士以备当世之用。是文庙之重有自来矣。丰都,重庆之属邑也。庙、学旧在县治之东,我朝洪武初徙县治之西,百有余年矣。历岁既久,文庙滋敝,不足以栖神起敬,为令者每欲修葺,间以他故,竟不果。中州毛侯泰以户部郎中知府事,宏治庚戌(1490)仲冬,按行是邑。首谒文庙,顾瞻咨嗟,慨然曰:"是风教之所,先礼义之所,自其敢后乎?"惕然有振弊起旧之思,乃发府中所积材木,属李令更新之。李令体德意,经营缔构,偕耆民仗义者捐资以助,鸠工抡材,而大成殿东西庑梁栋榱桷、瓦甓墙壁之毁者易之,帷幕以及笾豆簠簋罍爵之敝者新之,缺者补之,邑绅士佥谓此盛事,不可无述,请予执笔。予维孔子之道与天地同,其覆载与日月并,其照临有天下者克行其道于以正己而化民,为士大夫者克行其道于是立身而用世,乌可忘其所自而不知其所以报本乎?是役也,固毛侯盛举,而李令成之矣。窃有告焉,崇其祀者文也,崇其道者实也。文至而实不从,圣人之羞也。吾愿士之储养于斯者,进瞻圣容,有所观感,退而致力端其趋向,崇德义以敦实行,去枝叶以求本根,则能明体达用,建功立业以上报国家,庶不负朝廷养士之恩,守令作人之意矣。谨记之以诏将来。

康熙《丰都县志》卷七《艺文志》,第10页b-12页b。又见嘉庆《丰都县志》卷三《艺文志》,第11页b-13页b;同治《丰都县志》卷四《艺文志》,第9页b-10页a;光绪《丰都县志》卷四《艺文志》,第19页a-20页a。

重建文庙记[①]

刘如汉

高阳李侯莅枳之三年,政洽民和,百废修举,而学宫首成。甲申以后,兵燹频仍,礼乐弦诵之场鞠为茂草,牧儿尧竖薪刈其间,菟葵燕麦漫灭其址,官于斯者,曾未过而问焉。李侯下车,恻然叹曰:"读圣贤书而坐视钟鼓销沉,俎豆坠地,忍乎?"爰检冰囊,率作经始。自庚戌(1670)之冬至癸丑(1673)之春,阅三岁月而竣事,为殿为堂,为庑为门,为斋舍,为庖湢,为垣圃,焕然复其旧观。厥费不下数百金,而未尝以丝毫累民间也。邑人士欢欣鼓舞,既乐先圣庙貌之崇,又叹侯之有功于文教为不可泯。郎君于砺走书万里,征记于予。予维古之记学宫者多矣,而

[①] 本记作于清康熙十二年(1673)。

家弦户诵,独旴江李泰伯袁州一记,其故何哉?以其词绝支蔓而一本于忠孝也。夫为臣尽忠,为子尽孝,宣尼立教之大指,故元祭酒字本鲁翀以此二句为夫子戒,斯言卓矣。窃怪世之儒者高谈性命,侈口程朱,各谓得千圣不传之绝学,而考其实有愧于人伦之大者不少。是岂郡县立学之初意欤?李侯学问渊博,家世忠孝,虽牛刀小试,所以训俗化人者,不可殚述。斯举也,扬圣主作人之化,继文翁政教之美,创十六邑已坠之绪,不可谓非善政之首焉,多士于焉,藏修于焉。息游出而用世,必有真忠真孝,建三不朽以答侯觊者矣。予与侯为己亥同门友,平时以道义相砥砺,故喜而记之如此。

康熙《丰都县志》卷七《艺文志》,第41页a-42页b。又见嘉庆《丰都县志》卷三《艺文志》,第36页a-37页b;同治《丰都县志》卷四《艺文志》,第40页a-41页a;光绪《丰都县志》卷四《艺文志》,第50页a-51页a。

重修丰都县学碑记

刘谦

汉文翁为蜀守,仁爱好教化,选开敏有材者,遣诣京师受业博士,减省少府用度,买刀布诸物遗博士。数岁蜀生皆成就,修起学宫于成都市,招学官弟子,除更繇,由是蜀地学于京师者,比齐鲁,史称郡国立学自蜀始。厥功懋矣!予至蜀,见所在学舍废于兵燹者,概未能兴。喟焉太息,谓古人不复作也。居数月,知丰都县王侯以修学告。丰都县学创始元达鲁花赤完者帖木儿,在治之东,明初知县杨谦改治西,中更废兴,后毁于贼。国初鼎新,文命敷于四海。壬寅(1662),知县汤君始建大成殿,才一楹。庚戌(1670),知县李君又建启圣祠于明伦堂右,亦湫隘不如制。王侯下车,见而痛之,毅然以为己任。天鉴厥忱,大木浮江下,乃与教谕黄锡策、训导屈先达、典史刘启武经营广殿三楹,而移祠殿后敬一亭址。跂矢鸟翚,巍乎奂如经始。于癸未(1703)六月,命庶丕作,士绅以次更直,而副榜林君敬修、武举高君曜、监生林君慎修,图始慎终尤勤。甲申(1704)六月,余适按部至县,获谒庙而遍观焉。自东西庑名宦、乡贤祠,棂星、戟门、泮水桥、堂斋,靡不备,垣墉涂暨茨靡不饰,其赀自诸生廪糈及民谭心、湛本源等乐输,余皆出王侯俸余,与文翁减少府用度遗博士,无以异。又厘斋舍之久假者,归之宫墙,视起学市隙,难不啻倍屣。至为诸生亲正句读，则庶几程夫子之任在晋城。无遣诣京师受业之烦，而教过之，以此倡诸郡邑，将学之废者尽兴。使史氏执简书曰：蜀今兴学自酆始，奚不可也？于时诸生请予记之，乃升堂钟鼓而告之曰：尔知朝廷建学意乎？天生烝民，有仁义礼知信之性，有君臣、父子、夫妇、长幼、朋友之伦，修乎此则爵贵且灵于物而为人，悖乎此无以远违于禽兽，此学校之设圣人所为，继天立极导之以明人伦，而复其性也。古者家有塾，党有庠，州有序，国有学，以三物教万民，宾兴之而后为士，是故天下无无学之地，无不教之人，以此化民成俗，比户可封。今之升于学者皆民之秀也，朝廷所以教育之者，恩至渥制加详。皇上复颁训辞，昭示中外，以士先德行而后文艺之意，深切著明矣。今王侯岂为尔取科名邀荣膴计哉？愿学于斯者，勿汲汲于利禄，苟图进取，务逊志于圣贤义理之学，体验于日用，收益于身心，所谓明伦复性，于是焉存有，不特禄在其中者。夫班固之称文党不过曰：见蜀俗僻陋，诱进以文雅而已。诚尽心于斯，今日蜀生之所成就，又宁止如固所云耶？诸生唯唯受教，爰书以为之记。

康熙《丰都县志》卷七《艺文志》，第44页a-46页b。又见嘉庆《丰都县志》卷三《艺文志》，第39页a-41页b；同治《丰都县志》卷四《艺文志》，第42页b-44页a；光绪《丰都县志》卷四《艺文志》，第52页b-54页a。

重修夫子庙赞

王廷献

天覆地载，日照月临。万古长夜，圣人笃生。羲农皇帝，尧舜禹汤。文武周公，统归素王。诲人不倦，吐辞成经。千秋木铎，未丧斯文。经明于汉，文盛于唐。宋诏郡邑，咸立宫墙。有元至正，学建丰都。迨明洪武，移西城隅。甲申兵燹，惨罹一炬。清和重构，高阳继绪。庙制卑隘，未复旧观。佥谋重建，扩一为三。后圃低下，筑土成坛。宫移启圣，用称岩瞻。岁在癸未，鸠工庀材。多士奋兴，庶民子来。季夏经始，建子落成。谨识岁月，勒诸贞珉。

康熙《丰都县志》卷七《艺文志》，第46页b-47页a。又见嘉庆《丰都县志》卷三《艺文志》，第41页b-42页a；同治《丰都县志》卷四《艺文志》，第44页b；光绪《丰都县志》卷四《艺文志》，第54页b。

补修圣庙碑记

方宗敬

昔端木氏之推尊我夫子也,曰夫子之墙数仞,不得其门而入,不见宗庙之美,百官之富,盖一时罕譬以晓管窥者流也。而历代推广庙制以崇祀我夫子者,视之故,自正殿四,配两庑、戟门,外更设棂星一门,门外为泮池,泮池外则为屏墙,左右有门,门上有坊,所谓圣域贤关者是也。庀材则屏墙以砖,门坊以木,而棂星一门则以石,盖是门设而不关,露而不蔽,惟石稍为耐久,历代遵之,由来旧矣。

丰邑学宫自康熙癸未(1703),邑令王公廷献重修,规制始具,距今盖百有余年,冻雨炎风,严霜烈日,剥蚀既久,坍塌堪虞,甚非所以肃观瞻而严体统。宗敬自嘉庆十八年(1813)奉命来宰是邑,下车谒庙,惟正殿两庑稍为整肃,余若屏墙、门坊之属半就倾颓,而棂星一门石皆瓦裂,支以土墙,殊为不整。礼毕即与学博陈豫前商之,豫前曰:"屏墙、门坊之费,自前任李公自超倡捐,诸绅士输助,已得二百余金,拟刻日兴工,匝月当可告成,惟棂星门费恐不足耳。"余曰此易办也,随饬工入山取石,不数月任辇毕集,琢磨并施,既完既整。只以蠲吉未就,迟至本年二月十三日寅时始行建立,度地视前略后数尺,而朴素坚厚,规模较壮丽矣。窃维我夫子道德文章,师表万世,与天地同其覆载,与日月共其照临。欣逢我朝列圣相承,崇文阐道,自京师及各直省府厅州县,咸饬立文庙,祀以帝王之礼,所以示崇师劝学之典者至矣。至于缺者补之,敝者新之,俾多士出入是门,翘瞻美富,于以端向往而敦实学,以上储国家桢干之用,此守土之责也。是役也,并前共费银四百余金,除前任李公倡捐及绅士捐输外,余皆宗敬筹款捐修。用克竣事,而趋事之敏,成功之速,则豫前就近监理督催之力为多。既葳事,属余聊缀数言,并前役而合记之。

同治《丰都县志》卷四《艺文志》,第75页a-76页b。又见光绪《丰都县志》卷四《艺文志》,第87页a-88页b。

修复文庙记

王元曾

今上御极之初元，余以亲老乞养归里。夏五月，至自楚北。林生调元来谒，具述同治九年（1870）夏涨泛溢，水高于城数丈，官廨民宅，半为波臣徙去。圣宫东西两庑，戟门以外祠宇皆就漂没，惟大成殿、崇圣祠岿然仅存。而龛座棂扇亦坍圮漫漶矣。比年春秋丁祭诸贤，皆临时设位，露奠两楹，殊非所以昭诚敬也。余为怅然，嘱商同学，急筹修之。越数日，闻丁丁者伐木有声也，冯冯者削土有声也。盖林生与陈君仁斋等会议于学博杨君听彝，以南华寺充入圣宫之田，提谷三十五石，质钱八百串，已庀材鸠工，建竖两庑矣。余既喜其经始之速，而又虑其蒇事之难，谓费不赡，厥功可告成乎？佥曰不能。适有言近岁城工公款尚存钱万有数千贯，盍请之邑侯。邑侯者，刘公筠生也。下车以来，百废俱举。月朔望谒庙，固有亟亟图构之意，诸君用其说，价余先容，侯果如请。于是在所宜因者修而复之，在所宜益者改而张之。自大成殿、崇圣祠、戟门，外乡贤、名宦各祠，及致斋一所，缮完悉符旧观。棂星门、屏墙、圣域、贤关两门，前后围垣等处，或更之以新，或恢之弥广，多增廓者焉。先是学署毗连西偏，不得开拓，忠义、节孝附于宫墙之东，并建一祠，基址甚隘。至是学署已迁新城，隙地扩如，乃于东建祠忠义，移节孝祠于西，祠前各树杰阁，如双峰对峙。戟门之右又增建一所，颜曰更衣所。后西向又建一厢，以为庚拜宴集之地。垣墉丹艧，巍然焕然，美哉备矣。

余尝考县志所载，圣宫之建于此，始自前明洪武，历我朝康熙，以迄于今，凡重修者六次矣。夫自兴而之废者剥之，义也；自废而之兴者复之，义也。剥则必复，废则必兴，理有固然，数亦不易。我邑陋于水后，剥者极矣，废者甚矣，然则所当复而兴者，不皆于圣宫卜其权舆哉。是役也，始于光绪元年（1875）六月朔，越次年丙子闰五月工竣，计木石等项工料共用钱六千三百有奇。董其事者，贡生刘君寿图、廪生甘君镒、李君鸿仪、文生陈君瑞征、苏君为菜、林生调元，而历寒暑无间。惟兰亭刘君任劳尤最。诸君相与有成，皆未可没其绩也。遂于落成并志之如左。

光绪《丰都县志》卷四《艺文志》，第99页b-101页a。

启建文昌宫记[①]
戴文亨

平都山麓,观宇邻比,若民居然矣。当群宇之中,有地一区,冈脉隆然,江城环抱,平麓之胜,此其奥焉。识者尝谓有待也。隆庆初,兵宪乔公登而异之,称为文明之区,乃属邑侯万公创为凌云书院,太史曹公记之矣。是时人文济济,卓有凌云气,颂二公之远,览而嘉惠者藉藉也。万历己卯(1579),奉议撤毁,翼然堂序,一旦鞠圃,良可慨夫。壬午(1582)之冬,贞庵钟先生名焕,富顺人,来署吾邑。顾其墟而叹曰:"噫嘻,名山有遗址哉!溪流潆洄,宛若七曲,蔚哉文章府也,而墟之可乎?"爰命僧人性月募修文昌宫殿,即捐俸金百两以为倡,士人附之,民之仗义者轻百余金以助之,不逾年而工乃就。正殿巍峨,坊楼翼翼,其规制气象仿佛簧宫,视昔之建立者径庭矣。呜呼,是地之胜,寂寂于前古后今者,不知几岁月矣。前此一顾,乃曰文明。继此一故,乃曰文府。前此有作以造多士,继此则有作以祀文衡,盖山岳之灵,古今旦暮,而此心之灵在智谋远大之士者,所见同也。由是士人振奋于德业事功,以求无负。庶此宫之建,大有裨益于文运,而平山增重矣。

康熙《丰都县志》卷七《艺文志》,第23页a-24页b。又见嘉庆《丰都县志》卷三《艺文志》,第24页a-25页a;同治《丰都县志》卷四《艺文志》,第25页a-26页b;光绪《丰都县志》卷四《艺文志》,第35页b-36页b。

重修文昌宫碑记
林坚本

文昌悬诸天阙司箓之神,详于晋志,备载《王氏闻见》诸书。吾蜀越巂人士至今能言之。不具悉而论者谓六星开辟已然,必竢吾蜀百千亿年后之人主之,其说今诞。不知上古士风静一,魏晋以来篡杀成风,士多变易,学术俯仰以求合于当世,或者帝心悯忧,特简司箓之神进贤退不肖,未可知也。而当日之立,为是说者,吾知尤有深意焉。以天下最难治者,士心也。无端而使有志投诚之士寙寐,

---
[①] 本记作于明万历十年(1582)。

如或遇之；无端而使侧身修行之士言动，如或纠之；无端而使至斋龥吉之士悁蒿凄怆，如或见之。朝廷三物六行，礼乐刑政不尽及，帝君之神能及之，则神之所治幽独也。岂神能取士之幽独而治之？夫亦士自慎其独，与神明相见于隐微之际。故曰：最难治者，士心也。而能治士心者，帝君之神也。士各治其心，与神合漠，则士心各有一帝君，神祠不必从庙祠作解也。

吾邑平都山浮屠、羽室经咸阳烈炬后修复踵相接也，非民之力则官之余貌。兹上下文昌宫庙莽衍弗治，其故维何？盖责诸晨星落落之，寒流历久不睹成效。当世非不右文，而士坐以文弱，祠坐以文废，往往而然。幸苗裔弗辍，庠之以清干见称者，若神启之，毅然议修。遗书山中行僧真一，与之约付，以永远住持。丐邑绅古秤叟先生为文以集众志，先生恐行之不逮也。捐宿构作室材木六十余头，以促之。阖邑绅士及凡业儒子弟均乐助焉。　年　月　日[①]落成，爰载笔而泐于石，治心之教，帝君之灵，其在斯乎？其在斯乎！

康熙《丰都县志》卷七《艺文志》，第42页b-44页a。又见嘉庆《丰都县志》卷四《艺文志》，第37页b-39页a；同治《丰都县志》卷四《艺文志》，第41页a-42页b；光绪《丰都县志》卷四《艺文志》，第51页a-52页b。

建培元塔碑记

朱有章

今使议成一事，难者见之谓之难，虽易亦难。易者见之谓之易，虽难亦易。凡事莫不类然，而司土者之于民事为尤信。甲辰（1844）冬，余奉檄摄篆斯邑，观其山川奇丽，实生贤才之区。乙巳（1845）春，考课平山书院，接见诸生，皆恂恂儒气，美秀而文。阅其文清真雅正，不坠先民矩蒦，而何以邑之掇巍科登甲榜者，竟复寥寥。或曰昔年石工采石，凿伤地脉。或曰近时披沙淘金，竭尽英华，科名之不振，职是之故。余闻之而疑信相半，未遽谓然也。旋因公赴乡周览环郭诸山，惟东南隅地势低洼，参之术家之说，恍然有会，思欲建一塔以补其缺陷。犹虑己见未协群情，因邀学博邹小山、汛官刘古江、少尉刘允庵，暨精习堪舆明经郎官，在董事国学苏永泰、甘文玉、廪生陈汝修、张金品、项贞奎，增生王功普等登高相

[①] 原文即为空白。

度,定厥基址,众谋佥同。拟即鸠工营建,以年向未利,且帑金尚须筹划,缓以逾年,官民捐助,得二千金,砖石悉备,即于丙午年(1846)正月二十八日兴工,今已三越月,不日可告成工已。以是知天下无难成之事也。方塔之未建也,预计其成功若何,縻帑若何,人谁曰不难?及其成也,层覆甫基,圆阶已就,人谁曰不易?譬之白屋之士,思博一第,以酬初志,恒视为阶天之难,转瞬掇巍科,登甲榜,以渐至于状元宰相。直易易耳!何难之有?古人云,有志者事竟成。信不诬哉!余卸篆在即,略记其缘起以告来兹。

同治《丰都县志》卷四《艺文志》,第82页b-83页b。又见光绪《丰都县志》卷四《艺文志》,第94页b-95页b。

重建奎星阁记

陈九经

自古文教之兴弊,端赖上之化导,邑之贤士大夫复为之倡率而后可变夐鄙之习,而复彬雅之风,则立学宫设书院,省试以督其程,升降以警其惰,皆亟务也。而凡可以培植而振起之者,亦宜无乎不举焉?此奎星阁之所由建与。

丰邑旧阁自有明建立文庙前,毁于兵燹,国朝鼎兴,改建于丰稔坝。顾念我圣天子右文兴学,洋溢海隅,丰之邻如汉平、乐温、临江、朐忍诸邑登甲第入承明者指不胜屈,而丰界在其中百有余年,馆选仅一人,试秋闱者或数科始得一售,是果执业者之未精与,亦未必非形势之有咎也。岁丁卯(1867),邑人高荣安等慨然有志改建,适忠州张牧伯星炜至丰,履其地谓文庙艮方低陷,须改于梧桐街以镇之。遂措资划材,于是春基始积工若干,费若干,阅明年夏落成,请记于余。余己巳岁(1869)始来司铎是邦,已见层楼杰阁,直矗霄汉,癸酉(1873)、甲戌(1874)春秋两闱皆有售者。因叹诸君子之相与有成,而益信廖赖诸人之说非尽诬也。虽然犹有说,尝考《天官书》,魁枕参首,平旦见者,魁又曰斗魁,带匡六星曰文昌,其三曰贵相,五曰司禄。《孝经》援神契曰:奎主文昌,是固芹官太学之士所祷祀而尸祝之者。然或媚之以图弋科名,拾青紫,振耀邻邦侈科甲人文之盛,则其志抑已隘矣。夫士君子读书稽古,当为天地立心,为万物立命,处则独善以乐其身,出则行志以达于世,由是以道德而发为文章,如江河之流而无不通,如日月之明而无不照。古之人胪传得奇士，则卿云烂霄，鹤禁有通儒，则五星联璧，何莫非灵台一线之光芒，有以上烛星斗也乎？吾愿邑人士睹奎文之炳焕，奋藻彩以高翔，华实相符，始终不懈，当不徒以科目为轻重已也。董其事者，某某例得附书，而益其费之不足，则高子之力也。

同治《丰都县志》卷四《艺文志》，第76页b-78页a。又见光绪《丰都县志》卷四《艺文志》，第88页b-90页a。

重修关帝庙前殿碑记

罗其昌

凡建立祠庙，足以植纲常，扶名教，世道人心，重有赖者。最大莫如孔圣人，其次莫如关圣，是二圣者如日月经天，江河行地，光无乎不照，泽无乎不周，以故郡县建立关庙，比于孔子，由来旧矣。况平都为黔嬴福地，蜀东名胜之区哉。余丰人也，自先府君侨寓于遵，丰都关庙，余固不之见。先君尝言平都风景人物，碑碣古迹，了如指掌，而于关庙独详。其庙左俯大江，右挂五鱼，前临白鹿，后拥青牛，中腾五云。前殿后阁，为廊为庑，翚翼壮丽，甲乎一山。余心焉识之不能忘，历数十年，老于宦海，始得退休林下。岁甲寅（1854），自遵归省祖茔，而古先文献无征。及登平山，如历梦境，如过旧游，迤逦而陟峋嵝之上，关圣像岿然独存，两旁壁立如削，不知何时坍塌，一至于此。余甚异之。邑人王珏为余言，庚戌（1850）之秋，冰雹大作，将前殿飞空而下，圣像安然无恙。余笑曰："我朝褒封关圣，祀以太牢，与孔子等。此之坍塌，或山灵嫌其湫隘，欲举而光大之。且以巩此基于盘石，亘万古如一日耳。"王珏云："更新恃其力，图成待其人。"邑长何公修废举坠，百度维新，特捐清俸以为之倡，众善亦为之助。盖将固其根，厚其培，以筑以构，不日落成，因丐记于余。余曰：汝知贤侯建庙意乎？圣帝精忠大义，炳耀寰宇。是役也，欲使尔民知有忠义耳，知忠义则知礼让、知孝弟，风益淳，俗益厚，未必不因乎此也。其有裨于纲常名教，世道人心者，岂少也哉？余既嘉贤侯之意，而又喜所闻之独得于所见。因为记。

同治《丰都县志》卷四《艺文志》，第63页b-64页b。又见光绪《丰都县志》卷四《艺文志》，第75页b-76页b。

重建城隍祠寝殿记

曾撰

今夫举一事而事在此,意即在此。苟有关于风教,君子弗缓也。举一事而事在此,意不止于此。苟有关于风教,尤君子所必急也。吾邑城隍祠在治之东,仅三间,创于楚州汤侯,岁时读法咸于是焉。我朱老夫子以巍科名家来宰斯土,兴利去弊,百废修举,几几乎比户可封矣。乃犹朔望宣讲圣谕,不惜亲为开导,耳提面命,虽寒暑勿辍。间者周行祠后,见有寝殿遗址,曰:是不可以重建乎?爰减俸蠲吉告神,庀材鸠工,未尝兴民间一役。两越月而工竣,邑之聚而观者莫不曰:斯举也,可以肃观瞻妥神明矣。余曰:似也,而未尽也,盖民义之与鬼神,其途虽分,而圣人之所以务而敬者,其义又未尝不合,所谓举一事在此,而意不止于此者也。《易》曰:先王以神道设教,而天下服。不信然乎?且当朔望宣讲之期,邑之大夫士庶,少长咸集。先时而至者,自郊自野,俾得意于斯,以肃其气。后时而去者,言慈言孝,俾得意于此,以阐其旨。面貌之聿新,敬鬼神正所以务民义也。则夫风教有关,固君子之所必急也。抑又闻之,召伯之巡南国也。后人于茇憩之处,赋甘棠焉。今我夫子朔望布化于此,则是祠之寝殿也,公之甘棠也。异日者丰人其亦咏歌于无已乎。撰以樗材,深蒙雨化,睹兹营建之实有裨于吾邑也,可无扬言以志其事耶?爰拜手以为之记。

康熙《丰都县志》卷七《艺文志》,第65页b-66页b。又见嘉庆《丰都县志》卷三《艺文志》,第60页b-61页b。

新建龙神祠移建诸葛忠武侯祠记

瞿颉

丰邑自县治外皆山也,所艺黍稷穜稑,大抵在巉岩削石之间,土瘠而薄,经旬不雨,其苗立槁。民之所赖于雨泽者,顾不重欤?余至之旬日,适届秋祭,吏白于余曰:"邑有龙神庙,在北山之巅,曩者春秋祭祀皆以属之县尉,敢请。"余曰:"恶是何言也?龙神为一邑水旱之主,其所系于生民者甚大,可以祀典之重而惮一行乎?虽然庙在山巅,艰于登陟,必也再建一祠,密迩城郭,不特朔望可以展礼,设遇祈晴祷雨,昕夕吁请,不亦便乎。"会邑西双桂山有武侯祠,俯瞰城中,形家谓不利于居民,而东郊旧有万、窦二公祠,岁久而废。余乃谋之绅士,移武侯祠于其地,即于祠前建屋三楹,以奉龙神而祀万、窦二公于东偏。佥曰:美哉,斯役也,龙神、武侯与万、窦二公之灵,各得其所,一举而三善备矣。乃裒罚锾钱若干缗,鸠工庀材,经始于丙寅(1806)腊月,落成于丁卯(1807)仲秋,不伤财,不病民,而厥工用蒇。邑人请记于余,余不佞,备员兹土,下车之始,秋霖为患,祷于神而立霁。今两载以来,上赖天地之和,雨旸咸若,而讼狱日衰,盗贼弗炽,得与斯民悠游以卒岁者,皆神庥之所被也。至于武侯功在全蜀,民不可谖,固非独区区下邑所当崇祀。而万、窦二公为丰邑循良之归,比于中牟之鲁,桐乡之朱,所当亟为表章,以慰万民到今之思,以励后此守土之官者也。今合为一祠,以妥以侑,享祀不忒,庶几哉侑我烝民,锡之膏泽,岁则大有,家用平康,匪特丰都之民阴受其赐。即余不佞奉职无状,弗至陨越于下,以贻神人羞者,实于是乎在矣。是为记。

嘉庆《丰都县志》卷三《艺文志》,第77页a-78页b。又见同治《丰都县志》卷四《艺文志》,第67页b-68页b;光绪《丰都县志》卷四《艺文志》,第79页b-80页b。

改建武侯祠记[①]

王元曾

余尝三上京师,出河南新野道左,遥见郁郁葱葱,蔚然而秀耸者,问之御人曰,此卧龙岗也,其上诸葛庐在焉。车尘马足间,匆匆不获登眺,窃尝以为憾。及宦鄂,奉檄权南漳县篆,既至郡,与襄阳令游于郭外之西南二十里,得所谓隆中者,然后知侯之寓居在此不在彼也。而两地之民争而有之,则侯之馨香于人心者,盖亦盛矣。吾蜀尤侯之仕绩功业所在,故大小郡邑皆有丞相祠堂,而最著莫如成都、夔州。读少陵诗,迄裴、吕诸公,记其称美而尊,奉者殆无间然。国朝重侯,合于孔氏之道,褒其祀而进之两庑,俎豆遂遍于天下,侯之显也至矣哉。丰,僻邑也,有无侯祠亦奚足为轻重?然而妇孺牧竖类知有侯,而于今道扬不置,至其神明不测之妙,或有拟于谶纬术数之学,则又失之矣。夫侯事君之节,开国之

[①] 本记作于清光绪四年(1878)。

才,立身之道,治人之术,如日月之在天而无往不见,故其声灵亦如江河之行地,而无往不通也。当南中四郡之患微,侯神武蜀之不为夷者几希,然则丰亦安可无侯祠乎?或曰:旧有祠,踞双桂山顶,主祀者以峻削难登,徙而近之,今城北颓然文昌庙右者是也。地狭宇隘,日就倾圮,其不足以妥侯灵也久矣。余方与同人谋择地新之。会邑民以同治中所迁山城不便,请于大府营复旧治公廨,悉因原址,于是改所遗县署为书院,捕署为昭忠祠,而学署前有堂,后有室,旁有厢,东偏为回廊,而临以池,池上屋数椽,绕之以竹。余憬然曰:是不可以祀侯乎?众皆唯。商之宰公,亦然余说。乃厂其室而廓然,中为一龛,以奉侯像,左设汉蜀守文翁神座,右以前节制四川协办大学士骆文忠公附之。于戏,侯之治蜀明仪轨,示权制,使上下有节,盖文翁兴学修礼意也。而其尽人器,能简练戎事,则又为骆文忠之用,刘唐诸部谋勇以平石、李群丑所私淑焉。孟子所谓继往开来者,于此亦可想见也。已故并志之,以告俊之景仰而兴起者。

光绪《丰都县志》卷四《艺文志》,第101页a-102页b。

重修禹王宫碑记

方宗敬

禹之明德远也。其在《书》曰:地平天成,六府三事允治,万世永赖。时乃功,后之过河洛而思,作南山而颂者无论已。《传》曰:有功德于民则祀之。以故历代古圣先贤,其有功在社稷,泽被生民者,莫不犁然载在祀典,而禹庙独未经官建。惟吾楚宦游、贸易于外者,自京师及各直省州县,其会馆皆立禹庙,亦莫考其由来。蜀固大禹生长之乡也,考纪传所载,禹生石纽,为古汶山郡,或云广柔,或云汶川,实即今之石泉县也。石壁"禹穴"二字,为唐李太白书,至今尚存。又尝过渝之涂山,有夏禹庙,涂后故址。锦官城有神禹坊。忠州翠屏山麓亦有禹庙,相传治水时经过于此,故庙焉。要之禹之功德无所不在,其灵爽亦无所不凭,后之人思其德,重其地,不过如越人指会稽为禹之会稽,楚人指宛委为禹之宛委云尔。

丰邑旧有禹王宫二,皆在西门外上街,其北为吾楚执艺事者所建,规模偪仄。其南为吾楚寄籍于丰者所营,基地较宽,而庙制亦小。宗敬自嘉庆十八年(1813)下车来谒,即欲廓而新之,因缺费不果。越二年,邑绅等合词请修,遂忻然许之,并捐廉以倡之。昔夫子称禹德之无间,其一曰卑宫室,五子述皇祖之训,犹怵然以峻宇雕墙为戒,庙之新不新,于王心何有,顾惟本俭德以垂训者,禹之所以自奉也。涣王居以报功者,后人之所以奉禹也。矧岷山为江水发源之地,为云贵楚蜀舟楫往来所必经,每当春秋水涨,滩凶石恶,而邑前巉碥梁,石脊横亘,与观音滩比连,尤为最险,稍有不戒,辄遭沉没,人力一无所施,而新庙适当其上,今而后岁时享祀,妥侑(佑)多方,于崇德报功之中,兼寓御灾捍患之请。守土者之责也,亦邑人士之心也。神其吐之乎？是役也,经始于乙亥(1815)六月,落成于丁丑(1817)六月,越三载而告成。正殿规制崇闳,取材坚实,为房共六间,前为戏台,两旁为看楼,共费银三千金,其原庙改为面市铺舍,岁收赁钱,以为修葺之费,及住持香火之需,真不朽事也。于时宗敬实要其成,而鸠工庀材,邑绅暨书役皆与有力。于其泐石,亦例得书。

同治《丰都县志》卷四《艺文志》,第 73 页 b-75 页 a。又见光绪《丰都县志》卷四《艺文志》,第 85 页 b-87 页 a。

重修回龙堡碑记

孙怀骏

马虎垭之东折而南曰"鹦鹉岩",有堡焉。居万山中,蜿蜒盘屈,势若回龙。其下则溪环如带,水流有声,石峡间露龙睛者二,画而点之,不过是也。昔之人既名其地曰回龙堡,复建祠其上,累石为壁,位山王、川主、灵官、灶君诸神像于中,祈祷寄焉。惜规模狭小,广不逾丈,每届春秋不足以容骏奔走者。况久经风雨,瓦石争飞,苟非千里来龙在此结穴,则诸神圣飘飘若仙,亦几欲乘龙去矣,乌足妥精灵而襄祀事哉。首士等触目兴怀,爰就其址而开拓之,更新之,益以左右两庑增塑文武帝君像,一并装采,不日告成。是固众首士之力而亦诸同善不吝之功也。今而后水色山光,松阴石磴,其映带左右,绝无点尘者,禽鸟犹顾而乐之,而况于龙乎？况于鬼神乎？则听声灵之赫濯,而龙其吟也。睹丘壑之回环,而神在斯也。

民国《丰都县志》卷十一《艺文志》,《中国地方志集成·四川府县志辑》,成都:巴蜀书社,1992,影印本,第 47 册,第 661 页。

重建胡公祠序

王廷献

丁丑（1697）夏，余初抵是邑，慕平山之盛，选暇一登，甫至山麓，见铁像露处榛莽间，兜鍪而擐甲，疑是羽流所铸天君像，殊不介意。归询诸从者，则云此地旧有胡公祠，鼎革时毁于兵，此其遗像也。考邑乘，列有公祠，而名氏及立祠故俱不详。明经毛自修告予曰：公名平表，字不波，以忠州判破奢贼，授监军道，晋爵太仆卿，贵州布政使。当奢苗之据重庆也，变起仓卒，公徒步诣石柱司，效秦庭之哭，请兵西向，祷于平山关祠，临阵获神助，遂破贼，乃冶金为像，筑宫平山之阴，即俗称圣帝宫也。丰人德公堵截之赐，亦冶金为像，筑祠祀公。夫祀典所载，有功德于民则祀之。公之血食于丰，讵有愧哉？而旧志胡缺焉弗纪也。

己卯（1699）冬承乏涪篆，阅州志，见孝廉陈计长所作生祠记，则载公始末极详。记云：公，滇南人，举乡进士，初选授县令，改忠州判，因得署涪守事，先后淹于宦途，而居官始终不苟，馈遗纤悉必却，尤恤于刑，搢绅有过，力为保全。夏旱公祷立雨，春雨公祷又立晴。渝城破，远近骚动，公亲诣石柱请兵，堵截后躬率义勇围杀月余。奢寅就擒，论功锡爵，洊陟方岳而名不酬实，公亦脱然名利外矣。天启丁卯（1627）涪人立祠北门祀公，而计长为之记。然涪北门实无公祠矣。

嗟乎，以公之功，即使酬以高位，如丰故老所传闻，何多让焉？乃竟名不酬实，岂策勋之公论与？丰人立祠祀公，而记载不详。涪志详载公功而旧祠莫考，其不至日久湮没也。几希矣，余乃捐俸属圣帝宫僧宗贵仍立祠故址，位遗像于中，使千百世后庙祀弗替。以视前贤之费斗金修平山寺观以邀冥福者，于名教不无少补云。癸未（1703）秋落成，乃为序，勒石以记之。

相传公善堪舆，于丰都杜家坝择地以葬先人。营天、地、人三穴，葬其中穴，留上下以有待焉？公，云南人。

按《崇祯长编》云：蔺贼奢崇明之据重庆也，贵州布政司参议胡平表方以忠州判官，在围城中缒城徒跣，走石柱司秦良玉乞兵援成都。目把纷嚣，不肯应。平表慷慨号泣，不饮食者五日，良玉感动，乃起兵。平表百方激劝，措处以饷。秦兵一战而复新都，再战而成都之围解。四川抚按授之监军兼副总兵职衔，平表得以统束易置诸将,白市驿之战俘斩千余,马庙之战俘斩万余,占据两岭,酣战一日夜,斩首千余,夺据二郎关,擒黑蓬头,追降樊龙,复重庆。奢寅纠土府水西,复集十万,我五路应之,四路皆败。总兵杨愈茂死之,平表以六千兵,人囊米五升,截苗奸贼,无不一当百,十万众溃败如扫,生擒伪元帅巨贼四十余人,获其伪印敕伪号锦册及各县印五颗,救出被掳生灵数万云。

康熙《丰都县志》卷七《艺文志》,第47页a-49页b。又见嘉庆《丰都县志》卷三《艺文志》,第42页a-44页b;同治《丰都县志》卷四《艺文志》,第44页b-46页b。

(光绪志续纂)按成都距石柱千数百里,重庆则辅车相依,秦师之出何以不直取重庆,而远战新都?即谓成都戒严,力图首善,然急攻重庆,则成都之围自解。奚用舍近以求远耶?考《锦里新编》,载万历中永宁土酋奢崇明据重庆,分兵犯夔巫,破泸州,溯流而上,直逼成都。布政使朱燮元督兵扼之,引还石柱女土官秦良玉,遣其弟秦明屏带兵四千潜渡江岸,营南坪关,诸军齐集,夺佛图关,收复重庆,追捕余党,蔺寇遂平。揆以事势,自当如此。不及平表者,盖记载各有详略耳。

光绪《丰都县志》卷四《艺文志》,第54页b-57页a。

知县万公生祠记[①]

黎元

生祠何祀也?今忠州刺史永昌万公也。公尝为丰邑大夫,丰人德之,去思业已有碑矣。复即平山之麓,构堂而肖像焉,爱公之无已也。维时捐资饬材,众志竞劝,凡两阅月而堂成,诸乡先生函书遣使诣余而请记焉。丰,涪邻壤密,迩余岁时往往知公之贤稔矣,廉峻之操,敏肃之政,一时令长鲜出其右者,遂膺殊调,俾侯本郡而膏泽余波恒惓惓于旧治,宜乎民之不能忘也。《传》曰:有功德于民者,则祀之。公历年渐久而施泽于丰甚厚,揆之法不亦当乎,绍公而治者,守而无失,虽百年可也。或曰:公之廉,常恐人知,而其爱民也,劳而不伐,祠而像之,岂其所乐哉?余应之曰:公所弗乐,而民乃乐为之,固并行而莫御者也,恒情企慕其人,则

[①] 本记作于明隆庆六年(1572)。

询其爵里与夫容貌之详,肖像以永其思,丰人报德之诚也。宋儒真西山帅潭州,百姓爱而戴之,为作生祠。时有歌咏其事者,曰:"举世知公不爱名,潭人苦欲置丹青。不须更作生祠记,四海苍生口是铭。"余不佞敬诵斯语,以复诸君之请。公讳谷,字本清,别号遁斋,滇人,丙午(1546)进士。

康熙《丰都县志》卷七《艺文志》,第19页a-20页a。又见嘉庆《丰都县志》卷三《艺文志》,第19页b-20页b;同治《丰都县志》卷四《艺文志》,第16页b-17页b;光绪《丰都县志》卷四《艺文志》,第26页b-27页b。

窦公生祠碑记[①]

詹贞吉

辛巳(1581)初夏,余转官北上,舟次丰陵。庠友蒋生云路、李生茂、杨生茹、熊生祐远,持先生祠状恳余志其事于石。余业有论文之雅,弗克辞。按蜀志,汉王堂守巴州,唐陈易从守彭州,两郡立祠祀之,类是者固多。然皆处权位,功易树而民易怀也。先生则儒官闲秩,何丰人亦祀于祠?及阅状,先生楚人也。为诸生即有大志,慨然以天下自任,先授西宁学训,承委丈民田,不避豪右,界在王室者,亦公以从事,自令僮仆携馔纤芥,不以扰民。县馈公廪封,还,弗受。三载以课最迁丰,身率诸士,章之教言,大都以黜浮靡敦实行为尚。月严考校,甄别无错,皆服其明敏。燕居必正衣冠,皋比不撤坐,出则振响鸣铎,人不敢干以私。诸士凡有所为于其乡间,及于其家,皆曰:"吾先生闻之得无不合于意否?"莫不忖度而后从事。寒士有馈遗者,弗受。两遇始进,随束脩多寡,绝不启阅。甚至豚肩樽酒,亦欣然纳之。橐中靡有藏物。摄教邻庠,所至有冰蘖声。督学郭公命附集《大学衍义》,综覆往古,参以时务,足裨经济实用。督学公旌之。庚辰(1580)秋,县簿剥民膏脂,辱及士类,有无辜而遭拷禁者八九,相与泣诉于堂。艴然曰:"吾所领子弟,狼狈至此,讵忍默为?"乃直陈其事于台省。或曰:"寒官悍吏终非敌也,且讼兴狱结,力瘁财伤,非可处分于旦夕,盍隐忍?"先生曰:"吾家世甘贫苦,滥竽教柄,非为营私计,苟有培于士气,虽弗官可也。"利害不顾,竟求直焉。羁渝州阅月,载转省城,冲寒跋涉,始终无一怨言。岁暮归任,闻报擢襄府教授。官转录

[①] 本记作于明万历九年(1581)。

事,适有耆宾举乡饮者,酬以兼金。先生叹曰:"兹盛事也,吾以之市恩可乎?"挥,勿顾。檄催领凭,先生以事未竟不苟于此。求仲凤志,其贤不可尽述也。邑士民德之,肖像立祠以祀焉。祠在平都山麓,前有溪流,与万侯并。先生讳希颜,字子愚,家于永之祁阳县,号祁北,别号亦人子。所著有《五伦纂要》《淮南摘粹》,发明河洛、太极理数,《河源图注》,洎前《大学衍义》等书,传世文章,德行可为远也矣。余遂铭之曰:

平都岩岩,溪流潺潺。先生之风,激懦廉顽。尚以丹青,为表仪型。

可图白发,难绘丹心。敷陈苜蓿,香飘绛帷。祝公之年,寿而且富。

康熙《丰都县志》卷七《艺文志》,第20页a-22页a。又见嘉庆《丰都县志》卷三《艺文志》,第20页b-22页b;同治《丰都县志》卷四《艺文志》,第24页a-25页b;光绪《丰都县志》卷四《艺文志》,第34页a-35页b。

重修廨宇记

方宗敬

左氏载叔孙昭子于晋所止之舍,有坏必葺,《春秋》贤之。矧邑令受天子命出宰百里,凋瘵者宜绥以恩,刁骩者宜惩以法。顾乃休于公宇,听其门堂栋庑,隳摧圮漏,而不治甚,非所以肃观瞻,而严体统也。丰邑环城以外,跬步皆山,居分南北两岸,中界长江,北岸远者不过二百余里,南岸远者不下四百余里,与各州县接壤凡六七处,深山丛箐,匪徒出没不常,大都非威克厥爱,讫不能治。

余以再命来尹兹土,下车伊始,周览城垣,半就坍塌。已乃入视公廨及内宅,但见门塞若穴,堂欹欲压,其庑偃,其墙圮,颓檐侧楹,风雨莫蔽。考其修建头门、钟鼓楼凡三间,修于前令王公镰,在康熙之二十四年(1685)。二门三间,修于前伪令金元卿,在康熙之十有五年(1676)。大堂则马公腾云所修,在康熙之三十四年(1695)。百余年来,风雨飘摇,鸟鼠剥蚀,固宜其倒移倾倚,虽隶人之馆不如也。盖自请帑之例久停,尹兹土者率传舍相视,虽目击颓败,略加以支撑赭垩,得免覆压之惧足矣。余实不敢因其陋,爰集书役,议整饬而新之。城垣以卫民也,修使完固,增置女墙,皆甃以石。公廨以亲民也,头门外地无可拓,乃尽去其堆阜,确荦为之。高其闲闼,厚其垣墙。复于仪门内累石为上谕亭,恭录圣祖广训

十六条于外，便民亲览，内则恭录世宗元年上谕一则，以作官箴。大堂虽仍旧址，而崇隆宏敞，悉视往制有加。由是塞者以通，欹者以正，偃者以起，圮者以完，门堂栋庑亦巍亦焕，见者始憬然咸知为令尹之堂也。由宅门而入为户、刑库各一，幕客及亲属人等分左右列屋而居。上为二堂，即日视事处也。由二堂而进，设复门以别内外。内即三堂，合两廊共为居室，凡十六间。二堂东阶之下，旧有土地庙，邻于湫隘，非神所栖，改建于东花厅，后与仓神合祀焉。即其基为小圃植花竹，与东花厅通。东花厅者，前署忠州赵公所题听莺池馆也。规制颇小，亦廓而新之。后为船亭，颜曰瓣莲小坐，取太乙莲舟之义。最后修仰山书屋，遥望平都、鹿鸣两山，衔接如在目前。盖至是而内舍亦略具矣。是役也，经始于嘉庆十八年（1813）六月，落成于十九年（1814）二月，约费二千金，皆余捐廉修创，不取民间一木一石，惟书役等输钱一百七十缗，亦踊跃急公意也。既蒇事，援笔记之，俾勒石以告来者。其鸠工庀材，吏胥江国文、王廷璧与有力焉，亦例得书。

同治《丰都县志》卷四《艺文志》，第70页b-72页b。又见光绪《丰都县志》卷四《艺文志》，第82页b-84页b。

修养济院记①

养济院之设，所以惠天下颠连无告者也。方今圣天子子惠困穷，鳏寡孤独，尤所加意，以故薄海内外及各省州县通饬建修，以庇穷民，每岁例准咨销帑项，按给口粮，恩至渥也。查丰邑地处偏隅，向未举修。嘉庆十七年（1812）始据前署县李公自超详请设立，即将前县张公伟所建山王臂瓦屋三间，以作院宇。余于十八年（1813）四月到任，查看养济院房舍，湫隘难堪，半就坍塌，目击穷黎露处，风雨飘摇，心甚恻然，思欲为广厦之庇，而不可得也。今年春得公项少许，佐以廉俸，爰将旧宅变置一廓而新之。上为正屋三间，两廊左右各三间，东西偏房各一间，计共得屋十一间。前为门楼，榜淢院名，中敞大院正厅，恭悬"皇仁广被"匾额，朴素浑坚，亦整亦洁，不匝月而落成。夫事为民之所急，未有不宜亟兴者也。宜广德化，轸念穷黎，守土之责也。然或有意兴之而不果，成必迟之，又久而后成。岂兴废固自有时与？今而后无告穷民，入此室处，知我皇上鞠人谋之保居，真不忍

---

① 本记无著撰人。

一夫失所,感激当如何也。守斯土者,敢不倍加矜恤,以无负王政必先之意也哉。是为序。

同治《丰都县志》卷四《艺文志》,第72页b-73页b。又见光绪《丰都县志》卷四《艺文志》,第84页b-85页b。

三、学校书院

改建县学记[①]

黄常

天有四时,至教彰焉。人有五常,恒教立焉。则天之序因人之经以垂教万古,惟吾夫子之道,所谓集群圣之大成,立百世之标准,故历代学校遍于天下,所以崇教化之本,登风俗之基,譬犹布帛菽粟,生民日用之不可阙者也。丰都学,旧在县治之东,地喧而隘,兵火后仅存遗址。圣朝混一,几十余年,未能顿复,惟草屋三间以奉神设主,识者病之。洪武二十一年(1388)春,县令杨公、典史邢公、教谕王公相继到任,顾瞻废坠,慨然曰:"学校乃国家大事,今若是,何以淑人心、兴教化哉!"乃议考卜于县治之西山下,命训导张友仁董治之。木植材用咸出于土产,藉民力以致之。阴阳向背,一效旧制。越明年,殿成。而杨公以考满去,邢与张互襄厥事,就殿之前建东西庑,庑之外正门中联而三辟之,右为明伦堂,堂之前四斋属焉。棂星有门,祭器有库,廪禄有储,庖湢有所,缭以周垣,树以嘉木,土爽而垲,室大以崇,视旧志加三之二焉。虽费而不为烦,虽劳而不怨,可谓用之以礼,动之以义者矣。又明年秋,工落成。张公遣人来求余一言纪其事。余曰:"圣人之道在天下,千万载犹一日,虽时有治乱而天命民彝终无可泯之理,惟在人为之耳。丰都之学既有杨、邢二公倡始之,又有吾子以成厥功,可谓有功圣门矣。勒之坚珉,垂之永久,其孰曰不可?"遂为纪其始末,特加详焉。杨公谦,陕西人。邢公志,山东临阳人。王公必祁,温陵人。张公,重庆之乐温人,其父汉宾尝为学训导,卒,友仁继之,实能成父之志,是可嘉也。

康熙《丰都县志》卷七《艺文志》,第2页a-3页b。又见嘉庆《丰都县志》卷三

[①] 本记作于明洪武二十四年(1391)。

《艺文志》，第3页 a-4 页 b；同治《丰都县志》卷四《艺文志》，第2页 a-3 页 a；光绪《丰都县志》卷四《艺文志》，第12页 a-13 页 a。

儒学科贡题名记[①]

余铎

科贡之得人尚矣。粤自成周以乡三物教万民而宾兴之，三年大比，考其德行道义，兴其贤者能者，其原昉于此焉。汉有孝弟力田、贤良方正之科，则贾、董辈相继而出，唐如龙虎榜之得韩昌黎，制科之得陆贽，宋如韩、范、欧，富文章政事，炳耀当时。此皆科目之得人也。圣朝开国建学以育才，设科以取士，士之有成效者荐之春官，升之胄监，作养造就，咸适于用，何其至欤。丰都县儒学，自洪武纪元初，至于今日，得人之盛超轶他邑，由科第出身者余公亨、曾公添麟，以至王公瓒。膺岁贡而出者，自黄公应祥，至于傅公潮，凡若干辈，咸誉髦之选也。已仕者皆立津要，而政声洋溢人耳目，未仕者咸砥节砺行，而自期显荣于方来。彬彬辈出，猗欤盛哉。余以肤学典教是邑，窃以诸公文学政事足以鸣一代之盛，固可嘉矣。然而代远世移，不致泯灭其姓名者几希。于是大尹柳公暨同寅陈先生辈询谋金同，刻石以永其传，俾千载而下，芳声伟烈，耿耿不磨，是亦君子乐道人善之意也。噫！斯举也，不惟使前烈垂誉于无穷，亦以使后学激昂而奋发，有志竟成者登名是列，跂迹前修，使贾、董、韩、范、欧富之俦不专美于前，而相与同芳百世可也。余既为之，乃复颂曰："堂堂黉泮，洙泗之趾。文物衣冠，惟蜀斯美。有杏其坛，有柏其门。山迎文笔，水涌词源。人杰地灵，贤髦挺生。渐摩膏泽，际遇文明。累掇名科，迭膺岁贡。接武亨衢，朝阳鸣凤。希踪棫朴，媲美卷阿。勒诸珉石，亘古不磨。以启来学，以昭后世。百千万亿，永垂弗替。"

康熙《丰都县志》卷七《艺文志》，第6页 b-7 页 a。又见嘉庆《丰都县志》卷三《艺文志》，第7页 b-9 页 a；同治《丰都县志》卷四《艺文志》，第5页 a-6 页 b；光绪《丰都县志》卷四《艺文志》，第15页 b-16 页 b。

[①] 本记作于宣德九年（1434）。

重修明伦堂序

林明俊

事有为吾及见者,一变而为吾不及见者。及见者,吾也。不及见者,吾也。生而有两吾耶?阅世而有两世也。重之感也,夫及见,变而为不及见,置诸可也?必欲谋为再见,谁将许我多不述。余生乎丰,长三十年,蜀始乱,始无蜀,无蜀而始无丰。吾所及见之丰,变而为不及见之丰于外凡十五年。大清混一,亡人自外归,见丰非复向及见之丰,心甚疑恐,以为事之变至于此。吾生适遭之,洵一人而两吾,一吾而两世也。嗟乎,丰及见不及见,置诸可也。汤侯至,历才吏之勤劳而又有丰,何其能也,虽然终非吾向及见之丰也。嗟乎,丰之及见不及见,置诸可也。往往叹息,不欲置诸衡邑之本末先后缓急风化之系为最大者,佥议修学。然不无格于势,限于力,为之奈何?夫邑之有学,犹人之两目,人无目不能行,邑无学致远能文之才,于何取乎?古之为学,吾不及见,即所及见者,皆近世之学也。明三百年,蕞尔丰邑,列乡校中者,常四百余人,应乡举里选者若干人,举进士者若干人,乡射饮酒、春秋合乐、养老尊宾,陵彝至衰敝之季仍未废,而士之励廉耻,勤服习,其时上下贵贱名分屹然,无乱俗至大伤风化者,以有学在也。频年以来,朝廷诏立学再三,仅存十余人,皆皤首鲐背,沐新恩与进三涉科岁比不下二十余人。会佥议谋诸汤明府捐立先师庙,粗具规模,春秋释奠。旧明伦堂,次庙之左,为琴瑟钟鼓羽钥,师徒讲习肄业之处,左右斋库藏祭器、经书典籍,秉铎有谕有导,署必备。今不及见,所见粗具一庙,有庙无堂,生徒不至,名存而实废。夫古之为学,不及见也。即吾所及见之学,亦不敢期其全而再见之。惟堂与庙之相为倚重,愿量力稍立规模而从事焉。邑子弟望乡校而奔趋,为数渐广,里人各爱其子弟,各敬其长老,乡射饮酒,春秋合乐,养老尊宾,事可渐复里俗,勤生博施,不吝其财,义风未尽绝,衡邑之本末先后缓急于此为最大者,幸勿犹豫焉。独怪浮屠、羽室,不劳谋议,旦夕观成,非资其官之侈则民力焉,反以为当然。独修学多异同,迟久不效其故,不知其所以也。以云爱子弟,敬长老,勤生而博施,然与否与诚力为之不变,今之法不失古之遗,当事一垂注焉。风行自上,下民尤而效之。又何旦夕之不可观成乎!庶生而有两吾之长老辈少慰惓惓也矣。

康熙《丰都县志》卷七《艺文志》,第33页 b—35页 b。又见嘉庆《丰都县志》卷

三《艺文志》，第 28 页 b-30 页 b；同治《丰都县志》卷四《艺文志》，第 29 页 b-31 页 a；光绪《丰都县志》卷四《艺文志》，第 39 页 a-41 页 a。

重修县学两庑、名宦、乡贤祠记

室之有庑，犹鸟之有翼焉。鸟无翼则不能奋飞，室无庑则失其夹辅，而况文庙之两庑尤为羽翼圣道之所托乎。且也名宦以报功，乡贤以昭德，治教中诚有缺一不可者。圣天子尊师重道，昌明绝学，辟雍而外，广励人才，尤慎简贤良，振兴学校，以此奏最诚哉，陋汉唐而追虞周之盛也。吾丰邑学宫前此草创湫隘，自海昌王夫子来守兹土，恢扩旧制，正殿告成。启圣有祠，四配有位，规模固已宏远矣。旋升部郎，尚多却略。秀水禹州朱老父台先生，理学名家，以巍科授内阁中书，而改令吾丰。本学道爱人之训，弘至诚动物之风，士民之沐浴膏泽者，不啻佩仇览之教，刘矩之治也。莅丰以来，修废举坠，百度维新，乃朔望告虔，睹两庑之风雨不撑，两祠之檐庑就敝，慨然者久之，遂捐清俸命工鸠作，越明年而告竣。役动而民不扰，工成而士不烦。夫事难于创始，尤难于成终。前之狭隘无论也，幸而更新而制有未备，倾仄相半，何以成美富之观耶？今也巍然焕然者，大成殿也。鸟斯翼而趾斯革者，两庑也。整而肃敞而名者，名宦、乡贤祠也。是宫墙之美富也，大矣哉。我侯以羽翼圣学者，羽翼圣庙，宜其处为纯儒，出为良吏，而吾丰适受其赐焉。至于乡之中多士，奋兴争自濯磨，不忍以不肖自待望圣域而跻贤关者，将不乏人也。况乎年来鹗荐鹏飞，齐驱并辔，已拜我邑侯之赐矣。即此而为盛世扬休，为贤侯纪绩，无不可也。是为记。

康熙《丰都县志》卷七《艺文志》，第 63 页 b-65 页 a。又见嘉庆《丰都县志》卷三《艺文志》，第 59 页 a-60 页 b。

创修考棚记

田秀栗

国家以制科取士，三岁大比，诏有司择地进退之试，以古昔圣贤儒者之言，使知贵经术，右秀良，非先王之法不得与争，而奇衺不至为世患，是故州县上之府，府上之督学，使者举之乡，贡之京师，各为之所，以绝其弊，以为自是。至于贡登天府,罔非佳士。然则州县之有考棚,犹都会之有试院也。同治乙丑(1865)冬,余权篆丰都,下车观风试士,问考棚所在,佥曰无之。后访诸书院山长,孝廉王君元曾,始知兹邑无考棚者,且二百年先试于县署,继迁试城隅之火神祠,湫隘嚣尘,士弗之便。邑人顾谓其非大患也,遂安其陋。尹兹邑者,谓邑人且无患也,遂仍其旧。嗟乎,士失其寓久矣!周末乡举里选之法坏,杨墨老庄之徒竞起,而与周公、孔子之道争。自汉以后,科目选举之法坏,释道荒诞不经之徒并起,而与汉宋诸儒之学争,迁流数百十年。后之争者,或且胜于杨墨老庄释道矣。初丰人公置地扼西门之要深二十三丈,广半之,欲有创建而未果。会有外来夺之者将构争,为邑人患,众乃以考棚辞。余数与王君谋,欲为实,其言辄窘于资。而争之者方耽耽焉,祝其无成。众有悻悻然,阴设备以俟。适徐学士昌绪以读礼归来,言曰:闻侯谋建考棚,此实吾辈夙有志而未逮者。今以息争弭患,嘉惠士林,一举而三善备,盍亟图之。余曰:是吾责也,为捐廉五百缗。学士与王君诸父老议之,众翕然各输金钱为乡里。先合词请于大府,令余张示匃资给册甲里长者,使遍告以意,于是阖境士民跃然输将,不浃旬而得白金三百九十两,钱一万九千五百四十贯。度其地后洼培之址逾三丈,众方鸠工庀材,江水忽涌至松柏二十余株,皆可梁栋,众益欢舞勤事,谓兹举实有天焉。又恐余速去,乞大府留余以终斯役。余求去,弗获,与都人士昕夕从事。经始自同治六年丁卯(1867)七月,以明年戊辰(1868)五月讫功。得屋二百十有四楹,倚城环庸,以为之范。面街树墙,翼以两辕,墙内为雨亭,踵亭为重门,以肃关键。中敞两廊,趾石载版以坐,试士布地以砥,以御尘壒。其上为堂,拓堂之右循垣为箭道,轩于堂后,屋其两头为校阅所,楼于其上,为公余眺远地。糜金钱一万八千有奇,既成,试期适及,余得睹试士咏思乎其中,佥称便,而以功归之余,请为之记。余谓,是役也,都人士实共襄厥成,余何力之有?且将以其余资纂刊县志及岁修宾兴,又分其羡置较场为马射地,是乐善不已。斯邑之风,文通武达,其未有艾。余职所应尽,不敢谓维持风化仰副国家取士意,而窃幸斯举之成之速,息争弭患,一如徐学士言也。因大会邑人以落之,纪其颠末如左。

同治《丰都县志》卷四《艺文志》,第84页b-86页b。又见光绪《丰都县志》卷四《艺文志》,第96页b-98页b。

射圃碑记

田秀栗

丰都童试,马射向在城南江岸,沙石确荦,往往马蹶伤人。同治戊辰(1868),邑人既建考棚,分其资置地七亩八分,西郭竹雪庵前筑屋四楹,设马道于前,颜曰射圃,为三年大比马射地。自兹以后,试年始得除道校射,不试年佃耕取租,为考棚岁修资。试士当思所自来,平日勿得藉名习射,伤人苗稼,其泐石以示来兹。

同治《丰都县志》卷四《艺文志》,第86页b。又见光绪《丰都县志》卷四《艺文志》,第98页b;民国《丰都县志》卷十一《艺文志》,《中国地方志集成·四川府县志辑》,成都:巴蜀书社,1992,影印本,第47册,第654页。

创建学田序

傅达源

子舆氏有言:其非义也,其非道也,一介不以与人,一介不取诸人,能反是,则与者无德色,而取者无怍容,本原之地系属乎人品也大矣,故扩其用在庙堂,植其基石惟学校。夫学校中人,古所谓博士弟子员也。博士之长今司训之职也,蜀于海内称富庶,司训一席,海内犹艳称之,束脩以上,未尝无诲,似亦取与之配义与道者。顾弟子员登进日刺刺嚣嚣,若不堪其扰。揆厥由咎相职襄者,南皮张尚书督川学,下檄于州县曰:盍劝置学田。川东巡属遵奉有成者颇众,丰邑隶属籍,则壤错中下,自庚午(1870)岁大水汛滥,刷城郭,荡市尘,庐舍几尽,踵以火患,民生自蹙,有心人扼腕叹息,策乏所筹。久之,华阳乔君松司训实来,以学田之废置为己身之休戚,亟请于县尹滇南何君,无以应。逮庚寅(1890)冬,何君近受代司训,泫然再拜,请曰:君将去,独不能为学校成兹美举,永令名于无穷哉?用是何君蹶然兴毅,然诺曰:吾之责也,吾之职也,敢不敬奉以从事?爰集诸绅耆而告之故,筹正名维永图,以捐契底钱文为最善。谓购产者多素封,奚锱铢校?俟学田足即罢之。议定,据详各大府,报可。时石埭沈君已视事,厘订章程,请示立案,又报可。开局于辛卯(1891)五月朔,以陆君广海、曾君辉祖掌其籍,稽其出纳。次年春县试,达源适承乏宰斯邑,迄于州院试秩秩焉,萧规曹随,相与集厥事而已,何以言为。会两君以章程付剞劂,嘱续定所未备,坚以弁言请,达源不敏,辞弗获,援笔纪其缘起而正告之曰:有国家者,视人才为盛衰也。学校者,人才所从出也。博士弟子,学校中人才,而司训为之师,记有之师道立,则善人多,然则师道之立必自取与有节始。博士弟子之才不才,必自识取与之节始。当其取青衿,列黉序,受约束于司训,已晓然于取与之,不苟道义之攸宜浸假,释褐登朝,置身通显尧舜,其君民作桢干,作柱石,邦家之庆即闾里之光,是建学田之明效大验也。呜呼,邑人士永孚于庥,勿废坠是励。

光绪《丰都县志》卷四《补遗》,第150页b-152页a。又见民国《丰都县志》卷十一《艺文志》,《中国地方志集成·四川府县志辑》,成都:巴蜀书社,1992,影印本,第47册,第646页。

建义学碑记
向大成

圣王建国,首重立学。盖欲使天下之人知礼义,变气质,而不为歧途所惑,可以久安长治也。至于家何独不,然我野鹤溪地虽偏僻,各以勤俭治生,衣食既足,每叹先辈芳型莫睹,咸思训迪后昆,以光前绪。爰协众志,各捐微金,择四达之区,公建学馆于麻地坝,周以墙垣,限以界址,以为众姓延师课读之所。嗣是地主不得指为私室,众人亦不得侵扰,庶几有志之士,踊跃青云,即愚懦者流,亦克稍知礼义而不致荡闲逾检,家道可以长保,风俗由兹永正。世世子孙,恪守勿替。是为记。

按野鹤溪在南岸十二甲,距城几三百里,乡俗朴陋,农田桑麻而外,无事诗书者,间有秀颖慕学,亦竟苦无师承,乡耆向大成、监生向为栋建义馆延举人高慎讲学,成就甚众。后两人年皆八十,子孙列庠序贡成均者若而人登之,以为振兴斯文者劝。

同治《丰都县志》卷四《艺文志》,第66页a。又见光绪《丰都县志》卷四《艺文志》,第78页a-78页b。

平山书院记

王守仁

平山，在丰都①之北三里，今杭郡守杨君温甫早岁尝读书其下。丰人之举进士者，自温甫之父佥宪公②始，而温甫承之。温甫既贵，建以书院，曰"使吾乡之秀，与吾杨氏之子弟诵读其间。翘翘焉相继而兴，以无忘吾先君之泽"。于是其乡多文士，而温甫之子晋复学成有器识，将绍温甫而起，盖书院为有力焉。温甫始为秋官郎，予时实为僚佐，相怀甚得也。温甫时时为予言平山之胜，耸秀奇特，比于峨眉，望之岩厉壁削，若无所容，而其上乃宽衍平博，有老氏宫焉。殿阁魁杰伟丽，闻于天下。俯览③大江，烟云杳霭，暇辄从朋侪往游其间，鸣湍绝壑拂云，千仞之木阴翳亏蔽。书院当其麓，其高可以眺，其邃可以隐，其芳可以采，其清可以濯，其幽可以栖。吾因而望之以含远之楼，蛰之以寒香之坞，揭之以秋芳之亭，澄之以洗月之池，息之以栖云之窝。四时交变，风雨晦明之朝，花月澄芬之夕，光景超忽千态万状，而吾诵读于其间，若冥然与世相忘，若将终身焉而不知其他也。今吾汩没于簿书案牍，思平山之胜，而庶几梦寐焉，何可得耶？既而余以病告归阳明，温甫寻亦出守杭州，钱塘波涛之汹怪，西湖山水之秀丽，天下之言名胜者无过焉。噫，温甫之居是地，当无憾于平山耳矣。今年与温甫相见于杭，而亹亹于平山者，犹昔也。吁，亦异矣。岂其沉溺于此山，果有不能忘情也哉？温甫好学不倦，其为文章追古人而并之方，其读书于平山也，优悠自得，固将发为事业，以显于世。及其施诸政事，沛然有余矣，则又益思致力④于问学，而其间又自有不暇者，则其眷恋于兹山也。有以哉？温甫既已成己，则不能忘于成物，而建为书院以倡其乡，人处行义之时则不能忘其隐居之地，而拳拳于求其志者无穷已也。古人有言⑤，"成己，仁也；成物，知也"。温甫其仁且知者欤。又⑥曰："隐居以求其

---

① 同治本作"丰陵"。
② 同治本无"公"字。
③ 同治本作"瞰"
④ 同治本无"致力"二字。
⑤ 同治本为"子思子曰"。
⑥ 同治本为"孔子"。

志,行义以达其道。"①吾闻其语矣②,未见其人也。温甫殆其人也。非欤?温甫属予记,予未尝一至平山,而平山岩岩之气象,斩然壁立而不可犯者,固可想而知。其不异于温甫之为人也。以温甫之语予者记之。

[明]杜应芳:《补续全蜀艺文志》卷二十四《记》,第9页a-11页a。又见[清]薛熙:《明文在》卷五十七《记》,清康熙三十二年古渌水园刻本,第3页b-4页b;康熙《丰都县志》卷七《艺文志》,第8页a-10页a;雍正《四川通志》卷四十二《艺文》,第20页a-21页a;嘉庆《丰都县志》卷三《艺文志》,第9页a-11页a;同治《丰都县志》卷四《艺文志》,第6页b-8页a;光绪《丰都县志》卷四《艺文志》,第16页b-18页a。

重修平山书院记
李谦

邑之山曰平都,秀出五鱼、双桂之东,前明进士杨君孟瑛少读书其下,建书院曰平山,后邑令万君谷更名曰凌云。国朝初,前令有王君廷献者,曾经修建而基址亦湮没不可考。今之鹿鸣书院则张君伟所首创也。伟,黔南人,令斯邑于乾隆戊戌(1778),始择地簧宫右,构讲堂斋舍,共二十余楹,周以缭垣,聚俊秀而弦诵之,更肇嘉名。今其残碑尚存,而字迹半蚀,六十年来门垣就颓,瓦础缺落,后之人非修举振兴,其不鞠为茂草而名存实亡也。盖亦仅矣。余自癸巳(1833)莅斯役,亟谋修缔,念兴教之有由,惧前功之废坠,蠲廉倡始,而首事佘兆登孝廉、王正极茂才等转相劝谕,都人士咸踊跃输资,洊及三年,经费以裕。增山长之修脯,添诸生之膏火,条规次第举矣。乃庀材饬工,葺其院宇,蠹者易之,缺者补之,漫漶者新之,湫隘者广之。经始于戊戌(1838)十一月,越次年己亥(1839)四月而工告竣。肃然焕然,规模较旧加闳。于是董事诸君子以书院名屡易,请仍颜曰平山,示复古,且请为文勒石,用垂永久。

余惟国家以兴贤育才为亟,诸生果志切观摩,修厥道艺,于院名何择焉?抑既以斯山为斯邑,巨镇欲标其名,而不使他邑书院得袭也。谓当崇经术,懋实学,

---
① 同治本为"隐居求志,行义达道"。
② 同治本无"吾"字,"矣"为"也"字。

相与讲贯服习,俾人材辈出,而扶舆得效其灵,其毋徒弋声华,使平山类终南之捷径也。又毋或作辍靡常舍业而嬉,使平山迹近于童,且蒙不毛之诮也,可无勉哉?诸生以为然,遂辑其语以为记。

斯役也,诸寅好为,司铎邹君、少尉刘君,例得并书于兹。院之建于乾隆戊戌(1778),重修于道光戊戌(1838),其年前后偶合,若有数焉?非所知也。修举振兴所重,望于后之君子。

同治《丰都县志》卷四《艺文志》,第79页a-80页b。又见光绪《丰都县志》卷四《艺文志》,第91页a-92页b。

建修鹿鸣书院记

湛露清

古有学校无书院,唐开元间乃有书院名。迄有明而浸广,而后世所称则以鹿洞、鹅湖为最盛。要其宗旨,不外讲道德,课文行,与党庠术序之教同原而殊辙焉。则书院者,其古学校之遗意欤?我朝文教极盛,凡省会、府、州、县各有书院,教其境内俊秀,而吾丰独缺焉,盖二百年余兹矣。前任数公屡兴斯议,究难于创始,不果成。岁丁酉(1837),我邑侯张公来莅兹土,孜孜以造就人才为首务。戊戌(1838)夏,协学师文公、县尉戚公及邑绅士捐俸捐资,选地学宫旁,鼎建大门讲堂,东西书屋,即延师督课,其中阅三稔复建居室、东西厢及厨厕,诸制俱举。今二月工竣,颜曰鹿鸣书院。因院后山名,且取诗歌鹿鸣之义云。

窃谓古循良之治,莫重于教化。若文翁之立学舍,卫飒之修教制,其良法美意,诚可为后世法。今书院之建,我侯作其权舆,复勤于训课,将以振兴文教而存古学校之遗,其所关岂浅鲜哉?自兹肄业者,可以奋然兴矣。韩子谓,业精于勤荒于嬉,周子名胜耻也,实胜善也。尚其争自琢磨,共相砥砺,发为文章,尤当崇实黜华,不揣帖括声律为弋取科名之具,而科名初不外是于以步云攀桂,作宾王家,享笙簧酒醴之奉,斯于鹿鸣之义有取焉。又安在鹿洞、鹅湖之盛不可复见于平都乎?是为记。

同治《丰都县志》卷四《艺文志》,第78页a-79页a。又见光绪《丰都县志》卷四《艺文志》,第90页a-91页b。

四、其他

阴长生炼丹法

蜀道观中凿井得一碑刻,文似赋似赞,有隐士言是汉时阴真人所著炼丹法,杂著于子玉碑。

有物有物,可大可久。采乎蚕食之前,用乎火化之后。成汤自上而临下,夸父虚中而见受。气应朝光,功参夜漏。白英聚而雪惭,黄酥凝而金丑。转制不已,神趣鬼骤。金欤玉欤?天年上寿。无著于文,诀之在口。

[明]杨慎:《全蜀艺文志》卷二十三《诗·道释 附无名石刻二首》,载嘉靖《四川总志》,《北京图书馆古籍珍本丛刊》,北京:北京图书馆出版社,影印本,1991,第42册,第468页。

城东新泉记

黄景夔

城东新泉,故泉也。故泉曷曰新?曰以其故之辱也,始浚之若新焉。曷曰"故之辱"?出城东百余步大涂之旁,维泉之源,脉长而甘,城中井卤,人莫汲汲。城之外东门之人资斯泉,顾独出石间,仅勺挹不受巨器,浸渍溪流泛淖沮洳,牛马之过饮之且溲焉。汲者守泉不得,则于溪匪注盈,汰澄不可汲,踵踵竞次。旱则复于泉沍,冬尤艰,剖冰取饔人息爨。俟水之至不及,则于北泉,又远难致。论者咸病东泉云。予郊行过泉,而喟曰:"泉哉,泉哉,曷居于此?尔资之深而功不溥,质甚美而蒙不洁,斯非尔泉辱哉?"乃心恻而新斯泉。曷曰新?役夫云集,下具如雨,巉穿嵯岈,深入齿齿,泓然成池,汲者如携,不次不劳,不独利东门,城之中咸汲焉。崇之方台,庇之峩亭,曲阑四周,欵如闲如,幽荫寒冽,炙燠之所不及,牛马之迹无缘而来。观者顾嗟,不识其故,故曰新。既成饮亭下,顾泉而贺曰:"嘻泉哉!自有天地,即有尔泉,岂无主翁?咸穆尔顾,兹维新在我,庆尔泉之遭缪。"予理守罔敢苟安,浚清濯污,托风在泉,窃志焉。抑谓我留情事外,不急簿领迹,亦似之知我乎,将由尔泉乎?罪我乎,将由尔泉乎?尔乃扁亭曰"城东新泉",而刻语于石树亭中。

[明]杨慎:《全蜀艺文志》卷三十三《记甲》,《景印文渊阁四库全书》,台湾:商务印书馆,影印本,集部第320册,第382-383页。

直指李公平险滩碑记[①]

黄辉

西于平都可十里许,竖严衡梁,交环束江,江怒而战,滩激岩悚,怪石鼓猛,炮霆互吞,戈铤鳞鳞,(饥)涎波㬪舟,一无幸立入鲊瓮。黔南李公,昔司渝李,行役过之,躬尝厥险,谓:"滩毋顽,铲若必我,姑视吾力,宁尔久贷?"后十余载,果来按蜀。亟檄治滩,毋养余横。时维万历卅有余载,役始春中,人贾厥勇,滩石惭惧,未裂先泣,沃膏而来邪许。倾山水,碌金流,不见凿痕,江舒以前,谷如慰如。凡五阅月遂告成事。舟樯往来,望之欢踊。昔我由兹五色靡主,滩声激天,鼓榜不闻,万斛叶浮,千指发悬,窘迫无措,群号大士,谓惟大慈能救斯苦,是故字滩曰"观世音"。赫赫李公应声济世,砥兹巨阻,若揆舵转,匪神所相易,讵乃尔神不敢居,归之我公?公莞尔曰:"功则何有?兹滩昔年郁于予怀,虽不去心,敢谓必偿?帝鉴予诚,竟决以流斧,如不西,其奈滩何?必云有功归诸国家。"佥曰:洵哉,昔崇伯子实产我蜀,涂山家门凿峡如新,公昔为理囊蜀利害,今重我茌,若还厥乡,探怀施仁,福利澹菑,如出金简,奔走百灵。若兹滩险,匪水匪石,假合成隘,乃于公斧,无心犹耳,况有心者。凡兹伏愿,有如此滩,勿谓滩众,无暇尽斧。公斧在心,不依形立。非故平之,由险自取,有险有平,犹云相待。滩待公来,乃平兹险。一滩就平,百滩震惊,不霜而栗,维仁生威。昔漕江淮,载澄河海,斧无难夷,皆立底绩。于衣带水,解结何有。若平都者,又带之缕何?况其滩而敢恃险,公矢平滩,初念无负,由滩以往,报国何极。尚辅明德,远追伯禹,百尔神人,当矢如公。务平乃心,无负帝命。心本自平,何故而险。心所造滩,险百于水。毋谓无伤,必有斧者。禹亦人耳,独平水土。思日孜孜,为不平故。能平一险,一险之禹。公功匪滩,即滩功在。以滩功公,如管窥天。天岂在管,亦不离管。故树斯碑,表公平心。以平神人,如铸九鼎。为神奸故,使弗若若。孰为鼎者?呜呼,念哉,各护

---

① 本记作于明万历三十二年(1604)。

乃心,如护公碑。无险可斧,无滩可平。是谓太平,荡荡岷江。公功常存,维公即绪。公落以诗,巴人和焉。勒石亭之,亭依于堂。有台有坊,辅以仁祠。苾刍守之,并在滩岸。滩去名存,维观自在。常与公俱斯役者,守令而下凡若干人,附书碑阴,永垂来祀。

康熙《丰都县志》卷七《艺文志》,第24页b-26页b。又见同治《丰都县志》卷四《艺文志》,第26页b-28页a;光绪《丰都县志》卷四《艺文志》,第36页b-38页a。

平险诗序

黄辉

万历甲辰(1604)夏,丰都观音滩平。是名险也,孰平?诸直指黔南李公也。事具予所为碑,公以诗勒诸石诸滩上。巴人德公平多矣,不能遍颂。颂以滩亡,何成峡?何和歌之众欤?讵足当阳春白雪之唱乎?盖其情自有不能亡者欤。诗未有无因而作者,苟出于情,至何声调高下之足论乎?予数道峡中,棹歌声常在予耳,大都与滩纡纡,与滩急急,歌或不暇,百呼同惧。滩去浪平,缓楫放流,咢谣悠悠,与水演漾矣。夫孰迫之,然喜惧变于前,而人声随之。呜呼,往复之道,性情之化,风雅正寙之故,亦略可观乎此矣。当其在平,不知平之为乐也。由险之平,易惧为喜,然后知平之为乐也。蜀故号乐土,比年凋劾日甚,水旱榷采,固亡论乃木之痏,夷之崇,尽江汉沱潜而滩之微。我李公孰与挈诸安流而缓之楫也。兹帖也,固咢谣悠悠与水演漾之音欤。古之诗,虽出于文,质为一妇人孺子,而贤士大夫有所不能易逮其哀也。野人徒抱其质,而君子空有其文,故诗曰以离,虽然其情在,其道固未尝亡也。峡中古歌,惟"猿啼白勃牛",朝暮传之,到今其语质而自文,其声皆凄怛哀厉,而欢歌无闻焉。岂是数者独感人而易传乎?抑未有易惧为喜,如公之为平?民不能遍颂而颂之以滩如今日者乎?夫以妇人孺子之所踊跃欲言,而出于诸士大夫之口,其于文质之道盖庶几哉?有合矣,昔寇莱公厄于此滩,黄魔神见形披之。公险而济神明呵护,略如莱公。予过此滩,滩固无恙,岂莱公不念平此,如公之为乎?将其力固有所不至者,然至今诵"野水孤舟"句,使人如见寇巴东顿忘乎?此之为险,公以平蜀之余,平及兹滩,蜀之人何幸。再

借平仲而雅什琅琅,视孤舟野水句为比,使咏歌巴人,得与阳春白雪之唱共兹江山,以俟采诗之君子传之无穷。即平都之遇且百巴东,而况于全蜀乎哉!

[明]黄宗羲:《明文海》卷二百六十八《序五十九》,北京:中华书局,1987年影印本(涵芬楼抄本),第3册,第2795-2796页。

祭丰都县巉碑梁滩文

王萦绪

大清受命,百神效灵。海晏河清,民康物阜。故夏至日,天子有事于方泽,五岳四渎设坛分享,昭其报也。大江东下,安澜入海,惟川中石滩数十所,著名险恶,上厪宸衷,设救生船守护,丰邑巉碑梁,其一也。职承天子命,来莅斯土。去秋七八月间滩坏商船六七只,货物飘溺,客商号哭,飞船拯济,皆几死复生。初以为水石相激,波浪顿兴,舟入其间,水流石冲,物理如斯,无可如何。继闻邑父老言滩水石吼大作,次日必坏船只,职试听之,诚然,则知此滩必有神以主之,非仅物理如斯也。嗟呼,幽冥一理,呼吸相通,上帝统百神治其幽,天子统诸臣治其明,两相辅助,乃克成功。我皇上合上帝好生之德,爱民如子,不忍使一夫不获其所。诸臣承流宣化,惠养斯民,惴惴焉时恐有负圣明之使。窃惟神聪明正直,岂不体我皇上父母斯民之心,以成上帝好生之德,而忍使往来行旅颠危沉溺于此乎!职承乏受命,与神同事一方,敢诹吉日以刚鬣柔毛庶馐虔荐之神,伏愿神助我皇仁效灵盛世,镇水石之险恶,渡舟楫于平安,远迩沐德,感谢何既。

光绪《丰都县志》卷四《补遗》,第149页a-150页b。

丰都地方文献
资料选编

第四编 艺文作品荟萃

第一节　诗词楹联

一、诗词

访道安陵遇盖还为余造真箓临别留赠
李白

清水见白石，仙人识青童。安陵盖夫子，十岁与天通。
悬河与微言，谈论安可穷。能令二千石，抚背惊神聪。
挥毫赠新诗，高价掩山东。至今平原客，感激慕清风。
学道北海仙，传书蕊珠宫。丹田了玉阙，白日思云空。
为我草真箓，天人惭妙工。七元洞豁落，八角辉星虹。
三灾荡璇玑，蛟龙翼微躬。举手谢天地，虚无齐始终。
黄金满高堂，答荷难克充。下笑世上士，沉魂北罗丰。
昔日万乘坟，今成一科蓬。赠言若何重，实此轻华嵩。

（杨）齐贤曰：涪州丰都观乃北都罗丰所治，名平都福地。内经曰：下离尘境，上界玉京。注云：玉京，无为之天，三十二帝之都，玉京之下，乃昆仑北都罗丰北帝三十六洞所居。士赟曰：玉格曰罗丰山在北方癸地，周回三万里，高二千六百里，是为六天鬼神之宫，人死皆至其中。

［唐］李白著，［宋］杨齐贤、［元］姜士赟补注：《分类补注李太白诗》卷十，四部丛刊景明本。

处州李使君改任遂州因寄赠
贾岛

庭树几株阴入户，主人何在客闻蝉。钥开原上高楼锁，瓶汲池东古井泉。
趁静野禽曾后到，休吟邻叟始安眠。仙都山水谁能忆，西去风涛书满船。

［唐］贾岛：《长江集》卷九。

题仙都观

苏洵

飘萧古仙子,寂寞苍山上。观世眇无言,无人独惆怅。
深岩耸乔木,古观霭遗像。超超不可挹,真意谁复亮。
蜿蜒乘长龙,倏忽变万状。朝食白云英,暮饮石髓盎。
心肝化琼玉,千岁已无恙。世人安能知,服药本虚妄。
嗟哉世无人,江水空荡漾。

[宋]苏洵:《类编增广老苏先生大全文集》卷二,载四川大学古籍所编:《宋集珍本丛刊》第7册,北京:线装书局,2004年,第415页。

仙都山鹿并序

苏洵

至丰都县,将游仙都观,见知县李长官云:"固知君之将至也,此山有鹿甚老,而猛兽猎人终莫能害,将有客来游,鹿辄夜鸣,故尝以此候之而未尝失。"予闻而异之,乃为作诗。

客来未到何从见,昨夜数声高出云。应是仙君老僮仆,当时掌客意犹勤。

[宋]苏洵:《类编增广老苏先生大全文集》卷二,载四川大学古籍所编:《宋集珍本丛刊》第7册,北京:线装书局,2004年,第416页。

留题仙都观

苏轼

山前江水流浩浩,山上苍苍松柏老。舟中行客去纷纷,古今换易如秋草。
空山楼观何峥嵘,真人王远阴长生。飞符御气朝百灵,悟道不复诵黄庭。
龙车虎驾来下迎,去如旋风携紫清。真人厌世不回顾,世间生死如朝暮。
学仙度世岂无人,餐霞绝粒长辛苦。一作苦辛。安得独从逍遥君,泠然乘风驾浮云。超世无有我独行一作存。

《仙都观》。《水经注》:平都有天师治,道书号为"平都福地"。《太平寰宇记》:平都山,汉阴长生白日升天于此,二十四化之一也。道藏有《平都山仙都观记》二卷,注云山在忠州,阴长生成仙处。《舆地纪胜》:仙都观在丰都县平都山,唐建,宋改景德观,又名白鹤观,段文昌《修平都观记》云平都最高顶即汉时王远、阴长生二真人蝉蜕之所。《舆地碑目》:仙都观有《二仙公碑》,李虔撰;《二仙铭》,薛湜撰,俱景龙二年(708)立,号白玉碑。《百川学海》:治平末,东坡泊舟仙都观下,道士持阴长生石刻《金丹诀》就质真赝,坡曰:"不知也,然士大夫过此必以请,久之自有知者。"按治平末,先生方在凤翔任,焉得泊舟观下。或误以嘉祐为治平尔。

[宋]苏轼:《补注东坡编年诗》卷一古今体诗四十二首,清文渊阁四库全书本。

仙都山鹿

苏轼

日月何促促,尘世苦局束。仙子去无踪,故山遗白鹿。

仙人已去鹿无家,孤楼怅望层城霞。至今闻有游洞客,夜来江市叫平沙。

长松千树风萧瑟,仙宫去人无咫尺。夜鸣白鹿安在哉,满山秋草无行迹。

白鹿。老苏公诗序云:至丰都县,将游仙都观,见知县李长官云:"固知君之将至也,此山有鹿甚老,而猛兽猎人终莫能害,将有客来游,鹿辄夜鸣,故尝以此候之而未尝失。"余闻而异之,乃为作诗。○按《嘉祐集》不载此序,亦无诗。《霏雪录》所载与此略同。《方舆胜览》:景德观前,鹿麂时出没林间,与人狎,自平都西去一里,树林丛密者,白鹿山也。景德观即仙都观,注见上首。

[宋]苏轼:《补注东坡编年诗》卷一古今体诗四十二首,清文渊阁四库全书本。

丰都观

范成大

在丰都县后三里平都山,旧名仙都观,相传前汉王方平、后汉阴长生得道处。阴君上升时,五云从地涌出,丹灶、古柏皆其故物。晋隋殿宇无恙,壁画悉是当时遗迹。内王母朝元队仗尤奇。道士云此地即所谓北都罗丰所住,又名"平都福地"也。

神仙得者王方平,谁其继之阴长生。飘然空飞五云軿,土宾寥阳留玉京。

石炉丹气常夜明,宠光万柏森千龄。峡山偪仄岷江萦,洞宫福地古所铭。
云有北阴神帝庭,太阴黑簿囚鬼灵。自从仙都启岩扃,明霞流电飞阳晶。
晖景下堕铄九冰,塞绝苦道升无形。至今台殿栖玲瓏,隋圬唐垩留丹青。
十仙怪奇溪女清,瑶池仙仗纷娉婷。琅璈赴节锵欲鸣,我来秋暑如炊蒸。
汗流呀气扶枯藤,摩挲众迹不暇评。聊记梗概知吾曾。

[宋]范成大:《石湖诗集》石湖居士诗集卷十九,四部丛刊景清爱汝堂本。

平都山二首

李流谦

殷勤雪色鹿,报我上空蒙。老鹤三山客,苍松百岁翁。
洞云浮地出,池水与江通。仙楂无多酌,逡巡两颊红。

福地何萧爽,真祠自杳冥。栋梁传曩昔,草木带仙灵。
雾市朝仍合,云扉夜不扃。天风吹玉磬,应是诵黄庭。

[宋]李流谦:《澹斋集》卷五。

题平都山二首

晁公遡

平都山峡中胜处,余思欲一到而不能。近得予弟书云,今岁仲春常与外兄孙长文顺流往游焉,闻之不胜怅然

沙痕夜涨春流生,微风不起波纹平。
云间眩转失烟树,轻舟直下凫鸥惊。
橹声欲出含风湾,舟人已指平都山。
仙宫无人锁春日,苍烟漠漠松声姿。
谪仙宾天上寥廓,三百年来无此乐。
知君此游殆奇绝,峡中山川岂云恶。
昔年相期欲罔往,流落空山阻清赏。
与公虽不见天台,执事犹能寄遐想。

[宋]晁公遡:《嵩山集》卷七。

题平都山

朱之臣

真仙不可望,所得在孤岑。地既近而远,人惟王与阴。

石霞尚余翠,松气有遗音。幽洞其谁力,高云非众心。

遥知山寂寂,下视水深深。每得相宜者,悠然共远寻。

九日登二仙楼次李广文韵

易简

杖策丰陵第一山,且将醇酒醉童颜。试思苜蓿堆盘里,何似茱萸缀席间。

秋别关河鸿共远,人归城郭鹤重还。谁能更得金丹力,绛雪元霜又下颁。

平都山歌

顾光旭

老氏贪生释畏死,千古卓识欧阳子。平都山称一洞天,王阴学仙曾在此。

药炉丹灶以引年,区区小术安足齿。传言飞升朝玉京,玉京茫茫何所指。

汉魏以降佛法扬,轮回之说更荒唐。畏死即以死畏人,菩萨变为阎罗王。

阎罗分占学仙地,地狱装饰棋局旁。釜烹磨碎已酷哉,未见何鬼受刑伤。

二千年来学说积,人心久惑无以革。贪生犹恐仙难成,未死预求免罪责。

作奸犯科自知明,不爱生命爱魂魄。趋谣阎罗共香火,男女杂沓周道窄。

我承天子命知丰,公余游览来山中。二仙楼头阅大江,五云洞口探蛰龙。

化日光天眼前在,阴阳何曾界西东。淫祠当毁力未逮,自愿德位愧梁公。

是用作歌告我民,阴司阳世孰为真。地狱渺冥不可考,囹圄之苦苦无伦。

国家彰瘅声赫赫,事鬼毋宁是好人。

噫!胡不移畏阎罗之心畏国法!

噫!胡不移敬阎罗之心敬尔亲。

登平都山怀古

五尔卿格

扪萝踏破玉台香,几度崚嶒到上方。羽客已随九转化,丹楼空倚五云长。
荒祠冷落埋烟草,断碣模糊昧汉唐。江上清风山下水,终朝滚滚日苍苍。

平都山仙都观

张福标

地留仙关在,门瞰大江开。花落五云洞,山青八卦台。
松风崖半起,鹤背玉箫来。细把碑铭读,寒钟莫乱催。

二仙阁

张福标

仙翁何处去,仙阁自崇峦。只有闲云住,无心自往还。

二仙弈处

张福标

花落石盘上,崖飞洞口云。知他棋半局,胜负几时分。

登平都山

王元曾

岷山之精应井络,峨眉秀出云间鹤。东行绵亘接平都,一角螺鬟天下无。
福地洞天七十二,此其最灵仙境异。烟霞别有古乾坤,坊署幽冥九五字。
我欲狂言问阎罗,适从何来鬼太多。科头偶效东坡说,又听鹿鸣山之阿。
呦呦白鹿谁骑去,翩翩鹤降停仙驭。仙之人兮阴与王,五云洞口云深处。
沧冥浩荡浑太清,訇然石破九天惊。深落红泉之万丈,圆吞江底之长鲸。
个中真际谁探得,飞语浪传为鬼国。是耶非耶信还疑,故事碑文难考核。
碑遗十段自唐镌,斜倚凌虚阁下眠。足蹑云梯步虚阁,一层更上入遥天。

老僧觞我凭栏坐,笑指棋枰谁觑破。旁观樵子也烂柯,仙乎仙乎今若个。窗前忽挂月如钩,秋涌半轮江水流。耿耿星辰手可摘,攀扶云汉下危楼。吁嗟乎收来万壑胸中饱,安得一生尽入名山游。

留别平都山
张瑞麟

孤峰耸耸插云中,鬼府仙乡说不同。百尺危楼撑梵宇,四围落木响秋风。栏边下瞰江流白,殿角斜拖晚照红。笑我尘缘羁俗吏,名山一别太匆匆。

二仙楼
孔广赞

仙人好楼居,楼成仙何往。
安得王与阴,一枰斗心赏。
山风动疏帘,似闻落子响。

平都山谒诸神像寻王方平阴长生仙迹
曹烨

挨山道院间空门,毳客缁流也自邨。诘曲孤峰侵碧落,阴森午殿已黄昏。时时云拥烧丹灶,点点舟看下涑沄。玉疋独留关篆在,俯窥窨井揆仙源。

耀灵殿前有汉关公篆字,凡十二,森秀奇迎,殆非人世所办也。顶有仙井,而关庙覆之,焚献者投香楮井中,哄哄有声光,渐下声乃渐微,莫测其深矣。

[清]曹烨:《曹司马集》卷一。

送林敏㕛培厚出守重庆
陈用光

蓬莱仙人分符去,管领七十二洞天。平都山为七十二福地。海棠花开春烂熳,香国定放邀头颠。云江江色浓于酒,此日扁舟落君手。绿山红叶好题诗,洲

名锦绣夸谁有。锦绣洲在涪江口。政成惠绩报年丰,石鱼衔花涪江中。好作一图纪祥瑞,待我泛棹来川东。石鱼见则年丰。术者,谓余当督学蜀中。

[清]陈用光:《太乙舟诗集》卷五。

题平都山
李星沅

北眺平都山,横绝大佛面。阴王两君子,岩栖事修炼。胡以讹传讹,谵语设鬼案。不云神仙窟,乃云阎罗殿。剑树与刀山,一霎空中现。安得阮修生,奋笔与之判。维舟日已西,狝声啼隔岸。

[清]李星沅:《李文恭公遗集》卷一《江行杂诗》之三。

再登平都山阁山有王阴二仙迹贵客至白鹿先鸣
王元翰

三十年来两度游,依然城郭枕丹丘。雨余空翠全浮树,江涌涛声半在楼。贵客惭非鸣白鹿,仙翁一去杳青牛。王阴当日骑霞处,一局残棋了未收。

[明]王元翰:《王谏议全集》。

登平都山访王阴二仙弈棋处并白鹿洞五云井诸右迹
王元翰

其一
绿树沉沉金碧辉,平山犹见五云飞。凌霄鹤驾留棋局,盘水龙床透井围。避世欲来寻大药,访真谁为指玄机。徘徊柯烂迷津处,白鹿呦呦洞府归。

其二
碧水苍山别一天,青牛相引入芝田。翠微夹路盘舆笋,缥缈空云出鼎烟。赢得浮生探胜迹,敢希俗骨化真仙。名山许属分付客,愿傍丹崖铸九还。

其三
龙宫隐约住菁葱,鹫岭岩峣倚碧空。四望烟霞天地老,一枰胜负古今同。

葫芦溪外舟仍过,瑶草山中路已封。我欲凌风跨黄鹤,仙都咫尺海云东。
其四
贝阙琳宫总太真,江湖庙廊仰玄津。人知仙子皆中散,我笑微官老宦尘。柱杖棋边闲岁月,吟诗阁上逼星辰。岷江花月平山主,消得壶天几度春。

二仙楼怀古
刘麒义

绝顶登临放眼宽,河山可作战枰看。局残收拾飞容易,说到神仙下手难。

二仙楼怀古
谭宗枢

几点残棋不计年,遗踪流向白云颠。安排此局何时了,我欲登楼一问天。

游丰都观二首
郭印

两汉神仙宅,前汉王方平、后汉阴长生于此山炼丹飞升,千年道德乡。祥云连野润,巨柏亘天长。

陈迹遗萧爽,高风接混茫。凝情丹灶冷,无处问真方。

仙籍平都化,今晨喜一过。彩云空洞穴,阴真君道成日洞中五色云扶起,古木上藤萝。

龙势山盘转,禽声日咏歌。我来思际遇,亭下久婆娑。

[宋]郭印:《云溪集》卷九,清文渊阁四库全书本。

过忠州访丰都观二首
李曾伯

是山来自古,与世类相忘。雨染新苔翠,风吹老柏香。

神仙多汉魏,祠像半隋唐。几许烟霞侣,相从老此乡。

迥绝尘埃表,宁无造物司。鹿驯贪客过,龙老恶人窥。

丹去炉仍在,云生洞愈奇。归舟天尽际,杖履复何时。

[宋]李曾伯:《可斋杂稿》卷二十六五言律诗挽词,清文渊阁四库全书本。

忠州丰都观乃平都洞天也题一首

苏洞

宫殿隋梁所造成,殿门仍有晋丹青。白头道士无人见,客至惟呼鹿出迎。

[宋]苏洞:《泠然斋诗集》卷七七言绝句,清文渊阁四库全书本。

和存子侄长吟丰都韵

阳枋

江肥石没浪,壮激水瘦石。

露滩无声丛,深鹿来平都。

重林槁鹿去,平都轻消息。

盛衰有如此,是理见处须分明。

孟叟晚年尽心作,孔圣垂老春秋成。

当知血气命于志,不同万物殊枯荣。

好向先生问心极,万里浮舟入帝城。

[宋]阳枋:《字溪集》卷十诗,清文渊阁四库全书本。

过忠州丰都观

袁说友

古柏修篁万木颠,盘山百折叩真仙。便疑脚踏如来地,已觉身游洞府天。
空翠遐观浮海日,偃云时汲濯缨泉。我来只恨无仙骨,未必丹炉不再燃。

[宋]袁说友:《东塘集》卷五,清文渊阁四库全书本。

题丰都观三首刻石观中

周敦颐

山盘江上虬龙活,殿倚云中洞府深。钦想真风杳何在,偃松乔柏共萧森。右《仙都观》。

始观丹诀信希夷,盖得阴阳造化机。子自母生能致主,精神合后更知微。右《读殷真君丹诀》。

久厌尘坌乐静元,俸微犹乏买山钱。徘徊真境不能去,且寄云房一榻眠。右《宿山房》。

［宋］周敦颐:《周元公集》卷之六,宋刻本。

丰都

曹学佺

平都称福地,隔水有仙潭。白鹿迎佳客,青牛度老聃。

岭头天为拭,林气午犹含。弈者何时已,风吹落石楠。

［明］曹学佺:《石仓诗稿》卷二十《蜀草》,清乾隆十九年曹岱华刻本。

怀仙吟序

吴用先

丰都山,世所传为司冥者。余意其地必阴森萧瑟……洎抵兹境,阅县志,知古称仙都,肇晋迄宋,代不乏灵……及登绝顶,预见王、阴二仙对弈处,爽然会心……载谒琳宫瑶宇,俨若聚真祥云……且不知复有人间世,何问冥府？噫,业由识造,境惟心生,净其心则升腾清都,秽其心则沉沦幽狱。……

光绪《丰都县志》卷四《艺文志》,第18页a。

登平都山凌云亭

陈大道

平都称福地,隔水有仙潭。白鹿迎佳客,青牛度老聃。

岭头天为拭,林气午犹寒。弈者何时已,风吹落石楠。

[明]杜应芳:《补续全蜀艺文志》卷八《诗》。

雨后过丰都

张问陶

巴渝以东不风雪,披衣脱帽隆冬□。昨夜江头微雨来,嫩寒如过清明节。
山田高下差差绿,峡鸟一声春意足。笑看丰都十万人,不巾不袜欢如鹿。
君不见西徼万里通诸番,马僵人冻冰连山,平番士卒方东还。

[清]张问陶:《船山诗草》卷八《扁舟集合》,清嘉庆二十年刻道光二十九年增修本。

丰都山

张问陶

死人大笑生人哭,浪指丰都作地狱。凿山起殿山为缩,殿中沉沉暗如棱。
人来惊拜僧灭烛,阎罗怖人悍双目。鬼卒狰狞头有角,长枷大杻堆成屋。
锯声辚辚火声爆,刃锯鼎镬恣烹剥。椎扬磨转碓可筑,毒蛇满河方食肉。
雪山晶莹差不俗,踏凌一滑冰穿腹。男跃女跪婴儿伏,照眼骷髅千万束。
九州茫茫人鬼畜,一山收之无不足。万里遐哉南与朔,极天况有要荒服。
泊乎一死全入蜀,蜀人便之来亦速。东走瞿塘北褒谷,众鬼争来声肃肃。
近者牵扶远者逐,呼号叫跳想归宿。千头万头猛于镞,蜀哉蜀哉鬼之鹄。
殿前古井谁敢黩,纸钱飞下如转毂。通神使鬼罪可赎,鬼无心肝神有欲。
大杖年年易新竹,聚人无算供敲扑。山僧踞寺狠如蝮。王不答兮讶其秃。
吁嗟乎,九幽功罪无荣辱,土偶安知作威福。君不见,方平洞口仙云绿。

[清]张问陶:《船山诗草》卷八《扁舟集合》,清嘉庆二十年刻道光二十九年增修本。

纪事

张香海

丰陵周围六百里,南包石柱如环臂。

……

按图户籍万九千,殷富之家什一二。

……

[清]张香海:《听莺池馆闲咏》下卷,收于《清代诗文集汇编》第646册,第390页下。

接丰都县任

张香海

人言枳水是仙乡,到此冬寒万木苍。
城郭凭山成市镇,舻艎①拍案半盐粮。
民情好讼非淳俗,土语频听类楚疆。
除暴安良原夙志,唯持宽猛戒衿张。

……

平都山面势隆崇,豁眼乾坤一望中。
不尽长江流滚滚,偏教山气郁蒙蒙。
云封洞口迷仙迹,月在亭心淡晚风。

……

河南河北界分明,路插忠州石柱程。
到处皆山途尽侧,沿江多盗理当衡。
滩声彻夜如雷吼,瘴气弥空似雨行。
冗俗自维清福少,偷闲兀自报诗成。

[清]张香海:《蓬背吟》上卷,收于《清代诗文集汇编》第646册,第431页。

---

① 吴王大舰名,泛指大船。

初登平都山

张香海

北郭岩峦接,弯回石级多。仙踪云掩洞,逸事斧留柯。

碑碣无秦汉,山门有鬼魅。九蟒神甚奇异。苍松真老健,独立在岩阿。

[清]张香海:《蓬背吟》上卷,收于《清代诗文集汇编》第646册,第431页。

平都山放歌 舟中作

张香海

噫吁乎,平都之山乃以仙都名,岩滩层叠环江城。……间询袟子山名目,云昔二仙道炁成。我闻二仙古迹久,五云洞邃罡风鏜。二仙者有法像在,小楼崇峙余棋枰。偶然狂呼若相识,道友得勿王方平。回首顿复故人讯,炼师毋乃殷长生。二仙不语由道妙,不语之语舍深情。反诘二仙修真处,何缘又以丰都名?殿陛黝暗鬼判侍,廊庑深晦轮回惊。幽冥九五字森严,二仙化去可曾撄。仙机奥秘仍不答,飞升讵屑尘缘评?习闻佛教宗虚寂,慈悲法相非狰狞。复闻道术祖元妙,老庄派别戒骄盈。阎罗天子世敬慑,大名今古奚与京。曩者髯苏蹑屩至,有诗未曾兹事衡。近时渔洋诗名擅,两绝惟摅景物清。细披邑乘未之载,原本难溯岁月更。我为转语众疑解,阳世所重阴毋轻。睹兹怵惕足警世,敛戢憖恶业镜莹。吁嗟乎,今世所惧者,刀山剑树备惨毒,刲肠镂肾恣割烹。魑魅魍魉眼电灼,暗哑叱咤声雷轰。亏心昧良尽显露,对簿无俟分输赢。作孽难逭悔无既,九蟒台下瘃与黥。受无量苦入地狱,人面兽心遭掠搒,亦足以惩元恶之纵肆,戒宵小之逢迎。神威赫燨气峥嵘,神灯朗照殿前楹,夜静西山石鹿鸣。

[清]张香海:《蓬背吟》下卷,收于《清代诗文集汇编》第646册,第433页

丰都除日即事二首

戴鹭

其一

岁暮犹舟楫,江寒抱邑城。家人烧竹火,候吏出沙迎。

箫鼓悲斜景,风尘愧短缨。三时任为客,爱日寸心萦。
其二
携家巴子国,守岁楚人舟。爆竹还通俗,椒花对远游。
情亲童稚语,节换雪霜留。万里怜初志,闻鸡更揽裘。
[明]戴鱀:《戴中丞遗集》卷二,明嘉靖三十九年戴士充刻本。

堆金冢
刘玉

牧野当年恨倒戈,堆金新冢更嵯峨。丰都道士凭谁问,胡鬼曾如汉鬼多。
[明]刘玉:《执斋先生文集》卷七五言绝句六言七言绝句,明嘉靖刻本。

丰都县戏题
贝青乔

炼丹福地此嵯峨,下界无如上界何。若论神仙官府事,韩擒只愿作阎罗。
荒唐谈鬼笑灵巫,剑树刀山果有无。莫是世途机太险,反将地狱号平都。
[清]贝青乔:《半行庵诗存稿》卷五,清同治五年叶廷管等刻本。

读宋范陆及国朝渔洋船山诗恨蜀道山水之奇未得一游戏成二绝
董平章

奇绝江山数两川,客游无路上青天。人生共说丰都县,身后应饶入蜀缘。
绮丽诗情比七襄,前推范陆后王张。瞿塘剑阁风烟好,我独难收入锦囊。
[清]董平章:《秦川焚余草》卷六,清光绪二十七年容斋刻本。

和作二十四首
谭麐

丰都峰顶久栖真,大作黄金普济人。向后飞升何太少,非无功德苦官贫。
[清]樊增祥:《樊山集》卷二十八,清光绪十九年渭南县署刻本。

丰陵月并序
顾光旭

癸巳闰三月之望宿丰都官廨,月上酒酣,兀然而睡。夜过半起,行庭中,清光烂然,凭阑坐玩,援笔得长句。

放舟不到巫峡云,拄杖不到峨眉月。仙都清气荡胸来,欲捉银蟾入蟾窟。
轩然已挂庭树枝,对影持杯醉兀兀。隐几未觉青山横,拥衾讵识华灯灭。
神清梦冷沁肌骨,斜逗一痕窗纸裂。揽衣启户思欲绝,银汉迢迢玉壶澈。
万里而遥江影长,四更以后天容阔。假令斫却恶木阴,定放清光到墙缺。
人生对月坐飘忽,看我星霜点毛发。小时笑指白玉盘,壮岁常依青琐闼。
琼楼玉宇几度看,蜀栈陇云行未歇。巴舟十日浪拍天,岭色千重雨如泼。
信知春月令人悦,驱烟扫雾春云活。一春明月今宵发,五鱼山名跃出江波凸。
月上如环复如玦,月落啼鹃更啼鸠。筹笔无能谬持节,听鸡为赋丰陵月。

[清]顾光旭:《响泉集》诗九叱驭小稿上,清宣统刻本。

蚕背梁滩名属丰都县
沈寿榕

将来丰都县,先过蚕背梁。云边日色青红黄,四围水立城中央。前舟已先泊,后舟犹未开。我舟横出江心来,舟人相对颜如灰。我曰众毋惊,用舟如用兵。置之死地而后生,须臾日出风波平。依旧中流自在行,买鱼沽酒听歌声。

[清]沈寿榕:《玉笙楼诗录》卷一,清光绪九年刻增修本。

平都山
谭宗浚

丰都之山群鬼庭,荒轶怪异传图经。我携一枝椰栗杖,直倚万叠芙蓉屏。
阴崖凿窍闻群牖,古木垂阴泣百灵。试奏笛声如鹤唳,故应尘界举头听。

[清]谭宗浚:《荔村草堂诗钞》卷八使蜀集下,清光绪十八年廖廷相羊城刻本。

丰都望阴王山 即平都山以阴长生、王方平学道于此得名
陶澍

官府真人事渺茫,传讹谁与问阴王小说言丰都有鬼,山盖因阴王而讹。
扁舟此日山前过,惟见疏林挂夕阳。

[清]陶澍:《陶文毅公全集》卷六十二诗集,清道光刻本。

述怀署丰都时
王培荀

早岁事诗书,饥寒未遑恤。翘首望青云,刖足屡见黜。裘马诸少年,飞腾矜彩笔。丘壑独潜身,茅庐风萧瑟。拾橡悲少陵,无钱类赵壹。中夜每起舞,高歌声中律。睥睨纨裤儿,一笑穷途失。

少壮不再得,流光驹过影。骨肉共欣戚,追忆多佳境。坎壈遇弥艰,纷营念自屏。阅世寡坦途,逸足未敢骋。丈夫志四方,局促困乡井。

捧檄事远游,遥指蚕丛路。自顾年就衰,遑云有建树。召杜龚黄策,讲求愧无素。医疾执古方,投药恐屡误。且喜观锦江,壮波掀天怒。

万山夹江流,千里直奔放。南宾城面江,一片平如掌。仙楼据高峰,遥望生遐想。玉霄月明时,何人跨鹤赏。一官如桎梏,俯首在粪壤。

酷暑困炎蒸,挥扇不停手。束带坐肩舆,真愧牛马走。肩舆入山行,艰险得未有。喧呼各奋力,牵挽费众手。怪石撑虎牙,十步折八九。阅时返县门,案牍待已久。

[清]王培荀:《寓蜀草》卷一五言古,清道光二十七年刻本。

鹿鸣寺 东坡游此闻鹿鸣因名
王培荀

兹山近城市,幽僻少行躅。散步涉层冈,乃惬平生欲。
古树如奇鬼,横来将人扑。怪石蹲道旁,穷兽爪牙缩。
东廊开明窗,万竿攒绿玉。清风自往来,炎蒸忘三伏。

少憩到前亭,旷然豁心目。江流白茫茫,岚光青簇簇。
且喜涤尘颜,石泉清可掬。昔日玉局仙,胜游谁能续。

[清]王培荀:《寓蜀草》卷一五言古,清道光二十七年刻本。

丰都丙申

王培荀

面水滩声壮,依山地势雄。城分巴子国,邑为巴子别都,宅是夏王宫。居禹王宫,花石清幽。临政惭才拙,询民喜岁丰。居然休戚共,夹道走儿童。

[清]王培荀:《寓蜀草》卷三七言绝句五言律,清道光二十七年刻本。

以事入山每得幽景

王培荀

群峰如簇笋,浓翠扑衣襟。曲磴穿云细,流泉入涧深。道途增暑气,松竹静尘心。登顿何辞险,披榛且细吟。

[清]王培荀:《寓蜀草》卷三七言绝句五言律,清道光二十七年刻本。

与杨缜亭话旧

王培荀

不料茹冰久,颜舒反胜常。阅人增感慨,报国藉文章。君以调帘晋省。县僻题诗富,刑清课士忙。与君谈别绪,仓卒语偏长。曾到平都顶,山在丰都,予以去岁至,凌云慕列仙。上有阴、王二仙像。归身还落拓,雅意孰缠绵。频有飞鸿信,每以邮筒往还,全无梦鹿缘。郊原秋草遍,试共眺苍烟。前以《秋草》四首奉寄。

[清]王培荀:《寓蜀草》卷三七言绝句五言律,清道光二十七年刻本。

归舟自丰都回

王培荀

卸却铜章得懒身,妻孥欢聚笑言频。休嫌画舸归装少,且喜青山变态新。滩树蒙蒙疑带雨,江烟黯黯似生尘。惟怜赤脚牵舟苦,冬月无衣肉半皴。

[清]王培荀:《寓蜀草》卷四七言律,清道光二十七年刻本。

有以丰都路引见贻者戏酬一绝
吴骞

游戏尘寰七十年,冥符乞与向谁边。沉吟却忆香山句,归则须归兜率天。

[清]吴骞:《拜经楼诗集》诗集续编卷二,清嘉庆八年刻增修本。

平都山忠州丰都县
张豫章

名山近江步,蜡屐得闲行。奔鹿冲人过,藏丹彻夜明。唐碑多断蚀,梁殿半攲倾。洞口云常涌,檐牙柏再荣。行逢负笼客,卧听送船声。乞我诛茅地,灵苗得共烹。

[清]张豫章:《四朝诗》宋诗卷五十九五言长律三,清文渊阁四库全书本。

上宰相求湖州第二启
杜牧

……忠州丰都县有仙都观,后汉时仙人阴长生于此白日升天。今闻道士龚法义年逾八十,精严其法。……

[清]董诰:《全唐文》卷七百五十三,清嘉庆内府刻本。

二、楹联

其一
阳世奸雄,伤天害理皆由你;阴曹地府,古往今来放过谁。

其二
为恶必灭,若有不灭,祖宗之遗德,德尽必灭;为善必昌,若有不昌,祖宗之遗殃,殃尽必昌。

其三

百善孝为先,论心不论事,论事天下无孝子;万恶淫为首,论事不论心,论心天下无完人。

药王殿

药医不死病;佛渡有缘人。

鬼门关

行善积德,黄泉路上心不惊;造孽作恶,刑律面前不易过。

红尘生涯原是梦;幽冥黄泉亦非真。

望乡台

黄泉路上思儿女;阴司地里想族亲。

天子殿①

不涉阶级,须从这里过,行一步是一步;无分贵贱,都向个中求,悟此生非此生。

任尔盖世奸雄,到此就应丧胆;凭他骗天手段,入门再难欺心。
横批:神目如电。

无常二爷

阴世界,阳世界,往来阴曹阳间两个世界;白无常,黑无常,出入白天黑夜一贯无常。

须知六道轮回,今生作者来生受;请看三途转动,善者喜欢恶者愁。

鹰将狰狞,使奸佞丧胆;蛇神魍魉,令邪恶忘形。

贪心无厌把人欺,众口交胜称剥皮;只道剥人能肥己,安能受报自剥皮。

---

① 作者为破山海明禅师。

青脸鸡脚神,锁恶拿顽;白面无常爷,迎孝接善。

人食畜生肉,其心不如畜;淫荡而污秽,枉着人衣服。

泪酸血咸,手辣口甜,莫道世间无苦海;金黄银白,眼红心黑,须知头上有青天。

西地狱
善恶当报,阳间不报阴间报;功过评说,今世未评后世评。

东地狱
修贤扬善成君子,管甚底阴阳两界;斩恶除邪绝小人,总还须今古一心。

阴司街土地庙
鸡公鸡母都不论;猪头猪尾只要肥。
横批:都来敬我。

地本无狱,天本无堂,形形色色好坏自己省;前是有因,后是有果,善善恶恶真假众人清。

职判四官骑黑虎,财生由有道;银堆万贯怕红羊,神显自无差。

玄坛会上,赵公尊虚无神自灵;浮罗洞中,元帅主命有财恒足。
横批:有求必应。

任尔是是非非,到此明明白白;倘谁欺欺哄哄,叫你战战兢兢。

做个好人,身在心安魂梦稳;行此善事,天知地鉴鬼神钦。

站着,你背地里做些什么,好大胆,还来瞒我;想下,俺这里轻饶他哪个,快回头,莫去害人。

以台上离合悲欢,证台下离合悲欢,方悟人生是戏;品剧情酸甜苦辣,辨世情酸甜苦辣,孰谓假戏非真。

阴差阳错,前世虽圆鸳鸯梦;鬼使神差,来世难结鸾凤俦。

幸已是夫妻,百年唱好合;愿再结连理,五世卜其昌。

名山山门①
下笑世上士;沉魂北丰都。

幽冥世界
名扬中外归宿地;山秀西南别有天。

哼哈祠
哼哈应当像人;哈心必须有心。

山晓亭
飞阁临大江,浩渺烟波连三楚;名山耸孤翠,莽苍巴岭又一峰。

奈河桥
积德修行,奈河桥易过;贪心造孽,尖刀山难逃。

三步跨过奈何桥,知尔是善是恶;一气走通金银道,赐汝发福发财。

无常殿
例行公事,披星戴月;全家和睦,喜地欢天。

玉皇殿②
谁云步可阶升,入此门便通帝阙;仰见无穷主极,居其所即是天枢。

鬼门关
名山并非冥山,搜纵觅横,何曾找着罚孽刑鬼;阴王哪是阴王,张冠李戴,原

---

① 录自李白诗句。
② 作者为徐昌绪。

来为了化顽儆奸。①

明朝趣事,鬼门关前检路引;汉代传奇,平都山上有神仙。

黄泉路
游鬼城,心正好过黄泉路;上仙界,身轻易登南天门。

望乡台②
遍游五岳西归,数足底名山,谁是吾乡钟秀气;欲障百川东去,看眼前逝水,我从何处挽狂澜。

二仙楼
斯楼传有二仙,记王阴羽化,恰是汉魏;石枰留此残局,披苍烟落照,谁判输赢。③

醉看二仙闲对弈;醒读四书狂吟诗。④

飞阁静涵天,常余云气奔城脚;娟峰妙插水,犹带江声挂树枝。⑤

山随平野尽;天围万岭低。

薜荔摇青气;烟楼半紫虚。⑥

二仙阁
阁中帝子今何在;河上仙翁去不还。⑦

---

① 作者为石大城。
② 作者为徐昌绪。
③ 作者为闫刚。
④ 作者为李世奎。
⑤ 作者为林明俊。
⑥ 以上二联录自唐人诗句,清康熙十年(1671)川湖总督蔡毓荣书。
⑦ 作者为郎尔宜。

地仙祠

查风水到平都,喜见八景地;探地理殆丰都,长座九龙山。

天子殿

懒去何心翻贝叶;闲来无事理蒲团。

赏善官无私情私贿;罚恶司有公道公平。

天子娘娘龛

冥府王正直公明,号阴朝天子;员外女善良忠孝,作帝官皇妃。

东西地狱

莫胡为,梦幻空花,看看眼前虚不虚,徒劳机巧;休胆大,烊铜热铁,抹抹心头怕不怕,仔细思量。

阎王阁

上刀山下油锅,恶者阴司受罚惩;六道劫轮回转,善人来生享荣昌。

名山

丢不开世间名利,何必登名山读经论道;浇得尽胸中块垒,方可对二仙把酒吟诗。①

气和揽胜抒雅情;莺歌鱼跃乐嘉宾。

生前作好事;善后保平安。②

望乡台,奈何桥,善良积福容易过;尖刀山,磨子推,贪心造孽报怨谁。

揽胜亭

楼阁凌空攀日月;阶梯直上入瑶京。

---

① 作者为闫刚。
② 作者为邵宇。

畅和亭

有志攀登,何思小亭止步;无遮凭眺,且看江城增辉。

城隍庙

做下好人,自正心安魂梦稳;行端善事,天知地签鬼神钦。

赫赫明明,何必藏头露尾;生生化化,须防戴角披毛。

上关殿

挂印辞曹,过关斩将,心忠归蜀汉;塞言轻敌,伐魏反吴,量大失荆州。

孔庙大成殿

世代春秋,孕育五千年文化;三千弟子,拔萃七十二贤人。

镇邪楼

有鬼无鬼心中无愧;阴间阳间手上莫贪。

丰都圣贤祠

时不拘今古,先成圣,后成圣,风动四方,孰先孰后,立功立德立言,皆古之贤也;运无论降生,见而知,闻而知,道原一贯,可步可趋,不忧不惑不惧,何有于我哉!

第二节　笔记、传奇

一、笔记小说

丰都狱

有士人平生好食爓牛头,一日忽梦其物故,拘至地府丰都狱,有牛头在旁,其人了无畏惮,仍以手抚其头云:"只者头子大,堪爓食牛头。"人笑而放回。

[唐]佚名《大唐传载》,清守山阁丛书本。

丰都记

鲍助,济北人,年四十余,亦无道术,中风至口,面齿常自啄,年得一百二十七。后遇大水,随长寿河而死。北帝数遣杀鬼取之,鬼不敢近。鬼官问其故。杀鬼答云:"此人乃多方术,以制于我。常行叩齿、鸣打天鼓以警身,神神不得散,鬼气不得入也。"

[唐]朱法满:《要修科仪戒律钞》卷八,明正统道藏本。

丰都使者

从事郎林毅,本闽人,寄居姑苏,往岁权知钱塘县,值睦寇作,弃官逃避,得罪投闲。宣和六年(1124),既叙,复将赴调。忽梦黄衣吏持文书一卷,列十人姓名,林在其中。谓林曰:"召公等作丰都使者,请书知。"林视余人,往往相识,而俱未书名,乃语:"俟九人皆金字,然后及我。"吏曰:"诺。"月余,又梦如前。而九人皆已书押,林遂书之。他日以告所亲,咸窃忧之。相次所谓九人者,已二三死矣。林不以为异,方治任西游。至泗州,卒。从政郎任揖初闻林说,戏曰:"公果作使者,幸一顾我!"林卒未久,任亦殂谢。

[宋]方勺:《泊宅编》卷下,明稗海本。

潘见鬼理冥

庆喜猫报,已戴支景中,既死二十二年。当绍熙壬子(1192)夏,其主母得水蛊疾,日就危困。干仆王富云:"尝闻天井巷开茶店钱君用二郎说,艮山门外,潘先生善理幽冥间事,俗呼为潘见鬼,试往祷之。"王遂拉钱造其居。潘焚蓺、楮锭,施手帕于所事神像前灯上,正见一妇人、一猫对立。潘云:"俱有冤枉,吾亦不解其由。"二人持帕归,为主母道所以。母大惊曰:"往岁实怒责此婢,然其死也。自因损伤,非我陨厥命。何缘作祟如此?"复使往见潘,乃命童子附体考召。即作妇人声曰:"我名庆喜,以死于非命,到今未得托生。固非主母杀我,但却自渠而发。向者其福未衰,故等守多年耳。"潘许以斋醮、经卷,皆不应,而作猫叫数声,童即昏睡,及觉,不能略省。潘牒城隍,令收置丰都宫,且咒枣治水与病者服,似觉小愈。才数日,复沉笃,竟不起。钱往吊丧。是夕梦妇人来曰:"我自报冤,何预尔事？顾令潘法师囚我于狱,非屈君来地下作证,不可旋抱热疾,少日亦亡。"噫！冥途业报茫茫,理难致诘。庆喜之死,自缘猫故。乃贻祸主母及钱生,则为太滥矣！岂非数相值偶然若是乎？吕德卿说。

[宋]洪迈:《夷坚支志》丁卷五,清景宋钞本。

李巷小宅

饶州城内北边,李郎中巷有小宅,素为鬼物雄据,居者不能安。每召会亲宾肆筵设席。客未至,已见奇形异状者,分坐饮啄。绍兴中历梁氏、管氏两家,最后董仪判官居之。董亡,厥子售于东邻王季光,使君季光为人胆勇,不畏妖厉,得屋之初,遣一仆守宿,遭其恼乱,终夕不得寝。明夜,易以两兵,亦复然。王犹弗深信,亲往验之,大声咄之,曰:"吾闻此地多鬼,若果有之,宜即露现。"少顷,飒飒如持帚壁上尘土,王不为动。俄又为骤马驰逐之声,王曰:"汝造妖只尔,何足怕,更须呈身向我。"便隐隐从柳阴下出,竚立不移步,王起即而语之曰:"汝若是横死伏尸者,今已岁久难于寻觅,何不自营受生处。如要从我,求酒馔醮福愿荐拔,亦无闲钱可办,苟冥顽不去,当令师巫尽法,解汝于东岳丰都,是时勿悔。"其物随言而没,宅自是平宁。

[宋]洪迈:《夷坚支志》戊卷三,清景宋钞本。

丰都宫使

林乂字材臣,姑苏人。刚正尚谊,乡里目为林无差。以其名近叉字也。晚以贡士特奏名得官,调嘉兴主簿。任满还家,梦吏士来,迎入官府,升堂正坐。掾属数十辈,或衣金紫银章,列拜廷下。出文牒摘纸尾使书,视官阶,乃印衔阔径三寸不可辨。但识其下文五字曰"丰都宫使林"。如是凡数纸。又平生读道书,颇慕神仙事。顾谓吏曰:"学道之人,皆当为仙官。此乃冥司主掌,非以罪谴谪者不至。且吾闻居此职者,率二百四十年始一迁,非美官也。"不愿拜,吏曰:"此上帝命也,安得拒？恐得罪于天,将降充下列。虽此官不复可得矣！"乂不得已,乃书名,遂寤,知其命不得,以告所善道士吕山友。乂弟又之妇虞氏,尚书策女也,不食猪肉。乂诮之曰:"吾家寒素,非汝家比,安得常有羊肉？盍随家丰俭,勉食

之？"妇谢曰："何敢尔？但新妇自少小时闻烧猪气，辄头痛不可忍。今见则畏之，非有所择也。"又曰："我若真为丰都官，必使汝食。"妇笑曰："幸蒙伯力为增此食，料新妇大愿也。"久之，乂调官京师，还，及泗上，卒于舟中。初，乂父挈家过泗，谒普照王寺，其母生乂于舟中。及其死也，亦然。讣未至吴，家人脟猪为面。弟妇问曰："何物盛馔芬香如此？"家人曰："猪肉也。"妇曰："试以与我取食之。"立尽一器，自是遂能食。时乂卒已半月云。自山□□□《宅编》作记□一□，不甚详。又□□以乂为毅。

［宋］洪迈：《夷坚志》丙志卷九，清十万卷楼丛书本。

丰都宫使

林乂字材臣，姑苏人。刚正尚谊，乡里目为林无差，以其名近乂字也。晚以贡士特奏名得官，调嘉兴主簿。任满还家，梦吏士来，迎入官府，升堂正坐。掾属数十辈，或衣金紫银章，列拜廷下。出文牒摘纸尾使书，视官阶，乃印衔阔径三寸不永嘉僧如胜，与乡僧行脚至临安，憩道店。见小儿鹦卦影者，胜筮之兆云："有玉在土中，至九月十六日，当出土。"儿曰："吉卦也。"乡僧得兆，画官人挽弓射一僧，两矢不中。后一矢贯其足下，有龙蟠。儿不能晓，僧自推之曰："我必将以荐作长老，至三乃效耳。又龙者，君象。我且游京师，庶或幸遇。"未几，镇江太守具帖疏备礼，延如胜住甘露寺，正以九月十六日。乡僧亦喜，谓且继此得志。数年无所成。会杭卒陈通作乱，僧避入南山。尝出至山腰，蔽树视下，贼党数辈行狭中，仰高乱射，以搜伏兵。连发三矢，最后正中僧足。别一僧坐于傍曰："隆上坐，乃始验卦中象，无一不应云。"

［宋］洪迈：《夷坚志》丁志卷一，清十万卷楼丛书本。

王显

太宗在藩，与周莹为给侍赤脚道者相显曰："此儿须为将相，但无阴德尔！"及长，太宗爱之。曰："尔非儒家，奈寡学问。他日富贵，不免面墙。"取《军诫》三篇，令诵之。咸平三年（1000），以使相出帅定州，便宜从事。忽一日，道士通刺为谒。破冠褐，自称丰都观主。笑则口角至耳，乱鬓若刚鬣。谓显曰："昨日上帝牒蕃魂二万至本观,未敢收于冥籍。死于公之手者,公果杀之,则功冠于世,然减公算十年。二端请裁之!"显谓风狂,叱起。后日,契丹引数万骑猎于威虏军境,即梁门也。会两房弓,皆皮弦缓弱不可用。显引兵劲袭,大破之。枭名王贵,将十五辈,获伪羽林印二纽,斩二万级,筑京观于境上。露布至阙,朝廷以枢相诏归。赴道数程而卒。

[宋]江少虞:《新雕皇朝类苑》卷第五十四,日本元和七年活字印本。

陈靖

陈靖,为吏部员外郎,晓三命,自言官高寿长。一旦卒,附婢子,语平生最厚薛向。向往见之,婢子冠带而出,语言动作真靖也。向问吏部平生自知命,何乃至此?答云:某甚有官寿,皆如术数,但以不塟父母,乃被克折。既而泣下,向欲质以一事,乃问以阴中善恶之报。靖言世间所传,皆不诬也。只如张退傅,官职寿康,人所仰望,然丰都造狱,明年三月成矣,不可不戒也。向密记其说,明年车驾游池,宣召张士逊,士逊至,向适于稠人中望见之,以为士逊精健如此,鬼语乃妄言耳。明日,闻士逊薨矣。

[宋]孔平仲:《谈苑》卷三,民国景明宝颜堂秘籍本。

丰都府

丰都县城外三里,平都山顶有阎罗庙,屋宇巍焕。俗云:"人死,必到此地轮回。"入山,石级甚高,有"从此登仙"及"天下名山""总真福地"诸额,殿门有"幽冥九五"额。迤东为关帝庙,门前有铁狮二。殿前枯井,深黑数十丈。行人至此,僧以竹缆燃火烛之,杳不可测,相传能通冥界。再上为二仙楼,塑王方平、阴长生、麻姑对局像。额曰"千古一局",有对云:"环机事于两盘那似空盘更妙;兆争心于一着不如勿着为高"。又东为达天楼、凌虚阁,可以望远。江光水色,尽归几席。殿廊列十碑,侯汉唐宋人题咏。旁刻王渔洋《麻姑洞》诗。山上寺宇,计七十余处,不能遍历。山下有沙,每晨则自上流下,终日不息。所流之处,亦无沙堆积。俗传:每夜有鬼负之上山。又闻山有洞,相传即地府也。康熙间,有何举人选授丰都县知县。到任,见须知册内开载:平都山洞,每年官备夹棍、梏子、手栲、脚镣、木枷、竹板各刑,具于冬至前昇置洞内,冥府自能搬去。何曰:"此诞也,阴阳两隔,冥中官岂用阳间刑具也?必丐户携去,易银消化。"吏固请曰:"岁岁皆然,难废旧例。"何曰:"既如此,吾当亲往查勘。"越日,吏到平都山,果有一洞,洞口石上刊丰都殿三字,何竟入洞,黑甚,扶壁缓步而进,忽露一隙之光,随光进去,渐渐明亮,逾时见一片平地,似有行人来往,踪迹随路顺行,至一衙,局面宏敞,何径入。阻曰:"子何人,乃擅入也?"何曰:"吾丰都县知县。"曰:"地方官须通报。"须臾,开门邀请何由二门进。至大堂见开屏门,一人出,面色斑斓,衣前朝服饰,鞠躬相迎,揖让而坐。何问何官?曰:"吾乃冥府之主。"略通款曲,待茶毕。何辞,出冥府。主曰:"既荷光降,当申地主之谊,已设蔬肴,聊作畅叙。"何固辞不允。只见戏具抬来,请何至东廨。庭燎晰晰,绮宴隆隆。逊席上座,即有二旦,执笔送帖,请点戏出。见一旦面熟,何问曰:"子何名?何时入此班也?"旦曰:"小人喜儿,去年到此。家有老母,爷归时求怜老而赏以食。"冥府主曰:"今日敬客,汝须小心伏侍,不得以家况在席上相求。"旦乃退。所演之戏,与阳间不同。何曰:"此皆新戏也。"冥府主曰:"戏中多忠臣义士事,若辈均授冥职,不便再演,故另演仇德相报之戏耳。"席毕,天已曙矣。何辞谢欲行。冥府主曰:"此间境界不同,请间玩之。"见刀山剑池,油锅血磨,凡幻想之形,无不齐备。而呼号啼泣者,不知凡几。偶过小屋,见一僧跪地,头顶大锅,锅中尽炭火,呼救。何视之,乃家居邻寺僧也。问犯何事?曰:"上年签捐修寺,僧匿银千两,故受此罪。求信知尊府,令小徒在床下起出办公庶几可宥。"何诺之。游尽,冥王命侍人送出归署。已换官矣。问诸属吏曰:何换之速也?属吏曰:去此已一月余矣!地方紧要是以另授,何见冥中情形,已看破红尘事。即归家。走至寺中,见僧头顶生疽,昏迷不醒。其徒已张罗后事。何告曰:某僧偷贮修寺公银,故有此病。银埋床下,尽出之,仍作公事,可期其苏。其徒掘之,果得银千两。凡寺之修葺未尽者,悉鸠工完之,病乃瘥。后唤小旦喜儿之母到,赏以银米。后何逍遥事外,不题世务。

[清]慵讷居士:《咫闻录》卷五,清道光二十三年刻本。

何思明游丰都录

何思明,大宋人,号烂柯樵者,通五经,犹专于易,以性学自任,酷不喜老佛,间遇其徒于道,辄斥之曰:四民之中纵不为士,为农为工商岂不可也,何至为是哉。着《警论》三篇,每篇反复数千言,推明天理,辨析异端,匡正人心,扶植世教。其上篇略曰:先儒谓天即理也。以其形体而言,谓之天。以其主宰而言,谓之帝。帝即天,天即帝。非苍苍之上,别有一人。宫居室处,端冕垂旒,若世之□□□□□□□□□□□此也。又有所谓三天、九天、三十三天、三帝、九帝、十方诸□□之多,而帝之众耶。由是言之,天未免如阶级之形,帝未免有割据之争矣!甚者,尊汉张道陵为天师。天岂有师乎？以宋林氏女为天妃,天果有妃音配乎？盖天者,理之所从出。圣人法天,道陵纵圣,亦人鬼耳。使天而师之,是天乃道陵之不若也。林女既死,特游魂耳。使天而妃之,是天犹情欲之未忘也。乌得为天哉？彼以道陵天师也,不敢遽指为帝,而加以师称,所以尊天。不知无是理适,所以慢天。彼以林氏天女也,不敢侪以为鬼。而蒙以妃号,所以敬天。不知为是说,乃所以诬天也。诬天慢天,罪不容诛矣!又谓:世之人徒知在天之天,故见日月星辰之光,风雨霜露之显。吉与凶,天之为也。祸与福,天之降也。是则然矣。然不知有己之天焉。己之天,即天之天。是故丹扃煌煌,天之君也。灵台湛湛,天之帝也。三纲五常,炳焕昭晰,非日月星辰之光乎？礼乐法度,明白正大,非风雨霜露之教乎？则之君与天之君戾,则凶也、祸也,必以类。而从天之帝与己之帝合,则吉也、福也,亦以类而至。达者信之,愚者懵焉。冥顽之徒,谓天为不闻造恶。自若然心之天则固闻矣。侥幸之徒,谓天为可谄淫祀。是务然心之帝已斥之矣。庸昧之辈,谓帝为可罔矫诬。是为寻常昧昧也。而指天曰:此可恃乎昔蛩蛩也。而怨天曰:此罔知每夕焚香不可告者多矣。终年素食,知而犯者屡焉。其特论言近指远,类如此。至正丁酉正月初六日,偶得疾,数日加甚,诸生从俗,私为之祷,思明知之,训之曰:贤辈虽曰读书而烛理未彻,鬼神岂可以酒肉私？人命岂可以纸钱买？吾谁欺？欺天乎？是夜卒,独心下稍暖,不敢敛。诸生环守之,凡七昼夜。觉绵动,候之,鼻中气勃勃出,急捣姜计灌之。良久,眼开。天明而呼吸续矣。十日,始能言。乃召弟子告曰:二教之大鬼神之着其至矣乎。曩吾癖见过毁老释,今致削官减禄,几不能生,小子识之,门人请其详。思明曰:子不语怪,固然,亦不可不使汝曹知果执之,不虚也。始吾病革时,见两苍蝇堕床前,视之已变为人矣。青衣、黄巾、红抹额揖余曰:奉命召君。余问:谁召其人？曰:

内台。余曰：乱离道梗，何由可去？且无知己在台。其人曰：酆都内台也。余曰：吾儒不(不)知所谓丰都内台。其人怒，囊余袋中。袋类网罟，结细绳为之。余坐袋内，两人持之行，树颠如飞。时觉树稍拂袋，谡谡有声。既文入空蒙中，渺渺茫茫，四无畔岸。波涛汹涌，腥风袭人。黄巾挈囊，如履平地。余亦不觉有所苦也。又半日，方有路，始出余袋中。押过一所，若把截处。守者高鼻深目，拳发胡须，类回回人。问黄巾曰：何篆？对曰：朱篆。又有二皂衣，引一男子、三妇人来。守者又问：何篆？皂衣曰：黑篆。守者曰：不可不仔细。请观之，各出一牌，长可寸半，阔可寸许。一朱字，一墨字，皆不可识。守者曰：是矣。放入门。黄巾偕余，遵左廊而行。彼则循右廊而去。余因问曰：此为何所？曰：丰都第一关也。余方悟已死。复问：其所持牌，何有朱墨之异？曰：冥司追人，暂至而复出者，则以朱。永不出者，则以墨。余不觉失声曰：然，则我当复生也！黄巾曰：虽当复生，亦甚费周折。余见其颇有相眷之意，因浼之曰：某此行，全赖二公作成。黄巾曰：自有主者，我何能焉。行数里，入铁围城。城门守者，问如前而加切。俄抵台府，黄巾曰：公虽无重罪，然阴道尚严，不比凡世。解索缚余颈，牵以入。先过冠服司主者，令去余衣巾曰：送寄自房，收余短衣，囚首带索而行。及仪门，一黄巾先去。顷间，引五六人出，执余以入，跪阶下。台尊服章如王者，侍卫甚多。问余曰：尔非衢州儒士何思明乎？余曰：是也。台尊曰：所贵乎儒者，上窥鸿蒙中法圣智，下穷物理辟乾阖坤。造眇诣微，陶治精醇，橐籥元化，究无中有象之蕴妙，阴阳动静之根渊。默澄凝以为体，禽合变化以为用。出入无方，会三于一，夫是之谓儒。而鬼神莫能窥之矣。今尔偏执己见，造作文词，谤毁仙真，讥讪道佛。天至大，以阶级比之。一至尊，以割据戏之。妄论天师之号，妄辨天妃之称。其罪大矣！且儒书中言：天者不一，若春秋书天王，诗称倪天之妹。昊天其子使，皆若尔论。天既无师与妃，又安得有王、有妹、有子者乎？尔之学，诚拘而不通，滞而有碍。拘则局于一器，滞则胶于一隅，不通则固漏，有碍则鄙癖。真俗腐迂谬之士，胡可冒儒者之名乎？命取何姓簿来，于余姓名下，以朱笔抹之，复傍注之。毕，省谕曰：尔本合为六品官。出入华要。由尔弗信仙佛，诬罔鬼神，特降为七品。余顿首谢，且请改过。台尊曰：此人面承腹诽，退有后言。可令阅狱，折服其心。数卒捽余下侍黄巾，领去省业司中。有宝塔一座。僧立塔傍，香烛幡幢，荧煌罗列。黄巾再拜,余亦拜。僧开塔,取一大珠,以金盘乘之。黄巾以双手擎捧前行,余随之。皆幽暗境也。余问:僧谁乎？曰:导冥和尚也。又问:珠何为？曰:地藏王菩萨愿珠也。狱中业上深重,赖珠光照破。不尔,则鬼王于暗中食人心肝,不得出矣。于是,首造一狱。曰勘治不义之狱,以砖砌一长槽,满堆炭火。火上焰烨烨然红。呼罪人跪槽边,出火中铁条,大如指,刺入人眼。连十余,贯而吊之,如悬槁鱼。黄巾曰:此男子在世,不能恭友兄弟,视如秦越。轻灭大伦,惟重财利。受此报也。次一狱曰勘治不睦之狱,皆妇人老少相杂,每人舌上挂一钩。钩上悬一员石如西瓜,旋转不已。舌出长尺,余痛不可当。黄巾指曰:此妇人在世,不能和顺阃门,执守妇道,使夫家分门割户,患若贼雠,受此报也。东南一狱稍大,谓之阎浮总狱。九流百姓,诸等混杂之人,皆在其中。不令余入也。总王之北,曰剔镂狱。帮人于柱,以刀缕之。如簑衣,特小扇煽之,茸茸然动。浇以热醋。绝而复苏,仍沃以水,肉如故。缕十余度。盖世之凶恶虐害良善者,治于此邻剔镂。狱曰秽溷狱。狱尽大粪池,滚沸如汤,臭不可近。鬼以长叉叉人下煮之,出没其间。顷刻溃烂,化为蛆虫。又以竹笟捞蛆,于锅中细炒之。炒辄成灰,仍汲粪汁,洒之复成人。亦十余度。余问此治何事？黄巾曰:此世之小人谤毁君子者,治于此。已乃相谓曰:不须遍历,直引去那里看了罢。遂出。逾百步许,入一门。榜曰:惩戒赃滥之门,亦大狱也。裸十余人于地,夜叉数辈,状貌狞恶。以铁索牵八、九饿鬼来。夜叉抽刀,于裸者胸股间,割肉置锅中,煎之以啖。饿鬼啖尽,又割,至余筋骨而后已。少焉,业风一吹,肢体如故。又有铁蛇铜犬,咋入血髓,叫苦之声动地。皆人间清要之官,而招权纳赂、欺世盗名,或于任所,阳为廉洁,而阴受苞苴,或于乡里,恃其官势,而分付公事。凡瞒人利己之徒,皆在其中。亦有一二与思明相识者。观毕,回省业司,纳珠还僧,赴台复命。台尊又赐训曰:今当改过,毋作昔非。若更不悛,罪在不赦。乃敕黄巾送归,方得去索,散衍往冠服司取衣服。黄巾曰:公此相俟,吾二人去领符来相送。食顷至曰:今取捷径,不由旧路矣。遂同行出。数关中,一关新创扁曰"蜉蝣"。把关者知余儒者,俾作蜉蝣关铭。余请命名之义,彼曰:凡鬼受生人间者,悉从此出。然不久复至,犹蜉蝣朝生夕死然。余承命,撰数语以酬之铭曰:有崇者,关镇厚地也。有赫其威,把关吏也。名之蜉蝣,精取义也。凡厥有生,自兹逝也。去未逾时,旋复至也。何殊此

虫，一日毙也。南阎浮提，光阴易也。幢幢往来，曷少憩也。请视斯名，悟厥譬也。六道四生，早出离也。逍遥无方，诏忉利也。举为天人，关可废也。敬听余铭，发弘誓也。咨尔幽灵，守勿替也。把关者喜，便放余行。至二更，行抵家，正见身卧地上，灯照头边。妻子门人，悲啼痛哭。黄巾猛一推，余不觉跌入尸内，恍然而悟矣！其后，思明果终知县。所至以清慎自将，并无瑕玷。号称廉洁，盖有所儆云。

[明]李昌祺：《剪灯余话》卷一，明正德六年杨氏清江堂刻本。

宝船撞进丰都国，王明遇着前生妻

却说王明行了三五里路，前面是一座城郭，郭外都是民居也，尽稠密。王明恨不得讨了信，回复元帅，算他的功。趱行几步，走进了城。又只见城里面的人，都生得有些古怪也。有牛头的，也有马面的，也有蛇嘴的，也有鹰鼻的，也有青脸的，也有朱脸的，也有獠牙的，也有露齿的。王明看见这些古怪形状，心下就有些害怕哩。都凡人的手脚，都管于一心。心上有些害怕，手就有些酸，脚就有些软。王明心上害怕，不知不觉就像脚底下绊着甚么，跌一毂碌，连忙的爬将起来，把一身的衣服都跌污了。王明跌污了这一身衣服，生怕起人之疑。找到城河里面去洗这个污衣服。就是天缘凑巧，惹出许多的事来。怎么天缘凑巧？却又惹出许多的事来？王明在这边河里洗衣服，可可的对面河边，也有一个妇人在那里洗衣服。王明看着那个妇人，那个妇人也看着王明。王明心里，有些认得那个妇人。那个妇人心里，也有些认得王明。你看我一会，我看你一会。王明心里想道：这妇人好象我亡故的妻室？那妇人心里想道：这汉子好象我生前的丈夫？两下里都有些碍口饰羞。那妇人走上崖去，又转过头来瞧瞧儿。王明忍不住个口，叫声道："小娘子！你这等三回四转，莫非有些相认么？"那妇人就回言说道："君子！你是何方人氏？姓甚名谁？为何到此？"王明道："我是大明国征西大元帅麾下一个下海的军士，姓王，名字叫做王明。为因机密军情，才然到此。"那妇人道："你原来就是王克新么？"那妇人又怕有天下同名同姓的，错认了不当稳便，又问道："你既是下海的军士，家中可有父母兄弟妻子么？"王明道："实不相瞒，家中父亲早年亡故，母亲在堂，还有兄弟王德侍奉。有妻刘氏，十年前因病身亡。为因官身下海,并不曾继娶,并不曾生下子嗣。"王明这一席话,说得家下事针穿纸过的。那妇人却晓得是他的丈夫,心如刀割,两泪双流,带着眼泪说道:"你从上面浮桥上过来,我有话和你讲哩!"王明走过去,那妇人一把扯着王明,大哭一场。说道:"冤家!我就是你十年前因病身亡的刘氏妻室!"王明听见说道是他的刘氏妻,越发荡了主意。好说不是,眼看见是,口说又是。好说是,十年前身死之人,怎么又在?半惊半爱说道:"你既是我刘氏妻,你已经死了十数年,怎么还在?怎么又在这里相逢我哩?你一向还在何处躲着么?"刘氏说道:"街市上说话不便,不如到我家里去,我细细的告诉你!"一番转一湾抹一角,进了一个八字门楼。三间横敞,青砖白缝,雅淡清幽。进了第二层,却是三间敞厅,左右两边厢房侧屋。刘氏就在厅上拜了王明。王明道:"你这是那里?"刘氏道:"你不要忙,我从头告诉你。我自从那年十月十三日得病身故,勾死鬼把我解到阴曹,共有四十二名,灵曜殿上,阎罗王不曾坐殿,先到判官面前,把簿书来登名对姓。"王明吃慌(惊),说道:"你说甚么阎罗王?说甚么判官?终不然你这里是阴司么?"刘氏道:"你不要慌,我再告诉你,那判官就叫做崔珏。他登了名,对了姓,解上阎罗王面前,一个个的唱名而过。止唱了四十一名,阎罗王道:'原批上是四十二名,怎么今日过堂,只是四十一名?'崔判官说道:'内中有一个是错勾来的。小臣要带他出去,放他还魂。'阎罗王说道:'此举甚善,免使冤魂又来缠扰。你快去放他还魂!'崔判官诺诺连声,带我下来。来到家里,我说道:'你放我还魂去!'是判官道:'你本是四十二个一批上的人,我见你天姿国色,美丽非凡,我正少一个洞房妻室,我和你结个鸾凤之交罢了!'我说道:'你方才在阎罗王面前说道,放我还魂。怎么这如今强为秦晋,这是何道理?'崔判官说道:'方才还魂的话,是在众人面前和你遮羞,你岂可就认做真话?'我又说道:'你做官的人,这等言而无信?'崔判官说道:'甚么有信无信?一朝权在手,便把令来行。你若违拗之时,我又送你上去就是!'我再三推却,没奈何,只得和他做了夫妇。"王明道:"你这里却不是个阴司?"刘氏道:"不是阴司?终不然还是阳世?"王明道:"既是阴司,可有个名字?"刘氏道:"我这里叫做丰都鬼国。"王明道:"可就是丰都山么?"刘氏道:"这叫做丰都鬼国。丰都山还在正西上,有千里之遥。人到了丰都山去,永世不得翻身。那是个极苦的世界!我这里还好些。"王明道:"你这里可有个甚么衙门么?"刘氏道:"你全然不

知,鬼国就是十帝阎君是王,其余的都是分司。"王明道:"既是这等一个地方,怎么叫我还在这里坐着?我就此告辞了!"刘氏道:"你慌怎的?虽是阴司,也还有我在。"王明道:"你却又是崔判官的新人!"刘氏道:"呆子!甚么新人?你还是我生前的结发夫妻,我怎生舍得着你?"王明道:"事至于此,你舍不得我,也是难的。你是崔判官的妻,这是崔判官的宅子。崔判官肯容留我哩?"刘氏道:"不妨得!判官此时正在阴间判事,直到下晚才来。我和你到这侧厅儿长叙一番!"王明道:"阴司中可饮食么?"刘氏道:"一般饮食。你敢是肚饥么?"王明道:"从早上到今,跑了三五十里田地,是有些肚饥了!"刘氏说道:"我和你讲到悲切处,连茶也忘怀了!"叫声丫头们,只叫上这一声,里面一跑,就跑出两三个丫头们来。刘氏道:"我有个亲眷在这里,你们看茶、看酒饭来!"那丫头道:"可要些甚么殽品么?"刘氏道:"随意的也罢!"即时是茶,即时是酒殽,即时是饭。王明连饥带渴的,任意一餐。自古道饭饱就有些弄箸。王明说道:"当初我和你初相结纳之时,洞房花烛夜,何等的快活!到落后,你身死,我下海,中间这一段的分离,谁想到如今,反在阴司里面得你一会?这一会之时,可能够学得你我当初相结纳之时么?"王明这几句话,就有个调戏刘氏之意。刘氏晓得他的意思,明白告诉他说道:"丈夫!我和你今日之间,虽然相会,你却是阳世,我却是阴司。纵有私情,怕污了你的尊体。况兼我已事崔判官,则此身属崔判官之身,怎么私自疏失?纵然崔判官不知,比阳世里,你不知还是何如?大抵为人在世,生前节义,死后也还忠良。昔日韩擒虎,生为上柱国,死作阎罗王。以此观之,实有此事。"好个刘氏,做鬼也做个好鬼,王明反觉着失了言,告辞要去。刘氏道:"只你问我,我还不曾问你。你既是下海,怎么撞到阴司里来?"王明道:"我自从下海以来,离了南京城里五六年了。征过西洋二三十国。我元帅还要前行,左前行,右前行,顺着风信着船,不知不觉就跑到这里来!"刘氏道:"怎么又进到这个城里来?"王明道:"元帅差我上崖打探,着是个甚么国土?那晓得是个阴司。故就进到这个城里来了!"刘氏道:"你船上还有个元帅么?"王明道:"你还有所不知,我们来下西洋,宝船千号,战将千员,雄兵百万,还有一个天师,还有一个国师。"刘氏道:"你在船上还是那一行?"王明道:"我是个下海的军士,只算得雄兵百万里面的数!"刘氏道:"你可有些功么?"王明拿起个隐身草来说道:"我全亏了这根草,得了好些功!"刘氏道:

"既如此,你明日回朝之日,一定有个一官半职。我做妻子,虽然死在阴司,也是瞑目的!"王明道:"我元帅专等我的回话,我就此告辞了!"……

[明]罗懋登:《西洋记》卷十八,明万历二十五年刊本。

二将军宫门镇鬼,唐太宗地府还魂

……旁闪魏徵,手扯龙衣奏道:"陛下宽心,臣有一事,管保陛下长生!"太宗道:"病势已入膏盲(肓),命将危矣!如何保得?"徵云:"臣有书一封进与陛下,捎去到冥司,付丰都判官崔珏。"太宗道:"崔珏是谁?"徵云:"崔珏乃是太上先皇帝驾前之臣。先受兹州令,后升礼部侍郎。在日与臣八拜为交,相知甚厚。他如今已死,现在阴司,做掌生死文簿的丰都判官。梦中常与臣相会。此去若将此书付与他,他念微臣薄分,必然放陛下回来。管教魂魄还阳世,定取龙颜转帝都。"太宗闻言,接在手中,笼入袖里,遂瞑目而亡。那三宫六院、皇后嫔妃、侍长储君及两班文武,俱举哀戴孝。又在白虎殿上,停着梓宫不题。却说太宗渺渺茫茫,魂灵径出五凤楼前。只见那御林军马,请大驾出朝采猎。太宗欣然从之,缥渺而去。行多时,人马俱无。独自个散步荒郊草野之间。正惊惶难寻道路,只见那一边有一人高声大叫道:"大唐皇帝往这里来!往这里来!"太宗闻言,抬头观看,只见那人……太宗行到那边,只见他跪拜路旁,口称:"陛下赦臣失误远迎之罪!"太宗问曰:"你是何人?因甚事前来接拜?"那人道:"微臣半月前在森罗殿上,见泾河鬼龙告陛下许救反诛之,故第一殿秦广大王即差鬼使,催请陛下,要三曹对案。臣已知之,故来此间候接。不期今日来迟,望乞恕罪,恕罪!"太宗道:"你姓甚名谁?是何官职?"那人道:"微臣存日在阳曹,侍先君驾前为兹州令,后拜礼部侍郎。姓崔名珏。今在阴司,得受丰都掌案判官。"太宗大喜。近前来,御手忙搀道:"先生远劳朕驾前。魏徵有书一封,正寄与先生,却好相遇!"判官谢恩,问:"书在何处?"太宗即向袖中取出,递与崔珏。珏拜接了,拆封而看。其书曰……那判官看了书,满心欢喜道:"魏人曹前日梦斩老龙一事,臣已早知,甚是夸奖不尽,又蒙他早晚看顾臣的子孙。今日既有书来,陛下宽心。微臣管送陛下还阳,重登玉阙。"太宗称"谢了"。二人正说间,只见那边,有一对青衣童子,执幢幡宝盖,高叫道:"阎王有请,有请。"太宗遂与崔判官并二童子举步前进。忽见一座

城,城门上挂着一面大牌,上写着"幽冥地府鬼门关"七个大金字。那青衣将幢幡摇动,引太宗径入城中,顺街而走。只见那街旁边,有先主李渊、先兄建成、故弟元吉上前道:"世民来了!世民来了!"那建成、元吉就来揪打索命,太宗躲闪不及,被他扯住。幸有崔判官唤一青面獠牙鬼使,喝退了建成、元吉,太宗方得脱身而去。行不数里,见一座碧瓦楼台,真个壮丽。但……唤作"阴司总会"。门下方,阎老森罗殿。太宗正在外面观看,只见那壁厢环佩叮当,仙香奇异。外有两对提烛,后面却是十代阎王降阶而至。是那十代阎君?秦广王、初江王、宋帝王、仵官王、阎罗王、平等王、泰山王、都市王、卞城王、转轮王。十王出,在森罗宝殿,控背躬身,迎迓太宗。太宗谦下,不敢前行。十王道:"陛下是阳间人王,我等是阴间鬼王。分所当然,何须过让?"太宗道:"朕得罪麾下,岂敢论阴阳人鬼之道?"逊之不已。太宗前行,径入森罗殿上,与十王礼毕,分宾主坐定。约有片时,秦广王拱手而进言曰:"泾河鬼龙,告陛下许救而反杀之,何也?"太宗道:"朕曾夜梦老龙求救,实是允他无事。不期他犯罪当刑,该我那人曹官魏徵处斩。朕宣魏徵在殿着棋,不知他一梦而斩。这是那人曹官出没神机,又是那龙王犯罪当死。岂是朕之过也?"十王闻言,伏礼道:"自那龙未生之前,南斗星死簿上,已注定该遭杀于人曹之手。我等早已知之。但只是他在此折辩,定要陛下来此三曹对案。是我等将他送入轮藏转生去了!今又有劳陛下降临,望乞恕我催促之罪!"言毕,命掌生死簿判官,急取簿子来,看陛下阳寿天禄该有几何?崔判官急转司房,将天下万国国王天禄总簿,先逐一检阅。只见南赡部洲大唐太宗皇帝,注定贞观一十三年。崔判官吃了一惊,急取浓墨大笔,将一字上添了两画,却将簿子呈上。十王从头看时,见太宗名下注定三十三年。阎王惊问:"陛下登基多少年了?"太宗道:"朕即位,今一十三年了。"阎王道:"陛下宽心勿虑,还有二十年阳寿。此一来,已是对案明白。请返本还阳!"太宗闻言,躬身称谢。十阎王差崔判官、朱太尉二人送太宗还魂。太宗出森罗殿,又起手问十王道:"朕宫中老少安否?如何?"十王道:"俱安。但恐御妹寿似不永。"太宗又再拜启谢:"朕回阳世,无物可酬谢,惟答瓜果而已。"十王喜曰:"我处颇有东瓜、西瓜,只少南瓜。"太宗道:"朕回去,即送来,即送来。"从此遂相揖而别。那太尉执一首引魂幡在前引路,崔判官随后,保着太宗径出幽司。太宗举目而看,不是旧路,问判官曰:"此路差矣!"

判官道："不差，阴司里是这般有去路，无来路。如今送陛下自转轮藏出身，一则请陛下游观地府，一则教陛下转托超生。"太宗只得随他两个引路前来。径行数里，忽见一座高山，阴云垂地，黑雾迷空。太宗道："崔先生！那厢是甚么山？"判官道："乃幽冥背阴山。"太宗悚惧道："朕如何去得？"判官道："陛下宽心！有臣等引领。"太宗战战兢兢，相随二人，上得山岩，抬头观看。只见……太宗全靠着那判官保护，过了阴山前进，又历了许多衙门，一处处俱是悲声振耳，恶怪惊心。太宗又道："此是何处？"判官道："此是阴山背后一十八层地狱。"太宗道："是那十八层。"判官道："你听我说……"太宗听说，心中惊惨。进前又走不多时，见一伙鬼卒，各执幢幡，路旁跪下道："桥梁使者来接！"判官喝令起去！上前引着太宗，从金桥而过。太宗又见那一边，有一座银桥。桥上行几个忠孝贤良之辈，公平正大之人，亦有幢幡接引。那壁厢又有一桥，寒风滚滚，血浪滔滔，号泣之声不绝。太宗问道："那座桥是何名色？"判官道："陛下！那叫做奈河桥。若到阳间，切须传记，那桥下都是些……诗曰：时闻鬼哭与神号，血水浑波万丈高。无数牛头并马面，狰狞把守奈河桥。"正说间，那几个桥梁使者，早已回去了。太宗心又惊惶，点头暗叹，默默悲伤。相随着判官、太尉，早过了奈河恶水、血盆苦界前，又到枉死城。只听哄哄人嚷，分明说："李世民来了！李世民来了！"太宗听叫，心惊胆战。见一伙拖腰折臂、有足无头的鬼魅上前拦住，都叫道："还我命来！还我命来！"慌得那太宗藏藏躲躲，只叫"崔先生救我！崔先生救我！"。判官道："陛下！那些人都是那六十四处烟尘、七十二处草寇、众王子、众头目的鬼魂，尽是枉死的冤业，无收无管，不得超生，又无钱钞盘缠，都是孤寒饿鬼。陛下得些钱钞与他，我才救得哩！"太宗道："寡人空身到此，却那里得有钱钞？"判官道："陛下阳间有一人，金银若干，在我这阴司里寄放。陛下可出名立一约，小判可作保，且借他一库，给散这些饿鬼，方得过去。"太宗问曰："此人是谁？"判官道："他是河南开封府人氏，姓相名良。他有十三库金银在此，陛下若借用过他的，到阳间还他便了！"太宗甚喜，情愿出名借用，遂立了文书与判官，借他金银一库，着太尉尽行给散。判官复吩咐道："这些金银，汝等可均分用度，放你大唐爷爷过去！他的阳寿还早哩！我领了十王钧语，送他还魂，教他到阳间做一个水陆大会，度汝等超生，再休生事！"众鬼闻言得了金银，俱唯唯而退。判官令太尉摇动引魂幡，领太宗出离了枉死城

中,奔上平阳大路,飘飘荡荡而去。毕竟不知从那条路出身,且听下回分解。

[明]吴承恩:《西游记》第十回,明书林杨闽斋刊本。

丰都报应录

至正辛卯春正月,渝州士人李文胜氏,好贤乐善,博学能文,尤重玄元之教。尝因母病,遥吁北阴丰都大帝,许《玉皇本行经》千部,祈母病痊。既而母愈,乃备香烛,躬诣丰都山玉真观诵之。至上元夜,漏下二鼓,忽睹彩云氤氲,从空而下。仙鹤数百,翔舞交集。少焉,仙乐琳琅,麾盖罗列。鸾车三乘至殿中矣。文胜乃俯伏在地,不敢仰视。良久,一神官谓曰:"书生顿首平身!"文胜如其教,乃见殿中坐者一人,面如满月,身长丈余,云冠霞帔,玉佩琼珰。东坐一神,长髯赤面,幞头绯袍。西坐一神,姿仪清丽,锦袍金带。左右列神吏百人,各执黑簿,题曰:"汉征和二年未完之事。"阶下列狱卒百余。有牛首马面、长喙夜叉,各执铁挝铜杖,其形猛恶可怖。中座者曰:"吾乃北阴丰都大帝。今奉天敕,磨勘前代善恶之事。汝李生既为孝子,尤能持诵玉经,善人君子也!可屏息西隅,勿得妄动!"李再拜如旨。乃见一绿衣吏,引四人至前。二人者,一衣朝服,血流满体。一年少者,项系长带桎梏。二囚在后,吏指前二人启曰:"此汉武戾太子,被江充诬以巫蛊自经。此汉景帝御史大夫晁错,被袁盎以私怨谮杀,皆死无辜。今历数十代,事犹未完。伏望判遣!"言既四人俯伏阶下,太子顿首泣告曰:"儿忝储嗣,不幸遭邪谬之徒,假称神巫,以左道诳惑,往来宫中。教美人度厄。因此妒忌恚恨,更相告讦,以为咒咀。此逆虏江充前乱赵肃王父子与卫氏有隙,造奸饰诈陷儿于巫蛊,迫蹴窘急。进,弗获见父皇以伸枉。退,则困于乱贼衔冤无告。不得已捕充斩之。自度不免,乃经而死。至今久堕幽阴,罔伸怨愤之气。伏冀哀矜,为儿明判!"言毕大恸。晁错诉曰:"臣为汉臣,以尊天子、弱诸侯为志。吴人招纳亡叛谋乱之情,非一日矣!臣患其强大,久不可制。故请削夺其地,以尊京师,为汉家万世之利。此佞臣袁盎,素与臣不善。进谗言于天子,以臣擅摘诸侯,削夺其地,使斩臣发使,赦七国复其故地。兵可不血刃而罢!天子信其诡言,诛臣于陈市。其后七国俱叛,几危社稷。臣以忠贞而受大戮,盎以矫诬食禄老死。牖下臣何辜焉?"盎方欲启口答错,帝君叱曰:"尔勿妄言事!举世共知邓仆射之言,是证也。"……帝君偕左右二神俱起,门外轩车来迓。三君乘驾浮空而去,久之不知所在。文胜后弃家为道士,修炼于丰都山。元末明武入蜀僭号。不知所终。

[明]赵弼:《效颦集》上卷,明宣德刻本。

陆稍入丰都

崇明老学究张君,戊申之秋,邑橼之来郡中。会予议修《实录》事,予从之。问怪学究为道数事,不能悉。联述五端:其一,陆稍者,以操舟为业。邑豪周伯奇有巨艘,稍佣其家。周死后,陆常与数人泛海,为西北风吹落东南洋,五昼夜,抵一山。陆登岸,见一大道,东西通而更无歧迳。其上大牓,揭曰"丰都之山"。道上人居稠密,市井人物,无异人间。俄见一门内,有妇人窥之。陆审视,乃其甥女也。妇呼陆曰:"舅舅何故来此?"陆曰:"为风吹至耳!"妇曰:"舅莫饥否? 饥,慎莫往北街买物啖。啖则不可远矣! 欲买南街可也。"问其夫,曰:"渠今在狱当直,少顷归矣!"陆少处其门内盘旋。无何,夫归在门外,妇急趋出,止之谓曰:"舅公在内,汝可除装饰相见,莫要惊他!"陆潜窥之,乃一牛头夜叉也。徐徐除去首饰,而裩缚乃悉解脱,则似好人形,即其甥婿也。入门与陆叙契阔。又曰:"舅公若要看狱,待我领去!"陆任之,与偕行。至一狱,见故主周老被五术缧缍。问陆来故,陆告之故。因问曰:"船主何故如此?"周曰:"吾前以豪横劫掠人,今昼夜受罪,苦甚! 汝还,千万语吾家营建功德荐拔,幸甚。"陆曰:"功德如何则好?"周曰:"《梁王忏》最有力。"遂复至甥家,婿曰:"舅公虽是误来,然非我不可返。待我送去!"乃即少治行具,复出。引数鬼来,同送陆登舟。舟故滞水滨,舟中人皆在。鬼令陆及诸人悉入船底,以一舻板都盖之。群鬼坐其土(上)。戒板下人,毋妄窥瞰。但闻大风水声。觉行一日许,耳中寂然。启板视之,已在故滩上矣。皆生,全无恙。陆往周语之,意所言者,乃是大乘《法华》。因命僧荐,严多诵之云。

[明]祝允明:《祝子志怪录》卷三,明刻本。

走无常

天顺中,丰都有王、张二人,同为府学生。王生为人,警敏严正明法律。一日晏坐,忽瞑然化去,逾时乃苏。家人问之,王曰:"此名走无常。盖阎罗王以我通

晓刑名,请我去议断耳! 今后或时去,慎无恐。第任之,无虞也。"已而,果时时化去,良久辄返。问之,但言冥司有疑狱,须我去耳! 不明言其事也。家人亦不以为怪。友党扣之,王亦不答。张生者,与王颇厚,常苦恳求,欲挈往一观。王不许。张觇知王方入冥,乃语家人云:"王前去,我当继往即回。恃渠在,必不害事。"家人止之,而张已入室自缢矣! 气既绝,便入冥途。行人络绎无万数。张疾奔,以为王在前,且走且呼,迄不闻其答声。问诸人,人对不知。既而见一鬼吏,押数囚来。张又问,其中一囚黠甚,见张之问,知其为误死也,即诳之曰:"我识王监生,在前往。汝要寻,我当领汝去也。"张即随之而行。至扰攘处,张觅其人,已不见。良久,鬼吏送至一人家,加诸囚以豕皮。诸囚皆变为猪。张执皮不肯披。押吏不顾,迳推之而去。张生竟成猪,与同囚齐生于其家。盖前逸囚应为猪,承张问,绐之潜易己身,而张不悟也。既经宿,张氏妻拿伺其还魂不得,乃同往王家扣之,则王故无恙在家。察之,则张方去时,王已转归,而张不得值耳。张妻拿因号咎:"王若诱吾夫死,今决当为我往阎王处,讨来还我家。不然,当讼于官,偿吾夫命。"王大怒曰:"吾岂使渠死耶? 渠强吾,吾固拒之。今与我何事? 且吾数到阴府,皆是阎公使来请。今则无故。况我才回,又何可辄去乎?"张家苦累之不已,王无可奈何,亦入室自缢。既到阎君所,阎君惊问来故。王告之,阎君又惊曰:"岂有是事? 此地安得误拘人乎? 况拟问新鬼中,并无此人。"王曰:"他死在昨日之某时,陛下可一检察,必得之矣!"王乃与判官细检察,并不得。方惘然,一判官告曰:"但其时,曾发一行猪囚去,恐误在此?"王速命人沿途追究。至其处,有路旁居民寄库王婆者,出应命,自陈知情。吏乃逮之赴王府。王研问之,王婆因述黠鬼诱张生潜代事。王问:"何以知之?"婆言:"此黠鬼欲赂押吏与卒,无资在身,为吾借之。吾言无有,但有阳世王婆婆寄库银钱在。因转为料理,分猎二千与之。以此知之。"王闻之大怒,即召受生库吏问之,对如婆言。王益怒,立唤前押吏审之。吏不能讳,王乃加吏重谴。复令王生还魂,速往某人家,令杀新生猪。王生如戒至阳世,便去杀猪。已而,张果生。试访王婆寄库事,果亦不谬。后王复诣阎君,谢阎君慰劳之。且言:原黠囚已判从重辟矣! 张既生,后数年仕为霍州判官。人皆戏言:君是猪人耳! 后竟无他焉。此段后半节忘记。

[明]祝允明:《祝子志怪录》卷四,明刻本。

鄂省邮寄人误入丰都界

鄂省某,失其姓,家草湖门外。素以寄书邮治生。秋间入川失路,误入丰都境界。遇一妇,则已死之姊也。询何来以赴川投信?告某转诘姊状。姊曰:"现嫁冥隶,即尘世所谓马面者。弟即误至,可缓商归计。"携至家,延入别室。款酒相待,叙家事甚悉。并言姊夫相貌狰狞,非阳世人可比。汝勿怖!食未竟,姊夫归。姊即去,某窃视,则一伟丈夫。蜂目虬髯,面长逾尺。入室危坐。姊进酒食毕,忽问曰:"家中曷为有生人气?"姊曰:"是吾弟也。因往川,误至此耳!"乃请与晤,姊引之出。某初见其貌,若有惊悸状。既相习,亦无恐。隶以戚,故待之甚恭。次日,某欲投信以去。隶问:"信递何处?"则以离川千里,或百余里告。限期在即,不敢久羁也。隶曰:"若信与我,代为致送可乎?"某如约,不数日,隶返回函,具得矣。某复言归,隶言:"某亦以差赴鄂,稍缓当偕行。"越日夜半,隶自外入,告姊曰:"今夜起程,便送汝弟还家矣!"某遂别姊,相与登舟。见有楮犯五六人,腥臭满身。隶乃嘱:"闭目睡于篷底。"未天明,已到鄂。某起而视之,则固卧鄂城外腐店门首也。门内絮聒不已。细审诘之,则是晚生小豕五六只。所谓楮犯者,其是欤?此事似幻?按之佛氏轮回之说,则幻而非幻也。以助谈剧可也。

[清]百一居士:《壶天录》卷下,清光绪申报馆丛书本。

送方子箴浚颐之蜀

从古诗人多入蜀,前有杜高后黄陆。名区不得名流诗,山水萧条笑无福。壮哉方叟诗中仙,掀髯顷刻成百篇。三山五岭踏已遍,扬州一梦醒十年。金焦洞穴恣吟咏,淋漓醉墨沾海门。大江左右眼倦看,逆流上溯岷山源。南有泸水之毒流,北有褒斜之幽谷。东有丰都之阴山,西有辟支之瓦屋。补天石破漏不已,一城幽明杂人鬼。夏虹耐寒冬不死,井涸泉枯火为水。滇黔山水争奇诡,其奇至蜀叹观止。奇境自能生奇诗,诗人入蜀山灵喜。山川感触诗愈奇,到处历览拈吟髭。兴来狂吟天地骇,险怪莫管时人嗤。送君南行登天府,酒酣高歌欲起舞。愿君努力多题诗,休谓今人不如古。

[清]宝廷:《偶斋诗草》外次集卷五,清光绪二十一年方家澍刻本。

魂上丰都

一个淫魂儿,上四川丰都城去了。

[清]李海观:《歧路灯》卷十二,清钞本。

丰都出鬼

客人道:"在下姓田,一向无号。虽住在四川重庆府丰都县,祖籍也原是苏州。"小山道:"这等是乡亲了。……"小山想了一会道:"怪道他说姓田,田字乃鬼字的头。又说在丰都县住,丰都乃出鬼的所在。详来一些不差,只有原籍苏州的话,没有着落。"

[清]李渔:《连城璧》外编卷四,清康熙写刻本。

答学者问

夫阎罗之有无,缘游魂而有无之者也。游魂为变,夫岂曾有可见之迹而谬谓有之?且谓有地狱十层之事,鄙俚幻妄,不足训以正言。但以所谓丰都,显然者言之。丰都,四川属邑也。吾友沈星周镐曾至焉。其山腰一口,大如瓮,邑人日束荆投之云供阎罗鞭鬼者。戒客过勿疾言,勿遽步,谓少不慎,遣立至。星周大笑,举石撞之,而溺去声。於其口,卒无遣见者,始自悟其愚,投荆之役遂止。星周为记纪之归。戊子己丑,获联捷。由是观之,阎罗果有耶?否耶?此予之所以必质其诬,而以坚能灭者之信之也。夫古圣人,所为翼翼不懈者,于交神尤甚,而其垂戒后人也。亦何尝不以祸福为兢兢?予敢蔑视古训,而过为此激论哉?盖圣人之于鬼神祸福也,一一严诸身者也。非以祸福听命乎鬼神,而战栗以求媚之也。严诸身,则吾旦明之所对越者,不容有纤毫伪妄,以杂乎其心。即至神格命配保佑申锡之无疆,而初非以奏格邀之也!淫祀者不然。当其荐币奉盛,恳词致祷,即不啻如操券索偿者,对神若此,其对君亲朋反也,皆必有所图焉而后致其情。否则,未有不可以恝者。予尝询于虔斋盛醮之家,其春秋分至祖考之祭,生平概未一举,唯于俗节,陈其草具,多焚香楮而已。盖几心惑于邪,则不诚。不诚,则不明。此报本追远,为吾之所不容已。故其行也,多薄其所厚,而又或厚于所宜薄。人心风俗之坏,何一不原于淫祀也哉?故予恒谓:异端一日不灭,吾道一日不明。吾道一日不明,人心一日不正。欲灭异端以明吾道,正人心非尽火淫祠焉不可。淫祠尽毁,然后室家。其人而徐以吾道论觉之。庶彼陷者,得所归。而此之迷者,亦醒其惑也。夫孝弟仁义人心之所自有也。蔽于祸而趋避举丧其天者,亦习染之故无有人焉开之耳。今既为之开其蔽而导其趋,则人人慕士君子之行以之处也。必能孝友睦姻,乐为善而恶犯法。以之出也,必能忠诚尽瘁,不忍忘君父而爱其身家。淫祀之害,若彼一正之,而其益于国家也。如此而世顾莫之为也。甘以吾风清俗美之天下,授异端充斥而浊乱之?苟其有心夫,亦安能忍此也?

[清]鲁之裕:《式馨堂诗文集》文集卷九,清康熙乾隆间刻本。

丰都御史

丰都县外有洞,深不可测。相传阎罗天子署其中。一切狱具,皆借人工。桎梏朽败,辄掷洞口。邑宰即以新者易之,经宿失所在。供应度支,载之经制。明有御史行台华公,按临丰都,闻其说,不以为信,欲入洞以决其惑。众云"不可",公弗听,乃秉烛入。以二役从深抵里许,烛暴灭。视之,阶道阔朗,有广殿十余间。列坐尊官,袍笏俨然。唯东首虚一座。尊官见公至,降阶而迎。笑问曰:"至矣乎!别来无恙否?"公问:"此何处所?"尊官曰:"此冥府也。"公愕然告退。尊官指虚座曰:"此为君坐,那可复还。"公益惧,固请宽宥。尊官曰:"定数何可逃也?"遂检一卷示公。上注云:"某月日,某以肉身归阴。"公览之战栗,如濯冰水,念母老子幼,泫然涕流。俄有金甲神人,捧黄帛书至。群拜舞启读已,乃贺公曰:"君有回阳之机矣!"公喜,致问,曰:"适接帝诏,大赦幽冥。可为君委折原例耳!"乃示公途而出。数武之外,冥黑如漆,不辨行路,公甚窘苦。忽一神将轩然而入,赤面长髯,光射数尺。公迎拜而哀之。神人曰:"诵佛经,可出。"言已而去。公自计,经咒多不记忆,惟《金刚经》颇曾习之,遂乃合掌而诵,顿觉一线光明,映照前路。偶有遗忘,则目前顿黑。定想移时,复诵复明,乃始得出。其二役,则不可问矣。

[清]蒲松龄:《聊斋志异》卷四,清铸雪斋钞本。

东窗事发

何立慌忙走进寺中来,至大殿跪下道:"愿佛爷圣寿无疆!"地藏王菩萨道:"何立!你到此何干?"何立道:"奉家主之命,特请菩萨赴斋。"佛爷道:"那里是请我赴斋,明明是叫你来拿我。你也不必隐瞒,那秦桧已被我拿下,丰都受罪了!"何立道:"小人出门时候,太师爷好好的在府中。怎么说已拿在此?"佛爷道:"你既不信,叫侍者与我吩咐狱主冥官,带秦桧上殿,与何立面对!"侍者领佛旨去了。不多时,只见狱主冥官将秦桧带到,跪下道:"求佛爷大发慈悲!我秦桧受苦不过了!"佛爷道:"你不该叫人来拿我!"秦桧道:"没有此事!"佛爷道:"你休胡赖!命侍者叫何立上来,与他对证!"何立上殿来,但见秦桧披枷带锁,十分痛苦。叫道:"太师爷!小人在此。"秦桧道:"何立!你休叫我太师,只叫我残害忠良的奸贼(贼)罢!你若回去,可对夫人说,我在受罪,皆因东窗事发觉。如今懊悔已迟。他不久也要来此受罪了!"佛爷叫狱主:"带秦桧仍回地狱去罢!"狱主辞了菩萨,众鬼卒将秦桧一步一打去了……

[清]钱彩:《说岳全传》卷十八,清锦春堂刊本。

胡迪

胡迪为完,早上阎王看了赞道:"这生果然狂直!"胡迪禀道:"奸臣报应,生员已经目击。但岳侯如此忠义被陷,不知此时在于何所?"阎王道:"只因狂生不知果报,故特令汝遍历地狱。已邀请岳侯、兀术之魂到此,三曹对案。"不一时,但见岳老爷随着岳云、张宪,又有一位番邦王子到来。阎王下殿迎接。接至殿上行礼,分宾主坐下。胡迪战战兢兢,不敢仰视。但见阎王道:"兹因狂生不知果报,妄云天地有私,鬼神不公。即岳公太子,犹未明前后诸因。故特请诸公到此,三曹对案,以明天地鬼神,秉公无私,但有报应轻重远近之别耳!"遂将前事细细说了一遍。又云:"岳公子、张将军,亦系雷府星官,应运下凡。不日亦有玉旨加封归位矣!"说完了,就命鬼卒往丰都带秦桧出来。不一时,秦桧披枷带锁,跪在殿前。阎君喝令牛头马面,重打二十铜棍。打得鲜血淋漓,仍令押入地狱。阎王道:"请元帅、太子各回本府!胡迪虽狂妄无知,姑念劲义正直。如今果报已明,加寿一纪。放他回阳去罢!"当时,岳王父子、兀术,方才明白往事,一齐辞别阎君。阎君亲送下阶,方才归殿。只见功曹禀道:"胡迪来久!若再迟三刻,坏了躯壳,难以回阳。奈何?"阎王道:"既如此,可将急脚驹借与他乘去,勿误时刻!"鬼卒即去牵过一匹马来,不由分说,把胡迪扶上了马,加上一鞭,那马如飞云掣电一般跑去,吓得胡迪惊惶无措,把缰绳扯住,紧紧的闭了双眼,不敢开看,由着他腾空而走。倏忽之间,来到一座高山。胡迪微微开眼一看:"啊呀!不好了!两边俱是万丈深涧,中间只得一条窄路。"吓得坐不住鞍轿,咚的一声跌下涧中。一身冷汗,惊醒来,身子却睡在堂上。但见合家男女,围着啼哭,正要下殓。胡迪道:"我已回阳,不必啼哭!"合家男女,好不欢喜,都各去了孝服。死了三日,重活转来,真个是诧闻异事。胡迪生起来吃了些汤水,慢慢的将阴间所见之事,细细说了一遍。众人不胜惊骇道:"秦桧昨日方死,不道已在阴司受罪。真个可怕!"胡迪方知秦桧已死,越发敬信。自此以后,斋僧布施,广行善事,也不图功名富贵,安享田园,直活到九十多岁,无病而终。这些后话不表,且说黄龙府金主完颜阿骨打驾崩,传位与皇弟吴乞买。是时,吴乞买崩,原立粘罕长子完颜冻为君。众王子朝驾之后,兀术回转府中,闷闷不乐。那日在睡梦之中,明明到阴司,与岳飞在阎王殿上三曹对案。他赋性本来是个粗莽的。阎王原说他不久就要归位,不道错听了,道是"不久就要正位"。一觉醒来,细想梦中之事,自语道:"原来我是奉着玉旨下界,应有帝王之分。岳飞强违天意,故遭命丧。他今已死,中国还有何人挡我?不趁此时去抢宋室江山,等待何时?"随入朝奏知,即同军师哈迷蚩、参谋忽尔迷商定计策,约同众王子完颜干等,并大元帅粘得力、张豹,马提国元帅冒利,燕支国元帅迷特,金提国大将哈同文,银提国元帅完黑宝,黑水国元帅干里朵,共同起大兵五十万,浩浩荡荡,杀进中原而来。

[清]钱彩:《说岳全传》卷十九,清锦春堂刊本。

钟馗

钟馗正在观看之际,只见一个判官,领着两个小鬼,飞也似走来。高声问道:"汝是那方魂魄,来俺丰都城何干?速速讲明,好放汝过去!"钟馗看判官时,却与自己一般模样,也戴着一顶软翅纱帽,也穿着一领内红圆领,也束着一条犀角大带,也踏着一双歪头皂靴,也长着一部络腮胡须,也睁着两只灯盏圆眼,左手拿着

善恶簿,右手拿着生死笔,只是不曾带宝剑。钟馗暗自思想道:"奇哉!难道此人,也是象俺这等负屈而死的么?"遂向判官道:"俺家姓钟,名馗。本中唐朝状元。只因唐天子以貌取人,不论文字。又被卢杞逢君,要将俺革退。俺气愤而死。唐天子封俺驱魔大神,遍行天下,以斩妖邪。俺想,妖惟汝丰都最多。今既到此,烦你通报阎君,指点与俺,以便驱除,庶不负唐天子封俺之意。"判官听了此言,遂拱立道旁,说道:"不知尊神到此,不但有失迎迓,适才方且冲撞,望乞恕罪!尊神欲见阎君,待小判急急通报便了。"于是,别了钟馗,飞跑到森罗殿上,禀道:"小判官把守丰都城,有一人自称唐朝状元,姓钟名馗。唐王嫌他貌丑,自刎而死。唐王封他为驱魔大神。他今特来丰都斩鬼,要见大王!"阎君早已知其始末,便道:"有请!"那判官于是迎请钟馗。钟馗进了大门,只见两边站立的,都是些狰狞恶鬼。到了殿前,又见柱子上挂着一副对联,做的极好。……阎君下坐相迎,钟馗倒身下拜。阎君双手扶起,让钟馗坐定,问道:"尊神至此,有何见教?"钟馗道:"俺奉唐天子之命,遍斩妖邪。俺想妖邪,此处必多。伏乞指示一二。"阎君道:"此处妖邪固多,却都是些服毒鬼、上吊鬼、淹死鬼、饿死鬼之类。鬼魅虽多,经理的神灵却也不少。孤家自理之余,还有秦广王、楚江王、宋帝王、五官王、卞城王、太山王、平康王、转轮王,又有左三曹、右三曹、七十二司,并无一个游魂敢与作祟。尊神要斩妖邪,倒是阳间最多。何不去斩?"钟馗听了,大笑道:"阳间乃光天化日,又有王法约制,岂容此辈存站耶?"阎君道:"尊神止知其一,不知其二。大凡人鬼之分,只在方寸间。方寸正的鬼,可为神。方寸不正的人,即为鬼。君不见古来忠臣、孝子,何尝不以鬼为神乎?若夫曹瞒等辈,阴险叵测,岂得谓之为人耶?"钟馗豁然大悟道:"是,是,是!但不知此等鬼,作何名目?"阎君愀然道:"此等鬼最难处治。欲行之以法制,彼无犯罪之名。欲彰之以报应,又无得罪之状也。曾差鬼卒稽查,大都是习染成性之罪孽。"叫判官将此等鬼簿,献与大神过目。判官呈上,钟馗展开一看,只见上面记得诌鬼、假鬼、奸鬼、捣大鬼、冒失鬼、挖渣鬼、仔细鬼、讨吃鬼、地哩鬼、叫街鬼、偷尸鬼、含碜鬼、倒塌鬼、涎脸鬼、滴料鬼、发贱鬼、急急鬼、耍碗鬼、低达鬼、遭瘟鬼、轻薄鬼、浇虚鬼、绵缠鬼、黑眼鬼、龌龊鬼、温斯鬼、不通鬼、诓骗鬼、急赖鬼、心病鬼、醉死鬼、抠掏鬼、伶俐鬼、急突鬼、丢谎鬼、乜斜鬼、撩桥鬼、色中饿鬼,临了是个楞睁大王。钟馗看毕,惊讶道:"不料世间有这些鬼魅,不知今在何处?"阎君道:"无有定踪。大底繁华之地,捣大鬼、挖渣鬼多些。地方鄙俗,所在龌龊,仔细这二种鬼多。其余散居四方,总无定踪。尊神但随便驱除也!可且驱除之法,亦不可概施。得诛者,诛之。得抚者,抚之。总要量其情之轻重,酌其罪之大小。只在尊神斟酌而施行。"钟馗道:"虽然如此,但阴间的鬼魅,有十殿阎君经理,又有左右六曹协办。阳间鬼魅,单委小神一个,恐独力难支,将如之何?"阎君道:"孤家这里有两个英雄:一个叫做含冤,一个叫做负屈。各具文、武之才。此二人可以随便驱使。再拨阴兵三百名,着他二人统领,以助尊神之威如何?"钟馗道:"如此最好,多谢美意……"

[清]烟霞散人:《斩鬼传》卷一,吴晓铃藏抄本。

斩鬼传

过了奈何桥,进了柱死城。把门判官认得是钟馗,迎入丰都城内,连忙上森罗殿通报。此时十殿阎君正都在一处会议公事,听说钟馗来到,俱下殿相迎。钟馗上前行礼,阎君笑道:"屈指一年,便已诛尽。尊神何成功之速也?"钟馗道:"托大王余威。借含负二神翼赞之功。小神何功之有?"

[清]烟霞散人:《斩鬼传》卷五,吴晓铃藏抄本。

净扮阎王副净扮判官上

丰都空立狠阎罗,马面牛头世上多。只道溱河天下险,人心更有恶风波。小圣乃第五殿阎罗天子。那个是掌案判官。俺这地狱之设,原为世间淫杀盗妄,造不了种种孽缘。便是官里斩绞流徒,断不尽重重罪案。因此,轮回六道,刑上加刑,教他出脱三灾。法中求法,争奈奸雄遍地,无非鬼面耶。又贪恶滔天,尽是人头罗刹。他道受用百年,肉林酒海,也值得半刻剑树刀山。兼且倚仗千般虎口蛇心,谁怕那一点铜丸铁屑?勾魂牌来三去四,前件难销。阿鼻狱堆万盈千,后来怎放?咳!这便是佛出世,救不得,则除非天灭尽,始能闲。今奉上帝玉旨,钦差沈状元巡察地府。判官!你预备几宗案卷,待下马投递。【判】领法旨!

[清]尤侗:《钧天乐》下本,第二十二出地巡,清康熙刊本。

发往丰都

有素不信佛事者,死后坐罪甚重。乃倾其冥资,延请僧鬼作功果,遍觅不得。问人曰:"此闻(间)固无僧乎?"曰:"来是来得多,都发往丰都了!"

[清]游戏主人:《笑林广记》卷八僧道部,清乾隆刻本。

丰都知县

四川丰都县,俗传人鬼交界处。县中有井,每岁焚纸钱帛锭投之,约费三千金,名纳阴。司钱粮人或吝惜,必生瘟疫。国初,知县刘纲到任,闻而禁之,众论哗然。令持之颇坚。众曰:"公能与鬼神言明乃可。"令曰:"鬼神何在?"曰:"井底即鬼神所居。无人敢往!"令毅然曰:"为民请命,死何惜?吾当自行!"命左右取长绳缚而坠焉。众持留之,令不可。其幕客李诜,豪士也,谓令曰:"吾欲知鬼神之情状,请与子俱。"令沮之,客不可,亦缚而坠焉。入井五丈许,地黑复明,灿然有天光。所见城郭、宫室,悉如阳世。其人民藐小,映日无影,蹈空而行。自言在此者,不知有地也。见县令,皆罗拜曰:"公阳官,来何为?"令曰:"吾为阳间百姓,请免阴司钱粮。"众鬼啧啧称贤,手加额曰:"此事须与包阎罗商之!"令曰:"包公何在?"曰:"在殿上"。引至一处,宫室巍峨,上有冕旒。而坐者,年七十余,容貌方严。群鬼传呼曰:"某县令至!"公下阶迎揖,以上坐曰:"阴阳道隔,公来何为?"令起立,拱手曰:"丰都水旱频年,民力竭矣!朝廷国课,尚苦不输,岂能为阴司纳帛锭,再作租户哉?知县冒死而来,为民请命!"包公笑曰:"世有妖僧恶道,借鬼神为口实,诱人修斋打醮,倾家者不下千万。鬼神幽明道隔,不能家喻户晓,破其诬罔。明公为民除弊,虽不来此,谁敢相违?今更宠临,具征仁勇。"语未竟,红光自天而下。包公起曰:"伏魔大帝至矣!公少避。"刘退至后堂。少顷,关神绿袍长髯,冉冉而下。与包公行宾主礼,语多不可辨。关神曰:"公处有生人气,何也?"包公具道所以。关曰:"若然,则贤令也!我愿见之。"令与幕客李惶恐出拜。关赐坐,颜色甚温,问世事甚悉,惟不及幽明之事。李素戆遽问曰:"玄德公何在?"关不答,色不怿,帽发尽指,即辞去。包公大惊,谓李曰:"汝必为雷击死。吾不能救汝矣!此事何可问也?况于臣子之前,呼其君之字乎?"令代为乞哀,包公曰:"但令速死,免致焚尸!"取匣中玉印,方尺许,解李袍背印之。令与幕客李拜谢毕,仍缒而出。甫至丰都南门,李竟中风而亡。未几,暴雷震电,绕其棺椁,衣服焚烧殆尽,惟背间有印处不坏。

[清]袁枚:《新齐谐》卷一,清嘉隆嘉庆间刻随园三十种本。

洗紫河车

四川丰都县皂隶丁恺,持文书往夔州投递。过鬼门关,见前有石碑,上书"阴阳界"三字。丁走至碑下,摩观良久,不觉已出界外,欲返迷路,不得已任足而行。至一古庙,神像剥落。其旁牛头鬼,蒙灰丝蛛网而立。丁怜庙中之无僧也,以袖拂去其尘网。又行二里许,闻水声潺潺。中隔长河,一妇人临水洗菜。菜色甚紫,枝叶环结如芙蓉。谛视渐近,乃其亡妻。妻见丁,大惊曰:"君何至此?此非人间。"丁告之故,问妻:"所居何处?所洗何菜?"妻曰:"妾亡后,为阎罗王隶卒牛头鬼所娶。家住河西槐树下。所洗者,即世上胞胎,俗名紫河车是也。洗十次者,儿生清秀而贵。洗两三次者,中常之人。不洗者,昏愚秽浊之人。阎王以此事分派诸牛头管领,故我代夫洗之。"丁问妻:"可能使我还阳否?"妻曰:"待吾夫归商之。但妾既为君妇,又为鬼妻。新夫旧夫,殊觉启齿为羞!"语毕,邀至其家。谈家常,讯亲故近状。少顷,外有敲门者。丁惧,伏床下。妻开门,牛头鬼入。取牛头掷于几上,一假面具也。既去面具,眉目言笑,宛若平人。谓其妻曰:"惫甚!今日侍阎王审大案数十,脚跟立久酸痛。须斟酒饮我。"徐惊曰:"有生人气!"且嗅且寻。妻度不可隐,拉丁出,叩头告之故,代为哀求。牛头曰:"是人非独,为妻故将救之。是实于我有德,我在庙中蒙灰满面,此人为我拭净。是一长者,但未知阳数何如?我明日往判官处偷查其簿,便当了然。"命丁坐,三人共饮。有肴馔至,丁将举箸。牛头与妻急夺之曰:"鬼酒无妨,鬼肉不可食。食则常留此间矣!"次日,牛头出,及暮归,欣欣然贺曰:"昨查阴司簿册,汝阳数未终。且喜我有出关之差,正可送汝出界。"手持肉一块,红色臭腐,曰:"以赠汝,可发大财。"丁问故,曰:"此河南富人张某之背上肉也。张有恶行,阎王擒而钩其背于铁锥山。半夜肉溃脱逃去,现在阳间,患发背疮。千医不愈。汝往,以此肉研碎,敷之即愈,彼必重酬汝!"丁拜谢,以纸裹而藏之。遂与同出关,牛头即不见。丁至河南,果有张姓患背疮,医之痊,获五百金。

[清]袁枚:《新齐谐》卷五,清乾隆嘉庆间刻随园三十种本。

五脏庙活鬼求儿,三家村死人出世

自从盘古皇手里开天辟地以来,便分定了上、中、下三个太平世界。上界是玉皇大帝,领着些天神天将,向那虚无缥缈之中,造下无数空中楼阁。住在里头,被孙行者大闹之后,一向无事,且不必说他。中界便是今日大众所住的花花世界。那些古往今来忠孝节义、悲欢离合,以及奸诈盗伪,一切可喜、可惊、可笑、可恨之事,也说不尽许多。下界是阎罗王同着妖魔鬼怪所住。那阎罗王,也不过是鬼做的。手下也有一班牛头、马面、判官、小鬼相帮着。筑个丰都城,在阴山背后,做了国都。住在里头称孤道寡,不在话下。且说这阴山,乃下界第一个名山。其大无外,其高无比。一面正临着苦,真个是上彻重霄,下临无地。山脚根头,有一个大谷。四面峰峦围绕,中间一望平阳,叫做鬼谷。谷中所住的野鬼,也有念书的,也有种田的,也有做手艺、做生意的。东一村,西一落,也不计其数……

〔清〕张南庄:《何典》卷一,清申报馆丛书本。

里巫行(袁棠)

赛神会,庙门开。男和女,杂沓来。焚香各就座,老巫语琐琐。昔我病将危,梦神来救我。命我度世人,许我证善果。惟神最灵,赏罚分明。慢之者死,奉之者生。敢告众善信,各各致诚敬神。能锡福,延尔命。排门突入一狗屠,张目向巫大叫呼。妖言惑众干刑诛,妄论祸福尤虚诬。吾毁汝神逐汝去,汝与汝神其奈吾?言未绝,倏僵蹶。面死灰,口流沫。阴风飒然来,灯火翳欲灭。鬼声隐隐人声寂,满堂兀立森毛发。有妇长跪哀老巫,狂夫无知望悯恤。侬愿享神,连夜宰猪羊,月米香金不敢缺。援手一救,胜念千声佛,巫变色。厉声叱汝夫:触神遭神杀,何与我事相喧哳?况今神怒不可回,岂有死人能再活?回家火急市棺来,净土难容凶秽骨。妇悲啼,众怆凄,环叩巫前共祷祈。巫之一身神所栖,巫能缓颊神当霁。威恶人死,固不足惜。可怜此妇无罪为鬼妻。老巫一笑回阳春,令妇稽颡自诉神。巫传神语,神许自新。戟指书空作符箓,口含法水频频喷。相与待良久,仆者忽微呻。跃起作儿拜,仆仆如痴人。众前问所以,喘息声犹吞。言一青面鬼,缚我如鸡豚。有神峨冠高处坐,威仪整肃无其伦。谓巫实奉吾教令,梗化何来尔顽民。厥罪宜付阿鼻狱,剉烧舂磨,立化为飞尘。铁鞭后驱索前曳,足不容驻呼不闻。将入未入丰都门,忽传神赦邀殊恩。不知何以故,乃得令返魂。今日始知神,威尊巫言真。身罹阴谴几莫保,合掌皈依悔不早。余生愿作巫弟子,仗神力忏诸苦恼。禳祸灾求福田人,有同情争乞怜。转移祸福在顷刻,大众目击心茫然。此有亡灵求荐拔,彼有老病祈祝延。不惜金帛,祇论后先。老巫指神对众言:我且不爱钱,神岂贪华筵?止因善男子善女人,借此神前结善缘。慈悲安忍相弃捐。荒鸡叫天欲曙,座客纷纷出门去。狗屠夫妇独迟留,笑向老巫索钱布。

[清]张应昌:《诗铎》卷二十四,清同治八年秀芷堂刻本。

二、传奇故事

九蟒御史

丰都有阎罗庙,山侧又有九蟒御史祠。传有御史登此山,遭蟒纠缠而死,土人神而祀之,甚着灵异。嘉靖间祠旁有杨生者,每过祠必下马致揖,忽一日仓卒,竟骑而过。御史见梦曰:"尔前过我必步,今乃骑,岂嫌我耶?尔若要中,除非日月倒悬。"杨谓神尤已甚不乐。已而秋试,诗经一题乃"如月之恒,如日之升"二句,遂得隽。

[清]褚人获:《坚瓠集》余集卷一,清康熙刻本。

李实与土地祠

李都御史,实四川合江人。其乡有土地祠,李微时经祠前,见塑像起立,心窃怪之。归以语母,欲碎其像。母止之。神忽托梦祠旁人云:"李秀才过,吾敬之起立。彼不知,乃欲碎我。微其母,吾不免矣!"李后复过其祠,戏书像背云:"此人无礼,合送丰都。"人复梦神泣告曰:"李秀才今将送我丰都,烦急求救于其母。"乡人往告,母怒。李遂涤之后,果至大显。

[明]都穆:《都公谈纂》卷下,清钞本。

神起立

《都元敬谈纂》:四川合江李实,微时过其乡土地祠,见像起立,心窃怪之,归告其母,欲碎其像,母止之。神忽托梦于人云:"李秀才过,吾敬之起立。彼不知,乃欲碎我。微其母,吾不免矣!为吾致谢。"李后醉过其祠,书像背曰:"此神无礼,合送丰都。"乡人复梦神泣告曰:"李秀才将送我丰都,烦急求救于其母。"乡人往告母,命涤之。景泰初,果至左都。

[清]褚人获:《坚瓠集》秘集卷一,清康熙刻本。

丰都

成都县有丰都山,土人云:"此阴府决判罪人之所。"其山幽冥不可入。唯余一洞,视之阴黑,不知底极。定昏之际,侧耳而听,隐隐闻笞扑之声,凛然可畏。每半月,土人轮番纳荆条一大束,以供笞扑之用。前所纳者,用币掷置洞口。视之,必零星破碎矣。冥官云:"如阳世之刑部,唯四方有罪之人,来此听勘。为善者不入也。"今人荐亲,动云"阎罗地狱"。不论父母平日所为善恶。此司马温公所言"以不肖待其亲",岂得谓孝乎?

[清]褚人获:《坚瓠集》秘集卷三,清康熙刻本。

崔公辅取宝经不还验

崔公辅明经及第,历官至雅州刺史。至官一年,忽觉精神恍惚,多悲恚猖急,往往忽忘,举家异之。一旦无疾而终,心上犹暖。三日再苏,亦即平复。谓其僚佐曰:"昨为冥使,赍帖见追。随行三五十里,甚为困急。"至城阙入,门数重。追者引到曹署之门,立于屏外。逡巡,有官人着绯、执版、至屏迎之。先拜公。辅惊曰:"某为帖所追,乃罪人也。官人见迎致拜,深所不安!"官人曰:"使君固应忘之矣!某是华阴县押司录事巨简。使君初官,曾获伏事庭庑近奉天符,得丰都掾。地司所奏:使君任丰都县令之日,于仙都观中,取真人阴君宝经四卷,至今不还。天符令追生魂勘责,使君一魂,日夕在此对会。恐使君不知,故欲面见。具此咨述,以报往日之恩耳!使君颇觉近日忿怒悲愁、精神遗忘否?此是生魂被执系故也!"于是引至厅中,良久言曰:"此有茶饭,不可与使君食。食之,不得复归人间矣！但修一状,请置黄箓道场,忏悔所犯。兼请送经却归本山,即生魂释放矣！因本司检使君年禄,远近逡巡。"有吏执案云:"崔公辅自此,犹有三任刺史、二十三年寿。"言讫,公辅留手状,官人差吏送还。乃于成都及雅州紫极宫、忠州仙都山三处,修黄箓道场斋,送经还本观。公辅平复如常。其后,历官、年寿,皆如所说。此事是开成年中,任雅州刺史也。

[宋]张君房:《云笈七签》卷之一百一十九棠十,四部丛刊景明正统道藏本。

段相国报愿修忠州仙都观验

忠州丰都县平都山仙都观,前汉真人王方平、后汉真人阴长生得道升天之所。芜没既久,基址仅存。晋代高先生首为崇御名,太元中,姚泓再加缮饰。其后,梁隋共葺,国朝继修。华阁翔虚丹,檐照日。黔、荆、蜀、梓元戎重臣,或弭棹登临,必命修葺。相国邹平段文昌,旅寓之年,遭回峡内时,因登眺炷香,稽首祝于二真曰:"苟使官达,粗脱栖迟,必有严饰之报。"自是,不十岁,拥旄江陵视事之夕,已注念及此。俄梦二真仙,若平生密友。引公登江渚之山。及顶,乃阴君洞门矣。二真亦不复见。翌日,施一月俸钱修观宇,一月俸为常住本钱。常俾缮完,以答灵贶。

[宋]张君房:《云笈七签》卷之一百一十八棠九,四部丛刊景明正统道藏本。

忠州平都山仙都观取太平经验

忠州平都山仙都观,阴真人镇山《太平经》,武德中,刺史独孤晟取经欲进。舟行半日,有二龙一青一白,横江鼓波,船不得进。舟人惊惧,复溯流还郡。晟即命所由垫江路陆行。进经时,山川之中,久无挚兽,至是蛇、虎当道,经使恐惧,将经却回。晟即修黄箓道场,拜表上告,然后取经以进。在内道场,供养绵历岁年。开元中,供奉道士司马秀,准诏祭醮名山。开函取经,但空函而已。诃诘道众,疑是观司藏法。侣惊惧无词披雪,遂焚香告真,述武德中,经已将去。今诏旨搜访,无经上进,仰忧谴责。时景气晴朗,野绝尘埃。忽阴云覆殿,迅雷震击。俄而檐宇溢霁,经在案上。异香盈空,祥烟纷霭。复得昔日所取之经以进。会昌中,赐紫道士郭重光、晏玄寿,复赍诏醮山取经。石函之中,经复如旧。至今镇观者,犹

是此经。不知何年归还尔。

[宋]张君房:《云笈七签》卷之一百一十九棠十,四部丛刊景明正统道藏本。

阴真人诗

丰都宫阴真人祠,刻诗三章。唐贞元中,刺史李贻孙书。元丰四年(1081),转运判官许安世即祠下尽阅其石,谓此三诗真阴氏作。如还丹等,皆后人托之。乃属知夔州吴师孟书,既成,送观中,于是尽破毁其余石,故今世不得传。余尝得旧石本,然独存此也。真人名长生,新野阴氏,本儒生,有才貌,善着书,其学类左元放,尝授《太清神丹》,故世传其丹经赞文,甚古雅亦异。东汉时人,不知常为此诗也。此诗虽然与汉异,不知安世何据而知。余益知前所毁弃,未必皆非长生所述。葛洪曰:长生服金液半齐,其止世间几千年,然后仙去,殆古强所谓,洪亦不省也。

[宋]董逌:《广川书跋》卷八,明津逮秘书本。

丰都观事

忠州丰都县五里外,有丰都观。其山曰盘龙。山之趾,即道家所称北极地狱之所。旧传王阴二真君,自彼仙去。未尝为兵戈践暴,故多古迹。晋唐五代乾竺殿犹在。吴道子画壁,丹青如新丹。井上二柏,状如龙角,人言东汉时物。老子丹灶后,柏亦数百年。柏(枯)槁摧裂,而直干坚如石。皇甫先生赴召,过之曰:"吾能使此柏再荣!"即布气呵手,扪摩盘根错节处。自是,数十枝复苍翠如初生者。政和以来,有旨禁采捕。群鹿至,与人杂糅。养茸引子,卧廊庑,食厨蔬,居然相忘。淳熙十二年(1185)中元日,方作斋醮,鹿从丹井来。数百成群,骧首霄汉间。五色气自井出,散而成云。中有笙笛、鸾鹤之声。至暮,知观白道士,无疾而逝。咸以为尸解云。

[宋]洪迈:《夷坚支志》癸卷五,清景宋钞本。

川拨棹

其一

丰都路,定置个,凌迟所。便安排了,铁床镬汤,刀山剑树。造恶人有缘觑,造恶人有缘觑。鬼使[勾]名持黑簿,没推辞,与他去。早掉下这尸骸,不藉妻儿与女。地狱中长受苦,地狱中长受苦。

其二

蓬莱路,显自在,逍遥所。现长生景,琼化玉叶,金枝宝树。作善人得观觑,作善人得观觑。童子青衣掌仙薄,行功成,上升去。结就一粒金丹,深谢婴儿姹女。永不遭三界苦,永不遭三界苦。

[金]王喆:《重阳全真集》卷三,明正统道藏本。

东窗事发

秦桧欲杀岳飞,于东窗下谋其妻,王夫人曰:"擒虎易,放虎难。"其意遂决。后桧游西湖舟中,得疾,见一人披发,厉声曰:"汝误国害民,我已诉于天,得请于帝矣。"桧遂死。夫人思之,未几秦熺亦死。方士伏章,见熺荷铁枷,因问秦太师所在。熺曰:"吾父见在丰都。"方士如其言而往,果见桧与万俟卨俱荷铁枷,备受诸苦。桧曰:"可烦传语夫人,东窗事发矣。"

[元]刘一清:《钱塘遗事》卷二,清光绪刻武林掌故丛编本。

丰都白鹿

丰都白鹿山与平都对峙,昔时林木茂密,相传有白鹿藏此。每令有佳客至,则先夜辄鸣。邑令徃徃以此候,验之。

[明]杜应芳:《补续全蜀艺文志》卷五十三,明万历刻本。

徐文敏误入丰都

正德初年间,吴县人徐文敏公缙为翰林院编修,册封琉球国。还遇海飓大作,楼船飘泊一矶嘴上。人烟断绝,道路芜荟,不知何地,凡经七昼夜矣。文敏久在船闷,甚颇思闲行,遂命一小吏,相随登岸。行百余步,遥望见孤峰秀出,其下隐隐有城阙宫殿之状。文敏欲穷其迹,猛力前驱。入一谷口,约行二里许,觉路渐低,俄及大石牌坊,下榜有金书三字,曰"丰都界"。文敏震惊,心讶其非世间,遽转身趋出。忽遇青衣女子,提筐于小径中来。文敏潜视行止,乃是二十年前亡婢榴花也。惊问:"郎君何得至此?"文敏曰:"吾已登进士,官翰林,因奉册封差南还,舟遇大风,飘泊于此七日。偶来遣闷,不虞误入冥中。汝今住此,何所为耶?"

视其状貌,依然为女奴时,未尝老也。榴花向前告曰:"妾嫁此中一判官为妻,日来馈食,何期幸遇郎君已。"而判官适抱公案出,怒其妻曰:"汝与何人交语?"曰:"此妾旧主人徐公也。衔王命渡海,失风至此,安得不与叙旧。"判官便向前拱揖,问姓名,知是徐缙文敏,请检禄命如何。羊官曰:"相公后至,天官侍郎不及入阁,无劳阅簿也。"文敏曰:"某既来此,可得一见阎天子,问冥中事乎?"判官曰:"可。请修十刺,以通姓名。某敬为之将命矣。"时仓卒无备,判官遂出素纸十番,教文敏亲书官衔、姓名,如人间参谒礼。将引而入,榴花数目文敏而诫之曰:"茶至,郎君即传递左右,慎无妄尝。"文敏唯唯。凡经桥梁、亭馆数处,乃至大殿,甲士守卫甚严。刺既通,有冥吏二人,开西院门出迎,引文敏自西阶而上,十天子止九人,披衮垂旒,次第降于东阶。又如人间宾主礼,东西列坐。文敏坐东向西,九天子坐西向东。茶至,文敏传递去讫,便问:"常见人间塑十殿王,今何以缺一殿王也?"曰:"奉天帝敕,每日更番。一殿察人间善恶,往来南赡部洲大明国中,故不在耳。"问:"阳世尚贪利,喜奔竞,阿附成风,黄金为政,不知地下亦如是否乎?"曰:"冥中若同阳世,何以握生死之权哉?至如以金涂锡以纸作绢,亦是饿鬼所须,正直明神,不借此矣!"曰:"僧道功德,为有益否?"曰:"无益也。惟拜《梁皇宝忏》为最胜。亡者一闻忏言,便超度去矣!"曰:"此行可一观地狱乎?"曰:"可观。未免惊恐。"文敏再三强之,乃引至一犴狴前,皆用青石甃成,上为雉堞之形,其高插天。呼狱卒,以两手拽开石门,中有炎火飞出,烈焰赫然,光属数丈。文敏大怖而走,急使闭门。天子曰:"此无间狱也!"言讫,遂回至院,谢辞而出,判官仍送之抵界上,寻路登舟。明日遣驺人往迹其处,周览四隅,无非榛棘,城阙、宫殿都无有矣。文敏还朝,话其事于宾僚,无不奇叹。后果为吏部侍郎。予告归吴,不勤修善,疽发于腰而卒。是时,吴郡守往京口,遇官舫南下,讯之,答云:"奉敕腰斩徐侍郎也。"

[明]刘万春:《守官漫录》卷四,明万历刻本。

方景明

陕州千夫长方景明,死逾年。一日,凭巫语曰:"吾今隶丰都,职掌鬼籍。世之死者,皆吾录也。嘱吾妻善诲二子,综理家务,勿失所可矣!"语讫而去。未几,有成卒病卧数日。友人来问病,语之曰:"吾适似梦似觉,见方侯与语,欲吾为用,录姓名而去。所录甚多,吾友之名亦在焉。宜早为后计!友人方无恙。"闻之大骇,悔恶而出。次日,戍卒果死。又数日,友人亦死。

[明]闵文振:《涉异志》,明万历刻纪录汇编本。

误国之报

《夷坚志》:秦桧矫诏,逮岳飞父子下棘寺狱。遣万俟卨锻炼之拷掠无全肤,终无服辞。一日,桧于东厢窗下,画灰密谋。其妻王夫人赞成之曰:"擒虎易,放虎难。"飞遂死狱中,张宪、岳云戮于市。流徙两家妻孥,资产皆没官。金人闻之,酌酒相贺曰:"莫予毒也!"后桧挈家游西湖,舟中得暴疾。昏闷之际,见一人披发瞋目,厉声责曰:"汝误国害民,杀害忠良,我已诉于天矣!汝当受铁杖于太祖皇帝殿下。"桧自此,怏怏不怿以死。未几,其子熺亦死。方士伏章,见熺荷铁枷。因问:"秦太师何在?"熺泣曰:"吾父见在丰都。"方士如其言以往,果见桧与万俟卨俱荷铁枷,备受诸苦。桧嘱方士曰:"可烦传语夫人,东窗事发矣!"卨在铁笼下,与桧争辩杀岳飞事。至理宗朝,有考试官归自荆湖,暴死旅舍。其仆未敢殓也。官复苏曰:"适为看阴间赵宋断:秦桧为臣不忠,欺君误国事。桧受铁杖,押往某处受报矣!"吁!明责幽诛之报,如此可畏哉!

[明]彭大翼:《山堂肆考》卷一百三十九人事,清文渊阁四库全书本。

赵仁甫

赵仁甫,令梁山日,忽有邮足,递至一传牌,称玉皇殿下瘟部大王焦欲巡丰都等处,索舆从、供需之物甚备。令厉且急询之,至旨射洪,沿途礼拜醮祭虔送,公私所费不赀。仁甫素持正不惧,率吏民持至郭外,碎而毁之。左右咸失色。时夔州储二守偕,署郡篆业设醮,备物伺之。闻令毁牌,大诟,祸至孰当也?仁甫曰:"我身任之。"后竟无他,偕始愧服。

[明]谢肇淛:《麈余》卷一,明万历刻本。

何宗鲁

何宗鲁,蜀丰都人。知浪穹县,刚决有能声,而性戾,不能事上官。太守于璠

恶之，文致其罪，系之狱，禁饮食饿死。明年，于入觐，宿逆旅。逆旅主人洒扫备办，事事精洁。于怪，问之。曰："有浪穹何知县先来，令预洁馆舍以待耳！"于益怪。顷之如厕，歘有所见，仆地不能言而死。先是何死，家中未知。忽闻何语，音历历曰："吾为于太守非理枉杀，已奏于帝。许吾复雠，但时未至，故暂归家。汝可设位，以时上食。"仍处分家事，兼卜休咎。一日，其婿祷曰："欲于某处买猪，苦乏人牵。奈何？"曰："汝第去，猪当随来。不须人也！"婿如言往，猪至半路而逸。婿归，泣以告。何笑曰："汝午饭不献我，饿甚。故牵猪别去耳！汝往彼处设饭，猪当复还。"果如言得猪。一日曰："报雠时至，吾今去矣！"数日，又来曰："吾仇已报，上帝以我刚直，封为某处城隍。与汝永别！"自是遂绝。

[明]谢肇淛：《麈余》卷四，明万历刻本。

丰都巨蛇

正德五年（1510）庚午十月……丰都县某寺，艺圃见巨蛇。追斫之，蛇入地，伤其尾，得金铁声。发之，得钱一窖。威州、茂州等处地震。

[清]查继佐：《罪惟录》志卷之三，四部丛刊三编景手稿本。

正德十二年（1517），丰都县一村，有蛇为祟。人伺击之，铿然有声，入穴掘之，得钱数十万。

[清]傅维鳞：《明书》卷八十五志二十二，清畿辅丛书本。

丰都鬼怪

世传天下有三怪：浙江水怪，雷州鼓怪，丰都鬼怪。予未亲历，心实疑焉。今居蜀，然后知鬼怪之诬也。丰都县，属川东重庆辖。县城外二里有土山，山上有大庙。正中为天子殿，即俗所谓五殿阎罗是也。卷冕圭藻，居然天子矣！旁列诸鬼狰狞丑恶，变状百千。殿阶下，有一井，云与海通。好事者投以雁鹜，越日从大江中浮出。其山后临平羌江，土岸陡峻，名曰"真珠帘"。砂土日坠江中，飞洒而下如珠。然自昔至今，不亏削，江亦不塞。世俗以为，有搬沙鬼，每夜仍移故处云。殿前有一石，圆如球，大可径尺，名曰"心诚车"。又有小石穴，在阶上。游人或无意举球就穴，即能加于穴上，并可旋转如磨。倘有意举球，虽大勇，亦不能加穴上。殊不可解。传闻：昔年邑令，岁供桃枝于庙，易旧供者，谓"换刑"。今无此事。余无他奇。由此观之，鬼怪之说，多属荒渺矣。

[清]陈祥裔：《蜀都碎事》卷二，清康熙漱雪轩刻本。

东窗事犯

《夷坚志》载：秦桧矫诏，逮岳武穆父子下棘寺狱。遣万俟卨锻炼未服。一日，桧于东厢窗下，画灰密谋。桧妻王氏曰："擒虎易，放虎难。"武穆遂死狱中。张宪、岳云弃市。金人酌酒相贺曰："莫予毒也！"后桧挈家游西湖，忽得暴疾。见一人瞋目厉声曰："汝误国害民，我已诉于天。当受铁杖于太祖皇帝殿下！"桧自此怏怏以死。未几，子熺亦亡。方士伏章，见熺荷铁枷。因问："太师何在？"熺泣曰："在丰都。"方士如其言以往，果见桧与方（万）俟卨俱荷铁枷，囚铁笼中，备受诸苦。桧嘱方士曰："烦传语夫人，东窗事犯矣！"后有考官，归自荆湖，暴死旅舍。复苏曰："适看阴间断秦桧事。桧与卨争辩，桧受铁杖，押往某处受报矣！"但不载押衙何立事。《江湖杂记》载：桧既杀武穆，向灵隐寺祈祷。有一行者，乱言讥桧。桧问其居止，僧赋诗有"相公问我归何处？家在东南第一山"之句。桧令隶何立物色。立至一宫殿，见僧坐决事。立问侍者，答曰："地藏王决秦桧杀岳飞事。"须臾，数卒引桧至，身荷铁枷，囚首垢面，见立呼告曰："传语夫人，东窗事发矣！"《七修类稿》又载：元平阳孔文仲，有《东窗事犯》乐府。杭金人杰，有《东窗事犯》小说。庐陵张光弼，有《蓑衣仙诗》。乐府、小说不能记忆，大约与世所传相似。诗有引云：宋押衙何立，秦太师差往东南第一峰构干。恍惚一人，引至阴司。见桧对岳事，令归告夫人：东窗事犯矣！复命后，即弃官学道蜕骨。今苏州玄妙观蓑衣仙是也。据此诸说，则当时实有是事，非止假说。为武穆雪冤也。

[清]褚人获：《坚瓠集》卷四，清康熙刻本。

双髻道人

丰都市上，有道人貌黑而髯，身渺而瘦，不详其姓氏里居，亦不详其年岁。或曰"听其语音，似湖湘人"，或曰"似河南""似成都"，悉不可必以形求之。常绾双髻，咸以"双髻道人"呼之。县有富人吕氏，生七子二女，同居各爨。有贾者、客

者、从军者、游而惰者,无足纪述。唯六子骅纳粟,为太学生。少年任侠,尤癖好符咒之事。平居购求秘书,盈囊累笈,终日闭门检阅,朱笔、黄纸与香烛错列。夜间戟指禹步,一家莫测所为。唯二妹附和之,而卒无一成,殊为郁结。一日,游平都山,偕徐、邵二友过市,见道人立坊下遮道。谓骅曰:"诸郎雅游,能携我一行乎?"骅难之曰:"马止于三,先生岂可独步,与厮仆伍?"道人曰:"郎第行,勿为我虑。"骅及徐、邵并辔往。既至,道人已先在。骅问:"来何速?"道人曰:"由捷径耳!"骅颇疑之。酒半,邵言其先人官九江时,每游庐山,熟闻其名胜,恨远不能至。道人曰:"诸郎有庐山在念耶?盍即此一往游之!"徐、邵咸笑其诞。骅独欣然愿往。道人令闭目,去其履袜,以指蘸唾,书符于两跖,喝曰:"起!"便觉两耳风涛汹涌之声,一食顷,足已践地。开眼见白云满衣,罡风砭骨,盖已立五峰绝顶。道人拽之,并坐石上,以袖拂之,风定云开。俯瞰下方,一目千里,诸山扑地如培塿,湖光一片,康郎大姑,似螺嵌冰盘,万点风帆,若蝇矢集镜,绕山诸郡县,尽作碧烟数点,历历可指。道人曰:"子知之乎?此庐山极巅也。值此亦有出尘之想否?则生斯世,凡百可为。若能登最上乘,斯不负精力。况神仙一道?又子常如羊枣之嗜,诚所谓一求便得者,子其留意时哉?弗可失也!"骅不觉自投于地,涕泗交流,千万首肯。既而道人曰:"可以归矣!"仍前摄以归。徐、邵但见其闭目久坐耳。骅至家,延道士入厅,跪而拂席,膝行再拜曰:"始吾以先生为一邑之狂人也!乃今而后,知先生为当世之仙人也!愿委贽为弟子,肯收录否?"道人曰:"小郎之志则大矣,心则诚矣!然而时未至也。"骅曰:"传数奇术异法,先为入道之门。庶不虚此良缘也!"道人筮之吉,乃许之。骅大喜,呼二妹出拜,净后园精舍三楹,以居道人,与二妹受法,日夜练习,妻妾亦不得面道人。又淫其妹曰:"吾将使二仙姬怀圣胎也!"半年后,道人或去或来。骅与二妹,亦时夜出,达旦始还。骅面色日渐青白,二目瞠然,能登云作雾、唤雨呼风、召神役鬼等术。其妻屡戒,勿眩于人。骅曰:"吾有此术,可横行天下!人其奈我何?"于是,不自密秘,合邑莫不知之。其妻告其妾曰:"良人出,则必尽夜而后返。其踪迹甚诡秘也!汝盍瞰之!"妾诺焉。是夕,施从良人之所之,卒至西门外密林中,已先有六七人环坐。其次,有似秀才、军卒者、卖菜佣者,又有一僧一尼,貌极狞恶,而双髻道人亦在焉。见骅至,群起迓曰:"皇帝来矣!"骅中坐,诸人列坐,相与计议。其妾隐身于黍稷中谛视之。咸称僧尼、道人为国师,秀才为军师,军卒为元帅。所论无非先取某州、据某县、杀某官,大抵皆叛逆之事。尼问曰:"二仙姑胡不至?"骅曰:"彼追魂之法,尚不精练。来时令其演之,今夜不至矣!"日曛暮,遂各起身向西去,不测所往。其妾惊悒,奔告其妻。妻大惧,潜至后园,从后门隙窥之,见树下有土台,高尺余。上设一几,几上烧双烛,大如臂。烛光下,有髑髅七八枚。台四角,皆燃灯一盏。二妹被(披)发跣足,仗木剑步罡风于其上。觉阴惨怖人,却回相与曰:"良人者,所仰望而终身也!今若此,不我能惉矣!"乃相泣而讪于中庭。邻妇过而怪之。殷殷致诘,其妻忿甚,以实告邻人,恐为所累也。鸣于官,官虑其不轨也。密白总戎,总戎阳寝其事,而遣其子及标将密迹之,得一洞于万山中,妖人出没其间。飞骑报闻,总戎乃亲率轻骑一千,衔枚电赴,寅夜抵其处。以枯柴裹秽物,杂以硝磺,堆积洞口如山,举火焚之,烟焰蔽天,次日未刻始熄。使壮夫入洞搜之,得熏毙僵尸二百有奇。揭榜月余,无敢认尸者,遂瘗为巨冢焉。一僧一尼,人皆不识。唯一道士、一黄衣少年咸识,为双髻道士及骅也。总戎令裨将率众,就吕家掩执二女。二女用邪法咒脱,严捕未获。迟数日,有人于酉阳山中,见雷殛死二女,尸于岩下。告官验之,背有朱书曰"左道惑众妖人吕氏"云云。方知二女虽幸脱国法,终难免天诛也。

兰岩曰:今试有执途人而告之曰:"汝为皇帝,未有不骇然而走。以为能罹灭族之祸者矣!"骅固蓄有逆根,故道人得阿其所好而欺之。左道惑人,愚人往往迷而弗悟,卒之身首异处,悔之何及?吁!可哀也夫。

[清]和邦额:《夜谭随录》卷四,民国刻笔记小说二十种本。

徐从治往丰都到任

徐中丞,名从治。巡抚山东,后中炮死。先是肥城人刁守京,夜梦冥府,取造七省轮回册。有黄、黑一卷。色黄造善,色黑造恶。册竣,冥王命守京往莱,请徐抚台。至莱,投书徐公,即发牌往四川成都丰都县到任。徐公未卒,先有此说,已而果卒。

乾隆《历城县志》卷五十《杂缀二》,清乾隆三十六年刻本。

丰都地刑

雷州天鼓，丰都地刑。扬州鬼市，世代相传。其来旧矣！予身亲历其地，皆谬言也。呜乎！道之高远，天上人间，隐显亿绪。苟非实地做功，正人指点，谬说讹传，固结于心，最难拔除。经书固足启人，古人亦或有误处。是在学者潜心体贴，问难阙疑，不可自恃己长，执迷不化。一言既出，误己误人。居名师之位，尤宜自谨。

[清]马注：《清真指南》卷五，清同治九年刊本。

九蟒御史祠

丰都有阎罗殿，庙山侧又有九蟒御史祠。传有御史登此山，遭蟒纠缠而死。土人神而祀之，甚着灵异。嘉靖间，祠傍有杨生者，每过祠，必下马致揖。忽一日，仓卒竟骑而过。御史见梦曰："尔前过我必步，今乃骑，岂简我耶？尔若要中，除非日月倒悬。"杨谓"尤已甚不乐"。已而，秋识《诗经》一题"如日之恒，如月之升"二句，遂得隽。

[清]彭遵泗：《蜀故》卷七，清乾隆刻补修本。

丰都巨蛇

东安尉姚某，乾隆初任丰都尉。时署有大桑一株，每月夜，辄见红裳人徘徊树下，习以为常，不之异也。后因子病，须桑白皮，令仆掘取。去浮土数寸，露微孔，阔之渐大。忽有蛇涌出，衔尾连绵，不可数计，盘旋树下，积高数尺。末一物自穴跃出，立众蛇上，长尺许，巨于臂，隆首方颐，齿历历外露，鳞甲遍体，浑如猩红，额挺双角，色碧而锐，颏下赤须，长与身等，睛光灼灼，瞪然怒视，若嗔人动其穴者。姚乃具公服，焚香祝曰："余官虽卑，朝廷吏也。署中尺土，皆余所主尔。尔既具神异，何不远藏岩穴，乃混迹公署耶？"祝毕，物似解人意，即跳入，众蛇亦随之入。姚乃封穴，而树石其上焉。

[清]王椷：《秋灯丛话》卷十，清乾隆刻本。

丰都令

蜀丰都邑，有丰都观，香火甚盛，灵应异常。观在邑外丰都山，山势巍峨，草木蔚秀。观奠其阳,殊为雄伟。山阴亦有宫殿,境益幽。俗传:殿后石穴通地府,莫敢入者。有某宦,莱郡人,性刚愎,不信鬼神,过丰都,入穴穷其异。崎岖行数百步,豁然开朗。露宅第,颇崇闳。历门宇数重,悄无人声。信步入室,室内空洞无物,唯一剑悬壁间。剑匣镂刻精工,心爱之,乃携归。行未数武,房宇顿杳,身处昏暗中。惝恍若梦,踉跄趋出,手中剑依然在也。归寓出匣观之,光如秋月,铓可吹毛,奉为珍宝。居常佩之,夜则置诸枕畔。宦有妾某氏,擅专房宠。后色衰,复嬖一少艾者。妾失宠怨望,宦怒,屡加捶楚。妾兄,庖人也,性凶狠,且愤宦所为,夜逾垣,取其剑杀之而遁。

丰都令朱某,浙进士也,性耿介,素以气节自许。闻丰邑有洞,可达阴界,疑焉,将试之。公余携二仆入。初犹清朗,益入而晦。历一坊,阴气飒飒逼人,从者仆地。朱弗顾,毅然独前。昏暗中,约行数里,复露微光。移时,抵一衙署。闲闼柱础,悉可辨识,而惨惨如将夜。朱纵步入,见堂陛多悬鬼怪,形即世之面具,可以除戴者也。徘徊间,忽闻人声。立而待众拥一公服人出,则其亡友某。见朱讶曰:"君司阳职,我忝阴曹。幽明异途,何相及耶?"朱告以故,并叩其所主。答曰:"守孽镜台。"朱求观,友不可。坚请之,乃命人导之往。至一台,高可数丈。朱拾级登,旁有联云:"日月森罗殿,风霜孽镜台。"中设大镜,清析毫芒,寒侵肌骨。朱照视,一七品服耳,默念曰:"我殆以县令终乎。"既而再视,则豸衣无首人也。惊而下,友迎谓曰:"以多情故,遂露机缄。然此地不可久留,君宜速返!"将复有所问,而友已挥手去矣。乃循旧路出。至前坊,二仆亦醒,从之归。后朱以御史内擢,出巡江右。颇尚严核,怨家素衔。朱又多不法事,惧为所廉,阴结鱄聂辈欲甘心焉?朱竟中刺客断其头以去。

[清]王椷:《秋灯丛话》卷十一,清乾隆刻本。

丰都道士

署丰都有地,去县二百里,插入湖南,与利川接壤。乱山丛杂,贼匪出没。界在两省,难于搜捕。闻嘉庆闲(间),川楚教匪滋扰,利川晏如。忽有道人至县,劝民乘机为乱。众不从,道人曰:"吾能使尔飞空驾云,官兵不能伤也!"问以术,令取数锅至,煎水加药,使众洗手足。俄皆升至半空,飘然随意所至。愚民大喜,奉

为师,聚众蜂起。官兵至,术不灵,道人不知所往。殱戮无遗,殆劫数欤?吾邑韩于佃,名厥田,官其邑。见白骨遍野,问知其故。

[清]王培荀:《听雨楼随笔》卷五,清道光二十五年刻本。

丰都冥府

道光十六年(1836),摄篆丰都,旧名豐都。宋时,豐旁加邑,遂为酆都。俗传为:冥府有阴王二仙,于此修真。因阴王,遂讹为"阎王",并云:"每岁,县令制刑具投井中。"既至其地,访问无此事。惟平都山上古井,在关帝庙前。无水,亦不甚深,铁笼罩之。别有阎罗庙,气象森严。上层为仙都观,高厂轩豁,江山在目,云树杳霭,颇为巨观。旁连小阁,塑阴王二仙对局。顾晴沙观察,有诗甚佳。以八分书纸屏:"王方平,阴长生,沽浊酒,与尔倾。尔骑白鹤吾长鲸,尔吹铁笛吾凤笙。江风吹起江月明。吾欲醉,尔自醒。醒时应忆醉时事,醉中可以忘吾情。日月星辰挂岩户,不知户外蛟龙舞。唯有一枰与终古。吾将与尔终一枰,一着饶尔先天行。凭栏大唤局中急,江水无波空自清。"邹小山云:"其师陈东山,官翰林。每日过午,即不见客。默坐一室,治阴事。偶言某日某当死,果验。其卒也,预刻期,嘱家人备后事。至期云丰都差来接,遂卒。"又徐公从治,万历癸卯(1603)举人,丁丑进士。后为山东巡抚。崇祯七年(1634)四月,在莱州死孔、李之难。时肥城书吏,以病死数日。复生言阎罗命之取八十人,姓名历历在阴府造册。阴府门联曰:"大善莫过于孝,大恶莫过于淫。"所造乃七省轮回册。册分黄、黑二道,不下数十万人。八旬始造毕。阎君即遣持书赴莱州,请徐公四月二十日巳时到任。骑驴进莱城门,见门外步兵约一千哨,官三四十员。唯少中军,临时选用。又见大旗鼓数队,五色马共八匹,以为导。进门,诣都察院。传请至三次,方见徐公在内书室中坐。见其忧国之念,形于面目。旁有古书二套,剑一口,端砚一方。几上绿豆汤一碗。徐公看书后,遂发回书,令候起身饮汤毕,即起行牌。行四川成都府丰都县到任。所过地方,城隍、土地迎接三十里。进察院时,各神即投造完文册。书吏姓刁,名守宗。见秦梦皋《南窗新记》。

[清]王培荀:《听雨楼随笔》卷五,清道光二十五年刻本。

丰都路引

丰都平都山庙中,有铁印,不知始于何时。篆文有"总统万灵"等字,有所谓"路引"者云:"执之,冥闲关隘无阻。"人多崇信,买者云集。用铁印后,复求县印。上宪恶其惑众,追入藩库,香火今陵替矣!"阴阳何处立严关,祇似循环昼夜闲(间)。果是黄泉拦去路,如何逝者不生还?""作伪无端骇众闻,如狂如醉久纷红(纭)。群生迷却来时路,应是冥王少牒文。"

[清]王培荀:《听雨楼随笔》卷六,清道光二十五年刻本。

丰都城

世传:地狱有丰都城之说,遂指四川丰都县为滥觞。忆同治乙丑(1865),余归自蜀,道出丰都。榜舟已晚,亟登岸,询所谓"森罗天子殿"者,系在山颠。迤逦而上,天黑。寺扃打门入。有僧延诣正殿,指殿中一井,为地狱门户。蓺纸钱投之。余俯身下窥,觉不及寻丈,为木板所隔,了无所见,遂目笑置之。按:酆本从豊,改自明初。县有阴王山,即平都山。以阴长生、王方平学道于此得名,为道书七十二福地之一。后世小说,因阴王字,讹为鬼山。此与郢书、燕说何异?余有诗记之曰:"附会僧何诞,延缘地最偏。神山皆鬼窟,莫漫咏游仙。入峡险初度,掷身波浪间。前滩虎须怒,此是鬼门关。"

曲园先生云:"罗丰山,名鬼神所居。"《酉阳杂俎》云:"有罗丰山,在北方癸地。周回三万里,高二千六百里。"则非在蜀也。《抱朴子·对俗篇》云"势可以总摄罗丰",即指此。后世因一丰字,遂讹指为四川之丰都耳。

[清]吴仰贤:《小匏庵诗话》卷十,清光绪刻本。

或曰:"子不信神佛矣!敢问:令狐撰之逼供状,何思明之游丰都,柳芨地神之乳,张华《博物志》、汉末范友明等三事之载,皆非欤?"余曰:"此稗官小说家荒唐之言也!"或又曰:"然则阮瞻之遇冥客,干宝之记《搜神》,载之《晋书》,何也?"余曰:《晋书》杂采《世说》《笑林》附会诙谐之事,以参入之,非史体也!凡此,乃儒生信道之不笃,抑或假托之以警世也者。皆不足信也!昔苏东坡在谪所,每与客谈,诙谐放荡。有不能谈者,则强之使说鬼神。或辞无有,则曰:"姑妄言之!"又

闻:龙游有一学博士,欲缉为幽怪之书。诸青衿故造妄言,以戏之缉成而□劂焉。然则,自令狐撰以下,悉此类之妄言,而谬传之者也。

[清]熊赐履:《闲道录》卷十八,清刻本。

晁十三郎

浙人晁豫,年四十,始生一子。按诸犹子雁,序十二,遂名曰十三郎。……明年春。出郎于狱,减等发配西蜀之丰都县。……

[清]宣鼎:《夜雨秋灯录》续录卷一,清光绪申报馆丛书本。

丰都狱

祝允明《语怪》:丰都,观香火甚盛。永乐间,江西尤和为令,意欲除之。一日,门子忽倚其靴而僵。越二日始苏。云:"方走,无常始回耳!"问其所摄,则即令之弟也。扣其室庐,相貌无不合者。命人讯于家,弟果亡。乃入观醮谢。纪其事,而镌之石。

[清]姚之骃:《元明事类钞》卷二十神鬼门,清文渊阁四库全书本。

走无常

《语怪》丰都,熊君言:彼邑走无常者,其人无病,忽掷跳仆地。冥然如死,或六时,或竟日,甚或越宿必苏,不复惊异也。盖冥府鬼吏不足,则取诸人间。令摄鬼卒行事,事讫即还。

[清]姚之骃:《元明事类钞》卷二十神鬼门,清文渊阁四库全书本。

丰恽二姓事

乾隆末,我郡丰小山孝廉,名云倬,举礼闱,才名素著,可望鼎甲,时相某为殿试,阅卷大臣以俗说丰都城事,恶其姓,抑之,遂以归。班人为呼屈。常州恽敷,为南田族裔,以孝廉就大挑,监挑大臣。某公以挥音呼其姓,恽复朗声以蕴音,自呼其姓曰:"恽敷。"某公内愧其误,而恶恽之不为覆也。屏不入选。越数年,复赴大挑。主其事者为成邸。见恽姓,即瞿然曰:"是南田先生后人耶!亟予一等。"夫以一人之姓,关系名途得失,固已奇矣!如恽君,又失于前,而得于后。迥判如此。此岂漫然相值乎？盖命实司之矣。

[清]叶廷琯:《鸥陂渔话》卷六,清同治九年刻本。

丰都阴君

宋范成大《吴船录》云:"忠州丰都县,去县三里有平都山。碑牒所传:前汉王方平、后汉阴长生皆在此得道仙去。有阴君丹炉,满山古柏,大数围。转运司,岁遣官点视。相传为阴君手种,阴君以炼丹济人,其法犹传。知石泉军事章森德茂家,有阴丹甚奇。即阴君丹法也。"

按:丰都县平都山,为道书七十二福地之一。宜为神仙窟宅,而世乃传为鬼伯所居,殊不可解。读《吴船录》,乃知因阴君传讹。盖相沿既久,不知为阴长生,而以为幽冥之主者。此俗说所由来也。至北极治鬼之所,有所谓罗丰者,别有其地,与此丰都不涉也。

[清]俞樾:《茶香室丛钞》卷十六,清光绪二十五年刻春在堂全书本。

罗丰山

晋葛洪《枕中书》云:"蔡郁垒,为东方鬼帝,治桃邱山。张衡、杨云,为北方鬼帝,治罗丰山。杜子仁,为南方鬼帝,治罗浮山。周乞、嵇康,为中央鬼帝,治抱犊山。赵文和王真人,为西方鬼帝,治嶓冢山。"按:罗丰山,为北方鬼帝所治。故有"罗丰治鬼"之说。而世俗,乃以指四川之丰都县。《夷坚志》云:"忠州丰都县,有丰都观。其山曰'盘龙山',即道家所称'北极地狱'之所。"盖南宋已有此说。夫丰都县,不在北方,何以谓之"北极地狱"乎？即此可知其非矣。

又按:蔡郁垒,不知何人？蔡,乃荼字之误。盖神荼、郁垒,合而为一人也。

《枕中书》又言:"孔子门徒三千,不经北丰之门。"不经北丰,即是不入鬼趣。然东、西、南、北、中央,皆有鬼帝,而独言北丰,盖北主幽阴,尤鬼道之所重也。

唐崔致远《桂苑笔耕集》有《下元斋词》云:"虽慎抚绥于南充,尚多愆咎于北丰。"此知出处矣。

[清]俞樾:《茶香室丛钞》卷十六,清光绪二十五年刻春在堂全书本。

奈河桥

国朝顾炎武《山东考古录》云："岳之西南,有水出谷中,为西溪。自大峪口至州城之西南,流入于泮,曰漆河。其水在高里山之左,有桥跨之,曰漆河桥。世传:人死魂不得过,而曰'奈何'。"此如汉高帝云:柏人者,迫于人也。

按:顾氏又辨高里山云:俗传蒿里山者,高里因之讹。《史记·封禅书》:"上亲禅高里。"《汉书·武帝纪》:"太初元年(公元前104)十二月,禅高里。"乃若蒿里之名,见于古挽歌,不言其地。自晋陆机《泰山吟》,始以梁父蒿里并列。而后之言鬼者,山之。遂令古昔帝王降禅之坛,变而为阎王鬼伯之祠矣。

[清]俞樾:《茶香室丛钞》卷十六,清光绪二十五年刻春在堂全书本。

北太帝

梁陶弘景《真诰阐幽微》第一篇云："炎庆甲者,古之炎帝也。今为北太帝君,天下鬼神之主也。"注云："炎帝神农氏,其圣功不减轩辕颛顼,无应为鬼帝。又黄帝所伐大庭氏,称炎帝。恐当是此,非神农也。"又外书云："神农牛首。"今佛家作地狱中主煞者,亦牛首复致疑焉。今俗传有'牛头马面'之说。观此,乃知古止是牛头。其马面,则后人以配牛头者耳。

[清]俞樾:《茶香室丛钞》卷十六,清光绪二十五年刻春在堂全书本。

罗丰山

梁陶弘景《真诰阐幽微》第一篇云："罗丰山,在北方癸地。山上有六宫洞,中有六宫,是为六天鬼神之宫也。山上为外宫洞,中为内宫。第一宫,名为'纣绝阴天宫'。以次东行,第二宫,名为'泰煞谅事宗天宫'。第三宫,名为'明晨耐犯武城天宫'。第四宫,名为'恬昭罪气天宫'。第五宫,名为'宗灵七非天宫'。第六宫,名为'敢司连宛屡天宫'。洞中六天宫,名亦同。"注云:"此北丰鬼王决断罪人处。其神,即应是经呼为阎罗王所住处也。其王,即今北大帝也。"按:世以四川丰都县为阎罗王所居。余谓:因罗丰而讹,已屡见余书矣。今读《真诰》,得其详,故记之。据下文,武城,又作武阳。

又云:"世人知有丰都六天宫门名,则百鬼不敢为害。欲卧时,常北方祝之三遍。祝云:吾是太上弟子,下统六天。六天之宫,是吾所部。不但所部,乃太上之所主。吾知六天之宫名,故得长生。敢有犯者,太上当斩汝形。第一宫,名纣觉阴天宫。以次东行,第二宫,名从此以讫。六宫止,乃啄齿六下,乃卧。辟诸鬼邪之气。"

又云:"人初死,皆先诣纣绝阴天宫受事。贤人、圣人去世,先经明晨第三宫受事。"

[清]俞樾:《茶香室丛钞》卷十六,清光绪二十五年刻春在堂全书本。

信道不笃

祝允明《语怪》载:走无常事。江西尤和为丰都令,始下足,欲毁除丰都观。及门子跌仆,俱云:走无常。醒言:为冥官摄其弟尤睦,睦果以是日亡。尤乃醮谢,建坊立石,以示将来。嗟乎! 尤和可谓信道不笃者矣:门子之跌,尤睦之亡,不过鬼幻运数,偶符其事。不然。有十强项令丰都,能日走无常,而勾摄其十人之眷属乎? 昔有人生三子,有淫鬼乞食曰:"尔弗食我,且勾若子。"不应,一子亡,后又如之,不应,又一子亡,后又如之,终不应。鬼曰:"吾鬼也,安能生死人? 汝二子应亡,故我假此以恐汝。今汝子数不当绝,我亦无奈之何!"遂绝不来。设使此人三子,俱当死,后人且无解于其故矣。故学者,须要信道之笃无祸者,勿论。祸福相半者,亦勿论。即有祸而无福者,须知气数适然,并非鬼神能为祸福也。身悖于道,则福亦为祸。以有不当受者存也。身依于道,则祸亦为福。以有不可动者在也。何至以祸福而转移其心志哉? 若以祸福而转移其心志,又何所底止乎?

[清]袁栋:《书隐丛说》卷三,清乾隆刻本。

何立至丰都

【云蕑淡墨】:岳侯之狱,以桧妻王氏一言而死。有押衙何立者,桧命往东南第一峰勾干,恍惚有人引至阴司。见夫人带枷备刑,楚毒难堪。语立曰:"告相公:'东窗事发矣!'"押衙复命,言其事。桧忧骇数日亦死。《江湖杂记》:桧既杀武穆,向灵隐祈祷。有一行者,乱言讥桧。桧问其居址,僧赋诗有"相公问我归何处? 家在东南第一山"之句。桧令隶何立物色。立至一宫殿,见僧坐决事。立窃问之,答曰:"地藏王决桧杀岳飞事。"数卒随引桧至,身荷铁枷,囚首垢面。呼告

曰:"传语夫人:'东窗事发矣!'"又《邱氏遗珠》:有方士伏章,见秦桧与万俟卨俱荷铁枷。桧属方士曰:"可烦传语夫人:'东窗事发矣!'"按:数说传闻小殊,大旨一也。元张光弼,有咏何立事诗。

[清]翟灏:《通俗编》卷三十七,清乾隆十六年翟氏无不宜斋刻本。

身体变常

我虞菊亭瞿君,嘉庆时,曾任丰都县回籍。一日晨起,手携烟筒,欲吃余火于地,而不能蹲下。方自虑筋骨有故。不日,疽发于背,延医无效而殁。又余小功兄蕙副,贡生也。嘉庆二十年(1815)冬,年六十一岁,并不老迈。偶欲反手自搔其背,而竟不能,疑肩受风湿。商于众,屑附桂末以膏药贴之,无效。易川乌、草乌末贴,不料遂受其毒。越日,肩生大疖,未愈,又生脑后,愈甚,又生太阳委,顿不能堪而殁。

[清]郑光祖:《一斑录》卷五,清道光舟车所至丛书本。

韩擒

韩擒,字子通,河南东垣人也。……别封寿光县公,食邑千户,以行军总管屯金城。……有人病笃,忽惊走至擒家,曰:"我欲谒王!"左右问曰:"何王也?"答曰:"阎罗王。"擒子弟欲挞之,擒止之,曰:"生为上柱国,死作阎罗王,斯亦足矣!"因寝疾,数日竟卒。时年五十五。

《隋书》卷五十二列传第十七。

隋时,有人病笃,忽走至韩擒虎家,云:"我欲谒王!"左右问曰:"何王?"曰:"阎罗王。"子弟欲挞之,擒虎止之,曰:"生为上柱国,死作阎罗王,亦足矣!"因寝疾而卒。

[明]彭大翼:《山堂肆考》卷一百四十九。

丰都宫颂

项梁城《丰都宫颂》曰:"纡绝标帝晨,谅事构重阿。炎如霄汉烟,勃景耀华。武阳带神锋,怙照吞清河。开阊临丹井,云门郁嵯峨。七非通奇灵,连苑亦敷魔。

六天横北道,此是鬼神家。"凡有二万言。此唯天宫名耳。

[唐]段成式:《酉阳杂俎》前集卷二。

阎罗包老

包拯……字希仁,庐州人,进士及第。……历监察御史,为天章阁待制,知谏院,迁龙图阁直学士,知瀛州,又迁枢密直学士,知开封府。为人刚严,不可干以私。京师为之语曰:"关节不到,有阎罗包老。"

[宋]司马光《涑水记闻》卷十。

第三节　游记见闻

一、游平都山(范成大)

南宋淳熙四年(1177),范成大自成都回江南,七月至丰都。(自涪州)百二十里至忠州丰都县,去县三里有平都山仙都道观,本朝更名景德。冒大暑往游,阪道数折,乃至峰顶,碑牒所传,前汉王方平、后汉阴长生皆在此得道仙去。有阴君丹炉,及两君祠堂皆存。祠堂唐李吉甫所作,壁亦有吉甫像,有晋隋唐三殿,制度率痹狭不突兀,故能久存。壁皆唐时所画,不能尽精,惟隋殿后壁十仙像为奇笔,丰臞妍怪,各各不同,非若近世绘仙圣者,一切为靡曼之状也。晋殿内壁亦有溪女等像,可亚隋壁。殿前浴丹池,不甚甘凉。满山古柏大数围,转运司岁遣官点视,相传为阴君手种。今以成都孔明庙柏观之,彼止刘蜀时物乃大此数倍。然段文昌《修观记》已云:"峭壁千仞,下临佛波。老柏万栽,上荫峰顶。"段时已称老柏,或真阴君所植? 直差瘦耳。阴君以炼丹济人为道业,其法犹传,知石泉军章森德茂家有阴丹甚奇,即阴君丹法也。观中唐以来留题碑刻以百数,暑甚不暇遍读。道家以冥狱所寓为丰都宫,羽流云此地或是。

[宋]范成大:《吴船录》卷下,清抄本;中华书局整理本,1985年,第19页。

二、游平都山(王士性)

十月癸未达丰都,上平都山,道书第十八福地也。山横峭围邑后,唐断碑五,段书"洞天道山"字置山门,汉王方平、阴长生于此上升。亭塑二仙围棋像如生,因忆乙酉春《乩仙别余诗》云"相别都门下,相逢益水边。平都江上路,晴日锦帆悬"。固知人生行止有数也。

[明]王士性:《五岳游草》卷五蜀游上,清康熙刻本。

三、游历平都山(王士禛)

康熙壬子(1672),予以户部郎中奉命典四川乡试,所过名山如井陉、霍山、姑射、中条、雷首、太华、少华、终南、太白、云栈、嶓冢、锦屏、天柱、岷山、青城、蟆颐、凌云、峨眉、乌尤、五峰、涂山、平都、上岩、瞿唐三峡、巫山十二峰、隆中、岘首、苏门、百泉诸胜,舟车遄发,迫于王程,或至或不至,凡登望皆有诗,为《蜀道集》,又别为《蜀道驿程记》四卷。施愚山侍读、曹峨眉禾祭酒、徐东痴夜隐君序之,叶文敏讱庵题长句于卷首,又以书抵予云蜀道新诗,每一篇具有二十分力量云。

[清]王士禛《带经堂诗话》卷七,清乾隆二十七年刻本。

平都山访仙都观故址。观王方平麻姑二洞、八卦台,台前为凌虚阁,阁上一小石碣,刻唐景龙二年(708)麻姑会方平诗二首,俚浅可发一噱。

[清]王士禛:《带经堂诗话》卷十三,清乾隆二十七年刻本

四、秋山拾遗记(王廷献)

(康熙)辛巳(1701)重九前三日,讼庭无事,公余退食,念旧志荒略,未足传信,乃携二童子乘款段,重为平山之游。出迎恩门外二十步,下水滨为三抚庙,夏秋水涨,治前矶石滩险,客舟多泊于此。有黄葛数十株,各围三丈许。……缓辔过山王庙,为丰陵故驿,溪流阻之,乃折而北,可百步,长虹亘其上,曰通仙桥。有亭翼然朱阑,凭眺颇耐幽赏。桥北有严官碑,万历时修桥以纪月日者。摸读之际,黄学博受符来赴予约,乃命仆夫引马候于悒翠楼下,余两人则扪萝而登,得天

元宫旧址,明邑令张守刚三碑焉。东数武为胡公祠,公名平表,天启间平奢贼,里人冶像祭之,兵火后露处榛莽,余捐俸重建,特丹臒未施耳。东为凌云书院,刱于明知县万谷,万历初廷议撤毁,因故地建文昌宫,就东隙地有谷生祠碑,相对为明学博窦希颜碑。北阴殿门亦有断碣,载隆万间捐修绅士姓名。与北阴并者,东岳天齐行宫,立春前一日有司迎句芒于此。蒋夔《平都山记》"左祠大山,右府北阴",今犹仍旧迹也。沿溪绿树参差,与金碧相映,啼鸟上下,令人应接不暇。又东为石佛寺,寺中石佛高二丈许,左为山川风雨坛,临江为长坝子,故明有场集,与山王庙止隔一溪。乃循旧路过东岳庙西,始登山路,侧有修路碑,碑面为万历年碑,碑阴则嘉靖,盖后人重修用旧碑,而前人遗迹亦未尽泯焉尔。陟彼而西,可六十步,折旋陡级而东,又五十步,巨碣依山,积藓护之,谛视得六字,曰"南无阿弥陀佛",台上即大仙岩,岩有九蟒之亭,中塑神像,后有圈石,相传为杨御史墓亭。右有天启甲子碑,载神始末极详。匠于碑足凿三鱼中,共一首,俱肖,土人指曰三鱼碑也。上层台迤逦而西者半里许,折而东石坊,西向颜曰"总真福地",下视即元天宫,高不过三十丈,山势陡峻,纡折迨二里矣。考蒋记,此为五云楼故址,坊内二碑相距,一古养敬碑,一杨忏碑,俱屹立,一旁欹卧者为窦希颜《五块石修路碑》,盖石上旧镌李阳冰书"道山洞天"遗迹,巘岩道路,彼时尚未治耳。石台上,龙虎君殿,北向。又上有寥阳殿碑,寥阳殿者,故明蜀献王香火,前为三石桥,以肃观瞻。殿有楼可登,一览城郭无遗,县署门庑室庭中双桂历历可指。历阶而上为玉皇殿,远人岁致巨蜡,可然(燃)一年,银缸犹灿灿也。路右为王母殿,前有杨宣慰《重修景德观碑》。登山过观音殿,则凌虚阁岿然出焉。阁前有碑,隶书东坡留题二绝,明巡按卢庸笔也。雍亦有八景五言绝,及游平山诗。平山祠宇,明末俱遭一炬,唯此阁独存,不减鲁灵光,俗称二仙楼。楚黄黎时举颜之曰"有仙则名",神山洵有异哉?凭栏南望,下临无地,隔江丰稔坝,近若襟带,葫芦溪树隐现郁葱,恍然月镜中游也。邑人林明俊一联曰:……斯楼之盛,概可想矣。阁后即凌云台,为平山绝顶,相传王、阴对弈处,亭址石枰犹存。或曰,旧以铜为二仙像,各高三四尺,李鹞子之乱遂亡去。台后即曜灵殿,殿东向,榜其额曰"幽都"。本见《水经注》,乡愚援此为阴司实证也。王端冕搢圭,案前巨蜡如玉皇殿,业镜围逾丈,日久蒙昧,而奸邪过此犹凛凛不敢正视。东十余步为汉寿亭侯祠,山僧即

五云洞，覆石为炉状，客至然（燃）纸投之，井涸无泉，地风旋转，谓群鬼攫金钱也，则诞甚矣。前殿石碣镌侯像，印式及王凤洲赞于上，邑绅杨叔京为之。有大碑卧地，勒前忠州守孙芝倪伯鲽游平山诗，笔法隽逸，予命将琢其后，将以有待焉。小楼数楹，下视江渚，足与凌虚阁竞美。祠后为仙姑岩，相传景龙中麻姑访方平于此。隔溪青牛山层冈细阜，宛然在目。东望珠帘，隐隐岚雾间，可望而不可即也。平山往迹，其搜抉无遗恨哉。乃循旧路，趋而下至五块石，傍有小径通山后，茂林修竹，绕蔽梵宇，曰竺国寺。又西二十步，亦有关祠，胡公讨奢贼，祷于五云洞，得神助，事平筑宫以报焉。寺僧宗贵，即余命修公祠者。北忘五鱼，此中殆有佳气乎？循山西去，至半岭，江明如练，小憩树下，适与丰属花斋相对，□呼而应。下至山麓，两山相对，赵村之涧，水中出为九曲，名流多泛舫于此。乃摄衣登白鹿山，石磴修紫里许，抵寺。寺东向对二仙楼，山门有石鹿，倪伯鲽题诗犹存。石坊曰来苏，以老泉来此，鹿夜鸣也。寺为明金宪杨大荣刱造，相传卜生圹掘地，双鱼飞去，乃舍作寺，以泉故，本名玉鸣，时人竞称鹿鸣，将所谓地以人重者耶。泉方盈尺，翠微隐翳，沥滴如戛玉声，冬夏不竭。岁旱，土人取泉以祷。己卯夏，余亦试之，良验。左有吴道子、观音像，碑稍下隙地丈余，可构数椽，石栏抱之。山僧告余曰此古氏书院也。或又曰为杨氏。旁有僻径可乘，险，下足不能留瞬息。达竹雪庵，读古心碑，更正讹字数则。时则夕阳在山，曛影万丈。出翠竹间，此地旧有杨温甫平山书院，亭池遗址半湮田陌，乃由颓垣出，上文昌宫，一望瓦砾，所存者陈宽一碑耳。西为天福宫，岁时朝贺之所，详旧志黄孝廉碑。缓步至社稷坛，西得川主庙，遗钟为成化七年事。暮霭苍然，仰见新月，望送客之晴澜渺乎，不可睹矣。嗟夫，自后汉迄今，平都之名由来旧矣，考唐宋之遗迹，百不得一焉。八景题咏，肇于明初。旧志所载，亦永乐间事。然三百年来，祠宇之废兴，留题之存没，又阅几变迁也。今来丰四载耳，间以公委跋涉于涪陵桂水，间奔走锦里者，再平山之游，或月一至，或岁三四至，眼前好景习而忘之矣。驹影西流，颓波东逝，王、阴二仙将无，叹拯溺之无从哉。仆夫牵马促归，乃酌酒索笔为平都怀古诗，以纪之。其词曰：巴子东都治枳城，平都岂是为方平？只因炎汉留仙迹，遂使春秋掩政声。九蟒精灵归劫火，五云人鬼未分明。隔山唯有来苏寺，白鹿呦呦夜气清。

光绪《丰都县志》卷四《艺文志》。

五、游丰都（方象瑛）

康熙二十二年（1683），丰都县古枳县地，汉平都，隋始曰丰都。城倚平都山，道书七十二福地之一。汉王方平得道于此，又云阴长生上升处。有仙都观、麻姑洞，林木幽深，夹道翠柏，皆千余年物，麋鹿出没与人狎。号紫府真仙之居，不知何时创森罗殿，因傅会为阎君洞，以为即地狱之丰都，远近祷祀求符箓。盖道流惑世，失其实耳。

方象瑛：《使蜀日记》。

六、游丰都（曹亚伯）

[民国十七年（1928）十月初九]丰都县，县为汉枳县地，东汉和帝分置邑，名平都，县东北有平都山，即道书七十二福地之一也。后汉更名临江，隋改名豐都县，唐属南滨，明易豐为酆，邑曰丰陵，里曰丰乐，皆本此山而名。明以前，世俗即相传丰都为地狱，郭子章曾辩驳之。清仍明称。县治在山麓，山上有空城，为居民夏季避水之所，有丰都庙，庙始于明，原为观，庙左有五云洞，洞侧为冥王庙，祀十王……无稽之谈，传世甚多。川人好迷信，有"四川邪魔地，宜假不宜真"之谣。媚神者宿于洞侧僧舍，有托辞见神见鬼以炫众。甚且谓街市交易，往来所得之钱，必投水盆以验真钱与否。百十相传，言之凿凿，一若真似者。其谬妄至可笑也。

曹亚伯：《游川日记》，上海：中国旅行社，1929年，第25-26页。

七、游丰都（葛绥成）

[民国二十二年（1933）八月十四日]到丰都，时已午后六点，船遂停宿于此。我和胡刚复君等上岸登游丰都山，山高约十里左右，竹木很多。向来我国人有"人死必到丰都"的迷信，我浏览阎罗各殿及山顶的天子殿等，各殿都破碎不堪，既寻不出地狱所在，又见不到阎王的威姿，冷落荒芜，无甚可观。因汉朝的王方平及阴长生曾在此山修道，世人便误会为阴王，为之设殿，真是可笑。我又看各殿的鸡爪神，口中多涂有鸦片。（据庙中人说，神有烟瘾，凡许愿者，都酬以烟，非

常灵验云。)连神都吃起鸦片来,真可谓滑稽极了。半时游丰都公园及市街,园中布置不差,市街建筑亦佳,旋即返船就寝。以上三都市,要算万县最佳,余均呈不景气之象。

葛绥成:《四川之行》,上海:中华书局,1939年,第6—7页。

八、游丰都(陈友琴)

[民国二十三年(1934)一月二十八日]次过丰都(因俗崇迷信,故世归鬼域),境内有冥王庙,祀十殿阎王,媚鬼神者常托辞以取财,如四方所争购之"路引",必以有丰都城隍之印者为验。甚且谓街市交易往来所得之钱,必投水盆以验真钱与否,盖恐有鬼钱乱真也。可笑之至。

陈友琴:《川游漫记》,南京:正中书局,1936年,第29页。

九、丰都城里重庆报告(伊柔枝)

假使没有人指点你的话,你从川省外面乘船到重庆,相差三百多里的时候,虽然也会望见在长江北面的江边上,两个不十分高的小山下,长条条的有一座城市横躺着,然而你哪里就会知道这便是一般传说得很神秘的丰都城呢!

提到丰都城,谁也会知得这里是鬼住的地方。虽然也有人,可是在那里做生意,不都是这么说着吗?一到下午来,门前要放着一盆水,若有人来买了东西,必定要将付下的钱放在水盆里看看,沉下去的才是人用的,浮起来的就不要。

丰都城,向来就把他看作是个鬼世界了。

其实哪里有这件事情,不过那里阴司的庙宇和菩萨特别多。城背后有两座小山的:一是鹿鸣寺,传说苏东坡曾骑鹿游到这里,因鹿鸣了,就定下这个名称。上面塑有东坡像,只是年久圮坏了。还有一座就是丰都城中鬼薮所在。上面有几十所大小庙宇,塑着各色各样的鬼神泥像。天子庙是最高的阴司统治机关,十殿阎皇殿,各省府县城隍殿、望乡台、血河池,真是应有尽有,设备完全。只是各种建筑和塑像,并没有什么艺术的宝质,不过专供一般迷信者的崇奉就是。

从前三月里的香会很盛的,可是自从国府西移后,抗战的吼声也醒悟了"天府之国"的人们,迷信也渐渐的破除了,丰都城里早没有了如从前的阴森森的气象,光明一片,展开了新的蓬勃。

丰都城里居住有三万家的户口,城里地势平坦,街道很是宽大整齐的。城中心有四五层楼的水泥建筑。有公园,虽然小一些,但古树蓊葱,花草满园。躺着曲折的小溪,实在风景是不差的。在宽阔平坦的街道上,两旁更有整齐的槐树,竟和成都的情形一样的。

丰都的教育如今也渐渐的发达了,城里有县立男初中一,私立男女初中各一,每年出外升学的青年更多了。在就地,因有了那批受过高等教育的青年,各处当然都受到影响了!再是丰都人看惯了是泥做的像,听惯了是鬼的乱说,其实对于鬼神的迷信,更没有像外地对他们的莫名其妙的。

丰都城,站着的地位是在重庆与万县之间的。

四,二五,于重庆。

伊柔枝:《大路月刊》,1940年第2卷第1期。

十、丰都不是鬼国(山客)

没有到过丰都的人,都以为她确是传说中那样的神奇鬼怪。可是一旦来此,一切也就明白了,远近知名的"名山"上的天子殿里的天子娘娘也并不是肉身了,商家做生意时也并没有放盆水在柜台上试验所收进的钱财是否鬼的纸钱,关圣帝君的大刀,也并没有一年转变一次方向而始终是固定着的,因此,丰都绝对的也和其他的县城一样丝毫没有神奇或鬼怪,名山上数十座庙宇中的神像,那仅是供愚人求得心理上的安慰而作可笑的朝拜的泥堆罢了。对于这,丰都人更有一首诗自白的说:"鬼国名称四海闻,都言枳水(注)鬼成群,鬼心鬼计人人有,到底何曾见鬼身。"可见丰都并不是鬼国,更不会如传说中的那样令人可怕,尽可放胆来游览一下这座马路平坦、夹道树荫、淳朴古雅的古城。丰子恺先生于三十三年来此,曾说丰都是艺术的,人民是和善的,在许多小城市中确是一座难得的县城。

丰都位在长江上游渝万之间,到重庆坐汽船须时两天,现仅有三北公司之蜀丰轮定三日航驶一次,到万县则无轮可乘,故交通颇嫌不便。胜利消息传来后,

物价随之下跌,金融周转亦因之迟滞不灵,数日中有十余家商号竟因此先后倒闭,渝票经纪白慎感到绝望气急身死,更兼市面萧条,生意淡薄,使丰都陷入贫乏的痛苦状态中,虽有一二家银行放款救济,惜杯水车薪,于事无补。可是酆都人并不因此颓丧、懊恼,反之,他们还非常愉快同热烈,因为抗战已经胜利了,他们便可因此忘去个人损失的一切痛苦,同时为了丰都的繁荣,他们已在计划实现丰涪(陵)、丰垫(江)、丰石(柱)的三条公路,及怎样建筑可以发动千匹马力的白水河的水电厂哩。

注:过去丰都叫枳水。

山客:《中央周刊》,1946年第8卷,第15页。

十一、丰都与地府(明斌)

旅行外乡的人,感到一点共同的麻烦,就是怕人问起我们家乡的情况,他们不问丰都的出产怎样?教育情形如何?问的只是丰都有鬼无鬼,至于稍熟习四川一点人,或者还加问两句!丰都鸦片烟多么?吗啡的销路如何?此外,他们再也不问别的问题了。

关于第一个问题,答复起来是够麻烦的,因为丰都早在他们的脑子中印下了一个神秘的印象,提到丰都他们就会联想到地府,这种对丰都的神秘性是远超于丰都人脑子中的洛阳的。

但,为什么他们会把丰都与地府想在一块儿呢?这就是我们今天要研究的问题。

谈到地府,我们就不能不先谈谈阎罗王,因为阎罗王是地府的最高级长官,他在地府里的权威,就等于阳世一个国度的总统,他们因不懂什么叫民主,所以那个地方是没有真民主与假民主之争,也没有选举与罢免这种制度,据我所知,好久好久以前,阎罗王就是那个国度里的执政者了!

根据《地狱经》的记载:阎罗王原是昆沙国的国王,后来因与维陀始王打战,兵力不如维陀始王,故立下了誓愿,死后愿作地域之主,以治此等罪人,于是这位昆沙国的国王就在他寿终正寝那天率领十八大臣、百万大众到地府履新去了(按十八大臣,即十八地狱之狱主,百万大众即牛头马面、阿旁等是)。

然而地府设在何处呢?这个问题我想先引一段梁陶弘景《真浩·阐幽微》上的一段记载,然后来加以说明,那段记载是这样的!

罗丰山在北方癸地,山上有六宫,洞中有六天,鬼神之宫也……此北丰鬼王决断罪人处,其神即应是经呼为阎罗王也。

读过了这段记载,于是又发生了罗丰山在何处的一个问题,这又须得着我们考据了,原来阎罗之说佛道二家皆极推崇,佛家故弄玄虚,对阎罗王之住处,未曾指出,而道家则设想为罗丰山,又因罗丰山的丰字与丰都的丰字相同,后人又将虚作实,把罗丰山说成丰都的丰都山去了(按丰都山或许是名山)。

除了上面这种说法外,还有一个说法,也是把丰都认为地府的,这个说法,可见之于宋朝范成大《湖船录》:

"忠州丰都县,去县三里有平都山,碑牒所传,前汉王方平、后汉阴长生皆在此得道仙去,有阴君丹炉,是丰都阴君乃阴长生,俗讹为幽冥之主,因以丰都为鬼神所居。"

诸位,读了这些,信不信由你,但是丰都究竟是不是地府,是不是地狱呢?这希望丰都的执政者与大人先生们检讨的,我热诚的希望她不会是地狱吧!

明斌:《丰都县旅渝同乡会会刊》,1947年第1期,第10-11页。

十二、丰都城(源野)

倘你听人说"某人已到丰都城去了",这话大概是说某人已死了的意思。尤其是一般迷信的老太婆,她们更是确信无疑地以为人死了一定要到丰都城去的。

最近在一本杂志上——《人世间》第四期读到一篇译文——《谈死刑》,系达奇先生节译自"*Bomday The Aryan Path*",上有这样的一段:"但是出人意料的,我们若到消灭死刑的这条路又碰着障碍物了。在苏联,死刑又从新被引用,其他各国,处犯人以死刑的比率,比从前更增加,这事实的发生,他的理由,到底何在呢?为回答这问题,我想理由实不外乎是因为政治舞台上的戏,愈演愈复杂,所以新鲜的把戏也层出不穷,因此却无形中增加了丰都城里的良民……"不知作者是那

国人，他却会领略中国人的迷信心理，他也知道丰都城是人死了要去的地方。在我国旧小说中也有关于丰都城的描写，如聊斋上的"丰都城皇"，描写得丰都是一个怎样可怕的鬼城。

通常在一般人的心中，只要一提起"丰都"两个字来，好像都会使人引起一种"死"和"鬼"的幻想，确是丰都在许多人的想象里是太神秘了。他们传说：在丰都城做生意的人，一到下午来，门前要放着一盆水，若有人来买了东西，必定要将那付下的钱放在水盆中看看，不然会变成鬼用的纸钱了。使人想到那是怎样可怕而奇怪的鬼的世界呢？

但是丰都真如诸位所听到的那些传说吗？让我来介绍一下，这个神秘而奇怪的小城市罢。

丰都在重庆与万县之间，这座小城是建在长江北岸的江边上，距重庆不过三百余里，若从川省外面乘船到重庆，一定会看见这个在传说里很神秘的小城市，在那两个不十分高的小山脚下，长条条的沿着江岸，居住着不到三万家的户口，城里因地势平坦，街道修得很宽大整齐，在城中心，依然有四五层楼的水泥建筑。穿过城的中心可直达那小小的公园，园里的范围虽小了一点，但那高大的树木，满园的花草，加上那曲折的小溪，实在配称为公园，在宽阔而平坦的街道上，两旁有那整齐的槐树，它的风景，只有成都才能比得上，凡到过成都的人，总可以想到它的大概了。

在城背后的那两座小山，一是鹿鸣寺，传说苏东坡曾骑鹿游至该处，因鹿鸣而名此山。上面塑有东坡像，而今因年久颓坏已不能见了。另一小山，即是有名的名山，上面有几十所大小的庙宇，塑着各式各样的神鬼的泥像，那些泥像塑得并不怎样好，并无艺术上的价值，不过只是专供一般迷信者的崇拜而已。从前因一般迷信者，对那些庙宇的捐助很多，故庙里的财产很是富有，因此建筑亦是很好。自民国以来，各处庙产，多为那些军阀拍卖了。而今山上的那些庙宇多是破坏不堪。

每年在旧历三月里的香会很盛，从远处来此进香的善男信女不知凡几。他们消耗在这种迷信上的金钱若从实地去调查，定是一个很惊人的数目。自作战以来，政府已禁止去进香了，所以每年已看不见那些奇怪的善男信女了。在那山上的有一所庙里,传说有一个肉身的神像,有许多颇信以为真,其实那都是和尚们设法来想骗钱的,并没有什么真的肉身的神像,那些全都是泥塑的。

以上所说的都是关于鬼神的许多事实,现在我们要谈谈关于丰都的商业、教育、交通等了。丰都没有什么主要的物产,所以也没有什么可称的商业,在去年以前是以产"鸦片"最名(去年实行禁种了),前年在丰都有两区种植这种毒品,据统计原有六千担(每担重一千两),每两若以五元价计算,那最少在一年中有三千万元的资金流入丰都境内。实在不止此数目,因现在烟价闻已涨至十几元了。这样多的钱,当然不是全为农民所得,实在农民们能得到的也不过是千分之几而已。而大多数的资金全为一般经营此业的商人所获得,近年来因禁种厉行,产量减少,鸦片的价值亦日日高涨,去年由一元左右的烟价,竟飞涨至十元左右。许多烟商都成了爆发富(户),有几家烟商在去年一年之内,他们突然变成几百万的富商,烟价在今年上季里,涨得最快,曾在一日之内,每两鸦片飞涨两三元,那般大商家,他们囤积鸦片有四五百万石者。故他在一日之内可获利几十万元,其数目之惊人,实属少见。这些爆发户,他们突然有了许多钱,反觉苦恼起来,捐些给国家吗?钱是他们的生命,怎舍得呢?结果还是只有向地土上投资,所以他们拼命以高价收买土地,以至丰都的地价由几十元一亩涨至几百元一亩,这些奇特的现象,怕是诸位所少知的了。

关于丰都的教育还比较发达,在城里有一个县立的男子初级中学,另外还有一所私立的男初中和一所女初中。每年出外升学的青年很多,在地方上,有了那一批受过高等教育的青年,各处都受他们的影响,因此在丰都人的迷信观念上说来,是反比别处好得多,并不如一般迷信的人那样信鬼信神,在事实上来说,丰都人确是少有迷信的观念存在他们的心里,因为他们看惯了的是泥做的神像,听惯了的是鬼的故事,当然他们对迷信的理解力较高些了。

关于丰都的交通,丰都城虽是建筑在江边上,但是去来的船只因无商业上的价值,很少在那里停轮。在县境内,仅有一条长约十五里的公路,路基极坏,那是几年前花了许多民脂民膏而修成的,真是可怜。

在丰都境内的矿产极富,煤和铁的矿产都极丰富,可惜因为交通不便,无人去大量开采。距城六十余里有极富之盐岩层,地名"修盐井",经过那里的一条小

溪,所流出的水,其颜色好像肥皂水一样,成一种灰白的颜色,有极浓厚的氯气味,我们可想象那是怎样的一种可贵的矿产。最近经济部曾派人去调查,闻有意开采,不知进行如何?

在距城十五里地,有一溪流,名"白水河"。其水源终年不枯,水量亦颇大,故可全用该处水力发电,曾经一外籍工程师前去调查,闻该处水力可供给五千马力之电厂。目前可惜无人投资,在该处仅有一小小的纸厂,利用水力来打纸浆,其他全用人工,出品的纸质可作土新闻纸用,可惜产量太少,若能多投资本扩大组织,改用电力,增加生产,那出品定客观了。

上面已介绍了这许多关于丰都城的故事给诸位读者了,我们平素认为鬼神化了的丰都城,现在恐诸位再也不会相信那迷信的传说了,那里并没有鬼用纸钱来买东西。通用的全是法币,庙宇里那塑得可怕的神像,全都是泥做的,并没有什么可怕。自作战以来,国府迁川,有很多名人都前去游览过,我们的最高领袖和夫人也前去游览过,足证明那里并没有什么神秘的如像传说的一样,我们希望大家努力破除迷信。复兴我们的民族,破除迷信,实为不可忽视的工作。

原载《旅行杂志》,1940年第14卷第4期。

十三、丰都鬼世界(翟民)

丰都虽是四川一个渺小的县城,然在信鬼拜神人们的心理上确深深地植下难以解释的朦胧,究竟那里是不是一个幽冥世界的所在,稍有常识的自然明白,笔者今在这里描写丰都一点实际情况,并不是研究他的迷信行为。

丰都县在四川省的东南,介于涪陵、忠县的中间。县境跨大江南北,全境都是山地。平都山在城北,和鹿鸣山相对。上面宇庙巍峨,林木清幽,苏东坡有诗极赞其幽趣:"足蹑平都古洞天,此身不觉到云间。"又:"山上苍苍松柏花,空室楼观何峥嵘!"县城建于江滨上河坝上,形似桃叶。旧城在桃叶中段,城垣久圮,代之而兴却有整洁的马路,马路边还矗立着高楼,望之很类长江上游的小城市。

从码头北驶,约半里可达丰都公园,园里很有花木亭榭之胜,流杯溪绕其后,有纡回不忍去的形势。城西约三里,另有一城,名新城。据丰都县志建置篇说,这个城建于同治十一年(1872),因为同治十年(1871)大水,旧城淹没,知县奏准改建新城于高阜,但因交通不便,人民不愿迁移,因而新城反变了旧城。

丰都其所以能名传遐迩,完全因为平都山的不平凡。丰都的土著叫它为名山,或丰都山。山之阳,庙刹林立,大江前横,蔚为大观。它是举国无知之辈迷信的阎罗王殿就在那山顶。

从城市东北隅,通过仙桥北行,为朝山进香大道,西有接引殿,北狱殿,东有东狱殿,火神庙,东西相望。于东狱殿和接引殿的中间,向北拾级而上,至转折处有土地殿和门神殿,再上辗转至阴阳界。山侧有界官殿,东北为眼光殿和圆观殿。从阴阳界上行就是三清殿,从三清殿右侧上去有送子观音殿,千手观音殿,报恩殿,三官殿,通过山门即为大雄殿。殿前有桥叫奈何桥,桥下有一石池,叫血河池,据说桥上常有鬼拉人找替身的事,香客们又会梦到自己的母亲在血河池里挨苦,甚至还听到血河里女鬼号恸的哀音。由大雄殿右侧上行数十步为星主殿,殿的右侧,有称为三十三天的石级,级尽处左为王母殿,右为玉皇殿,沿石级上行有百子殿,由百子殿石级北上,即阎罗天子殿,殿高约五丈,深阔约四丈许,内部黑暗似漆,阴气逼人。在天子殿的祭坛前有业镜台,中嵌一铜质圆镜,径二尺许。传说它本来光可鉴人,并可看来世的形像。从前某丰都县令曾见镜内现有牛一头,怪问和尚,和尚因语"一世作官,九世变牛",县令为之不怿,因命人用乌难狗血,将镜污淬,从此这面神秘的镜子,就黝黑无光,不能照人。

天子殿的后门,称为鬼门关,为一曲尺形的黑暗过道,因黝黑无光,给予人们以阴森恐怖的感觉。西南下行为望乡台,系一矮小的神殿,殿内祀川主和地仙,殿西侧有一大香炉,香炉临山崖,由此可望全城,传说在此处焚香哭祷,可以和已死父母或亲友相会。在丰都香会的时候,常有白衣素裳的妇女们,一边烧纸锭,一边挥泪痛哭,期与死者相见,在哭到昏迷时,自然有时也可梦见她亲人的幻影。

平都山的神像,当然以阎罗天子殿为神像中的领袖,天子像共有三座,最大的一座像,传说是铁像,高约二丈,戴冕旒,衣朝服,全身金色,威风凛凛。第二座传说是铜像,第三座是泥像,面颜服饰和铁像相似。神龛左右为四大判官,左右两侧有十帅立像,为木骨泥像,面容严峻,神采奕奕,经香烟的多年熏灼,黑黝黝地露着阴森的气象,其他还有林林总总的偶像,有的是善像,有的是恶像,有的是毫无表情的泥塑,这里恕不一一替他们做像赞了。

丰都固是魑魅魍魉的世界,但最先还是道家神话的中心。据道家传说,丰都平都山是汉仙人王方平、阴长生升仙之地,除了王阴二仙的神话外,还有麻姑和吕纯阳以及尔诸仙种种神仙故事,所以平都山本是一个道教的灵地。

晋唐间即有罗丰或丰都的名称,但和现在四川的丰都,完全无关。陶弘景《直(真)诰》卷十五有"罗丰山在北方癸地,有六天宫,于死后而审判功罪"。李白有"下笑世上士,沉魂北丰都"的歌吟,那时恐信鬼的聚集处所还在北方。至明洪武四年(1371)克服丰都,才把北方幽冥之都的酆都的名字加之豐都,于是丰都由道教中心变为幽冥世界。阎罗天子是阴间的主人,他统辖着天下的城隍。阎罗是阴间的中央长官,城隍是地方官吏,分都、省、府、州、县,各有品位不同的城隍。县城之下,辖土地神,每一土地管辖一社或一乡鬼魂,其职掌和阳世的里正、地保相似。丰都城是阴间的首都,人死后都须到这里受严酷的审判,那里有十殿阎王,主持十阴司的审判,即一殿秦广王,二殿楚江王,三殿宋帝王,四殿五官王,五殿阎罗王,六殿卞城王,七殿泰山王,八殿平恭王,九殿都司王,十殿转轮王。其中以五殿阎罗王为首席审判官,生前犯罪的灵魂在审判后依其犯罪的轻重,发落到十八层地狱,受各种酷刑。

迷信的人说阎罗王殿里有一种生死簿,记着各人的寿命长短和该死的日期,还有一种功过簿,记录各人行为的善恶,为主簿判官,专司查考登记的责任,每天查出生死簿上寿命已终的人,派阴司的无常鬼和鸡脚神按时到各地提取,阴间的司法手续和人间一样。阎王公差到各地勾取人的灵魂时,须会同本地城隍的差役和本乡的土地神,把人的鬼魂提到阴司,先须经过阴阳界,鬼门关,望乡台,到城隍处点名,然后押往丰都,受最后的审判。

平都山在每年春间,从废历正月初旬到二月中旬有很盛大的香会,有所谓天子娘娘的香会。这里还有一个桃色的传说,平都山上有一个肉身娘娘,她是重庆人,娘家姓李。先是李母患眼疾,母女婆媳三人私对丰都天子许愿,母亲若愈,当亲到丰都烧香还愿,后母病果愈,三人到丰都还愿,回家后不久,李女忽失踪,遍寻不见,一夜李母梦其女告以已到丰都作天子娘娘,家人毋须悲恸。李母将信将疑,偕家人雇船到丰都来探问踪迹。同时天子殿和尚于二月八日前夜梦见一美女,告以姓氏,现已被天子选为皇后,将后殿受万人香火,并谓其家人明日来此团聚。次日即二月八日，其母果来，见后殿神厨里有一肉身女子坐化，遂金装成圣，这种无稽之谈，在香客们的脑子里常泛起深刻的迷信印象。

到丰都来进香的香客，普通有两种，一种是无组织的香客，叫做"烧散香"，另一种是有组织的进香队。远处来的香客，大都是有组织的，最大的进香队有百数十人，最小的也有三四十人。这种进香队有两种，一名烧拜香，有的在本地出发时即有组织，有的到丰都后，临时在本地（出发时即有组）以领导烧香为业的（教口）处组织起来的。这种香队系教口为领导，另一种名"烧供香"，多由香客本县为僧率领，于是僧人们借此也受到相当的布施。香客们一加入进香队，决定了出发日期，三日前即须斋戒沐浴，男女分居。出发前一日须在家里祭门神、灶神，出发时每人都须抱有决心，屏除一切的俗念，忍耐一切的痛苦。到了目的地，更须恭敬虔诚，于是祈愿的、还愿的，忙个不休。一直到了他们完了香愿，带了"路引""催生符"一类的东西回家时，每个人的面庞上，都带了宽慰的气色，虽然身体弄得相当的疲劳，经济上也受了巨大的损失，然而他们并毫不后悔，反而鼓起他们生活的勇气，许多无知识的老妇女们，也许就靠着这种生活上的微温，维持着她们死而不觉悟的残余生命。

翟民：《逸经》，1937年第26期，第42—44页。

十四、廿年前之丰都游记（刘溥泉）

都以鬼国名于天下。道书所谓洞天福地，俗传所谓冥府阴曹也。余童子时，闻父老谈故事，言及丰都，辄为发竖，不胜恐怖，一若伯有将至。余意其地必阴森幽暗，鬼哭啾啾，别有天地，非复人间，抱此疑团有年矣。稍长，博览群书，遍考志乘，始知丰都隶属四川忠州，在川东扬子江流域。考志载丰都县城外，平都山上，古有丰都观创建于唐，名曰仙都。宋改景德，又名白鹤。自唐祖老聃，俗多好道，故道书附会。谓汉仙人阴长生、王方平，炼形于此。又吕纯阳有平都访阴王不遇诗。释氏误将阴王二字连读，以为阴司之王者，遂讹传为地狱之说。好事者又引唐李白诗"下笑世上士，沉魂北丰都"之句以证之，于是皆信丰为阎罗帝都。而愚夫愚妇之迷信，遂牢不可破矣。不知丰都在唐为酆，至明洪武十四年（1381）始加

邑旁。李诗当必别有所指,决非蜀之丰都可知。惟丰都地方,人多佞佛。自唐以来,淫祠罗列。明季兵燹,一炬灰烬,仅平都山顶之五云楼,巍然独存耳。迨清康熙元年(1662),丰令汤睽,复创义重修。因此祠宇蝉联,又复旧观。此则考据丰都沿革之大略也。余于清光绪年间,旅行四川。己酉(1909)冬,自成都买舟东下,经重庆涪陵,阅仟五百余里,而抵丰都。余性癖好奇,思欲为丰都之实地考察,一参此中真相,以破数十年来怪诞不经之疑念。乃舣舟登岸,延士人为乡道,作丰都之游。出县城东门外数十武,沿河而行,至三抚庙。庙荒废,碑碣无存,不知所祀何神,亦不知创建何时。其地滨江,下为矾石滩,春夏水涨,舟行最险。岸旁有黄葛树数十株,绿荫相接,苍老可爱。沿岸过三仙亭,亭与河干之龙床石对峙,为行人憩息之所。出亭至山王庙,即丰陵故驿旧址。溪流阻之,乃折而北行。约百余步,见长虹亘于溪上,额曰通仙桥,又题曰"平都锁钥"。朱栏凭眺,颇耐幽赏。桥北有严官碑,盖明万历时修桥以纪月日者也。沿溪岸北趋,至挹翠楼下。楼背山面水,为丰都名胜之一,即平都山之麓。由此拾级而登,得元天宫故址。明张令守刚三碑在焉。东数武为胡公祠,公名平表,明天启时平奢贼,邑人冶像祠祭之。兵火后,露处榛莽。前邑令王延献始重建之。又东为凌雪书院,创于明知县万谷,万历初撤毁,今就故地改建文昌宫。其旁隙地,有明学博窦希颜碑尚存。北阴殿外,亦有短碣,载隆万年间事,摩挲苔藓,尚可辨识。与北阴殿并立者,为东狱天齐行宫。每年有司迎勾芒于此。考明蒋虁平都山记,所谓左祠大山,右俯北阴者,今犹旧迹也。其间绿树参差,与金碧相辉映者为石佛寺。寺中石刻佛像,高丈许。左为山川风雨坛。过此始入登山大道,道旁有古碑屹立,考其年月,碑面为万历,碑阴则嘉靖,盖后人重修而存遗迹也。又上行百余步,见巨碣倚山,积藓护之。谛视得四字,曰"万事皆空"。相传碑下有洞,为阎罗拘禁鬼囚之地狱,恐人误入,故建碑封之。上则为大仙岩,岩有九蟒之亭。亭四面塑九蟒蛇像盘绕之,张牙舞爪,状极可怖。中有神像,为明杨御史,佚其名。亭有圈石,为御史墓,即《聊斋志异》中所谓九蟒御史是也。历层岩迤逦而西,又折而东,有石坊二丈许,当路西向。额曰"总真福地",又曰"天下冥山"。驻足俯视,虽高不逾百丈,然山势陡峻,纤折殆四五里矣。再进则为鬼门关,阴阳界,皆泥塑狰恶鬼像极多,怒目吐舌,若将搏人。又有刀山剑树各地狱,备极惨状,令人毛骨悚然。由此而上，则路旁祠宇，指不胜屈，多名目怪异，不可思议。有送儿殿、千手殿、牛王殿、马王殿、三官殿、百子殿、接引殿、轮回殿种种。又北向而行，则有寥阳殿。寥阳殿者，为明藩献王香火。殿前建三石桥以肃观瞻。有小亭以资游息，盖丰人思明，不忘故主意也。乃后之穿凿者，遂以此桥为奈河桥，以此亭为孟婆亭，真可笑也。历阶而上为玉皇殿。远人岁致巨蜡，可燃数月。殿侧则为王母殿。前有明杨宣慰重修景德观碑。再升则凌虚客出焉。阁下有碑，隶书苏东坡留题二绝，明巡按卢雍笔也。雍有丰都八景五绝，及游平都山诗碑，今尚存留可读。闻庙僧言，谓明末平都祠宇，皆付一炬，惟此阁与五云楼无恙。阁上有二仙楼，中塑阴长生、王方平对弈像。昔楚人黎时举游此，题匾额曰"有仙则名"，仙人真好楼居哉。凭栏南望，下临无地，江流如带，环绕于下。江城深树，隐现葱茏，洵奇观也。丰人林明儁有联曰"飞阁静涵天，常余云气奔城脚；娟峰妙插水，犹带江声挂树枝"，斯楼之盛，可想见矣。阁后即凌云台，为平都山绝顶。台侧有殿，高大巍峨，极其壮丽，为平都山祠宇之冠，即俗传阎罗殿也是，又名阴天子殿。殿东向，榜其额曰"幽都"。殿中塑阎罗像，高丈余，端冕搢圭，俨然王者。旁列鬼卒数十，皆面目狰狞，凛然若不可犯，其尤怪者。殿后塑祀女像，状类王妃，土人称为天子娘娘，传闻为阎罗帝后，亦奇矣哉。殿侧有孽镜台、望乡台，以及判官小鬼。牛首阿旁、勾魂使者，各种设备，亦若人间真有此地狱者然。余戏题一联云："冥路昔从来，要行就去，三十年险阻备尝，问造物小儿，如何簸弄才了局；陞途今历尽，除死方休，数仟里跋涉投到，看丰都大帝，怎样勾销便下台。"余题此联，榜于殿楹，非敢云了然于生死，亦可见丰都谬说之子虚乌有也。果阎罗有知，则摄我魂而夺我魄久矣，何以至今尚觍然人世哉。平都之游既毕，泚笔记之，以为世之误解丰都者告。然则余之此文，谓之为干宝搜神记也，即谓之为东坡无鬼论也，亦无不可。

刘溥泉：《旅行杂志》，1931年第5卷2期，第45—46。

十五、鬼国丰都补遗（觉先）

荒谬绝伦天后肉身

这天子娘娘的故事，在此地流传甚广，可以说是每一个儿童都知道，并且还知道关于她的一个歌谣。

"天子爷同天子娘，仙凡合作宰阴邦，娘娘原系民家女，重庆府中一娇娘，只因天子钟情他，蜜蜂妁合共御床，从此凡女充仙姬，肉身成神万古扬！"

的确现在重庆方面，每年春间都要运十几支木船的祭礼来祭她，并为她换龙袍，简直自认着她的娘家。这是多么荒谬的事啊！在民国十七年的时候，我还是个小学生。而又当着革除迷信的空气最浓的时候，所以竟同着几位同学到天子殿的最后面的一个殿中去过，这就是所谓藏天子娘娘肉身的所在。平常无论怎样，都是不许人入内的，但那时的学生很有点威风，因此那些僧侣就不敢干涉我们了，于是我们爬上那华丽的神座子上面去，一位同学拿着电筒，另一位便去把神帐撩开，我则去揭起那所谓的龙袍，很细心的考察，结果发现了那不过是白石雕刻成后，在外面涂上一层很厚的像人皮样的东西罢了，并不是什么真的肉身。因之我觉得这种说法实在荒谬绝伦！

历年香火春季为盛

每年一到春间，远近来此烧香的该非常之多，同时烧香还要分三种，一名烧头香，一名烧拜香，一名烧散香。其中以烧头香为最恭敬，最费时间，最花钱，拜香则次之，散香更次之。因为烧拜香与烧头香同是三步一叩，不过烧头香的每遇一个小土地庙都要停着礼拜一二小时，因此一座半点钟都可爬到山顶的平都山，他们烧起香来就至少要过六七天才成功。

革除迷信颁抽捐令

耗费既这么大，人民的迷信既这么深，自然引起政府的注意。但政府这时如欲积极的下令禁止，无论如何都是不生效的，所以只好采取间接的方法，并且规定凡烧散香之人捐较从轻，烧头香拜香的那就重得多，其办法就是派警察将全山把守，各路口设有革除迷信征税处。看你烧哪种香就买哪种税票。这一来，凡是烧香的人们,都要纳很重的捐,至此不得不佩服敝四川军人的聪颖过人,能顺从民意而取利焉。

原载《中外问题·社会新闻》,1933年第3卷第26期。

十六、素以鬼国著名的丰都(觉先)

朋友!你也许在旧小说里面,看见过这"丰都"两个字吧!但当你见了这两个字的时候,是否怀疑过这丰都地方究系一个什么的所在呢?地狱吧!亦或是天堂呢?是的,这种问题不会没有吧!因为我就是这地方的人,在外面的朋友都把这样类似的问题对我提出过,所以我很清楚一点你这种的心理。

平都山上庙宇林立

在长江上游,重庆与万县之间,还有四个小县,丰都也就是其中之一。她的位置就在大江的北岸,背山面水,风景颇佳,而所谓的平都山亦就在她的东北。此山自麓及巅,庙宇大小不下二十,极小之土地庙则尚不知几许哩!而且这二十来所寺院大都是比连着的,故在远处看去,假如不是那些画阁雕梁点缀着能使人辨出是些庙宇外,简直认她是一座小城镇了。

阴王定都故名鬼国

山上的庙宇即多,而那什么十二阴殿,十八地狱自然也就有了,并且还布置得很壮瞻观。如果你一个人走到这些阴森森的不大透阳光的地方去,那你虽有着很大的胆量,说不定也会不寒而栗呢!尤其是阎罗殿里面,更有点使人害怕,其中数重殿阁,竟无一如天井之类的通光线的地方,而仅仅燃着几盏半明不灭的神灯,照耀得那数十尊二丈余高的巨神,更加凶恶得了不得。这据说就是阴天子显灵,要奠都于此,以故一般愚民就把那神像塑得更特别的大,特别的凶恶,同时这阴天子定都在此的说法宣扬出去后,所谓鬼国的名称也就跟着产生了出来。

远方传言人鬼同处

记得小的时候,有位外省人到我家里来教书,说也奇怪,他每天到下午大约

三点钟的时刻后,要无论如何都是不出门去的,即使发生了顶重大的问题,非要他在黄昏时候动步不可的,那也必须请两个人来同他做伴才行。这一来我家里一切人都非常诧异,就问他为什么下午不愿意出去,他才说因为听说我们丰都一到吃过午饭以后,鬼就跑出来了,并变得同生人一样,能说话,能走路,能做生人所做的一切,所以凡是做生意的,门前都必须放一支水盆,客人买了货物后所价的钱,都要丢到水盆里去,沉底的才能用,至于未沉底的那就全系钱纸灰了。同时假如生人的运气不好的,遇着他就会害病,甚至马上死亡。所以他就因此不愿意出去了。当我们听了他的理由后,竟都不约而同的为之莞尔一笑。

原载《中外问题·社会新闻》,1933年第33卷第24期。

十七、鬼城丰都游记外篇(林琴)

在上期,我把《鬼城丰都游记》写好之后,告诉圆波,说是为了篇幅与时间关系,不得已,把关于风俗及神鬼传说方面割去了。他认为各地的风俗人情、传说等对于旅客,在导游上,也有它的益处,嘱我再写,因此来了一个续貂。

新城的"神井"

说也奇怪,这井,任何怎样天干,据当地的人说,从未枯过,一年四季,都是满满的;在雨季,那怕山洪暴涨,井内的水,仍旧是那么多,也不向外溢,而颜色,也老是不变,在任何一个季节,总是绿沉沉的,因此,住在那地方的人,就有"神井"的传说。

"神井"在新城县署遗迹的右边,井面上铺了长石条,外地去的人,不注意的话,不知道下面有水,仅在汲水处有两尺光景圆径的一个洞。下面的水,有五六尺深的样子。由井面上看去,好像是长方形,有一丈一二尺长,八九尺宽,在井面上的正上方,供有二三座神像,神像侧旁有石碑,碑上记载的是什么,在当时没有详细去辨认它。

这"神井",是有一股由岩石间或远地透水层岩来的很丰富的水,是不成问题的。它之不外溢,大概在井的适当处有小孔从石条下流走的缘故,至于多雨季节它的颜色都不改变,据我看来,是因它四周不易浸入泥水所致,当然,由地下层来的水,常是绿的啦。

这样一来,"神井"也不神秘了——我认为。

这井,成了新城数十家人的唯一饮料供给地。

丰都城外听鬼哭

丰都是鬼最盛行的地方,这是没有科学头脑的人常常说的。我到了酆都不几天,在朋友的谈话中也听到有鬼的传说了,最初我毫未介意,心想,不过是乡愚的谎谬传说罢了。一天在一个朋友的午餐上,偶尔同三位受过中学教育的青年闲谈及丰都的鬼,据那三位青年朋友说,丰都确是有鬼的,并且他们还加重语气:"前几年还要打架呢!"说是现在每夜晚——夏夜,只能听到哭,不会打架了,哭的地点在新西门外河边大沙坝上。

我不相信人间有鬼的观念起了动摇了,晚上问秋子究竟是怎么一回事?我相信他不会说谎的。他绝不是一个鬼神论者,因为我们的观点都相同:认为宇宙间先有物质而后才有精神,在平素,鬼神也者。我们认为是莫须有的谎,谁知,出我意外,他也不敢下断语说没有鬼。他说鬼哭的传说是有来源的。"是几年前的事了:河对岸四乡的农民不甘于苛捐杂税的压迫,又加之教匪煽惑,和一批青年的协助,于是这乱子造成了。最初是由少数强悍的佃农反对纳租、纳税,继而毗连石柱各乡镇也不大稳当,有些农民简直起来响应叛乱。最后,北岸也有卷入漩涡的谣言,若北岸也加入叛乱,丰都城大有落入叛乱者手里之概。当时坐镇丰都的为某师长,一面受地方上的绅士之请,一面也是职责所在,出而清剿。因为叛乱者的声势浩大,已占领了南岸,颇不易攻。某师长才用计略,佯言招收,同时与南岸的团绅联络威迫这一批乌合之众,果尔计策成功。匪有大部分愿意点编,待至过江,在河岸上就全体数百人,完全绑缚,用机关枪剿杀。在当时,有几个什么大师兄大菩萨之类的教匪,临刑时,还声言枪打不进,刀砍不入的话呢……"

听完了他的述说之后,鬼哭的传说我大概明白了,当然,在丰都的"聪明人"是更会明白的。

就在当夜,我坚邀他到鬼哭的地方去纳凉,虽然在那夜晚月光明如白昼,我们仍是胆怯怯的,预备了电筒木棒,同时还另外约了两个大胆的同行。

去河坝时已是十点过了。

在夜深人静的夏夜丰都城,这儿确是很好的消暑地方。

河风吹来,令人欲醉!

在鬼哭的沙坝上且走且谈,秋子耸一耸(一)肩,说:"那时死的人,这沙坝上几乎堆满了,有的在一两天后,还在扎眼睛呢!"说了之后,望着我,我虽然表面上很镇静,但心里很恐惧,头发竖了又竖,每根毫毛都立了起来,仿佛沙坝上到处有死人在扎眼睛,到处都是一堆堆可怜的老实人的尸体。

傍了水边,找一块大石坐下,静听江水喘(湍)流:水声不断地嘀嘀的低唱着,时而晚潮起落,助以磅薄(礴)的豪放声;这时,已是午夜了,空中失群的雁也在"哇——"的发出咿哑的哀鸣,这样一来,各种声音杂合着,恰好似万千冤鬼在哀怨的哭诉一样。这大概就是鬼哭声的新根据?

归来时,有几条野狗在堆过尸体的沙滩上徜徉,很闲散的游荡着。但我总疑心这些没人性的狗,在那儿嗅血迹会打起架来,冤枉死人起纷争。

在丰都,民间流传的风俗,十九与鬼神有关系。自然,受过相当教育的人,是不肯盲从的,现在随便举几项来记在下面:我觉得,在我们未到过丰都的人,一定是认为很有趣的。我们也不否认,在旁的地方就没有这类式的奇俗。不过如天子殿的"路引""阴天子出游""神猫"等等,以四川来说,似乎是丰都特有的。

木猫是伸张正义的神

"神猫"在一般未受过现代教育的人的脑中,作用是很大的,差不多在丰都的下层社会中的男女,都很信仰它。几乎成了他们唯一正直的神,惩罚恶人的裁判官。他们受了委屈,或被不讲公理的人诬陷了,他们就去要求"神猫"伸张"正义",有的家庭间的翁姑妯娌不和,在"神猫"面前去暗暗的诅咒的也有。

求"神猫"谴责的方式是:请"巫师"或"道士"之类的人物,到"神猫"面去"通排"——跪着焚香、纸、烛,说明被冤枉人的姓名、年龄,并暗暗向"神猫"说明要谴责的人的姓名、年龄、住地,请它"以冤报冤",给不讲理的人以处罚。"通排"了之后,把它抬出来安置在一张大桌上,用四个或两个人抬了遍街游走,名为抬"神猫",然后把它放在当路口的大街上,"道士"先生之类的人物又在它面前或跪或坐的击木鱼敲锣了之。一定要把它抬了游走,好像是告诉人家,某人受了曲,"神猫"快要显"报应"了,多少带点儿威迫对方的意思。

"神猫"的身体是木质雕刻的,刻工并不精美,经常置在名山庙内。

阴天子的杵

阴天子每年要出来游街两次,一是旧历的九月,一是它的生日,二月初八(?)。

阴天子每次出游,各街巷都塞满了男男女女的看客,拥挤的水泄不通。的确也有一些奇怪可看的活鬼。在阴天子的行列前队,是我们俗语所说的,所谓二十八宿,接着是获得戴高帽子的无常二爷,背小孩儿的无常二娘,抽鸦片的胖官,牛头,马面,以及戏子或奈无之徒所装拌(扮)的旧戏中的(的)人物,鬼小,大鬼,鸡脚神,长舌头吊颈鬼,妖艳迷人的女鬼,真是千奇百怪,样样俱全,最后才是善男信女们前呼后拥的"天子圣驾"。

阴天子出游一次,大概要把丰都城的乞丐之类完全搜罗起来才够应用。出游时,有的人免死后到阴间去受罪,在那一天,特做了各式各样的刑具,枷在自己的身上,随同游行,也有的是生病时"悔下的愿"。事前他们有三天不吃油荤,男女(夜宿)分居。

在一般人最畏惧的是阴天子的杵。

杵,是抬阴天子的人手中拿的那一根棒,据说,抬它的人累了,在那一家或那一个人面前"打杵"换肩,那一家或适逢其实的那一个人,他在不几天之后就要死,但是这杵在丰都,有声势的人是不怕的,是不会在他们的面前换肩的,据我确实知道,抬阴天子的人不敢在有势力的人面前这样做,否则,就要先请他去见阎王。

"烧早香"与"路引"

烧早香是在旧历正月初一。

本来在正月初头,凡在丰都居住的人几乎全体都要到名山去烧香,有的青年即或不烧香,也要去看看热闹。每天从黎明至黄昏,都是异常拥挤,在前几天,是丰都本地人,渐渐的就是远道来的"香客",断断续续的要到二月间才告终止。

人们说,在正月初一谁到天子殿去烧的香是第一个就该他发财、长寿,所以

在丰都的下层人们,都想烧得最早。抢第一,成了一种风俗,因此,在旧历腊月三十的夜半就到天子殿外面去等着烧早香的人很不少,可是等到进了天子殿谁都大失所望,见香炉内已有香烛燃着,这燃着的香他们总疑心菩萨不要他们发财,是菩萨自己烧的,或者是有人先暗藏着偷烧的。其实早香是和尚烧的,的确和尚可以发财,但未见得就延寿,不过,他们发财,是利用"抽籤""上油",卖香烛纸,及"路引"来发的财。

"路引",不过是一张对方纸,印成的长尺余宽三四寸的字条子而已,然而它很受人尊重。据卖"路引"的僧人说,有了这纸条,人死了可以直到丰都城,不会走错路,或在中途"出岔子"成为野鬼,其价可卖到四五角钱一张。

"路引"不但丰都可卖钱,好像外省人到了丰都也有特意买去卖的,不过要设法盖得丰都县署的印,否则人家不会接受,认为是假的,我在丰都的时候,确见了有人由外省汇钱来托当地某绅士代买求盖县印。据说"路引"也确有假的,我们一进名山天子殿便可看到墙壁上贴有打到(倒)卖假"路引"的标语,说也奇怪,在僧侣中也起了"斗争",大概是在实行"澈底"的清算吧?

玩大龙谁玩输了谁变穷

玩大龙是在正月初九至十五,大致与川中各县正月玩龙灯的时期相同。可惜,因近年不景气的影响,玩不成了,我没有这眼福看到。

据说:玩大龙是以每条街的袍哥大爷为首承办,玩的人就是他们兄弟伙。龙之大,无以复加,大概足以压塞一节街道,玩时,相互以"乡搞"幺(吆)喝,谁条街玩龙的人吆吼不得力,失败了,便是失败的这一条街倒楣(霉),足足一年不吉利,因此往往有斗殴的情形发生。说是玩一次,一条龙要化六七百块钱哩!

——三七·六·二七日

林琴:《生百世》,1937年第1卷第10期,第7-10页。

十九、丰都(丰子恺)

我同年住在故乡浙江石门湾时,听人传说,遥远的四川丰都县,是阴阳交界之处。那里的商店柜子上都放一盆水。雇(顾)客拿钱(那时没有纸币,都是铜币和银币)来买物,店员将钱丢在水里,如果沉的,是人的真钱;如果浮的,是鬼的纸钱,就退还他。后来我大起来,在地图上看到确有丰都这地方,知道这明明是谣言。

抗日战争期间,我避寇居重庆,有一次乘轮东下,到丰都去游玩。入市一看,土地平旷,屋舍俨然,行人熙来攘往,市容富丽繁华,非但不像阴间,实比阳间更为阳间。尤其是那地方的人民,态度都很和气,对我这来宾殷勤招待。据他们说,此间气候甚佳,冬暖夏凉。团体机关,人事都很和谐,绝少有纠纷摩擦。天时、地利、人和,此间兼而有之,我颇想卜居于此。

我与当地诸君谈及外间的谣言,皆言可笑。但据说当地确有一森罗殿,即阎王殿,备极壮丽。当年香火甚盛,今则除极少数乡愚外,无有参拜者。仅有老道二三人居留其中,作为古迹看守而已。诸君问我要去参观否,我欣诺。彼等预先告我,入门时勿受泥塑木雕所惊。我跨进殿门,果有一活无常青面獠牙,两眼流血,手持破扇,向我扑将过来,其头离我身不及一尺。我进内,此活无常即起立,不复睬我。盖门内设有跷跷板,活无常装置在一端也。记得我乡某庙亦有此装置,吓死了一个乡下老太,就拆毁了。此间则还是当作古迹保存。其中列坐十殿阎王,雕塑非常精美,显然不是近代之物。当作佛教美术参观,颇有意味。殿内匾额对联甚多。我注意到两联,至今不忘。其一曰:"为恶必灭,若有不灭,祖宗之遗德,德尽必灭;为善必昌,若有不昌,祖宗之遗殃,殃尽必昌。"其二曰:"百善孝当先,论心不论事,论事天下无孝子;万恶淫为首,论事不论心,论心天下无完人。"前者提倡命定论,措词巧妙。后者勉人为善,说理精当。

丰子恺:《缘缘堂随笔集》,浙江文艺出版社,1983年版,第460-461页。

丰都地方文献
资料选编

第五编 名家著作收藏

《丰都宗教习俗调查》[①]

卫惠林

《丰都宗教习俗调查》目次

前言

一、丰都的地理沿革与庙宇分布

    1. 丰都地理志

    2. 历史上的丰都

    3. 平都山的形势与山上的庙宇分布

    4. 平都山的建筑

    5. 平都山的神像

二、丰都宗教中心之起源

    1. 一个道教神话中心的丰都

    2. 道教灵地的平都山

    3. 冥界之都的丰都

    4. 丰都天子殿的沿革

三、通俗迷信中的幽冥世界

    1. 通俗的幽冥世界

    2. 死者的鬼魂如何到冥界去

    3. 轮回报应与福善祸淫

四、丰都的经忏、神话、故事与宗教习俗

    1. 丰都僧道的经忏

    2. 丰都流传的迷信故事

    3. 平都山诸古迹及地名的神秘解释

    4. 丰都特别通行迷信习俗

[①] 四川乡村建设学院研究试验部,1935。原文注释省略而未录入,对标点符号做了适当修改。

五、丰都香会
　　　　1.丰都香会的起源
　　　　2.香会时的设置
　　　　3.进香队的组织人数与地方分布
　　　　4.进香队的禁忌装饰与进香规则
　　　　5.香客的祈愿、供献物与携归之神物
　　　　6.进香群众的心理分析
　　六、丰都宗教的世界观

前言

　　丰都迷信在中国民间有非常普遍的势力,为研究中国宗教与中国社会风俗者,不能不重视的事实,本年三月间(阴历二月上旬)适丰都有盛大的香会,曾与杨晓方君到丰作数日之考查,幸得当地许多朋友的帮助,在留丰四日间,与平都山僧道及各处来丰进香的香客作过多次谈话,访问了几位本地的耆宿、绅士,听取了本地流行的神话、故事及迷信习俗七十余则;搜得标本五十一号;收受各机关与各庙宇住持赠送的图志、善书、经忏等二十余种。在短时间内,对丰都宗教略已获得研究之途径。回校后,在授课之暇,参考在校中可以找到的书籍加以整理,费时一月,写成这篇报告。自然并不能说是精细的研究,只是一种研究中国社会风俗的资料。

　　这次调查,丰都县长孙醉白先生,建设科科长林槑僧先生,给予了许多工作上的便利;建设科张金禄先生,李笃之先生,孟立信先生,曾热心帮助我们的工作;天子殿住持圆厚和尚,财神殿盲魁道人亦供给我们以许多标本与神话材料,特志诚挚的谢意,并以介绍于读者。

一、丰都的地理沿革与庙宇分布

1.丰都地理志

　　丰都县位于四川省东南,川人所谓下川东区域之中心,县城在长江北岸,在重庆东四百五十里,涪陵与忠州之间。县城建于江滨"上河坝"上,负山带江,形势与沿江各县略同,惟城市区域全在平坦之石坝上,而不像其他诸县城,悬于半山之石崖上,登岸入城时无需攀登之苦。县境跨大江南北,全境皆山地,岗陵起伏,绝少平地,南岸诸山,海拔多在一千六百呎以上,与贵之大山相接,为南岭之支脉,北岸诸山海拔较低,多在一千呎以内,秀丽而平易。平都山在城北,林木幽胜,庙宇层叠,为附近诸山之冠。与城西北之鹿鸣山相对,成为极好的对称,城东有青海山,西有双桂山与南山坛山,城北有五鱼山,诸山脉均向江岸趋来,形成绝好姿势。

县城为一桃叶形,旧城在桃叶中段,现在城垣已折毁,马路极为整洁,市廛亦为洋式建筑物,望之不类长江上游的小城市,从码头向北直走,约半里可达丰都公园。公园在平都山与鹿鸣山之麓,亦有小溪迂曲绕其后,名"流杯溪",溪从平都鹿鸣两山间流出,导入长江。园中花木丛茂,风景怡人。园内有县立图书馆,亦为西式建筑。由公园后门走出,渡过流杯溪桥向北,即为上平都山小路,向东则为平都山进香大路。城南为上河坝,坝为直角三角形,其锐处即为码头对面,江中有一狭洲名"礷碑梁"。城东北斜对岸,亦有一洲名"丰稔坝"。据县志丰都原名丰都,实由丰稔坝与平都山二地名联合而成。

城西约三里另有一城,称为"新城",据县志,此城建于同治十一年(1872),同治十年(1871)夏大水,长江水溢入旧城内,垣被毁一部,知县奏准改建新城于高阜处。城虽筑成,人民感于交通不便不肯迁移,遂成一废城。

丰都物产甚富,桐油、漆、药材,产量甚多,鸦片出产量亦足惊人,过去每年输出额达三百万元以上。现丰都仍为种烟区,但因各省禁烟已大不景气了。制造榨菜为本地人民之主要副业,每年输出额亦在三十万元左右。丰都南岸各乡产木材甚富,其最名贵者有楠木、红豆,杉松之类则随处皆是,惜运输不便,致货弃于地,殊为可惜。

2.历史上的丰都

禹贡九州岛,丰都在古梁州境内。周时改称梁州为益州,武王封其宗室于巴,为巴子,丰都为巴子别都,称为"平都"。秦灭巴,置巴郡,平都遂隶属于巴郡。

汉时改称枳县仍属巴郡。东汉和帝永元二年(90)分枳县,置平都县。蜀汉延熙中,平都被并入临江县,晋、宋、齐,临江属巴郡。梁为临江郡,周为临州,隋为临江县,后改临州,置豐都县,丰都之名自此始。唐贞观八年(634)改临江为忠州,丰都为其属县。宋时丰都始终隶于忠州。元时曾把垫江并入丰都,后丰都为夏窃据,又恢复垫江县。明洪武四年(1371)明升归附复置县改豐都为酆都。此为今名之开始。又以南宾并入丰都,属重庆府。清顺治十三年(1656)丰都降清仍隶重庆府,康熙十二年(1673)十二月南藩吴三桂谋反,陷丰都,十九年(1680)被清兵克服,后来谭宏再谋反,丰都又陷,复被清兵夺回,丰都、垫江二县再隶属于忠州,一直到民国元年(1912)改忠州为忠县,丰都才离忠州为独立之县。

3. 平都山的形势与山上的庙宇

平都山,丰都本地人称为"名山",或称"丰都山",如前述在丰都县城东北,海拔约五百余呎,由山脚至山顶,仅需半小时的时间。为巴岭之余脉。与鹿鸣山、双桂山并立于县城之北。俯视长江,斜对江中之丰稔坝。山之阳,庙宇林立,古树甚多,与长江相辉映,蔚成大观。

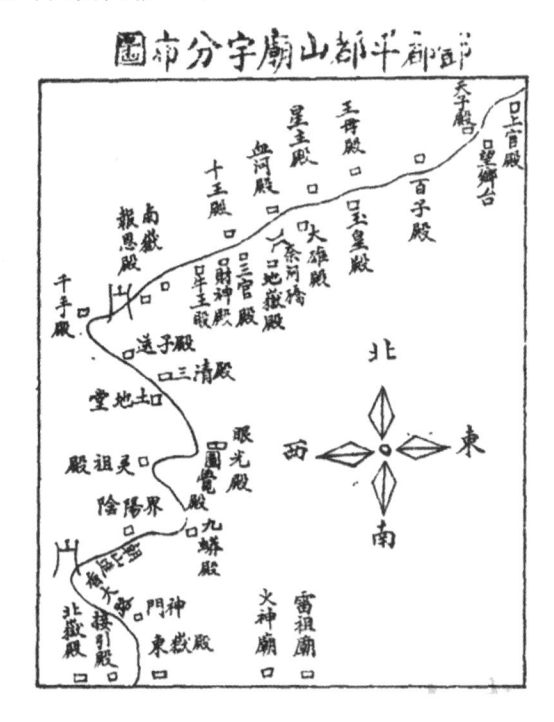

平都山为丰都宗教圣地,举国迷信之阎罗天子殿即在山顶,多数庙宇多集中于此山。从城市东北隅过"通仙桥"北行,为上山进香大路。西有接引殿、北岳殿、文昌宫;东有东岳殿、火神庙、雷祖庙,左右并列着。由东岳殿与接引殿之间,向北拾级而上,至一转折处有土地殿与门神殿,皆为较大之神龛。再上至转折处通过节孝贞烈总坊更走数十步为阴阳界,门侧为界官殿。其东北为眼光殿与圆觉殿。从阴阳界上行即为三清殿。从三清殿右侧上去十余步即为送子观音殿,再上数十步为千手观音殿,再上为报恩殿,再上数十步为三官殿,再上行,通过山门即为大雄殿,殿前有桥称为"奈何桥",桥共三座并列,桥下为一石池,即血河池。奈何桥东首为地藏殿,西首为血河将军殿,原殿已倾圮,现在建有小亭,亭之南首有一神龛,内塑"语忘""敬遗"二像,由大雄殿右侧再上行数十步为星主殿,星主殿右侧,有称为三十三天之石级,在级尽处左为王母殿,右为玉皇殿,再沿石级上行为百子殿。由百子殿后石级北上即天子殿。天子殿后门称为鬼门关,由鬼门关稍向西南下行为望乡台。由此下行为进香小路。平都山后麓有二庙,一为竺国寺,一为老关庙。这样漫无系统的综错杂陈的平都山诸庙宇,我置身其间,正像走进一间中国杂货店一样,弄得莫名其妙。然而中国的民间宗教,正是这样纷然混杂着。兹将平都山各殿诸神的名号列表如下:

第一表　平都山各殿重要神名表

殿名	神名
天子殿	阎罗、天子娘娘、四判官、十帅、十八地狱、金童玉女
二仙楼	王方平、阴长生、华光大帝、观音、释迦
上官殿	关圣帝君、关平、周仓
城隍祠	总城隍、财帛星
白(百)子殿	观音、十二圆觉、山王、无常、韦陀、语忘、敬遗
王母殿	王母、豆母、催生、送子、济颠僧、八仙、九女
玉皇殿	玉皇、玉皇娘娘、八彩女、六丁、六甲、十帅、孙滨、王马灵官、观音、二十四诸天、三十六天罡、七十二地煞、风雷云雨四神
星主殿	中天紫微星主、眼光、岳王、神农、蔡伦、王龙

续表

殿名	神名
大雄殿	释迦、睡佛、十八罗汉、西方三宝(佛、法、僧)佛像、文殊、普贤、观音、势至、二十四诸天、韦陀
血河殿	地藏王、冥府十王、奶奶圣母、地母
三官殿	天官、地官、水官、王马二判官、鸡脚、无常
十三殿	秦广王、楚江王、宋帝王、五官王、阎罗王、卞城王、泰山王、平等王、都司王、转轮王、二判官、鸡脚神、鸡脚娘娘、无常、无常娘娘
财神殿	文财神、武财神
牛王殿	老君、牛王、遍天老祖、瘟(瘟)神、日月二光、川主、土主、药王、三十六天罡、七十二地煞、雷电风雨神
南岳殿	南岳神、南北二斗、十王、鸡脚、无常、文武判官
报恩殿	报恩菩萨、十八罗汉、二十四诸天、韦陀
千手观音殿	千手观音、韦陀
送子殿	上清、玉清、大清、神农、轩辕、伏羲、吕纯阳
九蟒殿	佛爷、八殿平等大王、九蟒将军、观音、地藏、韦陀、关圣帝
阴阳界	界官、鸡脚、无常、观音、十二圆觉、四大天王、眼光菩萨

4. 平都山的建筑

平都山既为中国的一个主要宗教中心，其庙宇之建筑与神像之雕塑，应若干考古上的价值，当保存着许多古代艺术匠之杰作或旧时美术的风格。但不幸此山的庙宇经多次荒废与多次的重修，留存古代遗物甚少。即古代碑碣，亦多失极少。天子殿侧面墙上嵌有十唐碑，都被顽愚香客误为神灵所在，薰以香烛纸钱之类。久而石屑脱落，字迹不清，幸县志中载有一篇唐段文昌《修仙都观记》的碑文，我们借此考得山上庙宇之建筑，年代很远。但对于建筑的艺术，则完全没有记述。我们从观查与考证可以认知现在存在的庙宇，多是清初的建筑物，或清初的改建，古代艺术风格，几荡然无存。

平都山最初之有庙宇建筑远在唐代以前，但经过许多朝代间的多次兴废，到明末清初四川全省陷于流寇之手，平都山所有庙宇都被焚毁。现在山上较大的庙宇,多重修于清康熙初年。其他各地是后来连续补充起来的。

从山麓至山顶,虽然庙宇很多,但并无特别伟大的建筑物,每一庙中仅一二多至三四神殿,多数殿宇仅为十二根支柱的房屋,十六根支柱之神殿极少。其墙壁多以木柱木条为骨,敷以泥土。较大的神殿墙壁,虽用砖石,但亦不很厚。除天子殿上官殿外,所用支柱直径仅一尺以内,门楣柱头均无甚雕刻,屋顶大部为两倾斜面,四倾斜面的很少,绝少弧线,屋脊装饰,亦不多见,天井多甚狭小,各庙中不见有戏台设置,天子殿为山上的最大的建筑物,殿高约五丈,深阔约四丈许,光线不易射入,致殿内黑暗如漆,寒气逼人。殿前有一宽大之祭坛。天子殿之屋顶为四倾斜面屋顶。登五云楼俯看,似为广伞。屋顶并无任何装饰,瓦形亦普通。据住持僧人说,土瓦下层铺有一层锡瓦,但现在留存甚少。当系累次重修、累次荒废的结果。天子殿两侧为十八地狱。为短而浅的长屋,与天子殿完全不相称。前面用木栅而不用门,与天子殿之东西外墙相隔仅四五尺,成两条狭长之天井。

天子殿后为凌虚阁,俗称二仙楼。阁为六角形共五层,每层高度平均一丈,从最下层以木梯通至顶层,第二层至第五层都有回廊栏干。阁顶为六角锥形,边沿向上高起,成六角弧形。此阁为平都山最美丽的建筑。但无论从其尺度之高大,或工程之精巧上说,都没可以使人惊异的地方。

此外较大的殿宇为上官殿与大雄殿。上官殿即关帝庙,旧为五云亭。殿前侧及庙门为几年前焚毁,仅正殿独存。此神殿之高大,略与天子殿等,惟光线流畅不像天子殿之阴暗。大雄殿略较上官殿小,但有前后二大殿,有山门,为平都山重要殿宇之一。此外略有可观者为九蟒殿,建于大仙岩之上。其他规模都甚狭小,这一方面大概是由于山地的限制,一方面因为修建时代不同,且多系因陋就简,并没有巨大的工事计划。其建筑的一般特色,为清初南方式的建筑。

5. 平都的神像

平都山庙宇既如上述,没有很古的建筑,庙中神像的雕塑,当然不易保存着古代作品。几乎全部是清代以下的东西,其雕塑艺术除天子殿外,很少高尚优美之特色,只能看见他们向阴郁、险恶、恐怖方面的努力。

这里最足以引人注意的,当然是阎罗天子的神像。天子像共有三座,最大的一座像,住持僧说是铁像,高约二丈。戴冕流,着朝服,与普通的玉皇大帝、王岳诸神像的装饰完全一样。全身金色,面孔表情甚庄严,但亦不可畏。我考此为古代残留下的神像,即从前仙都观的玉皇大帝像。第二座神像在大铁像前,住持僧说是铜像。其身高达铁像之半,容貌衣饰与铁像完全一样,或为仿造之物。第三座神像在铜像之前,为泥像,容貌衣饰也与上述二像一样。天子神厨左右为四大判官,左右两侧为十帅立像,为木骨泥像,塑工颇好,面容严酷,神采如生,各像都被多年香烟薰成黑色。在此黑暗的神像中,望之令人惊慓(懔),以上诸神像为平都山塑像之最杰出者。

此外平都山的塑像,大抵可以分为三类,第一类为善像,如上官殿之关帝像,大雄殿之卧佛像,九蟒殿之九蟒将军像与关帝之骑马像,都能塑出若干高尚尊严之风度,可以引起恭敬严肃的感情,但与天子殿神像比较,则大见逊色。第二种为恶像,最特出者如十王殿与南岳殿之无常鬼、鸡脚神、阴阳界之门神、牛头马面都能使人发生阴郁恐怖的情绪。其中十王殿的无常鬼最能表出死神的使者那付阴晦无情而十分练达的神情。第三种为劣像,即毫无艺术手腕的庸工的粗劣作品。从塑像上完全不能发见工匠的生命力,不能引起观者感情激动,一见即觉其为泥偶,此种塑像占着平都山之大部分。最可笑的如十八地狱的塑像,虽然在那狭长的偏殿中塑着许多死后的鬼魂受着地域中各种酷刑的偶像,但那只是二三尺高的泥偶零乱的排列在地上而已,毫不能引起我们恐怖的感情,只觉得有些滑稽可笑。还有界官殿的挤满了一个斗室的鬼怪偶像,也与十八地狱发生同样的恶劣印象。许多较小的神殿中的偶像多半是拙劣的作品,连凌虚阁上的二仙对弈像,亦为毫无情致的拙作。大概这些偶像,都是清季以至现在,那些虔敬的香客们,看不过神像的破旧发了愿心装塑出来的。但工匠技术愈趋愈下,遂弄成了许多拙劣的东西。

二、丰都宗教中心之起源

1. 一个道教神话中心的丰都

丰都平都山据道家传说,是汉仙人王方平、阴长生升仙之地。据刘向《列仙传》,后汉王远字方平,东海人,举孝廉除郎中,明天文图谶学,桓帝问以灾祥,题宫门四百余字,令人削之,墨入板里。后弃官隐去,魏"青龙"初,飞升于平都山。葛洪《神仙传》亦叙王方平事甚详,与列仙传略同,王方平曾作到中散大夫,明天文图谶河洛之要,逆知天下盛衰之期,九洲(州)吉凶,如观之掌握,后弃官入山修道,道成后,桓帝连征不出,被逼载入京,低头闭口不应诏,乃题宫门四百余字,远无子孙,乡里人累世相传供养之,同群大(郡太)尉陈耽,迎养远于家中,侍奉甚谨,远于陈家四十余年,蝉蜕于陈家。并述及远在蔡经家邀请麻姑叙旧故事。但并未说到在其在平都山升仙的事,只借蔡经口中说出他常在昆仑山,往来"罗浮""括苍"诸山,杜成《神仙传》中说王远避地平都山,魏"青龙"间道成,蒸黄土数十甑,以丹药洒之尽成黄金,有五色云裂地而出捧之仙去,称"总真仙人"。

阴长生据葛洪《神仙传》是河南新野人,为汉光武帝后阴丽华之族人。虽生于富贵之家,但自少不好荣贵专修道术,曾就马鸣生学道,执仆役之劳十余年,鸣生不教度世之法,同学十二人皆厌倦散去,独长生坚持不去,鸣生乃携之入"青城山",得仙术,乃大作黄金十数万金以布惠天下贫乏,周行天下与妻子相随,一门皆寿而不老,在民间三百余年,后在平都山东,白日升天而去。

平都[山]与道家的关系,由上述二传说而起。后汉、晋、魏、五代间,为道教神话的酿造时代,当时因事紊乱,隐逸之风非常盛行,促道与隐逸潮流互相混合,遂成了道家神话的源流。平都山已经有了上述二仙人的重要传说,于是其他神话,亦因之产生,这是非自然的事。

除王阴二仙的神话外,比较重要的神仙故事,为尔诸仙的故事,据《列仙传》,尔诸仙在蜀"广政"间,寓渝州,曾一日遍游成都、新都等地,至晚即返,人皆异之,有朝游成都暮宿金鸡之谚。喜饮酒食猪脏,自言遇异人,赠药一丸,嘱令见浮而后食之,可以成仙,每取石投水希望其浮,渝州守恶其妖妄,以竹笼投于江中,顺流至涪州,为一石姓渔人救起,尔诸仙问渔人姓氏与所到地名,悟浮石之言已验,因服药,乃采涪州产矢镞沙,到平都山白鹤观修炼数年,竟在此升仙去。

现在丰都流传的神话,除上述三种外,还有麻姑与吕纯阳的神话,平山后有"麻姑岩",丰都传说为麻姑居所,麻姑时常以饮食馈送王阴二仙。另一传说,谓麻姑于魏青龙某年七夕,访王方平过此,曾留有"王子求仙月满台"的诗句,关

于吕纯阳的传说亦与此相类,说吕纯阳曾于某年某月来访王阴二仙不遇,留诗二首而去,此诗现在刻石在"凌虚阁"上,但词句粗俗,吕仙自称两口或口口,甚似从扶乩弄出来的。据《列仙传》吕纯阳为唐时人,葛洪《神仙传》中无吕纯阳,与阴王二仙时代不同,此传说最为荒诞。但其流传力量亦颇不弱。

2.道都(教)灵地的平都山

平都山既有了上述几种神仙传说,自然可以成为一个道教的灵地。道教经籍中对于神仙栖止之地,本来有非常大规模的传说。葛洪《枕中书》,有玄都玉京的荒诞神话,谓玄都玉京,有七宝,周回九万里,在大罗天之上,有巨大的宫殿,幽美的园林,玉京有八十一万天路,通八十一万山岳洞室,都是郡仙真人所居。而这些神仙陈了少数虚构名称,如元始天王、太元圣母、太上真人、九天真皇、三天真王,而王母、扶桑公以外,都以古代帝王与圣、贤、隐士之名充之。所举山岳,大都为中国各省之名山,但平都山并不在其中。王阴二仙之指定治地,也不是平都山,王方平为上相,治月支国人鸟山,阴长生为地肺真人,治地肺山。《云笈七签》中有"天地宫府图",叙神仙所居的洞天福地,共十大洞天,三十六小洞天,七十二福地。地肺山居七十二福地第一,为阴长生所治之地。地肺山是否即平都山,我们无从考证,依此说平都山仅为道教许多灵地之一,且其地位并不如何重要。丰都县志中所载平都山碑文,都说平都山是道家之洞天福地。明蒋夔重修平都山,景德观记中说有古碑立于山之阳,其文曰总真总仙之府,又曰道山河天,碑文为唐李冰阳所书。记有太上老君曾赠王方平以九转灵丹,总号真人,领仙官万五千人,故称平都为总真总仙之府。又周延甲所作《九蟒亭记》,亦谓丰都为道天四十二洞天福地之一,此说根据何说,我们现在无从知道。惟据道书《仙都志》叙仙都山仙迹,仙都山古名缙云山,为三十六洞天中之第二十九玄都祈仙洞。周回三百里,黄帝驾火龙上升处,山巅有石屋,世传为洞天之门,其山隐名不一,或曰独峰山,或曰步虚山、童子峰,山岩有隐真洞,山麓有水仙洞,东有金龙洞、天堂洞、双龙洞、忘归洞、初阴洞,西有伏虎岩、翔鸾峰、灵龟石,练溪之下有小蓬莱。此仙都山之峰洞名不见于平都山,可知其并非平都山,或即巴县之缙云山。但周延甲之称平都山为道山洞天,或与此说有关,因两山都在四川东部,皆为沿江之山,距离亦并不远,很有被混淆的可能。仙都观之名或即取源于此。这样因王方平的缘故使平都山不只成为一个洞天福地,并成一个道教中心。依仙都观志,则平都山之地位更加重要,为道教之最重要中心之一,但此说并未流行于丰都。总之,在丰都传说中,以及道教一般人传说中,平都山被认为洞天福地之一,已经是很有年代的事。

3.冥界之都的丰都

中国人之相信幽冥世界,来源极早,在先秦诸旧典籍中,都有关于"鬼"的说法。"鬼"的地位虽然没有神的崇高,但其势力则在神之上。因为祭鬼为古代一般民间的信仰。古人既相信鬼,对鬼的世界,鬼的栖所,鬼的世界之主宰,自然也必需找一种解释。此解说非常错纵(综)复杂。与中国古代之自然崇拜,有不可分的关系。

中国最古的时代,即相信人死后有鬼,祖先的鬼能与人以吉凶祸福,对鬼的栖所,只认其在黄泉或九泉之下的地下。后来与自然崇拜中的星辰崇拜发生了密切的关系,鬼的集中地方渐次产生出来。星辰在夜的黑暗世界照耀着,给人们启示着莫大的神秘,使他们连(联)想到鬼,这想死后的世界,与悠久无限的生命世界,他们开始由星辰的世界去探索一切神秘,不久五行之说,亦加入此神秘之世界中,由水火土金木之五星与同名的五物质北南东西中五方,相连锁更搀杂以阴阳四时之说,遂造成了道家的许多似是而非的奥义。《白虎通》五行篇有"水位有北方,阴气在黄泉之下……冬之为言终也,其位在北方……其帝颛顼,颛顼者塞缩也,其神元冥,元冥者入冥也",道教之一切神话传说,几全部由此理论反覆(复)变化出来,葛洪《枕中书》有"太昊氏为青帝,治岱宋(宗)山,颛顼氏为黑帝,治太恒山,祝融氏为赤帝,治衡霍山,轩辕氏为黄帝,治嵩山,金天氏为白帝,治华阴山……蔡郁叠(垒)为东方鬼帝,治桃北山,张衡、杨云为北方鬼帝,治罗丰山,柱(杜)子仁为南方鬼帝,治罗浮山领羌蛮鬼,周乞、嵇康为中央鬼帝,治抱犊山,赵文和、王真人为西方鬼帝,治幡冢山"。陶弘景的《真诰》卷十五之《阐幽微第一》走"罗丰山在北方癸地,有六天宫,于死后而审判功罪"。其《真灵位业图》之第七中位载有"丰都北阴大帝"之名。唐李白有"下笑世上士,沉魂北丰都"的诗

句。这样从鬼的信仰到阴阳五行的古代道教学说,到魏、晋、唐代的五岳大帝的神话,到罗丰山的北阴大帝的神话,到人死后的鬼魂受审判的地方罗丰,后转出来丰都的地名。此地名在唐代已存在,但与现在四川的丰都完全无关。因为现在的丰都的县名,始于明洪武四年(1371),既如前述。明太祖得天下后对于宗教祭祀之整理曾用了很大的功夫,其国家典祀之神名目很多,其中城隍之祀,颇被重视,并以城隍附于五岳四渎诸神之祭坛,并加封以爵,都城隍为明灵王,府城隍为威灵公,州城隍为灵佑侯,县城隍为关佑伯。洪武三年(1370)定制京都祭太厉,设厉坛于玄武湖中,岁以清明及十月朔日遣官致祭,先期七日檄京都城隍祭日设京省城隍神位于坛上,无祀鬼神等位于坛下之东西,羊三豕三饭米三石,王国祭国国厉,州府祭郡厉,县祭邑厉,皆设坛于城北,一年二祭如京师,里则祭乡厉,后定郡邑皆以清明日、七月十五日、十月朔日。一直奉行到清朝末年的祭城隍设厉坛的风俗,即自此时起。可知明初城隍已显然为管理鬼之神。从厉坛设于城北,可知那时与其上代一样相信鬼的聚集地方总在北方,即罗丰或北丰都。正好在明洪武四年(1371)克服豐都,于是乘此时机把北方幽冥之都的酆都的名字,加之豐都。

于是本来是一个道教中心的豐都,一变而为幽冥之都的酆都了,而且此时王阴二仙人的传说,在丰都因流传的年代过久,已不甚明析(晰),只剩下王阴,或阴王之连合名字,或者道家称呼阴长生的阴真君或阴君之名留在丰都人脑中。与道教复兴时代的丰都北阴大帝之名字相连合,或者可产生一种新的神话,认为豐都即幽冥之都,明太祖的政府之所以把豐都改为酆都,或者是根据既成的神话也未可知。或者是当时的朝廷以浓厚的宗教情绪直观的或故意的使豐都成为幽冥之都的酆都。二者必居其一。

4. 丰都天子殿的沿革

平都山顶的"天子殿"唐名"仙都观",宋名"景德观",或称"白鹤观"。其最初建筑年代已不可考,最早当在东汉末年,最迟当在五代或唐初间。丰都传说,唐初名将尉迟恭,曾在此监修庙宇。平都山星主殿门外有一魂练腕力的石头,称为"心身等",重数百斤,相传为尉迟恭在此修庙时所用。唐太和元年(民国纪元前一〇八五年）(827)左仆射段文昌曾捐俸一月，予以重修，其修仙都观记中有"贞元十五年，余西游岷蜀，停舟江畔。振衣虔洁，诣诸祠所。石岩灵窦，苍然相次。苔龛古书，依稀可辨。时与逆旅数人坐于松下。须臾天籁不起，万窍岚息，山光耀于耳目，烟霞拂于襟袖，相顾神悚，若在紫府元圃矣。牵于行役，不得淹久，瞻眺惆怅，书名而去，迩来已三十四年矣。太和庚戌岁自淮镇荆门，有客由峡中来皆言当时题记文字犹在。观宇岁久，台殿荒芜，不出数年必尽摧没于岩壑矣。乃捐一月俸俾修葺"。由此可以知道，"仙都观"最初建筑之年代，远在唐太和以前，或者竟在唐朝以前很久的时代，平都山的道观当已具相当规模。

宋苏东坡有诗极赞平都山之幽美静逸，有"足蹑平都古洞天，此身不觉到云间"及"山上苍苍松柏老，空室楼观何峥嵘"等绝句，则在宋苏东坡时代平都山似仍不减唐朝之盛况，或且过之。因无碑碣可考，不知几经荒废，几经修葺，殿宇之名，亦当经过若干变迁。但其为纯粹的道山，而无冥界主者之说，则无疑义。

宋元间因无碑碣可考无法知道其间的变迁。明永乐二十二年（民国纪元前五百三十一年）(1424)蒋夔的《重修平都山景德观记》，对于平都山原有殿宇的布置有较强的叙述。说"蹂其遗地则丹灶宛然，旧有寥阳大殿及通明殿、丰都宫、救苦宫，至峰顶有凌云台，余公玠生祠在焉。考停朱天子为六记，台后乃阎王殿，极其东则有土穴，深可数丈，名曰五云洞，曩时洞口尝出五色祥云，及天华缤纷，因是而得名，洞之南有地藏殿，西庑又为四圣殿，殿之前为龙虎君殿，旁附赵帅祠，又其门则为棂星门。五云楼下时三级台山之麓，则在流杯池、沐浴亭、大仙岩，岩内有九蟒之神，灵官土地各有祠，山门之左祠泰山，右祠北阴，此其概，惜乎洞宇悉毁于火矣"。由此记述，我们便知永乐以前平都山的殿宇概况。在永乐时即建有阎王殿，使道教的灵地同时成了幽冥的中心。但此重大的变革，生在什么年代，我们无从查考，唯据上章所述，丰都之名得于明洪武四年(1371)，那么我可以推测洪武初间的事，但丰都最初之冥界主人当为北阴大帝，阎罗是随着佛教传入中国的冥界主人，唐宋以来，佛教渐次战胜道教，而道教的北阴大帝，亦被阎罗王战胜而代其地位，据蒋夔所记，明永乐元年(1403)，蜀献王曾令成都府道纪司都纪何悟凼住持是山，领焚修事。永乐二十二年(1424)的重修，仍重视三清殿。仙岩、玄坛，都仿旧祠。可以相信当时阎罗天子仍居从属地位，三清殿等祭坛仍旧

为其中心。同时主持平都山祭祀的亦完全为道士而非僧侣。

至于阎罗何时完全战胜道教的三清与玉皇、五岳诸神而为丰都之主人,我们虽然无从考查,但据清康熙十一年(1672),林明俊的《重修平都山记》,"平都仙也,而杂传幽怪飘忽之说。闻于天下。集古今称山之所有,其说不驯。半满山中,半神祠半羽屋,半释室,诘其由来,人情好怪,当其无事,乐为非常可笑之议。神仙之说,不足以厌之,而幽辟深渺之说,相继蜂起,以意穿凿,山遂听人修饰。至极盛而无以加。而清虚一派为其蔽塞"。由此可知明季清初间当为丰都平都山易其主人之时。其时阎罗天子的势力,已在平都山诸神之上。大概当时佛教势力凌驾于道教之上。佛教十八地狱、十殿阎王之说,已普遍流传于民间。且清代朝廷的宗教态度是重释轻道的。仙都观之变为阎罗天子殿,当在这个时期。

按丰都县志玉皇殿在平都山顶,铁像高数丈,与现在建于半山与王母殿相对的玉皇殿全不符合,该殿规模狭小,无容纳数丈高的铁像之可能。则现在的天子殿当即原来的玉皇殿,天子殿的最大铁像,当为原来的玉皇铁像。天子殿两侧的四大判官、十帅,亦当认其为玉皇的随从,较为适合。天子殿两庑的十八地狱,亦低矮与天子殿不大相称,可以知道天子殿是由玉皇殿改造而成的。复据县志,寥阳殿前有明蜀献王所修之三石硚(桥),至今尚存,则现在之大雄殿当为原来之寥阳殿,殿前的奈何桥、血河池,当即寥阳殿前之石硚(桥),其余诸佛教殿宇如地藏殿、十王殿,观音殿,或系由道教之旧殿改造,或为后来逐年增修的。我们看分布的零乱情形,即可想到其曾经过多次的变更。而丰都为阎罗天子所居的冥殿,地下有十八地狱之说,逐渐成中国乃至世界的信仰,亦由此渐次决定而流传至今。

三、通俗迷信中的幽冥世界

1. 通俗的幽冥世界一般

中国人自古即相信有一个鬼魂的世界。此世界在黄泉或九泉下之,那里是黑暗而寒冷的。普通称为阴间,与阴间相对称人的世间为阳间或阳世。阴间并不在一个特殊的辽远的地方,与阳世相邻近,而可以相通,是一个抽象的世界,不过人的活动在白昼,鬼的活动在黑夜。阴间的生活与阳世完全是一致的。鬼与

(人)过着一样的生活,是人的生命之延长,或者是从一世人生到第二世人生的过渡世界,鬼在黑夜,或人的病中,可以在梦幻中与人相通。

阴间的主人即阎罗天子,他统辖着天下的城隍,城隍是阎罗王的地方官吏,分都、省、府、州、县,各有品位不同的城隍,此城隍的职权所管辖其所治地方的鬼魂,其地区范围与阳世完全一致。县城之下,辖土地神,每一土地管辖一社或一乡的鬼魂。土地的职权与阳世的里正、地保一样。

阎罗王所住在的地方,即幽冥之都,在四川丰都城。丰都是阴间的首都,人死后都须到此受严酷的审判,阳世所犯罪过,都须在此地受抵偿的刑罚。为审判各种罪犯,有十殿阎王,主持十阴司的审判,即一殿秦广王,二殿楚江王,三殿宋帝王,四殿五官王,五殿阎罗王,六殿卞城王,七殿泰山王,八殿平等王,九殿都司王,十殿转轮王。此十王中五殿阎罗持着最高威权,生前犯罪的鬼魂,在审判后依其犯罪的轻重,发落在十八地狱,受各种酷刑,十八地狱各有主持之神称为十八王,兹将十八地狱与主持之神列下:

一、迦延,典泥犁地狱;

二、屈遵,典刀山地狱;

三、沸进寿,典河沙地狱;

四、沸屎,典沸屎地狱;

五、迦世,典黑耳地狱;

六、□嵯,典火车地狱;

七、汤谓,典镬汤地狱;

八、铁迦然,典铁床地狱;

九、恶生,典盖山地狱;

十、(经阙王名)寒冰地狱;

十一、毗迦,典剥皮地狱;

十二、摇头,典畜生地狱;

十三、提薄,典刀兵地狱;

十四、夷大,典铁磨地狱;

十五、悦顺,典冰地狱;

十六、(经阙王名)铁册地狱；

十七、名身，典蛆虫地狱；

十八、观生，典烊铜地狱。

以上十八地狱的名称，在民间流传的善书，与通俗经咒中并不一致。丰都平都山和尚唱诵的《冥府十王减罪妙经》有二十四狱，其名称如下：

鉴天地狱、平等地狱、律令地狱、冥冷地狱、无量地狱、天真地狱、三律地狱、天乙地狱、黑劫地狱、女青地狱、拷掠地狱、刀山地狱、剑树地狱、铜柱地狱、铁床地狱、火山地狱、烬炭地狱、铜汁地狱、峡石地狱、寒冰地狱、热火地狱、九天地狱、钜鐯地狱、洞泊地狱。

这些地狱的名称，当然比上述十八地狱更为缺乏根据。现在民间差不多只知道十八地狱而不知十八地狱之名，巫觋僧侣以及善士之流而答顾主之问，或者为还愿而印发善书者，时常随意制造些地狱名称。如拔舌、抽肠、饿鬼、刀山、油锅等狱，他门(们)的制造狱名完全是以眼还眼、以牙还牙的报复为最大的原则。

有名的善书《玉历因果图说》中有更夸大的地狱说，谓第一殿秦广王专司人间寿夭生死册籍统管幽冥吉凶鬼判。第二殿管活大地狱，第三殿管黑绳大地狱，第四殿管合大地狱，第五殿管热恼大地狱，第八殿管大热恼大地狱，第九殿管阿鼻大地狱，各大地狱中，都有十六小地狱，第十殿管轮回放生，除地狱外还有奈何桥、血河池、柱死城等名目。奈何桥是人死后的鬼魂必经过的桥，桥分三层，或三座。善人的鬼魂可以安全通过上层的桥，善恶兼半者过中间的桥，恶人的鬼魂过下层的桥，多被鬼掷往桥下的污浊的波涛中，被"铜蛇""铁狗"狂咬其肉。血河或称血污池，为惩治犯了堕胎、杀婴、溺女等罪的妇女的地方。柱死城是横死、自杀者的鬼魂最后聚集之地。此种鬼魂被囚在这里，永远不得超脱。

2.死者的鬼魂如何到冥界去

轮回报应的民间信仰，认生死苦乐是由前世功罪决定的结果。从而各人的寿命长短也是由神预先注定的，在阎王殿里有一种生死簿，记着各人的寿命长短与该死的日期。还有一种功过簿，记录各人的行为的善恶，为主簿判官专司查考登记的责任。每天查出生死簿上寿命已终的人，派阴司的"无常鬼"与"鸡脚神"

按时到各地提取。

阴间的司法手续与我们人间一样,阎王的公差到各地勾取人的灵魂时,须会同本地城隍的差役与本乡的土地神。在北方的传说中还有地方鬼,把人的鬼魂提到阴司,先须经过"阴阳界""鬼门关""望乡台"到城隍处点名。然后再押带往丰都,受最后的审判。

因为"无常鬼"与"鸡脚神"是提取死者灵魂的差使,在迷信者的恼(脑)中,有非常深的印象,特别无常鬼的权力,非常被人畏怖。在临危的病人与死者亲属的幻梦中,时常出现。无常鬼的面貌、衣饰、性格已经形成了一种固定的形状。那种戴着很高而尖的白帽,那付阴晦、无情、老练的面孔,以及那身黑色的公差衣服,在深信的人们的面前随时可以出现,不过并没有什么奇怪,这完全是明代衙门的班头的影子。

按许多善书与传说,寿命的终结,并不是不可变动的预定运命,有时可以因人们在阳世的善恶功德而延长,有时也会因作恶过多而缩短,甚至有已死去的人,阎王查考其功过簿上,有特别的善行,可以临时增加寿数,送之还阳。此种情形,善书上记载的很多。其实不过是写善书的人,借此种方法,把他们幻想的冥界传达出来,并且借此可以博得人们更深固的信仰。

3.轮回报应与福善祸淫

轮回报应,是佛教徒从印度传入中国的说法,但福善祸淫的说法,则为世界任何宗教中最普遍的信仰。中国古代此种信仰亦很发达。"天网恢恢,疏而不漏""作善降之百祥,作不善降之百殃",这是中国人的传统信仰。即人的行为随时有天神在监视着。各人行为善恶,天神都会给以相当的报应。但这种报应只是在其生活幸福上报应,如家族的繁华、财富的增加、寿数的延长等善报,及疾病、灾难、死亡等恶报,这些报应,或者及其身,或者及其子孙。司此种善恶报应之主神为上帝,但另有辅助上帝鉴察人之善恶的神则为灶者,灶神以各人之善恶上天报告于上帝以增减人的祸福寿夭,此种信仰由来极早,在中国人的心中牢不可破。道家复加以复杂的解释说,地天有司命之神,随人所犯轻重,以夺其算,算减则人贫耗、疾病、屡逢忧患;算尽则人死。人身中有三尸,三尸之为物虽无形而实魄

灵,每到庚申之日辄上天白司命,道人所为过失。月晦之夜灶神亦上天,白人罪状,大者夺纪,每纪三百日,小者夺算,每算三日,人的寿命都有本数,数本多者则纪算难尽而迟死。若本数少而所犯多,则纪算速尽而早死。

佛教认人的行为不外善恶二业。十恶业即杀生、偷盗、邪淫为三身业;虚诳语、离间语、粗恶语、杂秽语为四语业;贪、嗔、痴为三意业。反之不杀生,不偷盗,不邪淫,不作虚诳语、离间语、粗恶语、杂秽语,不贪不嗔,不痴即为十善业。由人作业之善恶决定其归于天、人、鬼、畜生、地狱五趣或五道。加"阿修罗"则为六道。未能超出三界的众生,因果相循,轮回生死展转相通,即人们生前的行为之善恶,决定着其死后或来世的苦乐。此轮回报应的说法上述三种传说中,以第一种在中国民间流传的最有力。

中国的民间都相信生前的善恶,可以在死后,或来世得到报应。而这些报应中最主要的是地狱中报应。即作过恶业的人,即被掷入地狱中受过相当的刑罚以后再轮回移入六道。他们相信阴地狱中的对于各种恶行都有相当的刑罚,如对于犯语业者的拔舌地狱,犯贪者的饿鬼地狱,犯杀人者的刀山、剑树等地狱,再加杀猪者的变猪,杀牛者的变牛,自杀者的因在枉死城,不洁女人的堕入血污池等,反之行善的人则不只可以免去地狱之苦,并且可以在阴司获得自由,或早生人道,或被派充阴司的神,乃至被接引超升西方净土。

佛教的传说在民间获得强大的势力,一方面由于佛教传说流传的时代较迟,并且因为轮回之说不只能给人们以来世的希望,且能给犯恶业者以极宽大的方便之门。即在佛教的地狱中,不只有严酷的阎罗王的审判,且有地藏王或阿弥陀佛的宽大的超渡。地藏王悲悯地狱受苦诸鬼魂的痛楚,凡有忏悔的念头者,即一律施救,使其超脱,阿弥陀佛为众生过去之罪业深重,愚痴蒙昧,心根怯弱其力不堪修行佛道时,即可由念佛而受佛的哀愍救护。脱离此多苦多烦多罪恶之婆娑世界,往生于佛的国土。惟阿弥陀佛在诸佛中誓愿特宏,无论何等极恶众生,一称其名号均接引之,迎入其国。由此种对于犯过恶者予以极大的方便,为其获得多数信仰者的重大原因。

四、丰都的经忏神话故事与迷信习俗

1.丰都僧道的经忏

丰都平都山诸庙宇除财神殿、南岳殿、牛王殿三处为道人司焚修事外,其余各庙宇都由僧人住持。这些僧道所诵的经忏,很能表现出来他们的宗教信仰的程度。各殿僧道所用经忏的种类很多,他们多用手抄本不愿割爱,我们在可能范围,抄得经纤(忏)十九种。这些经忏几乎全部是粗俗的祈祷文,没有什么可以考证的古代经籍。其中道教经忏篇幅较长,每篇都在二千言至五千言之间,佛教每篇都在一千字以内,各经文中所包含的神佛名号颇多纵错混杂之处。兹将各经忏名称与其中的神佛列表如下:

第二表 丰都经忏性质与包含神名表

经名	性质	包含主要神名
眼光经	通俗佛经	舍利金刚,文殊,普贤,眼光菩萨
陀罗尼经	通俗佛经	释迦,二十八宿,十二宫神,九曜星宫,五星七曜
解释经	通俗佛经	佛东、南、西、北、上、中、下星辰,山河、五行、五道、城隍、林社等各种诅咒之鬼
禄库受生经	通俗佛经	释迦,阿难尊者,冥司曹官,玉帝
阎罗经	通俗佛经	阎罗王,玉皇大帝
冥府十王减罪经	通俗佛经	元始天尊,天皇,地皇,地祇,丰都主者,十殿冥王,五岳府君,九州城隍,司命,司禄,五道
妙沙尊经	通俗佛经	三十六万亿佛,五百恒河沙数佛,弥勒佛,天宫一切星宿佛
生天妙经	通俗佛经	三十三天鬼神
观音救苦经	通俗佛经	观士音,百千万亿佛,回光慧喜,阿育大王,五百阿罗汉
城隍经	通俗佛经	城隍,摩诃莎,十方诸佛
报恩经	通俗佛经	阎王,弥陀,目莲尊者
血盆经	通俗佛经	目莲尊者,地狱主者
太上老君减罪经	通俗道经	太上老君,大罗天上一殿冥王,地狱铁面阎王,十王诸佛

续表

经名	性质	包含主要神名
元始天尊解冤经	通俗道经	大罗三宝上帝,玉皇大帝,紫微大帝,后土,天灵,地祇,九宸大帝,十方太上灵宝天尊,三官大帝,南岳大帝,五岳名山,洞天福地,得道仙君,太岁城隍,元始天尊
中天星主忏	通俗道经	紫微大帝,盘古,斗母,玉皇,太阳,太阴,五德,四曜,五斗,天罡,华盖,二十八宿,土列曜,六十甲子,十二宫宸,当生本命,福禄寿喜,流年运限,三垣内外,周天列曜
太阳经	通俗道经	太阳太阴,五德四煞,四曜,天罡,三台,华盖,二十八宿,十二宫宸,当生本命,周天列曜
东岳经	通俗道经	大罗三宝大地,昊天至尊,玉皇上帝,紫微大帝,勾陈星君,后土,高尚神,霄九神,十方太岁灵宝天尊,日月星斗,三官大帝,北极五圣,灵宝五师,三省金阙,四相真君,东岳齐天大帝,东岳皇后,东岳太子,岳府宫内诸夫人,嫔妃仙眷,玉(五)岳名山,洞天福地,得道仙官,城隍虚空,过往纠察真灵

据上表十二种佛经中除了眼光经、观音经、报恩经、血盆经四种为单纯的通俗佛经,没有夹杂道家诸神的名号以外,其余的十本虽然经名是佛经,但经中包含许多道教的神,最普遍的为玉皇,其次为五岳城隍二十八宿,五星、司命、司禄等纯粹道教信奉的神灵亦散见于这些经文中,但相反的道教经忏,则全部是纯粹的,每种文中都有很多的神名,但绝无佛名。

这些经文,尤其是佛经的文字粗俗不堪,与通俗唱本上的文句差不多。如阎罗经中的"铁面阎王不顺情,阎王注定三更死,决不留人到五更……弟子向前来告禀,我是看经念佛人"等文句,粗俗得令人读之不觉失笑。再如血盆经的文句,完全像由善书中找出来的一段"目莲尊者昔日往到羽州进阳县,见一血河池地狱,阔八万四千由旬,池中有一百二十件事。铁梁,铁柱,铁枷,铁锁,见南阎浮提。许多女人披头散发,长枷扭手在地狱中受罪。狱卒鬼王,一□①吃。此水罪人不敢不吃,遂被狱主将铁□②"这类文章成了那样有名的血盆经,又被平都山的僧人们持诵着。每篇经中都有劝人念经、作佛事的话。我们由此可以想见这些经是平□③,为维持信徒们的信仰,临时制造出来的东西。

---

① 原文缺数字,以"□"代之。
② 原文缺数字,以"□"代之。
③ 原文缺数字,以"□"代之。

至于道教的经，虽然也是伪经，但经文较为典雅，也比较合乎道教教义。其中如紫微五斗延生宝忏，列举神名甚多，但并未混乱而有相当系统。经文中多为赞美神灵的文字，而没有劝人念经、持斋等字句。可以想见，道教经文之由来，当较佛经为早，而完全不是为敛钱制造出来的工具。

2. 丰都流传的神话迷信故事

丰都既为一个有力的宗教中心，自然在当地会流传着许多关于仙、佛、神、鬼的神话故事。确是这样。我们在丰都最容易获得的此种宗教材料。关系神鬼与冥界的故事，差不多每一位丰都人都能随口讲出三五个故事。有几种故事几乎大多数丰都人都讲得出来，同时每个丰都人，都能讲出一两个新的故事。丰都不只是神话故事流传的地方，并且是制造神话故事的中心。多数故事都不是陈旧的，而是新鲜的，讲故事的人，在叙述本事的前后，总要声明"这是实有其事""这是亲眼看见的事"或"故事的主人还在"。有些故事只发生在最近三两年中间，可以证明丰都人现在还在那里制造着故事，我们在丰都所得的比较完全的三十八个故事，除极少数外，都与冥界鬼神有关，兹将各故事之主人与关系的鬼神与故事中所显示的特质列表如下：

第三表　丰都流传的神鬼故事

题目	故事主人	关系鬼神	故事要旨
二仙对弈	王阴二仙	渔樵二夫	仙迹
麻姑送饭	麻姑	王阴二仙	仙迹
吕仙卖药	某樵夫	吕仙	神仙度人
道尸解	某道人	某仙人	道成成仙
道人虐母	三官殿某道人	道人母	解救轮回
			劫难
文昌罚文人	某秀才	文昌帝君	警戒恶人
秦德修成仙	秦德修	吕仙	作善超升
天子娶后	肉身娘娘	阎罗天子	神人相通

续表

题目	故事主人	关系鬼神	故事要旨
九蟒御史成圣	杨御史	九蟒	伟人死后为神
地母接替	长寿县某媪	地母	善人为神
关帝拒贼	石达开	关帝	显灵
地仙坟	地仙	阎罗天子	古迹传说
业镜失明	知县某	阎罗天子	神物传说
业镜被窃	石达开	阎罗天子	神物传说
五云洞通阴间	某孝子	关帝阎罗天子	古迹传说
城隍打人	郭某	城隍	惩罚不孝
城隍受贿	某绸缎商	城隍阎罗天子	贪污受惩
梦游阴曹	马铜	阎罗天子二仙	劝善戒淫
张班头走阴差	张班头	城隍	阴阳相通
无常娶妇	杜举昭	南岳殿无常	作祟
马夫沽酒	某酒店主人	关帝庙马夫	作祟
无常交友	陈兴顺	十王殿无常	人鬼相通
无常吃鸦片	某乞丐	十王殿无常	人鬼相通
误乘冥船	张德三	阴差判官	阴阳相通
鬼送烟	李幺爷	二无名鬼	阴阳相通
遇鬼迷路	范华轩	无名鬼	作祟
鬼找替身	张三才	吊头鬼、水淹鬼	作祟
死后还阳	某无赖	地官	警戒恶人
还淫债	蓝某	其二女	报应
偷瓦受惩	某泥水匠	阎罗天子	恶行受惩
天子失印	许知县北洋军	阎罗天子	显灵
阴司抵命	向锡三	城隍	报应
冥案和解	孙永发	徐幺妹之魂、二阴差	报应、阴阳相通
塑工作财神	郑泥水匠	财神	善人为神

从上表所举丰都流传的三十八个故事中,关于阎罗天子的故事最多。无常城隍次之,其他的神鬼与鬼的故事比较散漫。兹表如下:

第四表 诸鬼神人物出现于故事的次数比较表

鬼神人物名称		出现于故事的回数
仙	吕仙	2
	王、阴	1
	麻姑	1
	地仙	1
神	阎罗	9
	城隍	3
	关帝	1
	文昌	1
	财神	1
副神	地官	1
	九蟒神	1
鬼	判官	2
	马夫	1
	无常	5
	阴差	2
	无名鬼	2
	吊颈鬼	1
	水淹鬼	1
	亡魂	1
	道人	2
	人	1
	业镜	2

由此表我们可以看丰都故事的一般倾向,即阴界之神的故事与鬼的故事占着绝胜优势。在各故事中完全与幽冥报应之说无关的,只有七个。由此可以知道幽冥世界的幻影在丰都人思想中,占着如何有力的地位。

从这些故事中所表现的思想除极少数为道家玄虚的神话以外,大体表现着以下五种思想:一、人的一切行为,受着神鬼的严密监视,神的赏罚爱恶是公道的;二、阴司的审判是严格的,阳世的冤枉,可以在阴司申雪;三、作善积德之人生时可以延长寿命,死时可以成佛神;四、幽冥世界的生活与阳世一样,阴阳人鬼可以相通的;五、神鬼是有感情的,神鬼对于人的友谊或恨一定有报复的。

3.平都山诸古迹及地名的神秘解释

平都山既从道教灵地转变为阎罗天子的灵地,且有将近二千年的历史,自然与别的名山一样,会有许多有名的古迹,并且流传着一些对于古迹的解释。兹列述如下:

(一)五云洞,一名阴君洞,俗名天心眼——在上官殿关帝神厨前。现为一枯井,井口罩以五龙盘旋之通花铁盖,中间之孔,径可一尺,按县志此即五云洞,宋以前在露天,宋高密丁慰侯,为亭覆之,称五云楼,即现在的上官殿。关于此洞有几种传说。a.王方平避地平都山,魏青龙初道成,有五色祥云裂地而出捧足仙去。b.阴长生将欲升天,向门人刘元远说,此山孤峙若龙蟠其首东向,必当吐云送我。言讫遂有五色云从地中涌出,乘云升天。出云之处□成洞穴。c.为阴长生炼丹之井。d.通于阴间地府之路,丰都传说,曾有一孝子到洞内探视,见有殿宇辉煌,人群扰攘,适关帝君过此,告以此系地府,念其为孝子救之出洞。另有一县令偕一书僮曾入洞内探视,遇阎罗天子,邀之入室茶叙。告以阴阳隔世,泄漏天机,应遭雷击,念其为官清正,赐以护身符出洞。书僮无护身符在洞口被雷击毙。当悟神人之言不谬。现在此种传说最为有力。香客烧香时比以钱纸烧灼,掷于洞内,窥探洞中动静。因洞甚深,纸灰旋转而下,僧谓未为饿鬼抢钱。

(二)业镜台——铜质圆镜,径二尺许,嵌在一正方木框内,现于天子殿祭之坛前。镜的来源已不可考。镜铜已镕成黑色,僧人传说此镜从前光鉴人,可以看来世的形象,从前某丰都县令曾在镜下见镜内现出耕牛一头。问和尚何故会有牛出现。僧人告以"一世作官,九世变牛"的谚语。命人用乌鸡狗血,将镜污毁。从此镜即黑暗无光,不能照人,又石达开入川时因此镜灵验,曾派人来丰盗去,携至南川,后被天子显灵,复从南川追回。

(三)鬼门关——即天子殿之后门,为一曲尺形之黑暗过道。长三十步。通天子殿之后殿。因其黑暗无光,给迷信者以阴森恐怖之感,不知何时附会呼之为鬼门关。

(四)奈何桥血河池——在大雄殿前为并列之三石桥。每桥宽仅四尺许,两侧护以石栏,桥建于平地,下筑一池。形式与文庙之泮池一样。据丰都县志当即寥阳殿前之三石桥。相传呼之为奈何桥,桥下之池为血河池。西有血河将军殿。丰都传说此桥时常发现鬼拉人找替身事。常有香客梦见自己的母亲在血河里受苦。有许多香客且幻觉的听见许多女鬼的在血河里呼号的声音。每年香会时,香客争以纸钱或铜板掷入池内,并以炒米撒入池中,以为可以施给饿鬼。许多老年香客,喜欢从桥上走过,以为走过此桥,死后可以免去过奈何桥之苦。

(五)望乡台——在天子殿后门出来向西南由小路下山之处。为一矮小之神殿,殿中祀川主与地仙。殿仙西侧有一大香炉,香炉临山崖,由此可望丰都全城。传说在此处焚香哭祷,可以与已死父母或亲友相会,由此种迷信的影响,此处的香火特盛。香会时总不断的有二三妇女在此烧纸痛哭,期与死者相见。自然迷信妇人,在哭到昏迷时,有时也可以梦见其亲人的幻影。

(六)心身镫——一名心身等,在星主殿门外左侧,为一铁镫,一为方形嵌地中,中心有半球形凸起处,一为圆形铁魂,上有把手,下有凹入圆涡,与地下之凸起处相枘凿。壁间有石碑,碑文作非常玄虚之说,谓"此物上名'心神铁',下名'铁灵根',升在真人飞升于此,铸法相以示后人,秀玄关者……'铁灵根',命根也,道根也,天根也。其坚如铁,故曰铁也。称以灵者,知进知退,能伸能屈,通玄窍,识天时,玩月华,知雨至,运周天河,车御风而行,灵妙莫测也。'心神铁'三宝中物也。道家取坎填离,全凭神力。一阳陷于坎宫,群阴外护,妖魅惑人,心一不坚,神即失也。其曰铁者,炼心为铁,神往心忘,万有皆空,一神独灵,神光一出,百祟潜踪,深入不毛,夺回真宝如探囊取物也"。此故事丰都人似乎不大注意。普通信此物是唐尉迟敬德,在此监修庙时,为练腕力,铸下来的东西。通俗则相

信能将此物衃合可以医治心病。

（七）九蟒洞——在大仙岩上，现在的九蟒殿后，明杨御史巡按至此，登平都山，忽有九蟒绕车而化，遂葬之于此，通俗传说谓九蟒御史因天热至此找一石洞乘凉，被毒蛇咬伤而死，后世被供奉为神。

4.丰都特别通行的迷信习俗

丰都的故事神话，既如上述，有很浓厚的阴郁色采（彩），几乎每个故事都与冥界鬼神有关。而且大部分是阴阳相通、人鬼相通的故事。然而其阴阳人鬼相通的方法，都是被动的，即冥界鬼神对人有降祸福作祟的威权。但人是否可与鬼神相通，丰都对于这方面也有很大的努力，制造了许多特殊的迷信习俗。虽然也与神仙或天神的交际也有很大规模的行动，但对于鬼的交通的习俗，很为有力，兹列述如下：

（一）文坛——为扶乩的固定组织。此种组织从前在丰都非常盛行，据说最盛时，单是城区有文坛百余处之多，为一种神会，每神会奉祀一位或几个神仙，专司降乩、求鐵（签）问病等事。各文坛中用扶乩的方法，可以制造出来许多新鲜的神话。如"关帝被诸神选为玉皇大帝，统治世界""无极圣母降世说法，昭示世界劫难"等神话，每有一神话产生，或用善书，或用口传的宣传出去，时常可以引起很大的轰动，宣传力量愈大，该文坛即愈发达，时常可以产生出来新的宗教，或变革宗教信仰。文坛的主持人，多为读过书的人，纠集若干会众以附和之，此种组织在其他地方亦有，但在丰都非常发达。据说丰都城现在尚有三十余处。

（二）飞鸾——为文坛内功果之一种。即由文坛捐集巨款，举行盛大斋事，焚香祷祝，求神的降临，在若干日的斋事完毕后，求神者各备宣纸若干卷，各注明姓名，置于一阁楼上。主坛者准备多是墨汁及大小毛笔，置之楼阁上，将阁关锁，经过一日夜后，开阁取视，所备纸幅皆已由神仙写就，且文辞各与要求者之身份心境适合。

（三）观花——其说，谓世上每一个人，在阴间各有一株花树，花树之枯荣，关系其人之祸福、健康。所以人生病时，即请观花人赴阴间窥视花树之荣萎。观花人多为女巫，间有男巫。病人或罹灾难者，请观花女巫到家，备米一升，用作香炉。主人将病者之姓名、生时、年龄、病状告诉女巫,然女巫作法赴阴。其作法设置,在桌上置一香炉,香炉前置一水碗,水碗上置筷子一双,灯草二根,称为阴桥,谓即赴阴道路。观花女巫,焚香烛纸钱,祝祷后坐于香案前的椅子内,用白布覆面,稍顷神志渐入昏迷,双足在室中前后乱动,如走路状。此时病人家属即开始与女巫问答。女巫答词多为"病人触犯某神,或有某种过失,致花树枯萎,宜许愿求神病即可愈"一类说法。问答毕再烧纸钱,并以阴阳水(半冷半热水)灌饮女巫,女巫即渐清醒,作疲倦神情。走时携做香炉之一升米而去,以为报酬。

(四)走阴——亦为一种阴阳相通之巫术。巫者多为男人,间有女人。走阴巫者先须由师学习符咒及挽诀方法。学成后可以代人到阴司去看病人灵魂。行此巫法必在日落以后。病人家属把他请至家中,在病人床前焚烧香烛纸箔后,走阴巫者挽诀念咒后,提着纸钱燃着。在房间内乱舞一阵,在墙角门后等暗处回绕几次后,走出野外,面东而立,口中喃喃念咒,少时昏倒地上。以两人扶进房内,僵卧床上,以白帕覆其面部。约过十余分钟,病人家属即可以与之问答,他可以在城隍庙找着阴差,陪他查访病人阴魂。找见时可以查问被拉至阴司原因。多半为被已死的鬼告发,到阴司受审,或被仇人纠缠索命。此走阴巫者可以与阴司差人商量贿赂,请将病人阴魂放还。或要求与仇人和解。许以若干金银,家属依其所嘱焚烧锡箔钱纸后,走阴巫者即可将病人的阴魂带回阳世。病人若犯事过重不能还阳时,走阴巫者可在病人家中作"抓生替死之法",其法由病人家属购一棺材,内置以草人,将病人的生庚年月写好放在棺内成殓,并将其抬出野外埋葬,这样病人可以免死。

(五)游冥——此为送活游冥府的巫术,志愿游冥者联合共请一巫师,在室内设一祭坛,供观音大士。志愿游冥者在香案前跪下,两手各奉香一炷,闭目默念。施术巫师即烧纸箔,在跪着的游冥者背上缭绕,口念符咒,受术者的两手即开始颤动,至香落地,仍继续颤动,至还阳时然后停止。巫师以香烟一一薰受术者之鼻,从有无知觉,试其已否入冥,然后用米乱撒在游冥者身上,再以钱纸烧灼,在各人背上缭绕。然后再用烛光在各人面上摇晃,此时各游冥者即由其在阴曹所见的亲属鬼魂之苦乐,表露各种情绪,或愁苦,或痛哭,此时旁观者可以与之问答,询问在阴间状况,并可代人找寻亲属鬼魂,为之传达语言。即游冥者不相识

之人,告以生死年月,亦可找到。游冥完毕,巫师复作法念咒,用钱纸焚烧在作术者背上缭绕,即可带其还阳。

(六)磨光——为一种较轻易之巫术,失窃者查访贼人时多用此术。其法在桌上放一水碗,碗前置一素油灯。巫师焚香作法,以左手掌张于水碗傍,以右手中指,在左手掌上作回旋状摩转,由一十二岁未满之儿童,注视其手掌,稍时手掌中即可发现光明,由小而大,如一圆镜。求术者所欲查问之事,即在手掌中出现。窃贼之容貌,衣饰动作所在地方,都能在掌中看出。但有时也可从磨光看见已死的人,及其在阴间的状况。

(七)招魂——当人死未满七七(四十九天),丰都人谓其灵魂尚飘荡于其尸体左近。其亲族如果想和死者的灵魂谈话,可以到他的坟墓上,焚化纸箔,大家在其坟的周围绕转,高唱"某某亡人家人来见",少时众人中即有精神较弱者被死者的灵魂附身。被附身的人,当时神志昏迷,即知其已附身,将其扶坐于椅子上。亲族即环跪于附身者的面前,与之问答家事。答话时的声音举止,与死者毕肖。其谈话内容也与死者生前的情况完全适合。

(八)相身——为杂神习惯附身之巫者,在北方诸省称为"顶神的",即某神灵或精怪,找一活人为其相身,时常附在他的身上显出他的威力,普通男神找男相身。在相身最初被神附身时,常需有相当的苦痛经验,如生一场病,或变成疯癫,神即乘机附其身上。借他自己的口,说出他是什么神,此后即时时附身,成为习惯,渐渐被人宣传,于是有请他附身,医病指迷。附身的神,多为杂神至精怪,而正神很少。神人附身时每作癫狂之状,或狂舞,或谩骂,至神灵离身时,相身必感莫大疲劳。

五、丰都香会

1. 丰都香会的起源

丰都平都山在每年春间,从旧历正月初旬起到二月中旬有很盛大的香会。据丰都传说,正月八日为阎罗天子的圣诞,二月八日为天子娘娘的肉身成圣日期。香会来源即由于此种传说。但此传说起于什么时代,香会自何时创始,都无记载可考。惟按一般宗教事实，一个宗教中心，必能吸收多数的香客，而且必有定期的香会。则丰都的香会或者有很古的起源也未可知。但据前述的事实，阎罗天子在丰都的地位，仅确定于明初。则阎罗天子的香会，总在明朝才能产生。至于天子娘娘的香会，即根据肉身成圣的传说，据重庆香客的口述"此肉身娘娘是重庆人。娘家姓李，现实李母患眼疾，母女婆媳三人私自对丰都天子许愿，母病若愈，当亲到丰都烧香还愿。后母病果愈。三人到丰都还愿。回家后不久李女忽然失踪，遍寻不见。忽一夜李母梦见其女告以已到丰都作天子娘娘，家人无需悲痛。李母将信将疑，偕家人雇船到丰都来探问踪迹，同时天子殿和尚于二月八日前夜梦见一美妇人告以姓氏说已被天子选为皇后，将在后殿受万人香火，并谓其家人明日来此团聚。次日即二月八日，其母果来，见后殿神厨里有一肉身女子坐化，遂金装成圣"。此传说在重庆香客的口中，好像是很新鲜的故事。推此神话发生时代，当在丰都已有阎罗天子的盛大香会之后，并且在四川经明末清初重大变乱之后。现在重庆江巴两县的人，每年二月，必纷纷组织盛大规模的进香队，称为"娘子会"。

2. 香会时的设置

平都山的僧人道士，几乎靠着春季香会，维持他们全年的生活。至少香会时的收入为他们的最大收入，所以在香会时僧道最忙碌的时候。此时他们必举行诵经道场仪式。各殿宇的门外墙上张贴神榜，门上张贴吊挂、对联，殿内挂神幡、神帐，陈列其他香会时应用的器物，每一神殿派一二僧人招待香客。上官殿与大雄殿为僧人诵经道场。各道场约有十余僧人诵经。道场分左右二经坛，每一经坛为四张方桌叠成，下三桌排如品字叠加一桌于前排二桌上。各坛有一主坛僧人立于桌上，即上面经桌之后，盛装诵经，其帽为金色莲花冠，衣服红色绣花，宛如戏装，其余诸僧人披袈裟围绕于下二桌旁，各持乐器诵经。道士因人数太少，无盛大法事，仅悬挂神帐神幡而已。各殿为香客许愿求籖（签），印有申奏表文与籖（签）诗售与香客。

3.进香队的组织、人数与地方分布

到丰都来赴香会的香客，普通可以分为两种：一种是无组织的香客，称为"烧散香"；另一种是有组织的进香队。远处来的香客，多数是有组织的。每一个进香会通常为三四十人至五六十人，最大的香队有百数十人的。此进香队有两种：一种名为"烧拜香"，烧拜香的人有的是在本地出发时已经组织起来的，从动身到烧香完毕回家，始终是过着有组织的生活。另一种是到了丰都以后，临时在本地以领导烧香为业的"教口"处组织起来的。此种香队，以"教口"为领导，"教口"是率领香客烧拜香、领唱赞神诗词为专门职业的人。此种人丰都本城最多，别处人做的很少。他们不只率领人烧拜香，在香会时即以其家供香客住宿。借此每年香会可以弄到相当的报酬，有时可以维持其全家通年的生活。另一种进香队叫做"烧供香"，多由香客本县的僧人率领。如一个庙宇的僧人，决定领导进香队时，即出榜宣传，请自愿赴丰烧香者到庙中报名缴费后，约期结对来丰都烧香，烧香后仍结队回籍。香客付与僧人之费，无一定数目，多少由香客自由，此费几乎全部为租船之用。其余费用都由香客自理，剩余的钱即为香客对于僧人的布施。

进香香客有从很远地方来的，据天子殿住持说，从前香会盛的时候，常有外省来的香客，近年来因为地方不靖，远方香客已经绝迹。四川本省香客亦因而减少，本年香会因匪乱影响，地方当局曾有禁止之意，以致多数香客，因而裹足。兹据公安局的香客登记，将香客的地域分布情形，列表如下：

第五表　民国二十四年(1935)丰都香客人数与地域分布表

县别	人数
丰都	1159
涪陵	929
重庆市	482
长寿	457
江北	138
大竹	84

续表

县别	人数
巴县	78
忠县	59
垫江	54
梁山	49
石柱	24
万县	8
合川	2
合计	3519

由此表可以看出丰都香客几占全数三分之一，香客分布地域限于下川东地方。即由重庆至万县之沿江诸县，与丰都连接诸县。此种事实当由于交通便利与距离较近的关系。但事实上香客人数当在此数字以上，因为公安局的登记并不十分严密，当然会有许多香客未经登记，其本地香客遗漏的更多，据本地人推测本年香客人数，无论如何当在五千以上。即由地域关系来说，也有被遗漏的，据天子殿僧人说，有成都香客一人，泸州香客一人，未经登记。香会人数比去年少，与香会盛比较，约仅有其十分之一。此种说法虽然没有数字根据（从前没有香客登记），但与事实大概相差不远。

4. 进香队的禁忌装饰与进香规则

到丰都进香的香客，无论是"烧拜香"或者"烧供香"的，一加入进香队，决定出发日期以后，先期三日，即需沐浴斋戒。不吃荤（荤），男女分居。出发前一日，须在家中祭门神、灶神，出发时每人须在名册上画押表示决心，须带足路上吃的干粮，一路除水外不吃饭店里的东西，遇熟人亦不准交头接耳，一切恶声恶色都要尽力避免视听，一切俗念都要除去，专心虔诚奉神。一切苦痛或吃亏事都需忍耐，不得与人争闹。兹将进香者的装饰和进香的规则分述如(下：)

烧拜香——无论男女，参加烧拜香只准穿黑色或蓝色的衣服。每人需备头

巾一条，称为"佛帕"，分黑色、白色两种，布制。为活人还香愿者用黑佛帕包头，用红绳挽三莲花结系于帕上。为死人还香愿者用白佛帕包头，用绿头绳挽之莲花结系于帕上。帕长约四尺至五尺，包头之剩余垂于背后。胸前各带一佛兜，为活人还香愿的用红色，为死人的用白色，此供兜内可放干粮炒米之类。两手捧一香凳，为一小形的小板凳，阔三寸，长六寸许，高四寸。凳之前方有插香烛之三脚架，中间可以插香，两侧插烛凳上放着纸箔。肩上背一香筒，是竹制长筒，长约二尺许，竹筒外面用花纸糊过，上端有削成的柄，穿以红绳。每人手中提草垫一个，以供跪拜之用。进香队到丰都之翌晨即由"叫口"领出发由进香大路前进开始烧香，称为"起香"，从通仙桥起，每遇一神庙，神龛都需烧香参拜，"叫口"备有一本赞美神灵的歌词，是专为丰都各庙诸神做的。每一庙、每一神殿均有特殊的歌词，参拜时"叫口"在祭坛前中间跪下，香客还跪于左右两侧。"叫口"即高唱赞神歌。香客亦随着应声高唱。每遇神名必俯伏一拜。唱颂毕，"叫口"复率领前行，每至一神殿，必拜诵一次。到各殿都焚香拜颂过，大家复共唱一"平安歌"而散，称为"圆香"。"叫口"所唱歌词非常粗俗，每一歌词之首唱神名赞美神之伟大，次叙进香者都是虔诚为善之人，哀求神灵赐福、送子，或免已死亲属在地狱受罪。

烧供香——装饰较为单纯，亦着素服，腰系黄色丝带，头带念珠一串，肩挂黄色香袋。有些女香客且着香黄色鞋。每一队中有十人捧供盘，供十供，即香花、香、灯、水、果、茶食、宝、珠、衣，由僧人或尼姑率领进香。每遇神殿即入烧香跪拜念佛。惟不习赞美词。

烧散香——为无组织之香客，其烧香无一定的仪式，但都需烧香跪拜，默祷。全体香客中，烧拜香的最多，散香次之，烧（供）香的最少。

5. 香客的祈愿、贡献物与携归的神物

到丰都进香的香客，大体可分为两种：一种是有所祈愿而来的；另一种是已有许愿而来还愿的。事实上属于后一种的人数多于前一种的。

香客的祈愿最普通的可以分为两类。一类是关于活人的，其目的多为求病愈、求延寿、求生子三种。一类是关于死人的，即求死者灵魂免去地狱的苦楚，或早得超生人界。这些祈愿都是由于预先由梦幻中或求籖（签）问卜的指示，使他

们不得不向冥界诸神,祈求赦宥或帮助。祈求时并且必向神许愿,即神如灵验时,当替神做神袍一件,或神帐一付,或烧三年拜香等。此等许愿也都是带着现实性的,即相信神是可以通贿的,而且要神先给人以好处,人才来向神还愿。如所求不遂,所许的愿也可不还的,即不还愿。即关于死人的要求,他们也要在梦幻中证明已经做到,才来许愿。许愿时需写一申奏"表文",写明姓名、地址与其所祈求的事,所许的愿心。丰都各神殿中都备有印就的"表文"卖给香客填写。

祈愿者祈求之事与所求之神益(亦)有固定的关系。如阎罗天子要求延寿,要求赦免已死者罪过,早升人世,对地藏王要求救已死者超脱地狱之苦,对血河将军要求赦免血河中的女人魂魄,或生产时产母之安全,对送子观音要求生子,对财神要求生意顺利,对眼光菩萨要求医治眼疾等,依神的职司要求其赦罪或降福。但除此种可以解决的祈愿以外,还有一种错误的附会的祈愿。如对中天星主要求医心病,对岳王求药,对卧佛求保佑病人,对二圆觉求医脚病,对千手观音求医手病,对天子娘娘、无常二娘要求生子等不合理的,同音讹字与通俗观念所发生的祈愿。而这种错误的祈愿习惯,在香客中间反而非常有力。特别天子娘娘与无常二娘可以送子的信仰,反比对送子观音的信仰更为利(厉)害。

至于香客还愿时所携的贡献物,可分为团体与个人二种。团体的还愿,用匾额、万名伞、神帐、神袍、供烛等东西。个人的还愿除了少数富裕的也用神帐、神袍、挂红等供物外,普通有二原则,即以眼还眼、以牙还牙的报复原则。如还星主的愿,用红布做心形的"代心";还眼光菩萨的愿,用布做眼形的"代眼";还千手观音的愿,用木制或布制手形的"代手";还圆觉的愿,用木制或布制足形的"代足"。所以在眼光殿、星主殿、千手观音等殿,都堆着大批的还愿供献物。其次是由通俗观念媚神的原则,如对卧佛的供献物为枕与被,对无常与鸡脚神用鸦片。用力把神俗化到与还愿者同样的生活中。

香客在"圆香"后离丰回家时必带两种东西回去,一种是"路引",是人死时焚用的,死者的鬼魂得此可以免出沿途关隘的盘问安全的走到阎罗王面前。路引有两种是以观音大士的名义印发的,在僧人处买;另一种是用老君的名义印发的,在道士处买,"路引"上打着三个印,一个是阎罗天子的,一个是城隍的,一个是界官的。据说从前不用界官印而用丰都知事的印。另一个礼物是"催生符",

是孕妇生产时用的,临产时将符烧化后服之,可以催身(生)。此符印有"语忘敬遗"四字,亦有上述三印。这两种礼物,象征着丰都宗教的力量,同时为进香者的荣誉证物。

6. 进香群众的心理分析

进香的群众在那一种心理倾向,那一种意识支配之下,参加进香队?在进香队的生活中,香客在精神生活中感受什么影响?进香者回家后能够获得什么心理上的安慰与生活的希望?此为我们注意的三个重要问题。兹分述如下:

a. 香客参加进香会的动机——据我这次调查时询问过的十几位香客的谈话,他们到丰都进香多半是为还许过的香愿,许愿的人好像对神欠下的债。这种债务如果不如期偿还,会受到神的可怕的惩罚。他们时常在梦中受着严厉的督责。如梦见已死的母亲带着悲苦的神情告诉他的儿女说:"你不诚心替我忏悔,许了的香愿未还,致我又被延长了地狱受苦的时间。"或者因生病及其他不幸的遭遇,从女巫或卦师的指示,知道是神对于许愿不还者惩罚,或者由自己的直觉,想着运气不顺一定是由于神的惩罚。于是不得不努力去还香愿。即畏怖受神惩是他们烧香的最大动机。为所有祈愿而来的香客,亦多由梦幻或巫卜的指示,至少由于平常宗教习惯的训练,所养成的心理倾向,使他们自然幻想到所遭逢的不幸,是因为神鬼的不满或作祟,只有求神的帮助,才能获得赦免或施救,总之进香的祈愿,多半不是出自动的要求,而是出于迷信的梦幻所引致的心理上的威胁。

b. 香客进香时的意识表现——香客的进香时为完成他自己对神的义务,同时希望从神的方面获得一些实惠。他们从签名参加香队时,即摒除一切别的念头,专心于求神的帮助一事。要求与神通,即希望能感知他此时对于神的信赖,而允诺其要求,在进香的途中与进香的当时,他们会感觉到与神的接近,即自己已走进了神的世界,可以亲自与神交谈,传达他们心中的秘密,以及忏悔向善之心。在神的照鉴之下,自己的人格好像得到相当的提高,即与神的精神更为接近。另一方面平都山诸殿宇神像的恐怖色彩与恐怖地名如"阴阳界""奈何桥""望乡台""十八地狱"等,把他脑中已经有的神话故事等,活跃在眼前,同时使他们觉得与祖先的鬼魂接近,隐隐中好像可以听到祖先的鬼魂在地狱的叫声,使他们更加忧郁恐怖起来,更虔诚的降伏在神的统治之下。关于此点,丰都比别的宗教灵地,在智识程度较低的群众中间,有更大的力量。

c.香客烧香后获得安慰——香客完了香愿,带了"路引""催生符"回家时,每人面带着若干宽慰的颜色,未进香时的抑郁恐怖情绪,完全消释,好像得神的帮助一样。虽出来烧香一次身体一定会弄得相当的疲劳,经济上也蒙了点损失,但他们不但不觉得疲劳,也不后悔浪费,反而觉得有了生活的勇气。许多老妇人,差不多靠此勇气维持着她的生命,他们欢喜这样说:"如果菩萨保佑我再活二年,我要来烧一年的香的。"但相反的如遇他们烧香回去不久,或者竟在路上遭遇不幸,或得病,他们立即把责任自己负担起来,说烧时没有诚心,受了神的惩罚,他们在病苦以上,更被失望与忏悔的情绪苦痛着。有时至于加重他们的病,乃至速死。这种不幸有时且会在他们的子孙心里种下很深的悔恨,反足加强宗教的信仰。

上述比较低级的宗教意识,普遍的支配丰都香客的心理,在信仰者的思想中已经形成了一种固定的复合意识,为他们生活的指导。而僧、道、巫、卜者流,亦即利赖此种"复合心理"而维持生活,努力用通俗经咒、善书之类,来巩固此种宗教的力量。

六、丰都宗教的世界观

既如前第三节所述,丰都宗教中心有很悠久的历史,为中国人的一种极普遍的信仰。而且此种信仰之形成与佛教之流入中国有深切的关系。现在我们要更进一步,论究丰都宗教之世界性,即丰都宗教与世界各民族的宗教关系。我们知道人类社会意识之发达与文化的进步中,时常表现着类似的特质与机构,同时在各民族文化的发展中,会许多接触、传播的事实,所以世界各民族间的宗教信仰,时常有许多类似乃至一致的事实。

丰都宗教中有三种主要的要素:a.鬼与二重世界之信仰;b.最后审判与地狱的信仰;c.地下主神阎罗天子的信仰。此三种信仰,在世界各民族的宗教中,至少在比较高等的宗教中,几乎普遍的存在着,虽然神的名字与信仰的内容,各有

相当的出入,但其间总可以发现若干类似与变异的关系。

  鬼与二重世界的信仰在中国发达的很早,在最古的典籍,如《尚书》《诗经》中,都已有信鬼的记载。夏禹的"菲饮食而致孝乎鬼神""殷人先鬼而后理"。鬼的崇拜在夏殷时代已经很盛,其时鬼的信仰与祖先的崇拜有不可分的真切关系,同时鬼的信仰更为发达,孔子也赞美着,"鬼神之为德其盛已乎"。《左传》述出许多鬼出现与鬼作祟的。这样鬼的信仰与祖先崇拜至今仍旧是中国宗教中占着极重要的地位。

  其实不只在中国宗教中这样。鬼的崇拜在任何民族的宗教中,都是最基本的要素。在图腾崇拜中,灵魂崇拜与祖先崇拜,已是最重要的构成要素,其"因提齐乌马"(Intirchiuma)仪式中,无论舞蹈与会食,都是希望祖先的灵魂,在进入子孙的身体中,澳洲人也相信各人身体中有一个灵魂,此灵魂比人的身体更自由,更永久。在人死后此灵魂即完全脱离人的躯壳而存在,与活人遇着一样的生活。在澳洲北部,有些部落相信灵魂游荡在树林中间,其他部落相信灵魂有一定的住所在地下。此地下世界与人的世界相邻接。那里有永远照着的太阳,与永远不干的河流。中部部落相信死人的灵魂住在海那边的岛上。有些部落更相信大人物的灵魂有个特殊的、更优越的栖所。非洲的加弗尔(Caffre)与浩丁道特(Hottentot)亦相信人死后有灵魂像烟一样的飘荡在空中,这灵魂在梦幻中能与人相通。阿商提人(Achantis)也相信死后的灵魂与人过着同样的生活。惟酋长贵族死后为神。并且美洲印第安人对于灵魂的信仰也很普遍,他们相信人死后灵魂在另一个世界生活。这灵魂的世界,南美洲土人说是在草原中,哥仑布的印第安人说是在森林中,加尼福亚人说在云中,或在山谷中。红皮印第安人相信死者的灵魂,要去一个指定的地方,好的猎人与武士可以到最好的地方,恶人要被送到北方被冰雪埋没之地,在那里受饥寒之苦。爱斯几摩人(Eskimos)也相信好人死后的灵魂可以到时常有太阳的乐土,恶人的灵魂死后亦到寒冷的地方受饥寒之苦。

  在原始的诸民族中间,鬼与二重世界的信仰已经非常普遍。在文化较高的社会中,鬼的世界不过更为复杂。埃及人相信死后灵魂之存在,且对于死后的世界有详细的解释,他们相信死者的灵魂与活人过着同样的生活,需要食物住居□

乐。他们的"木乃伊"即灵魂的住屋。他们认为人死后需赴暗黑的下界,此下界在尼罗河的西方,由"奥西瑞斯"(Osiris)神管辖,有名的《死人之书》记着许多幽冥故事。埃及人以此书为临死者赴下界的指南书,书中有许多咒语可解脱途中的许多障碍。所以木乃伊中与墓中必需置此书。书中记有一死者之灵魂在四十二判官之前忏悔的说:"我未为盗,我未谋反,我未渎神,我未剥神圣动物之皮,我未行伪善,我未虐待奴隶",此冥界信仰与中国近似之点非常显著。

此种埃及古代的下界信仰,来源很早,或者与古人类学中克罗马奴人(Cromaguan)的死灵崇拜与太阳崇拜有若干关系。先(克)罗马奴人种与北非洲有很重要的类似特色。如其颈为长颈型,鼻陷下,颚骨向前方突出等,即或没有直接关系,至少有间接的传授关系。

古埃及文化之经过巴比伦文化而影响于古希腊文化,无庸我们赘述。在希腊神话中,也可以找到很类似的冥界故事,如荷马的有名史诗《奥德赛》(Odysseus)的第十一章,对于幽冥世界有很清楚的叙述。冥界在大海之彼岸,两河相汇处,高峻的山岩上,那里从未见过太阳,是死一般的永久黑夜,为冥界至神黑地司(Hudes)与其妻白赛风尼(Percephonone)所管辖,死者的幽魂都在那里受苦,以偿生前犯下的罪,此冥间有可怖的黑暗区域名"埃来布斯"(Erebus),是囚禁鬼魂之处,颇似中国与印度神话中的地狱。

印度的冥界信仰,与阎摩(Yena)崇拜之来源,出自其最古的经典《黎瞿吠院》(Rgueda),但此经典之神话安利安人之原始信仰,与其民族同时流入于印度者,与埃及的宗教当然有间接的关系。后来又附加以婆罗门教的因果轮回之说,把地狱弄成灵魂的过度世,死后的灵魂必需经过地下的审判,犯罪重者必需先在地下受十八地狱之苦,然后再入轮回。基督纪元前六世纪,希腊神话亦产生类似的神话。

犹太教以至基督教虽尽力避免冥界的传说,但在犹太人的信仰中,仍旧有称为"虚尔"(Shael)之下界(其意为黑暗之洞窟),为灵魂集聚之所。犹太人古时有从冥界呼出鬼之巫术,后来被严禁。但地狱之说仍旧保持于基督教中,从《圣经》上的记载可以看出基督教徒如何与鬼的迷信相斗争的事实,回教的倾向,在此点与基督教一样。

从以上事实我们可以知道与二重世界及死神地狱之信仰，在原始宗教中几乎普通的存在着。有组织的冥界信仰在埃及宗教中达到很高的完成。一方面经过巴比仑而传播于希腊，一方面经阿利安人而传入印度。中国古代的文化与埃及、巴比仑文化至少有间接的关系。后来独立发展到汉唐，印度宗教输入后，又把原来的组织不很完全的冥界信仰，加以若干修正，即为丰都天子与冥府地狱的信仰。

此种信仰在人类中间会有这样普遍的发展，其实并不足怪，有三种重大的原因。第一，由于原始社会对于死的恐怖心理，与死人给其亲属遗下的不易消失的幻影，在活人的梦幻中的不时出现的结果。第二，由于原始宗教中的相对观念之发展。此种观念在图腾崇拜与自然崇拜中都逐渐的把他们的信仰系统化，即天地、阴阳、昼夜、晦明等观念，发展于神话世界，遂产生了天上的神仙世界与地下的幽冥世界，复加以生与死、人与鬼的相对观念，形成了阳世与阴司。此二种相对的世界相叠合，即完成了天、地、人三才或三界的宇宙观念。中国的道教理论，已经具有此种宇宙观念，埃及、希腊、印度的神话，都不出此范畴。即世人是天神被谪受苦的地方，地狱复为恶人堕落受苦的地方。第三，由于原始的以眼还眼、以手还手的"报复主义"的道德观念之发展，所形成的因果报应、地狱轮回之说。此种观念在各原始宗教中都有显著的萌芽，惟在印度获得最完全的长成。印度文化与中国文化接触后，此说正与中国的阴、阳、晦、明的相对论，鬼神崇拜与三才说相遇，遂完成了丰都宗教。

丰都地方文献
资料选编

第六编 民间文献选录

第一节　民间族谱

一、嘉庆《廖氏族谱》（节录）

谱序

二十三世考讳仁周，号仁虔，妣蒋氏、李氏，生三子仲宽、仲宁、仲实。明朝系洪武二年（1369）诏敕麻城、孝感二县人民填川。受籍必有路票勘兑，势力不容他邑冗塞，故仕（仁）周祖率仲宽、仲实祖，父子三人假麻城民籍，领票入川。仲宁祖仍独居湖广福建矣。

二十四祖考讳仲宁，时未入川，仍居福建，妣吴氏，生四子，长永泰、次永安、三永周、四永忠……

以上自永忠公以下皆仲宁祖子孙乃福建老谱所注。当洪武二年（1369），二十三世祖仁周公字仕虔，率长子仲宽、三子仲实入川，受籍在十七乡落业，明时属市德里。在国朝属安仁里地名石龙坝，其后殉父子同葬，大湾即今大石坝阳宅后是也。自此以后，仕虔公即为四川所属酆邑始也。后谱继续另序，其上载地名石龙坝即今廖家坝是也，成古记不朽焉耳。

翔南公修谱序

余自幸游泮宫后，即矢志修谱，奈传开无多考政未悉，且鏖战无能，棘闱久困，故未暇搜集耳。及岁贡后数年，乃同侄如恒并捡廖鼎、廖应星并师彩南各谱序，又如恒得湖广廖氏老谱，并合参考之，庚日夜探索之，乃确然明其系，会其诬可据者录之、可疑者存之，定成全集，庶不犯假谱冒族之罪。吾愿来许子侄，无论房分远近，兄弟多寡，务要各录一册，子弟岁时披览，一防变故，迁徙遗亡。如甲申兵变，前人因而又失谱之叹，继自今读斯集者，可作燕烛观无为覆瓿用庶几哉，尊祖敬宗之道，明孝悌之心，充满无憾，修齐治平之切，由于此其鲜矣乎。

时维大清嘉庆二十二年（1817）丁丑岁孟夏月上瀚穀旦一十二世孙戊辰岁贡咨部候选训道驰赐修职郎翔南撰。

续补辨考

按欧阳公序谱时,在廖钦之祖从宪,由京之洛阳迁浙江之际,后十五世祖光景公迁江西,十七世朝花公迁福建,朝藩公、朝爵公迁湖广麻城县,以此论之,则入川之世祖仕虔公似藩、爵二祖后,然查朝字辈,后有廷隆宗公启仁凡六辈,乃由仲字派,岂朝花祖之后有仲字派,而藩、爵二祖之后亦恰有三仲,同明同时耶,此必无知事也。愚按谱载仲宽、仲实系洪武二年(1369)入川,而三房仲实之嗣孙廖鼎当明末兵变之后自贵州归来,又云仲宽、仲荣、仲实循父仕虔公入川在十七乡落业后同葬于大湾,十七乡在明时属市德里,在国朝属安仁里,地名石龙坝,大湾即今大石坝阳宅后是也,故阅宽宁实字尽俱系□□,历世久远,况荣、宁同音,又遭兵燹,不无鲁鱼帝虎之误,今读福建谱载仁周祖生三子长仲宽,次仲宁,三仲实,而仲宁之子侄至今凡十世,与宽、实二祖入川之后世数若合符节,则知福建二十三世祖仁周即仕虔公之讳矣,理极明亮,况洪武二年(1369)奉诏敕麻城、孝感二县人民填川受籍必有路票勘兑,不容他邑冗塞而朝花、朝藩、朝宇嫡派一家,故仁周父子三人即假麻城民籍领票入川,而仲宁祖独住福建矣。然则入川只长、三两房,传云有三房,实误。矣,今将各谱序附载于后,读者参辨,自明无庸赘辨查明初自仕虔入川至今十有二世,字派已有不合,而湖广谱注字派在福建祠中,路远难观。今彩南祖曾往十六字派已行三世矣,愚意字派轮流周而复始必自雷同,以后各房或遵字派或另立字派,但须注"南光天才"四字,"清明如德"四字,"观正永应"四字,俱系同辈耳。切利坪、乱石窖,此二支彩南传云,系老长房以字排分支,注此有参。外附祖坟无考,有可类推者如仲宽、仲实祖与入川之始祖仕虔公同葬于大湾廖观祖祖坟生基岭。八世祖妣程氏葬梅子溪从大岭生基数至第八井是也。

又云,廖氏一派由来旧矣,难以悉序,自下焉以来,皆有谱传。不意甲申兵变,老幼沦亡,文献尽没,若不及余之目击耳闻者,而略述之,诚恐百世之后,愈久无考矣。

鼻祖廖讳仕虔公生仲宽、仲宁、仲实,分为三房。……廖观乃应祥父也,又与二房廖常得买龙阴眼田一连,情因兵变失落李乡绅手,至戊午年(1678),人丁渐发,田地愈窄,叔侄公孙共议,廖鼎自贵州归来,实三房之子孙出名与乡绅李氏赎取荒熟田地分作三股,鼎得二股,应呈、应祥共得一股,至沙沟子系二房卖与三房廖友其子月弘有事在身转卖于应元岩下。

丰都《廖氏族谱》,嘉庆二十二年刻本,丰都县档案馆藏。

二、民国《刘氏族谱》

复修《刘氏族谱》序

吾族修谱已经两次,至今年有三十九矣。自前清光绪辛亥①反正,造成民国。近十余年间,祠宇时为兵匪所踞。至于族人或遭兵燹,或受匪患,择地迁居多无定所。又因游学他邦,贸易别省,历久则寄籍于外者,亦时有之。宇璜、宇九二公有见及此,倡议将戊子(1888)重修以后三十九年间,生娶丁口及殁时葬地,祥书复刊,俾合族各存一谱,以传家。间有出外之子孙发祥异地,不唯知某地为吾祖所生长。他日或返故乡,而对于祖墓,按谱可征亲亲之人相间遂识。此复修族谱,刻不容缓之情形也。日后,各家生娶殁葬,俟十年属满再续补而编次之。

民国十八年(1929)己巳岁孟秋月刘氏宗祠嗣孙谨序。

原修刘氏族谱序

谱者,普也、聚也。上序高祖远始之旁支,下纪子孙曾元之嫡派。普而聚之于一书也。夫天下之生久矣,一治一乱,以故庶民之家,或遇兵燹逃窜,或以失业迁移,往往遗忘其远始宗亲,谱之不立,关系岂细故哉。丰邑燕子窝刘氏,族多富庶,户习诗书,文人迭起,有葛藟椒蕃之象焉。予馆其家与怀仁、昆玉、竹林往来最久,而喜其乐善不倦也。所谓善继善述者欤一日生。寿益、寿图以家乘来披而读之,其世系以"祖宗祯子文,月金尚溢成,明绍登先景,福寿宇麒麟"二十字,终始循环为序,俾百世子孙,由此上溯其高曾远始,而血食勿替。旁推其族属连枝,而亲厚弥加。即异日有仕官商寄籍外郡者,按谱而征,必不至视亲亲为途人矣。岂非尊祖敬宗之要道哉。

前清咸丰三年(1853)癸丑岁仲春月清明前六日癸酉科副进士铨选教谕通家侍教生涪陵况标拜撰。

---

① 即1911年,实为宣统三年,原文如是。

重修刘氏族谱序

家之有谱,犹国之有史,郡县之有志也。史以载一朝治忽之迹。以载一方人物志繁。而谱则以载一族宗支亲疏之谊,其致虽殊,其理一也。吾家老谱失于嘉庆三年(1798)兵燹之变。幸咸丰癸丑(1853)福礼、福玺、福恩三公创祠既竣,随即修谱。凡前代断碣残碑、遗言燕笔,靡不穷搜而偏考之。而九代以上之考妣,究无由察核,故皆从阙。惟奉溢源公谓始祖焉,盖求确也。自溢源公而下,若者为嫡派,若者为分支,若者移住何方,若者殁葬何所,莫不条分缕晰,记载详明,俾百世后,按谱溯之犹得。以延血食,识其宗亲。三公之有功于宗族,不诚巨欤。顾前人作之,尤赖后人述之。盖族中生齿日繁,迁徙不一,再迁之数十年,势必仍有亲亲陌路之惧。久议重修,事冗未果,兹合上下两祠,捐资叙刻,将历年存殁生娶、训诫规条,悉遵旧例,逐一续补而编次之。倘继起者或四五年,或七八年,见丁繁事易,亦能随时添刊。如图史之阅世,纂修如郡县志之,因时采辑,俾后世子孙千支万派,咸归一本,庶克绳祖,武不废前勋,祖宗在天之灵,当抑默慰矣。夫旨前清光绪戊子(1888)长夏月云鹤氏嗣孙谨启。

丰都《刘氏宗谱》,中华民国十八年,丰都县档案馆藏。

三、民国《张氏族谱》

张氏族谱序

有谱,尤贵有祠,二者并重,不可偏废。溯始祖绅、纪二公,自明初避红巾韩林儿乱,由楚迁蜀,迄今垂五百余年。征谱无谱,征祠无祠,岂前莫之创造,后莫之继述欤。□□族有祠无谱,□□□□久矣。前清光绪间,廪贡生候选教谕,族曾祖春霆公,常□□□□张家坪之黄葛地坝。高不倍寻,广不盈亩,低狭极矣。然□□□□,馨亦可荐,无如风摇雨漂,历久寖朽,待补孔亟,讵□□□□奇宿驱寒不戒。竟付全祠于一炬。至今过而见之,则瓦砾□□,惟遗址独存,此最初已建而早毁之祠也。先祖玉兴公,族祖□暇之公,兹起而继述之,其始也。以遗址狭隘,议迁广乎。愿捐□□□□,倒向房子,或许□□基,卜居而新建焉,卒□族中贫富□□□□力不充。而□□□中叶欲建而终止之祠也,春霆公□□□□典敬之继述于后。其志同,其事同,特其成否□□□□之后,而能继志述事者谁欤?族祖益顺、业师凤仪二公也。□□其立志坚,进行猛,首提族中尖山子黄葛头各处绝产,苦□□以为预备后日建祠之基金。顾修筑可缓,报本宜急,先以□□□产内原有居室,暂作祠宇,俾族人春秋匪懈。享祀不忒,□□有年,惟居室仅得其半,未得其全。每岁致祭,大有济济,□□人患,此现在可暂而不可久之祠也。族叔厚村、树青、文喜等为大起见,计出昔益顺凤仪提产营储之多金,在玉典敬之所拟倒房子,寻购地盘一幅,指作祠基而廓大之。是亦定继诸公之志,□诸公之事,而有大造于吾族也。惜此地面积,亦有半无全,□□头埒,幸毗界之业,为族兄学连所有,文喜等晓以大义,□□□许玉成,又出营储制钱肆拾缗购之,当经交收明讫,议□□建祠,即何时较业,变方订约,永无翻异,是现有祠宇,□□□□,及祠业等,虽由诸公惨淡经营所致,而厚村颇与有力,然□□族有祠无谱,即此已足见一班,所惜者,百年成之不足,一□□坏之有余,众人成之不足,一人坏之有余耳。辛未秋,族贼某昧大义,徇己私,竟举尖子山黄葛头两处绝产,向马路局密报明□□买后,复于管业证内,私填许家屋基,欲以一手而掩众目,此顾全大义之学连,奚翅宵壤,厚村以诸公历年积劳所得,不忍坐视,其一旦失之,起与明悉心筹划,据理缕呈,中经无数波折,始将黄葛头祠宇,暨许佳屋基祠业,一并争回。有案可查,惟黄葛头垣墙外,与尖子山之业,竟悉为族贼所割据,狐埋狐搰,奸险已□□□而无余,斯匪独为逝世诸公之罪人,抑亦吾族全体之仇敌也,□□□□□往矣。今有能继厥志,述厥事者,其厚村也欤。癸酉秋,□□□□□而谓之曰,吾族自远祖入川以来,传至今日,已十有余□□,其间群居散处,而操士农工商业者,枚不可胜举。族派繁矣,丁口众矣,而谱独缺如。倘再易数世,而又询以始祖为谁,昭穆为谁,则茫然莫对,更有甚于今日也。吾意欲先修谱,后建祠,以补诸公所未逮。然修纂之职,前召集会议,经众推汝,汝其任之,明不敏不文,辞又不获,爰率尔为之,其内容有全录某公、某氏,或未全录者,有全录某支某派,或未全录者,更有全录某公某妣生殁时期,及履历住址葬地等,或一无所有录者,要而言之,已录者无论,未录者待考,谱之大凡如此,此盖据族弟学懋等□芳而填者,以为编纂张本耳。既成,又缀旧濡新染着而为□□,然叙谱而兼叙祠,略谱而独详祠者,欲令后人检而阅之,□□□知某位始祖,某位昭穆,而免数典忘祖之诮,开知前代诸公

□□之艰,经营之苦,而急思合群策群力,以促成吾族之祠,俾□□子孙,永修祀典于靡暨,则于木本水源之义,庶乎不谬,斯□□谓善继善述者矣,明之所注重者在此,而其所厚望于族人者亦在此,若夫修饰润色之功,尚俟来者。

简易师范特科法政生前历任城乡公私各校教员、护商印花各局文牍,现任同宗会文牍建编纂族谱主任西园学明谨识。

吾族于元明间,由楚迁蜀者,非一支矣,其后裔散处,遍布□蜀,半多无纪可稽,唯我组正昂公,卜居酆南新建镇兴隆乡之张家坪,子孙繁衍,传十余世。核其生于斯,居于斯,衣食于斯者,纵横十余里,几无异姓,诗所谓民之初生,绵绵瓜瓞,其殆庶乎,然年远代湮,支分派别,久恐难稽,非从事修谱,详载世系,历序昭穆,则数典忘祖之诮,在所不免。溯吾张氏,肇自黄帝之子挥,后历周秦汉晋隋唐宋元明清代不乏贤,笔难罄述,斯诚根深叶茂,源远流长之道也,孙中山先生谓提倡民族,先自家族始,夫家族之范围小,团结易者,以其由谱与祠耳,吾族有祠无谱,盖尝闻之矣,先是族祖春霆公,创祠于坪上之黄葛地坝。□□□□,而规模已具,惜不久即毁于火,族伯玉兴、敬之两公,□□□□,捐已业,募族人,欲建未果,而先后谢世。为山九仞,功亏一篑,至今惜之,先父益顺公与族兄凤仪又继之,提绝产,权子母,惨淡经营,不遗余力,本有成功之希望,讵料王木未兴,岁月易逝,而皆齐志以殁,亦与玉兴公等略同,胞兄厚村以先父有志未逮,复从而继之,乃召集族人,公同会议,首倡修谱,欲使族人对于宗支统系,了如指掌。而后建祠之事,庶易举而克济耳。本年夏末,鹤船由省垣归,厚村以谱稿出示,并嘱鹤船同心协力,以期其祠之速成,鹤船自维谫陋,旅外频年,对乎吾族义务,未尽责于涓矣,兹闻厚村言,爰略述梗概,借以自励□□族人群起而共励之。

民国二十三年(1934)甲戌岁季夏月下浣鹤船文淦谨撰。

杂记类

祥俊公、妣氏殷、冉安人。公系张家坪生长人氏,冉安人系邑城黄豆市生长人氏。其生殁及事业有墓志铭可资考证。

公讳祥俊,柱臣其字也,张氏肇于黄帝之子挥,春秋时,晋有解张,子孙以张姓者益多。汉唐而后繁衍殆遍全国。公先人由楚迁蜀,卜居丰都之新建镇,以耕读世其家。至公而孤贫,不能自给,乃佣于人,血汗所入,辄以储诸匦无何匦盈矣,发之得数十缗,丰都城滨大江,繁肆也,改业商于其中获利倍蓰,慨然曰:"与市侩伍,非自处之道,天下大□归于农,吾其为农乎,返里课稼穑甚勤。不数年,称小康焉。公少失学,而持躬俭,待人恕有长者风。年七十三卒,初娶殷氏,生子健侯业□,继娶冉氏,生女一,适田氏,子三,厚村、策安、鹤船、大学或师校毕业□,任实业团务教育皆有声,予宰丰得交鹤船,知公梗概,以民国十六年六月十二时葬于沙田湾祖茔。鹤船请铭其墓,弗敢辞。铭曰:"□建势炽,气焰熊熊。孰知大业,乃在农工。是隐君子,岂田舍翁。宜乎,仁其衷而义其躬,裕其后而光其宗。郁郁葱葱兮公之宫。"

署理丰都知事荣县吴伯让谨撰。

丰都《张氏族谱》,民国二十三年,丰都县档案馆藏。

四、民国《周氏族谱》

族谱序言

我族自攀渠公由楚来蜀于今几三百年矣,其生齿之繁不下数百家。其分居散处不一地,甚至彼此隔绝一切庆问,不相来往几如秦越人之视肥瘠。再数传而后,将有不知为谁氏之子孙者,其若之何此,无他,盖由谱系之不修,则本支无从溯考耳,族兄式程与余,少学里居,相距亦不甚隔绝。岁时伏腊欢言把酒,尝慨宗支之蕃昌,漫无统纪,屡叹修谱以笃宗亲昭雍睦未果。民国戊午年(1918)春,族兄自石邑学署告归,与余谋竣其事,历夏及秋,方就绪,凡纂辑诸举,惟族兄之力居多。今付□梨,永传不朽。祖若宗当含笑于九泉也。余幸前之力不及者,兹得如愿而偿,爰乐而为之序

民国七年(1918)孟秋十世裔孙正纲谨序并书

丰都《周氏族谱》,民国七年刊印,丰都县档案馆藏。

第二节 民间经簿

一、乾隆《罗氏经簿》

报远深恩

觉皇宝坛,为归恩悔咎荐妣除龛施戒利孤事,斯时也,

梅破亨寒,柳舒待腊,年催景焕,地转天旋。

一年之岁签将周,八腊之月冀现瑞。

火气正烘茅屋暖,雪声不放纸窗低。

仙宫吐时宫自热,玄多天机暖香焚。

处室如春玄忝造化。

天开黄道,地痛金莲。

孝子处诚,听我宣扬。

钦禀。

释迦如来遗教弟子,临坛奉行,请敕颁布恩代宣科事,几昧臣锡元臣上言臣闻:

佛住西乾转苦缘而成乐境,法流东土遍大地以作黄金,有求皆应,无愿不从。

右臣伏念忝处善流宣行,佛化职当秉教普利存亡,几有荐诚敢不上达。臣领冒罪奏为。

大清国四川等处承宣布政使司分巡上川东道直隶忠州丰都县南岸拾甲安仁里属地名帽盒山居住。奉佛设供秉烛焚檀皈酬高厚,诵经礼忏处贝箱伞追母除襌庶荐宗祖瑜伽焰口施戒济孤悔罪雪怨迎祥植福。

孝长男罗臻,男妇谭氏,教二男妇冉氏,三男罗昌,妇张氏,四男罗伦,妇蒲氏,孝婿张文玉,培女雷氏,孝婿张文星,孝培女陈氏,李天诰,孝女罗氏,廖洪,罗氏,二房孝孙妇罗门何氏,罗朝用,李氏,罗朝学,罗朝毓,刘氏,罗朝明,三房孝孙罗朝聘,秦氏,罗朝鼎,廖氏,长房孝孙婿熊渭杞,孝孙女罗氏,董仲义,罗氏,蒲世祥,罗氏,张仲,罗氏,雷登鳌,罗氏,二房孝孙婿,李仲元,妻孙女罗氏,江本俊,罗氏……

丰都《罗氏经簿》,乾隆二十八年,丰都县档案馆藏。

二、民国《敖氏经簿》

臣冒罪奏为：中华民国四川省治下丰都县南岸十甲老屋咀居住。奉佛设供炳炬焚香，讽经宣忏，悔罪削愆，上表呈词，颁诏放赦，虔具篸伞，资荐亡魂，开辟方隅，决狱召亡，另陈功勋，请祀宗姻，利幽施戒，普济孤囚，益福迎恩迪吉资冥报本。孝男敖承龙、王氏；主荐敖万氏；女三姑、幺故；孙敖华清；婿廖世举，大故；胞妹廖门幺姑；外侄廖世相、彭氏；外侄孙女廖六妹，廖大姑、廖二姑；右暨合家孝哀眷等，维曰：香焚东方千年柏，荐插南山万载春。果供西湖百味景，烛燃北斗一天星。三皈依而请命，九顿首以投诚。臣领斋士诚惶诚恐，稽首顿首，俯拜皈依，释迦摩尼佛莲座下上言，伏以月令重阳叩佛天垂洞鉴。寒露司辰乞宝筏以度生竭诚哀悯冒投佛慈，以侄承龙治齐上悼，故伯考敖公讳文碧老大人阳命生自同治十一年壬申岁二月十四吉子时，系四川管下丰都县南岸十甲地名老屋嘴生长人氏，想念六十八岁，一旦亡于民国三十年辛巳腊月十三吉子时仍在本邑十甲生长之处，因病身故。以承龙悼念故显考敖公讳文瑞老大人，阳命诞自同治十三年甲戌岁腊月初八吉亥时，系四川省治下丰都县南岸十甲。地名老屋咀生长人氏，享寿春光六十一岁，大限一旦殁于民国二十四年乙亥岁五月初二吉申时仍在本邑十甲生长之地。因恙身故，以承龙言念吾父逝世人子何依，回想父亲之德，深若沧海，还念伯考之恩，重如嵩山，承欢罔尽，徒感云山而怅望，劬劳未报，实对昊天以悲伤，咏蓼莪而致叹，读屺岵以兴嗟，不有追荐何遂超升之路兹善功须仗妙法而上达由是谨卜良辰仗善于家修建无上西域拔苦词表经忏道场一供，鸣渔讽诵妙法莲华经二部、便佛报恩经二部、高上玉律皇经二部、玉祖明圣皇经四遍、文昌济世经四遍、武圣普济经四遍，观音普门经四遍，地藏本愿经二部，弥陀接引经四遍，三元三品经四遍，西祖解释经四部，城隍显佑经十六卷、十王宥罪经十六卷、森罗天子经十六卷、太上度亡经十六卷……七佛法忏二单，嬷姆法忏二单，九岳法忏二单、接引法忏二单、城隍法忏二单……仰仗夫丁力士投入冥府资亡院交给伯考敖公讳文碧大人、显考敖公讳文瑞老大人二魂亲领，佛法僧宝，功勋永步，莲台脱化，一具亡人在阳所属内亲外戚寄具经纸录列于后：婿廖世举；外侄子廖世相共投……

丰都《敖氏经簿》，民国三十五年，丰都县档案馆藏。

第三节 民间抄本

《丰都仙都传异暨胜迹风景写真》

序

《寰宇记》云："天下福地,七十有二,平都居其一焉。"故其山水葱郁幽邃,波澜壮阔。汉唐以来,显宦后戚,词客文人,或栖隐修真,或搜奇探胜,仙迹洞府,流传宇内,四方来观者,无不津津乐道之。然远道名流逸士,因路途修阻,咸以未识庐山真面为憾,本馆为饷游客起见,择其可以游目饮心者,撮成小幅,并识原委,庶抱向平之癖者,手置一编,不必筇杖梭鞋,恍如身临其境已。

可一照相馆谨识
民国三十五年(1946)六月

目录

仙佛传异——仙:王方平、阴长生、麻姑、吕纯阳、尔朱仙;佛:竺峰、天宁、破山老人、别中

胜迹风景写真——丰都城区全景、天下名山、天子殿大门、神目如电、二仙楼、阴阳界、阴阳界内、鬼门关、奈何桥、回想台、打儿树、玉皇古炉、星辰蹬、神钟、天子娘娘、孽镜台、考罪石、总真福地、九蟒殿、深闺正气坊、上关殿偃月刀

八大名胜——平都山晓、流杯池泛、白鹿夜鸣、龙床夜雨、送客晴岚、月镜凝山、青牛野啖、珠帘映日

附遗——观音滩、寿亭桥、公园路、麻姑洞、五云洞、包鸾老鹰山、老龙洞全景、大佛面石、丰稔坝。巉碑梁滩、鳞木化石、南海瀑布、适存礼堂金鼎

仙佛传异

仙

王方平。名远,前汉中散大夫,弃官学仙,隐于太尉陈耽家,尸解后,避地平都山。魏青龙初,道成,蒸黄土数十甑,以丹药洒之,化成黄金,有五色云裂地而

出,捧足仙去,杜成为作神仙传,称总真真人。

阴长生。新野人,汉和帝后之曾祖,不好荣仕,从马明生得度世法,相携入青城山,丹成,著书九篇,以延光元年(122),于平都山白日飞升矣。

麻姑。魏青龙某年,七夕,访王方平过此,留有诗曰:"王子求仙月满台,玉箫清转何徘徊。一声飞过不知处,山上碧桃花自开。"后有仙姑岩云。

吕纯阳。名岩,唐宗室尝登进士第,从钟离权得道,访王阴二仙踪过此,留有诗曰:"孟兰清晚过平都,天下名山所不如。两口单行人不识,王阴空使马蹄虚。"又曰:"一名白鹤出青城,再谒王阴二友人,口口惟思三岛药,抬眸已过洞庭春。"

尔朱仙。唐僖懿间,落魄成都市,时取白石投于江中,众莫识,复自果至合,卖丹于市,价十二万,刺史召问其值之,更增十倍,怒其反复,醉以酒,沉之江。流至涪州,渔人举网得之,击磬方醒,相携至平都山,修炼后,乘白鹤仙去,涪州有白鹤观,丰都有仙都观,又称白鹤观,记今天子殿是也。

佛

竺峰。丰陵徐氏子,铁笔高第,为人聪慧,倜傥飘飘欲仙,继席治平寺,屡迁名刹,清康熙壬午年(1702),主嘉禾之楞岩,春,圣祖仁皇帝,改治平,赐额为振宗,遂赍敕黄还蜀终焉。

天宁。亦丰人,嗣铁笔,赞达摩像曰:"对御谈元一字无,九年冷坐石沫枯;亲将皮髓分平半,哪个男儿不丈夫。"

破山老人。清康熙间,来邑之三教寺,耀皇宫,复往平山崇报寺最久,题楹聊云:"懒去何心翻贝业;闻来无事理蒲团。"此聊文各庙翻刊,悬挂者多,书法迅速矫变,直追怀祖。洵乎禅林墨贤也。

别中。前邑令张绍龄记云轮回之说,起自佛家,谓有其事乎?余不敢信,邑北金盘寺,古刹也。乾隆有湖北贡生某,披剃于此,号别中,苦修行,创寺院极多,于某年月日示寂。而陕西汉中属洋县李公盘,即于是日生,公生之夕,其母梦一僧入门,授以金盘,故名曰盘。筮仕四川权丰篆。因公至寺,恍然旧迹重游,然则公其别中之后身欤?轮回之说,信有之欤?

以上略举数则,以为全丰名胜风景弁首,姐博赏鉴诸君子,一谭噱耳。

胜迹风景写真

丰都城区全景。丰都城区,以平面视查,左傍山麓,右临大江,阁间扑地,俨成一字长蛇,但稍加弯曲,有云苔蕉叶状者,有云如七弦琴者,惟云似青龙偃月刀形,酷肖之,万余烟火,比栉而居,街道平涧,树木齐整。前街虽属商林,繁中多寂,后街有半郭半乡之风,空气疏通。万绿丛中,衬出飘红酒帘,纪念碑江千直立,培元、培文两塔,南北冲天对峙,俗云鬼国,雅称仙都。然于然乎。

天下名山。治北里余,由双桂山出脉,阁帐穿田过峡,突特而起,雄栋层云,堕入江心,长江为帝,青牛山为其屏障。诸峰三面环绕,风水家认为九龙捧圣,宜乎佛仙所居,钟灵毓秀,有以致之耳。上可俯瞰城区,兼以古刹巍然,古木参天。俗所谓百零八庙,百代香烟是也。前人李木有诗云:"叠岳层峦远近宗,仙都天表削芙蓉。西连岷岭三千界,东接巫山十二峰。瑶草琪花间野鹿,琳宫贝阙拥苍龙。十年五度经游此,聊赋新诗寄旧踪。"

天子殿大门。古称仙都观。绝壁数十级,古木参天,门临大江。额上书"天子殿"三字,遒劲可爱。其规模宏敞,气象巍峨,似为川东之最林冠。破山老人书有聊云:"不涉阶级,须从这里过,行一步,是一步;无分贵贱,都向个中求,悟此生,非此生。"观前有坊,上书"天下名山"四大字,系前明万历九年(1581),典史彭镒建,今已磨灭矣。

神目如电。额内"幽都"二字下,横悬一匾,上书"神目如电"四字。腕力矫健,书势沉雄,未书款式,惜其无故书字人之姓名。但此四字取义,在十目十手之上,闲以惕,为恶者不能掩然,徒劳粉饰耳。

二仙楼。楼在天子殿后,高入云衢,飞阁流丹,上层有王阴二仙对弈塑像,据邑乘云。临虚阁在殿后,有王阴对弈像,想俗呼讹为二仙楼是也。前人张福标有诗云:"仙翁何处去,仙阁自荣峦。只有开云往,无心自往还。"又:"花落石盘上,岩飞洞口云。知他棋半局,胜负几时分。"

阴阳界。位于泥塑幽冥十殿相接间,俗所谓人死由阳世入幽都必经之点,为阴阳一线之隔也,塑有神像,阴阳颜色其面,以司其职。此亦想像之敷设,为世道人心之一儆耳。

阴阳界内。两楹装塑十殿,神鬼狰狞,阅者毛发倒竖。所谓油锅炸,磨子推,石碓舂,锯子解。种种炮烙,件件严刑,应有尽有。善恶报应,罪福因缘,牛鬼蛇神,光怪陆离,极尽幽冥赏罚之现象。亦封建时代,神道设教,维持一般社会人心,借以补助法律之不逮也。其对文云:"善恶到头终有报;只分来早与来迟。"又云:"为善不昌,祖有余殃,殃尽必昌;为善不灭,祖有余德,德尽必灭。"现已隳颓矣。

鬼门关。位于半山坡,地势幽僻,树木阴深。虽盛夏入之,亦觉冷气袭人。到此者,无不心胆俱裂。心脏衰弱者,更不能窥探此地。据云,每于月黑天乌之候,风潇雨晦之中,时有鬼物憧憧往来。语近虚谈,但该地阴湿郁闭,空气不佳,似有人鬼各境之分也。大约山僧野道,俱因此况,故神其说耳。

奈何桥。位于大雄殿前,连衔三座,高拱如鳌,背驼如峰。青石莹明,光如油滑。桥下大池,俗所谓血河也。每年春社及赛神期间,远近男女,红白装束,结队而来。鼓乐旗幡,佛句杂以俚歌,加以爆竹,盘旋周绕于桥上,随其叫口指使一切,经数时久。所谓阁桥,又有妇孺时凭桥栏,向池中搥胸痛哭,流涕不止者,相及母今育我,致有血河之苦,有以感触之耳。事虽未经,亦见人心返本,天良立现。亦佛云:"即心即佛是也。"查此石桥,系明蜀献王建所修,以作佛事功德云耳。

回想台。台在天子殿大门右侧,古树阴合,苍苔缘壁。旧有圆墙作范,以便香客缴香焚楮回想之处。台上可容数十辈,但一般烧香男女,无不上台盼望,以为人死上望乡台,不能得转家也,莫不嚎啕痛哭。旁观者,有不明其妙,亦有知而酸鼻垂泪。亦佛云:"万法唯心是也。"

打儿树。树在送子殿侧,高约一丈余,下面平坦。每于香会期间,红男绿女,求子心切者,莫不诚心焚香后前往该树也。周币围绕,拾以零碎石子,以中间天生之凹窝为的,环而击之,以打中者为育麟之兆。虽属迷信,若发而皆中,未尝不有弄璋之喜也。此亦心理作用,投其所好,聊以自慰耳。

玉皇古炉。玉皇殿檐下,铁炉一双,高丈余,四段接合而成。下段如鼎足,腹大能容。中段八方空明,嵌以八仙模样。上段六方,亦嵌有人形。顶如宝盖,五岳朝天之势。上下周圆,字迹颇多,多系作佛事功德人姓名。唯年久就埋,经风雨剥蚀,字迹模糊,不易辨别。大约是元明时所铸耳。

星辰蹬。置于星主殿侧露天中,完全铁熔铸成,圆形两扇,可开可合。下扇仰承,中有凸轴。上扇凹眼,如人家石磨形像。重约百余斤,力能兼人者,始可运

合开放。相传系唐朝尉迟敬德奉敕建寺所制,以之练兵力也。

神钟。位于报恩殿露天中,径约盈丈,重则不知凡几,扑于地间。查此钟并无来源,又非山僧募集檀越所铸。其上字迹,年多堙灭,虽有稍可识别者,亦出功德人姓名而已。据山僧云,相传由空飞来。在元明时,夜夜发光,钟下时有蠕动之声,亦无人敢启视。年久就堙,竟成为废铁一团耳。如上山僧所云,殊不足信。

天子娘娘。在天子殿正殿后龛台中,像貌庄严,袍服履舃,与生时无异。每值春中香会传说其家人有由重庆来朝者,蜡火如臂临,香粗如拳擎。鼓乐宣天,歌声雷动,靡费不赀。俗所谓娘子会也。加以沿江香船,在此期中,有衔接不断之势。溯自元明清以来,无或替焉。

孽镜台。讹传,名照妖镜。铜质木胎,大如车轮,周围饰以火焰,悬于天子殿大殿前面。相传曾照见某某,前世为畜生形,后经秽物所污,以致明光泯灭,不能对面见形。此乃荒诞之谈,为王廷献《秋山拾遗记》载,有谓日久蒙昧,而奸邪过此,犹凛凛然不敢正视焉。

考罪石。天子殿大门外露天中,嵌有一青石,圆而椭,凸大如米升,光滑如油,与常石异,俗云鬼石,又云考罪石。每逢香会期间,凡烧香之男妇老幼,到此石止,跪数分钟,作忏罪状。此亦良心之所使然,因为人不认过,是常情也。倏然自认,认而忏之,亦难能可贵耳。

总真福地。此四字大如斗,字亦笔书健捷。题于千手殿侧,贴以佛金,是使人望而生感。知此仙佛所居,诸神聚处,人生不易到此,此乃真福地之总也。惜无书字姓氏,亦无考证。

九蟒殿。在平都山山腹,集屋数幢,内盖殿宇数楹,曲折盘桓,树古台荒,垣颓屋破,肖像狰狞,高大如出羲皇以上,旧志谓御史杨姓。明弘治二年(1489),巡按至酆,登平都山。忽九蟒绕车而化,遂葬焉。邑人建庙墓前,肖像记之。殿前有尔朱洞,旧志谓尔朱仙炼形处,邑县令朱有章于殿后书"岷岳"二字,甚雄厚。

深闺正气坊。此坊位于平都山山腹九蟒殿大道上,横书"深闺正气"四字,字迹苍老有神,闻系县前清翰林徐昌绪书,诚墨宝也,下写"贞烈节孝总坊"。查多系嘉庆时,遇教匪之乱,守节被害死者四十八名。此种幽光潜德,值得表扬。尚有许多未经旌表,以致埋殁不彰者,真可惜也。

上关殿偃月刀。临立于殿下右边,石狮之侧露天中,长约丈余,重约数百斤,似铜和铁铸镕而成。上镌有盖天古佛,仁勇大帝座前。同治六年(1867)五月制。此刀临于光天化日中,虽经风雨剥蚀,露霜锈削,但色质不变,光华夺目,俨有新发于硎,磨砺以须之概。

八大名胜

平都山晓。治东北一里,石径萦纡,林木芳秀,梵宇层出。旧所谓平都福地,紫府真仙之居,汉仙人王方平、阴长生炼形于此,前人曾继先平都仙迹诗云:"江峰拥翠逼诸天,隐隐云中石蹬穿。不定烟岚浮涧壑,多情花鸟共林泉。丹铅化气从何日,金碧开山不计年。早晚每来登绝顶,王阴亦似有前缘。"

流杯池泛。志名流杯溪,治北一里鹿鸣山,阴涧水缘石而下,迤逦出通仙桥入江。旧志谓昔人凿池九曲,引水流觞,故名。前人郎承诜有诗云:"而今不是永和年,觞咏依然上巳天。水面桃花杯底月,湾环一溜送君前。"

白鹿夜鸣。治西北一里,由双桂山横落开阳,五七里之平面,建有东坡祠,及其他古刹。上有石泉,清幽凉爽,凌冬不涸。旧志苏诗序,谓此山有鹿,客将至即鸣,故以名。前人郎承诜有白鹿诗云:"苹野秋高任客行,坡仙去后寂无声。何时再报嘉宾至,月夜空山试一鸣。"

龙床夜雨。志名龙床石,滩在治南江水中,磐石纵出,流极涌。冬尽水落,下水船险。石面镌有大字曰"石槎"。旁有题刻,水落辄见。前人黄洵题有诗云:"此地当年起卧龙,洞门深锁石床空。不知子夜千山雨,飞向云天第几重。漏转江流催急溜,梦回渔父湿孤篷。至今鲸吼清滩下,瞑答仙都观里钟。"

送客晴岚。志谓送客堆,治西五里,突起南岸江中,横分江面,上连土地盘。江水半涨时,下水船险。前人黄洵有诗云:"锦波如织漾新晴,送客滩头去往分。夹岸树移青雀舫,中流歌起白鸥群。满江行色浓春酒,千里怀人隔暮云。却忆河梁携手处,遗风苏李至今闻。"

月镜凝山。志名葫芦溪,在治南二里。溪口圆似镜形,每当秋水澄清,江天一色,织毫毕露,又所谓月镜潭是也。旧志谓阴长生、马明生炼形于此,得葫芦丹药仙去。前人黄垲有诗云:"葫芦溪上白茫茫,双镜空明分外光。好看嫦娥相对

影,四山围往水中央。"

青牛野唉。名青牛山,在治东五里。山势由名山后左方缠绕层层而来,抄落江心,竟为名山照面。山峰周拱,状似蹲牛,如朝拜状。大江下萦,关锁紧聚集,故蒋夔记。左跨青牛,前人郎承诜有诗云:"呼龙和雨自耕烟,饱历沧桑郭外田。不向关门迎紫气,满山春草碧年年。"

珠帘映日。名珠帘山,在治南二十里。每值旭日初上,山翠倒影入江,状若珠帘,更以轻烟飘渺,微风荡漾,俨同卷帘活画,故名。前人郎承诜有诗云:"日轮碾出满江红,倒影珠帘入镜中。世界大千多黑暗,光明独让水晶宫。"

附遗

观音滩。在治西十五里。江水满时,船上下俱险。旧志谓险冠全蜀。万历间,复凿以利行舟。就今水满时,上下各轮船,必须停航,待水下落,始敢航行。前人黄耀为平险记,并题有诗云:"锦水东来拥急湍,操舟绝险胆皆寒。怒涛澎湃蛟龙泣,怪石嵯岈舴艋残。却忆平成思圣绩,故先开凿驻狂澜。丰陵从此风波息,稳棹长年任往还。"

寿亭桥。治西北岸二里余。正值马路上,由南海溪瀑布下流成溪。溪水萦然曲流,时出金石声音,夜阑人静,如闻丝竹,湾环落入扬子江中。上建石桥一座,名曰寿亭者,取义在永久也。

公园路。该路垂杨夹道,平坦宽直。两傍砌石为座,可作憩息之所。由中城路直达公园园内,俨如天桥一座。每逢春夏之季,绿树阴浓,好鸟如鸣,游人有流连忘返之概。下东公园,除万崇西山外,以丰都为盛也。

麻姑洞。即仙姑洞,在平都山上关殿后山麓。旧志谓麻姑过此得名。洞内石盘,道路皆蔽。不经本地人士指引,确难寻觅。因洞门无标识,遥望与山岩同也。前人王士祯题有诗云:"神仙官府事纷然,懒慢谁能更学仙。但祈麻姑爬背痒,余杭兑酒此中眠。"又:"洞口无人藓自青,蓬莱清浅几曾停。他时小别三千载,又似当年过蔡经。"

五云洞。俗呼天心眼,位于上关殿殿上武圣座前。大如古井,深不可测。相传昔日王方平飞升时,由此地裂□出五色云霞,拥足飞升。并云,晨时有人以家凫数只,杀此洞中,即日竟从山脚大江浮出。此乃人云亦云,总之此山崆峒,下通长江,亦常有之。现上面铸铁如宝盖,盖上花纹空露,顶上圆眼如目,礼圣者,多从此化帛入内。

包鸾老鹰山。治西南六十里。山势高耸,横亘云表,青葱突兀,石立嵯峨。绝壁上一石独立,酷肖半神鹰,逞势搏拿之状,倒影于下潭水面上,愈增活泼雄伟,大有鸡雀辟易之概,亦鬼斧神工,钟毓有自。名传蜀中,宜其然耳。

老龙洞全景。治南五十余里,曰包鸾乡。旧有观音古刹,刹后有老龙古洞。潭宽旬丈,潭水澄清,经冬不涸,夏时凉爽已极。若值天久不雨,亢旱为灾,宰绅同往该地,焚香祈祷。例以模形虎骨,着人持向潭中拂扬,以潭水激渍为验。有时水激涌至数十丈,声震岩壑。观者神飞,有毛发倒竖、不寒而栗之概。俗所谓龙虎门,每每大雨如注,亦一求雨之场合也。

大佛面石。治西七里,上连观音滩。叠石壁立,一石竖立,大有丈旬,椭圆而光。舟子邃金,刊佛面于上,俨成天然,故名。但水满时,船上下均险,而大佛面石,竟其分水之标。值危险时,上下船客及舟子,无不以佛为念,冀顺一帆也。

丰稔坝。治南河心,聚沙成州。高越丰城几一倍,长约五七里,位于名山对峙。其上平旷,可容百余烟火。桑土肥沃,竹木荣茂,居是坝者,大有隔岸红尘飞不到之雅。清乾同间,丰城为洪水淹没,唯是坝巍然,旧志名锁石柱,邑人以兆丰年。

巉碑梁滩。治西上送客滩境内,第一险滩。石梁如臂,突垂江心,水满则没。若水涨时,下水船险,舟人或避险而南,则又驶入百丈滩矣。此滩旧设救生船二只,水手十二名,以备临危救济之用。按滩东西斜长三百四十三丈,如不熟谙此处之水性者,无不入险矣。

鳞木化石。此石产于治西北二十余里之大桥侧,层岩断壁中。突然直立,俨如冲天石笋,大可合围,高有丈七八尺。四无枝干惟外面树皮,胸若鳞鱼,坚如铁石,中心及沿边处,水纹兼以水纹,敲之作金石声。据地质学家云,此木化石,多生于水成岩山谷中。又据物理学家考验,此木化石,非经五万年以上,始终长成石质。现移断截数尺,位于公园内,以供考古学家之研究。但县志无考,因从前未经识者寻觅耳。

南海瀑布。治西三里余,叠嶂曾岩,有飞泉凭空而下。春秋如常,若于长江舟中骤观,确有银河落九天之状况。加以岩上阑若,时有钟击声,点缀其间,真一幅天然画图也。

适存礼堂金鼎。适存女子中学校大礼堂,镌塑金鼎一只,倒悬于堂中,画面玲珑,嵌以玻璃灯管。衔接阴阳交流,电机一开,皎皎光明,重重互耀,十方透明。俨如一室千灯,人在广寒月宫之概,诚杰作也。闻造者为丹墨人。

丰都可一照相馆编印:《丰都仙佛传异暨胜迹风景写真》,民国三十五年抄本,丰都县档案馆收藏。

第四节　民间歌词

一、"叫口"歌词

编者按:旧时香客抵达丰都之第二天早晨,即由"叫口"率领出发,开始烧香。从通仙桥起,每遇一神庙、神殿都需烧香参拜。"叫口"备有赞美神灵的歌词,是专为丰都各庙请神做的,每一神庙、每一神殿均有特殊的歌词。参拜时"叫口"在祭坛前中间跪下,香客跪于左右两侧。"叫口"即高唱赞神歌,香客亦随声歌唱。每遇神灵必俯伏一拜。唱颂毕,"叫口"复率领前行,每一神庙、神殿,必拜诵一次。到各殿都进香拜颂过,大家便共唱一"平安歌"而散,称为"圆香"。

"叫口"所唱歌词非常通俗,浅显易懂,便于香客跟着吟诵。每一首歌词于开始都赞美神灵的伟大;其次唱进香者都是虔诚为善之人,哀求神灵赐福、送子或免已死亲属在地狱受罪。"叫口"先生一般为两人,一人打铰铰,一人敲钗子在前面带路,后面两人一伍,走成一长串,香客多的六七十人,一般三四十人。他们边走边唱,有时作揖打拱,行香的速度是"标准慢"。从城里、山下至山顶烧香处需三至四天。主要神庙如起香的川主庙、城隍庙、报恩殿、十王殿、地藏殿、血河池、玉皇殿与天子殿等。

以下选录几段"叫口"唱词:

起香

樵楼鼓打四更天,起床沐浴整衣裙。
佛帕香筒身上带,香凳纸烛随身行。
金鸡叫后喜鹊鸣,急急忙忙灵山行。
许愿还愿烧拜香,虔诚跪拜在神前。
每日焚香来拜请,拜请三光天地神。
千千诸佛请鸾驾,万万菩萨请降临。
信仕虔诚礼恭敬,三炷清香神前焚。
祈求众神显灵验,永保信仕得安宁。

序

鬼城文化是奇艳,古今中外都闻名。
借鬼讽今善为本,奉劝世人除恶行。
贪心野心要除尽,彻莫生非去害人。
为国为民多奉献,不为利来不为名。
至善至诚呈善念,保你一生都安宁。
每年三月三日正,各处香客聚丰城。
拜香要烧七天正,许愿还愿绪心田。
大足进香最诚敬,天子娘娘妈屋人。
民间传说有借鉴,古今流传几千年。

半山亭

半山亭上观山景,古木参天耸入云。
青山绿水相对映,万里川江汽笛鸣。
铁桥横跨长江水,高峡平湖任船行。
名山处处是宫殿,殿殿供奉两教神。
鬼城文化善为本,维善呈和劝世人。

哼哈池

哼哈陈奇与郑伦,子牙斩将封了神。
手持三尺降魔忤,丰都名山守山门。
二人原是周将军,奉命下山保龙庭。
各领三千乌鸦兵,兴周灭纣显奇能。
香客虔诚把香敬,哼白哈黄气最灵。
惩恶扬善把民保,天下岁岁享太平。

报恩殿

鬼城名山报恩殿,报恩菩萨是目莲。
目莲救母把孝敬,古今中外传美名。
母亲不把佛道敬,打入地府铁围城。
佛祖慈悲生怜念,九锡禅杖送目莲。
目莲持杖闯地府,三次打破铁围城。
目莲背母脱围困,一路辛劳回凡尘。
好言好语把母劝,尊佛爱道莫害人。
母亲届时立誓愿,再要为恶不是人。
后来又把僧道打,变成凡犬脱人形。
人生在世孝为先,天天要念报恩经。
一报天恩和地恩,二报日月来照临,
三报皇王水土恩,四报父母养育情,
五报诸佛降法乳,六报师尊训诲严,
七报佛坛增福寿,八报十方众神灵,
九报祖宗生净土,十报孤魂尽超生,
父母育儿苦受尽,忘记母恩忘了源,
孝顺能生孝顺子,不孝必生不孝人。
奉告世人听我劝,勤心拜佛存善心。
以善为本除恶念,太太平平过一生。

财神殿

财神菩萨赵公明，享受香火来凡尘。
香客岁岁无穷尽，虔诚跪拜望显灵。
财神贴在大门上，富贵荣华福临门。
发财不能违良心，公平买卖不欺人。
如若为奸害百姓，报应立信灾祸临。
一拜财神财广进，二拜珠宝进家门，
三拜家业最繁盛，四拜子孙点状元，
五拜后代爵位臻，六拜代代享太平，
求神家出文曲星，子孙辈辈栋梁臣，
立家保你长富贵，光宗耀祖显门庭，
有钱莫把酸劲显，多多救济穷苦人。
多结阴德善为本，百世流芳传美名。

药王殿

孙思邈是药王神，保民体健得安宁。
从小心中存善念，立志解救穷苦人。
天降瘟疫害众生，挖药寻草受苦情。
终年奔波荒原上，日不休息夜少眠。
采集根叶花与果，悬崖峭壁细找寻。
埋锅生火把药煎，救活多少病危人。
神龙本草用得精，世人崇敬远传承。

奈河桥

奈河桥下阴森森，桥面之上善恶分。
左走君子右走臣，有福之人走中间。
行善积德桥上走，恶人打入水中间。
血河池中太凶险，铜尸铁狗把人吞。
奉劝世人结善德，切莫害人起野心。

贪得钱财千千万,死后代走有几分。
痴心妄想谋长生,皂白不分起私心。
人生到头终是死,何须贪求当神仙。

游血河怀念母亲

血河阴森浪滔滔,母亲阴河坐血牢。
皆因生儿污神佛,害娘阴曹受煎熬。
虔诚焚香来祈祷,超度我娘出血牢。
焚香点烛把经诵,天神接娘离阴朝。
十月怀胎娘受累,朝夕不安受煎熬。
三餐不想吃茶饭,只想酸果把味调。
衣服尽小不能穿,平路易走难过桥。
想回娘家看一看,又怕山高路途遥。
朝夕盼到十月满,临产阵痛实难熬。
儿奔生来娘奔死,一纸阴阳路一条。
小儿平安生下地,母子二人命根牢。
合家上下都欢喜,又是一代小根苗。
六岁发蒙把名报,浆衣洗服娘操劳。
养育之恩深似海,尽孝才算是英豪。

廖阳殿

拜佛进了廖阳殿,三世佛祖在眼前。
阿弥陀佛观世音,来世佛祖笑开颜。
十八罗汉两边坐,韦陀护法站殿前。
长眉罗汉不言语,睡伏罗汉眯眼睛。
喜笑罗汉解烦恼,降龙伏虎豪气生。
阿难迦叶与众僧,同是西方修道人。
虔心修炼成正果,永远常发菩提心。
佛光普照红尘路,超度善良在人间。

三十三重天

莫道人生目光浅,宏观天外还有天。
一步石级天一重,一共三十三重天。
登完天梯成了仙,回望人间乐趣生。
神仙也有相思苦,牛郎凡间配七仙。
人间有情天无情,拆散良缘两离分。
天不助人灵鹊救,牛女相会鹊桥间。
三十三天隔得远,望尘莫及寒了心。
只要永远呈善念,总有登天那一天。

玉皇殿

玉皇高坐凌霄殿,管理三界众神仙。
人间旱涝风和雨,风霜雪雨阴晴天。
王母身后来坐定,四大天师两边分。
传说右边立座位,上面坐的是孙膑。
子牙下山奉师命,背榜斩将封众神。
唯独玉皇位不封,牧童心急发了言。
为啥此位无人坐,自然有人要来临。
牧童返身把位抢,我是自然号友仁。
子牙忙飞屋脊上,私心太重失机缘。
人生得失是天命,想坐皇位万不能。

百子殿

观音堂拜百子殿,殿内供俸是善神。
观音菩萨救苦难,专门搭救苦难人。
菩萨一年三次生,每次生日有根缘。
二月十九是正生,端坐莲台暑期临。
九月成佛升天界,都在十九那一天。
中国观音传为女,佛教记载是男生。

不管东西谁是真,菩萨总是人间神。
当中莲台坐观音,左右文殊与普贤。
韦陀护法门边站,十二圆觉在两边。
语忘敬遗送儿女,佛光普照了善缘。

无常殿

黑白无常两无常,惩恶扬善各所忙。
捉拿恶鬼老黑干,迎贤接善白无常。
善恶两分分开做,两个本心都善良。
保山大王旁边坐,镇守山川除虎狼。
保佑人畜无兽害,人寿粮丰幸福长。
参拜善神香一炷,永保平安添吉祥。

鬼门关

鬼门关前阴森森,十八鬼王两边分。
横眉怒眼察善恶,代领十万守关兵。
你来阴曹有路引,放你过关转人生。
如若进关无文凭,判官面前查原因。
善来善往必善报,十道轮回转人间。
阳间恶事都作尽,铁围城中难逃生。

黄泉路

黄泉路上起阴风,浑天黑地影无踪。
贫穷富贵难分解,全部混淆阴魂中。
生前夫妻恩意重,黄泉路上不相逢。
钱又空来财也空,全都抛在红尘中。
来也空来去也空,去来都在朦胧中。
生喜死悲有何意,到头总是一场空。

地仙池

皇叔大帐来坐定,招集文武众群臣。
颁诏一道发王令,要选圣地建皇城。
一要秀色好风景,二要九龙捧圣庭。
山色日月相辉映,山龙升腾要有灵。
皇榜贴在墙上面,招贤纳士选能人。
张琪揭榜金帐进,愿领王命四海行。
翻山越岭去寻觅,芒鞋踏遍岭头云。
走完西边查东面,轻舟顺水来丰城。
早出晚归查山景,八龙戏水腾祥云。
九龙捧圣差一根,急忙面君返回程。
诸葛羽扇点几点,皇叔微笑不发言。
张琪心中灵光现,加上君王九数全。
急忙返回丰都县,阴王已在修王城。
急得张琪把血喷,一命呜呼进黄泉。
庶民见他人忠恳,为他建庙怀故人。
劝人处事要灵显,呆板固执失机缘。
逢到良机要抓紧,莫留空手抓愁云。

望乡台

人生一世从天命,何需假意去拜神。
阎王要你三更死,决不留你到天明。
三天不把饮食进,望乡台上现阴魂。
想儿更比思乡苦,阴阳两离泪如泉。
恶鬼背沙沙难尽,善鬼还阳变成人。
背沙恶念还不改,把你打入铁围城。
地狱刑法多得很,孽海深深受苦情。
再也无人超度你,从此再难变人形。

天子殿

焚香参拜天子殿,五殿阎君赏罚明。
威风凛凛目如电,一切恶鬼难遁形。
四值宫曹门边站,三班衙役忙不停。
四大判官掌权柄,赏善罚恶四大神。
六朝文武侍阎君,娘娘后宫享安宁。
情有所终绪心愿,大足丰都结良缘。
十大阴帅守宫殿,惩罚厉鬼不留情。
东西地狱两边分,掌刑法官执法严。
因果到头终有报,章章件件劝世人。
魏徵梦斩老龙精,刘全献瓜诉真情。
秦桧地狱油锅炸,妖后人头变蛇身。
王魁不把妻子认,活捉地狱挖了心。
磨子推来锯子解,乱弄是非挖舌根。
贪官污吏长肥肉,炮烙烧成糊卷卷。
善因一定结善果,作恶自己种祸根。
因果到头终有报,来早来迟是时间。
奉劝世人多行善,慈悲为怀教子孙。
忠孝传承勤为本,人间多活几十春。

钟馗殿

钟馗赶考把京进,谁知皇榜落了名。
怒从心起恶胆生,触阶而亡丧黄泉。
阴魂飘到阎罗殿,阎君收为驾下臣。
命他幽冥捉恶鬼,受屈含冤同步行。
偶遇唐王得了病,夜夜噩梦不安宁。
梦中恶鬼吃唐君,空中飞来金甲神。
唐王从此病痊愈,依形画像贴门前。

世代流传到如今,钟馗门神传美名。

上关殿
黄巾作乱动刀兵,平乱弟兄共三人。
桃园结义把天拜,三分天下享太平。
麦城一败命归阴,忠魂集聚在五泉。
拜师普净苦修炼,平妖利民成正神。
唐王感动赐封赠,武安王位享盛名。
世民只要遇不顺,上关殿前把香焚。
关羽显灵退刀兵,民间世代有传闻。
名山殿前有天眼,暗道江底紧相连。
关石滩连上关殿,上面一点看不明。
一只活鸭进天眼,七天江底十里程。
关石滩上再重现,不讲暗道已说明。

十二殿
十二殿中把香敬,祈拜各殿掌刑君。
刚正不阿严执法,保佑庶民得安生。
十二宫殿劝世人,指明正理在人间。
教化世人快猛醒,免堕地狱早超生。
行善结德种善因,贫能转富患不生。
善因必定结善果,高官利禄验子孙。
参拜一殿秦广王,家兴业旺福寿增。
二拜楚江体康健,一生少把疾病生。
三殿焚香拜宋帝,天灾再不降人间。
四殿拜见五官王,福体康宁乐长生。
来在五殿拜阎君,神目如电赏罚分。
他要叫你三更死,绝不留你到五更。
六殿拜见卞城王,平安幸福暖人间。

七殿八殿都拜见,泰山都市二贤君。
人间美好得长乐,风调雨顺五谷增。
九殿参拜平等王,世间太平不分争。
十殿拜见转轮王,十道轮回善恶分。
东岳南岳拜两殿,了却心愿慰终生。

城隍殿
焚香参拜城隍殿,双膝跪在地埃尘。
幽冥都城城隍管,远保庶民得安宁。
三班衙役来排定,城隍断案最严明。
清如水来明如镜,两袖清风不染尘。
冤案昭雪把冤伸,凶案严惩不留情。
你为善魂发路引,幽冥世界任通行。
阴阳二界都照应,常到阳间去显灵。
梦中为儿指迷津,后代平步登青云。
光宗耀祖门庭显,子子孙孙都繁荣。
善魂终归送天上,瑶池会上会众神。

九蟒殿
有个才女杨梦瑛,她本丰都县城人。
至小勤学读孔圣,文墨精通样样能。
女装男扮考场进,金榜题名点状元。
奉诏杭州去坐镇,清正廉明管万民。
老鸨害民开妓院,强逼九女去卖淫。
梦瑛闻讯心生恨,严惩老鸨救差裙。
九女从良离陷阱,投身尼庵去修行。
修成正果了大愿,行善人间结仙缘。
正遇梦瑛回原郡,车坠悬崖出险情。
突现九根蟒蛇身,金光闪闪绕祥云。

托起马车出险境,才知九女报恩情。
励官励民作纪念,九蟒殿建丰都城。
为官清廉天照应,贪官害民臭万年。
记住此情合此景,多作善事莫害人。

二、劝世歌词

十劝歌

一劝莫当贪吃哥,得意忘形贪吃喝。
贪赃枉法葬前途,好似太阳落西坡。
二劝不要贪杯多,酒伤肠胃染沉疴。
年纪轻轻酒上死,孤儿寡母谁来拖。
三劝不要进淫窝,贪淫好色陷阱多。
儿女到头终不孝,孤灯照影梦南柯。
四劝不要搞赌博,赢得少来输得多。
妻离子散家园破,一贫如洗空壳壳。
五劝莫当大烟哥,吃粉吸毒灾害多。
万贯家财风吹散,死后送往丢沙坡。
六劝世人莫懒惰,莫嫖莫赌贪吃喝。
艰苦创业多传播,子孙万代登金科。
七劝贪官莫去学,法律面前难得梭。
贪赃枉法无处躲,到头空空瞎捉摸。
八劝少把脾气作,大怒伤身寿不多。
忍字头上无灾难,和气生财乐哈哈。
九劝莫把恶事做,切莫作奸去犯科。
铁链加身披枷锁,悲叹仕途滑了坡。
十劝多多结善果,善人善心福缘多。
善果验在子孙上,蟒袍加身入朝歌。

十字歌

十毒害人要永躲,古今危害实在多。
避免世人受其祸,一字四句细解说。
懒人最难熬饥饿,田原荒废家冷落。
一世为人虚度过,临终白骨露荒坡。
馋嘴贪吃又贪喝,酒肉朋友结成坨。
到头吃得家业破,妻离子散念弥陀。
占了便宜捡枒和,妄想馅饼从天落。
痴人说梦欺自我,那来不劳而所获。
贪官污吏莫去学,越贪越污越想多。
到头难逃披枷锁,祸国殃民杀脑壳。
变节投敌叛祖国,谋害忠良沉冤多。
卖祖求荣难入墓,阴曹捉去下油锅。
吃人口软眼浑浊,拿人手短不敢摸。
大奸大恶你放过,违法乱纪瞎掺和。
喝酒贪杯易惹祸,五脏受损染沉疴。
年轻贪杯把命过,孤儿寡母谁来拖。
嫖娼卖淫总是祸,奸淫人妻孽债多。
妻女还账报因果,世上有谁躲得脱。
赌博为祸家园破,赌债逼人上吊索。
家破人亡谁怜我,落得孤影伴寂寞。
抽吸毒品家园破,死刑牢役难逃脱。
清朝鸦片把毒播,丧权辱国被侵略。
十字危害已讲过,信与不信自斟酌。
劝君自爱修正果,今生来世都快乐。

(以上选自余永康、祝伟、代磊、廖长明搜集整理:《丰都庙会·烧拜香唱词》,传承人:余应杰)。

第五节　路引图录

一、民国文宣素王路引

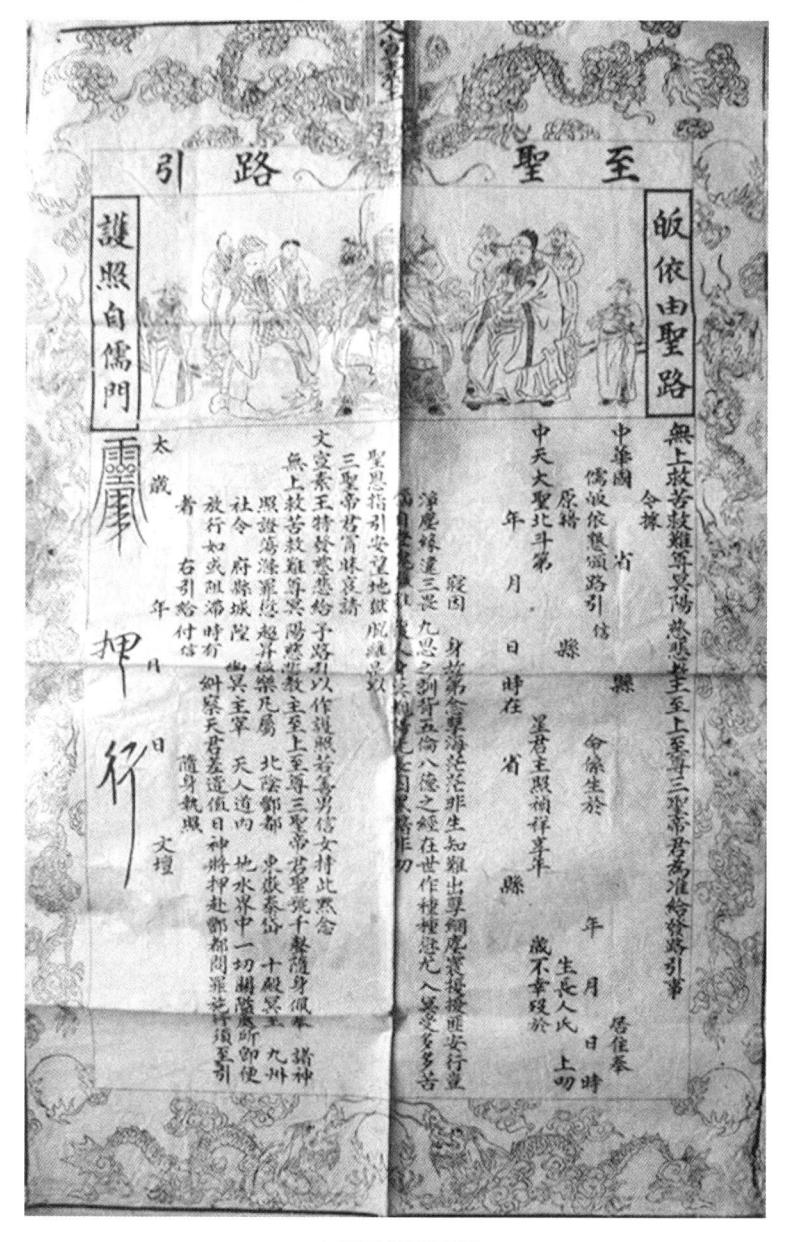

丰都县档案馆藏

二、丰都山天子大帝路引

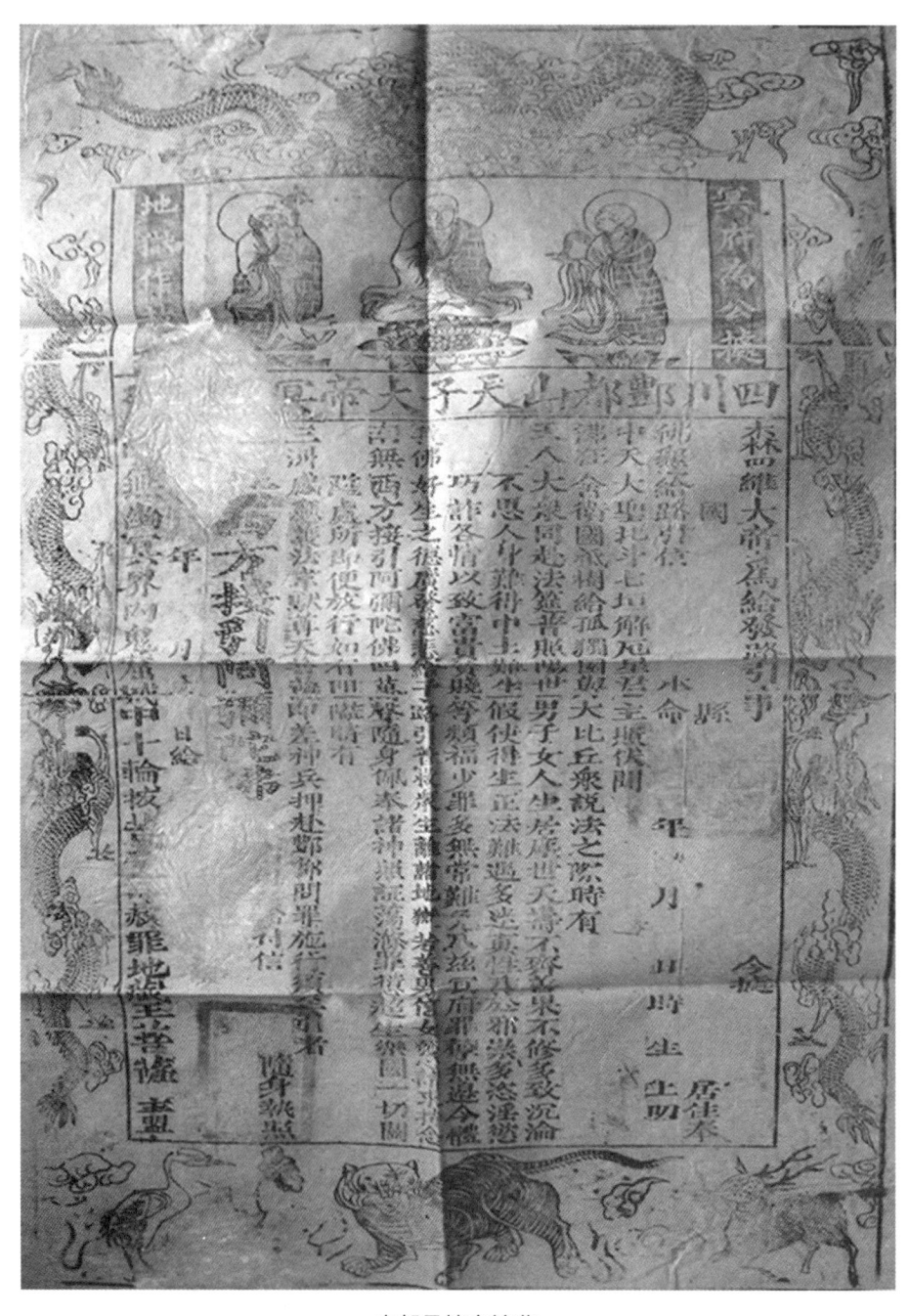

丰都县档案馆藏

三、冥途押运水引

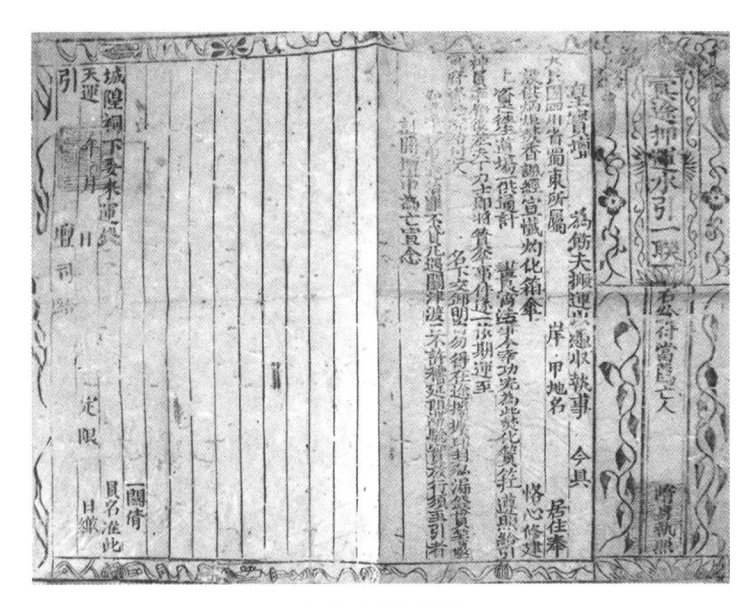

丰都县档案馆藏

四、民国皈依牒

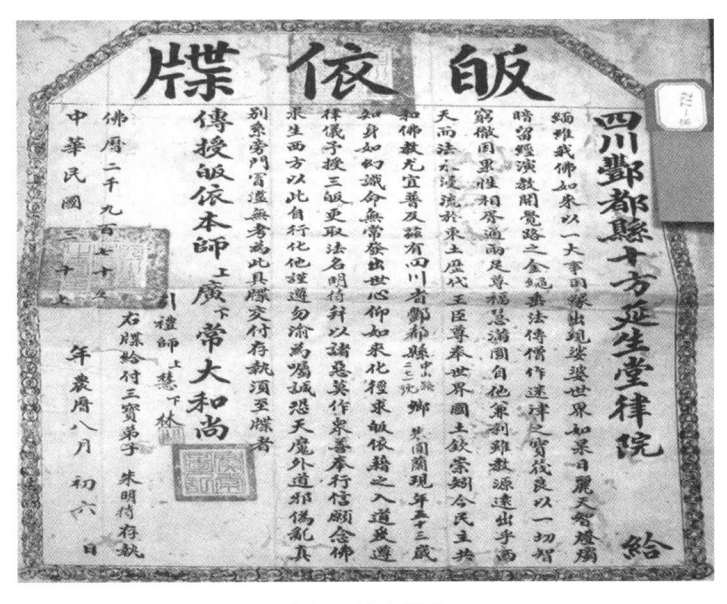

丰都县档案馆藏

五、民国了凡成圣长生图

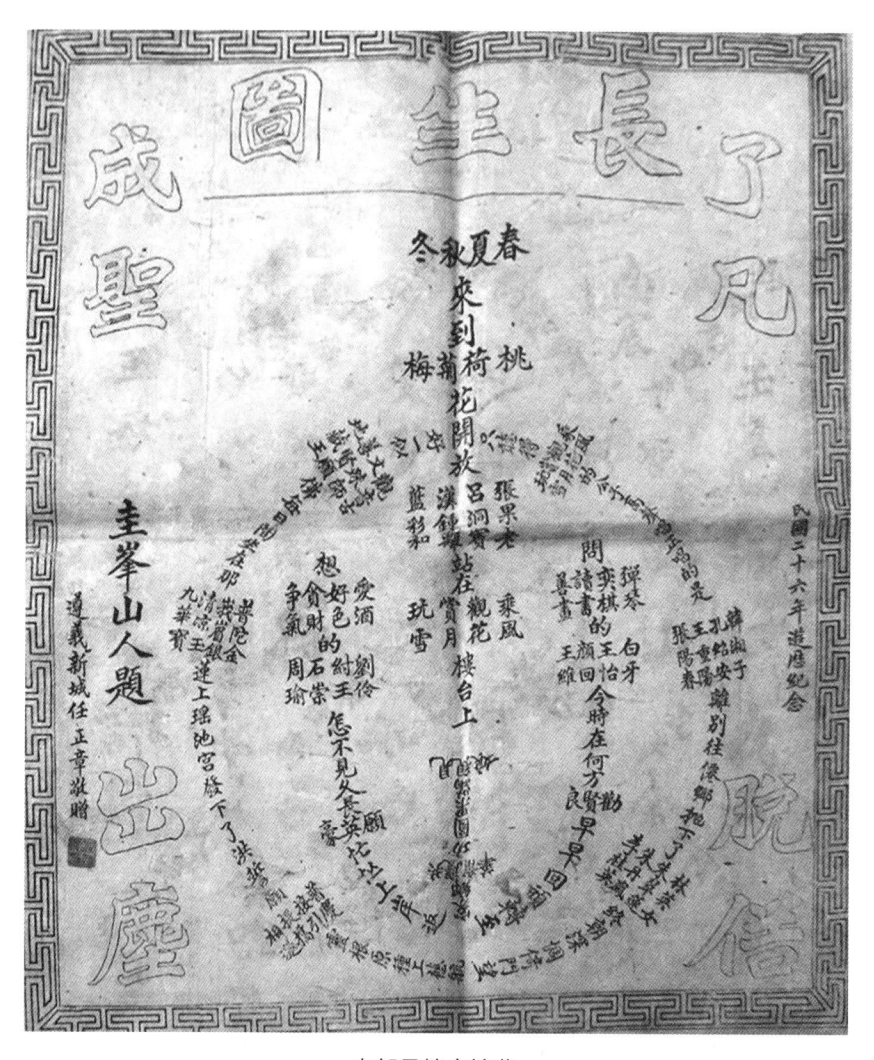

丰都县档案馆藏

丰都地方文献
资料选编

【附录】

第一节　丰都共识

2016年4月6—8日,"传统文化与民间信仰——多学科视野下的丰都民俗文化研讨会"在中国重庆丰都举办。来自北京、上海、广东、湖北、山西、重庆、四川等省、直辖市和我国香港、台湾地区的学者,齐聚丰都,共襄盛举。

2015年,重庆市哲学社会科学规划领导小组办公室批准立项"多学科视野下的丰都鬼神文化研究",重庆市地方史研究会牵头,联合川渝学术机构重庆中华传统文化研究会、重庆市历史学会、四川省社科院移民与客家文化研究中心、四川大学国际儒学研究院等,旨在以马克思列宁主义、毛泽东思想、邓小平理论、"三个代表"重要思想和科学发展观为指导,以多学科视野审视"丰都鬼神文化",研究现象,考镜源流,辩章传承,总结得失,提炼价值,揭示时代意义。此项研究得到了丰都县委、县政府的高度重视和大力支持,更得到了海内外专家学者的热烈响应和积极参与。"传统文化与民间信仰——多学科视野下的丰都民俗文化研讨会"集中展示了这项研究的最新成果。

本次学术研讨会是在习近平总书记号召"大力传承和弘扬中华优秀传统文化",和国务院批准"丰都庙会"进入中国非物质文化遗产名录的背景下召开的。与会学者表示,研讨会以习近平总书记关于弘扬中华优秀传统文化的一系列重要讲话精神为指导,对"丰都鬼神文化"进行严肃科学的研究,正本清源,去粗取精,去伪存真,为弘扬中华优秀传统文化,服务丰都发展,增进百姓福祉,为实现中华民族伟大的中国梦做出了学术贡献,体现了学界的责任与担当。

与会学者从"丰都民间信仰与民俗文化"切入,对"丰都鬼神文化"进行了广泛深入的学术讨论,认为"丰都鬼神文化"是一种民间信仰,是中华传统文化的有机组成部分和独特的表达方式,在中华民族的历史上发挥了规范道德、维系人心、传承文化的作用。遵循习近平总书记"对传统文化中适合于调理社会关系和鼓励人们向上向善的内容,我们要结合时代条件加以继承和发扬,赋予其新的涵义"的指示精神,本次论坛提出"扬善、惩恶、公正、和美"是"丰都鬼神文化"的时

代价值,彰显了中国作风和中国气派,为普通百姓喜闻乐见,表达简捷便于传播,具有积极的时代意义,建议丰都县委、县政府研究采纳。

研究表明,以平都山为载体的丰都民间信仰,经历了从汉魏至唐朝的"二仙"传说建构,到六朝至南宋的罗丰地狱观念的流行阶段。明初将"豐都"县名更改为"酆都"之后,"鬼神之道"大行其说,民间庙会随之兴盛,丰都信仰逐渐成为中国的一个民间信仰中心。

研究表明,平都山庙宇发源于巴蜀本土原始宗教,最早道教宫观建于汉晋时期,北魏以降渐成道、释、儒三教并存格局。经历元末、明末两次残毁和明初、清初两次全面重建扩建,至明清两代而臻盛境。

研究表明,"丰都鬼神文化"在世界各地的宗教信仰、民俗文化中独具特色,是中华民族以天命、鬼神及礼乐为核心的"三统"信仰的重要组成部分,仍然具有规范民间信仰、重建精神家园的重要价值。

课题组编纂之《丰都鬼神文化研究资料汇编》,总计74万字,汇集了与丰都历史沿革、平都山祠庙演变相关的文献史料和研究信息,选录了有关丰都信仰的数百幅图像,展示了丰都信仰文化的内涵与魅力,为从多学科解释鬼神文化意蕴提供了丰富的素材。

会议对丰都的旅游发展进行了研讨,认为丰都旅游应当用好鬼城文化这张独有的文化名片,定位于"心灵之旅,文化之旅"。会议提出了"珍惜守护,去伪存真,四位一体,重塑鬼城"的创意方案,以及相关建设性的意见和建议。

与会学者欣喜地看到,丰都县委、县政府高度重视对"丰都鬼神文化"的科学研究,努力发掘丰都民俗文化传统,大力传承和弘扬其时代价值,"丰都庙会"已经申遗成功。当前,正立足丰都实际,努力把丰都建设成为重庆旅游发展战略中的重要支撑,使之成为名副其实的国际旅游文化名城。与会学者对此深表赞赏,认为这是远见卓识之举,对弘扬传统文化,传承中华信仰,探索地方文化资源运用,推动丰都发展,具有重要意义。

我们倡议,以本次会议在中国重庆丰都召开为契机,国内外学术机构及专家学者关注并参与到这一研究进程之中。

我们期待,"多学科视野下的丰都鬼神文化研究"项目更加深入持久地进行下去,多结学术硕果。我们相信,丰都有关方面会运用研究成果,将其转化成为文化、旅游、经济发展的现实成果,造福丰都人民,丰都长治久安。

出席"传统文化与民间信仰——多学科视野下的丰都民俗文化研讨会"全体学者

2016年4月8日
于中国重庆丰都

第二节　丰都鬼神文化著述目录

一、论著

1.著作

(1)丰都县名山管理委员会编:《鬼城的故事》,1982年。

(2)丰都县地名领导小组编:《四川省丰都县地名录》,1984年。

(3)李远国:《四川道教史话》,成都:四川人民出版社,1985年。

(4)丰都县地名办公室:《名山旅游手册》,1985年。

(5)李门、姚玉枢:《"鬼城"游考》,成都:四川人民出版社,1986年。

(6)[英]艾伦·C.詹金斯著,郝舫等译:《鬼文化》,上海:上海文化出版社,1988年。

(7)张长江:《鬼城幽趣》,北京:中国旅游出版社,1989年。

(8)周浩义主编:《长江之滨的名城——丰都》,成都:四川大学出版社,1991年。

(9)肖岚选编:《鬼城传说故事》,成都:四川文艺出版社,1991年。

(10)张劲松:《中国鬼信仰》,北京:中国华侨出版社,1991年。

(11)[美]查尔斯著,沈其新译:《鬼魂:中国民间神秘信仰》,长沙:湖南文艺出版社,1991年。

(12)徐华龙:《中国鬼文化》,上海:上海文艺出版社,1991年。

（13）蒋梓骅、范茂霞、杨德玲编：《鬼神学词典》，西安：陕西人民出版社，1992年。

（14）范明吉等：《名人轶事与鬼城》，重庆：重庆出版社，1992年。

（15）王昭洪、徐旺生、易华：《幽冥王国——鬼之谜》，太原：山西高校联合出版社，1992年。

（16）陈平原编：《神神鬼鬼》，北京：人民文学出版社，1992年。

（17）黄泽新：《中国的鬼》，北京：国际文化出版公司，1993年。

（18）赖亚生：《神秘的鬼魂世界：中国鬼文化探秘》，北京：中国人民出版社，1993年。

（19）黄盛华、周启云编著：《鬼文化》，北京：中国经济出版社，1995年。

（20）刘从武主编，黄泽新著：《中国的鬼文化》，台湾：幼狮文化事业公司，1995年。

（21）廖长明、姚玉枢编注：《古今传奇话鬼城》，重庆：重庆大学出版社，1995年。

（22）姚秋云：《鬼城奇闻》，成都：天地出版社，1996年。

（23）徐华龙：《鬼学全书》（1—4卷），北京：中国华侨出版社，1998年。

（24）秦大铧：《鬼城与文学》，北京：中国戏剧出版社，2005年。

（25）徐华龙：《鬼学》，太原：北岳文艺出版社，2008年。

（26）重庆市政协主编：《重庆旅游文史丛书·丰都卷》之《鬼城丰都》，重庆：重庆出版社，2009年。

（27）丰都县作家协会编：《名人笔下的丰都》，北京：大众文艺出版社，2011年。

（28）徐华龙：《民间信仰口袋丛书·鬼》，上海：上海辞书出版社，2014年。

（29）张海英：《先秦道家天命鬼神思想研究》，长沙：湖南大学出版社，2014年。

（30）道坚：《丰都禅心：丰都县佛教遗址拓碑辑录》（全两册），北京：宗教文化出版社，2118年。

2.研究会议论文集

（1）丰都县地方民俗文化研讨会筹备办公室编：《丰都县地方民俗文化研讨会论文集》，1990年。

（2）第二届鬼城文化研讨会办公室编：《第二届鬼城文化研讨会论文集》，1991年。

（3）丰都县文化委员会、丰都县非物质文化遗产保护中心编：《多学科视野下的丰都民间文化研究》，重庆：重庆出版社，2017年。

二、论文

1.历史文化源流

（1）王家祐、李远国：《丰都"鬼城"考》，《四川史研究通讯》，1983年第1期。

（2）王家祐、李远国：《仙踪鬼迹话丰都》，《文史知识》，1985年第9期。

（3）石大成：《平都山的演变与"鬼国""冥府"的传说》，丰都县政协文史资料委员会编印：《丰都县政协文史资料选辑》第二辑，1985年。

（4）黄红军：《丰都鬼城形成发展要素探析》，上海民间文艺家协会、上海民俗学会编：《中国民间文化（总第12册）——民间神秘文化研究》，上海：上海学林出版社，1993年。

（5）梁从诫：《话说鬼城》，《文史杂志》，1995年第1期。

（6）树纯：《鬼城丰都》，《兰台世界》，1996年第8期。

（7）宫玉海、胡远鹏：《丰都·鬼城·巴人失踪》，《文史杂志》，1997年第6期。

（8）《酆都·丰都·豐都》，《咬文嚼字》，1998年第4期。

（9）刘瑞明：《丰都"鬼城"形成中的文化内涵》，《四川大学学报（哲学社会科学版）》，2001年第6期。

（10）周晓薇：《豐都与酆都的演变及其地理文化》，《中国历史地理论丛》，2007年第3辑。

（11）顾瑶：《"酆都"的改名》，《咬文嚼字》，2011年第10期。

（12）甘大明：《四川丰都非鬼城酆都考》，《三峡大学学报（人文社会科学

版)》,2015年第4期。

(13)陈世松:《丰都鬼城流变考》,丰都县文化委员会、丰都县非物质文化遗产保护中心编:《多学科视野下的丰都民间文化研究》,重庆:重庆出版社,2017年。

(14)李远国:《酆都鬼城的历史考辩》,丰都县文化委员会、丰都县非物质文化遗产保护中心编:《多学科视野下的丰都民间文化研究》,重庆:重庆出版社,2017年。

(15)郭广辉:《丰都"鬼城"源流研究学术史述评》,丰都县文化委员会、丰都县非物质文化遗产保护中心编:《多学科视野下的丰都民间文化研究》,重庆:重庆出版社,2017年。

(16)黎小龙:《平都山庙宇的起源、发展和演变》,丰都县文化委员会、丰都县非物质文化遗产保护中心编:《多学科视野下的丰都民间文化研究》,重庆:重庆出版社,2017年。

(17)杜芝明:《明清以来丰都城市祠庙演变研究》,丰都县文化委员会、丰都县非物质文化遗产保护中心编:《多学科视野下的丰都民间文化研究》,重庆:重庆出版社,2017年。

(18)郭广辉:《冥府·仙都·鬼国——明代以降酆都平都山的景观、信仰与传说》,丰都县文化委员会、丰都县非物质文化遗产保护中心编:《多学科视野下的丰都民间文化研究》,重庆:重庆出版社,2017年。

(19)苏东来:《平都山兴衰轨迹述略》,丰都县文化委员会、丰都县非物质文化遗产保护中心编:《多学科视野下的丰都民间文化研究》,重庆:重庆出版社,2017年。

2.信仰庙会习俗

(1)李远国:《丰都宗教文化与圣迹的调查报告——兼及道教与丰都地方文化的关系》,林富士、傅飞岚编:《遗迹崇拜与圣者崇拜》,台湾:允晨出版社,2000年。

(2)陈行一:《〈酆都罗山拔苦超生镇鬼真形〉碑考析》,《江西文物》,1989年第3期。

（3）王卡：《平都山道教史迹》，《世界宗教研究》，1995年第3期。

（4）江玉祥：《中国地狱"十殿"信仰的起源》，江玉祥：《古代西南丝绸之路研究》第二辑，成都：四川大学出版社，1995年。

（5）江玉祥：《一张新出土的明代丰都冥途路引》，《四川文物》，1996年第4期。

（6）李丽、公维章、林太仁：《丰都"鬼城"地狱十王信仰的考察》，《敦煌学辑刊》，1999第2期。

（7）邓阿宁：《宗教杂糅的酆都鬼城文化》，《重庆师院学报（哲学社会科学版）》，2001年第3期。

（8）张勋燎、白彬：《江西、四川明墓出土的道教冥途路引之研究》，张勋燎、白彬《中国道教考古》（第五册），北京：线装书局，2006年。

（9）郑嘉励：《一方刊有"酆都山真形图"的南宋墓志》，《南方文物》，2006年第4期。

（10）赵益：《地下主者·冢讼·酆都六天宫及鬼官——〈真诰〉冥府建构的再探讨》，《古典文献研究第十一辑》，2008年。

（11）罗燚英：《道教山岳真形图略论》，《中山大学学报（社会科学版）》，2009年第3期。

（12）刘莉：《道教文化中"北帝"的信仰及发展》，《贵州文史丛刊》，2011年第3期。

（13）欧玄子：《论经变画中地狱阎罗王信仰的本土化》，《牡丹江大学学报》，2013年第6期。

（14）陈世松：《丰都庙会源流考》，丰都县文化委员会、丰都县非物质文化遗产保护中心编：《多学科视野下的丰都民间文化研究》，重庆：重庆出版社，2017年。

（15）王剑：《丰都庙会"传统"发展脉络研究》，丰都县文化委员会、丰都县非物质文化遗产保护中心编：《多学科视野下的丰都民间文化研究》，重庆：重庆出版社，2017年。

(16)李丹:《明清以来丰都庙会的历史变迁》,丰都县文化委员会、丰都县非物质文化遗产保护中心编:《多学科视野下的丰都民间文化研究》,重庆:重庆出版社,2017年。

(17)李映发:《是仙都还是鬼城——丰都地方信仰文化流变探索》,丰都县文化委员会、丰都县非物质文化遗产保护中心编:《多学科视野下的丰都民间文化研究》,重庆:重庆出版社,2017年。

(18)黄剑华:《秦汉以来的鬼神信仰与仙话研究》,丰都县文化委员会、丰都县非物质文化遗产保护中心编:《多学科视野下的丰都民间文化研究》,重庆:重庆出版社,2017年。

(19)李黎鹤:《酆都鬼神谱系的形成与演变》,丰都县文化委员会、丰都县非物质文化遗产保护中心编:《多学科视野下的丰都民间文化研究》,重庆:重庆出版社,2017年。

(20)高振宏:《〈法海遗珠〉与〈道法会元〉中的酆都法术比较研究》,丰都县文化委员会、丰都县非物质文化遗产保护中心编:《多学科视野下的丰都民间文化研究》,重庆:重庆出版社,2017年。

(21)侯冲:《从佛教科仪看酆都信仰》,丰都县文化委员会、丰都县非物质文化遗产保护中心编:《多学科视野下的丰都民间文化研究》,重庆:重庆出版社,2017年。

(22)张泽洪:《史籍道经中的酆都》,丰都县文化委员会、丰都县非物质文化遗产保护中心编:《多学科视野下的丰都民间文化研究》,重庆:重庆出版社,2017年。

(23)梁音:《丰都阴天子娘娘传说考察》,丰都县文化委员会、丰都县非物质文化遗产保护中心编:《多学科视野下的丰都民间文化研究》,重庆:重庆出版社,2017年。

3.文物考古建筑

(1)陈刚:《丰都名山古建筑群》,《四川文物》,1990年第1期。

(2)吴天清:《丰都名山镇汉墓清理简报》,《四川文物》,1991年第3期。

(3)邹后曦、袁东山:《重庆丰都玉溪遗址群 最早的新石器时期文化遗存》,《中国三峡建设》,2007年第6期。

(4)乔栋、秦臻:《重庆丰都县燕子村东汉、西晋墓发掘简报》,《东南文化》,2008年第6期。

(5)乔栋:《重庆丰都天平丘西汉墓发掘简报》,《考古与文物》,2009年第2期。

(6)刘军社:《中国最早铜佛惊现丰都》,《中国三峡》,2010年第6期。

(7)白九江、李国洪、汪伟等:《重庆丰都县迎宾大道古墓发掘简报》,《华夏考古》,2011年第1期。

(8)符永利:《重庆丰都悟惑寺古建筑调查纪略》,《敦煌研究》,2012第2期。

(9)陈德安:《重庆市丰都县汇南墓群2001年度发掘简报》,《四川文物》,2012年第2期。

(10)陈德安、罗泽云、焦中义等:《重庆市丰都县汇南墓群2002年度发掘简报》,《四川文物》,2012年第6期。

(11)陈德安、罗泽云、焦中义等:《重庆市丰都县汇南墓群2003年度发掘简报》,《四川文物》,2013年第2期。

(12)乔栋、朱连华、彭海军等:《重庆丰都县天平丘东汉墓发掘简报》,《华夏考古》,2013年第3期。

(13)蔡远福、师孝明、陈晓鹏等:《重庆丰都县火地湾、林口墓地发掘简报》,《江汉考古》,2013年第3期。

(14)蔡远福、曾先龙、张典维等:《重庆丰都炼锌遗址群2004—2005年发掘报告》,《江汉考古》,2013第3期。

(15)白九江、邹后曦、代玉彪:《重庆丰都玉溪遗址北部新石器时代遗存2004年度发掘简报》,《江汉考古》,2013第3期。

(16)李国洪、徐本远、毛卫等:《重庆市丰都县汇南墓群2000年度发掘简报》,《四川文物》,2013年第4期。

(17)白九江:《丰都县冉家路口墓群》,《红岩春秋》,2014年第6期。

(18)黄伟:《巴渝古文化 丰都县汇南墓群》,《红岩春秋》,2014年第10期。

（19）李丹、李大地：《丰都县高家镇关田沟墓群》，《红岩春秋》，2014年第12期。

（20）文朝安、陈蓁、黄广民等：《重庆丰都县麒麟包墓群发掘简报》，《江汉考古》，2015年第4期。

4.思想文化内涵

（1）周勇：《正本清源，重塑丰都》，丰都县文化委员会、丰都县非物质文化遗产保护中心编：《多学科视野下的丰都民间文化研究》，重庆：重庆出版社，2017年。

（2）周勇：《丰都鬼神文化价值研究》，丰都县文化委员会、丰都县非物质文化遗产保护中心编：《多学科视野下的丰都民间文化研究》，重庆：重庆出版社，2017年。

（3）舒大刚、霞绍晖：《试论国际宗教信仰视域下丰都鬼神文化的传统信仰》，丰都县文化委员会、丰都县非物质文化遗产保护中心编：《多学科视野下的丰都民间文化研究》，重庆：重庆出版社，2017年。

（4）舒大刚、霞绍晖：《"天道与天命"：浅谈中华民族信仰的本质根源——立足于〈周易〉等经典考察丰都鬼神信仰》，丰都县文化委员会、丰都县非物质文化遗产保护中心编：《多学科视野下的丰都民间文化研究》，重庆：重庆出版社，2017年。

（5）舒大刚、霞绍晖：《鬼神与阴阳——从〈周易〉看中国鬼神文化的本质》，丰都县文化委员会、丰都县非物质文化遗产保护中心编：《多学科视野下的丰都民间文化研究》，重庆：重庆出版社，2017年。

（6）吴成国、胡羽：《丰都鬼城鬼神信仰简论》，丰都县文化委员会、丰都县非物质文化遗产保护中心编：《多学科视野下的丰都民间文化研究》，重庆：重庆出版社，2017年。

（7）叶贵本、满静渝、谭小华：《试论丰都鬼神文化的社会教化功能——中国古代民间德化法制教育的生活教科书》，丰都县文化委员会、丰都县非物质文化遗产保护中心编：《多学科视野下的丰都民间文化研究》，重庆：重庆出版社，2017年。

（8）陈云：《酆都地狱信仰及其社会功能》，丰都县文化委员会、丰都县非物质文化遗产保护中心编：《多学科视野下的丰都民间文化研究》，重庆：重庆出版社，2017年。

（9）舒大刚：《孔子"三统"：中华民族信仰略论》，丰都县文化委员会、丰都县非物质文化遗产保护中心编：《多学科视野下的丰都民间文化研究》，重庆：重庆出版社，2017年。

（10）彭华：《"神明"与"鬼神"——郭店楚简〈太一生水〉研究之二》，丰都县文化委员会、丰都县非物质文化遗产保护中心编：《多学科视野下的丰都民间文化研究》，重庆：重庆出版社，2017年。

（11）敖依昌、卢明瑶：《明清文学作品中的善恶果报与丰都冥府审判研究》，丰都县文化委员会、丰都县非物质文化遗产保护中心编：《多学科视野下的丰都民间文化研究》，重庆：重庆出版社，2017年。

（12）陈龙：《唐代白话诗中的地狱世界——以王梵志、寒山、拾得、庞居士诗为中心》，丰都县文化委员会、丰都县非物质文化遗产保护中心编：《多学科视野下的丰都民间文化研究》，重庆：重庆出版社，2017年。

（13）满静渝、王渝：《丰都鬼神文化的影响及作用研究》，丰都县文化委员会、丰都县非物质文化遗产保护中心编：《多学科视野下的丰都民间文化研究》，重庆：重庆出版社，2017年。

（14）余永康《鬼城尚善伦理价值取向及其理论构建研究》，丰都县文化委员会、丰都县非物质文化遗产保护中心编：《多学科视野下的丰都民间文化研究》，重庆：重庆出版社，2017年。

5. 旅游产业发展

（1）肖岚：《丰都鬼城悠悠情》，《炎黄春秋》，1992年第5期。

（2）秦飞：《"鬼城"丰都溯源》，《风景名胜》，1994年第11期。

（3）黄节厚：《丰都鬼城梦婆茶的源流与前景》，《农业考古》，1996年第4期。

（4）管维良：《发展丰都旅游经济的战略框架》，《重庆社会科学》，1997年第3期。

(5)管维良:《丰都鬼城文化在大三峡文化及"三峡学"中的地位》,《重庆三峡学院学报》,1997年第3期。

(6)黄中模:《"鬼城文化"在"长江三峡文化长廊"建设中的地位和作用》,《重庆社会科学》,1997年3期。

(7)邓阿宁:《中国古典文学中的丰都鬼城与但丁〈神曲〉的亡灵世界之比较》,《重庆师院学报(哲学社会科学版)》,1997年第4期。

(8)刘瑞明:《丰都"鬼城"形成中的文化内涵》,《四川大学学报(哲学社会科学版)》,2001年第6期。

(9)谢怀建:《丰都名山旅游港形象设计思考》,《城市开发》,2001年第7期。

(10)翟森森:《"鬼城"丰都非物质文化遗产发展现状浅析》,贺云翱主编:《长江文化论丛第七辑》,内蒙古人民出版社,2001年。

(11)甘联君:《试论鬼城文化的旅游开发》,《地理教育》,2002年第1期。

(12)梅隆:《丰都鬼城要建生态示范园区》,《农民日报》,2003年4月23日第5版。

(13)向旭、蒋宗金、古小弘:《21世纪丰都县旅游业可持续发展对策初探》,《河北工程技术职业学院学报》,2003年第3期。

(14)田喜洲:《三峡库区丰都"鬼城"搬迁后旅游业发展战略研究构想》,《开发研究》,2004年第1期。

(15)余晓娟、田喜洲:《论三峡库区历史古城丰都旅游资源的重构》,《重庆工商大学学报(西部论坛)》,2004年第2期。

(16)夏民安:《世界一绝 中国之最——重庆丰都县"鬼城"观"鬼联"》,《华人时刊》,2004年第5期。

(17)熊娟:《"鬼城"丰都旅游经济发展思考》,《探索》,2005年第1期。

(18)尹鸿伟:《丰都鬼城再造风波》,《新西部》,2006年第9期。

(19)王星魁:《过"丰都鬼城"有感》,《科学与无神论》,2007年第1期。

(20)朱高儒、叶圣涛、杜帼睿:《丰都鬼神文化旅游衰落的反思》,《热带地理》,2007年第5期。

(21)程远清:《丰都县旅游业发展现状及开发建议》,《科学咨询》,2008年第19期。

(22)刘卫英、马彦芳:《民间鬼神信仰力影响下的空间叙事——论〈酆都知县〉的叙事艺术》,《学术交流》,2011年第1期。

(23)Jasmine Tea:《鬼国京都步步惊心》,《中国西部》,2011年第22期。

(24)小凤、吴亮、乔德炳:《"幽都"双山志咫尺之遥的两个世界》,《环球人文地理(重庆旅游)》,2012年第12期。

(25)张一、陈丽慧、张莉:《略论丰都气候特点分析及旅游开发》,《农业与技术》,2012年第12期。

(26)王帮能、张莉、谭云廷等:《丰都县旅游气象灾害及其防御对策》,《农技服务》,2013年第1期。

(27)绿衣、乔德炳:《丰都鬼城为人类编织神话的"幽都"》,《环球人文地理》,2012年第12期。

(28)郑佳佳、李雄伟:《发展丰都"鬼城"特色旅游业的思考》,《知识经济》,2013年第15期。

(29)王帮能、张一、谭云廷等:《丰都县旅游气候舒适度评价及开发对策》,《西南师范大学学报(自然科学版)》,2014年第3期。

(30)张云江:《丰都鬼城:对传统文化竭泽而渔可以休矣》,《中国民族报》,2014年10月24日第9版。

(31)缪苗:《浅析重庆丰都原生态巫鬼文化的人文价值》,《艺术科技》,2015年第9期。

(32)周庆龙:《正解鬼神文化,重振丰都旅游》,丰都县文化委员会、丰都县非物质文化遗产保护中心编:《多学科视野下的丰都民间文化研究》,重庆:重庆出版社,2017年。

(33)李军:《三都并举:立体化推进丰都旅游产业发展的思考》,丰都县文化委员会、丰都县非物质文化遗产保护中心编:《多学科视野下的丰都民间文化研究》,重庆:重庆出版社,2017年。

三、画册、音像

1.画册

中共丰都县委、丰都县人民政府:《印象丰都》,2011年。

2.音像

重庆市丰都县委宣传部:《映像丰都》,重庆:重庆出版集团天健电子音像出版社,2010年。

四、学位论文

(1)舍妮维斯·桑德琳:《中国道教哲学史中关于死亡的理论——以重庆丰都道教史为中心》,法国索邦高等研究院博士论文,1995年。

(2)肖红燕:《中国四川省东部农村的家族与婚姻——长江上游丰都县的个案研究》,日本东洋大学社会学研究所博士论文,1995年。

(3)周英姿:《中国鬼文化初探:丰都鬼城个案研究》,中国人民大学硕士毕业论文,2009年。

(4)杨言洲:《丰都名山风景名胜区资源整合研究》,重庆师范大学硕士毕业论文,2009年。

(5)李庆瑶:《民间鬼文化溯源及其审美功能——以丰都鬼城为例》,重庆大学硕士毕业论文,2013年。

五、课题成果

李良品:《中国节日志·丰都庙会》,长江师范学院,2014年,国家社科基金特别委托项目子课题(编号:JRZ2012017)。

后记

丰都素以"鬼城"名动天下,但如何从学理上破解丰都"鬼城文化"现象之谜,一直是困扰学界的一大难题。个中缘由,正与文献资料缺少有关。苦于没有现成研究资料可寻,致使我们在研究过程中,萌生了自己动手、搜集、整理、编辑文献资料集的想法。本书立足研究需要,从现有存世文献中,将所能搜集到的典籍文献、精英文献和民间文献汇集而成。值此书稿告成之际,我们为完成了一件前人没有做过的事情而感到无比欣慰。

本书的问世,是川渝学术机构多年合作推动的产物。川渝学者共同聚焦丰都历史文化,可以追溯到七年前,由时任丰都县委常委、宣传部部长的曹玲同志,重庆中华传统文化研究会副会长周庆龙先生发起邀请,于2014年11月,在成都举行的"川渝学者丰都鬼城文化座谈会"。继由重庆市地方史研究会牵头,以"多学科视野下的丰都鬼神文化研究"为题,申报为重庆市哲学社会科学规划课题,并由会长周勇教授主持,于2015年4月在重庆组建课题组,正式启动研究工作。在川渝学者共同开展的课题研究中,丰都县委、县政府给予大力协助配合,并提供相关经费支持。随着课题研究的深入展开,以及若干大型学术会议等活动在丰都的举行,丰都县一时间成为凝聚川渝学者学识和智慧的学术前沿舞台。丰都历史文化研究的学术成果,见证了川渝学者的成功合作,为当前正在如火如荼推进的成渝地区双城经济圈建设热潮,增添了一段佳话,提供了一个范例。

《丰都地方文献资料选编》被列入"巴渝文库",是丰都历史文化的重要性和特殊性所决定的。在重庆市各区县中,丰都能以地方文献入选"巴渝文库",是前所未有的幸事,显得难能可贵。我们珍惜这一难得的机遇,决心不负所托,以高

质量的文献图书奉献社会。参与原专题资料内部参考集编辑的成员,来自高等学校和科研机构。他们是:郭广辉博士,苏东来副研究员,霞绍晖博士,陈云博士、副研究员,梁音助理研究员。他们分别从事历史、宗教和古籍文献等专业的教学、研究工作,以前大多习惯于利用前人资料撰写论文,不善于做文献搜集和细致的编辑工作。在接受任务后,他们一边学习,一边实践,按照"巴渝文库"评审专家意见和出版社的规范要求,在原有资料汇编基础上,经过前后一年多的勤勉工作,终于完成本书的初稿和定稿。

过程中,郭广辉负责典籍文献和碑刻文献辑录;霞绍晖负责万历《平都山志》和民国《丰都县乡土志》刊本点校;苏东来负责丰都鬼神笔记小说、传奇故事辑录,地方志文献辑录和部分民间文献搜集;梁音提供《丰都鬼神文化著述目录》;陈世松负责全书总纂并撰写前言、整理说明与后记。

本书得以完成,尤其要感谢重庆市地方史研究会的鼎力支持。在本书初稿出来后,为了确保书稿质量,重庆市地方史研究会于2021年3月,在重庆市綦江区主持召开了专门的审稿会,邀请重庆市地方史研究会、重庆市历史学会、重庆中华传统文化研究会、"巴渝文库"办公室、丰都县委宣传部以及西南大学出版社的相关专家、学者和老师到会,对初稿进行审查,提出了许多宝贵而中肯的修改意见。丰都县委党校、丰都县档案馆在本书编纂的过程中,提供了必要的文献支持。

值此书稿交付出版之际,谨向上述单位及相关领导、专家、老师,以及为本书出版提供帮助支持的单位和同志,一并表示诚挚感谢。当然,虽然我们在编辑过程中尽了最大努力,但由于文献资料浩如烟海,编者缺乏文献整理经验,受眼界与能力所限,本书肯定存在不足或疏漏之处,恳请读者指正和赐教。